Mit freundlicher Unterstützung
der Stiftung Kunst und Kultur des Landes NRW

2. Auflage 1997

Umschlaggestaltung: Rudolf Linn, Köln
Umschlagmotiv: Moritz Oppenheim, Kunsthalle, Hamburg
Foto: © Elke Walford
(Kunsthalle Hamburg, Foto: Elke Walford)
Satz: Kalle Giese Grafik, Overath
Druck und Bindearbeiten:
Graphischer Großbetrieb Pößneck, Pößneck
ISBN 3-462-02644-5

Jan-Christoph Hauschild
Michael Werner

»Der Zweck des Lebens ist das Leben selbst«

Heinrich Heine

Eine Biographie

Kiepenheuer & Witsch

»Der Zweck des Lebens
ist das Leben selbst«

INHALT

ÜBER HEINE

Meinungen und Bekenntnisse

»Die ganz eigenthümliche Mischung von zartestem Gefühl und bitterstem Hohn, die einzige Verbindung von unbarmherzigem, scharf einbohrendem, ja giftigem Witz und von einschmeichelnder Süßigkeit des Vortrags.«
Karl August Varnhagen von Ense, 1826

»Diese Manier kann für den Augenblick größten Eindruck machen und den vollkommenen Effekt des Lächerlichen hervorbringen: in hundert Jahren, nachdem zehn andere Hanswurstleben über die Bühne der Zeit gegangen seyn werden, wird diese Manier abgestanden, unverständlich, gelehrt erscheinen.«
Gustav Schwab, 1828

»Frivolisierende Ironie kann man ihm allerdings oft vorwerfen, aber sein poetisches Genie muß man gebührend anerkennen.«
Friedrich von Gentz, 1830

»Er verbindet ein deutsches Gemüt mit einem vollkommen französischen Stil.«
Jules Janin, 1833

»Heine ist ein magrer, kleiner, häßlicher Jude, der *nie* Weiber genossen hat, sich deshalb alles einbildet. Sein Schmerz, so unnatürlich er ist, mag wirklich seyn. Poesien sind seine Gedichte aber nicht. Abwichserei.«
Christian Dietrich Grabbe, 1835

»Herr Minister Ancillon hält die Heinischen Producten für die gefährlichsten, weil sie in Beziehung auf Styl und Darstellung ein wahres Meisterstück sind.«
Ludwig Adolf Peter Fürst von Wittgenstein, 1835

»Heine ist der größte Kopf unter den Verschworenen, und er kann nur einem O'Connell, einem Lamartine und sehr wenigen anderen zur Seite gestellt werden.«
Clemens Fürst von Metternich, 1835

»Innerlich ein lumpiger Patron.«
Franz Grillparzer, 1836

»Er zuerst, von jüdischen Antipathien und französischen Beispielen verlockt, machte die Verspottung des Christenthums und der Moral, der deutschen Nationalität und Sitte, die Vorschläge, das Fleisch zu emancipiren, die liederlichen Prahlereien, das Kokettiren mit der Republik, die Affektation, an die große Revolution der Zukunft zu appelliren, zu dem fruchtbaren Thema, das seitdem die jungen Deutschen in allen Variationen durchgespielt haben.«
Wolfgang Menzel, 1836

»Er ist wohl ein Dichter bis in die Fingerspitzen. Der erschafft Lebendiges, und wen er anrührt, tritt, Katze oder Mensch, aus dem Papier heraus und steht da dem Gespött preis oder dem Beschauen.«
Adelbert von Chamisso, 1836

»Vielleicht – um historisch zu sprechen – wären wir Alle nicht in der Literatur, hätte Heine nicht seine Zauberworte gefunden.«
Heinrich Laube, 1837

»Wenn Deutschland Heine nicht liebt, nehmen wir ihn gerne auf, aber leider liebt Heine Deutschland über Gebühr.«
Alexandre Dumas, 1839

»Sein Herz ist so gut, wie seine Zunge schlecht ist.«
George Sand, 1841

»Heine ist voll angeborner Bosheit. Wüßte er jemand in Sibirien, dem er eine unangenehme Empfindung verursachen möchte, er würde sich keine Mühe verdrießen lassen, zu diesem Zwecke zu gelangen.«
Nikolaus Lenau, 1843

»Der hervorragendste unter allen lebenden deutschen Dichtern.«
Friedrich Engels, 1844

»Er repräsentiert in Paris den Geist und die Poesie Deutschlands, wie er in Deutschland die lebendige und geistreiche französische Kritik verkörpert.«
Honoré de Balzac, 1844

»Unsere maliziöse Nachtigall.«
Karl Grün, 1845

»Einer der wenigen Poeten, welche alle Revolutionen der Welt überleben werden.«
Georg Weerth, 1849

»Der Mann, der zur Stunde das beste Französisch schreibt, ist ein Deutscher, und dieser Deutsche heißt Heinrich Heine.«
Adolphe Thiers, 1850

»Er schuf in unserer Literatur eine neue Epoche, indem er das Schwanenlied der untergehenden Romantik sang und gleichzeitig dem eigentlich modernen Geist und einer freieren Auffassung des Lebens die Bahn brach.«
Rudolf Gottschall, 1851

»Heines Ironie besteht sehr oft darin, daß er erst den Kopf und dann den Hintern zeigt.«
Friedrich Hebbel, 1854

»Eine Mischung aus Apollo und Mephisto.«
Théophile Gautier, 1864

»Unser armes Frankreich hat heute nur sehr wenige Dichter und nicht einen einzigen, den es Henri Heine entgegenstellen könnte.«
Charles Baudelaire, 1865

»Er besaß jene göttliche Bosheit, ohne die ich mir das Vollkommene nicht zu denken vermag … Und wie er das Deutsche handhabt! Man wird einmal sagen, daß Heine und ich bei weitem die ersten Artisten der deutschen Sprache gewesen sind.«
Friedrich Nietzsche, 1888

»Welch ein Talent! Und welch ein Gassenjunge!«
Theodor Mommsen, 1888

»Vergessen die Herren denn ganz, daß Heine ein Liederdichter ist, neben dem nur noch Goethe genannt werden darf?«
Otto von Bismarck, um 1890

»Heinrich Heine, der der deutschen Sprache so sehr das Mieder gelockert hat, daß heute alle Kommis an ihren Brüsten fingern können.«
Karl Kraus, 1910

»Er ist das als voreilender Meister, was seitdem unzählige als arme Sklaven sind: Journalist bis in seine Lyrik hinein … Seine Flachheiten und nicht seine Tiefen, nicht seine deutschen und jüdischen Qualen, machen ihn beliebt.«
Friedrich Gundolf, 1920

»Wir können zehn gegen eins wetten, daß sein Denkmal noch in der ersten Woche der Aufstellung beschmutzt, zertrümmert oder besudelt würde.«
Stefan Zweig, 1926

»Er schrieb die ersten Lieder des dritten Jahrtausends.«
Alfred Kerr, 1926

»Die Gräber der deutschen Helden des Weltkrieges verkommen und werden vergessen, und für die Judensau auf dem Montmartre wirft man das Geld der deutschen Steuerzahler zum Fenster hinaus.«
Julius Streicher, 1926

»Er ist das vorweggenommene Beispiel des modernen Menschen.«
Heinrich Mann, 1929

»Er ist der erste wirkliche Großstädter und reine Stadtmensch im deutschen Schrifttum.«
Karl Wolfskehl, 1931

»Heine ist kein deutscher Lyriker! Sein Dichten ist nur ein launisches Zusammensuchen, Kleben, Klittern von nicht zusammengehörigen Elementen, Motiven, Stimmungen, Anschauungen, Ansichten, Beobachtungen und dergleichen mehr, und darum nicht echt, organisch geschlossen, gewachsen, zutiefst im Erleben bedingt, sondern Mache, Talmi, Effekt, Schein! ... Weil Heine kein Deutscher ist, hat er nie und nimmer in der deutschen Literaturkunde, die Ehrenhalle nur deutscher Dichter ist, in keinem Lese- und Lernbuch als deutscher Dichter Eingang zu finden und gar gefeiert zu werden.«
Dr. Wolfgang Lutz, 1936

»Weil er nichts durch die Brille einer Ideologie, wenn auch alles durch die Gläser eines Teleskopes, entfernter und schärfer, gesehen hat, kann er heute noch als einer der klügsten Beurteiler der politischen Ereignisse seiner Zeit gelten.«
Hannah Arendt, 1948

»In Heine schlug die Ironie ins Teuflische um. Der Satanismus verfeinerte sich zum Narkotikum, das als Trank des Lebens ausgegeben wurde und den Glauben an die Reinheit der Kunst zerfraß.«
Walter Muschg, 1953

»Das deutsche Volk liebt nicht das heilsame Ärgernis, und der große, fast monumentale Fall dieses seines Versagens ist der Fall Heinrich Heine ... Die geistige und literarische Skala dieser in der deutschen Geschichte einmaligen Persönlichkeit reicht von einer Lyrik, die ihn in der Weltliteratur unmittelbar neben Goethe gebracht hat, bis zu einem Revolverjournalismus, der den Skandal bewußt als Drohung und Waffe benutzte. Sie reicht von einer liebenden Verehrung des

deutschen Vaterlands, von einer unerhörten Liebesfähigkeit überhaupt, bis zu einem schmähenden Haß.«
Presse- und Informationsamt der Bundesregierung, 1956

»Wenn Heine auch leidenschaftlich für die Revolution und sozialistische Ziele kämpfte, so nahm er dennoch nicht völlig den Klassenstandpunkt des Proletariats ein. Seine Unklarheiten und Schwankungen wurden verstärkt durch die Isolierung, in die der kranke Dichter nach 1848 geriet. Heine wirkte trotz dieser im einzelnen irrigen Ansichten bis zu seinem Tode entschlossen für die Beseitigung der Ausbeutung des Menschen durch den Menschen, für den Sieg des gesellschaftlichen Fortschritts, des Sozialismus.«
Abt. Wissenschaft und Propaganda und Abt. Kunst, Literatur und Kulturelle Massenarbeit beim ZK der SED, 1956

»In ihm wurden beim Anblick der Unermeßlichkeit des Ozeans die verschollenen plasmatischen Erinnerungen eines Nomaden an die Weite der Wüste und Steppen lebendig.«
Ernst Alker, 1961

»In allem Wandel war er ein leidenschaftlicher Demokrat.«
Gustav Heinemann, 1972

»Ich lernte bei Heine, wir alle studierten ihn, Generationen von Schriftstellern und Journalisten pflegten seinen Stil, liebten sein helles, flinkes Deutsch, fanden in dem Romantiker ohne Illusionen, dem exilierten Patrioten, dem Düsseldorfer Europäer ihren Meister einer weltfreundlichen, das Weltpublikum fordernden, keineswegs traditionslosen Richtung unserer Literatur.«
Wolfgang Koeppen, 1972

»Heine hat Höhe ohne Feierlichkeit, Erhabenheit im Saloppen (was auf deutsch heißt: im Sauton). Er ist immer leicht, und nur was fürs Hirn leicht ist, klingt im Ohr. Im Grunde Hegel, außen Gassenhauer.«
Peter Hacks, 1985

»Ein verschämter Sentimentaler.«
Julien Green, 1990

»Der Politik tut es gut, von Heine zu lernen. Er hat sich um den Bau von Brücken zwischen Menschen, Kulturen und Ländern bemüht.«
Richard von Weizsäcker, 1996

VORWORT

Heinrich Heine: Weltbürger – Europäer – Deutscher

Als Sainte-Beuve sich um die Mitte des 19. Jahrhunderts eine französische Akademie erträumte, in die nur deutsche Mitglieder aufgenommen werden dürften, und umgekehrt eine deutsche Akademie, die nur aus Franzosen bestünde, reihte er sich damit in die Tradition der Intellektuellen ein, die beiderseits des Rheins die Komplementarität deutschen und französischen Geistes zu denken versuchten. Schon die deutschen Jakobiner in Paris hatten vor der Jahrhundertwende von einer deutsch-französischen Allianz geträumt, von einem revolutionären Bündnis, zu welchem die Deutschen ihre philosophische Gedankentiefe und die Franzosen ihre Befähigung zur schnellen Umsetzung in die politische Tat beisteuern sollten. Indessen ließen die napoleonischen Kriege und die nationale Reaktion in Deutschland sowie die politische Restauration nach 1815 eine Umsetzung dieser Pläne und Visionen in weite Ferne rücken. Aber nach der Julirevolution von 1830 wurde genau diese Idee einer »alliance intellectuelle« wieder aufgenommen, in Deutschland wie auch in Frankreich, und zwar von Intellektuellen und Schriftstellern, die sich eher in die Tradition der Revolution stellten – ob sie diese nun für historisch abgeschlossen hielten oder nicht. Einen ihrer beredtesten Wortführer hatte die Idee einer deutsch-französischen Rollenverteilung im Geschichtsprozeß schon in Heinrich Heine gefunden.

Zu Unrecht nannte man ihn, der sogar von Deutschlands *Universalherrschaft* träumte, einen *Vaterlandsverächter*. Heine war ein großer Patriot. Nicht im Sinne eines bornierten und aggressiven nationalen Egoismus, sondern – Jahrzehnte vor der Verabschiedung demokratischer Verfassungen in Deutschland – »Verfassungspatriot«: Die *Erklärung der Menschenrechte* enthielt für ihn *die zehn Gebote des neuen Weltglaubens. Pflanzt die schwarz-roth-goldne Fahne auf die*

Höhe des deutschen Gedankens, schrieb er 1844 im Vorwort zu *Deutschland. Ein Wintermährchen, macht sie zur Standarte des freyen Menschthums, und ich will mein bestes Herzblut für sie hingeben.* Es käme darauf an, das zu *vollenden, was die Franzosen begonnen* hätten: *Wenn wir diese überflügeln in der That, wie wir es schon gethan im Gedanken, wenn wir uns bis zu den letzten Folgerungen desselben emporschwingen, wenn wir die Dienstbarkeit bis in ihren letzten Schlupfwinkel, dem Himmel, zerstören, wenn wir den Gott, der auf Erden im Menschen wohnt, aus seiner Erniedrigung retten, wenn wir die Erlöser Gottes werden, wenn wir das arme, glückenterbte Volk und den verhöhnten Genius und die geschändete Schönheit wieder in ihre Würde einsetzen, wie unsere großen Meister gesagt und gesungen, und wie wir es wollen, wir, die Jünger – ja, nicht bloß Elsaß und Lothringen, sondern ganz Frankreich wird uns alsdann zufallen, ganz Europa, die ganze Welt – die ganze Welt wird deutsch werden! Von dieser Sendung und Universalherrschaft Deutschlands träume ich oft wenn ich unter Eichen wandle. Das ist* mein *Patriotismus.* Zeigt Heine sich hier auch als Erbe der politischen Romantik, die die deutsche Kulturnation zum welterlösenden Menschheitsideal stilisierte, so vergaß er über dem Lob des deutschen Beitrags zur Emanzipation doch niemals die *Verdienste der Nachbarvölker*: *Ich bin der Freund der Franzosen, wie ich der Freund aller Menschen bin, wenn sie vernünftig und gut sind.*

Keiner Gesellschaft kann es gleichgültig sein, aus welchen Traditionen sie ihr Selbstverständnis und ihr politisch-ethisches Bewußtsein bezieht. Auch die soziale Demokratie bedarf einer ständigen Reflexion ihres kulturellen Erbes. ›Erben‹ kann aber in diesem Zusammenhang nur heißen, eine Erinnerung zu bekräftigen, die zukunftsweisend ist. Heinrich Heine ist das Musterbeispiel eines europäischen Intellektuellen, dem es gelang, literarische Autorität in politisch-publizistische Einmischung umzumünzen. Sein Name steht für die Verbindung von Kunst und Courage, Schönheit und Wahrheit, Esprit und Witz, künstlerischer Autonomie und gesellschaftlichem Engagement; für Aufklärung, Toleranz und forschende Neugier auf das Fremde, für Weltbürgertum und Menschenrechte;

für Romantik und die *Parthey der Blumen und Nachtigallen.* Die Tradition einer solchen Mischung ist in Deutschland lange vernachlässigt, unterdrückt, auch diskriminiert und verfolgt worden. Wer an Heine erinnert, stößt daher unweigerlich das Nachdenken über Deutschland an, auch über Deutschlands Beziehungen zu seinen Nachbarn in Vergangenheit und Zukunft.

Mit Stolz konnte er 1854 von sich sagen: *Mit mir ist die alte lyrische Schule der Deutschen geschlossen, während zugleich die neue Schule, die moderne deutsche Lyrik, von mir eröffnet ward. Diese Doppelbedeutung wird mir von den deutschen Literarhistorikern zugeschrieben.* Er war ein träumerisches Kind der Romantik und ein entschlossener Parteigänger der Aufklärung. Zugleich Abtrünniger und Vollender der romantischen Schule, engagierter Schriftsteller des Vormärz und erklärter Gegner der »Tendenzpoesie«, genialer Lyriker und Protagonist einer neuen Kunstprosa, Chorführer des Jungen Deutschland und selbsternannter Nachfolger Goethes: die paradoxen Fügungen zur Charakterisierung Heines ließen sich mühelos fortsetzen. Sie belegen zum einen das Schillernde an dieser Figur, das Singuläre, und zum anderen die Problematik unserer eigenen literarhistorischen Kategorien. Dabei wäre es gewiß verfehlt, Heine zur zeitenthobenen Gestalt zu stilisieren. Im Gegenteil erscheinen nur wenige Schriftsteller wie gerade er mit Geschichte und Kultur ihrer Epoche so innig verwachsen. Verstehen wird man Heine nur können, wenn man insbesondere die Widersprüche zur Kenntnis nimmt: jene, die ihn zeitbedingt lebenslang prägten, die Grundwidersprüche der Epoche, die »Macht der Verhältnisse«, gegen die er immer wieder anrannte, und jene, die ihn selbst charakterisieren. Daß ein Rest Rätsel immer bleiben wird, dafür hat er selbst gesorgt. Ebenso aber auch für den Fingerzeig: *In den Werken der Dichter muß man ihre Geschichte suchen, und hier findet man ihre geheimsten Bekenntnisse.*

Heine hatte ein besonderes Gespür für die gewaltigen Probleme, die das Aufkommen des Nationalismus in Europa und in der Welt nach sich ziehen würde, ohne indessen den emanzipatorischen Effekt nationaler Identitätsbildung zu verkennen. Er erlebte die Blütezeit der *Kunstperiode* mit ihrer Ästhetik des schönen Scheins und ihr vorläufiges Ende angesichts der Politisierung des gesellschaftlichen Lebens im Gefolge der Französischen Revolution. Er durchschaute die Begrenztheit lediglich politischer Rezepte zur Lösung der drängenden Zeitfragen und beharrte auf der sozialen und ökonomischen Dimension des Fortschritts. Er konnte sich für den großen Wurf der sozialen Utopien begeistern und sah doch gleichzeitig die systemimmanenten Gefahren der großen Gesellschaftsentwürfe für das Individuum, für die demokratischen Werte des Humanismus und der Aufklärung. Er war besonders sensibel für die Phänomene der raschen Urbanisierung, der Konzentration der großen Städte und der damit einhergehenden Entwicklung des Pauperismus, der sozialen Ausgrenzung. Und zugleich nahm er teil an der Erforschung volkstümlicher Literatur und Kultur, an den Bemühungen um die Erhaltung vormodernen kulturellen Gedächtnisses. Er sang, wie er selbst formulierte, *den Schwanengesang* der Romantik und entwarf, zwanzig Jahre vor Baudelaire, eine »Ästhetik des Häßlichen«. Er verarbeitete damals neuentdeckte altjüdische Traditionen und sinnierte poetisch über das Verhältnis zwischen Alter und Neuer Welt, alter und neuer Gesellschaft. Fast immer findet man Heine am Schnittpunkt der wichtigsten Zeitfragen, die er wie kaum ein anderer zugleich so provokant und sensibel zugespitzt hat: das Verhältnis von Revolution und Restauration, von Geschichte und Philosophie, das Problem der Nation, die Religion im allgemeinen Säkularisierungs- und Dechristianisierungsprozeß, die soziale Frage oder die Stellung des Künstlers wie überhaupt des Individuums in der Gesellschaft. Als beteiligter Akteur war er zugleich hellsichtiger außenstehender Beurteiler dieser Prozesse, und die bei der Vereinigung dieser beiden Rollen auftretenden Widersprüche erhellen sprechend die in der Literatur der Zeit und in der Zeit selbst angelegten Antinomien. Daß er damit Ärgernis erregte, lag in der Sache selbst begründet.

Heine war der erste große deutsche Schriftsteller jüdischer Herkunft. Sein Leben stand nicht nur in der alle Zeitgenossen prägenden Spannung von Revolution und Restauration, sondern auch unter dem Zeichen des Akkulturationsprozesses der deutschen Juden und der damit verbundenen individuellen und sozialen Problematik. Die ihm aus dieser Situation erwachsenden Konflikte verstand er nie endgültig zu überwinden. Immer wieder stieß sein Wille zur gesellschaftlichen und kulturellen Integration in die bürgerlichen Oberschichten auf Widerstände. Dem entsprach auf der anderen Seite das rebellische Auflehnen gegen die ihm von Familie und sozialer Herkunft aufgezwungene Situation: Sein Antikapitalismus und seine Aversion gegen die arrivierten Bourgeois sind ebenso Zeugen dieses Doppelbezugs wie seine immer mit latenter Kritik untermalte Faszination von geschichtlichen Führergestalten. Heine war zudem einer der ersten deutschen Berufsschriftsteller von Rang, der vom Ertrag seiner Feder zu leben versuchte, ohne sein Kunstideal an den Markt zu verraten. Er gehört zu den Vertretern deutschen Geistes und deutscher Kultur, die ihre Tage im Exil beschlossen und deren Blick auf deutsche Verhältnisse dadurch besonders geschärft wurde. Seine hohe Sensibilität ließ ihn antizipatorisch historische Entwicklungen schneller und präziser als andere wahrnehmen. Zugleich behielt er eine gewisse Naivität, eine Leichtigkeit und Heiterkeit im Umgang mit Dingen und Menschen, in der Verarbeitung tragischer Entwicklungen. Spötter und weiser Narr zugleich, vertraute er auf die befreiende Macht des Lachens, selbst in Situationen äußerster Unfreiheit und Bedrückung.

Sieht man einmal von den Juvenilia, den allerersten poetischen Versuchen ab, so war Heines literarische Tätigkeit von Beginn an Aufbegehren gegen die herrschenden Strömungen: Die anti-biedermeierliche Suche nach formaler Vollendung in den Gedichten des *Buchs der Lieder*, die Literarisierung der Zeitungskorrespondenz in den *Briefen aus Berlin*, die Entwicklung eines neuen Prosastils in den *Reisebildern*, den Heine in den Pariser Jahren erfolgreich für seine politische und feuilletonistische Publizistik einsetzte, zeugen von diesem Widerstand gegen den literarischen Anpassungsdruck. Dabei ist jedoch aufschlußreich, daß die Rebellion nicht zu radikal Neuem oder gar zu einer Revolution führte. Bei seinen Experimenten bevorzugte Heine das Prinzip der parodistischen Desillusionierung, die subversive Aushöhlung des Bestehenden von innen, die Verfremdungseffekte der Stilmischung. Solches Vorgehen setzte zum einen eine umfassende literarische Bildung voraus, zum anderen eine hohe Meisterschaft in der Handhabung von Sprache, die ihrerseits ein aristokratisches Dichterethos begründete. Mit der Hervorhebung der innovatorischen Züge insbesondere von Heines Frühwerk ist jedoch nicht gemeint, daß es prinzipiell traditionsfeindlich oder auch zeitenthoben sei: Traditionell ist beim jungen Heine der romantische Liedton, die überwiegend petrarkistisch gewendete Liebesthematik, ebenso wie die Anerkennung der ästhetischen Vormachtstellung des Dramas. Mit Recht hat man ebenfalls auf den durch den Byronismus vermittelten Rückgriff auf die Empfindsamkeitstradition hingewiesen, auf den Vorrang der Rhetorik, auf die biedermeierliche Vorliebe für Kurzformen. Auch das Nebeneinander von Lyrik und Publizistik ist durchaus zeittypisch. Überhaupt zeichnet sich Heines Werk insgesamt durch eine charakteristische Mischung von Traditionsbruch und -wahrung aus.

Es war die funkelnde Prosa der *Reisebilder*, die Heines Namen populär machte. Unmittelbar vor der französischen Revolution von 1830, in einer trostlosen Zeit der *Fäulniß und Trauer*, schlugen sie ein wie ein Gewitter und wurden, wie der Autor selbst resümierte, zum Prototyp einer Denk- und Schreibweise, an die nachfolgende Schriftstellergenerationen unmittelbar anknüpften. Das *Buch der Lieder*, das es zu Lebzeiten des Verfassers auf dreizehn Auflagen brachte und zu den erfolgreichsten Gedichtbänden der Weltliteratur gehört, sicherte Heine eine breite Anerkennung als größte lyrische Begabung in Deutschland nach Goethe. Nicht weniger Aufsehen erregten die nachfolgenden Lyriksammlungen, darunter die *Neuen Gedichte* von 1844 mit der politischen Verssatire *Deutschland. Ein Wintermährchen* und der *Romanzero* von 1851. Mit den erzählenden und essayistischen Schriften der 1830er und 40er Jahre, in deren Mittelpunkt die kritische Auseinandersetzung mit deutscher Politik, Literatur, Religions- und Philosophiegeschichte steht, griff Heine mit Verve in die Debatte um die »Deutsche Ideologie« ein. Auch deshalb gilt Heine bis heute im Ausland als der tiefgründigste und geistreichste Analytiker der Zwangsvorstellungen seines Heimatlandes und als Kronzeuge für ein freiheitliches, demokratisches und friedfertiges

Deutschland. Vermittlung zwischen Deutschen und Franzosen, den *beiden auserwählten Völkern der Humanität*, war Heines *pazifike Mission* und ein Grundanliegen sowohl der französischen Versionen seiner Deutschland-Schriften wie auch seiner deutschen Zeitungskorrespondenzen aus Paris über französische Politik, Kunst und gesellschaftliches Leben. Mit den Artikeln über französische Politik und Pariser Kulturleben versuchte er, dem deutschen Publikum seine Beobachtungen aus der französischen Hauptstadt zu vermitteln, mit dem Anspruch einer photographischen Zeitgeschichtsschreibung, die der künftigen Historiographie als empirisches Anschauungsmaterial dienen sollte: Bravourstücke eines durch und durch bewegten Geistes, der neben gründlichen Fachkenntnissen ein tiefes Verständnis für die politischen, religiösen und sozialen Strömungen der Gegenwart bekundet und Bilder von visionärer Kraft entworfen hat und selbst den sprödesten Stoff in zündende Formulierungen umzusetzen wußte.

Bei aller Vielfalt der literarischen Formen und verarbeiteten Traditionen, bei aller Bandbreite der Themen und inneren Entwicklungen eignet Heines Werk ein unverkennbarer, charakteristischer Ton. Formgeschichtlich dürfte diese Einheit auf das spielerische Mit- und Gegeneinander von Ironie und Ernst, von Pathos und Parodie, Realismus und Phantastik zurückzuführen sein. Die ungebrochene Lebendigkeit dieses Werks liegt indessen vielleicht in der besonderen Art und Weise, wie hier mit bewußt subjektivem Zugriff, unendlich geistreich, meisterhaft stilisiert und in menschlich naher Diktion ein bestechend scharfer Blick auf die vieldimensionale Zeitgeschichte und zugleich das unentrinnbare Verwickeltsein in dieselbe Geschichte eindringlich vermittelt wird. Getragen von dem Ehrgeiz, zugleich politischer Autor und Dichter zu sein, stand Heines schriftstellerische Praxis im Spannungsfeld zweier Pole, die ein dauerndes Interaktionssystem bilden, indem sie sich bisweilen anziehen, bisweilen abstoßen: der literarischen und der politischen Qualität. Heines poetische Bildung stand im Zeichen des romantischen Genies, das seine Eingebung aus einer eingeborenen schöpferischen Kraft zu beziehen schien; von daher rührt seine Verachtung der Krämerwelt, sein

Künstlerpathos, die Emphase seiner Prophezeiungen. Aber zugleich war sein sozialer Werdegang, seine Auseinandersetzung mit der Gesellschaft, von schmerzlichen Erfahrungen geprägt, die sowohl mit seinen jüdischen Ursprüngen und seiner Familiensituation als auch mit der Entwicklung der deutschen Misere unter der Restauration der Heiligen Allianz zusammenhingen. Hier liegen die Ursprünge der politischen Komponente seiner schriftstellerischen Arbeit, hier gründen die Selbstbilder des *Tribunen* und des *braven Soldaten im Befreyungskampf der Menschheit*, an denen er lebenslang festhielt. Eine der wesentlichen Triebkräfte seiner Biographie liegt in eben der Tatsache begründet, daß er ständig und mit Macht immer diese beiden, oft widersprüchlichen Momente seiner Existenz zusammenhalten wollte, indem er sie nach und nach der jeweiligen Situation anpaßte. Mit äußerster Sensibilität reagierte er auf die impliziten Herausforderungen seiner Epoche, versuchte er passende Antworten zu geben, deren Aktualität und moderne Haltung immer wieder bestechen.

Wir geben sein Standbild mit seinen wahren Zügen, ohne Idealisierung, je ähnlicher desto ehrender für sein Andenken.

Jan-Christoph Hauschild, Düsseldorf Michael Werner, Paris

ERSTES KAPITEL

Schul- und Lehrjahre

Eine Kindheit in Düsseldorf

Am Wendepunkt zweier politisch wie ökonomisch, sozial wie ideengeschichtlich gänzlich verschieden geprägter Jahrhunderte geboren, war Heinrich Heine Zeitgenosse und Zeitzeuge einer Doppelrevolution: der Selbstbefreiung des Bürgertums aus seinen feudalen Fesseln und der Entfesselung der Produktivkräfte mit ihrem Gefolge von technischen Errungenschaften und sozialer Not, der Industrialisierung, die, von England ausgehend, rasch den Kontinent erfaßte und die Strukturen der alten Agrargesellschaft auflöste. *Um meine Wiege spielten die letzten Mondlichter des 18ten und das erste Morgenroth des 19ten Jahrhunderts*, heißt es in einer postum veröffentlichten Notiz, in der Heine seine Position zwischen Romantik und Revolution pointiert zusammenfaßte. Viel präziser läßt sich das Datum seiner Geburt übrigens auch heute nicht bestimmen; schon gar nicht läßt es sich archivalisch nachweisen. Heines eigene Angaben schwanken zwischen einem ungefähren Datum, das um den 20. Oktober 1797 liegen dürfte, und dem 31. Dezember 1799. Gelegentlich gab er sogar 1800 als Geburtsjahr an. Mittlerweile gehen die Biographen mehrheitlich davon aus, daß Heine am 13. Dezember 1797 geboren wurde. Dieses Datum ist freilich eine fragwürdige Kontamination: Was Monat und Tag angeht, beruht es auf der Angabe in seinem nicht überlieferten Taufschein; was das Jahr betrifft, davon abweichend auf verschiedenen Indizien, die am Geburtsjahr 1799 begründete Zweifel aufkommen lassen und auf das Jahr 1797 verweisen. Indessen wird der Satz, mit dem sich Heine 1851 gegenüber der Neugier eines französischen Journalisten ironisch-entschuldigend aus der Affäre zog, nie seine Gültigkeit verlieren: *Das wichtigste daran ist, daß ich geboren bin.*

Geboren wurde er als *Harry* ['hærı] Heine (den Vornamen Heinrich trägt er erst seit seinem späteren Übertritt zum Protestantismus) und zu Düsseldorf am Rhein, *an den Ufern jenes schönen Stromes, wo auf grünen Bergen die Thorheit wächst und im Herbste gepflückt, gekeltert, in Fässer gegossen und ins Ausland geschickt wird.* Ein preußischer Staatsrat bescheinigte den Düsseldorfern 1816, sie seien »ein mehr genußliebendes, lebensfrohes, als handelsthätiges Volk«. Heine war ein waschechter Rheinländer und hat seiner Heimat stets liebevoll, bisweilen verklärend, gedacht. Der rheinische *Volks-Charakter* mit all seiner *Lebensfreude, Anmuth, Freyheitsliebe, Beweglichkeit und unbewußten Tiefe* hat ihn bis in Spracheigentümlichkeiten hinein geprägt. Drei Jahrzehnte dauerte es, bis sich dialektbedingte Grammatikverstöße verloren, an Regionalismen hielt er zeitlebens fest, beschwor sie sogar regelrecht in seinen letzten Lebensjahren. Das Düsseldorfer Platt schien ihm noch *einigermaßen erträglich*, während er die Kölner Mundart als geradezu *ekelhaft* empfand.

Düsseldorf war Hauptstadt des Herzogtums Berg und Sitz der Regierung, während der herzogliche Hof seit längerem schon in München residierte. Trotz der verlorenen Hofhaltung gab es noch einige Einrichtungen, die die Stadt ihrer goldenen Residenzzeit im 16. und 17. Jahrhundert zu verdanken hatte: das Opernhaus, die prachtvolle Gemäldegalerie (die 1805 nach München verbracht wurde) mit einer großen Rubens-Sammlung, die Kunstakademie, die Landesbibliothek, einen botanischen Garten, ein physikalisches Kabinett, die Sternwarte, Konzerte, Bälle, öffentliche Gesellschaften, während des Winters auch Theatervorstellungen. Je zwei Essigbrauereien, Tabakmanufakturen und Baumwollspinnereien mit Handmaschinen bildeten zusammen mit einer Seifensiederei, einer Schreibfedernschleißerei, einer Senfmanufaktur, einer Färberei und der Wollmanufaktur der Armenversorgungsanstalt die bescheidene städtische Industrie. Zahlreiche Behörden und Gerichte hatten in der Landeshauptstadt ihren Sitz; viele Arbeitsplätze hingen zumindest mittelbar von diesem besonderen Status ab. Mit seinen vorstädtischen Dörfern, in denen in großem Umfang Gartenbau betrieben wurde, zählte das Amt Düsseldorf 1794 ca. 18.000, die Stadt allein ca. 12.000 Einwohner; ihre Zahl wuchs nur sehr langsam. Als ehemaligen Residenzlern wurde den Düsseldorfern ein »Hang zum Luxus in Kleidung« und »Vergnügungssucht« nachgesagt, aber auch eine »wahrhaft christliche Toleranz der verschiedenen Konfessionen« bescheinigt; es gab weder ein Judenghetto noch ein ausgesprochenes Judenviertel. Das war wohl mit bedingt durch die langjährige Fremdherrschaft; denn Düsseldorf war eine *Stadt, wo zur Zeit meiner Kindheit, nicht bloß die Franzosen sondern auch der französische Geist herrschte*, wie es in Heines »Memoiren« heißt.

In Düsseldorf erlebte Heine auf eindringliche Weise die Vergänglichkeit von Herrschergewalt; nicht weniger als fünf Souveräne kamen und gingen. Der regierende Kurfürst Karl Theodor stammte aus dem Hause Pfalz-Sulzbach, das durch Erbfolge in den Besitz der rheinischen Herzogtümer Jülich und Berg gelangt war; 1777 beerbte er auch noch die Wittelsbacher und kam auf diese Weise zusätzlich in den Besitz des Kurfürstentums Bayern. Sein Erbe Maximilian Joseph aus der Linie Pfalz-Zweibrücken-Birkenfeld wurde 1805 von Napoleons Gnaden Regent des neugeschaffenen Königreichs Bayern und mußte im Gegenzug das Herzogtum Berg an Frankreich abtreten. Napoleon setzte seinen Schwager Murat als Staatsoberhaupt ein und erhob Berg unter Einbeziehung angrenzender Territorien zum Großherzogtum. Im *Buch Le Grand* schilderte Heine, wie er nach Abdankung Maximilians am 26. März 1806 zum Marktplatz gelaufen sei, die Statue des Kurfürsten Jan Wellem erkletterte und von oben die *Huldigung* der Stände gegenüber dem neuen Souverän verfolgte:

Da sah es jetzt ganz anders aus, es war, als ob die Welt neu angestrichen worden, ein neues Wappen hing am Rathhause, das Eisengeländer an dessen Balcon war mit gestickten Sammetdecken überhängt, französische Grenadiere standen Schildwache, die alten Herren Rathsherren hatten neue Gesichter angezogen und trugen ihre Sonntagsröcke (...), und der Herr Bürgermeister, in seinem berühmten rothen Rock, hielt eine Rede, die sich etwas in die Länge zog, wie Gummi-Elasticum, oder wie eine gestrickte Schlafmütze, in die man einen Stein geworfen – nur nicht den Stein der Weisen.

Letzter französischer Souverän vor Inbesitznahme des Rheinlands durch Preußen war dann seit 1809 Napoleons Neffe Napoléon-Louis. Er hat sein Großherzogtum nie besucht und auch nur nominell regiert; die Verwaltung behielt der Kaiser selbst in der Hand, als sein Statthalter fungierte der Graf Beugnot; dessen Sohn Auguste-Arthur

Beugnot war zeitweilig Heines Mitschüler. Die von Paris eingesetzte Regierung entschied am Landtag vorbei und ohne konstitutionelle Grundlage. Dennoch machte die Zugehörigkeit zum französischen Kaiserreich das Großherzogtum ab 1808 zum Nutznießer zahlreicher juristischer und organisatorischer Reformen wie der Aufhebung des Lehnswesens und der Leibeigenschaft und anderer Privilegien von Adel und Kirche, der Modernisierung von Verwaltung, Justiz und Unterrichtswesen nach französischem Muster und der Einführung des Code Civil am 12. November 1809. Aber nicht nur an den Errungenschaften der Großen Revolution partizipierte das Land, es war auch Leidtragender von Frankreichs Schicksalen. Hohe Kontributionen, Steuern und Abgaben, Hand- und Spanndienste lasteten schwer auf der Bevölkerung, und durch die Konskriptionen leistete sie noch einen zusätzlichen Blutzoll für Napoleons Feldzüge in Spanien und Rußland. Gerade die Bevölkerung Düsseldorfs sah sich schweren Prüfungen ausgesetzt, angefangen vom Zuzug vieler Emigranten über die Beschießung der Stadt 1794 bis zu der langjährigen militärischen Einquartierung zwischen 1795 und 1801.

In Napoleon Bonaparte, der vom 2. bis 5. November 1811 zu Besuch in Düsseldorf gewesen war, sah Heine den Befreier Europas wider Willen: Der korsische Imperator war zwar als *Aristokrat* ein *adeliger Feind der bürgerlichen Gleichheit*, der nur für seine Kaiserkrone kämpfte und *in Frankreich der Revoluzion Einhalt that*, der aber gleichzeitig als Fahnenträger der Revolution das Banner der *Freyheit, der Gleichheit, der Brüderschaft, der Wahrheit und der Vernunft, freylich gegen seinen Willen, aber darum doch nicht minder siegreich, durch alle Lande trug*. Im November 1813, nachdem *Gott, der Schnee und die Kosacken die besten Kräfte des Napoleon zerstört hatten*, besetzten russische Truppen die Stadt. Auf dem Wiener Kongreß von 1815 wurden die Rheinlande dann Preußen zugesprochen und Düsseldorf zur Hauptstadt eines Regierungsbezirks zurückgestuft, wodurch das Handelsaufkommen rapide sank und die Zahl der Gewerbetreibenden dramatisch zurückging. Für die Dauer einiger Jahrzehnte fiel die Stadt in eine Art Dornröschenschlaf. Wenn auch der Code Civil im Rheinland seine Gültigkeit behielt, so wurde doch schon 1814 die Gleichstellung der Juden, die seit 1807/08 de jure keinerlei Einschränkungen ihrer Bürgerrechte mehr unterlagen, rückgängig gemacht. Intellektuelle Brandstifter wie der Historiker Christian Friedrich Rühs oder philosophische Proselytenmacher wie Jakob Friedrich Fries sprachen 1816 nicht assimilationsbereiten Juden alle Bürgerrechte, ja der »Judenkaste« als solcher sogar das Existenzrecht in der christgermanischen Gesellschaft ab. *Ich bin kein Deutscher, siehe Rühs, Fries*, formulierte Heine 1823 sarkastisch; der ironische Verweis auf die beiden antijüdischen Publizisten belegt die Verflechtung von Selbstdefinition und sozialer Außendefinition, von aktiver Berufung und passivem Getriebensein.

Mehrfach deutete er diese Heimatlosigkeit an, indem er die deutsche Sprache als eigentliches Vaterland reklamierte, ein *Vaterland selbst demjenigen, dem Thorheit und Arglist ein Vaterland verweigern.* 1833 erklärte er gegenüber seinem Altmentor Varnhagen: *Daß ich aber einst die Waffen ergriff, dazu war ich gezwungen durch fremden Hohn, durch frechen Geburtsdünkel – in meiner Wiege lag schon meine Marschroute für das ganze Leben.* Denn diese Wiege stand in einem jüdischen Elternhaus: Heines Eltern gehörten der kleinen jüdischen Gemeinde Düsseldorfs an. Es hing mit der historisch-politischen Situation Düsseldorfs zusammen, daß die Familie in ihrer Düsseldorfer Zeit anscheinend von offenen antisemitischen Ressentiments oder Ausschreitungen verschont blieb. Die relative Integration der Juden in die Düsseldorfer Gesellschaft, zumal in der Ära Napoleons, ersparte Harry Heine daher sozialpsychologisch prägende Ghettoerfahrungen, nicht aber antisemitische Neckereien und Verunglimpfungen durch Schulkameraden und Gassenjungen.

Eltern und Geschwister

Heines Mutter Betty (jüdisch: Peira) geb. van Geldern war 1771 geboren. Sie stammte aus einer angesehenen Familie von Bankiers und Gelehrten, von denen es einige als Hoffaktoren zu Wohlstand, andere als Ärzte zu akademischen Ehren gebracht hatten und von deren Geltung bei Hofe noch ihr ehemaliges Stadtpalais, das spätere Hubertus-Hospital in der Neustadt, zeugt. Ihre Vorfahren waren

Ende des 17. Jahrhunderts von Holland ins Herzogtum Jülich-Berg eingewandert. Die dafür nötige »Geleits-Konzession« (wie auch deren regelmäßige Verlängerung nach Ablauf weniger Jahre) mußten sich die Juden mit einem ungeheuren Tribut erkaufen. In den »Memoiren« erinnerte Heine an ein kleines Haus in der Mertensgasse, das sein kauziger Onkel Simon van Geldern von seinem Vater, dem Arzt Gottschalk van Geldern, geerbt hatte *und über dessen Thüre das Bild der Arche Noae recht hübsch ausgemeißelt und bunt kolorirt zu schauen war.* Auf dem Dachboden schmökerte der junge Heine in alten alchimistischen, astrologischen, philosophischen und medizinischen *Scharteken* aus dem Besitz seines Großvaters, die seiner kindlichen Vorstellungswelt reichlich Nahrung boten. Sein *bester und kostbarster Fund jedoch*, wie Heine erzählte, *war ein Notizenbuch von der Hand eines Bruders meines Großvaters, den man den Chevalier oder den Morgenländer nannte*. Dieser 1788 verstorbene Simon van Geldern, *halb Schwärmer, halb Glücksritter,* hatte als Kabbalist den Vorderen Orient bereist. Seine *Irrfahrten und Schicksale* hinterließen bei Heine einen tiefen Eindruck. Eine Zeitlang ging über der Identifikation mit dem Vorfahren schier die *Einheit des Selbstbewußtseyns* verloren, so daß es ihm vorkam, als sei er *selbst* sein *seliger Großoheim*, als lebte er *nur eine Fortsetzung des Lebens jenes Längstverstorbenen.*

Heines Vater Samson kam aus einer weniger hochgestellten, strenggläubigen norddeutschen Kaufmannsfamilie und war 1764 in Hannover geboren. Über Altona, Hamburg und Celle, wo er als Lieferant für die englische Armee tätig war, kam er 1796 nach Düsseldorf, angeblich mit einem Quartierzettel auf das van Geldernsche Haus. Im Spätsommer fand bereits die Verlobung statt; es folgte eine Auseinandersetzung mit den Laienführern der Jüdischen Gemeinde, die – mit Rücksicht auf die Tributfähigkeit der zur Zwangssolidarität verurteilten Judenschaft – den Zuzug eines unvermögenden auswärtigen Kaufmanns verhindern wollte. Mit Hilfe des Magistrats konnte das Niederlassungsrecht schließlich durchgesetzt werden und am 1. Februar 1797 die Trauung stattfinden.

Es waren die denkbar gegensätzlichsten Naturen, die da miteinander den Bund der Ehe geschlossen hatten: Die Mutter, deren »derb zuschlagende Hand« auch die Nachbarskinder fürchteten, steht für Willenskraft, Rigorosität, Ernst, Moral, Disziplin und intellektuelle Kontrolle; der Vater verkörpert Güte, Liebenswürdigkeit, Heiterkeit und Lebenslust bis zum Leichtsinn: *In seinem Gemüthe war beständig Kirmeß*. Ihn hat Heine, eben weil er mehr Fehler hatte, mehr geliebt als seine Mutter. Nach Harry kamen noch drei weitere Kinder zur Welt, deren Geburtsdaten ebenfalls strittig, weil dokumentarisch nicht zu belegen sind: ca. 1802 Charlotte (jüdisch Sara), mit der Heine eine zärtliche, innige Geschwisterliebe verband, ca. 1803 Gustav (Gottschalk), und ca. 1804 Maximilian (Meyer). Charlotte, die als junges Mädchen bei dem Musikdirektor August Friedrich Burgmüller Gesangsunterricht erhielt, heiratete 1823 den Hamburger Indigo-Makler Moritz Embden (1790-1866), einen weitläufigen Verwandten. Sie blieb Hausfrau und starb 1899. Ein kleines Porträt Charlottes gehörte zu den wenigen persönlichen Erinnerungen, mit denen sich Heine noch als Schwerkranker umgab und die er sorgfältig hütete. »Sie habe Herz wie ein Engel und Geist wie ein Teufel«, soll Heine sie einmal gegenüber Henri Julia charakterisiert haben. Heines Bruder Gustav verpflichtete sich nach erfolglosen Versuchen als Ökonom und im Kaufmannsfach (»Butter- und Ölhändler«) 1831 beim österreichischen Militär, wo er es bis zum Oberleutnant der Kavallerie brachte. Nach der Heirat mit Emilie Kaan d'Albest (1822-1859) quittierte er den Dienst und gründete in Wien das »Fremdenblatt«. 1870 wurde er in den Adelsstand erhoben und durfte sich fortan Freiherr von Heine-Geldern nennen. Als mehrfacher Millionär und Ordensträger starb er in Wien am 15. November 1886. Der jüngste Bruder Maximilian trat nach absolviertem Medizinstudium in den russischen Staatsdienst, nahm 1828 als Militärarzt am Kaukasuskrieg teil und wurde später in St. Petersburg Arzt an einem Kadetteninstitut. Nach der Verheiratung mit der Witwe des kaiserlichen Leibarztes wurde der Verfasser mehrerer fachwissenschaftlicher und belletristischer Werke zum Staatsrat ernannt. Er starb am 6. November 1879 in Berlin.

Die Erziehung der Kinder nahm, nach aufklärerischen Prinzipien, die Mutter in die Hand, sie entwarf ihren Lebensplan. In behutsamer, aber fundierter kultureller Assimilation sah sie die Voraussetzung zu sozialem Aufstieg. Alle drei Söhne schickte sie auf christliche Bildungsanstalten. Auf der anderen Seite waren aber jüdische Familientradition und sozialer Gruppenhabitus noch stark genug, um den jungen Harry als ältesten Sohn zur Übernahme des väterlichen Tuchgeschäfts, für den Kaufmannsstand zu bestimmen. Nichts war natürlicher, als daß er in die Fußstapfen seines Vaters treten würde. Harry Heines intellektueller Werdegang entsprach dem eines Kindes aus der Oberschicht: Er besuchte eine Kleinkinderschule, dann die Volksschule und von 1809 bis 1814 das humanistische Lyzeum, die beide im ehemaligen Franziskanerkloster untergebracht waren. In der *Harzreise* erinnert er an die Zeit, als er, *als ein kleines Bübchen, in einer dumpfkatholischen Klosterschule zu Düsseldorf den ganzen lieben Vormittag von der hölzernen Bank nicht aufstehen durfte, und so viel Latein, Prügel und Geographie ausstehen mußte*, bis *die alte Franziskanerglocke endlich zwölf schlug*. Darüber hinaus nutzte er die zusätzlichen Bildungsangebote, etwa den Zeichenunterricht in der Kunstakademie, privaten Mathematik- und Physik-, Sprach- und Musikunterricht sowie die Unterweisung in einer jüdischen Privatschule. Ein Jahr vor der Reifeprüfung wurde Harry ohne viel Federlesens von der Schule genommen, um seine kaufmännische Ausbildung anzutreten. Als er 1819 vor der Immatrikulation in Bonn das Maturitätsexamen nachholen mußte, stellte sich heraus, daß er in Düsseldorf *blutwenig Latein und gar kein Griechisch* gelernt hatte. 1814/15 besuchte er eine Handelsschule mit dem Schwerpunkt *Komptoir-Wissenschaften* und moderne Fremdsprachen. Der Ablauf war durch die *Erziehungsplane* der Mutter bestimmt, die *hochfliegende Dinge* mit ihrem Ältesten im Sinn hatte: Während des französischen Kaiserreichs, berichtet Heine im »Memoiren«-Fragment, drängte sie darauf, daß ihr Ältester allerlei gelehrte und naturwissenschaftliche Studien trieb, die ihn *in Stande setzen sollten ein großer Strategiker oder nöthigenfalls der Administrator von eroberten Provinzen zu werden. Mit dem Fall des Kaiserreichs* jedoch mußte sie der imaginierten *prachtvollen Laufbahn* entsagen und begann statt dessen *in einer anderen Richtung*, im *merkantilischen Fache*, für ihren Sohn *zu träumen*: *Sie beschloß daher jetzt daß ich eine Geldmacht werden sollte und jetzt mußte ich fremde Sprachen, besonders Englisch, Geo-*

graphie, Buchhalten, kurz alle auf den Land- und Seehandel und Gewerbskunde bezügliche Wissenschaften studiren.

Heines Akkulturation vollzog sich erstaunlich schnell. Das war zweifellos die Folge der liberalen und unorthodoxen Erziehung, die er im Elternhaus genoß, und die von einer gewissen Distanz zu allem Jüdischen und insbesondere zur jüdischen Religion geprägt war. Gleichwohl wurde in der Familie an bestimmten feierlichen Zeremonien festgehalten, von deren anhaltendem Zauber der *Rabbi von Bacharach* und die *Hebräischen Melodien* zeugen. So wurde beispielsweise bei den häuslichen Feiern eine fast 100 Jahre alte handschriftliche, mit 16 Miniaturen versehene pergamentene Pessach-Haggada benutzt, die aus dem Besitz von Heines Urgroßvater Lazarus van Geldern stammte und an die sich Heine noch 1837 in seinen Briefen *Ueber die französische Bühne* erinnert, wo er sie freilich, charakteristisch genug, zu *unserer Hausbibel* stilisiert. Dennoch waren Heines rituelle Kenntnisse insgesamt nur rudimentär, wohl weil die wenigen jüdischen Sitten und Gebräuche und hebräischen Gebete zu Hause immer seltener praktiziert wurden. Bei der sprachlichen Assimilation konnten ihn die Eltern selbst nur unvollkommen unterstützen: Die erhaltenen Briefe Betty Heines an ihren Sohn zeigen, daß sie das Hochdeutsche keineswegs perfekt beherrschte, und auch bei Heines Vater dürfte es damit nicht zum besten gestanden haben. Zwar sind von ihm keine längeren schriftlichen Zeugnisse überliefert, doch erlaubt die Sprachverwendung seiner Brüder Henry und Salomon diesen Schluß. Über die Grammatikkenntnisse des letzteren spöttelte Heine, bei offiziellen Diners stehe ihm »ein Diener für den Dativ« und einer »für den Accusativ« zur Seite. Um so eindrucksvoller erscheint Heines Leistung, der es in wenigen Jahren zu einer rhetorischen Meisterschaft brachte, zu einer »Sprache«, die – wie Walter Jens formulierte – »klingt, als hätten (...) Generationen von weltgewandten Causeurs um seine Wiege gestanden«.

Das Wohn- und Geschäftshaus auf der Bolkerstrasse

Seit seiner Heirat war Samson Heine anerkannter »Schutzjude« in Düsseldorf. Vermutlich war es die Mitgift seiner Gattin oder eine Kapitaleinlage seines Schwagers, die ihn bald nach der Hochzeit instand setzte, sich selbständig zu machen. Am 6. Juni 1797 zeigte er in der Düsseldorfer Lokalzeitung die Eröffnung eines Geschäfts mit diversen »neumodischen Waaren«, hauptsächlich aus englischen Manufakturen, auf der Bolkerstraße an. Der Gebäudekomplex mit der heutigen Hausnummer 53, ehemals bestehend aus Haupt-, zwei Seiten- und einem Hintergebäude, hat als Geburtshaus aller vier Kinder der Familie Heine zu gelten. Unsicher ist aber, in welchem Gebäudeteil sie zur Welt kamen – eine Frage, die trotz ihrer wissenschaftlichen Bedeutungslosigkeit bis heute diskutiert wird.

Die Immobilie gehörte einer Verwandten der Mutter. Das Vorderhaus, ein enges, niedriges Gebäude mit einem einzigen, über den Bürgersteig vorspringenden Stockwerk, ist bereits 1821 abgerissen und durch einen Neubau ersetzt worden, der 1943 bis auf die Fassade zerstört wurde. So konnte sich Heines Prophezeiung von 1826, wonach *dieses Haus* als sein Geburtshaus *einst sehr merkwürdig seyn* und zum Zielpunkt touristischer Pilgerscharen werden würde, nicht ganz erfüllen:

Der alten Frau, die es besitzt, habe ich sagen lassen, daß sie bey Leibe das Haus nicht verkaufen solle. Für das ganze Haus bekäme sie jetzt doch kaum so viel wie schon allein das Trinkgeld betragen wird, das einst die grünverschleyerten, vornehmen Engländerinnen dem Dienstmädchen geben, wenn es ihnen die Stube zeigt, worin ich das Licht der Welt erblickt, und den Hühnerwinkel, worin mich Vater gewöhnlich einsperrte, wenn ich Trauben genascht, und auch die braune Thüre, worauf Mutter mich die Buchstaben mit Kreide schreiben lehrte.

Das etwa zehn Meter von der Straße zurückliegende, von Vorder- und Nebenbau durch ein kleines Gärtchen und einen engen Hof abgetrennte Fachwerk-Hinterhaus blieb beim Umbau von 1821 weitgehend unverändert. Es ist 1942 abgebrannt. Am 6. Juni 1809 erwarben die Eheleute Heine dann das Haus Bolkerstraße 655 samt zwei Nebengebäuden und großem Garten (heute Nr. 42, neu bebaut); der Umzug erfolgte im Herbst. Es war ein repräsentatives Bürgerhaus mit siebzehn Zimmern, die sich auf drei Stockwerke verteilten. Doch trotz des äußeren Glanzes scheinen die Lebensverhältnisse der Familie Heine eher dürftig gewesen zu sein. In einem Neujahrsbrief erinnert Heine Ende 1848 Mutter und Schwester an das damals übliche Sylvestergebäck, die *Neujährchen*, wozu es aus einer schwarzen Blechkanne, die wie ein *Blumentopf* aussah, Blümchenkaffee gab, *der aus drei Bohnen und 3 Pfund Zichorien bestand. Von Zucker keine Idee!*

Namentlich in napoleonischer Zeit scheint Heines Vater Samson mit seinem Tuchhandel gute Geschäfte gemacht zu haben. Selbst noch die Höhe seiner Schulden, die 1819 zum schließlichen Konkurs führten, bezeugt ein nicht unbeträchtliches Geschäftsvolumen. Seine »Ellen- und Modewaarenhandlung en detaille« florierte aufgrund der anfänglichen Vorzugsstellung der bergischen Textilindustrie für den Export nach Frankreich. Durch die Mitgliedschaft in großbürgerlichen Vereinen und die Übernahme von Ehrenämtern betrieb er zielstrebig seine Integration in die christliche Düsseldorfer Gesellschaft. Das von Napoleon im November 1806 verhängte Handelsverbot mit England, die sogenannte Kontinentalsperre, führte zu ersten merkantilen Einbußen. Noch schwerer trafen ihn dann die napoleonische Finanzkrise von 1810, die eine kontinentale Geldknappheit zur Folge hatte, und der bis 1817 währende allgemeine Preisverfall für Baumwollwaren, der zunächst seine Schuldner und bald auch ihn in den Ruin trieb. Samson Heine bewies zwar Flexibilität, indem er seine Geschäftsinteressen auch auf andere Gebiete ausdehnte; unter anderem versuchte er sich 1813 als Lotterie-Kollekteur. Doch der Niedergang seines Geschäfts, das hauptsächlich auf dem Verkauf von englischem Baumwollsamt beruhte, schritt unaufhaltsam fort. Obendrein machten sich 1814 Symptome einer epileptischen Neurose bemerkbar, die seine Geschäftsfähigkeit zunehmend einschränkte und ab 1820 jede weitere merkantile Betätigung ausschloß.

Frankfurt

Im September 1815 nahm Samson Heine seinen Sohn mit auf die Frankfurter Herbstmesse, damit er sich in der Börsenstadt und Handelsmetropole am Main *einmal umsehe; das sey bildend.* Harry sah die über die ganze Stadt verstreuten großen Magazine der Großhändler, die wächsernen Tierfiguren in den Kirmesbuden oberhalb der Zeil, das Rathaus auf dem Römer und die Lebensbedingungen der diskriminierten Juden im erst wenige Jahre zuvor aufgehobenen Ghetto, ihre *Einzwängung* hinter *Frankfurter Judengaßmauern.* Weil sie sich *in Frankfurt (...) sehr vermehrten und doch ihr Quartier nicht erweitern durften,* hätten sie *dort immer ein Stockwerk über das andere* gebaut, wären *sardellenartig zusammen(ge)rückt und dadurch an Leib und Seele verkrüppelt,* lesen wir später im *Rabbi von Bacherach.* Über dreitausend Menschen lebten an einem Ort, der ursprünglich nicht mehr als hundert beherbergte. In einer nachträglich abgeschwächten Lesart des Romanfragments erscheint das *frankfurter Judenquartier* überdies als *schauderhaftes Denkmal des Mittelalters,* seine Bewohner als *verzerrtes, grinsendes, feuchtes Volk, das dort umherschachert, wahrlich es ist Ungeziefer mit Menschenantlitz.* Außerdem begleitete Heine seinen Vater in das Lesekabinett einer Freimaurerloge, deren Gast Samson war (die Mitgliedschaft erwarb er erst 1816), und dort begegnete er zum ersten Mal dem politischen Journalisten Ludwig Börne. Nach Abschluß seiner Messegeschäfte ließ Samson seinen Sohn *auf einige Wochen in Frankfurt zurück.* Im Bankhaus Nehm Beer Rindskopf durfte Harry Heine nun *die göttliche Geldwissenschaft (...) studiren.* Und um nicht allein *etwas vom Wechselgeschäft,* sondern auch *von Colonialwaaren kennen zu lernen,* mußte er anschließend noch *die Gewölbe eines großen Spezereyhändlers besuchen; erstere Besuche dauerten höchstens drey Wochen, letztere vier Wochen. Doch ich lernte bey dieser Gelegenheit wie man einen Wechsel ausstellt und wie Muskatnüsse aussehen* – natürliche Stationen einer kaufmännischen Laufbahn, die allerdings nicht zur Zufriedenheit der Frankfurter Lehrherrn ausfielen: »Von seinem frankfurter Prinzipal gingen Jeremiaden unter Briefcouverts an seinen Vater nach Düsseldorf ab«, wußte der Schulfreund Friedrich Steinmann zu berichten.

Hamburg

Auf die beiden kurzen kaufmännischen Volontariate folgte ab Juni 1816 eine zweijährige Lehrzeit im Kontor des Bankhauses Heckscher & Co. in Hamburg, an dem Heines Onkel Salomon, ein jüngerer Bruder seines Vaters, beteiligt war. Salomon Heine war 1767 in Hannover geboren und hatte sich durch zähen Fleiß, merkantilischen Spürsinn und eine geschickte Heirat in den Besitz eines außerordentlichen Vermögens gebracht: ein *Mann der That* und energischer Geschäftsmann, ein gläubiger Jude mit viel Familiensinn, ein Philanthrop und Wohltäter nicht nur der eigenen Verwandtschaft, und zugleich ein *Griesgram* und Despot im eigenen Hause, der auch seinen Neffen Harry oftmals ausschalt und sogar nach ihm schlug, in der Erregung selbst noch den erwachsenen Mann. Onkel und Neffe verbanden, zumindest in Heines Augen, die gleichen ausgeprägten Charakterzüge: *Dieselbe störrige Keckheit, bodenlose Gemüthsweichheit und unberechenbare Verrücktheit.*

Seine ersten Sporen im Geldgeschäft verdiente sich Salomon durch Botengänge als Wechselagent für das Bankhaus seiner mütterlichen Verwandten, dann als Wechselmakler. 1794 heiratete er die nicht unvermögende Betty Goldschmidt und konnte sich so 1797 am Gründungskapital des Wechsel- und Bankhauses Moritz Heckscher & Co. beteiligen. 1819 machte er sich mit einem Vermögen von 1 Million Bankomark selbständig und war bald der einflußreichste Bankier an der Hamburger Börse. Bei seinem Tod galt er als reichster Mann Hamburgs, sein nachgelassenes Vermögen wurde mit 30 Millionen Francs beziffert. Die sozialen, psychologischen und kulturellen Spannungen, die aus dem Aufstieg des Onkels vom jüdischen Selfmademan zum Multimillionär entstanden waren, blieben Heine nicht verborgen, zumal er selbst als relativ mittelloser Verwandter darin verstrickt war. Sein Verhältnis zu Hamburg, der *seelenlosen Schacherstadt*, und zur dortigen Familie blieb darum zeitlebens überaus konfliktreich.

Die Freie und Hansestadt zählte damals bereits um 130.000 Einwohner; bis 1830 kamen noch einmal 40.000 dazu. Der Beitritt zum Deutschen Bund beendete 1815 zwar die Politik strikter Neutralität, doch behielt der Stadtstaat, der auf eine lange republikanische Tradition zurückblicken konnte, seine völkerrechtliche Selbständigkeit und beschritt in mancher Hinsicht eigene Wege. Die Politik der Restauration fand hier nur wenig Befürworter. Wie in den anderen Freien Städten auch versuchte der Senat mit gewissem Erfolg, seine Souveränität zu wahren und der Hegemonie Österreichs und Preußens entgegenzuwirken.

Handel, Seefahrt, Schiffbau und Hafen waren die vier Säulen, auf denen Hamburgs Größe und Bedeutung ruhte und die die Stadt zur größten Handelsmetropole nicht nur Deutschlands, sondern bald auch des Kontinents machten: eine Hafen- und Weltstadt, die sich mit Amsterdam und Liverpool messen und in der man hanseatisch-großstädtische Kaufmannskultur kennenlernen konnte. Hier hatte neben dem Warenhandel das Wechselgeschäft ein bedeutendes Zentrum; hier befand sich der größte Silbermarkt Europas. Hintersinnig sprach Heine später in der *Harzreise* von jenem *zaubermächtigen Metall, wovon oft der Oheim zu viel und der Neffe zu wenig hat.* Doch der Übergang von dem durch Ereignisse von historischer Dimension bewegten Leben in Düsseldorf in ein *stilles, ödes Zahlenleben* kam zu abrupt, als daß Harry der neuen Umgebung und den neuen Anforderungen viel hätte abgewinnen können. Überdies sah er sich auch in einer lange Jahre gepflegten Herzenshoffnung getäuscht, der Liebe zu einer mittlerweile siebzehnjährigen Cousine, die er sich zur Muse und idealischen Heldin seiner ersten poetischen Versuche erkor.

Millionärstöchter

Salomon Heine hatte neben zwei Söhnen vier Töchter: Friederike, Fanny, Amalie und Therese. Für sie scheint sich Heines Herz der Reihe nach entflammt zu haben, am heftigsten aber für die stattlich-korpulente Amalie. *Molly* nennt Heine sie in den Briefen an Christian

Sethe: Wie allen seinen großen Passionen hat er auch ihr die magische Initiale **M** aufgedrückt und sie mit einem entsprechenden eigenen Namen in Besitz genommen. Cousin und Cousine kannten sich durch verwandtschaftliche Besuche. Zuletzt hatte man sich 1814 in Düsseldorf gesehen. Rückblickend erinnerte Heine an diese Zeit: *Entfernt von ihr, lange Jahre glühende Sehnsucht im Herzen tragen, das ist Höllenqual, und drängt höllisches Schmerzgeschrey hervor.* Doch in Hamburg gab es kaum Gelegenheit für intime Rendezvous, da der Düsseldorfer Verwandte, in der Stadt zur Untermiete wohnend, nicht im erhofften Maß nach Hause eingeladen wurde: *In ihrer Nähe seyn, und doch ewig lange Wochen nach ihrem alleinseeligmachenden Anblick oft vergebens schmachten (...) da kann auch das frömste und reinste Gemüth in wilder wahnsinniger Gottlosigkeit auflodern*, stöhnte er in einem Brief vom 20. November 1816.
Die Familie Salomon Heines lebte auf dem Lande; nur sporadisch kam der Bankier ins Geschäft am Jungfernstieg. Seine Villa am Elbufer im damals dänischen Ottensen war ein Ort vornehmer hanseatischer Lebenskultur, ein offenes Haus, in dem es allerdings nach seines Neffen Harry Empfinden, wie dieser seinem Jugendfreund Christian Sethe nach Düsseldorf berichtete, allzu *geziert und geschwänzelt* zuging, weshalb er, *der freye unbefangene Sänger, sehr oft gegen die Etiquette* verstoße. *Diplomatisches Federvieh, Millionäre, hochweise Senatoren etc. etc. sind keine Leut für mich.* Auch Schriftsteller, Schauspieler und Tonkünstler verkehrten im Hause Heine: Hier lernte Heine vermutlich im Frühjahr/Frühsommer 1819 die westfälische Baronin Elise von Hohenhausen, eine Dichterin und Übersetzerin, kennen, deren persönliche Bekanntschaft mit Lord Byron das Interesse des angehenden Poeten an dem britischen Autor weckte und ihn schließlich zu einem vorübergehenden Anhänger des Byron-Kults machte, als der er sogar auf einer Wanderung durch den Harz im Tornister ein Bild des Dichters mit sich führte. Auf ihre Anregung hin übersetzte Heine, der auf der Vahrenkampschen Handelsschule in Düsseldorf Englisch gelernt hatte, das Gedicht »Fare thee well« nach einer *treuen Abschrift von Lord Byrons eigner Handschrift.* Als Heine zwei Jahre später nach Berlin kam, gehörte er zu den regelmäßigen Gästen ihrer dienstäglichen Teegesellschaft.

Rückblickend war die Elbvilla seines Onkels für Heine vor allem ein Ort feindseliger Verschwörung, schwerster Demütigung und Diffamierung: *Affrontenburg* nannte er in einem späten Gedicht den Schauplatz seiner Leiden. *In diesem Hause*, faßte er 1837 zusammen, *herrschte von jeher eine Aria cattiva*, also eine dem todesschwangeren Dunst mittelitalienischer Sümpfe vergleichbare feindliche Atmosphäre, *die meinen guten Leumund verpestete*. Ehrabschneiderische Vorwürfe und Angriffe kamen sogar aus dem innersten Familienkreis, insbesondere von seinen Tanten Jette und Betty Heine. Im Porträt der beiden *Anstandsdamen Madame Pieper und Madame Schnieper* (die Anklangsgleichheit verweist ebenfalls auf die Vorbilder, Jette und Betty Heine) hat Heine im *Schnabelewopski* den verhaßten Tanten ein Denkmal gesetzt:

Erstere war eine schöne Frau in ihren reifsten Jahren, große schwärzliche Augen, eine große weiße Stirne, schwarze falsche Locken, eine kühne altrömische Nase, und ein Maul das eine Guillotine war für jeden guten Namen. In der That, für einen guten Namen gab es keine leichtere Hinrichtungsmaschine als Madame Piepers Maul; sie ließ ihn nicht lange zappeln, sie machte keine langwichtige Vorbereitungen; war der beste gute Name zwischen ihre Zähne gerathen, so lächelte sie nur – aber dieses Lächeln war wie ein Fallbeil, und die Ehre war abgeschnitten und fiel in den Sack. Sie war immer ein Muster von Anstand, Ehrsamkeit, Frömmigkeit und Tugend. Von Madame Schnieper ließ sich dasselbe rühmen. Es war eine zarte Frau, kleine ängstliche Brüste, gewöhnlich mit einem wehmüthig dünnen Flor umgeben, hellblonde Haare, hellblaue Augen, die entsetzlich klug hervorstachen aus dem weißen Gesichte. Es hieß man könne ihren Tritt nie hören, und wirklich, ehe man sich dessen versah, stand sie oft neben einem, und verschwand dann wieder eben so geräuschlos. Ihr Lächeln war ebenfalls tödtlich für jeden guten Namen, aber minder wie ein Beil, als vielmehr wie jener afrikanische Giftwind, von dessen Hauch schon alle Blumen verwelken; elendiglich verwelken mußte jeder gute Namen, über den sie nur leise hinlächelte. Sie war immer ein Muster von Anstand, Ehrsamkeit, Frömmigkeit und Tugend.

Sie war liebenswürdig, und Er liebte Sie; Er aber war nicht liebens-

würdig, und Sie liebte Ihn nicht: Was Heine dem *Buch Le Grand* als Motto, als *Altes Stück* voransetzte, war das Resümee der unerwiderten Leidenschaft zu der begehrten Millionärstochter. Die erotische Ablehnung war zugleich eine soziale: Ein *Windbeutel* hatte sich in ein engelgleiches Wesen verliebt, der Sohn eines Luftikus in eine Millionärstochter. Es war eine unmögliche Liebe. Schon nach wenigen Monaten erfuhr Harry es aus dem Mund der Angebeteten: *Sie liebt mich nicht*. Dennoch krampte sich sein Herz an die unverbindlichen Liebenswürdigkeiten, die ihm die Cousine entgegenbrachte und die er mit *liebendem Wohlwollen* verwechselte, womit er den *bittersten, schnöden, eiskalten Hohn* aufzuwiegen suchte, mit dem Amalie den armen Vetter aus Düsseldorf auf Distanz hielt. Doch die wiederholt erfahrene deutliche Ablehnung vermochte die *glühende Sehnsucht* nicht zu stillen: *Ich bin ein wahnsinniger SchachSpieler*, gestand er dem Freund in Düsseldorf: *Schon beym ersten Stein habe ich die Königinn verloren, und doch spiel ich noch, und spiele – um die Königinn*.

Freudhold Riesenharf

Die Muse war Harrys Trost, *eine getreue tröstende Freundinn*. Ende Oktober 1816 berichtete er Sethe: *Ich dichte viel; denn ich habe Zeit genung*. Heines erste Dichtungen waren schon in Düsseldorf entstanden: Scherzverse, teilweise als Variationen von Kirmes- und Karnevalsliedern, vaterländische Lyrik, Gelegenheitsgedichte, schließlich eine Reihe von *Traumbildern* mit ihrem *düstren und grausamen Colorit*; Nachtstücke, in denen sich der Einfluß der *schwarzen Romantik* zu erkennen gibt. Die überwiegend in Hamburg entstandenen *Minnelieder* besaßen einen anderen, wehmütigen Ton, sie waren *sanfter und süßer*, *wie in Honig getauchter Schmerz*. Doch auch damit hatte er bei der Geliebten keinen Erfolg: All die *schönen Lieder*, die er doch *nur für Sie gedichtet* hatte, wurden von ihr *bitter und schnöde gedemüthigt*. Mit Inbrunst besang er nun die Gottesmutter, die ihm Sinnbild der keuschen Liebe war: *Ich muß ja eine Madonna haben*. Zumindest eine Zeitlang hat ihm wohl die *Himlische* die *Irdische* zu ersetzen vermocht. Bereits in seiner Düsseldorfer Zeit hatte sich der junge Heine *in die Mystik des Catholizismus* versenkt und der göttlichen Jungfrau gehuldigt, *der Königinn der Engel, der schönsten Dame des Himmels und der Erde.* Ausgangspunkt dieses erotisch getönten Marienkults war offenbar der überwältigende Eindruck, den Stefan Lochners Marienbild im Kölner Dom auf ihn gemacht hatte. In den *Geständnissen* lesen wir über die Faszination, die *der Symbolik des katholischen Dogmas und Cultus* innewohne: *Nicht selten in meiner Jünglingszeit überwältigte auch mich die unendliche Süße, die geheimnißvoll selige Ueberschwänglichkeit und schauerliche Todeslust jener Poesie: auch ich schwärmte manchmal für die hochgebenedeite Königinn des Himmels, die Legenden ihrer Huld und Güte brachte ich in zierliche Reime.* Kaum einer dieser frühen Texte ist erhalten, nur ein paar *Spuren* der *Madonnen-Periode* fanden, wie Heine später verriet, Eingang in seine erste Lyriksammlung, und auch diese seien später sorgfältig von ihm ausgemerzt worden.

Erstmals dachte Heine nun daran, seine Gedichte an die Öffentlichkeit zu bringen. Er würde seine *Minnelieder* gern drucken lassen, vertraute er Sethe im November an, aber *als Kaufmann* würden sie ihm, und zwar bei Christen wie bei Juden, *ungeheuer schädlich seyn.* Dies habe etwas mit dem in Hamburg herrschenden *Geist* zu tun: *In dieser Schacherstadt* sei *nicht das mindeste Gefühl für Poesie zu finden: Huren genug, aber keine Musen.* Auch wegen der in Hamburg herrschenden *schwülen Spannung* zwischen Christen und Juden, einem latenten Antisemitismus, glaubte er als Autor nicht hervortreten zu dürfen: Es lasse *sich leicht voraussehen daß Christliche Liebe die Liebeslieder eines Juden nicht ungehudelt lassen wird.* Für den jungen Heine wurde das Problem seines Judentums schlagartig offenkundig, als er sich bewußt machte, daß er mit seiner »Minnedichtung« in den christlich deutschen Kulturbereich eindrang und von den Statthaltern dieses Bereichs zurückgestoßen zu werden drohte. Hier wird eine Konstante sichtbar, die Heines gesamte Auseinandersetzung mit der literarischen Öffentlichkeit durchzieht: die Angst davor, daß man bestimmte Merkmale seiner Werke mit seiner jüdischen Herkunft in Zusammenhang bringen könnte.

Es dauerte noch bis zum Februar 1817, ehe »Hamburgs Wächter« die ersten Poesien des Kaufmannslehrlings aus Düsseldorf veröffentlichte, der sich hinter dem »mühsam zu Tage geförderten«, megalomanischen Anagramm *Sy. Freudhold Riesenharf* (gebildet aus: Harry Heine Dusseldorff) verbarg. Es waren *zwey Lieder der Minne.* In ihrer wunderlich-altertümelnden Art, die mit ihren archaischen Wort- und Verkleinerungsformen bis in den Wortschatz hinein eine durch die Dichtungen der Romantiker Tieck und Fouqué vermittelte Vorliebe für das Mittelalterliche offenbart, besangen sie eine *wonnevolle, schöne*, ja *liebliche*, zugleich aber todbringende *Wundermaid*: Blondes Gift ist sie im herzbewegenden, grausig-schönen *Traum*; als unerreichbar hohe Herzenskönigin, die gütig den *heiligen Minnelohn*, eine Locke von ihrem Haupte, gewährt, erscheint sie in *Die Weihe.* Bis März folgten noch vier weitere Texte, in denen das ungestillte Verlangen, die Todessehnsucht und schließlich der Liebestod thematisiert werden. In der *Romanze vom Rodrigo* hat der junge Heine, rhythmisch und wörtlich wiederum beeinflußt von Fouqué und erstmals in »spanischen« reimlosen Trochäen, den Triumph des erfolgreichen Nebenbuhlers um die Gunst der Geliebten in Verse gebracht, ein Thema, das er später, aus gegebenem Anlaß, noch dutzendfach variierte.

Amalie Heine heiratete 1821 einen ostpreußischen Gutsbesitzer und verschwand schon bald aus Heines Gesichtsfeld. Doch als *weiblicher Schatten* lebte sie, auch nach ihrem frühen Tod im Jahr 1838, unter verschiedenen Namen (*Evelina*, *Agnes*, *Bertha*, *Ottilie* und *Zuleima*) in seinen Dichtungen weiter. Die Herzblutspur der Abweisung durch die Hamburger Cousine geht durch Heines erste Lyriksammlung, die *Gedichte*, von 1822, und durch sein zweites Buch, *Tragödien, nebst einem lyrischen Intermezzo*, von 1823; von dieser Liebe künden die stark bekenntnishaften *Ideen. Das Buch Le Grand* (1827) wie noch manch anderer späterer Prosatext. Als Heines Göttinger Kommilitone Eduard Wedekind ihm nachher einmal, »ohne mit seinen Liebes-Affairen im Geringsten bekannt zu sein«, aufgrund seiner ersten Veröffentlichungen »demonstrirte, er sei ohne Zweifel in eine Cousine verliebt gewesen«, bestätigte er dies indirekt mit der Antwort: »Du bist ein verfluchter Kerl«. Es war eine Trauerarbeit, die Heine unaufhörlich beschäftigte, bis hinein in die Gedichte der Spätzeit. Für ihn, der lebenslang um Akzeptanz und Anerkennung einer christlich geprägten Gesellschaft ringen mußte und der überdies von einer *leicht erregbaren Sentimentalität* war und *tiefer* fühlte *wie andre Menschen*, war die Herzenswunde des Nichtwiedergeliebtwerdens unstillbar, zumal ihm der Rückhalt der jüdischen Gemeinschaft fehlte. 1823 wagte er im Hause seines Onkels einen erneuten Annäherungsversuch, diesmal bei Amalies jüngerer Schwester, der ebenso *marmorschönen wie marmorkühlen* Therese. Nachdem er wiederum *bekorbt* worden war, wurde ihm plötzlich klar, daß er lediglich eine *neue Thorheit* auf *die alte gepfropft* hatte. Für solche Erfahrungen gab es keinen Trost durch die Vernunft oder den angeborenen *Stolz der geistigen Obermacht.* Nicht einmal *das Bewußtseyn künftiger Größe* konnte ihn *genugsam trösten in seiner Jugend, wenn schnippische Rosen ihn mit ihren Dornen verletzten.*

Das Scheitern all dieser Liebeswerbungen war indes auch schon bei Heine selbst gewissermaßen vorprogrammiert. Es war das aussichtslose Werben um eine in diesen Töchtern personifizierte andere, zugleich nahe und unerreichbare Welt, von der er wußte, daß sie keinerlei Verständnis für seine Nöte aufbrachte, ja gar nicht aufbringen konnte. Insofern gehörte die Zurückweisung zur Werbung dazu, die Verletzung zur Hingabe und zur seelischen Auslieferung des liebenden Prätendenten an die herzenskalte Geliebte. Schon hier zeigt sich diese Spannung zwischen der unmöglichen Liebe zur höher gestellten oder in anderer Weise überlegenen Frau und dem real-erotischen Verhältnis zur niedriger gestellten, abhängigen »Weibsperson«, eine Spannung, in der Heines Beziehungen zu Frauen zeitlebens standen und in der sich von Anfang an Soziales und Persönlich-Erotisches mischte.

Wie ein Wurm nagte das Elend in meinem Herzen, heißt es am Schluß der *Ideen. Das Buch Le Grand*: *Ich habe dieses Elend mit zur Welt gebracht. Es lag schon mit mir in der Wiege, und wenn meine Mutter mich wiegte, so wiegte sie es mit, und wenn sie mich in den Schlaf sang, so schlief es mit mir ein, und es erwachte, sobald ich wieder die Augen aufschlug. Als ich größer wurde, wuchs auch das Elend und wurde endlich ganz groß, und zersprengte mein –*. Doch es war eben dieses *Elend*, das Freudholds Riesenharfe zum Klingen brachte: *Das Herz blutet uns aus tief geheimen Wunden – aber dieses Verbluten ist eine unendliche Wollust, und aus den rothen Tropfen sprossen leuchtende Rosen*, lautet die Erkenntnis von 1821. *Aus meinen großen Schmerzen / Mach' ich die kleinen Lieder*, heißt es programmatisch im *Lyrischen Intermezzo*. War einmal der Wollustcharakter entdeckt, der auf der Disziplinierung des Schmerzes beruht, vermochte das Liebesleid sogar spielerisch kultiviert zu werden.

Ende der Kaufmannskarriere

Zu dem intimen Kummer über die erotische Zurückweisung kam die Befürchtung, daß er, der trotz einer *angeborenen Unbeholfenheit in allen Geschäften die ins Merkantilische einschlagen*, damals *par tout ein Kaufmann seyn wollte*, auch beruflich kurz vor einer Enttäuschung stand: Weder sein Vater, der ihn mit einer geschäftlichen Vollmacht ausgestattet hatte, noch sein Onkel waren mit dem angehenden Kaufmann zufrieden. Bereits nach einem halben Jahr hieß es gegenüber Sethe: *Onkel will mich hier weg haben; auch Vater beschwert sich daß ich keine Geschäfte mache ohngeachtet der großen Ausgaben.* Die *ungeheure Handelsspekulationen*, die Heine im Herbst 1816 in der *Schacherstadt* erlebte (und an denen sich sein Onkel offenbar in großem Maßstab überaus erfolgreich beteiligte), gingen vorüber, ohne daß sie ihn in größerem Umfang beschäftigten und er davon hätte profitieren können. Seine Stimmung war gedrückt. *Mein inneres Leben*, resümierte er 1823, *war ein brütendes Versinken in den düstern, nur von phantastischen Lichtern durchblitzten Schacht der Traumwelt; mein äußeres Leben war toll, wüst, cynisch, abstoßend.* Doch nachdem erste Anlaufschwierigkeiten überwunden werden konnten, war von einer vorzeitigen Rückkehr nach Düsseldorf keine Rede mehr. Im Juni 1818 richtete ihm sein Vater in zentraler Lage (südlich vom Jungfernstieg, in der Nähe von Rathaus und Börse) und als Filiale des Düsseldorfer Geschäfts eine Kommissionshandlung für englische Manufakturwaren ein: »Harry Heine et Comp.«; Salomon dürfte für das nötige Gründungskapital gesorgt haben. In Düsseldorf nicht abgesetzte Waren wurden hier verkauft. Kurz zuvor hatte Heine die provisorische Aufnahme in die Jüdische Gemeinde Hamburgs erlangt, was einem Quasi-Bürgerrecht gleichkam. Heine sollte nun aktiv an der Erhaltung des von der Wirtschaftskrise bedrohten Familienbetriebs mitwirken. Inwieweit er dabei selbständig und auf eigene Rechnung Transaktionen durchführte oder nur Weisungen des Vaters befolgte, ist heute nicht mehr zu klären.

Doch Samson Heines »Ellen- und Modewaarenhandlung« am Rhein steuerte unaufhaltsam dem Bankrott entgegen. Im Sommer 1818, kurz nach Eröffnung des Hamburger Geschäfts, war er endgültig zahlungsunfähig. Seine verzweifelten Rettungsversuche ließen den Schuldenberg nur immer weiter anwachsen. In seiner Not verhielt er sich wie jener Kaufmann, von dem Heine später in einem *Lutezia*-Artikel erzählt, *der sich in bankerottem Zustande befindet, und aus Verzweiflung ein Verschwender wird oder vielmehr kein Geldopfer scheut, um sich momentan zu halten*: Mit ungedeckten Wechseln auf die Hamburger Filiale seines Sohnes suchte er sich von den dringendsten Forderungen zu befreien. Eine Reihe von Anekdoten, die über Heines angebliche Säumigkeit im Bezahlen von Wechseln zirkulieren, sind lediglich auf den Niedergang des Düsseldorfer Geschäfts zurückzuführen und nicht einfach auf kommerzielle Unfähigkeit von Samsons Ältestem. Im Februar 1819 betrieb Salomon Heine zusammen mit seinem Bruder Henry, bei dem Samson seit 1816 mit zehntausend Gulden in der Kreide stand, deshalb beim Friedensrichter in Düsseldorf Samsons Entmündigung. Gleichzeitig wurde versucht, das Verfahren nach Hamburg zu ziehen, wohin Samson inzwischen erzwungenermaßen übergesiedelt war. Die Verbindlichkeiten gegenüber seinem Bankiersbruder, der, um einen Finanzskandal zu vermeiden, den Bankrott bis dahin abzuwenden gesucht hatte, beliefen sich am Ende auf fünfundachtzigtausend Reichstaler. Noch bevor ein Beschluß des Düsseldorfer Handelsgerichts die Firma Heine in Düsseldorf »in Fallitzustand« setzte (rückwirkend auf den 10. März 1819 datiert), wurde auch die Filiale in Hamburg liquidiert, was Heines dortige Außenseiterposition noch deutlicher machte.

Das war das Ende von Heines kurzer Kaufmannskarriere. Zwar heißt es 1843 einmal: *Freylich, ich bin ein schlechter Rechenmeister*; am Bankrott von »Harry Heine et Comp.« aber war er schuldlos. Die Legendenbildung des 19. Jahrhunderts, der romantischen Schablone von der Antinomie des Kaufmännischen und des Dichterischen folgend, wollte darin indes einen Beweis dafür sehen, daß der arme Heine wider seine Natur zum Kaufmannsdasein gezwungen worden sei und sich als »echter«, weltfremder Dichter von diesem Zwang erst durch die Demonstration seiner Ahnungslosigkeit in Finanzdingen habe erlösen können. Dagegen steht die Tatsache, daß Heine als Verkäufer und Vermarkter seiner literarischen Produktion äußerst geschickt operierte und gewitzten Kaufmannsverstand bewies. Dennoch sparte er diese Episode seines Lebens stets aus, wenn er auf seinen beruflichen oder intellektuellen Werdegang angesprochen wurde. Und es fiel niemandem ein, von der ungewöhnlich häufig bei ihm vorkommenden Kaufmannsmetaphorik auf entsprechende Berufserfahrung zu schließen. 1822 lesen wir: *Der Kaufmann hat in der ganzen Welt dieselbe Religion. Sein Komptoir ist seine Kirche, sein Schreibpult ist sein Betstuhl, sein Memorial ist seine Bibel, sein Waarenlager ist sein Allerheiligstes, die Börsenglocke ist seine Betglocke, sein Gold ist sein Gott, der Credit ist sein Glauben.* Gewiß, die Jugendfreunde Steinmann und Rousseau erwähnten in ihren biographischen Abrissen seit 1828 die Tätigkeit als Kaufmann, auch Heinrich Laube verriet sie in einem Lexikonartikel. Aber kein Geheimnis war besser gehütet als dieses, und so wurde es nur den wenigsten Zeitgenossen bekannt.

1819 verließ Heine Hamburg und kehrte zunächst ins Elternhaus zurück. Mit dem Verkauf des Wohn- und Geschäftshauses auf der Bolkerstraße am 17. August 1820 endete die Düsseldorfer Zeit der Familie Heine. Gemeinsam mit den drei jüngeren Kindern Charlotte, Gustav und Maximilian war Betty Heine bereits im Frühjahr desselben Jahres ihrem Mann nach Hamburg gefolgt; nach einer Zwischenstation in Oldesloe nahm die Familie im Juli 1822 ihren dauernden Wohnsitz in Lüneburg (bis Frühsommer 1828, als die Eltern »auf vieles Hamburger Bitten« zu ihren Verwandten an die Elbe zogen). Durch den wirtschaftlichen und gesundheitlichen Ausfall Samson Heines wurde nun der Hamburger Onkel zum »Über-Vater« der Familie. Er war es, der von nun an die Geschicke seiner Verwandten in die Hand nahm und auf großzügige Weise förderte. Die Eltern wurden mit einer Jahresrente versorgt, die Kinder mit Ausbildungsstipendien ausgestattet. Harry erhielt mit der Summe von vierhundert Talern jährlich die Mittel, um ein akademisches Studium absolvieren zu können. Zwar sagte er einmal im Ärger, die Summe sei so *unbedeutend*, daß er auch *den besten Freunden* verschweige, von dem *Prahlhans* so wenig zu erhalten, tatsächlich aber entsprach die Höhe dieser dem akademischen Sprößling zugedachten Wechsel völlig damaligem in besser situierten Familien geübtem Brauch. Heine freilich maß das ihm vom Onkel ausgesetzte Geld nie an den gewöhnlichen Sätzen, sondern immer nur am außergewöhnlichen Reichtum seines Gebers. Da in Salomons patriarchalischer Fürsorge die Verpflichtung des reichen gegenüber dem mittellosen Verwandten und die emotionale Verantwortung des Ersatzvaters gegen den Neffen nie eine rechte Verbindung eingehen konnten, behielt diese Unterstützung für Heine immer etwas Zweideutiges, von dem er sich prinzipiell freizumachen suchte, was ihm freilich nicht gelang.

Mit dem beruflichen Scheitern des Vaters und dem Fehlschlag der eigenen Kaufmannskarriere war der kürzeste Weg des sozialen Aufstiegs verstellt. Den Usancen der auf Akkulturation bedachten jüdischen Familien entsprechend, ließ die Familie – und das hieß: der Hamburger Clanchef – Heine nun den in diesem Fall gegebenen Umweg über ein akademisches Studium einschlagen. Die Wahl der sozial besonders exklusiven Jurisprudenz (anfangs zusätzlich auch der Nationalökonomie), die häufig von Adeligen belegt wurde, war in diesem Sinne eindeutig, versprach ein juristisches Examen doch (in Verbindung mit der dann fast unausweichlichen Taufe) Aussicht auf einen Posten im Staats- und Verwaltungsdienst oder zumindest auf eine Advokatur, d. h. auf Teilhabe an der neuen, ihres wachsenden gesellschaftlichen und politischen Gewichts sicheren Schicht der Dienstleistungsberufe, weshalb diese Fachrichtung – neben der Medizin – mit Vorliebe von der wirtschaftlichen Führungsschicht der Juden für nicht unmittelbar kommerziell tätige Söhne gewählt wurde. Festzuhalten ist aber, daß auch das Jurastudium für Heine noch keineswegs einen Ausweg aus den seiner sozialen Situation als mittelständischer Jude entsprechenden Zwängen, sondern im Gegenteil genau der aus der Liquidation des väterlichen Geschäfts erwachsenen Lage entsprach. Es stellte keine positive Wahl dar, sondern war von den sozialen Bedingungen sowie von dem spezifischen Aufstiegswillen der Familie determiniert.

ZWEITES KAPITEL
Kunst und Brot

Bonn

Zum Wintersemester 1819/20 schrieb sich Harry Heine an der eben erst eröffneten Universität Bonn ein; als Studienfächer sind im Immatrikulationsmanual angegeben: »Jura et Camer(alia)«, Rechts- und Finanz/Staatswirtschaft. Die Errichtung der Hochschule zum 18. Oktober 1818 war mit kulturpolitischen Absichten verbunden gewesen: Durch sie sollten die Rheinprovinzen, die sich aufgrund ihrer französischen Vergangenheit und der engen wirtschaftlichen und kulturellen Beziehungen stärker als in Berlin erwünscht am westlichen Nachbarn orientierten, auch wissenschaftlich enger in den preußischen Staatsverband integriert werden. Die Ausstattung war beachtlich; 1820 gab es schon 49 Dozenten. Es war eine nach dem Berliner Modell angelegte moderne Reformuniversität, viele Studenten und sogar einige Professoren waren geprägt vom national-liberalen Gedankengut aus der Zeit der Befreiungskriege, was manchen von ihnen freilich bald zum Verhängnis werden sollte. Und zugleich war Bonn wie Göttingen eine »Prinzenuniversität«: Viele Fürstensöhne kamen zum Studium an den Rhein. Zu den berühmten Lehrern zählten der Philologe August Wilhelm Schlegel, der Historiker Ernst Moritz Arndt und der Jurist Karl Theodor Welcker, der 1823 nach Freiburg ging; unter den nachmals berühmten Studenten waren neben Heine der Naturforscher Johannes Müller und die Schriftsteller August Heinrich Hoffmann von Fallersleben, Karl Simrock, Gottfried Kinkel und Wolfgang Menzel. Seinem Jurastudium schenkte Heine zunächst wenig Aufmerksamkeit: Vorrangig belegte er Vorlesungen über altdeutsche Literatur und Geschichte.

Mit seinem akademischen Lehrer Schlegel kam Heine in nähere Berührung, als er ihm seine eigenen Poesien zur Begutachtung vorlegte, die er anschließend mit zahlreichen Anmerkungen und Verbesserungsvorschlägen zurückerhielt. Schlegel war es, der Heine *viel metrische Geheimnisse aufgeschlossen* hat, und von ihm wurde

Heine auch zum Verfertigen von Sonetten angeregt – eine formale Herausforderung, die er mit Geschick zu meistern verstand. Außerdem entstanden in Bonn zahlreiche Romanzen, weitere Byron-Übersetzungen und der literaturprogrammatische Aufsatz *Die Romantik*, in dem Heine seine damaligen Ansichten über neuere Poesie formulierte. Als Publikationsort wählte er den »Rheinisch-Westfälischen Anzeiger«, ein bedeutendes Regionalblatt in Hamm, dem er noch bis in seine Berliner Zeit hinein verbunden blieb. In den Sommerferien 1820 mietete er sich in Beuel, einem kleinen Dörfchen auf der anderen Seite des Stroms, ein Zimmer und begann »in einsamer Zurückgezogenheit« mit der Niederschrift der Tragödie *Almansor*, für die unter anderem eine Romanze aus Fouqués Roman »Der Zauberring« (Erstdruck 1813) initiierend war: Sie hatte ihm laut eigener Aussage *oft vorgeschwebt*, als er *den Almansor schrieb*. Die Weiterführung erfolgte in Göttingen; beendet hat er das Stück wohl erst in Berlin.

Almansor

Gegenüber Immermann bezeichnete Heine den *Almansor* als *bildervolles südliches Romanzendrama*, und zweifellos trägt das Stück viele Merkmale einer romantischen Tragödie in Blankversen. Doch unüberhörbar ist die aufklärerische Botschaft des Stücks, das in dieser Hinsicht an Lessings »Nathan« erinnert. Ort und Zeit – das einstmals maurisch beherrschte Granada nach der Rückeroberung durch die Spanier im Jahr 1492 – sind alles andere als bloße Staffage und Kulisse für eine gefühlsbetonte romantische Liebestragödie mit spanisch-orientalischem Kolorit. Heine gründete sein Stück auf historisch korrekten Fakten; das nötige Fachwissen hierfür erschloß er sich mit Hilfe der Bonner Universitätsbibliothek, wo er mehrere wissenschaftliche Werke zur spanisch-maurischen Geschichte und zur Inquisition entlieh. Durch diese Quellentreue erhielt der *Almansor* Züge eines Geschichtsdramas, in dessen Zentrum die Religionsverfolgung steht. Dabei nahm Heine Partei für die unterlegenen glaubenstreuen Moslems, deren zivilisatorische Leistungen während der islamischen Herrschaftsperiode er gegenüber der kulturzerstörerischen Wirkung der Rechristianisierung besonders hervorhob. Daß es ihm nicht ausschließlich um historische Rekonstruktion ging, belegt das Wort von der *Tendenz*, die er dem Stück zusprach. Diese *Tendenz* ging aus dem Stoff selbst hervor, den Heine in einem Brief an den Verleger Dümmler vom 5. Januar 1823 als *religiös-polemisch* und *die Zeitinteressen* betreffend charakterisierte, und richtete sich gegen den Herrschaftsanspruch der christlichen Religion. Rückblickend zeigte er sich stolz, daß er sich in seinem Stück so *derb (...) in Hinsicht des Christenthums* ausgesprochen hatte, das er in einem Brief an Wohlwill vom 7. April 1823 als *faule Idee* und *schmutzige Ideenfamilie* bezeichnete, auch wenn er für den Buchdruck einige derbe Ausdrücke abschwächte. Transponiert in die geschichtliche Auseinandersetzung zwischen Christen und Mauren am Ausgang des 15. Jahrhunderts, schimmert im *Almansor* die konfessionelle Problematik durch – wohl stärker und einseitiger auslegbar, als Heine selbst bewußt war.

Doch auch die Kategorien »historisches Drama« und »Tendenzstück« erfassen noch nicht vollständig die Schreibabsicht des Autors. In einem Brief an Friedrich Steinmann verriet Heine: *In diesem Stücke habe ich mein eignes Selbst hineingeworfen, mit sammt meinen Paradoxen, meiner Weisheit, meiner Liebe, meinem Hasse und meiner ganzen Verrücktheit.* Und gegenüber seinem Schwager Moritz Embden deutete er an, daß er als *ächter Dichter* nicht bloß *die Geschichte seiner eigenen Zeit sondern aller Zeiten* habe geben wollen. Im *Almansor* wollte Heine zeigen, wie religiöse Intoleranz bis in die Familiensphäre hineinreichen und verwandtschaftliche Bande auflösen kann. Gewiß, das Schicksal der Mauren erinnerte an das Schicksal der Juden, die nur durch Lossagung von ihren religiösen Traditionen ihre bürgerliche Gleichstellung erlangen konnten, und man geht nicht fehl, wenn man gelegentlich ein Echo der jüdischen Leidensgeschichte zu vernehmen meint. Dennoch wollte Heine unter allen Umständen vermeiden, daß man sein Stück als Allegorie las, Rückschlüsse auf das Religionsbekenntnis des Verfassers zog und in seiner jüdischen Konfession das Motiv für seine Kritik am Christentum vermutete. Was ihn bewegt hatte, war Sympathie mit den Opfern. Der Titelheld sollte durchaus als Moslem verstanden werden, nicht als *verkappter Jude*, als der wenige Jahre später Michael

Beers »Paria« daherkam, dem sein Autor die Worte in den Mund gelegt hatte: »Großer Brama, / Gieb Antwort: warum folgt Dein ew'ger Haß / Dem unglücksel'gen Stamm, der mich erzeugt?« Weder war Heine daran interessiert, den autobiographischen Bezug vor der Öffentlichkeit aufzudecken, noch wollte er ihn von einem Rezensenten nachgewiesen bekommen. Daher bat er auch einen so feinnervigen Kritiker wie Immermann, von dem er wußte, daß er eine Rezension vorbereitete, in diesem Punkt um Zurückhaltung. Zwar räumte er *die große Einseitigkeit* ein, die sich in seinen Dichtungen zeige, *indem sie alle nur Variazionen desselben kleinen Themas* seien, doch nur, um sich strikt gegen eine biographisch reduzierende Betrachtungsweise zu verwahren: *Nur etwas kann mich aufs schmerzlichste verletzen, wenn man den Geist meiner Dichtungen aus der Geschichte (Sie wissen was dieses Wort bedeutet) aus der Geschichte des Verfassers erklären will.* Es folgt eine offensichtlich erfundene Episode, mit der Heine Immermann indirekt zu verstehen gibt, was er unter allen Umständen unterlassen sollte: *Es kränkte mich tief und bitter als ich gestern im Briefe eines Bekannten ersah wie er sich mein ganzes poetisches Wesen aus zusammengerafften Histörchen konstruiren wollte, und unerquickliche Aeußerungen fallen ließ über* Lebenseindrücke, politische Stellung, Religion, *u. s. w. Aehnliches öffentlich ausgesprochen würde mich ganz empört haben, und ich bin herzlich froh daß nie drgl. geschehn.* Immermann verstand den Wink und äußerte sich entsprechend zurückhaltend. Die konservativen Wiener »Jahrbücher der Literatur«, ein meinungsbildendes Blatt der Restaurationszeit, meinten indes die Absicht des Autors erkannt zu haben, zumal der Rezensent zu wissen glaubte, daß sich der Autor »nicht zum christlichen Glauben« bekenne: »Eine Polemik liegt in dem Gedichte, sie tritt aber nicht klar hervor, vielleicht, weil er sich aus äußern Rücksichten scheute, sie deutlich auszusprechen (...). Boßhafte Leute könnten die Hälfte aller Verhältnisse auf unsere Zeiten anwenden; man könnte in den getauften Mauren andere Getaufte, und in dem glänzenden Gastmahl [Vers 1450 ff.], das irgend eines Banquiers unserer Zeiten erblicken, wo mit ängstlicher Sorgfalt, neben dem aufgetragenen Schweinebraten, alles vermieden wird, was an das Ehemals erinnern könnte.«

Der *Almansor* ist Heines einziges Bühnenwerk, das zu seinen Lebzeiten aufgeführt wurde. August Klingemann, der Verfasser der »Nachtwachen«, nahm sich als Theaterdirektor in Braunschweig des Stücks an, das ihm als »eine geniale, freilich hinsichtlich der Bühnenanwendung noch ungeregelte Arbeit« galt, und brachte es am 20. August 1823 auf die Bühne des Hoftheaters. Publikumsproteste in der Schlußszene, deren Ursache bis heute nicht eindeutig geklärt ist (am wahrscheinlichsten sind konfessionelle Empfindlichkeiten), führten jedoch zu einem vorzeitigen Abbruch.

Von der Auseinandersetzung mit dem Religionsproblem im *Almansor* abgesehen, stand der Bonner Studienbeginn eher im Zeichen sozialer und kultureller Assimilation. Heines jüdische Herkunft war an der Hochschule bekannt (»S[ohn] eines jüd. Kaufmanns«, »jüdischer Rel[igion]« waren die entsprechenden Vermerke im Immatrikulations-Buch), sie führte aber offenbar nicht zu diskriminierender Behandlung. Wohl durch Vermittlung seiner Düsseldorfer Schulkameraden wurde Heine schon bald in die Burschenschaft »Allgemeinheit« aufgenommen. Dem burschikosen Leben konnte sich kaum ein Student entziehen: Wer als »Fink« oder »Kamel« keiner Gemeinschaft angehörte, stand beinahe ehrlos da und erschien nicht satisfaktionsfähig, ein für die studentischen Händel wichtiges Kriterium. Zwischen den älteren Studenten und den Erstsemestern, den »Füchsen«, gab es allerdings oft genug Spannungen; Heine, der eine Brille trug, wurde von seinen Kommilitonen obendrein noch als »Brillenfuchs« verspottet. Wenn Johann Baptist Rousseau später behauptete, daß Heine »damals in Bonn für einen äußerst närrischen Kauz galt und von den Studenten als ein Idiot zum Besten gehalten wurde«, dürfte er allerdings aus späterer Animosität weit übertrieben haben. Friedrich Steinmann betonte demgegenüber, daß Heines Einfluß aufgrund seines Alters und seiner Berufserfahrung, die er den in der Regel jüngeren Kommilitonen voraus hatte, durchaus »von Belang« gewesen sei. Joseph Neunzig, der als Sohn eines Bäckers und Bierbrauers mit ihm in der Bolkerstraße aufgewachsen war und ihn als Medizinstudent in Bonn wiedertraf, hat Adolf Strodtmann später aus genauer Kenntnis ein authentisches Psychogramm des jungen Heine geben können: Er war »gutmüthig und weich bis zum Uebermaß«

und »schämte (...) sich fast der ihm angeborenen Empfindsamkeit, und suchte dieselbe mit trotzigem Stolz unter einer schroffen, abstoßenden Umgangsform zu verstecken«.

Deutschland nach 1815

E*s war damals eine dunkle Zeit in Deutschland, nichts als Eulen, Censuredikte, Kerkerduft, Entsagungsromane, Wachtparaden, Frömmeley und Blödsinn*, resümierte Heine später die Jahre zwischen dem Wiener Kongreß von 1815 und der Julirevolution von 1830. Eine Epoche politischer Friedhofsruhe war angebrochen, die Zeit der berüchtigten »Demagogenverfolgungen« und der »Karlsbader Beschlüsse«, die das intellektuelle Leben in Deutschland für drei Jahrzehnte fest im Griff hielten, der staatlichen Überreaktion auf die erste Welle der antifeudalen Oppositionsbewegung, die mit Namen wie Jahn, Arndt, Oken und Follen verbunden ist. Die Niederlage Napoleons bei Waterloo (am Ende der »Hundert Tage«) hatte das Schicksal Europas besiegelt, die Allianz des europäischen Adels endgültig über den korsischen Usurpator gesiegt, der als Erbe und Vollstrecker der Revolution gekommen war und in den eroberten Ländern den Dekalog des neuen *Weltglaubens*, die *Erklärung der Menschenrechte* verbreitete. Mit Wellington und Blücher, so Heines Resümee von 1851, *triumphirte die schlechte Sache des verjährten Vorrechts, der servile Knechtsinn und die Lüge, und es waren die Interessen der Freyheit, der Gleichheit, der Brüderschaft, der Wahrheit und der Vernunft, es war die Menschheit, welche zu Waterloo die Schlacht verloren.* Die Wiederherstellung des dynastischen Prinzips war einer der Zwecke des Wiener Kongresses; ein anderer bestand darin, den von Napoleon in Deutschland geschaffenen neuen Territorialstaaten Legitimität zu verleihen. Fast alle halbfeudalen Regimes wurden in Deutschland wieder in ihre *angestammten Rechte* eingesetzt. Wir hatten, formulierte Heine kurz vor seinem Tod, *das Joch Napoleons abgeschüttelt um uns wieder das Halsband unserer geliebten Fürsten anlegen zu lassen*. Der am 8. Juni 1815 ins Leben gerufene »Deutsche Bund« umfaßte nicht weniger als 39 Mitglieder, neben Österreich und

Preußen weitere 33 souveräne Einzelstaaten sowie vier Freie Städte. Doch obwohl die Bundesakte allen Mitgliedern landständische Verfassungen versprach, wurden bis 1819 lediglich in fünf Bundesstaaten Konstitutionen verabschiedet, blieb dem Bürgertum politische Mitbestimmung weitgehend versagt. Zu einer einheitlichen Regelung von Wirtschaft, Recht und Verkehr kam es vorläufig nicht; Zollschranken behinderten noch auf Jahre den freien Warenaustausch und das Aufkommen neuer Industrien.

Die zunächst landsmannschaftlich, später auch überregional organisierte Studentenschaft war damals die einzige Gruppierung, die entschieden an der während der Befreiungskriege auch staatlich unterstützten Forderung nach einem freien und geeinten Deutschland festhielt. *Nur in den Tavernen der Universitäten wehte noch ein freyer Hauch, der Flügelschlag der Begeisterung, hier erloschen nie die Tradizionen der wahren Humanität.* Zur dreihundertsten Wiederkehr von Luthers Thesenanschlag und zur Erinnerung an die vier Jahre zurückliegende Völkerschlacht bei Leipzig versammelten sich im Herbst 1817 auf Einladung der Jenaer Burschenschaft fast 500 Studenten von dreizehn deutschen Universitäten auf der Wartburg bei Eisenach. Die Gedächtnisfeier geriet zur Demonstration für innere Freiheit und gegen den territorialen Partikularismus. Auf symbolische Weise (es waren nur Makulaturbögen) wurden nach Luthers Beispiel »Schandschriften des Vaterlandes«, größtenteils reaktionäre Literatur, aber auch burschenschaftskritische Abhandlungen und der Code Civil, sowie Attribute des Militarismus verbrannt.

Auch romantische und rückschrittliche, ja sogar chauvinistische und antidemokratische Züge mischten sich also in diese frühe politische Großkundgebung, und 1840 resümierte Heine daher schroff: Auf der Wartburg *krächzte die Vergangenheit ihren obscuren Rabengesang, und bei Fackellicht wurden Dummheiten gesagt und gethan, die des blödsinnigsten Mittelalters würdig waren! (...) Auf der Wartburg (...) herrschte jener beschränkte Teutomanismus, der viel von Liebe und Glaube greinte, dessen Liebe aber nichts anders war als Haß des Fremden und dessen Glaube nur in der Unvernunft bestand, und der in seiner Unwissenheit nichts Besseres zu erfinden wußte als Bücher zu verbrennen!* In den Augen der Staatsbehörden dominierte jedoch der vehemente Protest gegen die Politik der Restauration. Die Teilnehmer am Wartburgfest, unter denen auch fünf Jenaer Professoren gewesen waren, wurden vom stellvertretenden preußischen Polizeiminister v. Kamptz als »Haufen verwilderter Professoren und verführter Studenten« bezeichnet. Der österreichische Staatskanzler Metternich beschuldigte den Großherzog von Sachsen-Weimar-Eisenach, »aus seinem kleinen Land die Heimstätte des Jakobinertums zu machen«.

Mit geheimen Verordnungen reagierten die Regierungen des Deutschen Bundes zwei Jahre später im Schulterschluß auf die erstarkende nationale und konstitutionelle Bewegung: Auf dem Ministerkongreß im böhmischen Karlsbad wurden im Herbst 1819 die Weichen für den künftigen innenpolitischen Kurs gestellt. Die Ermordung des Staatsrats und Dichters Kotzebue durch den Studenten Sand am 23. März und das Attentat auf den Nassauischen Regierungspräsidenten von Ibell am 1. Juli 1819 hatten weiteren Vorwand für drakonische Zwangs- und Schutzmaßnahmen geliefert. Die am 20. September verabschiedeten, ursprünglich als Ausnahmeverordnungen gedachten »Karlsbader Beschlüsse zur Erhaltung der innern Sicherheit, der öffentlichen Ordnung und zum Schutze des Besitzstandes« trafen für alle Mitgliedsstaaten verbindliche Maßregeln zur Überwachung der parlamentarischen Versammlungen, der Universitäten und der Publizistik. Die Burschenschaften und patriotischen Vereine sowie das Turnwesen waren ihr erstes Opfer. Engagierte, in einer Verbindung organisierte Studenten konnten vom Studium an sämtlichen deutschen Hochschulen ausgeschlossen, politisch unliebsame Dozenten fristlos und ohne Anspruch auf Rechtsmittel entlassen werden. Außerdem wurde eine Zentraluntersuchungskommission mit Sitz in Mainz ins Leben gerufen, die sich ab dem 8. November 1819 um die Aufdeckung und Bekämpfung der »demagogischen Umtriebe« kümmerte, wie die freisinnige Bewegung denunziatorisch genannt wurde.

Als am 18. Oktober 1819 die Bonner Studenten mit einem Fackelzug zum Kreuzberg der sechs Jahre zurückliegenden Völkerschlacht bei Leipzig gedachten (zugleich war es der zweite Jahrestag des Wartburgfestes), wurde dies daher von der Hochschulleitung zum Anlaß für eine Untersuchung genommen, zumal durch die Presse bekannt geworden war, daß sich die Teilnehmer, unter denen auch Heine war, in einer Art »öffentlichen Gelöbnisses« »zum gerechten Dienste für's deutsche Vaterland« verpflichtet hatten. Es gab Verhaftungen und Verhöre. Ende November – und damit noch zwei Wochen vor seiner regulären Immatrikulation – wurde Heine vom akademischen Gericht über die Vorgänge vernommen. Anstelle von »sachdienlichen Hinweisen« gab er jedoch nur ausweichende Antworten, die er offenbar zuvor mit seinen Kommilitonen abgestimmt hatte. Im Kreis der Mitstudenten fiel Heine nicht durch radikale Phrasen auf, er vertrat eher »gemäßigt liberale Ansichten«. Als einmal in studentischer Runde »große Gerichtssitzung über die deutschen Fürsten« gehalten wurde, plädierte Heine dafür, den preußischen König lediglich »auf Pension« zu setzen. Für sich selbst beanspruchte er innerhalb der künftigen Reichsregierung ironisch eines der Zensorenämter im alten Rom, d. h. das oberste Wächteramt in sittlichen und politischen Fragen. Ernster gemeint war die »Lehre von einer allgemeinen jede Nationalität vernichtenden Menschheit«, die er schon damals gegenüber seinen Universitätsfreunden, und wenig später in seinem *Memoir*, seiner Denkschrift *Ueber Polen* nachdrücklich propagierte: *Alle Völker Europas und der ganzen Erde*, heißt es dort, müßten den *Todeskampf* der *Vernichtung ihrer Nazionalität* überstehen, *damit aus dem Tode das Leben, aus der heidnischen Nazionalität die christliche Fraternität* hervorgehen könne. Und damit sei keineswegs *alles Aufgeben schöner Besonderheiten* gemeint, *sondern jene von uns Deutschen am meisten erstrebte und von unsern edelsten Volkssprechern, Lessing, Herder, Schiller u. s. w. am schönsten ausgesprochene allgemeine Menschenverbrüderung, das Urchristenthum.*

Göttingen

Im Oktober 1820 immatrikulierte sich Heine an der Universität in Göttingen. Die ehemalige Residenz der Fürsten von Braunschweig-Lüneburg zählte 1825 um 10.000 Einwohner, darunter 1.500 Studenten. Rektor der von dem zeitgenössischen Reiseschriftsteller Carl Julius Weber als »Königin der Universitäten« gerühmten »Georgia

Augusta« war der Landesherr, Georg IV., König von Großbritannien und Hannover. Die enge Verbindung mit dem englischen Königshaus sorgte selbst im kleinen Göttingen für ein spezifisches gesellschaftliches Klima: »In Göttingen ist's kalt, fein und stolz. (...) Durch Göttingen weht englische Seeluft und hannoverscher Noblessenwind.« Rückblickend bezeichnete Heine die Stadt verächtlich als *gelehrten Kuhstall* und *gelehrtes Sibirien*, weil sie ihm über den Kreis der Universität hinaus keinerlei Anregung bot. Doch auch an der Göttinger Hochschule ließ er kaum ein gutes Haar. In der *Harzreise*, seiner berühmten Abrechnung mit der konservativen Göttinger Wissenschaft, erinnerte er sich mit Widerwillen an die *abgeschmackten akademischen Gerichte, die salzlosen, ledernen Stockfische mit ihrem alten Kohl*, die ihm dort aufgetischt worden waren, eiferte gegen die satte Selbstzufriedenheit, den *engen, trocknen Notizenstolz der hochgelahrten Georgia Augusta* und lästerte über die *alten Professoren*, die, unberührt vom Kommen und Gehen der Studentengenerationen, wie die *Pyramiden Egyptens* ganz *unerschütterlich fest* stünden – *nur daß in diesen Universitätspyramiden keine Weisheit verborgen* sei. Verglichen mit den Bonner Ordinarien schienen ihm die Göttinger *erst recht viel lederner.* Einzig den gemäßigt liberalen Historiker Georg Sartorius von Waltershausen, Professor für Geschichte und Politik, bei dem er im Winter die Vorlesung über Deutsche Geschichte vom Mittelalter bis zur Französischen Revolution hörte und bei dem er dann auch privat die *freundlichste Aufnahme* fand, nahm Heine von diesem generellen Tadel aus, dankte ihm öffentlich in der *Harzreise* und einem Sonett. Wenn er in den *Bädern von Lukka* den deutschen Universitäten ganz generell bescheinigte, *daß sie den deutschen Schriftsteller, mehr als jede andere Zunft, mit allerley Narren versorgen*, dann dachte er gewiß zuallererst an Göttingen. In diese herbe Beurteilung mischte sich wohl auch Verachtung gegenüber feudalen Relikten an der Georgia Augusta, wie sie etwa in der Einrichtung sogenannter »Grafentische«, »eigener Tische und Sessel in den Hörsälen« für die »Erlauchten und Durchlauchten« Ausdruck fanden. *Da hocken sie beysammen, und sprechen nur von ihren Hunden, Pferden und Ahnen, und hören wenig neuere Geschichte.*

Natürlich war Heines Urteil einseitig und ungerecht. Noch Ende des 18. Jahrhunderts galt Göttingen als eine der modernsten Universitäten Europas, an der man eine relativ praxisbezogene Ausbildung genießen konnte und die ihren Absolventen überdurchschnittliche Berufsaussichten eröffnete. Gerade darum hatte die Hamburger Familie Heine ja auch dort hingeschickt. Und umgekehrt ist es wiederum charakteristisch, daß der angehende Schriftsteller, damals noch mehr von romantisch-modernem als von politisch-aufklärerischem Geist beseelt, sich in Göttingen nicht wohl fühlte.
Doch all diese Erwägungen kamen vorläufig nicht zum Tragen, da bereits nach wenigen Wochen eine Duellaffäre Heines Göttinger Aufenthalt ein vorzeitiges Ende bereitete. Ein Kommilitone hatte sich im Streitgespräch *ein unziemliches Wort*, eine verletzende Äußerung erlaubt. Für Heine eine Frage der Ehre: *Das sind Angriffe auf die Persönlichkeit, ohne deren Integrität ich selbst jetzt nicht existiren möchte*. Dem zeitgenössischen Ritual verletzter Männlichkeit entsprechend, forderte Heine den Studenten anschließend zum Duell auf Pistolen, was der Hochschulleitung zu Ohren kam, die diese Form geregelter Körperverletzung im Ansatz unterband und unverzüglich eine Untersuchung gegen beide Kontrahenten einleitete. Sie endete für den Beleidiger mit der Höchststrafe, der Zwangsexmatrikulation, für Heine als Herausforderer mit dem »consilium abeundi«, einem einsemestrigen Universitätsverweis. Aufgrund einer Erkrankung, die ihn daran hinderte, *das Zimmer zu verlassen*, erhielt er vom Universitätsgericht einige Tage Aufschub. Die Art der Krankheit jedoch – eine Syphilose, wie er am 4. Februar 1821 andeutungsweise seinem Freund Steinmann mitteilte – führte zum Ausschluß aus der Burschenschaft, deren Mitglied er auch in Göttingen geworden war. Es war kein antisemitischer Akt – es ist nicht zu belegen, daß auch nur ein einziger der Göttinger Kommilitonen von Heines nichtchristlicher Konfession wußte –, sondern ein »Sittlichkeitsverschiss«: Der Vorwurf lautete auf »Vergehen gegen die Keuschheit, begangen in der ›Knallhütte‹ [eine von zahlreichen sarkastischen studentensprachlichen Chiffren für »Bordell«] bei Bovenden« nördlich von Göttingen. Bereits im Februar 1821 mußte Heine Göttingen wieder verlassen. Kurze Aufenthalte in Hamburg (bei den Verwandten) und

Oldesloe (bei den Eltern) folgten. Nachdem ihm sein Onkel seine weitere Unterstützung zur Fortsetzung des Studiums zugesichert hatte, bereitete Heine den abermaligen Universitätswechsel vor.

Berlin

Im März 1821 kam Heine nach Berlin, im April immatrikulierte er sich an der Königlichen Universität. Erneut stand jedoch nicht das Fachstudium im Vordergrund, sondern das gesellschaftliche und kulturelle Leben und Erleben. Mit ihren langen breiten Straßen und den uniformen Häuserreihen, den riesigen Plätzen und prächtigen Palais, mit Schloß, Zeughaus und Tiergarten, der Königlichen Akademie der Wissenschaften, der neuen Werderschen Kirche, die Heine wie ein *gothischer Dom in verjüngtem Maßstabe* erschien, den Kaufmannsmagazinen auf der Königstraße, deren *bunte, leuchtende Waarenausstellungen fast das Auge blenden*, war Berlin die erste Großstadt seines Lebens; selbst Hamburg mußte da weit zurückstehen. Was die Stadt auch immer an neuen Eindrücken und Reizen zu bieten hatte, Heine gab sich allem bereitwillig hin. Er besuchte Theater, Oper und Ballett, Konzerte und Maskenbälle, Bibliotheken und wissenschaftliche Institute, die Gemäldesammlung des Schlosses und das Museum. Er genoß das glänzende gesellschaftliche Leben in der *gesunden Vernunftstadt*, das bunte Treiben auf Straßen und Plätzen, verbrachte Tage und Nächte in Konditoreien und Cafés, insbesondere im *Caffe royal*. Aber er schaute auch hinter die glänzenden Fassaden, wo sich der ganz gewöhnliche Arbeitsalltag in der Frühphase der industriellen Revolution verbarg: Arbeitstage von gewöhnlich 16 Stunden, Niedriglöhne, Verelendung breiter Schichten, Massenarbeitslosigkeit. Dem plebejischen Milieu, den Ärmsten der Armen, entfremdeten ihn zwar Herkunft und Bildung und auch ein gewisser Dünkel, mit dem er gelegentlich kokettierte. Das hinderte ihn aber nicht daran, in den zwischen Februar und Juli 1822 im liberalen »Rheinisch-Westfälischen Anzeiger«, der bedeutendsten überregionalen Zeitschrift des rheinischen Raums, veröffentlichten *Briefen aus Berlin* mit Sarkasmus und Ironie auf die grellen sozialen Kontraste, den krassen Widerspruch zwischen dem Wohlstand der Wenigen und der Misere der Vielen, hinzuweisen und sich mit den Unterprivilegierten, den Benachteiligten und Erniedrigten, zu solidarisieren. *Das ist die Börse*, berichtete er im ersten seiner Korrespondenzartikel: *Dort schachern die Bekenner des alten und des neuen Testaments. Wir wollen ihnen nicht zu nahe kommen. O Gott, welche Gesichter! Habsucht in jeder Muskel. Wenn sie die Mäuler öffnen, glaub' ich mich angeschrieen: Gieb mir all dein Geld!* Und in seine Beschreibung vom Menschenvolk, *das unter den Linden wogt*, mischt sich die Feststellung: *Wie mancher läuft da herum, der noch nicht weiß, wo er heut zu Mittag essen kann!*

Die Idylle, wie sie auf zeitgenössischen Veduten erscheint, trog: Industrie und Gewerbe suchten Anschluß an das in England und Frankreich erreichte Niveau der Arbeitsproduktivität, Maschinen ersetzten zunehmend die Handarbeit. Bereits ein Drittel der arbeitenden Bevölkerung Berlins war im industriellen Sektor, in Manufakturen und »Fabriken« hauptsächlich der Textilbranche, beschäftigt. 1822 fand die erste Gewerbeausstellung statt, die den Leistungsstand der Industrie demonstrierte. In einem schmerzlichen Prozeß wurde der Übergang von der Agrar- zur frühen Industriegesellschaft vollzogen, der mit der Auflösung der traditionellen Gesellschaftsbeziehungen, mit Entwurzelung, Isolierung und Entfremdung des einzelnen einherging. Mit dem Ausbau der Armenpflege reagierten die Behörden auf die zunehmende Pauperisierung breiter Schichten, hinzu kamen private Initiativen: *Mehrere Menschenfreunde*, berichtete Heine, *wollen hier eine Anstalt für verwahrloste Knaben stiften.* In Berlin, der *Hauptstadt aller Lügen*, wo *der Schein der Dinge am meisten gilt*, wurde die Kluft zwischen Reich und Arm freilich geflissentlich geleugnet oder auch kaschiert, und Heine merkte ironisch an, selbst *der poverste Berliner* habe es *im anständigen Hungerleiden sehr weit gebracht* und sei *meisterhaft darauf eingeübt (...), den schreienden Magen in die Formen vornehmer Konvenienz einzuzwängen.*

Seit den Befreiungskriegen war die Einwohnerzahl sprunghaft gestiegen, in den 20er Jahren zählte man um 200.000 Einwohner. Berlin erlebte einen regelrechten Bauboom, der bestimmt war von Zweckmäßigkeit und Repräsentationsdrang. Auf die höfisch geprägte friderizianische Epoche folgte die bürgerliche Behaglichkeit des Biedermeier, wie sie besonders Unter den Linden, wo die *vornehmste Welt Berlins* wohnte, demonstriert wurde. Das Militär, der *angesehenste* Stand, wie Heine vielfach beobachtete, prägte zusammen mit den Hof- und Staatsdienern das Straßenbild, die Wachtparaden waren seine Visitenkarte. Seine beeindruckende Physiognomie verdankte Berlin zu einem guten Teil dem klassizistischen Stil der Schinkel-Bauten. Doch obwohl er ihr bescheinigte, daß sie *neu, schön und regelmäßig gebaut* sei, machte die Stadt auf den jungen Heine *doch einen etwas nüchternen Eindruck. Die Stadt enthält so wenig Alterthümlichkeit, und ist so neu; und doch ist dieses Neue schon so alt, so welk und abgestorben*, formulierte er hintersinnig in der *Reise von München nach Genua*: eine Anspielung auf den zwitterhaften Charakter des preußischen Staats, dessen Reformwillen durch eine zutiefst konservative Ideologie gezügelt wurde, deren Ziel die Wiederherstellung des vorrevolutionären Absolutismus war.

Für Preußen waren es, in mehr als einer Hinsicht, Aufbaujahre: Es galt, die Verwaltung, insbesondere in den dazugewonnenen Rheinprovinzen, neu zu organisieren, Handel und Gewerbe wiederzubeleben und die durch die Kriege gegen Frankreich ruinierten Staatsfinanzen zu sanieren. *Staatsschuldscheine*, die Heine in seinen *Briefen* erwähnt, sollten helfen, die Kriegsschulden abzutragen. Obenan aber stand die Restauration der durch die revolutionären Ereignisse in Frankreich ins Wanken geratenen politischen und gesellschaftlichen Verhältnisse. Insbesondere für die preußischen Liberalen brachen schwere Zeiten an. Statt der Einlösung des (1815 erneuerten) königlichen Verfassungsversprechens von 1813 und der Fortführung der unter Stein und Hardenberg begonnenen Reformen setzte sich in Berlin ein erzkonservativer Regierungskurs durch, der beim Adel und der geistlichen Hierarchie breite Unterstützung fand, die überkommene ständische Sozialhierarchie festschrieb (alle zivilen und militärischen Spitzenämter waren in der Hand des Feudaladels) und die dringend notwendige Modernisierung des autoritären Obrigkeitsstaates um Jahrzehnte verzögerte. Zaghafte Kritiker wurden mit Ordensverleihungen gefügig gemacht und auf Regierungskurs gebracht: *Weiche Schmeichler, roth bekreuzt*, nennt Heine sie in einem der Lieder aus der *Harzreise* verächtlich. Die »Karlsbader Beschlüsse«, die alle Mitgliedsstaaten des Deutschen Bundes auf ein geschlossenes, rigoroses Vorgehen gegen liberale Reformbestrebungen verpflichteten, erzeugten ein Klima des Mißtrauens, der Denunziation und Einschüchterung. *Die deutschen Wolken waren noch grauer geworden, die Nachtigallen verstummten, dagegen bellten die Hunde weit lauter – die Eichen rauschten sehr kleinmüthig, die Rosen sahen aus als hätten sie den Schnupfen, alles Leben schien auf immer versumpft – überall Stagnazion, Lethargie und Gähnen*, faßte Heine 1855 die politische Grundstimmung der Zeit zusammen.

Von einer wohlweisen Regierung von jeder Teilnahme an politischen Bekundungen abgehalten, hielten sich die Berliner an den mannigfachen Zerstreuungen der Haupt-und Residenzstadt schadlos. In den Theater- und Konzertsälen fand das gesellschaftliche Leben einen Ersatz-Mittelpunkt. Obendrein gab es Privatveranstaltungen, Bälle, Gesellschaften und Tees, wobei man es jedoch vorzog, unter sich zu bleiben: *Es ist hier ungemein viel geselliges Leben*, konstatierte Heine, *aber es ist in lauter Fetzen zerrissen. Es ist ein Nebeneinander vieler kleinen Kreise, die sich immer mehr zusammen zu ziehen als auszubreiten suchen.* Wer nicht dazugehörte, hatte hier nichts zu suchen. Nur auf den seltenen öffentlichen Maskenbällen kam es zur Vermischung der Stände: Hinter der Maske war plötzlich nicht mehr zu unterscheiden, ob ein *Kerl ein Prinz oder Schneidergesell* war. Das öffentliche politische Leben war demgegenüber so gut wie tot. *Nach einem Nazionalsiege und einer Befreyung vom fremden Joche hätte man einen ungeheuren Aufschwung erwarten sollen, doch eben das Gegentheil fand statt (...), bey uns herrschte damals die blödeste Verdrossenheit, Mißmuth, Abgespanntheit in allen Erscheinungen des öffentlichen und Privatlebens.*

Insbesondere die Publizistik litt unter den Auswirkungen diverser »Preßgesetze«. Eine allgewaltige Zensur lastete bleiern auf Zeitungsredaktionen und Buchverlagen. *Ist in einem Volke alles öffentliche Leben unterdrückt, so sucht es dennoch Gegenstände für gemeinsame Besprechung, und dazu dienen ihm in Deutschland seine Schriftsteller und Comödianten.* Die Folge: In den Tageszeitungen ersetzten *literarische Fraubasereyen und Theatergeklätsche* die politischen

Kommentare. Für periodisch erscheinende Schriften und Bücher mit einem Umfang von weniger als 20 Bogen, d. h. unter 320 Seiten, galt eine Präventivzensur: Sie mußten vor dem Erscheinen der Behörde zur Begutachtung vorgelegt werden, damit sämtliche in politischer, persönlicher, religiöser und sittlicher Hinsicht anstößigen Passagen vom Zensor, dessen persönliche Einstellung und Sensibilität ausschlaggebend waren, getilgt werden konnten. Damit war ein beträchtlicher Teil der Buchproduktion und die gesamte Zeitungs- und Zeitschriftenpresse unter behördliche Kuratel gestellt. Diese Zensurpflicht für Bücher von geringerem Umfang erwies sich indes als nicht besonders taugliche Schutzmaßnahme: Denn entweder konnte der Verleger versuchen, das Buch durch spendablen Druck auf über 320 Seiten zu bringen, oder er ließ einfach im benachbarten Ausland, etwa im dänischen Altona, drucken, wo die Zensur unter Umständen milder verfuhr oder gar nicht einzugreifen vermochte. Unangenehmer noch war die Nachzensur mit ihren unberechenbaren Folgen, Verbot und Strafprozeß.

Studium und soziale Erfahrungen

Die 1810 errichtete Universität, an der bedeutende Wissenschaftler wie Hegel, der Theologe Schleiermacher, der Sanskritforscher Franz Bopp, der klassische Philologe August Boeckh und der Staatswissenschaftler Friedrich von Raumer lehrten, machte die preußische Hauptstadt nun auch zu einer Metropole des geistigen Lebens. Doch die Aufsicht über die Universitäten, die als Unruheherde galten, über Lehrende und Studierende, wurde gerade in Preußen mit besonderer Strenge gehandhabt. Renommierte Gelehrte wurden, wie Heine drastisch formulierte, *zum Verrath an Vernunft und Gott* gezwungen: Hegel *mußte die Knechtschaft, das Bestehende, als vernünftig rechtfertigen*, und 1831 konvertierte selbst Schleiermacher, der Vorkämpfer der Gewissensfreiheit, den Heine in seiner Berliner Zeit als *Priester der Wahrheit* erlebte, zum *Prediger kristlicher Unterwürfigkeit*. Kein Dozent konnte sich mehr ein freies Wort erlauben. *Die politische Unterdrückung*, resümierte Heine 1834, hatte *ein allgemeines Ver-*

stummen bewirkt, die Geister waren versunken in eine Lethargie der Verzweiflung. Als sich trotz des 1819 ergangenen Verbots der Burschenschaft an der Berliner Universität wie anderswo auch geheime Studentenvereine bildeten, kam es im Frühjahr 1822 zu Massenverhaftungen und -relegationen von deutschen und polnischen Studenten, *wegen demagogischer Umtriebe*, wie Heine in den *Briefen aus Berlin* zurückhaltend mitteilte.

Sein Jurastudium betrieb Heine eher nachlässig. Er hörte »Pandekten«, d. h. altrömisches Zivilrecht bei Hasse, »Deutsches Privat- und Lehnrecht« und »Europäisches Völkerrecht« bei dem Staatsrechtler Schmalz, dem Gründungsrektor der Universität, der als Erzreaktionär bekannt war und von den meisten Studenten gehaßt wurde. Er machte sich auch mit den Ansichten des Rechtshistorikers Carl von Savigny bekannt, so daß er später formulieren konnte, dieser verkörpere den *Servilismus (...) in seiner elegantesten Livree*. Savigny vertrat eine konservative Naturrechtslehre, bekämpfte den Code Civil und damit die Idee der Gleichheit aller Staatsbürger vor dem Gesetz und kanonisierte das römische (anstelle des germanischen) Rechts. Er galt als Haupt der historischen Rechtsschule, die die *alten, längst untergegangenen Instituzionen des Mittelalters* favorisierte und das Festhalten an alten ständischen Privilegien mit historischen Zitaten belegte. In einem Nachlaßgedicht erscheinen die Berliner *Professoren* mit ihren *mehr oder minder langen Ohren* als Zunft von *Hunden, Die immer angebellt die Vernunft / Und gern zu einem römischen Knechte / Den deutschen Freyling machen möchte.* Zusätzlich besuchte Heine literarische, historische und philosophische Vorlesungen. Bei Hegel, dem *tiefsinnigsten deutschen Philosophen*, hörte er »Philosophie der Weltgeschichte«.

Heines Rolle als Schüler Hegels ist später oft hochgespielt worden, nicht zuletzt von Heine selbst, so als habe ihn der Meister damals in die Geheimnisse und die subversive Dimension seiner Geschichtsphilosophie eingeweiht. Gewiß war die Bekanntschaft mit Hegels Philosophie die entscheidende Entdeckung seiner akademischen Obliegenheiten in Berlin, eine Entdeckung, deren Bedeutung sich für ihn mit den Jahren immer mehr verstärkte. Nachzuweisen ist freilich nur der Besuch der Geschichtsphilosophievorlesung im Winter

1822/23. Ende 1822 zeigt er sich denn auch als gelehriger Hegel-Schüler, wenn er in der Schrift *Ueber Polen* von den *großen Zwecken* der *Geschichte* ausgeht, die für ein ständiges Fortschreiten derselben sorgten. Zuvor hat er wohl zeitweise ›reingehört‹ und unregelmäßig an den Veranstaltungen teilgenommen (im Sommer 1821 Religionsphilosophie; Logik und Metaphysik; im Winter 1821/22 Rechtsphilosophie; Philosophie der Natur; im Sommer 1822 Logik und Metaphysik; Anthropologie und Psychologie). Wichtiger noch als die Vorlesungen selbst war für Heine jedoch die indirekte Vermittlung Hegelschen Denkens, wie er sie über gesellschaftliche Kontakte erfuhr, etwa im Salon der Varnhagens sowie vor allem durch den Umgang mit den ersten »Hegelianern« in Berlin, Eduard Gans und Moses Moser, im »Verein für die Cultur und Wissenschaft der Juden«. Hier wurde er auf die praktischen politischen und sozialen Implikationen der Hegelschen Geschichts- und Rechtsphilosophie aufmerksam gemacht, auf die emanzipatorische Seite dessen, was er später als *Vernunftsreligion* bezeichnete. Es ist kein Zufall, daß er ebenso wie die jüdischen Freunde an den universalen Charakter der Hegelschen Geschichtsauffassung anknüpfte, deren Rezeption damals indessen noch relativ abstrakt blieb. Ein freierer Zugang zur Hegelschen Geschichtsphilosophie eröffnete sich ihm erst, als er mit der eigenen Taufe die soziale »Hypothek« des Judentums vorläufig eingelöst und die damit verbundenen Zwänge abgestreift zu haben meinte. Daß er schließlich als einer der ersten Intellektuellen die sozialen Konsequenzen daraus zu ziehen vermochte, dazu freilich bedurfte es erst der Julirevolution und des nachmaligen Kontakts mit der politischen Realität in Frankreich und mit der Bewegung des Saint-Simonismus.

Beeinträchtigt wurden Heines akademische Studien durch seinen labilen Gesundheitszustand: In Berlin litt er *an allen Arten von Krankheiten*. Obendrein erhielt er im Oktober 1822 bei einem Duell mit einem Kommilitonen, der ihn angeblich schief angesehen hatte, einen Degenstich in die Nieren. Er werde den Namen seines Gegners nie vergessen, erklärte er Jahre später gegenüber Philarète Chasles sarkastisch, denn er sei *der einzige Mensch* gewesen, der ihn *auf die empfindlichste Weise zu verletzen wußte*.

Die sozialen Erfahrungen der Berliner Jahre 1821-23 waren insbesondere für Heines schriftstellerische Selbstfindung bedeutsam, zumal diejenigen des Literaturbetriebs mit seinen Schulbildungen. Relativ schnell fand er Eingang in die Salons, in denen er einerseits die Bestätigung als Schriftsteller wie auch andererseits kritischen Abstand von einer konventionell verwerteten Poesie gewann. Bis zur Anknüpfung der Verlagsbeziehung zu Julius Campe war eindeutig Berlin sein literarisches Zentrum. Es war nur wenig übertrieben, wenn er 1835 gegenüber Chasles resümierte, dort habe er *in enger Berührung mit den ausgezeichnetsten Männern der Wissenschaft* gelebt. In den diversen Teegesellschaften und Lesekränzchen begegneten sich Gelehrte und Künstler, Militärs und Beamte, Poeten und Diplomaten, Hochschullehrer und Studenten. Es waren wohl die Einladungen in den Salon von Elise von Hohenhausen Unter den Linden, die Heine die Türen öffneten, denn ihr war er seit seiner Hamburger Zeit verbunden. Heine lernte den pensionierten preußischen Diplomaten und Schriftsteller Varnhagen von Ense kennen und seine vierzehn Jahre ältere Frau Rahel, geborene Levin, eine konvertierte Jüdin; Rahels Bruder, den Schriftsteller Ludwig Robert, und dessen Frau Friederike, die Schwester des Buchhändlers Braun; die Dichterin Helmina von Chezy, den Diplomaten und Schriftsteller Apollonius von Maltitz, den Dichter und Naturforscher Adelbert von Chamisso, den Maler Wilhelm Hensel. Auch im Lektürezirkel um den Lyriker und Theaterdichter Karl Köchy, wo er bald darauf seinen Kommilitonen, den Dramatiker Christian Dietrich Grabbe einführte, erhielt er wesentliche Impulse.

In Berlin kam er auch erstmals in größerem Umfang in Kontakt zu akkulturierten jüdischen Intellektuellen. Im Haus des Bankiers Veit, wo ihn sein Kommilitone Joseph Lehmann eingeführt hatte, begegnete er dem Dichter Daniel Leßmann, dem Universitätsjuristen Eduard Gans, einem *der rührigsten Apostel der Hegelschen Philosophie*, der gegen die historische Schule Savignys das Recht der praktischen Vernunft vertrat, und dem Bankangestellten Moses Moser, der dann zum engsten, weil *Gleichgesinntesten* seiner Berliner Freunde wurde. Nachdem er sich zuvor literarisch immer nur an rein deutschen Kreisen orientiert und die sprachlich-kulturelle Assimilation eher als individuelles denn als allgemeines, kollektives Problem empfunden hatte, trat ihm in Berlin erstmals so etwas wie eine deutsch-jüdische Kultur entgegen. Erst als die kulturelle (sprachliche) Assimilation bereits abgeschlossen schien, kam es bei ihm zu einem Bewußtwerdungsprozeß hinsichtlich seiner jüdischen Identität. Heine, der »seine Abstammung von jüdischen Eltern«, wie er später dem evangelischen Pastor Grimm in Heiligenstadt verriet, zuletzt wo es ging »verheimlicht«, »immer sich für einen Christen ausgegeben und bisher dafür gegolten« hatte, entwickelte nun ein jüdisches Selbstbewußtsein, das nach außen hin zunächst in seinem Engagement für den »Verein für die Cultur und Wissenschaft der Juden« Ausdruck fand. Es kündigte sich aber auch schon in seinem Reisebericht *Ueber Polen* an, wo Heine die zwar verwahrlosten, aber gewissermaßen authentischen Ostjuden *zum tiers état* des Landes erhob. *Trotz der barbarischen Pelzmütze, die seinen Kopf bedeckt, und der noch barbarischeren Ideen, die denselben füllen, schätze ich den polnischen Juden weit höher als so manchen deutschen Juden (...). Der polnische Jude mit seinem schmutzigen Pelze, mit seinem bevölkerten Barte und Knoblauchgeruch und Gemauschel, ist mir noch immer lieber als Mancher in all seiner staatspapiernen Herrlichkeit.*

Das Hauptverdienst an Heines rascher Integration in die Berliner Salonkultur trug zweifellos das Ehepaar Rahel und Karl August Varnhagen von Ense. Ihr Salon war geistiger Sammelpunkt des intellektuellen Berlin; hier gingen Persönlichkeiten des europäischen Geisteslebens ein und aus. Rahels Charisma führte die heterogensten Charaktere zusammen und stiftete immer wieder interessante Begegnungen zwischen Angehörigen aller Altersgruppen und Stände. Heines Berliner Zeit stand ganz unter dem Patronat der Varnhagens. Beide übernahmen es, wie Varnhagen später resümierte, »seinen Ernst zu stärken und seine Scherzausbrüche zu mäßigen«, und kamen Heine dabei auf wundervoll menschliche Weise entgegen. Sie waren es, die den *kranken, bittern, mürrischen, poetischen und unausstehlichen Menschen*, als den Heine sich rückblickend selbst beschrieb, *mit einer Artigkeit und Güte behandelten*, die er meinte, *in diesem Leben nicht verdient* zu haben. Dankbar erinnerte er sich später in einem Brief an jene Zeit, *wie Sie beyde mir so viel Gutes und Liebes erzeigt, und mich mürrischen, kranken Mann aufgeheitert, und gestärkt, und gehobelt, und durch Rath und That unterstützt, und mit Makaroni und Geistesspeise erquickt. Ich habe so wenig wahre Güte im Leben gefunden, und bin so viel schon mystifizirt worden, und habe erst von Ihnen und Ihrer großherzigen Frau eine ganz menschliche Behandlung erfahren.* Rahel, die Heine einmal *die geistreichste Frau des Universums* nannte, wie auch ihr Mann, dessen *Charakter, Kritik und Loyalität* Heine gleichermaßen zu schätzen wußte, verstanden es, Heine nicht nur zu ermuntern, sondern auch auf fördernde Weise zu kritisieren. »Heine muß ›wesentlich‹ werden, und sollte er Prügel haben«, war Rahels Erwartung an den jungen Dichter, und für Varnhagen, dem Heine das Verdienst zusprach, sein *poetisches Dichten und Trachten geordnet und zum Besten geleitet* zu haben, war es, wie Heine wußte, *nicht hinreichend daß ich zeige wie viel Töne ich auf meiner Leyer habe*, gefordert war *auch die Verbindung aller dieser Töne zu einem großen Conzert.*

In Rahels Salon traten Heine auch Glanz und Problematik deutsch-jüdischer kultureller Symbiose entgegen. Hier lernte er Eduard Gans näher kennen, den Präsidenten des »Vereins für Cultur und Wissenschaft der Juden«, auf dessen Vorschlag Heine am 4. August 1822 aufgenommen wurde. Historisch ausgehend von den Hep-Hep-Ausschreitungen 1819 und der diskriminierenden Judengesetzgebung in den deutschen Bundesstaaten, hatte sich im »Verein« eine schmale, aber hervorragende Elite deutsch-jüdischen Geistes versammelt, um das Judentum aus seiner geistigen Isolation herauszuführen und der jüdischen Nation, im Sinne der Hegelschen Geschichtstheorie, den ihr gebührenden Platz in der Gemeinschaft der europäischen Völker zu erkämpfen. Mehr noch als die Aufklärungsphilosophie, die sich ein halbes Jahrhundert nach Mendelssohn und angesichts der Revolutionserfahrung als abgenutzt und zu grobmaschig erwiesen hatte, erschien das Hegelsche »System« mit seinen subtilen dialektischen Verwinkelungen als eine vielversprechende Konstruktion, in der auch die geistige und soziale Emanzipation der Juden ihren Platz habe. Zudem schien sie eine glaubwürdige Alternative zu dem Dilemma des Reformjudentums zu bieten, das zwischen religiösen Modernisierungsbestrebungen und kulturellem Anpassungswillen an die nichtjüdische

Umgebung hin- und hergerissen blieb. Der Hauptakzent lag dabei auf der Bildungsarbeit sowie auf der wissenschaftlichen Beschäftigung mit der Geschichte des Judentums. Der *esoterische Zweck* des »Vereins« sei *nichts anderes* gewesen *als eine Vermittlung des historischen Judenthums mit der modernen Wissenschaft, von welcher man annahm, daß sie im Laufe der Zeit zur Weltherrschaft gelangen würde* – eine *hochfliegend große, aber unausführbare Idee*, wie Heines retrospektives Urteil in *Ludwig Marcus* lautete, die *Rettung einer längst verlorenen Sache.*

Immerhin aber wurde in diesem Verein der Grundstein gelegt für die »Wissenschaft des Judentums«, jenen enormen Aufschwung und jene große Säkularisierungsbewegung jüdischer Gelehrsamkeit und Forschung, welche die gesamten historischen und philologischen Disziplinen im 19. Jahrhundert erfassen sollten. Vor allem Leopold Zunz war es, der im »Verein« diese zukunftsträchtige Komponente repräsentierte. Ihm ging es darum, eine Wissenschaft der jüdischen Kultur zu etablieren, die es der von Friedrich August Wolf initiierten historischen Altertumswissenschaft gleichtun sollte. Heine war von Zunz' historischen Arbeiten fasziniert. Sie erschlossen ihm eine geschichtliche Perspektive auf das Judentum, die er dann in seinem *Rabbi*-Projekt umzusetzen dachte. Später in Paris traf er andere Repräsentanten dieser philologischen Schule wieder, die ebenfalls aus dem Verein hervorgegangen waren, darunter Ludwig Marcus, dem er einen ergreifenden Nachruf widmete, und Salomon Munk, der eine Anstellung in der Handschriftensammlung der Bibliothèque royale gefunden hatte und es, obgleich über seiner Arbeit fast völlig erblindet, noch zum Professor für hebräische Sprache am Collège de France brachte. Diesem Typus jüdischer Gelehrsamkeit gegenüber empfand Heine zeitlebens eine tiefe Achtung, und nie kam ihm angesichts solcher Persönlichkeiten eine spöttische Bemerkung über die Lippen.

Deutsch-jüdische Doppelidentität

Heine war im »Verein« Vizesekretär des Wissenschaftlichen Instituts, wo er speziell mit dem Projekt eines Frauenvereins betraut wurde, sowie Lehrer für Geschichte, Deutsch und Französisch in der Unterrichtsanstalt. Dem Beitrag des Hegelianismus zur Judenemanzipation gegenüber blieb er eher skeptisch. Er sah den Verlust an kultureller Identität, der den bedrohte, der wie Gans das Hegelsche Schlachtroß bestieg. Innerhalb der vereinsinternen Diskussionen um die Zielsetzung der Vereinsarbeit nahm Heine daher eher gegen eine Auflösung des Judentums im Hegelschen Idealismus und – zumindest gefühlsmäßig – für die jüdischen Traditionalisten Stellung, die ihm *kraftvoller* (ein Schlüsselwort für seine damaligen Auffassungen) erschienen als die Reformjuden, die er in Isaak Levin Auerbach beispielhaft verkörpert sah. *Tradition* meint hier jedoch keineswegs die Religion (eine Reformation dieser Religion hielt Heine für aussichtslos), sondern die geschichtlich gewachsene Kultur etwa in Herderschem Sinne. Der junge Heine war nie *ein Enthousiast für die jüdische Religion*, um so mehr aber *für die Rechte der Juden und ihre bürgerliche Gleichstellung*. Gerade diese Stellungnahmen belegen, daß Heine in seiner Vereinsarbeit nicht nur die Lage seiner Schicksalsgenossen verbessern wollte, sondern auch auf der Suche nach seiner eigenen Identität war. Doch was dieses eigene Judentum anlangte, so war er durchaus gespalten. Einesteils erwartete er beispielsweise von Leopold Zunz' Arbeiten eine *Aufregung der Kraft* als dasjenige, was Israel am meisten nottäte. An den ungeschickten Versuchen der aufgeklärten Reformjuden, das Judentum von seinem *fatalen Hautgeschwür* durch *Aderlaß* und anschließende *spinnwebige Vernunftbandagen* zu heilen, müsse Israel dagegen verbluten. Der Grund für die Reformbestrebungen sei die Tatsache, daß sie nicht mehr *die Kraft* hätten, *einen Bart zu tragen, zu fasten, zu Hassen, und aus Haß zu dulden*. Davon nahm sich Heine – als Mitglied des Kulturvereins – keineswegs aus. *Auch ich*, heißt es im Brief an Immanuel Wohlwill vom 1. April 1823, *habe nicht die Kraft einen Bart zu tragen, und mir Judenmauschel nachrufen zu lassen, und zu fasten etc.*, und ergänzend, mit der für ihn typischen Wendung ins Humoristische: *Ich habe nicht mahl die Kraft ordentlich Mazzes zu essen. Ich wohne nemlich jetzt bey einem Juden (...) und bekomme jetzt Mazzes statt Brod und zerknacke mir die Zähne.*

Der Weg zurück aus der Assimilation ins kulturelle Ghetto war für Heine unmöglich, ebenso unmöglich wie der in die (christliche) Kirche oder auch in den Reformtempel. Wozu sollte aber dann die *Aufregung der Kraft* dienen, die er Zunz ans Herz legte? Zunächst der Annahme der jüdischen Identität. Zunz trat ja besonders durch seine Arbeiten zur Geschichte des Judentums hervor und eröffnete damit die Aussicht einer wissenschaftlichen Vermittlung dieser Identität. Der Wert dieser Arbeiten lag nach Heine darin, eine »Quelle« – im historischen wie im metaphorischen Sinne – darzustellen, die eine authentische Aufarbeitung des jüdischen Problems gestatte und aus der sich ein modernes Judentum regenerieren könne. Was Heine verlangte, war also nicht die *Kraft*, wieder den Bart zu tragen, sondern Kraft für eine authentische jüdische Selbstfindung in der Geschichte. In diesem Sinne plante Heine, in der Zeitschrift des Kulturvereins *den großen Judenschmerz (wie ihn Börne nennt)* in einem eigenen Aufsatz *auszusprechen*, ein Projekt, das wohl nicht nur an seinem labilen Gesundheitszustand, sondern auch an unausgegorenen inneren Widersprüchen scheiterte; in diesem Sinne unternahm er dann auch in Göttingen das Romanprojekt des *Rabbi von Bacharach*, das er nur fragmentarisch ausführte.

Parallel zur Krise der jüdischen Identität verlief eine Krise der deutschen Identität. Schon im Frühjahr 1822 brach er in einem Brief an den Jugendfreund Christian Sethe, der für ihn gewissermaßen den Prototyp des »guten Deutschen« darstellte, in die Worte aus: *Alles was deutsch ist, ist mir zuwider; und Du bist leider ein Deutscher. Alles Deutsche wirkt auf mich wie ein Brechpulver. Die deutsche Sprache zerreißt meine Ohre. Die eignen Gedichte ekeln mich zuweilen an, wenn ich sehe, daß sie auf deutsch geschrieben sind. Sogar das Schreiben dieses Billets wird mir sauer, weil die deutschen Schriftzüge schmerzhaft auf meine Nerven wirken.* Und dann fährt er französisch fort: Er gedenke ins Morgenland auszuwandern und ein Hirtendasein in Arabien zu führen: Evasionsgedanken eines Virtuosen der deutschen Sprache, der natürlich im Grunde seiner Seele wußte, daß es kein Entrinnen gab und auch nicht geben durfte. Denn auf der anderen Seite erklärte er (zwei Jahre später) gegenüber Rudolf Christiani: *Ich weiß daß ich eine der deutschesten Bestien bin, ich weiß nur zu gut daß mir das Deutsche das ist, was dem Fische das Wasser ist, daß ich aus diesem Lebenselement nicht heraus kann, und daß ich – um das Fischgleichniß beyzubehalten – zum Stockfisch vertrocknen muß wenn ich – um das wäßrige Gleichniß beyzubehalten – aus dem Wasser des deutschthümlichen herausspringe. Ich liebe sogar im Grunde das Deutsche mehr als alles auf der Welt (...), und meine Brust ist ein Archiv deutschen Gefühls.* Die innere Korrelation dieser beiden Haltungen dem *Deutschen* gegenüber ist evident, ebenso wie die Verbindung dieses Problems mit dem der jüdischen Identität.

Auf diese Identität, die ihm mehr von außen beigelegt wurde, als ihm recht sein konnte, wurde Heine immer wieder gestoßen. Fast parallel mit seinem Beitritt zum Kulturverein ging die Aufhebung der versprochenen Judenemanzipation einher. Christlich-germanische Ressentiments gegen die Präsenz jüdischer Intellektueller in Forschung und Lehre hatten die von Hardenberg am 11. März 1812 oktroyierte Judenemanzipation in Preußen wieder rückgängig gemacht. Per königlicher Kabinettsordre vom 18. August 1822 (veröffentlicht am 4. Dezember 1822 in der »Gesetzes-Sammlung für die preußischen Staaten«) wurden die Bestimmungen des Edikts von 1812 zur Gleichstellung der Juden und damit deren Zulassung zu akademischen Schul- und Lehrämtern aufgehoben. Heines Haltung zu Preußen verschärfte sich nun zusehends, er sah sich vom preußischen Scheinliberalismus getäuscht, Berlin galt ihm fortan als *falsches Nest. Pöbel*, stichelte er in den *Reisebildern*, gebe es in Berlin keinen, ausgenommen *in den höchsten Ständen*. Fortan ging Heine mehr und mehr dazu über, den autoritären Charakter des Restaurationsstaates, der seinen Bürgern elementare Grundrechte verweigerte, zu verdeutlichen. Bereits sein nächster größerer Aufsatz enthielt Seitenhiebe gegen eine staatstragende *überfromme Philosophie* und eine reaktionäre Gelehrtenzunft, die es verstand, in germanischen Wäldern *mit historischen Citaten zu heulen*. Der kämpferische Akzent, der in seinen Berliner

Veröffentlichungen aufgrund der restriktiven Zensurpraxis nur erahnbar ist, kommt in einem Brief an Immermann vom 24. Dezember 1822 zum Ausdruck: *Kampf dem verjährten Unrecht, der herrschenden Thorheit und dem Schlechten!* Den privaten Dreh- und Angelpunkt seiner Kritik, die verweigerte bürgerliche Gleichstellung, hat er, eben wegen der persönlichen Betroffenheit, nur verschämt erwähnt. So heißt es 1822 nüchtern: *Im preußischen Polen erlangen die Juden kein Staatsamt, die sich nicht taufen lassen.* Eine deutlicher auf sich selbst bezogene, polemische Bemerkung (in einem zwischen November 1825 und Sommer 1826 entstandenen Fragment einer geplanten Fortsetzung der *Harzreise*) fiel dagegen der Selbstzensur zum Opfer. Dort war zu lesen, ihr *deutsches Stiefvaterland* wolle den Juden *nicht mahl gewähren statt des Handels mit alten Hosen auch mahl zur Abwechslung königlich preußische Referendaren oder Advokaten zu werden!*

Die schmerzliche Doppelidentität von deutschem und jüdischem Schriftsteller wurde demnach zusätzlich kompliziert durch Heines ungeklärte Berufsperspektive. Das Jurastudium mußte logischerweise auf eine Staatsanstellung und damit möglicherweise (je nach Staat) auch auf eine Taufe hinauslaufen. Von daher sind wohl die Widerstände zu erklären, die sich bei Heine in Berlin gegen einen Abschluß seines Studiums bemerkbar machten. *Aus meiner Denkungsart kannst Du es Dir wohl abstrahiren*, schrieb er am 30. September 1823 an Moser, *daß mir die Taufe ein gleichgültiger Akt ist, daß ich ihn auch symbolisch nicht wichtig achte, und daß er in den Verhältnissen und auf der Weise wie er bey mir vollzogen werden würde, auch für Andere keine Bedeutung hätte. Für mich hätte er vielleicht die Bedeutung daß ich mich der Verfechtung der Rechte meiner unglücklichen Stammesgenossen mehr weihen würde. Aber dennoch halte ich es unter meiner Würde und meine Ehre befleckend wenn ich, um ein Amt in Preußen anzunehmen, mich taufen ließe. Im lieben Preußen!!!* Als Alternative zum Staatsdienst erwog er eine Advokatur (wobei ihm damals anscheinend nicht bewußt war, daß auch sie in zahlreichen Staaten nur Christen vorbehalten war) oder eine Tätigkeit an der Universität als Dozent mit, wie das Beispiel von Eduard Gans zeigte, ebenfalls ungeklärtem konfessionellem Status.

Nach welcher Richtung er sich auch wandte, überall stieß er auf dieselbe Barriere, und vorläufig war er noch nicht zu Konzessionen bereit.

Gedichte

Die Berliner Studienjahre brachten Heine die ersten literarischen Erfolge. Kein Monat, kaum eine Woche verging, ohne daß im dortigen »Gesellschafter«, einer angesehenen Zeitschrift unter der Redaktion von Friedrich Wilhelm Gubitz, oder dem weniger bedeutenden »Zuschauer«, ein Gedicht, eine Rezension oder eine kleinere Notiz aus seiner Feder erschien. Einiges andere schickte Heine an die renommierte Dresdner »Abend-Zeitung« und insbesondere an die Redakteure rheinischer Zeitschriften, wobei er an alte Bekanntschaften aus seiner Bonner Zeit anknüpfen konnte. Im November brachte der »Gesellschafter« als Vorabdruck Auszüge aus seinem Drama *Almansor* und wurde so zur *Wiege* von Heines *Ruhm*; im Dezember 1821 erschien – nachdem Brockhaus die Veröffentlichung abgelehnt hatte – in der Maurerschen Verlagsbuchhandlung, die auch den »Gesellschafter« verlegte, Heines erstes Buch: *Gedichte*. Die 75 Einzeltexte des Bandes – verteilt auf die Zyklen *Traumbilder, Minnelieder, Romanzen, Sonette und vermischte Gedichte* und *Uebersetzungen aus Lord Byrons Werken* – waren größtenteils in Hamburg entstanden, teilweise noch in Düsseldorf, zum geringeren Teil in Bonn. Es handelt sich überwiegend um Liebeslyrik, es sind Gedichte über das Scheitern einer Hoffnung, aber Hintergrund der unglücklichen Liebe ist das Leiden an der Gesellschaft. Karl Immermann, der selbst eben als Dramatiker debütiert hatte, las es, noch ehe er Heine kennenlernte, 1822 aus den *Gedichten* heraus: »Dringen wir etwas tiefer, so scheint es mir, daß ein Herberes, als jener Liebesverdruß, die Brust des Dichters bewegt habe, und daß das arme Mädchen, welches so bitter gescholten wird, für die Unbillen Andrer büßen müsse.«

Selbstkritisch räumte Heine in einem Privatbrief ein, daß die meisten Texte seines Erstlingswerks *wenig Werth* hätten. Er hoffte aber, daß zumindest der Fachmann in seinen Gedichten *Studium des Volksliedes*,

Kampf gegen Convenienzpoesie und Streben nach Originalität nicht verkennen möge. Sein damaliges poetisches Programm zielte darauf ab, *den Geist der Volkslied-Formen zu erfassen, und mit der Kenntniß desselben nach unserem Bedürfniß gemodelte, neue Formen zu bilden.* Irrig und *abgeschmackt* sei es, wenn man für den *heutigsten Stoff aus der gebildeten Gesellschaft* eine *Form* wähle, *die vielleicht ein ehrlicher Handwerksbursche vor zweyhundert Jahren für den Erguß seiner Gefühle passend gefunden* hätte. Das gelang ihm indes nicht durchgehend. Immer wieder griff Heine auf antiquierte Floskeln und überlieferte Masken der romantischen Lyrik zurück. Traditionell-epigonales, der Schauer- oder der Marienromantik (*Die Weihe*) Verpflichtetes mischt sich mit balladenhaften (*Belsatzar, Die Grenadier*) und schon eigen-moderneren Versuchen wie das *Lied des gefangenen Räubers* oder das Stammbuchsonett für den Düsseldorfer Schulkameraden Gustav Friedrich von Untzer, in dem sich schon der gedrängte, epigrammatische Stil des erneuerten Volksliedes ankündigt, wie er das *Lyrische Intermezzo* charakterisiert:

Anfangs wollt' ich fast verzagen,
Und ich glaubt' ich trüg' es nie;
Und ich hab' es doch getragen, –
Aber frag' mich nur nicht wie?

Die *Gedichte* machten zwar keine Sensation, doch konnte Heine immerhin einen Achtungserfolg verbuchen, was bereits an der Zahl von immerhin sechzehn Besprechungen deutlich wird. Unter Heines ersten Rezensenten waren seine Bonner Kommilitonen Rousseau und Smets und seine Berliner Förderer Varnhagen und Elise von Hohenhausen, aber auch bedeutende Kritiker wie Immermann und Müllner, der Dichter der »Schuld«. Rousseau sprach in seiner Rezension von seinem Freund als dem »deutschen Byron« – ein Vergleich, der Heine anfänglich schmeichelte, den er dann aber seit Mitte der 20er Jahre heftig dementierte: Er sei *kein Nachbeter, oder besser gesagt Nachfrevler Byrons*, verkündete er 1827.

Briefe aus Berlin

Zwischen Februar und Juli 1822 sorgten dann Heines im »Rheinisch-Westfälischen Anzeiger« in Hamm anonym erschienene *Briefe aus Berlin* für Aufsehen in der Literaturszene; vor allem wegen der »gewagten Ansichten und Behauptungen« und den vielen offenen Namensnennungen. Mit dieser Artikelserie eröffnete Heine seine eigentliche journalistische Tätigkeit. Versetzt mit einer gehörigen Prise Ironie, vermittelte er den Lesern in der preußischen Provinz großstädtisches Flair. Bereits die beiden ersten *Mittheilungen aus der Residenz* bezeichnete Varnhagen als »sehr dreiste Korrespondenznachrichten«. Gemeint waren Stellen wie diese:

Was Sie jetzt vor sich sehen, ist der berühmte Thiergarten, in der Mitte die breite Chaussee nach Charlottenburg. Auf beiden Seiten zwey kolossale Statuen, wovon die Eine einen Apoll vorstellen möchte. Erzniederträchtige, verstümmelte Klötze. Man sollte sie herunterwerfen. Denn es hat sich gewiß schon manche schwangere Berlinerinn dran versehen. Daher die vielen scheußlichen Gesichter, denen wir unter den Linden begegnet.

Anstoß erregte auch die in ein Lob des preußischen Offizierscorps verpackte Beobachtung, *hier und da* sehe man im Lustgarten *ein aufgeblasenes, dumm-stolzes Aristokratengesicht aus der Menge hervorglotzen.*

Heines Berichte aus der preußischen Hauptstadt, die in mancherlei Hinsicht die späteren Korrespondenzen aus Paris vorwegnehmen, waren zwar im Rang der Lyrik noch untergeordnet – ganz zu schweigen vom Drama, das für Heine damals als Gattung noch Vorrang besaß –, doch arbeitete er bereits in diesen auf den ersten Blick unscheinbaren Artikeln einige grundlegende Züge und Merkmale seiner Kunstprosa heraus: rhetorisch durchgebildeter Witzstil, ironische Grundhaltung, Mischung von empirischen (manchmal aber auch fingierten) Erlebnispassagen mit Kommentar und Wertung, kecke Personalsatire. Die *Briefe aus Berlin* verbinden Essay und Anekdote, Nachricht und Pointe und folgen in ihrer scheinbar planlosen, tatsächlich aber kunstvollen Anordnung der Details der von

Heine zum Prinzip erhobenen Methode der *Ideen-Assoziazion*. Darunter verstand er eine entspannt unsystematische, lockere Aneinanderreihung nicht immer gleichwertiger, stets aber interessanter Mitteilungen, was Mesalliancen zwischen Erhabenem und Banalem geradezu provozierte. Auf diese Weise gelang ihm ein differenziertes Bild des gesellschaftlichen und kulturellen Lebens der preußischen Hauptstadt, wozu die Prostituierten Unter den Linden und im Kastanienwäldchen neben der Universität ebenso gehören wie der märkische Hochadel oder die hervorragendsten Konditoreien, die preußischen Königskinder und die städtischen Plebejer. Wenn er doch einmal wie pflichtmäßig über die allerneusten Garderoben, Premieren und Bälle berichtete, dann persiflierte er damit zugleich das gehaltlose Geschwätz seiner journalistischen Kollegen.

Die ersten journalistischen Gehversuche des Vierundzwanzigjährigen erwiesen sich auch insofern als prägende Erfahrung, als Heine hier erstmals mit Zensurproblemen konfrontiert wurde, und zwar sowohl mit Eingriffen der Redaktion wie mit staatlicher Zensur, was ihm zunehmend die Lust am Schreiben verleidete. Auf die Zensur hatte Heine schon im *Ersten Brief* angespielt: *Was soll ich nicht schreiben? d. h., was weiß das Publikum schon längst, was ist demselben ganz gleichgültig, und was darf es nicht wissen?* Vieles unterdrückte er daher von vornherein, *aus stadtvogteylichen Gründen*, wie er mit Anspielung auf das Stadtgefängnis sagte. Wie er wirklich über Berlin, insbesondere *das geistige Berlin*, denke, dürfe er *jetzt nicht drucken lassen*, erklärte er am 4. Mai 1823 gegenüber Maximilian Schottky; das holte er im zweiten Band der *Reisebilder* nach. Und schließlich wurde sich Heine hier der für den damaligen Journalismus noch so charakteristischen Verbindung von Öffentlichem und Privatem bewußt: Obwohl er zunächst im Schutz der Anonymität berichtete, wurde seine Autorschaft ruchbar, was ihm Händel mit Literaten und Offizieren einbrachte, die sich durch einige Äußerungen beleidigt fühlten. Der öffentliche Sprecher wurde privat für seine öffentliche Arbeit zur Rechenschaft gezogen. Im Umgang mit solchen Querelen wie auch in der Konfrontation mit der Zensur lernte Heine eine Reihe von Kunstgriffen des journalistischen Handwerks, die ihm in der Folge sehr zustatten kamen.

Ratcliff

Anfang des Jahres 1822 entstand das romantische Schicksalsdrama *William Ratcliff*. Im Brief an Immermann vom 24. Dezember 1822 bezeichnete Heine das einaktige Werk als *sehr kleine nordisch düstre Tragödie*, im Vorwort zur 3. Auflage der *Neuen Gedichte* noch zurückhaltender als *Tragödie oder dramatisirte Ballade*. Angeregt war sie von den kulturellen Impressionen in Berlin: Inspirierend wirkten vor allem die Shakespeare-Aufführungen am Berliner Hofoperntheater, insbesondere »Hamlet« und »Macbeth«, und die dramaturgischen Diskussionen im Köchy-Kreis. Kreativer »Zündfunke« war vermutlich eine Aufführung von Grillparzers »Ahnfrau« im Berliner Opernhaus am 27. November 1821. Im Unterschied zum *Almansor* waren der Niederschrift keine Quellenstudien vorausgegangen; das nötige nordschottische Lokalkolorit, aber auch Personal, Namen und Örtlichkeiten entnahm Heine einem Roman Walter Scotts: »The black Dwarf« (1816).

Heine griff zu einem Modegenre, denn die spätromantische Schicksalstragödie beherrschte damals die deutschsprachige Bühne. Vorausgegangen waren Schillers »Braut von Messina« (1803), Müllners »Schuld« (Uraufführung 1813) und Werners »Vierundzwanzigster Februar«. Vor allem zwei Aspekte verleihen *Ratcliff* dennoch den Rang einer literarischen Innovation: die Charakterisierung des Titelhelden als eines »Wahnsinnigen«, der an einer »fixen Idee« leidet, welcher er folgt, »weil er muß«; und der untergründig formulierte klassenkämpferische Gestus, der die Welt auf zwei Parteien, Satte und Hungerleider, reduziert. Er verleiht Heines Drama Züge einer sozialen Tragödie, auch wenn der Klassenkonflikt im *Ratcliff* von dem privaten Konflikt weit überlagert wird. Was Ludwig Börne 1831 anläßlich der Weberrevolte in Lyon den »Krieg der Armen gegen die Reichen« nannte, ist in den Szenen der *Diebesherberge* schon vorformuliert und auf den Punkt gebracht, wenn Ratcliff Kapitalverbrecher wie den Raubmörder Robin mit dem Hinweis auf den Luxus und die Dekadenz der Feudal- und Geldaristokratie als Sozialrebellen rechtfertigt:

Einen Mann ergreift der Zorn,
Wenn er betrachtet wie die Pfennigseelen,
Die Buben, oft im Ueberflusse schwelgen,
In Sammt und Seide schimmern, Austern schlürfen,
Sich in Champagner baden, in dem Bette
Des Doktor Grahams ihre Kurzweil treiben,
In goldnen Wagen durch die Straßen rasseln,
Und stolz herabsehn auf den Hungerleider (...).
O seht mir doch die klugen, satten Leute,
Wie sie mit einem Walle von Gesetzen,
Sich wohlverwahret gegen allen Andrang
Der schreiend überläst'gen Hungerleider!
Weh' dem, der diesen Wall durchbricht!
Bereit sind Richter, Henker, Stricke, Galgen, –

Worauf Tom, der Spelunkenwirt, zustimmend antwortet:

So dacht' ich auch, und theilte ein die Menschen
In zwey Nazionen, die sich wild bekriegen;
Nemlich in Satte und in Hungerleider.

Durch den vorangestellten Hinweis des Autors, die Handlung spiele *in der neuesten Zeit*, wird die soziale Frage zum Gegenwartsproblem erklärt. Retrospektiv zugespitzt schrieb Heine 1851 dazu: *Am Herde des ehrlichen Tom im Ratcliff brodelt schon die große Suppenfrage, worin jetzt tausend verdorbene Köche herumlöffeln, und die täglich schäumender überkocht.* Allerdings wird im *Ratcliff* nur konstatiert, was im ›echten‹ sozialen Drama seit Büchners »Woyzeck« dann in Handlungsgeschehen umgesetzt wird.
Für Heine machte insbesondere die Ersetzung des antiken Fatums durch »die Veranschaulichung der Naturmystik«, wie es in einer von ihm inspirierten Verlagsanzeige heißt, die Originalität seines Werks aus: Im Brief an seinen Verleger Dümmler bezeichnete er dies als *Grundidee* des Stücks. Hier offenbart sich eine mystische Wurzel in Heines Denken, die (von Plato herrührende) Annahme *eingeborener Ideen*: *Der Mensch bringt die Ideen mit zur Welt, und wenn er derselben bewußt wird, so kommen sie ihm vor wie Erinnerungen aus*

einem früheren Daseyn. Im Stück verkörpert sich »die fortbestehende Gegenwart des Vergangenen, das in die Wirklichkeit zurückstrebende Unwirkliche«, wie der Freund Moses Moser es in seiner Rezension nannte, in den *Nebelmenschen*: *Zwey neblichte Gestalten*, die Ratcliff und seiner Geliebten von Zeit zu Zeit wie Doppelgänger erscheinen, ersetzen beider mystische, auf der Bühne unsichtbare persönliche Erinnerung, indem sie auf ein blutiges Familiengeheimnis verweisen, das bis in die folgende Generation tragisch weiterwirkt. Für die unerwiderte Liebe Ratcliffs zu Maria sind sie gleichermaßen Initiator und Modell. Moser erkannte darin die hegelianische Geschichtsdialektik: »Die vorhergegangene Begebenheit«, in die Ratcliff und Marie »durch ihre Geburt selbst verflochten« seien, habe den »Sinn einer ungestillten Sehnsucht, die an der Nothwendigkeit, welche als Vergangenheit sie umschließt, wie der aufgehaltene Trieb der Schöpfung unmittelbar wieder hervorbrechen und sich von Neuem dem frischen Leben übergeben muß«, um »zu einem befriedigenden Schluß« zu kommen. Heine stand dieser hegelianischen Interpretation nahe, wenn er gegenüber seinem Schwager Moritz Embden den Inhalt seiner beiden Tragödien mit den Worten umriß: *Sie lesen in diesem Buche wie Menschen untergehn und Geschlechter, und wie dennoch dieser Untergang von einer höheren Nothwendigkeit bedingt und von der Vorsehung zu großen Zwecken beabsichtigt wird.*

Heines Einfall, Spukgestalten auf die Bühne zu bringen, bei denen es sich indes keineswegs um Gespenster, sondern um die Gestaltwerdung einer mystischen Ahnung handelt, fand bei den Kritikern wenig Zustimmung und erwies sich obendrein als einer Aufführung äußerst hinderlich. Überdies war die Poetisierung des Wahnsinns im Schauspiel so verbreitet nicht und von der normativen Ästhetik eines Idealismus im reduziertesten Sinn her auch geradezu ausgeschlossen. So ist es fast erstaunlich, daß August Klingemann wie schon zuvor *Almansor* nun auch *Ratcliff* auf die Bühne bringen wollte; er hatte sogar schon eine Strichfassung (der selbstverständlich auch die *Nebelmenschen* zum Opfer fielen) hergestellt. Nach dem Braunschweiger Bühneneklat vom Sommer 1823 gab er sein Vorhaben jedoch auf.

Er glaube nicht, *Ratcliff* »übertreffen zu können«, lautete Heines eigenes Urteil, das er gegenüber Eduard Wedekind gleich mehrfach vertrat: eine erstaunliche Verkennung seiner Leistung, wie sie ihm sonst nie wieder unterlief. Denn für *Ratcliff* wie auch für *Almansor* gilt, daß der dramatische Knoten, aus dem sich die Aktion entfaltet, zu einfach geschürzt ist. Die unglückliche Liebesbeziehung ist dafür in beiden Fällen nur ein schwaches, fast »lyrisches« Surrogat. Heine irrte sich gründlich, als er meinte, daß der *Ratcliff die Lesewelt gewiß vielfach beschäftigen* werde: nach drei Jahren krähte kein Hahn mehr danach; zudem waren die Rezensenten durchaus geteilter Meinung. Das schönste, weil aufrichtigste Kompliment machte ihm vielleicht Ludwig Robert, der *Ratcliff* zwar nur den Rang einer »genialen Studie« zumaß, dem Verfasser aber immerhin bescheinigte, er habe damit bewiesen, daß er in die »Geheimnisse des Versbaues« eingeweiht sei. Heines Behauptung, damit »die ähnlichen einaktigen Tragödien von Werner und Müllner völlig verdunkelt zu haben«, wie der Berliner Freund Joseph Lehmann überliefert, war völlig aus der Luft gegriffen. Auch mit der angeblichen Bühnenwirksamkeit war es nicht weit her: Daß er den *Ratcliff* ausdrücklich *für die Bühne bestimmt* hatte und davon ausging, daß die Tragödie *gewiß auch aufgeführt* werde, änderte nichts daran, daß sie zu seinen Lebzeiten nicht ein einziges Mal und bis heute nur ganz selten gespielt wurde.

Es mag an der tiefen Identifizierung mit dem Titelhelden liegen, daß *Ratcliff* für Heine fast den Rang einer Lieblingsdichtung einnahm, denn in der unerwiderten Liebe Ratcliffs zu Maria spiegelt sich ein weiteres Mal die Beziehung zur Cousine Amalie. *Ich und mein Name werden untergehen, / Doch dieses Lied muß ewiglich bestehen*, schrieb er seinem Freund Christiani Weihnachten 1823 in ein Widmungsexemplar. Er war offenbar überzeugt, im *Ratcliff* ein unvergängliches Selbstzeugnis von quasi dokumentarischem Charakter und hoher künstlerischer Wahrheit geschaffen zu haben. Die kleine Tragödie sei, bemerkte er 1851, *eine bedeutsame Urkunde zu den Prozeß-Akten* seines *Dichterlebens*, indem sie seine *poetische Sturm- und Drangperiode* resümiere, die sich in seiner Jugendlyrik nur *sehr unvollständig und dunkel* kundgebe. Gegenüber Immermann verriet er, im *Ratcliff* liege eine *Hauptkonfession, und ich habe die Marotte zu glauben daß Sie zu der kleinen Zahl Menschen gehören, die ihn verstehn.* Er sei von dem *Werthe* seines Stücks überzeugt, denn es sei *wahr, oder ich selbst bin eine Lüge.* Die blutrünstige Auflösung (Ratcliff tötet drei Nebenbuhler, den Mörder seines Vaters, die ungetreue Geliebte und stirbt von eigener Hand) mag ihm angesichts der tatsächlichen Misere (Amalies Hochzeit im Sommer 1821) vorübergehend eine zweideutige Genugtuung bereitet haben. Wie sehr sowohl Thema als auch Perspektive noch mit Amalie zu tun hatten, zeigt die Tatsache, daß er der Cousine zum 1. Januar 1818 ein kostbar gebundenes Exemplar von Adolf Müllners blut- und tränenreicher Schicksalstragödie »Die Schuld« zum *Liebesgeschenk* gemacht hatte.

Nach Preussisch Polen

Im August 1822 führte eine Auslandsreise (die erste dokumentierte) Heine ins Großherzogtum Posen, das damals zu Preußen gehörte. Polens staatliche Selbständigkeit war 1795 durch die territorialen Abtretungen an Preußen, Österreich und Rußland liquidiert worden. Der Wiener Kongreß schrieb 1815 die Teilung des Landes fest, »Restpolen«, das von Napoleon ins Leben gerufene Herzogtum Warschau, wurde als Königreich Polen in Personalunion mit Rußland vereinigt, ein beträchtlicher Teil von Nord- und Westpolen fiel an Preußen. Das verwundete Nationalgefühl flammte dann 1830 im vergeblichen Aufstand gegen die russische Besatzung auf. Für den Berliner Studenten war es eine echte Bildungsreise, mit politischem (polnische Freiheitsbewegung), sozialem (polnische Juden) und kulturellem Hintergrund (Literatur, Sprache, Theater, Altertümer). Sein Kommilitone Eugen von Breza hatte ihn auf das Landgut seines Vaters bei Gnesen eingeladen. Einem Freund schrieb Heine von dort: *Das Land ist abscheulich; einen melancholischen Anblick gewähren die polnischen Dörfer wo der Mensch wie das Vieh lebt.* Der *elende Zustand der polnischen Bauern* sei freilich das *Resultat einer ausgebildeten Aristokratie. (...) Aber die Menschen in Polen sind gut. Der Edelmann ist wacker und brav, er verdient daß man ihn achte. Deutsche, die Polen durchreist haben und ein entgegengesetztes Urtheil nach Deutschland mitgebracht, haben gewöhnlich die Polen durch die deutsche Brille betrachtet, oder sie trugen Nationalvorurtheile in der*

Brust. Diese Vorurteile abzubauen war Heines Absicht, und noch im Jahr 1840 erinnerte er daran, daß er derjenige war, *dessen Herz am frühesten für Polen schlug, und der lange schon vor der polnischen Revoluzion für dieses heldenmüthige Volk sprach und litt.*
Der anschließend niedergeschriebene und im Januar 1823 im »Gesellschafter« erschiene kritische Aufsatz *Ueber Polen* ist systematischer angelegt und ernster gehalten als die *Briefe aus Berlin.* Wenn er auch nicht, wie Heine übertreibend behauptete, *das ganze Großherzogthum Posen in Bewegung* setzte, so rief er doch polnische Nationalisten und Lokalpatrioten auf den Plan, die Heines Darstellung in nahezu allen Details korrigierten. Unter anderem hatte Heine die Juden aufgrund ihres hohen Bevölkerungsanteils in den Städten und ihrer *staatswirthschaftlichen Wichtigkeit* als *dritten Stand* Polens bezeichnet und obendrein aus seiner Sympathie keinen Hehl gemacht. *In den Posener Blättern*, schrieb Heine am 7. April an Immanuel Wohlwill, sei *schon 3 mahl so viel als der Aufsatz beträgt darüber geschrieben, d. h. geschimpft worden, und zwar von den dortigen Deutschen, die es mir nicht verzeihen wollen daß ich sie so treu geschildert und die Juden zum tiers état Polens erhoben.* Zwar verschob Heine den Akzent der Kritik an seinem Aufsatz, zutreffend ist aber, daß es zu einer Pressefehde kam, die dann auch die vorgesetzten Behörden beschäftigte: Der von Heine in seinem Aufsatz lobend erwähnte Altertumsforscher und Gymnasiallehrer in Posen, Julius Maximilian Schottky, wurde deshalb von seinem Dienstherrn, dem preußischen Kultusminister, zu einer schriftlichen Stellungnahme aufgefordert.

Lyrisches Intermezzo

Im April 1823, und damit bereits siebzehn Monate nach den *Gedichten*, erschien im Verlag von Ferdinand Dümmler in Berlin Heines zweites Buch. Es vereinigte die beiden Dramen *Almansor* und *William Ratcliff* mit dem 66 Gedichte umfassenden *Lyrischen Intermezzo*, *kleinen maliziös-sentimentalen Liedern* mit der charakteristischen ironischen Schlußwendung. Die *volksthümliche* Form hatte er sich bei Wilhelm Müller abgeschaut, bei ihm fand er jenen *reinen*

Klang und die wahre Einfachheit, wonach er *immer strebte*: In einem Brief an den Dessauer Dichter vom 7. Juni 1826 gestand er, daß sein *kleines Intermezzo-Metrum (...) wahrscheinlich seinen geheimsten Tonfall* Müllers Liedern verdanke.

Das *Intermezzo* ist vielleicht die Liebesdichtung Heines schlechthin: eine Folge von Variationen über das Grundthema der verfehlten, hoffnungslosen, unmöglichen, ohnmächtigen Liebe; Bruchstücke eines fortwährenden Selbstgesprächs mit einem *weiblichen Schatten, der jetzt nur noch in meinen Gedichten lebt* und deren reales Gegenbild inzwischen den Namen Friedländer trug. Nahezu alle Texte dieses Bandes sind geprägt von der Erfahrung der unerwiderten Liebe zu Amalie; selbst die bloß imaginierten Zärtlichkeiten münden in Disharmonie. Daß die Cousine diese Zentralfigur ist, geht ebenso wie die Distanz, die Heine inzwischen von dieser Erfahrung trennt, unter anderem aus einer Widmung im Exemplar für Heinrich Straube vom September 1824 hervor:

›Sag, wo ist dein schönes Liebchen,
Das du einst so schön besungen,
Als die schmerzlich süßen Flammen
Wunderbar dein Herz durchdrungen?‹

Längst hat Liebchen mich verlassen,
Und das Herz ist kalt und trübe
Und dies Büchlein ist die Urne
Mit der Asche meiner Liebe. –

Aus meinen großen Schmerzen / Mach' ich die kleinen Lieder, heißt es programmatisch im *Lyrischen Intermezzo*. In selten mehr als zwei Strophen skizziert Heine die Unmöglichkeit harmonischer Übereinstimmung mit dem Liebesobjekt. Für den Ausdruck seiner Enttäuschung, die Erfahrung von Verlust oder die Vorahnung neuen Leids, fand er eine universell verständliche Sprache, deren Unmittelbarkeit, Intensität und Prägnanz bis heute beeindruckt. Mit dem *Intermezzo* gelang ihm der Schritt zu einem vollkommen neuen, eigenen lyrischen Ausdruck, der später als »Heine-Ton« bekannt und berühmt wurde. Eine Manier war geboren (in einem Brief an Moser sprach Heine sogar selbst von seiner *lyrisch maliziösen zweystrophigen Manier*). Die hochsubjektive Liebeslyrik avancierte zum Ausdruck eines allgemeinmenschlichen Lebensgefühls. So profiliert war dieser neue Stil, daß er alsbald aufgegriffen, *nachgepfiffen*, auch parodiert wurde, nicht zuletzt von Heine selbst. Zu den *Selbstpersifflagen* seiner *damaligen Manier* gehört ein im Frühjahr 1822 entstandenes Gedicht, das scheinbar konventionell mit den Versen *Ich wollte meine Lieder / Das wären Blümelein* anhebt, um dann mit der komisch-destruktiven Strophe zu schließen:

Ich wollte meine Lieder
Das wären Erbsen klein,
Ich kocht' eine Erbsensuppe,
Die sollte köstlich seyn.

Daß von den 66 Gedichten des *Lyrischen Intermezzo* immerhin schon 46 bereits vorab in Zeitschriften veröffentlicht worden waren, kümmerte Heine wenig; er machte sich die Bekanntheit sogar zunutze, wenn er das *Intermezzo* in einem Brief an den Verleger Dümmler als *Cyklus humoristischer Lieder im Volkstone* anpries, *wovon in Zeitschriften Proben standen, die durch ihre Originalität viel Interesse, Lob und bittern Tadel erregt* hätten. Trotz solcher Verheißungen wurde Heines zweites Buch ein Mißerfolg – nicht so sehr für Heine, der sich über nicht weniger als sechzehn teils ellenlange Rezensionen freuen konnte, sondern für den Verleger, der kühne 750 Exemplare gedruckt hatte und binnen drei Jahren lediglich 270 absetzen konnte. Heine machte es sich zu einfach, als er die Schuld dem Verleger gab, indem er 1851 zum Neudruck des *Ratcliff* bemerkte: *In der That, der Name seines Verlegers war Dümmler.* Selbst die eigene Familie bewies wenig Respekt vor dem Genius des Dichters: Zur Aufnahme seines Buchs durch Eltern und Geschwister teilte Heine seinem Freund Moser im Mai 1823 ironisch mit, seine Mutter habe *die Tragödien und Lieder zwar gelesen aber nicht sonderlich goutirt, meine Schwester tollerirt sie bloß, meine Brüder verstehn sie nicht, und mein Vater hat sie gar nicht gelesen.*

Lüneburg: Die Heimkehr

Vier Wochen nach Erscheinen des Buches verließ Heine die preußische Residenz, um vorläufig in den Schoß der Familie, zu seinen Eltern nach Lüneburg zurückzukehren. Das vom Onkel ausgesetzte, auf vier Jahre bemessene Stipendium war abgelaufen. Nach dem Großstadterlebnis erlitt er in der selbstgenügsamen, gemütlich-geschlossenen Biedermeierwelt geradezu einen Kulturschock. Zudem glaubte er in der *Residenz der Langeweile großes Rischeß* zu spüren, die Diskriminierung der wenigen hier zugelassenen Juden aufgrund von Vorurteil und Augenschein. An Moser schrieb er am 18. Juni 1823 bildhaft-sarkastisch: *Ich lebe hier ganz isolirt, mit keinem einzigen menschlichen Menschen komme ich zusammen, weil meine Eltern sich von allem Umgang zurückgezogen* (dies freilich bedingt durch die *Gemüthskrankheit* des Vaters). Und weiter: *Juden sind hier, wie überall, unausstehliche Schächerer und Schmutzlappen, christliche Mittelklasse unerquicklich, mit einem ungewöhnlichen Rischeß, die höhere Classe ebenso im höheren Grade. Unser kleiner Hund wird auf der Straße von den andern Hunden auf eigene Weise berochen und maltraitirt, und die Christenhunde haben offenbar Rischeß gegen den Judenhund.* Ein Erholungsurlaub führte Heine im Sommer nach Hamburg und zur Elbmündung nach Cuxhaven und Ritzebüttel, wo es ihm in acht Wochen gelang, nicht weniger als 30 Louisdor auszugeben – mehr, als das Jahresverdienst eines Handwerkers betrug. Nach seiner Rückkehr hellte sich der trübe Eindruck von Lüneburg allmählich auf, zumal als er Ende 1823 durch den aus jüdischer Familie stammenden Advokaten Rudolf Christiani, *einen sehr gelehrten und literarisch gebildeten Mann*, Kontakt zu jener *höheren Classe* fand, so daß er korrigierend mitteilen konnte, sogar der Mops seiner Eltern habe jetzt keinen geringeren als *den schwarzen Pudel des Drosten zum Liebhaber.* Das am 6. November 1823 formulierte Fazit lautete dennoch: *Bildung ist hier gar keine; ich glaube auf dem Rathhause steht ein Culturableiter. Aber die Menschen sind nicht schlimm.* Der noch bis zum folgenden Frühjahr währende Lüneburgaufenthalt erwies sich im nachhinein als ungemein produktiv, entstand hier doch der größte Teil des in den *Reisebildern* später so betitelten *Heimkehr*-Zyklus, der achtundachtzig Gedichte sowie fünf längere Anhanggedichte umfaßt. Als dessen Kern kann die Veröffentlichung von *Drei und dreißig Gedichten von H. Heine* Ende März 1824 im Berliner »Gesellschafter« gelten. An der Spree gab es allerdings sehr zwiespältige Reaktionen, wie Heine selbst in Erfahrung brachte: *Bis zu den Himmel erhoben als das extra-Neueste unserer Literatur, und dann wieder bis in den Koth herabkritisirt als geistlose Verirrung der Zeit.* Nicht zuletzt unter dem Eindruck kritischer Stimmen hat Heine den Zyklus in seiner Zusammenstellung mehrfach verändert. Nach dem Erstdruck im ersten Band der *Reisebilder* wurde er 1827 im *Buch der Lieder* abgedruckt, wobei jedoch sechs allzu freizügige Gedichte, Musterstücke provozierender erotischer Offenheit, gegen unverfänglicheres Material ausgetauscht wurden. Drei Jahre später, bei der zweiten Auflage von *Reisebilder* I, wurden weitere vier Gedichte ausgewechselt und obendrein die Anhanggedichte ersatzlos gestrichen. Ironisch merkte Heine in einem Brief an Varnhagen vom 16. Juni 1830 an, er habe *diejenigen ausgeschieden, die den Schwachen im Lande als anstößig erscheinen könnten und ersetzte sie aufs Tugendhafteste.*

Nachdem Heine den Plan eines *Wanderbuchs* (den späteren ersten Teil der *Reisebilder*) entworfen hatte, stand für ihn fest, daß dort auch seine seit dem *Lyrischen Intermezzo* entstandenen Gedichte ihren Platz finden würden. Unter dem Titel *Die Heimkehr* ließ sich selbst mit lyrischen Texten zwanglos an den *Reisebilder*-Charakter der Sammlung anknüpfen; insofern war der Zyklustitel auch eine Konzession an den Bandtitel. Er ist als mehrfache *Heimkehr* deutbar: im engeren Sinn als die (wenn auch vorübergehende) Rückkehr in den Schoß der Familie, wozu auch Besuche bei der Verwandtschaft in Hamburg gehörten; in einem umfassenderen Sinn die Wiederkehr an eine Stätte leidvoller Erfahrungen, in eine ebenso schmerzliche wie vertraute Gefühlswelt der ungestillten Sehnsucht, der Enttäuschung und Demütigung. *Die Stadt mit ihren Thürmen* ist Zentrum und Ziel der äußeren wie der inneren Reise. Eine Heimkehr nicht in die Sicherheit familiärer Geborgenheit – das Paradies der Kindheit ist auf immer verloren –, sondern in eine Welt des Leids, des Zweifels und der Ablehnung, in der die alten Wunden sofort wieder aufreißen. *Schöne Wiege meiner Leiden* hatte er Hamburg schon bei seinem Abschied 1819 genannt und später von einer *Magie des Ortes* gesprochen. Die Elbmetropole war ihm *Elisium und Tartarus zu gleicher Zeit*: ein Ort, an dem sein Herz bis zum Zerreißen *mit Kränkungen überstopft* worden war, den er verwünschte und gleichzeitig *am meisten liebte*, wo ihn *die abscheulichsten Gefühle marterten* und er sich *dennoch hin wünschte*, zu den *Leidensstazionen*, wo er, wie es im *Wintermährchen* heißt, das *Jugendkreuz* und seine *Dornenkronen* schleppte und wo er einst *bitterste Thränen* weinte. Es war eine gefühlsmäßige Verstrickung, von der er sich zeitlebens nicht zu befreien vermochte.

In den Besprechungen der *Heimkehr* wurde Heine häufig der Vorwurf grober Nachlässigkeit und Flüchtigkeit gemacht. Privat hatte er selbst das *Befremdliche und Nonchalante in der Form einiger dieser Gedichte* eingeräumt und gestanden, daß sie *sorglos eilig* hingeschrieben seien. Betont lässig, ohne großen ästhetischen Aufwand, hatte er erneut das erotisch-romantische Thema gestaltet. Formal bevorzugte er dabei die schon im *Lyrischen Intermezzo* bewährte ironisch-epigrammatische Kürze des erneuerten Volkslieds; inhaltlich aber wählte er durchaus aktuelle Themen aus der modernen, von Konflikten und Widersprüchen gezeichneten Welt des angebrochenen bürgerlichen Zeitalters, wobei er gelegentlich den absoluten Ich-Bezug des *Intermezzo* aufgab.

Nicht nur durch die wechselnde Perspektive, auch durch die Aufnahme neuer Themen unterscheidet sich die *Heimkehr* von der geschlossenen Liebesthematik des *Lyrischen Intermezzo*; mitunter erscheint sie wie ein poetisches Resümee der Studien- und Wanderjahre in Bonn, Göttingen und Berlin einschließlich der Ferienaufenthalte in Lüneburg, Hamburg und an der Nordsee. Den eigenen, unverwechselbaren Ton erhält sie durch eben diese Vielstimmigkeit: die *Seebilder* des Anfangs, das *Zeitgedicht* am Schluß über die von den Behörden gemaßregelte Hallenser Burschenschaft, die über den gesamten Zyklus verstreuten städtischen und landschaftlichen Versatzstücke, hinter denen manchmal konkrete Ortsbezüge (Lüneburg, Göttingen, Berlin und immer wieder Hamburg) ahnbar werden.

Nicht zuletzt die Selbstkritik an der zur Manier gewordenen monotonen Poetisierung des Liebesleids (*Willst du ewig brütend sitzen / Auf den alten Liebes-Eiern!*), die mit der wenigstens kurzfristig auch eingelösten Versicherung einhergeht, daß *aus dem geheilten Herzen* ein *neuer Liederfrühling* sprieße, machen die *Heimkehr* zu einem Zyklus, der deutliche Zeichen der Weiterentwicklung trägt. Heine selbst erschien sie freilich zunächst wie sein lyrischer Schwanengesang, glaubte er damals doch, als *Liederdichter* sei es mit ihm vorbei und die Periode der Prosa angebrochen.

Nochmals Göttingen

Ende Januar 1824 immatrikulierte sich Heine zum zweiten Mal an der Universität Göttingen. Ein letztes Mal hatte sich Salomon Heine zur Verlängerung des Stipendiums bereit gefunden und seinem Neffen *noch 2 Jahr zum Studiren zugesetzt*. Nach dem verlängerten »Freisemester« in Lüneburg hatte sich Heine viel vorgenommen: *Meine Muse trägt einen Maulkorb, damit sie mich beym juristischen Strohdreschen mit Ihren Melodien nicht störe*. Der Vorsatz hielt nicht lange vor. Der Kampf zwischen literarischer Berufung und juristischem Brotberuf bestimmte die achtzehn Monate des zweiten Göttinger Aufenthalts.

Der Wiedereinstieg fiel ihm nicht schwer. Am 2. April 1824 konnte er Moser aus Göttingen berichten: *Ich lebe jetzt ganz in meiner Jurisprudenz. Wenn Du glaubst daß ich kein guter Jurist werde, so irrst Du Dich. (...) Ich will aus der Wagschaale der Themis mein Mittagsbrod essen und nicht mehr aus der Gnadenschüssel meines Oheims.* Doch der Abschluß des Studiums zögerte sich immer weiter hinaus. Wiederum Moser schüttete er, nachdem er mittlerweile im zehnten Semester angelangt war (womit er weit über dem Durchschnitt von sechs Semestern lag), am 11. Januar 1825 sein Herz aus: *Was die ordinärsten Menschen zu fassen vermögen, wird mir schwer. Ich bewundre wie die Menschen das Halbbegriffene, das aus dem Zusammenhang des Wissens gerissene, im Kopf behalten, und mit treuherziger Miene in ihren Büchern, oder von ihren Kathedern herab, wiedererzählen können. Wer dieses kann halte ich für ein Genie. Indessen, wegen der Rarität, wird jenen Menschen die es nicht können, der Name eines Genies beygelegt. Das ist die große Ironie. Das ist der letzte Grund meiner Genialität. Das ist auch der letzte Grund warum ich mich mit meiner Jurisprudenz zu Tode quäle, warum ich noch nicht damit fertig bin und erst Ostern fertig werde.* Zu enervierend war *das Studium der römischen Casuistik*, dieser illiberalsten aller Wissenschaften, und zu angenehm die Ablenkung vom *juristischen Wischiwaschi*, die Heine im poetischen Produzieren fand. Neben einer Reihe von Gedichten entstanden in den kommenden anderthalb Jahren in Göttingen der überwiegende Teil der *Harzreise* und die beiden ersten Kapitel des *Rabbi von Bacherach*.

Der Rabbi von Bacherach

Seit seinem Beitritt zum Berliner Kulturverein stand für Heine fest, daß sein schriftstellerisches Wirken irgendwie mit *unserer guten Sache* zusammenhängen sollte. ›*Verwelke meine Rechte wenn ich deiner vergesse Jeruscholayim*‹, *sind ungefähr die Worte des Psalmisten, und es sind auch noch immer die meinigen*, beteuerte er Moser gegenüber am 9. Januar 1824. Am ehesten schien solcher Dienst an der *guten Sache* noch in der Literatur möglich. Mit dem Projekt eines historischen Romans zur Geschichte des Judentums im Mittelalter gedachte Heine etwas zu unternehmen, das wie Zunz' historische Arbeiten bleibenden ›Quellen‹-Charakter besitzen werde. Indem er den Roman einer Konfrontation des mittelalterlichen deutschen Ghettos mit der kulturellen Blüte des spanischen Judentums vor der Ausweisung in Angriff nahm, indem er so, historisch fundiert, der deutschen Literatur gänzliches Neuland eroberte und zugleich den Prozeß einer historischen Bewußtwerdung des Judentums beförderte (unter Einschluß der Antisemitismus- und der Konversionsproblematik), definierte er für sich selbst eine neue, spezifische Rolle sowohl in der deutschen Literatur wie auch im Emanzipationsprozeß der Juden. *Der Rabbi von Bacherach* schien eine Synthese der in Heine angelegten doppelten literarisch-kulturellen Identität darzustellen; es sah so aus, als wolle Heine nunmehr den Weg eines deutsch-jüdischen Schriftstellers einschlagen, sein Judentum und seine Schriftstellerrolle produktiv vermitteln. Mit einer gewissen Genugtuung sah er voraus, daß die erste Ghetto-Erzählung der deutschen Literatur *in der frommen christlichen Welt ganz verhaßt* sein werde. So verstand Heine seinen eigenen Beitrag zur Bewältigung des *Judenschmerzes.*

Ein attraktives Muster für das Vorhaben hatte Walter Scott entworfen, dessen Romane Heines Göttinger Lehrer Sartorius *zu den Quellen der englischen Geschichte* rechnete. Der *Rabbi von Bacherach* sucht durch die gleiche Detailtreue und Anschaulichkeit zu bestechen, wie sie etwa *Ivanhoe* und andere Scottsche Geschichtsromane charakterisieren. Aber auch das Engagement des schottischen Erzählers für in Vergessenheit geratene Volkstraditionen teilte Heine. *Der Ton, der in den Scottschen Dichtungen* herrsche, habe *eine ganze Welt schmerzhaft erschüttert. Dieser Ton klingt wieder in den Herzen unseres Adels, der seine Schösser und Wappen verfallen sieht, er klingt wieder in den Herzen des Bürgers, dem die behaglich enge Weise der Altvordern verdrängt wird durch weite, unerfreuliche Modernität; er klingt wieder in katholischen Domen, woraus der Glaube entflohen, und in rabbinischen Synagogen, woraus sogar die Gläubigen fliehen; er klingt über die ganze Erde, bis in die Bananenwälder Hindostans, wo der seufzende Bramine das Absterben seiner Götter, die Zerstörung ihrer uralten Weltordnung, und den ganzen Sieg der Engländer voraussieht.* Der *Rabbi* sollte auch ein literarisches Manifest für die Bewahrung und Wiederherstellung der vom Untergang bedrohten jüdischen Riten und Traditionen sein, der jüdischen *Nazional-Besonderheiten, die in der Allgemeinheit neuerer Cultur verloren gehen.*

Die Entscheidung für den historischen Roman führte erneut zu einem intensiven Quellenstudium: Der *Rabbi* sollte auf sicherer faktischer Grundlage stehen. Dafür benutzte Heine in großem Umfang die Göttinger Universitätsbibliothek. ›Einstiegs‹- und überwiegende Stoffquelle war das Monumentalwerk über die Geschichte der Juden von Jacques Basnages (1716). Daraus notierte er sich, und zwar vom Beginn unserer Zeitrechnung bis zum Ende von Basnages Darstellung, Dutzende von Belegen für den »ungeheuern Judenschmerz«, wie Ludwig Börne kurz zuvor die anhaltende Diskriminierung, Verfolgung und Ermordung der europäischen Juden genannt hatte. Zudem lokalisierte Heine den *Rabbi* an Schauplätzen, die ihm aus seiner Jugend und Lehr- bzw. Studienzeit bekannt waren. Die Landschaft am Mittelrhein, zwischen Bacharach und Bingerloch, kannte er aus eigener Anschauung. Ebenso wie für die Schilderung der Sederfeier griff er auf eigene Erfahrungen zurück und ergänzte sie durch literarische Quellen. Zu dieser ›Erinnerungsarbeit‹, wie Heine sie im ersten Kapitel des *Rabbi* leistete, gehören auch die wenig später entstandenen Düsseldorf-Kapitel des *Buch Le Grand*: Manfred Windfuhr mutmaßt, daß der *Rabbi* bei Heine einen Prozeß der autobiographischen Auseinandersetzung auslöste. Umgekehrt trägt das zweite Kapitel, in dem sich humoristische Personencharakteristiken und tiefer religiöser Ernst verbinden, mit seinem satirischen Grundton deutlich die Merkmale von Heines neuem Prosastil, wie er sich in der *Harzreise* und den *Ideen* manifestiert.

Mehrere Anläufe waren nötig, um das Projekt einer Verwirklichung näher zu bringen. In den Osterferien 1824 hielt sich Heine kurz in Berlin auf; möglicherweise reifte hier, in der Wiederbegegnung mit den Freunden vom »Verein«, der *Rabbi*-Plan zum Entschluß. Zwischen Mai und Mitte Juli 1824 entstand das erste Kapitel; ab Mitte/Ende Juni bereitete Heine die Fortsetzung vor, aber die eigentliche Formulierungsarbeit ruhte für fast ein ganzes Jahr. Die Niederschrift des zweiten Kapitels und eines ersten erzählerischen Konzepts für das dritte Kapitel erfolgte erst zwischen Mai/Juni und Oktober 1825 und damit quasi parallel zu den Vorbereitungen für die christliche Taufe.

Kein wasserdichter Jude

Mit dem nahen Ende seines Studiums in Göttingen spitzte sich für Heine die berufliche Problematik zu. Bis jetzt hatten die Unterstützung der Familie und ein Stipendium des Onkels für seinen Unterhalt gesorgt. Nach dem Studienabschluß konnte man von ihm verlangen, daß er von nun an seinen Lebensunterhalt selbst verdienen würde.

Schon 1823 stand für Heine fest, daß die *Juristerey* ihm *in der Folge Brod schaffen* sollte. Dafür kam entweder der Staatsdienst oder eine freie Advokatur in Frage. Doch selbst die Eröffnung einer eigenen Praxis war in den meisten Staaten nur Christen gestattet. Schon lange hatte er daher mit dem Entschluß gerungen, sich taufen zu lassen. *Keiner von meiner Familie ist dagegen, außer ich*, bekannte er in rheinisch eigenwilliger Grammatik bereits am 27. September 1823 gegenüber Moser. Noch war er ein *water-proove-jew*, ein *wasserdichter Jude*. Im Frühjahr 1825 stand für ihn fest: *Getauft, als Dr. Juris* werde er Göttingen verlassen. Daß er sich dennoch nur widerstrebend, keineswegs leichten Herzens zur Taufe entschloß, davon legen seine Briefe an Moser beredtes Zeugnis ab: *Wenn die Gesetze das Stehlen silberner Löffel erlaubt hätten*, versicherte er ihm am 19. Dezember 1825, *so würde ich mich nicht getauft haben*. Die oft geäußerte Kritik an der Taufe von Eduard Gans war natürlich auch Selbstkritik.

Am 24. Mai fuhr Heine ins nahegelegene (preußische) Heiligenstadt, wo er dem dortigen Pastor an St. Martini, Grimm, seinen Wunsch unterbreitete, nicht in Göttingen, »wo man ihn kenne, sondern hier, wo er fremd sei, die Taufe zu empfangen, und zwar in aller Stille, damit seine Abstammung von jüdischen Eltern« nicht bekannt und er »nicht erst nach seinem Scheiden aus der jüdischen Gemeinde ein Jude genannt und mit dem Namen eines getauften Juden bezeichnet werde«. Am 28. Juni 1825 wurde er in Heiligenstadt von Pfarrer Grimm auf den Namen Christian Johann Heinrich getauft. Aus Harry wurde Heinrich: Das hatte den Vorteil, wie Heine Hirsch-Hyazinth in den *Bädern von Lukka* erläutern läßt, *daß schon ein H. auf meinem Petschaft steht und ich mir kein neues stechen zu lassen brauche*. Eine geringe Veränderung, und doch im Ergebnis ein außerordentlich »klingender Name«, »ein Kunstprodukt und eine treffende Widergängerchiffre: schneidend wie ein Säbelhieb und einschmeichelnd wie ein Reim« (Peter Rühmkorf). Heine hatte eine Vorliebe für alliterierende Wiederholung: Auch seine Gedichtzyklen sind, wie Varnhagen 1827 feststellte, in der Regel durch 11 teilbar: Achtundachtzig *Heimkehr*-Lieder, sechsundsechzig *Intermezzo*-Gedichte, vierundvierzig Gedichte des *Neuen Frühling*. Er wußte: *Es kommt auf dieser Welt viel darauf an wie man heißt; der Name thut viel.* Daß in dem schönen neuen Namen für immer auch eine Unterwerfung aufgehoben war, verrät eine spätere Bemerkung gegenüber dem Verleger Campe, als Heine nach dem Bundestagsverbot seiner Schriften kurzzeitig damit spekulierte, unter dem Mädchennamen seiner Mutter zu publizieren: *Einen neuen Namen annehmen hat auch sein Mißliches, ist eine dehmüthigende Conzession.* Und als Campe 1840 Heines *Denkschrift* über Börne irrtümlich mit dem Titel versah *Heinrich Heine über Ludwig Börne*, war der Autor, der bislang immer als *H. Heine* auf den Buchtiteln firmierte, einigermaßen bestürzt: *Ich weiß nicht warum, aber das ganzausschreiben meines Vornahmens Heinrich schockirte mich hier.*

Ebenso diskret wie gegenüber den Göttinger Kommilitonen verhielt Heine sich auch im Familien- und Freundeskreis. Vom Zeitpunkt der Taufe erfuhren nur die engsten Angehörigen, und auch sie nur in einer chiffrenhaften Diktion. Seiner Schwester schrieb er am 31. Juli 1825, sie solle ihren Mann grüßen, *und wenn Du sicher bist, daß er keine Plaudertasche ist, so sage ihm, ich sey jetzt nicht nur Dr. Juris, sondern auch. Es hat gestern geregnet, so wie auch vor 6 Wochen.* Dem engsten Berliner Vertrauten, Moser, schickte Heine die soeben entstandene Romanze *Almansor*, in der die Taufproblematik behandelt wird, und bemerkte dazu, es handle sich um eine Gedichteinlage im *Rabbi*, mit der ein konvertierter Jude einem Freund indirekt seine Taufe bekanntgebe: *Vielleicht scheut er es doch eine nicht sehr noble Handlung dem Freunde unumwunden zu schreiben.* Den Rest konnte sich Moser dann selbst zusammenreimen. Die Düsseldorfer Jugendfreunde, die von Heines Judentum wußten, erfuhren aus seinen Werken, daß er konvertiert war. Stolz meldete er in der *Harzreise* (dies nur in der ersten Auflage der *Reisebilder*), er sei *Protestant und zwar Lutheraner.* In *Die Nordsee* III lesen wir: *Gott weiß, daß ich ein guter Christ bin.*

Seinen Übertritt zum Christentum wollte Heine durchaus nicht *in einem günstigen Lichte* betrachtet wissen; Pastor Grimm aus Heiligenstadt wurde in der Rückschau vom Sommer 1826 zum *grausamen Priester von Heliopolis.* In verhüllter Form bat er auch am Schluß der *Harzreise* um Verständnis: Dort konstruierte er parabelhaft einen Fehltritt auf der Spitze des Ilsensteins, woraufhin er sich, in seiner

Seelennoth, ans eiserne Kreuz festgeklammert habe: *Daß ich, in so mißlicher Stellung, dieses letztere gethan habe, wird mir gewiß Niemand verdenken.* Wer in Heines Konversion ein bewußtes Bekenntnis zum Protestantismus sieht, geht daher ebenso fehl wie derjenige, der Heines späteres Bonmot, *Der Taufzettel ist das Entre Billet zur Europäischen Kultur*, auf diese Zeit vordatiert. Damals vermochte er die Taufe mit seinem nach wie vor anhaltenden Engagement für die jüdische Sache nicht in Einklang zu bringen, auch wenn er versuchte, Religion und Nationalität sowie äußere, formale und innere Vorgänge auseinanderzuhalten. Mit der Taufe schuf er zunächst nicht mehr und nicht weniger als die Voraussetzung zur beruflichen Integration in den Staatsdienst oder als Advokat.

Der *Rabbi* blieb dabei auf der Strecke, der Versuch einer fiktionalen Gestaltung jüdischer Traditions- und Assimilationsproblematik scheiterte. Die *lauten Klagen* blieben privat und drangen nicht ins *Herz* des Publikums; zu tief waren die Konflikte, die es zu überwinden galt, zu unmittelbar die Verstrickung in den eigenen Lebensweg. *Mit unsäglicher Liebe trage ich das ganze Werk in der Brust. Ist es ja doch ganz aus der Liebe hervorgehend, nicht aus eitel Ruhmgier*, versicherte er Moser am 25. Oktober 1824. War diese *unsägliche Liebe* eher ein Hemmnis? Man ist geneigt, solches anzunehmen, vor allem, wenn man weiß, daß Heine sich Zeit seines Lebens scheute, das *Geheimniß* seines Strebens, oder wie immer er dies nannte, preiszugeben. Angst, sich bloßzustellen, sowie die Gewißheit, nur mißverstanden werden zu können, wirkten hier zusammen. Wenn er *der Stimme der äußern Klugheit Gehör geben wollte*, würde er das Buch *gar nicht schreiben. Ich sehe voraus wie viel ich dadurch verschütte und feindseeliges herbeyrufe*, heißt es im selben Brief. Rückblickend äußerte er, der komplette *Rabbi* hätte *sowohl bey Juden wie Christen viel Zetergeschrey hervorgerufen.* Heine schreckte letztlich vor dem Schritt in ein deutsch-jüdisches Dichterdasein zurück, nicht aus mangelndem Mut, sondern weil ihm die Überzeugung abging, daß dem Judentum noch eine geschichtliche Zukunft vorbehalten sei, und er keine positive Heilserwartung mehr an das Judentum zu knüpfen vermochte. Der *Rabbi* eröffnete ihm keinen Ausweg aus dem deutsch-jüdischen Dilemma. Hinzu kamen spezifisch künstlerische

Schwierigkeiten bei der Bewältigung des Stoffs. »Die zunächst mit aller Akribie betriebene Detailmalerei geriet auf die Dauer mit Heines zugleich großräumigem und assoziativem Verfahren in Konflikt; seine Arbeitsweise entsprach nicht dem Typus der biedermeierlichen Kleinkunst«, so die Deutung Manfred Windfuhrs. Im April 1825 ließ Heine verlauten, der *Rabbi* liege ihm zentnerschwer auf der Seele. Mit seiner faktengestützten Vorgehensweise war er in eine ›Quellenfalle‹ getappt. *Jede Zeile wird abgekämpft*, lautete eine der letzten Bemerkungen zum Manuskript.

Die Harzreise

Unzufriedenheit mit der biedermeierlichen Enge im vornehm-ungeselligen Göttingen, gepaart mit romantischer Landschaftsbegeisterung, trieb die Göttinger Studenten wie anderswo auch hinaus ins Freie, um ›am Busen der Natur‹ Erholung und Entspannung zu suchen. Studentische Ausflugslust erschloß die stadtnahen Wälder und Parks und die weitere Umgebung. Eine Tour auf den Brocken, als »Blocksberg« einer der Zentralpunkte der deutschen Mythologie, gehörte zum festen Programm. In den Herbstferien 1824 unternahm Heine eine mehrwöchige Wanderung durch den Harz, die ihn anschließend in den preußischen Teil von Sachsen bis nach Thüringen führte. Es war auch *eine Gesundheitsreise*; vom *Fußreisen* versprach er sich eine heilsame Wirkung für seine angegriffene Gesundheit.
Mitte September brach er auf; seine Route führte zunächst über Osterode nach Clausthal-Zellerfeld, wo er die beiden größten Erzgruben, die »Caroline« und die »Dorothea« befuhr, und weiter über Goslar zum Brocken. Heine wanderte *meistens*, wie er am 25. Oktober 1824 an Moser schrieb, aber nicht ausschließlich *allein*: Die Bergwerk-Besichtigung unternahm er zusammen mit vier juristischen Kommilitonen; vier weitere, die nach ihm losgegangen waren, traf er später auf dem Brocken wieder, gemeinsam wanderte man anschließend durch den Unterharz, wo besonders die Täler der Bode und Selke einen tiefen Eindruck hinterließen, bis nach Halle. Nächste Station war Weißenfels, wo Heine Adolph Müllner besuchte, den wohlwollenden

Rezensenten seiner *Gedichte* und *Tragödien*. Über Naumburg und Jena gelangte er am 1. Oktober nach Weimar, wo er anderntags Goethe, in dem Heine zeitlebens *den vollendetsten Liederdichter* sah, seine Aufwartung machen durfte, dessen greisenhaftes Aussehen (*das Gesicht gelb und mumienhaft, der zahnlose Mund in ängstlicher Bewegung, die ganze Gestalt ein Bild menschlicher Hinfälligkeit*) ihn jedoch erschreckte und der ihn seiner Ansicht nach »ungebührlich kalt« empfing. Freilich soll er Seine Exzellenz auch mit der Mitteilung verblüfft haben, er arbeite an »einem Faust«. Über Erfurt, Gotha, Eisenach und Kassel kehrte er nach Göttingen zurück. Danach erfolgte sofort die Niederschrift der Eindrücke und Reflexionen. Wie sich in einer ironischen Bemerkung gegenüber Rudolf Christiani verrät, hatte die Reise einen mittelstarken Produktivitätsschub bei Heine ausgelöst: *Wenn ich gut haushalte kann ich mein ganzes Leben lang meine Gedichte mit Harzbäumen ausstaffiren*, schrieb er am 26. Mai 1825.

Zwischen Mitte Oktober und Ende November 1824 entstand die erste Fassung der *Harzreise*, wie sie im wesentlichen dann über ein Jahr später, von der Berliner Zensur und Gubitz malträtiert, im »Gesellschafter« erschien. Obwohl Heine selbst meinte, er sei *kaum bis zur Hälfte* damit fertig geworden, mußte er die Niederschrift an dieser Stelle wegen *Zeitmangels* abbrechen. Das Manuskript schickte er zunächst an seinen Onkel Henry in Hamburg, *um ihm und den Weibern ein Privatvergnügen damit zu machen*. Offenbar dachte er, die Hamburger Verwandtschaft durch familiäre Anspielungen und Sticheleien gegen den Finanzkapitalismus, wie ihn seine beiden Hamburger Onkel fraglos verkörperten, zu ergötzen. So hatte er etwa über das Silber der Harzbergwerke geschrieben, von diesem *zaubermächtigen Metall* habe *oft der Oheim zu viel und der Neffe zu wenig*, und auf das Urteil, in früheren Zeiten sei der Teufel ebenso dumm gewesen wie die Leute, folgt die Spitze, mittlerweile seien beide *klüger geworden, es heißt Geld für Seele und Seele für Geld, und der Teufel berechnet sogar den Diskonto*, d. h. die Maklerspesen beim Wechselverkauf, ein Gewerbe, mit dem Henry und Salomon Heine die Grundlage ihres Reichtums gelegt hatten. An diesem Beispiel erfüllt sich Heines späteres Bekenntnis in einem Brief an Eduard von

Schenk: *Unsere Bücher sind große Briefe, die zumeist doch an die Sippschaft selbst gerichtet sind.*
Diese Version wurde dann im Frühjahr 1826 mit Blick auf die Veröffentlichung im ersten *Reisebilder*-Band, wo die *Harzreise* zusammen mit dem ersten *Nordsee*-Zyklus den Zentralteil bildet, *verbessert und erweitert* und um den gesamten Göttingen-Abschnitt und die Erste-Mai-Phantasie am Schluß ergänzt und solchermaßen *mit Vor- und Nachschwanz versehen*. Zu einem größeren Umbau, vor allem zur Schilderung der Reise durch den Unterharz, kam es nicht.
Die *Harzreise* war Heines erste Prosaarbeit mit der für ihn von nun an typischen Mischung von empfindsamen (*Gemüthskehricht* sagte er selber dazu) und satirischen Stilelementen, wie er es zuvor schon in der Lyrik, den *Heimkehr*-Gedichten, praktiziert hatte. Heine selbst charakterisierte sie so: *Eine Mischung von Naturschilderung, Witz, Poesie und Washington Irvingscher Beobachtung*. Damit war eines seiner literarischen Vorbilder genannt, Irving, dessen »Bracebridge Hall« (dt. Berlin 1823) von großem Einfluß war. Auf höchst anschauliche Weise formulierte Heine den Gegensatz zwischen Stadt und Land, Verstand und Gefühl, zwischen dressierter Höflichkeit und überfeinerter, unwahrer Sentimentalität auf der einen und freier, gesunder Existenz und ehrlicher Natürlichkeit auf der andern Seite, wie es im programmatischen Eingangsgedicht ausgesprochen wird:

Lebet wohl, Ihr glatten Säle,
Glatte Herren! Glatte Frauen!
Auf die Berge will ich steigen,
Lachend auf Euch niederschauen.

Er glossierte aber auch bereits den Massentourismus, mit dessen Auswüchsen er auf dem Gipfel des Brocken konfrontiert worden war. Die *verschimmelten Hochgefühle*, *pathetischen Seelenergüsse* und *Entzückungsphrasen*, wie sie im Besucherbuch des Brockenhauses dokumentiert waren, galten ihm als weiterer Beleg für erlogenes Gefühl, für die Entzweiung von Mensch und Natur. In einer Zeit zerstörter Harmonie ging es nicht mehr darum, Einklang zu suchen. Nur noch in romantischer Verzauberung konnte die belebte Natur poetische Gegenwelt zum grauen Alltag sein, konnte sie Stimmungsbilder liefern und den Gegenpol darstellen für Kritik von Entfremdungserscheinungen und falscher Sentimentalität. Breiten Raum nimmt die Universitäts- und Philistersatire ein: In der *Harzreise* konnte Heine endlich seinem *Unmuth (...) gegen Göttingen im Allgemeinen* Luft machen. Es war ein Schlag für die Georgia Augusta, als sie 1826 durch die *Reisebilder* mit herber Insider-Kritik an ihrer abgestorbenen Gelehrsamkeit konfrontiert wurde. Über die Folgen vor Ort wußten die »Deutschen Jahrbücher« 1841 zu berichten: »Die Herren fuhren wie aus dem Traume empor. Sie, die sich im Schatten eines übereuropäischen Ruhms geborgen glaubten, sahen sich plötzlich in nächster Nähe, in ihrem süßesten akademischen Geheimniß von einem rücksichtslosen Beobachter belauscht.« Die Folge: Das »Buch wurde in Göttingen verboten und das Verbot dauert für Leihbibliotheken noch«. Kritik gilt aber auch den deutschen politischen Zuständen, insbesondere in Preußen, auch wenn Heine sie notgedrungen häufig symbolisch verhüllen mußte. »Der Verfasser geht von Göttingen aus, und besucht den Harz, hat aber dabei beständig auch Berlin vor der Seele«, bemerkte Varnhagen richtig. Der Text steckt voller kritischer Reminiszenzen an die Borussenhauptstadt, weshalb die *Reisebilder* dort auch »wegen ihrer fast unglaublichen Keckheit großes Aufsehen« erregten. Für die zweite Auflage der *Reisebilder* tilgte Heine zugunsten der *Präsentirbarkeit* des Buches *alles allzu herbe*: Derbheiten, erotische Anzüglichkeiten, antifeudale Ausfälle und Kritik am Mammonismus. Dadurch verlor der Text einige Spitzen, nicht aber seinen Gesamtcharakter.

Weil Heine sich auf gängige topographische Darstellungen stützte, hat die *Harzreise* auch noch in der Parodie Züge der konventionellen, enzyklopädisch-pittoresken Reisebeschreibung, woran ebenfalls die historischen und mythologischen Exkurse erinnern. Doch mit dem Wechsel von Erlebtem und Erfundenem, den Gedichteinlagen, den zahlreichen Anspielungen und offenen Namensnennungen, der Mischung von Ernst und Komik und der anekdotischen Struktur mutet die *Harzreise* in mancher Hinsicht wie ein autobiographisches Novellenfragment an. Dabei sind die scheinbar nur assoziativ aneinandergereihten Texteinheiten durch vielschichtige Motivverflechtung zu einem konstruktiven Ganzen komponiert, dessen Einheit nicht so sehr in einem erzählerischen Abschluß als in der kunstvollen Entfaltung einer Thematik liegt.

Verglichen mit dem *Rabbi* nahm sich die *Harzreise* für Heine zunächst eher harmlos und unbedeutend aus. Im nachhinein mußte er sich jedoch eingestehen, daß er hier zu einer vielversprechenden Prosaform gefunden hatte. Erstmals entwickelte Heine die für ihn charakteristischen Ironie- und Satireformen, die der Beschreibung der politischen und sozialen Wirklichkeit der Restauration einen neuen, kritischen Ton gaben. Aufbauend auf den beiden Traditionen der aufklärerischen und der romantischen Reiseliteratur, entwickelte er ab der *Harzreise* ein neues Genre, in dem sich eigentlicher Reisebericht mit witziger politischer und sozialkritischer Reflexion verbinden. Mit der neuartigen Prosasatire gelang ihm der Durchbruch zur Popularität.

Am 3. Mai 1825 machte Heine sein Examen »pro gradu doctoris ivris«; am 20. Juli schloß er das Promotionsverfahren mit der öffentlichen »Disputation«, der in lateinischer Sprache geführten Verteidigung von fünf Thesen ab, wofür er lediglich die Gesamtnote III erhielt. Anschließend gönnte er sich einen sechswöchigen Erholungsaufenthalt auf Norderney. Seine Familie hatte ihm Ende Juli *50 Louisd'or zum Herumreisen und Baden geschickt*, doch bereits nach vier Wochen war *das Geld fast ganz verträdelt*, im Kasino beim *Pharo* verspielt, und er mußte seinen Jugendfreund Sethe um sechs Louisdor anpumpen. Anschließend kehrte er wieder zu den Eltern nach Lüneburg zurück.

DRITTES KAPITEL

Wanderjahre

Karrierepläne

Trotz aller literarisch-philosophischen Peripetien seines Studiums sah sich Heine als frischgebackener Doktor juris zunächst nach einer seiner juristischen Qualifikation entsprechenden Stelle um. Die gleichzeitig mit der Promotion erfolgte Taufe zeigt, daß er bzw. vor allem sein beruflicher Mentor Salomon Heine in erster Linie an den Staatsdienst oder an eine Advokatur dachten, die damals in den meisten deutschen Staaten ja nur Christen offenstand. Dabei rechnete er sich, wie es scheint, nur in Hamburg Chancen aus, jedenfalls war von einem anderen Staat nicht die Rede. Von vornherein aber schrieb er seiner Schwester Charlotte am 31. Juli 1826 kategorisch: *Auf keinen Fall werde ich nach Hamburg kommen, wenn nicht dort die Mittel meiner Subsistenz im Voraus gesichert sind.* Für den Fall, daß die Hamburger Pläne fehlschlugen, liebäugelte er mit der Idee, als promovierter Jurist in Berlin die Lehrbefähigung zu erwerben, um dann Philosophievorlesungen zu halten. Dieser Seiteneinstieg war damals übrigens alles andere als ungewöhnlich; Heines Chancen an der Philosophischen Fakultät, für die er sich einzig interessierte, wurden durch das absolvierte juristische Fachstudium nicht wesentlich geschmälert, denn die Grenzen zwischen den Fakultäten waren fließend, Disziplinen im heutigen Sinne kaum konstruiert. Sein unmittelbares Vorbild war sicherlich sein Freund und ›Rivale‹ Eduard Gans, der von einer vergleichbaren Ausgangsposition aus, unter anderem vermittels seiner Taufe, den Einstieg in die Universitätskarriere geschafft hatte: 1826 wurde er zum Professor extraordinarius ernannt. Allerdings, und das übersah Heine gern, hatte sich Gans nicht wie Heine in erster Linie als belletristischer Autor, sondern durch solide wissenschaftliche Arbeiten profiliert. Derlei konnte Heine nun gar nicht aufweisen, und sicherlich war das der Hauptgrund, warum die Berliner Pläne am Ende im märkischen Sande verliefen. Außerdem meinte Heine, daß ihm in Berlin *gleich mehr Erwerbsquellen offen stehen* würden, mit welcher Formulierung er wohl eine verstärkte literarische Tätigkeit anvisierte. Schon hier zeigt sich also die Opposition zwischen praktisch-juristischer und geistig-literarischer Tätigkeit, zwischen der von der Familie angestrebten und von Heine prinzipiell akzeptierten Lösung auf der einen und einer vom Gelingen oder Scheitern der ersten Lösung abhängigen Ersatzmöglichheit auf der andern Seite, die aber vielleicht Heines persönlicher Neigung und Veranlagung eher entsprach. Daß diese Neigung zu einer Tätigkeit im kulturell-literarischen Bereich damals schon besonders ausgeprägt gewesen sei, läßt sich allerdings nicht behaupten.

Heines Weg zum professionellen Autor war kein positives Kontinuum, keine bewußte Entwicklung weg vom bürgerlichen Beruf hin zu seiner eigentlichen Bestimmung. In Wirklichkeit hat sich Heine bis zuletzt gegen den Literaturberuf gesträubt, und er tat diesen Schritt nur unter dem Zwang äußerer Verhältnisse, als ihm klar wurde, daß ihm alle anderen Möglichkeiten verbaut waren. Seine Entscheidung zum Berufsschriftsteller verdankte sich weder der Inspiration des Augenblicks, noch war sie eine Befreiung von der prosaischen bürgerlichen Gesellschaft im Sinne der Genieästhetik des Sturm und Drang oder der apolitischen Philistersatire der Romantik. In Heines Berufsproblematik stießen sich individuelle Ansprüche, Veranlagung und spontane Wünsche an den politischen und sozialen Realitäten. Zwar versuchte er, sich individuell an das System anzupassen, doch vermochte ihm dieses System schließlich nur eine Identität in eben der Systemopposition zuzuweisen.

Im November 1825 wandte sich Heine entgegen seinen Vorsätzen vom Sommer dann doch ohne ein bestimmtes Angebot in der Tasche nach Hamburg, um sich dort *als Advokat* niederzulassen. Vielleicht hegte er dabei auch den Hintergedanken, auf diese Weise die Zeit bis zu einer festen Staatsanstellung zu überbrücken. Adolph Halle etwa, der dieselbe Ausbildung wie Heine vorzuweisen hatte, begann ebenfalls um diese Zeit als Advokat und brachte es bekanntlich später (als Gatte der von Heine verehrten Cousine Therese) zum Schwiegersohn Salomon Heines, Handelsgerichtspräsidenten und Senator.

Heines Advokaturpläne scheiterten dagegen kläglich. Zum einen hatte er sich nur mit mangelnder Überzeugung darum bemüht, zum andern wurde sein Plan von verwandtschaftlichen Intrigen durchkreuzt. Die genaueren Umstände seiner *Demarschen* sind uns nicht bekannt, aber gegen Ende des Jahres 1825 befand er sich in einer äußerst depressiven Stimmung, sprach in einem aufschlußreichen Brief an seinen Herzensfreund Moser vom 14. Dezember von Selbstmord, um als Weihnachtsgeschenk das Versprechen anzukündigen, daß er sich *vor der Hand noch nicht todtschießen* wolle. Und Mosers ungläubige Reaktion vor Augen, fuhr er in grimmiger Selbstironie fort: *Wenn Du wüßtest, was jetzt in mir vorgeht, so würdest Du einsehen daß dieses Versprechen wirklich ein großes Geschenk ist, und Du würdest nicht lachen, wie Du es jetzt thust, sondern Du würdest so ernsthaft aussehen wie ich in diesem Augenblick aussehe. Vor kurzem habe ich den Werther gelesen. Das ist ein wahres Glück für mich. Vor kurzem hab ich auch den Kohlhaas von Heinr. v. Kleist gelesen, bin voller Bewunderung für den Verfasser, kann nicht genug bedauern daß er sich todt geschossen, kann aber sehr gut begreifen warum er es gethan.* Gerade das letzte von Heine bemühte Beispiel indiziert, daß er nicht so sehr an Herzenskummer litt, wie immer wieder (auch von ihm selbst) behauptet wurde, sondern an seiner sozialen Existenz.

Als berufliche Perspektive blieb ihm, wie Heine meinte, immer noch die Möglichkeit zu Vorlesungen *an der berliner Universität.* Wie schwer die ungeklärte Situation auf ihm lastete, zeigt seine unverhältnismäßig heftige Reaktion auf anscheinend gut gemeinte Versuche seines Schwagers Embden und eines gemeinsamen Bekannten, des Maklers Cohn, Salomon Heine auf die unhaltbare Lage seines Neffen aufmerksam zu machen: Heine liege seinem Onkel nur auf der Tasche und sei zu seinem eigenen Besten von Hamburg zu *entfernen.* Obwohl Heine selbst kurz zuvor Moser witzig gestanden hatte: *Ich werde jetzt ein rechter Christ; ich schmarotze nemlich bey den reichen Juden*, trafen ihn solchermaßen offen gemachte Feststellungen empfindlich. Cohn umgehend zur Rede stellend, überzeugte er *den plumpen Gesellen daß mir das Wenige was ich hier brauche nicht fehle, und ich bath ihn sich um meine Angelegenheit ferner nicht zu*

bemühen. In gleicher Weise beleidigt zeigte er sich, als ihm zu Ohren kam, daß Berliner Freunde für ihn eine Stellung suchten: *Gesteh offen*, schrieb er Moser am 24. Februar 1826, *welche Bewanntniß hat es mit dem Geschwätz daß Du durch Cohn aufgefordert bist und der Criminal-Rath Hitzig wieder von Dir aufgefordert ist in Berlin ein Unterkommen für mich zu suchen? Ja, ich bin rasend. – Meine persönliche Ehre ist aufs tiefste gekränkt; – was mich aber am meisten kränkt daß ist daß ich selbst dran Schuld bin durch ein zu offenes und kindisches Hingeben an Freunde oder Freunde der Freunde.*
Heines Ehrgefühl ließ es nicht zu, daß man ihn offen als stellungsuchenden Akademiker bezeichnete. Seine Reaktion auf die Maßnahmen der Freunde zeigt, wie zentral das Lebensunterhalts- und Stellungsproblem für ihn war, wie tief der Wunsch in ihm steckte, sich als vollwertiges Mitglied der bürgerlichen Gesellschaft zu erweisen. Gerade der emotionale Überhang seines Anspruchs scheint ihm – neben den objektiven Schwierigkeiten seiner sozialen Stellung – bei seinem Vorhaben besonders im Wege gestanden zu haben. Denn wie sollten ihm die Berliner Freunde eine Zukunftsaussicht eröffnen, wenn sie gleichzeitig nicht von seiner Situation und seinen Wünschen reden durften? Und wie konnte er sich in Hamburg als freier Advokat etablieren, wenn er nicht die geringste Initiative dazu ergriff, offenbar schon nach den ersten Schwierigkeiten die Flinte ins Korn warf und sich nicht einmal der Mühe unterziehen wollte, zu seinen *Handlungen die Gründe aufzufinden*, sich also Rechenschaft abzulegen, woran er gescheitert war? Offenbar meinte er, nachdem er mit Promotion und Taufe die allgemeinen gesellschaftlichen und legalen Voraussetzungen zu einer bürgerlichen Gleichstellung geschaffen hatte, er könne sich ins gemachte Bett legen, als habe jedermann nur darauf gewartet, ihn dafür zu entschädigen, daß er seine inneren Zweifel besiegt und sich den politisch-sozialen Zwängen unterworfen habe.
Seine Erwartungen erfüllten sich nicht. Heine erhielt keine Anstellung, nicht einmal die Berechtigung, sich als Advokat niederzulassen. Die Taufe hatte also ihren praktischen Zweck verfehlt. Gegenüber Moser bekannte er am 9. Januar 1826: *Ich bin jetzt bey Christ und Jude verhaßt. Ich bereue sehr daß ich mich getauft hab; ich seh noch*

gar nicht ein daß es mir seitdem besser gegangen sey, im Gegentheil, ich habe seitdem nichts als Unglück – Doch still hiervon, Du bist zu sehr aufgeklärt um nicht hierüber zu lächeln. In dieser zugespitzten Situation, wo alle literarischen Vermittlungsversuche und alle äußerlichen Anpassungsbestrebungen gescheitert waren, nahm nun auch der schon lange untergründig gehegte Evasionsplan deutlichere Gestalt an, der schon das Scheitern der beruflichen Ambitionen in sich trug. Im Sommer machte er Moser die Mitteilung: *Es ist aber ganz bestimmt daß es mich sehnlichst drängt dem deutschen Vaterlande Valet zu sagen. Minder die Lust des Wanderns als die Qual persönlicher Verhältnisse (z. B. der nie abzuwaschende Jude) treibt mich von hinnen. (...) Wie tief begründet ist doch der Mythos des ewigen Juden! (...) Den weißen Bart, dessen Saum die Zeit wieder verjüngend geschwärzt hat, kann kein Barbier abrasieren.* Und im Herbst erläuterte er Varnhagen den Plan einer Parisreise, den dieser selbst in die Debatte geworfen hatte, offenbar in der Absicht, daß Heine die Zeit bis zu einer günstigeren Konjunktur möglichst nutzbringend und literarisch verwertbar zubringen möge, und der ja für Heines spätere Existenz bestimmend wurde: Er wollte dort *die Bibliothek benutzen, Menschen und Welt sehen, und Materialien zu einem Buche sammeln, das Europäisch werden soll.*

Diese Überwindung der nationalen Perspektive, die hier freilich vorläufig als Wille, als Projekt, und noch nicht als vollzogen erscheint, fiel zeitlich mit dem Erfolg des ersten *Reisebilder*-Bandes und dem genaueren Plan der Serienveröffentlichung der *Reisebilder* zusammen. Diese Entdeckung war wegweisend für seine weitere literarische Laufbahn. Erstmals zeichnete sich hier eine Alternative zur jüdisch-deutschen Misere ab, die nicht mehr nur negativ definiert war, sondern einen eigenen politischen Sinn besaß. Der Wechsel zur europäischen Perspektive (*Es giebt in Europa keine Nationen mehr, sondern nur Parteien*), wobei Europa damals die Welt bedeutete, ermöglichte eine Überwindung der deutsch-jüdischen Antinomie. Von nun an brauchte sich Heine nicht mehr zu fragen, ob er eigentlich ein »jüdischer« oder ein deutscher Dichter sei. Indem er sich das Emanzipationsmodell des europäischen Liberalismus zu eigen machte, erübrigte sich für ihn – zumindest theoretisch – der spezielle Kampf für die jüdische Emanzipation. Erst von dieser Position aus erhält das Bonmot, wonach *der Taufzettel (...) das Entre Billet zur Europäischen Kultur* sei, seinen Stellenwert. Das Ringen um deutsche bzw. jüdische Identität hatte zunächst seinen Abschluß gefunden.

Der Durchbruch: Reisebilder I

Bis zur Beendigung seines Studiums war Heines Lebensunterhalt von der Familie bzw. vom Onkel allein getragen worden. Honorare für literarische Arbeiten bildeten außerordentliche Zuschüsse, die angesichts ihrer geringen Höhe kaum ins Gewicht fielen. In den Jahren 1825 bis 1827 stellte die Familie ebenfalls die Hauptstütze von Heines materieller Existenz dar, weil seine Versuche, einen bürgerlichen Beruf zu ergreifen, fehlschlugen. In dieser Krise versuchte Heine nun, sich durch verstärkte literarische Tätigkeit zu bestätigen: Er plante den ersten Band der *Reisebilder* und fand bald in dem Buchhändler Julius Campe den geeigneten Verleger. Mit der Anknüpfung dieser Verlagsbeziehung im Januar 1826 wurde eine Geldquelle erschlossen, deren Ertrag sich neben den familiären Zuwendungen durchaus sehen lassen konnte. Mangels exakter Quellen läßt sich jedoch heute nicht mehr bestimmen, in welchem Verhältnis die Zahlungen des Onkels und des Verlegers zueinander standen. Seinen Vorstellungen gemäß leben konnte Heine von den ihm aus Campes Kasse zufließenden Beträgen keinesfalls und zu keiner Zeit, obwohl seine fixen Kosten (er wohnte zeitweise bei den Eltern oder der Schwester) nicht besonders hoch waren.

Ich will viel reisen und viel sehen. Dieses befördert auch meine Poeterey, hatte Heine nach Abschluß seines Studiums geäußert: Reiseeindrücke, verbunden mit Lesefrüchten und Erkenntnisfortschritten ließen immer neuen Stoff entstehen. Zudem ging die Arbeit schneller von der Hand als die quellengestützten Projekte. Dennoch war Heine kein Reiseschriftsteller. Er wollte keine fremde Realität vorstellen, seine Reiseberichte sind eher arm an Realien. Keine ›erzählte Fremde‹ also, sondern der intelligente Blick auf die vorbeieilende Welt, die in Beziehung gesetzt wird zu eigenen Erfahrungen. Heines »subjektiver

Prosastil« machte das große Ich zur Hauptgestalt: *Was ich aus den Dingen nicht hinaussehe, das sehe ich hinein.* Anstelle von Beschreibungen erfährt der Leser subjektive Eindrücke, anstelle von Urteilen Ansichten, anstelle von Begebenheiten Erlebnisse. Diese Art der Reisebeschreibung erlaubte es Heine, alle Register seiner Kunst zu ziehen, Empirie und Fiktion zu mischen, witzige Ideen-Assoziationen zu entwickeln, Kontrastvergleiche anzustellen und immer wieder die Grundlage zu schaffen für ernsthafte, analytische, teilweise prophetische Resümees von Gewicht. Dem Bauprinzip der einzelnen Texte entsprach die lose Reihenform der Bände. Die *Reisebilder* waren nur Sammelname und Mantel für verschiedene literarische Formen, Genres und Gattungen: für Reiseberichte, feuilletonistische Skizzen, Korrespondenzartikel, Aufsätze und Essays ebenso wie für Übersetzungen, Gedichte und Xenien. Mit dem von ihm erfundenen Gattungsbegriff sprengte Heine die literarischen Traditionen und Konventionen. Während die Gedichte im Publikum lange Zeit nur eine vergleichsweise schwache Resonanz fanden, sorgte die funkelnde Prosa der *Reisebilder* für Furore und ließ Heine zum Wortführer der jungen Autorengeneration avancieren. Mit der Verbindung von prägnantem, konstruktiv durchgebildetem Witzstil, spielerisch-poetischem Assoziationsprinzip und scharfer Gesellschaftskritik legte Heine den Grundstein zu seinem Ruhm und rief auch bald Nachahmer auf den Plan. Dabei waren Heines ästhetische Optionen ähnlich wie in der Lyrik auch bei den *Reisebildern* eher konservativ: Mit der Gesellschaftsnähe der Texte, seiner Neigung zur Personalsatire und zum hyperbolischen Sprechen, dem Prinzip der Stilmischung und einer in ausgefeilte rhetorische Figuren gekleideten Formulierungskunst griff er vorklassizistische Traditionen auf.

Der erste Band der *Reisebilder* erschien im Mai 1826. Er vereinte die *Harzreise* mit den 88 Gedichten der *Heimkehr* und der ersten Abteilung der *Nordsee*; in der zweiten Auflage von 1830 ergänzte *Nordsee* II die erste Abteilung. Im Sommer 1823 war Heine erstmals zu einer längeren Badekur an die Elbmündung gereist. Vom Meerwasserbaden und langen Strandspaziergängen bei Cuxhaven versprach er sich eine heilende Wirkung auf sein schwaches Immunsystem. 1824 hatte es anstatt eines Badeurlaubs nur zu einer Fußwanderung durch den

Harz gereicht. Nach bestandenem Doktorexamen durfte er sich im Sommer 1825 sechs Wochen lang auf Norderney erholen. Seit dort im Jahr 1820 eine Spielbank errichtet worden war, entwickelte sich das ostfriesische Inselbad während der Saison zum Treffpunkt der vornehmen und extravaganten Welt. Aufgrund eines von Campe gewährten Vorschusses von 30 Friedrichdor auf den zweiten *Reisebilder*-Band konnte sich Heine im Sommer 1826 erneut einen sechswöchigen Urlaub auf Norderney leisten. Diesmal wagte er das Unerhörte: Am 28. August 1826 meldete er, er *lerne schwimmen.*

Heines Beschäftigungen an der Nordsee unterschieden sich nicht wesentlich von denen anderer männlicher Badegäste: Er erkundete die nähere Umgebung, machte Bootsausflüge, schloß Bekanntschaften, ging in Bibliotheken, flirtete mit Damen der Hautevolee, verspielte Geld im Kasino. Und er genoß den Anblick des Meeres, das er als *wahlverwandtes Element* empfand, den Wechsel von Ebbe und Flut, die stürmische Brandung. *O wie lieb ich das Meer, ich bin mit diesem wilden Ellement so ganz herzinnig vertraut worden, und es ist mir wohl wenn es tobt*, schrieb er am 14. Oktober 1826 an Immermann. Und der Schwester Charlotte verriet er etwa zur selben Zeit: *Wenn der Wind heult und pfeift, wird mir wohl, und mir ist, als ob liebliche Stimmen mir Reime ins Ohr flüsterten ... ich bewundere den Aufruhr der Natur; denn das bewegte Meer gleicht dem Leben, und nur dann schlägt mein Herz gesund, wenn die Wellen des Lebens recht hoch gehn!*

Bereits im Anschluß an den Cuxhaven-Aufenthalt hatte Heine kleine *Seestücke* verfaßt, die er später dem *Heimkehr*-Zyklus einverleibte und von denen er fünf im März 1824 im »Gesellschafter« abdrucken ließ. In ihrer eher traditionellen, von Wilhelm Müller inspirierten Liedform weisen sie noch keineswegs voraus auf die *Seebilder* der beiden ersten *Nordsee*-Abteilungen, in denen Heine *neue Töne* anschlug. Diese entstanden im Anschluß an die beiden Norderney-Urlaube: *Nordsee* I zwischen August und Dezember 1825, *Nordsee* II, die ihm selbst *weit originaler und kühner als die Iste Abtheilung* erschien, zum kleineren Teil noch während des zweiten Norderney-Aufenthalts, zum größeren Teil im Herbst in Lüneburg. Schon mit dem Thema beschritt Heine Neuland. Kein bedeutender deutschsprachiger Dichter hatte vor ihm die Nordsee zum poetischen Gegenstand gemacht. So war es nicht übertrieben, wenn er sich in einem Brief an Campe zum *Hofdichter der Nordsee* erklärte. Mit ihren freien Rhythmen, dem Verzicht auf Reimwirkung und einer Vielzahl kühner Wortneuschöpfungen zeugen die beiden Abteilungen der *Nordsee* darüber hinaus von einem lyrischen Neuanfang Heines, der wohl in erster Linie von der Lektüre der Hymnen des jungen Goethe inspiriert war. Was im 18. Jahrhundert, vor allem durch Klopstocks Bemühungen um den freien Rhythmus, durchaus populär gewesen war, hatte erst jüngst durch Ludwig Tieck (»Reisegedichte eines Kranken«; in »Gedichte«, 1821-23) und Ludwig Roberts poetische Replik »An Ludwig Tieck. Promenaden eines Berliners in seiner Vaterstadt« (im »Morgenblatt für gebildete Stände«, 1824) eine Rehabilitation erfahren, an der sich Heine nun beteiligte. An Moser schrieb Heine am 19. Dezember 1825: *Tiek und Robert haben die Form dieser Gedichte wenn nicht geschaffen, doch wenigstens bekannter gemacht; aber ihr Inhalt gehört zu dem Eigenthümlichsten was ich geschrieben habe.* Und stolz fügte er hinzu: *Jeden Sommer entpuppe ich mich und ein neuer Schmetterling flattert hervor.*

Für den Rezensenten Varnhagen stellte *Nordsee* I »die gehaltvollste, und, nach Ausscheidung einiges Frevels, die würdigste« Abteilung des ersten *Reisebilder*-Bandes dar. In den mit wenigen, aber »für immer bezeichnenden« Worten entworfenen Naturschilderungen bekunde sich »das bis zum Genie gesteigerte Talent des Autors«. Wie er sahen auch andere Kritiker in der *Nordsee* einen kräftigen Beleg für Heines formales Fortschreiten. Mal in jubelndem Lobgesang, mal im Ton bitterster Enttäuschung, ernst und ironisch, feierlich und bizarr, erhaben und humoristisch, drastisch konkret und mythologisch überhöht, aggressiv und hochpoetisch, dokumentierte Heine in den beiden Zyklen der *Nordsee* formale und thematische Vielseitigkeit. Seine *Seebilder* zeugen darüber hinaus von den inneren Kämpfen, die er insbesondere 1825, im Jahr der großen, aber relativ folgenlosen konfessionellen und beruflichen Entscheidungen, mit sich austrug. Am 19. Dezember 1825 verriet er Moser, daß erneut ein *Bürgerkrieg* in seiner *Brust ausgebrochen* sei und *alle Gefühle sich empören – für mich, wider mich, wider die ganze Welt.*

Den verlegerischen Erfolg der *Reisebilder* witternd, wollte der pfiffige Campe Heine ganz offensichtlich zu einer Art Bestseller-Autor aufbauen. Bereits wenige Wochen nach der Auslieferung des ersten *Reisebilder*-Bandes (Ostern 1826) drängte er Heine, mit dem »erwarteten Zwillingsbruder (...) nicht zu lange« zu säumen. Der zweite Band sollte spätestens im Herbst desselben Jahres versendet werden. Als er dann schließlich mit sechs Monaten Verspätung zu Ostern 1827 erschien, hatte Heine schon einen dritten Band für den Herbst zugesagt. Als versierter Kaufmann hatte Campe »wohl berechnet«, daß – gemäß dem auch vom heutigen Buchgewerbe praktizierten Reihenprinzip – ein sofort nachgelieferter dritter Band den Verkauf der beiden vorangehenden weiter angekurbelt hätte und daß er alsbald eine »wohlfeilere und dennoch hübsche Ausgabe von allen 3 Theilen« nachliefern könnte. Das Ziel war, dem Verlagsprodukt, dessen Absatz durch vergleichsweise hohe Verkaufspreise gehemmt war, mit einer gezielten Preissenkungspolitik neue Käuferschichten zu erschließen. Über den rasch erwarteten dritten Teil der *Reisebilder* hinaus lief bereits 1827 die Planung für einen weiteren Band, dem die in diesem Zusammenhang unternommene Englandreise Material bereitstellen sollte. Doch Heine konnte den Rhythmus, den Campe und er selbst sich im Interesse kommerzieller Optimierung auferlegt hatten, nicht halten. Der dritte *Reisebilder*-Band erschien erst mit mehr als zwei Jahren Verspätung im Dezember 1829. Campe mochte noch so sehr über »betrogene Erwartung« und Heines »eckliche Ausreden« jammern und sich beschweren, daß Heine verkaufsgünstige Messetermine versäumt habe und überhaupt seine Produktion nicht kommerziellen Gesichtspunkten anzupassen imstande sei – Heine war in dieser Hinsicht zu keinen Konzessionen zu bewegen.

Wenngleich Heine ab dem Frühjahr 1826 auf diese Weise in Hamburg festen Fuß zu fassen schien, so ist daraus doch keineswegs zu schließen, daß er darum seine bürgerlichen Berufswünsche aufgegeben hatte. Die Ausschließlichkeit seiner literarischen Arbeit empfand er vorläufig als einen Mangelzustand, literarische Arbeit als eine Art Ersatzbeschäftigung. Dem Berliner Eingeweihten Varnhagen gegenüber machte er im selben Augenblick, da er die *Reisebilder* übersendete, deutlich, wie sehr seine *äußere Lage peinlich* sei; gegenüber

Moser sprach er von seiner *fatalen Stellung*. Die literarische Berühmtheit sei zwar zum einen dazu da, ihm etwas Geld zu verschaffen – er müsse *so halb und halb davon leben*, verriet er am 26. Mai 1826 Joseph Lehmann –, doch bezeichnete er selbst es als deren vorzüglichen Zweck, *manchem Lump, der mich mit Koth bewerfen möchte, eine heilige Scheu* einzuflößen, schrieb ihr also eine Abwehrfunktion gegen den Kodex bürgerlichen Sozialverhaltens zu, der von einem erwachsenen Mann mit abgeschlossener Hochschulausbildung verlangte, einen ›richtigen‹ Beruf auszuüben (solange er nicht vom Ertrag seines Kapitals leben konnte). Gewiß, bereits in der *Heimkehr* bekundet Heine Dichterstolz, wenn dort das selbstbewußte, zwischen Herbst 1823 und Frühjahr 1824 formulierte Bekenntnis zu lesen ist:

Ich bin ein deutscher Dichter,
Bekannt im deutschen Land;
Nennt man die besten Namen,
So wird auch der meine genannt.

Doch auch in Heines Sinn ist die Schriftstellerei damals nur als zusätzlich zu einem ›echten‹ Beruf ausgeübte Nebentätigkeit anzusehen, nicht aber als dieser echte Beruf selbst. Erst später vermochte Heine gegenüber seinem Onkel, aus dessen Abhängigkeit er sich gern befreit hätte, zu argumentieren, es sei unmöglich, *Meisterwerke für die Nachwelt zu schaffen (...), wenn man betrübt von den qualsamsten Nahrungssorgen sein Talent an unerquickliche Tagesaufgaben vertrödeln und verzetteln* müsse. Nun wissen wir zwar, daß »Dichter« eben kein Nebenberuf ist und daß diejenigen, die sich darüber aus Not hinwegsetzen mußten, früh das Zeitliche segneten, wie Schiller, der mit 46 Jahren starb, oder wie E.T.A. Hoffmann, der nur 45 Jahre alt wurde, oder wie Lessing, der es eben auf 52 Lebensjahre brachte. Doch so sauer dieser Status den Autoren wurde, das Schreiben als Nebenerwerb war die Regel. Nebenerwerbsschriftsteller waren beispielsweise der Archivdirektor Franz Grillparzer, der informelle Mitarbeiter der österreichischen Staatskanzlei Eduard Beurmann, der Lotteriebedienstete Eduard Bauernfeld, der Textilreisende Georg

Weerth, der Diplomat im Ruhestand Varnhagen von Ense, die Schulleiterin Malwida von Meysenbug, der Schulinspektor Adalbert Stifter, der Pfarrer Eduard Mörike oder der Arzt Justinus Kerner. Wieder andere verfügten wenigstens über vermögende Ehepartner, wie Georg Herwegh, oder besaßen einen selbstlosen Freund, wie Karl Marx in Friedrich Engels.

Privatgeschichtsschreibung: Reisebilder II

Die Arbeit am zweiten Teil der *Reisebilder* begann gleich nach Erscheinen des ersten Bandes und zog sich bis in den März 1827 hinein. Mitte Januar 1827 mietete Heine, aus Lüneburg kommend, in der Nähe der mit der Herstellung beauftragten Druckerei in Hamburg eine Wohnung, um noch etwas Zeit für die Niederschrift zu gewinnen. Weil das Buch *eine gewisse Bogenzahl enthalten mußte*, *um den Ansprüchen einer hochlöblichen Censur zu entgehen*, gab er noch die *Briefe aus Berlin* dazu, während der ursprünglich vorgesehene *Rabbi* ebenso wie der Aufsatz *Ueber Polen* entfiel. Mit einer zweiten (lyrischen) und dritten (prosaischen) Abteilung der *Nordsee* schlug Heine einen Bogen zum ersten *Reisebilder*-Band, wohin ab der zweiten Auflage die zweite Abteilung der *Nordsee* wanderte, die ihrerseits dann dem *Neuen Frühling* weichen mußte. Bei dieser Anordnung ist es bis zur fünften Auflage von *Reisebilder* II, die in Heines Todesjahr erschien, geblieben.

Trotz der seit dem Ende der zwanziger Jahre wiederholten Versicherung, die Zeit der Lyrik sei vorbei und die der kämpferischen Prosa angebrochen, gab Heine das Verseschmieden nicht auf. Mit der größtenteils in Hamburg auf Veranlassung des Komponisten Albert Methfessel entstandenen erotischen Naturlyrik des *Neuen Frühlings*, die er später sarkastisch auf den Nenner *Rosen, Mondschein und Nachtigalen-Frikassee* brachte, knüpfte er nur auf den ersten Blick an die Manier des *Buchs der Lieder* und damit an den vertrauten Heine-Ton an. Zwar steht der *Neue Frühling* vom Gesamtarrangement her in der Tradition der früheren Liebesliederzyklen: Auf anfängliche Frühlingsgefühle, auf Hoffnung und Erwartung folgen Skepsis und Resignation, nehmen die Hinweise auf Winter, Abschied und Tod zu. Doch führt nicht, wie im *Lyrischen Intermezzo* oder der *Heimkehr*, fehlende Gegenliebe zu Sehnsucht, Trauer und Resignation, sondern die Trennung vom Liebesobjekt. Auch formal trägt der Zyklus Kennzeichen einer Weiterentwicklung: Zu den Neuerungen, die besonders die jüngeren Gedichte des *Neuen Frühlings* aufweisen, gehören von Heine bis dahin wenig genutzte Reimschemata und metrische Ent-Rhythmisierungen. Ebensoviel wie den Zyklus, der zuletzt 45 Gedichte umfaßte, von der Tradition des *Buchs der Lieder* unterscheidet, trennt ihn allerdings auch von der Lyrik der französischen Periode: Während die in Paris entstandenen Gedichte insgesamt eine Hinwendung zur Alltagsrealität zeigen, dominiert hier der Blick in das eigene, anfangs freudig bewegte, später verwundete Herz und auf die beseelte Natur, deren Dynamik indes keine Andachtsstimmung aufkommen läßt:

Spätherbstnebel, kalte Träume,
Ueberfloren Berg und Thal,
Sturm entblättert schon die Bäume,
Und sie schaun gespenstisch kahl.

Nur ein einz'ger, traurig schweigsam
Einz'ger Baum steht unentlaubt,
Feucht von Wehmuthsthränen gleichsam,
Schüttelt er sein grünes Haupt.

Ach, mein Herz gleicht dieser Wildniß,
Und der Baum, den ich dort schau
Sommergrün, das ist dein Bildniß,
Vielgeliebte, schöne Frau!

Kernstück von *Reisebilder* II bildet ein autobiographisches Fragment: *Ideen. Das Buch Le Grand.* Nur wenige Monate trennten Entstehung und Veröffentlichung. Am 26. Mai 1826 erfolgte der erste

Hinweis auf das Werk in einem Brief an Karl Simrock. Mit der Niederschrift begann Heine spätestens im Oktober 1826 in Lüneburg; Mitte April 1827 kam der zweite Teil der *Reisebilder* in den Buchhandel. Während des Drucks schrieb er an den letzten Bögen, und das Werk wurde *während des Schreibens* gedruckt: *In meinem Zimmer*, lesen wir im 14. Kapitel, *steht jetzt der Bursche aus der Langhoffschen Druckerey und wartet auf Manuskript, das kaumgeborene Wort wandert warm und naß in die Presse, und was ich in diesem Augenblick denke und fühle, kann morgen Mittag schon Makulatur seyn.*
In den *Ideen* verbindet Heine, noch keine 30 Jahre alt, autobiographische Skizze und weltgeschichtliche Perspektive, wobei ihm Goethes »Dichtung und Wahrheit« insofern als eine Art Muster diente, als *diese Selbstbiographie (...) auch die Biographie der Zeit* war und er sich die Verschränkung von individueller Biographie und Weltgeschichte ebenfalls zum Ziel gesetzt hatte. Schon früh scheint sich Heine im allgemeinen Geschichtsprozeß wiederentdeckt zu haben; spätestens 1823 drängte sich ihm die Idee einer Privatgeschichtsschreibung auf: Er wolle Memoiren schreiben, in denen sein *ganzes trübes, drangvolles Leben in das Uneigennützigste, in die Idee übergeht*, lesen wir am 27. November 1823. In dieser Formulierung, in der sich ein Terminus der Hegelschen Philosophie und die Varnhagensche Hauptforderung (»Werde wesentlich!«) zu verbinden scheinen, ist die Synthese von Subjektivem und Objektivem vollzogen. Unklar bleibt daran, ob sich die Zeitgeschichte im Medium seiner Vita offenbaren oder umgekehrt die eigene Lebensgeschichte als historisches Dokument vorgestellt werden sollte. Spätere Äußerungen zu den *Ideen* belegen, daß der Bekenntnischarakter inzwischen eindeutig Oberhand gewonnen hatte. Die Verarbeitung von Erinnerungen war für ihn stets eine besonders lustvolle Arbeit. Ein *selbstbiographisches Fragment*, in dem er *den rein freyen Humor*, den *reinen, urbehaglichen Humor* versucht habe, nennt er die *Ideen* im Brief an Moser vom 14. Oktober 1826, als *Fragment aus meinem Leben, im keksten Humor geschrieben*, bezeichnet er sie im Brief an Varnhagen vom 24. Oktober 1826. Im Obertitel *Ideen* erhielt sich ein Rest des ursprünglich geplanten Titels, der *Ideen zur Geschichte* lauten sollte. Wenn man eine Aussage aus dem Jahr 1823 hinzuzieht: *Der Jüngling will eine Geschichte haben!*,

wird die Doppelsinnigkeit von Privat- und Welt-Geschichte evident. Mit dem Untertitel *Das Buch Le Grand* imitierte Heine die prophetischen Bücher des Alten Testaments, wie denn auch die von ihm erwähnten Napoleon-Biographien von Las Cases, O'Meara und Antommarchi als *Evangelien* bezeichnet werden. *Das Buch Le Grand* ist das Prophetenbuch für einen *weltlichen Heiland*, der Napoleon heißt, der gelitten hat nicht unter Pontius Pilatus, sondern unter Hudson Lowe, dem englischen Kommandanten von St. Helena. Heine erhebt Napoleon in den Rang eines weltgeschichtlichen Erlösers, seine Schilderung von dessen Einzug in Düsseldorf im Jahr 1811 evoziert unwillkürlich den Einzug Christi in Jerusalem.

Erfahrungssplitter aus seinen Kindheits- und Jugendjahren am Rhein und aus seiner ersten Hamburger Zeit rückte Heine vor den welthistorischen Hintergrund der napoleonischen Ära. Eigene kummervolle Erfahrungen, insbesondere die unerwiderte Liebe zur Hamburger Cousine, parallelisierte er mit dem Schicksal der Grande Armee, wobei die Autobiographie freilich durch exotische Elemente, durch venezianische und indische Kulissen verfremdet wird. Am Thema der enttäuschten Liebe hielt Heine mit enormer Hartnäckigkeit fest. Sein Motiv war wohl weniger der Befreiungscharakter von Niederschrift und Veröffentlichung, sondern eher die Kultivierung eines Gefühls, das für ihn Wollustcharakter besaß und mit dem er gleichzeitig auf breites Interesse stieß. Privatesten Liebesschmerz konnte er in klingende Münze umprägen. Längst hatte er erkannt, daß die Wahl eines von vornherein aussichtslosen Liebesobjekts Grundbedingung war für das Fließen der poetischen Ader und nur das Wissen um die Vergeblichkeit aller amourösen Bemühungen seine dichterische Produktion anzuregen vermochte. Sarkastisch formulierte er 1828 im dritten *Reisebilder*-Band: *Bleibt nur in meiner Brust, Ihr Schmerzen! Ihr findet nirgends ein besseres Unterkommen. Ihr seyd mir lieb und werth, und keiner weiß Euch besser zu hegen und zu pflegen als ich, und ich gestehe Euch, Ihr macht mir Vergnügen. Und überhaupt, was ist denn Vergnügen? Vergnügen ist nichts als ein höchst angenehmer Schmerz.*

Die großen Liebesschmerzen werden indes durch die größeren Weltinteressen überhöht. Schon hierin unterscheiden sich die *Ideen* von gängigen Biedermeier-Memoiren, die sich – aus Zensurrücksicht, aus Geschmacks- oder Gesinnungsgründen – auf die Privatsphäre beschränkten. Und Heine ging noch einen Schritt weiter, indem er literarische Memoiren mit politischen, wissenschaftlichen und ästhetischen Polemiken, philosophischen Ideen und politischen Tendenzen verknüpfte. Varnhagen brachte es in seiner Rezension des zweiten *Reisebilder*-Bandes auf den Punkt: In den Ideen verschränken »sich Liebesgeschichte und Volks- und Weltgeschichte und wissenschaftliches und bürgerliches Treiben mit unerschöpflicher Wunderlichkeit der Formen und Übergänge«. Fiktionale, reflektierende und satirische Abschnitte wechseln, romantische Motive werden mit realistischen Beobachtungen verschmolzen, historische Figuren neben Symbolgestalten gestellt. Die Montage ist das leitende Strukturprinzip des Textes. Alles folgt dabei der bewährten Methode der anti-elitären, die ›aristokratische‹ Vernunft destabilisierenden *Ideenassoziazion*. Dennoch gelang Heine, dem Meister des kunstvollen Arrangements, eine schlüssige Komposition. Mit der fiktiven Anrede an eine *Madame*, offensichtlich eine ältere Gönnerin, schuf er eine intime Erzählatmosphäre, wie er es dreißig Jahre später auch in der Vorrede des Memoirenfragments tat, als er sich an eine *theure Dame* wendete. Ihr kann er sein Herz ausschütten, sie versteht ihn, wie Rahel Varnhagen einst Heine verstand, *durch bloße Blicke, wir sahen uns an und wußten, was in uns vorging – diese Augensprache wird bald verloren seyn.* Das Ergebnis ist eine neue Prosaform, die ihre stärkste Anregung wohl Laurence Sterne verdankt, dem englischen Meister skurrilen Humors. Sein »Tristram Shandy« stand Pate für das Gesamtkonzept wie für viele erzählerische Details. Die *Ideen* sind ein »Memoirenfragment mit einem vielfältigen Rankenwerk von Ideen und polemisch-satirischen Partien«, wie Jost Hermand urteilt, weder rein novellistisch noch rein berichterstattend und alles andere als ein dokumentarischer Bericht: Wo nötig, wird die Faktentreue der Stilisierung, der symbolischen Überhöhung geopfert.

Den *Ideen* geht in den *Reisebildern*, durch den gemeinsamen Napoleon-Komplex miteinander verbunden, die dritte Abteilung der *Nordsee* voran. Der Titel kaschiert nur dürftig, daß es sich nicht um einen geschlossenen Text handelt, *geschrieben auf der Insel Norder-*

ney, sondern um eine Aneinanderreihung von oft polemischen Essays (die wohl erst im Spätherbst in Lüneburg entstanden), worin der Charakter der ursprünglich geplanten Serie fingierter *Nordseereisebriefe* bewahrt ist. Es sind allein die Themen, die den Text strukturieren: Geschickt arrangiert, versammelt die *3te prosaische Abtheilung* der *Nordsee* eine bunte Abfolge von Mitteilungen über das armselige Leben und die dumpfe Mentalität der Insulaner, über Katholizismus, die verführerischen Wirkungen des Strand- und Badelebens, Goethe, *seemännische Wundersagen* und den hannöverschen Adel; über Seelenwanderung, Napoleon und seine Biographen, Walter Scott und Lord Byron. Statt eines eigenen, privat mehrfach angekündigten polemischen Kommentars der *deutschen Literaturmisere* beschließen literaturkritische Xenien aus der Feder Karl Immermanns, seines *hohen Mitstrebenden*, den Text. Sie wurden später Auslöser des Streits mit dem Dichter August von Platen.
Während die beiden ersten, lyrischen Zyklen der *Nordsee* vom grandiosen Naturerlebnis geprägt waren und sich oftmals in Herzensempfindungen und mythologischen Spielereien verloren, drängt sich das Meer jetzt nur noch kulissenhaft in die Reflexionen des Erzählers, dessen Blick sich der sozialen und kulturellen Gegenwart zugewendet hat und auch die politische Gegenwart im zerstückelten Deutschland mit seinen zahlreichen Kleinfürsten (*Sedezdespötchen*) nicht aus den Augen verliert: *Es ist schrecklich, wenn man bedenkt wie viele derselben wir armen Deutschen zu ernähren haben*. Gerade Norderney war in der Saison Tummelplatz des Adels, *fürstlicher Personen* wie *geringerer Noblesse*. Diese künstliche Welt der Badegäste, zu der er selbst gehörte, konfrontierte Heine mit dem Selbstbewußtsein der *guten Bürger Ostfrieslands*, einem Volk, *flach und nüchtern (...) wie der Boden, den es bewohnt*, geadelt jedoch durch ein besonderes Talent, womit es sich *über jene windige Dienstseelen erhebt, die allein edel zu seyn wähnen* – das *Talent der Freyheit*.
Die wachsende politische Brisanz der Texte läutete Heines lebenslangen Kampf mit der Zensur ein. Nicht genug, daß Autor und Verleger, um der Vorzensur aus dem Weg zu gehen, die *Reisebilder* ab dem zweiten Band bewußt als über 20 Druckbogen starke Sammelbände konzipierten: Heine entwickelte obendrein, um auch der Nachzensur,

einem nachträglichen Verbot, ein Schnippchen zu schlagen, eine Zensursprache, eine Kunst des Einkleidens und Verstellens. Im zweiten Teil der *Reisebilder* brachte er es sogar fertig, die Zensur quasi mit ihren eigenen Waffen zu schlagen: Da die Streichungen des Zensors ohne Rücksicht auf den Sinnzusammenhang des Texts erfolgten und die so entstandenen Zensurlücken aus Kostengründen meist im fertigen Satz stehen blieben, entwarf er für die *Ideen* ein *Capitel XII.*, das lediglich aus den Worten *Die deutschen Censoren* und *Dummköpfe* bestand, durch diverse fingierte Zensurstriche voneinander getrennt. Damit war das ganze Verfahren parodistisch ad absurdum geführt. 1834 wurden der Presse derartige Lücken im laufenden Text untersagt, um den Leser nicht ständig mit dem Zensurphänomen zu konfrontieren, es als Faktum zu verschleiern.

Die Verbindung von Humor und Zeitkritik in den *Reisebildern* löste einer ganzen Generation von Publizisten in ihrem Kampf gegen das Überalterte und das Pedantische die Zunge. Unmittelbar vor der französischen Juli-Revolution von 1830, in einer Zeit politischer Windstille, wurden sie, wie der Autor selbst resümierte, zu einem literarischen Modell, an das die nachfolgende Schriftstellergeneration unmittelbar anknüpfte:

Nur in den Tavernen der Universitäten wehte noch ein freyer Hauch, der Flügelschlag der Begeisterung, hier erloschen nie die Tradizionen der wahren Humanität. Aus der Studentenwelt sollte auch das Buch hervorgehn, welches den deutschen Geist aus seiner Schlafsucht weckte, Leben und Literatur wohlthätig erfrischte und dem alten Apathie ein Ende machte; auch trug seine Sprache das Merkmal der burschikosen Oposizion gegen das Hergebrachte, gegen den Schlendrian, gegen das akademische Zopfthum, gegen das Philisterthum in allen seinen Erscheinungen. In dieser Beziehung ward es auch Prototyp einer Denk- und Schreibweise, die bey dem Autor erst einige Jahre später ganz zur Entwicklung kam und alsdann das sogenannte Junge Deutschland ins Leben rief. Dieser Autor bin ich selbst und ich rede von den Reisebildern, die in der That wie ein Gewitter einschlugen in die Zeit der Fäulniß und Trauer.

Bildungsreise in die Zukunft: Der Englandaufenthalt

Der Druck von *Reisebilder* II war am 31. März beendet, doch die Auslieferung begann erst knapp zwei Wochen später. In der Zwischenzeit versandte Heine lediglich einige Widmungsexemplare an Verwandte und enge Freunde. Mitte April trat er eine Englandreise an; ursprünglich wollte er von dort weiter nach Paris reisen. Wieder einmal war es der Onkel gewesen, der zur Finanzierung der Reise in die Tasche gegriffen hatte – nicht tief genug, wie Heine befand, der diesmal selbst beträchtlich nachhalf. Über das bewilligte Reisegeld hinaus gelang es ihm, Salomon einen Kreditbrief über zweihundert Pfund Sterling (ca. zehntausend Francs, eine Summe, die dem doppelten Jahresgehalt eines Universitätsprofessors entsprach) abzuschwatzen, indem er ihm weismachte, er wolle damit seiner Familie beweisen, wie gut er sich mit seinem Onkel verstehe. In London angekommen, ließ Heine sich das Geld sofort bei Rothschild auszahlen, um es, soweit er es nicht auf der Reise selbst verbrauchte oder alte Schulden beglich, zwecks späterer Verwendung auf die hohe Kante zu legen (er finanzierte damit seine Italienreise von 1828). Die unmittelbare Folge war freilich eine heftige Verstimmung des Onkels und eine Unterbrechung der Zahlungen bis mindestens 1829.

Von London aus schrieb Heine am 23. April an Moser: *Der Hauptzweck meiner Reise war Hamburg zu verlassen. Ich hoffe die Kraft zu haben nicht zurückzukehren.* Daß diese Reise auch eine konkrete politische Fluchtfunktion hatte, verschwieg er dem konservativen Berliner Freund gegenüber. Mit der offenen und mythisierenden Verherrlichung Napoleons sowohl in den *Ideen* als auch in *Nordsee* III glaubte er zu weit gegangen zu sein; die Konkretisierung der politischen Töne ließ in ihm Unsicherheit darüber aufkommen, wie der Restaurationsstaat sich einer solchen Herausforderung gegenüber verhalten würde. Vorsichtig hatte Heine sich gegen jede polizeiliche Eventualität abgesichert: Der Ausgabetag des Buches fiel mit dem Tag seiner Abreise aus Hamburg zusammen. Varnhagens Schwester Rosa Maria Assing notierte in ihrem Tagebuch: »Man erzählt, Heine habe sich hier Hals über Kopf entfernen müssen, weil die Preußische Regierung Anstoß an einigem in dem zweiten Bande der Reisebilder genommen habe.« Ihr gegenüber hatte Heine auch seine Vorfreude auf »die großartigen Eindrücke, die er von diesem Lande zu empfangen hofft«, bekundet. In einem ausgeschiedenen Bruchstück der *Geständnisse* lesen wir später: *Am Tage, wo ich das Buch herausgab, in welchem ich den Kaiser (...) besprochen, übte ich die Vorsicht, meinem Verleger die Weisung zu ertheilen, erst eine Stunde nach der Abfahrt des Dampfboots, das mich temporär nach England brachte, das erwähnte Buch dem Publikum zu übergeben.*

Es war ein Ausweichen vor befürchteten Reaktionen, schlimmstenfalls der Verhaftung: Das *Klugheitsgesetz* gebot ihm, *nichts zu riskiren wo gar nichts zu gewinnen ist.* Damit wurde zum erstenmal ein bis dahin nur potentiell vorhandener Zusammenhang zwischen dem Staat (von dem Heine doch immer noch eine seiner juristischen Qualifikation entsprechende Anstellung erwartete) und schriftstellerischer Tätigkeit evident, gewann die Schriftstellerei eine neue, Heines äußere Verhältnisse direkt betreffende Qualität. An Merckel schrieb er in Anspielung auf diesen Sachverhalt aus London:

Wie wird es mir noch gehen in dieser Welt! Ich werde es, trotz meiner bessern Einsicht, nimmermehr lassen können, dumme Streiche zu machen, d. h. freysinnig zu sprechen. Ich bin begierig, von Dir zu erfahren, ob keine Regierung mir mein Buch übelgenommen. Am Ende will man doch ruhig am Herde in der Heimath sitzen und ruhig den »Deutschen Anzeiger« oder die »Hallische Literatur-Zeitung« lesen und ein deutsches Butterbrod essen.

Die Gefahr, für seine *freysinnigen* Schriften zur Rechenschaft gezogen zu werden, war freilich damals noch nicht akut, die erwarteten persönlichen Konsequenzen blieben aus, obgleich das Buch, wie Varnhagen in seiner Rezension nicht unerwähnt ließ, »viele und sehr große Ungezogenheiten« enthielt und Heine die »Dreistigkeit (...) bis zum Wagniß« gesteigert habe: Das sei »in Deutschland kaum jemals in dieser Art vorgekommen«. Ein strafrechtliches Verfahren gegen den Verfasser wurde entgegen Heines Befürchtung nicht eingeleitet, auch kam es zu keinem Gesamtverbot. Lediglich im preußischen Rheinland wurde der Band aus dem Verkehr gezogen, weil die

Ideen, wie es in der Begründung des Kölner Polizeipräsidenten hieß, jeden »ernsten Preußen verletzen« müßten. Dieses für den Verleger kaum ins Gewicht fallende Verbot reichte dennoch aus, um Heine zu einer Art Trotzreaktion zu veranlassen: Die Nachricht habe ihn, schrieb Campe im Herbst 1827 an Immermann, »unbegreiflich gekitzelt und eitel gemacht«; »dieser Kitzel« werde Heine »der Poesie entrücken u. der Politik zuführen, wo mehr Ruhm zu erlangen ist«. Was statt dessen an Nachrichten über den Kanal kam, konnte sich durchaus sehen lassen. Varnhagen resümierte zutreffend: »Der Leser findet stets seine Rechnung, sey es nun im angenehmen Erstaunen, in heiterer Befriedigung, in großartiger Erhebung, in unwiderstehlichem Lachen, oder in heimlichem Aerger, in heftiger Ungeduld, in empörtem Unwillen; denn zu Allem diesen ist reichlich Anlaß, nur nicht zur Langeweile.« Insgesamt erschienen zu beiden *Reisebilder*-Bänden in eineinhalb Jahren nicht weniger als 26 Rezensionen. So war die einzige Bestätigung, die Heine die zwei Jahre mehr innerer als äußerer Stellensuche brachten, literarischer Art: Der relative Erfolg der beiden ersten Bände bestärkte ihn ganz offensichtlich in seinen schriftstellerischen Ambitionen. Nach Erscheinen des zweiten Bandes schrieb er unter dem 9. Juni 1827 an Moser: *Ich habe durch dieses Buch einen ungeheuren Anhang und Popularität in Deutschland gewonnen; wenn ich gesund werde kann ich jetzt viel thun; ich habe jetzt eine weitschallende Stimme. Du sollst sie noch oft hören, donnernd gegen Gedankenschergen und Unterdrücker heiligster Rechte. – Ich werde eine ganz extraordinäre Professur erlangen in der Universitas hoher Geister.* Wenngleich Heine noch in der Formulierung auf seine bürgerlichen Berufspläne anspielte, wenngleich auch der pathetische und selbstgewisse Ton angesichts der eher bescheidenen Verkaufszahlen etwas übertrieben scheint, so deutete sich doch darin eine neue Realität an: Zum ersten Mal erscheint die schriftstellerische Tätigkeit nicht mehr als Ergänzung zu einem bürgerlichen Beruf, sondern als von den geistigen Interessen der Gesellschaft legitimiertes, selbständiges, den Staatsdienst gewissermaßen übergreifendes Amt.

War die Reise nach England auch in erster Linie eine Flucht vor möglichen preußischen Repressalien, so war sie doch gleichzeitig auch eine Bildungsreise in die Zukunft, ins Herz der industriellen Revolution, auf die Bühne des parlamentarischen Systems und der konstitutionellen Monarchie: Von der eigenen Anschauung britischer Politik, Kultur und sozialen Lebens in der Hauptstadt versprach sich Heine einen Gewinn auch für seine publizistische Tätigkeit. Aus der beabsichtigten Weiterreise nach Paris wurde allerdings nichts; den Rest des Frühjahrs und den halben Sommer 1827 verbrachte er ausschließlich auf der Insel, hauptsächlich in London und den Seebädern Brighton, Margate und Ramsgate an der Südostküste.

In London verhielt sich Heine nicht anders als ein heutiger Tourist: In seinem Shakespeare-Essay von 1838 erzählt er, wie er, als *neugieriger Reisender, dort von Morgens bis in die späte Nacht nach den sogenannten Merkwürdigkeiten herumlief*: Er sah Drurylane und Old Bailey, Cheapside, *die Pulsader der Welt*, Westminster Abbey und Bedlam-Irrenhaus, die Rüstkammer im Tower, die Oper am Haymarket und den Königspalast, Westend und Covent Garden. Er besuchte die Parlamentsdebatten im Unterhaus und ging, so oft er konnte, ins Theater: Auf der Londoner Bühne sah er im Juni 1827 den berühmten Schauspieler Kean als Othello, Richard III., Shylock und Macbeth. Und er machte Besuche bei käuflichen Liebesdamen. Aus London schrieb er am 17. Mai 1827 an Merckel: *Das hiesige Clima und die 60.000 [Prostituierten] haben mich fürchterlich angegriffen*. Ähnlich äußert er sich am 9. Juni 1827 gegenüber Moser: *Wenn ich lebendig aus England herauskomme, so sind die Weiber nicht schuld daran; sie thun das ihrige. (...) Ich will meine Freundinnen, die Chinesinnen die hier sind, besuchen*. In Heines nachgelassener Bibliothek ist sogar ein Verzeichnis von 114 Londoner Liebesdienerinnen erhalten (»Harri's List of Covent-Garden Ladies«), allerdings stammt es aus dem Jahr 1781, so daß Heine allenfalls hoffen konnte, die Enkelinnen dieser galanten Professionalistinnen anzutreffen.

Heine glaubte im voraus zu wissen, was ihn erwartete. Ohne die Insel je betreten zu haben, hatte er schon 1822 im *Ratcliff* über London, *die rechte Hand der Welt*, geschrieben:

Man rennt, und fährt, und jagt, Straß' auf Straß' ab.
Man schläft des Tags, und macht zum Tag die Nacht.
Vauxhall und Routs und Picknicks drängen sich;
Und Drurilane und Koventgarden locken.
Die Oper rauscht. Pfundnoten wechselt man
Für Musiknoten ein. God save the king
Wird mitgebrüllt. Die Patrioten liegen
In dunkeln Schenken und politisiren,
Und subskribiren, wetten, fluchen, jähnen,
Und saufen auf das Wohl des Vaterlands.
Rostbeef und Pudding dampft, der Porter schäumt,
Und sein Rezept schreibt lächelnd der Quacksalber.
Die Taschendiebe drängen. Gauner quälen
Mit ihrer Höflichkeit. Der Bettler quält
Mit seinem Jammeranblick und Gewimmer.

Und diese Vorstellungen wurden teils bestätigt, teils negativ übertroffen. Gewiß, der Engländer besaß *das Talent, sich häuslich bequem einzurichten*, doch seine zur Schau getragene Behaglichkeit vertrug sich nicht mit aufrichtiger Gastfreundschaft: *Man findet bey ihm so eine mechanische Förmlichkeit, und ein so offenes Bekenntniß jener Selbstsucht, welche andere Leute vielleicht eben so stark besitzen, aber gar sorgsam verbergen, so daß uns das kostbarste Gastmahl eines Engländers kaum halb so gut schmeckt, wie die Hand voll Datteln des Beduinen in der Wüste.* Und erst die vornehme Gesellschaft: *Über dem Menschengesindel, das am Erdboden festklebt, schwebt Englands Nobility, wie Wesen höherer Art, die das kleine England nur als ihr Absteigequartier, Italien als ihren Sommergarten, Paris als ihren Gesellschaftssaal, ja die ganze Welt als ihr Eigenthum betrachten.* Mit diesen Ansichten stand Heine in einem scharfen Gegensatz zu jenem Englandbild, das Inselbesucher seit der Aufklärung von Land und Leuten entwarfen und wie es in der Tagespresse und der zeitgenössischen Reiseliteratur nachzulesen war. In der Regel galt England als Musterbeispiel für eine funktionierende konstitutionelle Monarchie und den erfolgreichen Übergang von der Agrar- zur Industriegesellschaft. Wie respektlos lesen sich dagegen Heines Beobachtungen und Analysen. 1842 hieß es: *Die Stock-Engländer – Gott verzeih mir die Sünde – sind mir in tiefster Seele zuwider, und manchmal betrachte ich sie gar nicht als meine Mitmenschen, sondern ich halte sie für leidige Automaten, für Maschinen, deren inwendige Triebfeder der Egoismus. Es will mich dann bedünken, als hörte ich das schnarrende Räderwerk, womit sie denken, fühlen, rechnen, verdauen und beten – Ihr Beten, ihr mechanisches anglikanisches Kirchengehen mit dem vergoldeten Gebetbuch unterm Arm, ihre blöde langweilige Sonntagsfeyer, ihr linkisches Frömmeln ist mir am widerwärtigsten; ich bin fest überzeugt, ein fluchender Franzose ist ein angenehmeres Schauspiel für die Gottheit als ein betender Engländer!* In der Zusammenstellung von Industriefleiß und Glaubensstärke nahm Heine den von Max Weber analysierten Zusammenhang zwischen kapitalistischer Geschäftigkeit und Puritanismus vorweg. Die grell gezeichneten Fakten werden zum Symbol.

Aber die Ressentiments gegen die Briten lassen sich mit all dem nicht hinreichend erklären. In Wahrheit hatte Heine in England vor allem darunter gelitten, niemanden zu kennen. Von den Londoner Adressen, an die er sich mit Hamburger Empfehlungsschreiben wenden konnte, scheint ihn nur das Ehepaar Moscheles unter seine Fittiche genommen zu haben. Zu einer echten Integration kam es während des Aufenthalts nicht. Das Gefühl von Isolation wurde durch seine unzureichenden Sprachkentnisse noch verstärkt. Heine vermochte nur wenig zu verstehen und sich nicht verständlich zu machen: *Hol der Teufel das Volk mitsammt seiner Sprache!* Zwar hatte er am Ende seiner Düsseldorfer Schulzeit Englisch gelernt, doch befähigte ihn das dort erworbene ›Wirtschaftsenglisch‹ offenbar nicht zur Konversation. Und außerdem hatte er *einen guten Vorrath von Mißlaune mit hinübergebracht aus der Heimath.*

Heines Vorstellungen von England waren zum einen offensichtlich geprägt von den Erfahrungen seines Vaters, der häufig Geschäftsreisen in die Zentren der englischen Textilindustrie unternommen hatte, zum anderen von völkerpsychologischen, ›romantischen‹ Klischees. So wie Italien für ihn aus *Zitronenwäldern und Banditen, Makaroni und Madonnen, geflickten Marmorgöttern, Musik und Misere* bestand, und er in jedem Italiener einen potentiellen Spitzbuben witterte, sah er in den Engländern *wunderliche Käuze*. 1832 erklärte er: *Ich kann sie nicht leiden. Sie sind erstens langweilig, und dann sind sie ungesellig, eigensüchtig, sie quäken wie die Frösche, sie sind geborne Feinde aller guten Musik, sie gehen in die Kirche mit vergoldeten Gebetbüchern, und sie verachten uns Deutsche, weil wir Sauerkraut essen.* 1842 räumte er ein, daß es *gewiß eine schreckliche Ungerechtigkeit* sei, *über ein ganzes Volk das Verdammungsurtheil auszusprechen. Doch in Betreff der Engländer* könne ihn *der augenblickliche Unmuth zu dergleichen verleiten, und beim Anblick der Masse vergesse ich leicht die vielen wackern und edlen Männer, die sich durch Geist und Freyheitsliebe ausgezeichnet.* Zu diesen Männern gehörten der *göttergleiche*, am 8. August 1827 verstorbene liberale Staatsmann George Canning und der Dichter Shakespeare. *Shakespeare ward gleichsam eine geistige Sonne für jenes Land, welches der wirklichen Sonne fast während zwölf Monate im Jahre entbehrt, für jene Insel der Verdammniß, jenes Botanibay ohne südliches Clima, jenes steinkohlenqualmige, maschinenschnurrende, kirchengängerische und schlecht besoffene England!*

Bei allem Abscheu gegenüber Land und Leuten zollte Heine auch in späteren Jahren, als sich sein England-Bild noch weiter verdüstert hatte, der bürgerlichen Öffentlichkeit und dem politischen Selbstbewußtsein des britischen Bürgertums, das sich *ein groß Stück bürgerlicher Freyheit* erkämpft habe, seinen Respekt: *Die Reisenden, die uns die englische Freyheit schildern wollen, geben uns in dieser Absicht eine Aufzählung von Gesetzen. Aber die Gesetze sind nicht die Freyheit selbst, sondern nur die Grenzen derselben. Man hat auf dem Kontinente keinen Begriff davon, wieviel intensive Freyheit zuweilen in jenen Grenzen zusammengedrängt ist, und man hat noch viel weniger einen Begriff von der Faulheit und Schläfrigkeit der Grenzwächter. Nur wo sie Schutz geben sollen gegen Willkühr der Gewalthaber sind jene Grenzen fest und wachsam gehütet. Wenn sie überschritten werden von den Gewalthabern, dann steht ganz England auf, wie ein einziger Mann, und die Willkühr wird zurückgetrieben. Ja, diese Leute warten nicht einmal, bis die Freyheit verletzt worden, sondern wo sie nur im geringsten bedroht ist, erheben sie sich gewaltig, mit Worten und Flinten.* Allerdings glaubte er auch erkannt zu haben, daß die Überlegenheit der Engländer allein darauf beruhe, *daß sie erzprosaische Geschöpfe* seien, von keinen *poetischen Illusionen* irregeleitet und von keiner *glühenden Schwärmerey* geblendet, *daß sie die Dinge immer in ihrem nüchternsten Lichte sehen, den nackten Thatbestand fest ins Auge fassen, die Bedingnisse der Zeit und des Ortes genau berechnen und in diesem Calkul weder durch das Pochen ihres Herzens, noch durch den Flügelschlag großmüthiger Gedanken gestört werden. Ja, ihre Superiorität besteht darin, daß sie keine Einbildungskraft besitzen. Dieser Mangel ist die ganze Force der Engländer, und der letzte Grund ihres Gelingens in der Politik, wie in allen realistischen Unternehmungen, in der Industrie, im Maschinenbau u. s. w. Sie haben keine Phantasie; das ist das ganze Geheimniß.*

Die Möglichkeit, seinen Lebensunterhalt als Journalist von London aus zu bestreiten, ergab sich nicht; eine Anfrage bei Varnhagen, ob Friedrich von Cotta kein Interesse an Londoner Korrespondenzen für das »Morgenblatt« habe, führte nicht zu dem erhofften Ergebnis. So kehrte Heine im Herbst 1827 wieder nach Deutschland zurück. Seinen Rückweg nahm er über Rotterdam, Leiden und Amsterdam; Eindrücke dieses Aufenthalts in den Niederlanden verarbeitete er später in einem humoristischen Romanfragment, den *Memoiren des Herren von Schnabelewopski*. Ende August traf er auf Norderney ein, wo er sich ein paar Tage aufhielt, ehe er nach Wangerooge wechselte. Zu Beginn der letzten Septemberwoche traf er wieder in Hamburg ein. Mehr als zwei Jahre nach Taufe und Promotion war Heine in seinen Berufsplänen keinen Schritt weiter gekommen: Eine Niederlassung in Hamburg als Advokat war gescheitert, Projekte zu akademischer Tätigkeit in Berlin nicht ernsthaft betrieben worden. Als einzige Konstante hatte sich die Schriftstellerei erwiesen.

Lyrisches Jugendleben: Das Buch der Lieder

Nicht zuletzt ermutigt vom Erfolg des ersten *Reisebilder*-Bandes, hatte Heine im Herbst 1826 den Plan einer *großen Sammlung* seiner *sämtlichen Gedichte* entworfen: *Meine ersten Flegeljahrgedichte, das Intermezzo, die Heimkehr, und zwey Abtheilungen von Seebilder [Die Nordsee] werden einen hübschen Band ausmachen, der Anfang und Ende meines lyrischen Jugendlebens enthält*, schrieb er dem Freund Varnhagen am 24. Oktober 1826. Während Heine hoffte, durch ein solches Buch als Liederdichter ebenso populär zu werden wie Bürger, Goethe und Uhland mit ihren Sammlungen, und er obendrein von vornherein auf Honorar verzichtete, war Julius Campe für dieses Projekt nur schwer zu gewinnen gewesen. Vermutlich konnte Heine das *Buch der Lieder* überhaupt nur im Gefolge der zugkräftigen *Reisebilder* auf den Weg bringen. Jahre später skizzierte der Verleger die Vorbehalte des Publikums gegen Heines poetischen Subjektivismus, die wohl vor allem seine eignenen waren, mit den Worten: »Sie behandeln Liebe und Sich Selbst, und wieder Sich Selbst, das sehen die Leute als stinkigen Egoismus an.« Hinzu kam, daß Heine nicht mit neuen, unveröffentlichten Gedichten aufwarten konnte, Campe sich aber vom bloßen Nachdruck der Poesien wenig Kaufinteresse versprach, weshalb er sich die Frage nicht verkneifen konnte, wodurch denn Heine das Publikum »überraschen« wolle, wenn er nicht auch viel »Ungedrucktes« parat habe. Heine kam es jedoch gerade darauf an, an diesem Punkt seiner schriftstellerischen Entwicklung, den er als Wendepunkt empfand, eine Zäsur zu setzen. Bis in die Mitte der zwanziger Jahre hatte er die Versdichtung über die Prosa gestellt. Mit dem Erfolg der *Reisebilder* und der zunehmenden Politisierung seiner schriftstellerischen Mission wurde eine kämpferische Kunstprosa aufgewertet, die dem Verseschmieden zeitweilig nur noch privaten Charakter verlieh. Zehn Jahre später verspottete er seinen Verleger Campe, der zum Jahresende 1837 einen Lyrikpreis ausgesetzt und mit einer goldenen Feder dotiert hatte, mit den sarkastischen Versen:

Der Sangesvogel, der ist todt,
Du wirst ihn nicht erwecken!
Du kannst Dir ruhig in den Steiß
Die goldne Feder stecken.

Immer wieder findet sich bei Heine die Überzeugung, die Zeit der Lyrik sei vorbei und die Prosa nunmehr an der Tagesordnung. So dachte er auch 1827, als er sich bewußt an eine Sammlung dessen machte, was er bereits als abgetanes *lyrisches Jugendleben* empfand. Waren im ersten Band der *Reisebilder* Prosa (*Die Harzreise*) und Lyrik (*Die Heimkehr, Die Nordsee*) noch vereint, so trennte Heine mit dem *Buch der Lieder* das überzeitlich-poetische Wortkunstwerk und die weit weniger der Welt des ästhetischen Scheins verhaftete deskriptiv-polemische, aggressive Form journalistischen Sprechens. Auch später war er überzeugt, der besondere *Grundton* des *Buchs der Lieder* könne *durch Beymischung späterer Erzeugnisse seine schöne Reinheit einbüßen*, weshalb er an der 1827 fixierten Textgestalt im wesentlichen festhielt. Daß das *Buch der Lieder* einmal zu einem ›Kultbuch‹ werden würde, in seiner Wirkung vergleichbar dem Eindruck, den der »Werther« auf die Generation von 1770 gemacht hatte, und Heine sich mit dieser Sammlung eine breite Anerkennung als größte lyrische Begabung in Deutschland nach Goethe verschaffen würde, war damals allerdings noch auf Jahre nicht abzusehen.

Gedruckt wurde das Buch während Heines Aufenthalt in England, so daß Heine weder in den Satz noch in den Druckprozeß eingreifen konnte; die Verantwortung dafür übertrug er weitgehend seinem Freund Friedrich Merckel, der ihn schon bei der Zusammenstellung der Texte beraten hatte. Im *Buch der Lieder* sammelte Heine den größten Teil seiner bis dahin entstandenen Versproduktion, wobei er mindestens dreißig ungedruckte und mehr als fünfzig bereits gedruckte Texte unberücksichtigt ließ. Unter den verbliebenen rund 240 Gedichten finden sich lediglich sieben, die bis dahin unveröffentlicht waren. Von den Streichungen betroffen waren insbesondere die verstreut publizierten Einzelgedichte, doch auch innerhalb der Zyklen wurde manches ausgelassen oder alternativ besetzt. Den Einwänden Merckels und anderer Freunde folgend und die teils heftige

Kritikerschelte einzelner als skandalös empfundener erotischer oder polemischer Gedichte insbesondere in den Zyklen *Die Heimkehr* und *Lyrisches Intermezzo* berücksichtigend, nahm Heine eine strenge Sichtung vor. Allzuderbes und Allzudirektes war am Ende weitgehend getilgt, so daß er das *Buch der Lieder* mit Fug und Recht *als eine tugendhafte Ausgabe* seiner *Gedichte* bezeichnen konnte. Als poetischer Provokateur konnte sich der Dichter des *Buchs der Lieder* zu Lebzeiten nicht profilieren; als solcher ist er den meisten Lesern bis auf den heutigen Tag unbekannt geblieben, denn die tückische Ironie und boshafte Brisanz vieler seiner scheinbar konventionellen Liebeslieder sind auch in den Kommentaren neuerer Editionen kaum erkennbar.

Anfang Oktober 1827 verließen die ersten Exemplare die Presse. Ironischerweise fiel das Erscheinen des *Buchs der Lieder*, in gewisser Hinsicht die Neuausgabe der *Jungen Leiden*, zeitlich zusammen mit der Wiederbegegnung mit der Jugendliebe Amalie. An Varnhagen schrieb Heine am 19. Oktober 1827: *Ich bin im Begriff diesen Morgen eine dicke Frau zu besuchen, die ich in 11 Jahren nicht gesehen habe.* Und er beschloß seinen kurzen Bericht mit den Worten: *Die Welt ist dum und fade und unerquicklich und riecht nach vertrockneten Veilchen.* In der zweiten Auflage, die im Oktober 1837 erschien, konnte Heine zahlreiche der stehengebliebenen Druckfehler verbessern und erneut Einzelverse und sogar ganze Strophen korrigieren; außerdem wurde ein weiteres erotisch-frivoles Gedicht des *Lyrischen Intermezzo* ausgeschieden. Seine endgültige Textgestalt fand das *Buch der Lieder* erst im Jahr 1844, als Heine während eines Hamburg-Aufenthalts vor Ort die Fahnenkorrektur der fünften Auflage lesen konnte.

Zu einem Publikumserfolg wurde Heines erste Gedichtsammlung erst nach einer gewissen Anlaufzeit, ab Mitte der 1830er Jahre, und zwar zunächst bei den Studenten, also der nachfolgenden jungen liberalen Generation, die sich mit dem Lebensgefühl, das sich in diesen Poesien offenbarte, zu identifizieren wußte. Die zweite Auflage wurde erst nach zehn Jahren fällig, dann allerdings folgten die Ausgaben (insgesamt dreizehn bis zu Heines Tod) rasch aufeinander und machten das Buch zu einer der erfolgreichsten Lyriksammlungen des

19. Jahrhunderts und der Weltliteratur überhaupt. Wenngleich sich der Erfolg des *Buchs der Lieder* zunächst also relativ bescheiden ausnahm, so entdeckte doch zumindest die Fachkritik schon bald in Heines Lyrik einen neuen Ton, wobei man sowohl formale Elemente wie inhaltliche Bezüge meinte. Zwischen November 1827 und August 1829 erschienen neun größere Rezensionen. Hervorgehoben wurde meist die Originalität, mit der sich hier eine kraftvolle Subjektivität ihre Bahn breche. Auf Widerspruch stießen jedoch schon bald die berühmten lakonisch-parodistischen Gedichtschlüsse, mit denen Heine sein Unbehagen an einer rein ästhetischen Kultur ausdrückte. Indessen ist die gesellschaftskritische Komponente der Liebesgedichte zumeist noch ins Weltschmerzlich-Allgemeine gewandt. Herausragend erscheint auch heute noch Heines feines rhythmisches Gespür, das sich in bewußt einfach gehaltenen Versen manifestiert, die schon früh die Komponisten zu Vertonungen inspirierten – einzig die freien Rhythmen der *Nordsee*-Gedichte blieben nahezu folgenlose Ausnahmen. Im Vergleich zu anderen Zeitgenossen wie Eichendorff und Mörike fällt ein gewisses Auseinandertreten von Sprecher und Besprochenem auf, das den Eindruck von Rollenhaftigkeit und manchmal auch von Konventionalität erweckt. Die *Loreley* etwa evoziert aus der wehmütigen Distanz leicht verschwommener Erinnerung ein *Mährchen aus alten Zeiten*. Dieser eher mittelbare Charakter von Heines Lyrik kann sich auch in provozierender Stilmischung äußern, in der Einführung scheinbar unpassender Vokabeln aus der Alltagssphäre oder in der Kritik zeitgenössischer Haltungen konventionellen Literaturkonsums. Auffallend ist auch – sieht man einmal von den *Nordsee*-Gedichten ab – die Distanz zur Natur, die zumeist nur vermittelt durch fremde Erfahrung oder als Kulisse erscheint. Besondere Bedeutung behält schließlich für Heines gesamte Lyrik die kunstvolle Komposition in Zyklen, wodurch viele konstruktive Querverbindungen zwischen den einzelnen Gedichten hergestellt werden. Dabei geben die Zyklentitel manchmal freilich nur sehr vage Inhaltsbestimmungen ab: Vieles, was Heine im *Buch der Lieder* etwa unter der Rubrik *Romanzen* zusammenfaßte, entbehrt eines national geprägten Inhalts, Lokalität und historischen Bezugspunkts, wie es die südliche Romanze charakterisiert, und ent-

spricht eher dem Typus der Verserzählung im Volksliedton, wie sie durch das »Wunderhorn« bekannt geworden war.
Das *Buch der Lieder* ist zugleich auch eine Sammlung von Liebesgedichten, die Heine quantitativ nicht mehr übertroffen hat. Das petrarkistische Liebesmodell des Typus *schöne Herrin – blöder Ritter*, wie es noch die *Jungen Leiden* beherrscht, wird dabei in den späteren Zyklen der Sammlung allmählich aufgelöst; das Bild der unerreichbaren Geliebten weicht der umfassenderen Einsicht in die Unmöglichkeit glücklicher Liebe überhaupt. Heines Liebeslyrik gründet im wesentlichen auf der Überzeugung, daß sich die wahre Liebe eben dadurch beweist, daß sie auf Disharmonie der Wünsche beruht, ohne Aussicht auf Erfüllung ist und man ihrer allenfalls für einen flüchtigen Augenblick teilhaftig werden kann. Ein Gedicht aus dem *Lyrischen Intermezzo* kann als Archetyp für das Heinesche Liebesmodell, die Verhinderung der glücklichen Paarbildung, gelten:

Ein Jüngling liebt ein Mädchen,
Die hat einen Andern erwählt;
Der Andre liebt eine Andre,
Und hat sich mit dieser vermählt.

Das Mädchen heirathet aus Aerger
Den ersten besten Mann,
Der ihr in den Weg gelaufen;
Der Jüngling ist übel dran.

Es ist eine alte Geschichte,
Doch bleibt sie immer neu;
Und wem sie just passiret,
Dem bricht das Herz entzwei.

Allerdings steht im Mittelpunkt der unendlichen Variationen nicht so sehr das Thema der fast immer unglücklichen Liebe, sondern das durch diese Erfahrung im Sprecher hervorgerufene Gefühl.

Wendepunkt des Selbstverständnisses: München

Eine neue Dimension gewann Heines schriftstellerisches Wirken durch die Anstellung bei der Münchner Niederlassung des Verlags J. F. Cotta zum 1. Dezember 1827. Das im Oktober eingetroffene Angebot schien die sich seit dem relativen Erfolg der ersten beiden *Reisebilder*-Bände abzuzeichnende Entwicklung hin zum Berufsschriftsteller zu konkretisieren: Für ein vergleichsweise bedeutendes fixes Gehalt von hundert Karolin (ca. zweitausend Francs) pro Halbjahr sollte Heine als Mitarbeiter am »Ausland« und Mitredakteur der »Neuen Allgemeinen Politischen Annalen«, einer Monatsschrift, die ab Januar 1828 unter diesem neuen Titel erschien, in die Dienste des Verlegers treten. Cottas Vorschlag kann nicht anders als generös genannt werden, entsprach Heines Gehalt doch dem eines gutbezahlten Universitätsprofessors. Möglicherweise hatte der Nachdruck der Napoleon-Passagen aus *Nordsee* III (nach dem Vorabdruck in der »Mitternachtzeitung«) im April 1827 in den »Annalen« Cotta bewogen, Heine, der sich selbst als *besten Schläger der Bonapartisten* einschätzte, die Stelle anzubieten, denn der Nachdruck war von der Redaktion mit einer Fußnote begleitet worden, worin der Aufsatz als meisterhaft gelobt wurde. Auf der Suche nach begabten Journalisten für seine Zeitschriften, die er im verhältnismäßig liberalen Klima der bayrischen Hauptstadt zu erneuern gedachte, war Cotta, der damals eine ganze Reihe ehemaliger Burschenschafter und verfolgter »Demagogen« wie Kolb, Lindner, Hermes und Mebold verpflichtete, durch Lindner und Varnhagen auf Heine aufmerksam gemacht worden, den er nun fest an seine Münchner Institute zu binden suchte.

Das Angebot traf Heine in einer Phase drängender Stellungssuche, und daher zögerte er nicht lange. Im November übersiedelte er nach München, ins *Foyer der Noblesse*; Zwischenstationen seiner Reise waren Lüneburg, Göttingen, Kassel, Frankfurt, Heidelberg und Stuttgart. Am 1. Dezember 1827 meldete er Campe stolz aus München: *Alle Verhältnisse zu meiner Zufriedenheit regulirt. Ich mag nun ein Amt nehmen oder nicht nehmen, für mein Lebensbedürfniß ist gesorgt.* Aus Heines Worten geht aber auch hervor, daß er die Hoffnung auf ein ›richtiges‹ Amt damals noch keineswegs zu den Akten gelegt hatte. Vielmehr zögerte er aus verschiedenen Gründen, sich langfristig an Cotta zu binden. Zunächst riet dem schon seit jeher von Migräne Geplagten das als eigenwillig bekannte Münchner Klima zur Vorsicht, außerdem fürchtete er ein Überhandnehmen rein redaktionell-organisatorischer Arbeit, unter der seine literarische Produktivität leiden könnte. Deshalb betonte er immer wieder, daß er alle weiterreichenden redaktionellen Angebote Cottas abgelehnt habe (*Prosit!*), um sich seine *Freyheit* zu bewahren. So sehr also die Tatsache einer Anstellung überhaupt Heines Wünschen entgegenkam, so wenig investierte er die verfügbaren Energien, um aus der ihm angebotenen Situation wirklich etwas aufzubauen.

Die weitere Entwicklung sollte seiner vorsichtigen Einschätzung recht geben: Nicht nur, daß der buchhändlerische Erfolg der »Annalen« offenbar nicht den Erwartungen entsprach, auch die eigentliche redaktionelle Alltagsarbeit scheint Heine alles andere als inspiriert zu haben. Und um seine publizistische Stellung literaturpolitisch auszubauen, wie er sich das zunächst offenbar gedacht hatte, fehlte es ihm an Spielraum wie an Allianzen. *Ich steh hier allein. Gräßlich isolirt. Um mich herum nichts als ein Meer von kleinen Seelen*, lautete das Fazit nach fünf Monaten. Zaghafte Versuche, an Wolfgang Menzels publizistischem Feldzug gegen den alten Goethe und die Goetheaner mitzuwirken, gerieten nicht sehr überzeugend, zumal er aus ganz anderen Gründen gegen die Goethesche Weltsicht opponierte als der national argumentierende Menzel. Nicht einmal im Kreis der liberalen Opposition fand er Gleichgesinnte, da sich hier sofort die Kluft auftat zwischen nationaler Beschränktheit und kosmopolitischem Universalismus, wie Heine ihn unter Berufung auf *Lessing, Herder, Schiller, Goethe, Jean Paul*, die, wie *alle Gebildeten in Deutschland*, der *Humanität*, der *allgemeinen Menschen-Verbrüderung*, *immer gehuldigt haben*, seit Jahren propagierte. Während der allgemeine *Freyheitskrieg* für Heine den Kampf gegen Feudalismus und Absolutismus, gegen Nationalismus (insbesondere den deutschen) und gegen die etablierten Religionen umfaßte, gründete das liberale Sendungsbewußtsein der deutschen Oppositionellen mehrheitlich in einem christlichen, dezidiert antifranzösischen und nicht selten antisemitischen Nationalgefühl. Weil sich ihr nationaler Enthusiasmus mit einem ausgeprägten Haß gegen alles Fremde, »Un-Deutsche« verband, verstellten sie sich so den Blick für notwendige Reformen von Staat und Gesellschaft, wurden augenfällige Gebrechen mit patriotischer Lüge übertüncht. Aus dem Briefwechsel und den Tagebüchern des studierten Juristen Georg Fein, der später als radikaler Journalist und Organisator von Handwerkervereinen von sich reden machte, geht hervor, daß es im Frühjahr 1828 im Münchner Kaffeehaus Scheidel zu häufigen Begegnungen zwischen ihm, Heine und dem national-liberalen Philologen Hans Ferdinand Maßmann kam, mit dem sich Heine damals noch »duzte und viele Monate hindurch täglich zusammenkam und freundschaftlichen Umgang hatte«. Heine »spielte« in diesem Kreis, wie Fein formulierte, »den romantischen Kosmopoliten«, wogegen er und Maßmann »ein sehr lebhaftes deutschtümliches Feuer (...) geführt« hätten. »Als Heine einst für unsre europäische Bildung als ein Ganzes sprach, das nicht in pedantischen Nationalismus aufgelöst werden müsse, sagte Maßmann zu ihm: er liebe nicht die Jungfrau Europa, sondern die Jungfrauen in Europa.« Als Maßmann sich jedoch dazu verstieg, Heines Position damit zu entkräften, daß dieser »gar nicht von Vaterland und Deutschheit sprechen« könne, da er »nur ein Schutzjude« und damit kein vollwertiges Mitglied der bürgerlichen Gesellschaft sei, nahmen die Debatten ein abruptes Ende. Heine, der einem späteren Geständnis zufolge *nie eine Beleidigung auf dieser Erde verziehen* hat, erklärte Maßmann daraufhin zu seinem Erzfeind, an den er alles heftete, was er im Lauf der Zeiten an Zurücksetzung und Kränkung erfuhr. Unzählige Male führte er Maßmann von nun an als Prototyp des bornierten Deutschtümlers und Narren vor: *Wenn er verreckt – ich würde weinen / O mag es noch lange im Lebenslicht / Hintrippeln auf seinen kurzen Beinchen / Das Wurzelmännchen, das Alräunchen / Mit dem Hängewanst! O diese Figur / War meine Lieblingskreatur / So lange Zeit* resümierte er in einem Nachlaßgedicht.

Neue allgemeine politische Annalen

Anfangs war Heine immerhin überzeugt, mit Cottas »Annalen« nunmehr über eine willkommene politische Plattform in dem sich abzeichnenden Krieg gegen die *Aristokraten* zu verfügen. Er betrachtete diesen Schritt als Fortsetzung der mit den *Reisebildern* eingeschlagenen kämpferischen Linie. *Ich zeige der Welt, daß ich etwas andres bin als unsre Sonettirenden Almanachspoeten*, schrieb er am 30. Dezember 1827 an Merckel. Heines Münchner Tätigkeit galt ja nicht etwa einem literarisch-, sondern eher zeithistorisch-politischen Blatt. Der Schwerpunkt der »Neuen allgemeinen politischen Annalen« lag bei Arbeiten zur liberalen Theorie, zu Staatsrecht und Politikgeschichte. In dieser Ausrichtung zeigt sich Heines damalige Entscheidung für eine kämpferische Publizistik. *Es ist die Zeit des Ideenkampfes, und Journale sind unsre Festungen*, schrieb er am 11. November 1828 an Gustav Kolb und formulierte damit eine Grundeinstellung zu Presse und Journalismus, die praktisch sein ganzes Leben begleitete. Seine Einschätzung der Presse war Funktion seiner Auffassung der Epoche als einer Zeit grundlegender ideologischer Auseinandersetzungen, in denen sich das Schicksal der Menschheit entscheide. Diese Einstellung vermag zu erklären, warum es Heine – im Gegensatz zu Vertretern romantischer oder klassizistischer Dichtungsauffassung – keineswegs für unter seiner Würde hielt, als Journalist ins Zeitgeschehen einzugreifen. *Der Gedanke geht der That voraus*, und der wortgewaltige *Tribun* übt ein *Amt* aus, das ihn direkt am Geschichtsprozeß beteiligt. Hier liegt die Wurzel zu Heines publizistischem Engagement, seiner persönlichen Teilnahme am Weltgeschehen und der Mission, die er sich in diesem Geschehen selbst zudachte. Die journalistische Praxis bedurfte einer besonders anspruchsvollen Legitimation.

Freilich ist hier noch genauer zu differenzieren. Ebenso wie Prosa für Heine nicht in jedem Fall Journalismus bedeutete, sondern bekanntlich so verschiedene Gattungen wie Reisebeschreibung, Essay, autobiographisches *Memoire* und Literaturkritik umfaßte, sind auch innerhalb der eigentlichen Publizistik Untergruppierungen wie die großen politischen Artikel, die kürzeren Tagesberichte und die Kulturberichterstattung zu verzeichnen. Was das publizistische Genre für Heine darum in erster Linie ausmachte, war eher der Veröffentlichungsträger (die Zeitung, das Periodikum) und nicht so sehr die Schreibart. Dabei sind, wie so oft bei Heine, die Übergänge fließend, da seine systematische Praxis der Zeitschriften-Vorveröffentlichung auch Schriften einschloß, die von vornherein als Buchtexte geplant waren. Mit dem Journalisten gerät eine prinzipielle Dimension von Heines schriftstellerischem Schaffen ins Blickfeld, die ihrerseits grundlegend an seinem Selbstverständnis beteiligt ist. Ein nicht unerhebliches Motiv dafür war zweifellos der pekuniäre Anreiz: Angesichts des schwach entwickelten Buchmarkts mußte ein Berufsschriftsteller damals geradezu zwangsweise auch den Zeitungs- und Zeitschriftenmarkt in seine Veröffentlichungsstrategien einbeziehen. Dennoch war Heine kein professioneller Journalist im modernen Sinn. Auch in Zeiten relativ intensiver Berichterstattung wie etwa im Sommer 1840, als binnen dreier Monate nicht weniger als dreizehn Artikel aus seiner Feder allein in der »Allgemeinen Zeitung« erschienen, hat er sich nie ausschließlich dem Journalismus ergeben, sondern ist immer ›mehrgleisig‹ gefahren. Darüber hinaus vermochte er eine hohe Berichtfrequenz, die im übrigen nie an die der hauptberuflichen Journalisten heranreichte, nicht über einen längeren Zeitraum hinweg aufrechtzuerhalten. Charakteristisch ist dagegen für ihn die generelle Aufwertung literarisch anspruchsvoller Publizistik, zu der ihn individuelle Disposition, Marktlage und die spezifische politisch-soziale Entwicklung seiner Zeit geführt haben.

Die eigentlichen Redaktionsgeschäfte der »Annalen« waren zwischen Heine und dem Mitherausgeber Lindner in der Weise geregelt, daß sich dieser mehr um die tatsächliche Geschäftsführung kümmerte, wohingegen Heine einen Teil der Verbindungen nach außen wahrnahm, Mitarbeiter anwarb und anderes mehr. Die Hauptlast lag jedoch eindeutig bei Lindner. Heine war eher das Zugpferd, dessen Name den Verkauf befördern sollte und der (bei pauschalem Entgelt) außerdem möglichst zu jedem Heft einen Text zu liefern hatte. Um dieser Auflage nachzukommen, arbeitete er – auch für das »Morgenblatt« und das »Ausland« – Artikel aus, deren Material er von seiner im vergangenen Jahr erfolgten Englandreise mitgebracht hatte und woraus er später die *Englischen Fragmente* formte. Zudem kümmerte er sich bei Gelegenheit um konzeptionelle Fragen. So plante er im Frühjahr 1828 ein Heft zur Judenemanzipation in Württemberg (das dann nicht mehr erschien). Da Heines Leistung für Cotta in einer Mischung aus redaktioneller Arbeit und Zeilenpensum bestand, deren Umfang nicht exakt festgelegt werden konnten, kam es über die Frage, ob Heine im Verhältnis zu seinem Gehalt zu wenig Text geliefert hatte, bald zu einer Auseinandersetzung mit dem Verleger. Als dann noch persönliche Querelen mit Lindner hinzutraten und auch der kommerzielle Erfolg sich nicht in dem erhofften Maße einstellte, suspendierte Cotta die »Annalen« im Juli 1828.

Professor Heine?

Mit der Berufung an Cottas Münchner Institut war Heine zum ersten Mal von der Familie finanziell unabhängig geworden: Sein Gehalt gestattete ihm, die laufenden Ausgaben zu decken. Dieser Zustand währte jedoch nur sechs Monate. Schon die in der zweiten Jahreshälfte unternommene kostspielige Italienreise, die er doch literarisch nutzbar machen wollte, mußte er wieder aus Reserven bestreiten, die dem Hamburger Familiensäckel entstammten. Insgesamt war in Heines deutscher Periode vermutlich das Cotta-Jahr 1828 das einzige, in dem die literarischen Einkünfte überwogen. Doch auch hier zeigte es sich, daß selbst das überdurchschnittliche Gehalt nicht dazu ausreichte, die Hälfte seines Jahresbudgets zu finanzieren. Wie seine gleichzeitigen Bemühungen, an der Münchner Universität als außerordentlicher Professor Fuß zu fassen, zeigen, betrachtete er die konkrete publizistische Tätigkeit damals doch nur als vorübergehenden Notbehelf. Bei seiner Bewerbung an der Universität standen dagegen seine allgemeinen schriftstellerischen Qualitäten im Vordergrund: Einen alten Plan aufgreifend, betrieb er im Juni/Juli 1828 mit Fürsprache des bayrischen Ministerialrats (späteren Innenministers) Eduard von Schenk beim bayrischen König Ludwig I., der als Landesherr gleichzeitig Universitätsrektor war, seine Anstellung als außerordentlicher Professor an der Münchner Universität. Hatte Heine in Berlin vergeblich auf eine ›professionelle‹ Professur spekuliert, hoffte er nun auf eine Honorarprofessur, für die ihn keine wissenschaftlichen Verdienste, sondern allein seine literarischen Leistungen qualifizierten. Die von ihm ersehnte Position in München sollte sein ›eigentliches‹ Amt unterstützen: Sein Berufsziel war ein durch eine Professur und das dazugehörige Salär geehrter und finanziell abgesicherter Dichter, ein Dichter-Professor.

Dieses Modell hat Heine nicht erfunden; im Gegenteil dürfte er bei seinen Überlegungen von älteren, fast schon legendären Vorbildern inspiriert gewesen sein; zu denken ist etwa an Schiller. Aber auch ganz konkret gab es eine Reihe von Vorgängern, an denen er sich orientieren konnte, darunter seine beiden ehemaligen Bonner Universitätslehrer Schlegel und Arndt, oder sein früherer Berliner Mentor Gubitz, Professor an der dortigen Kunstakademie. Ein anderer berühmter Dichter-Professor war Friedrich Rückert, seit 1826 außerordentlicher Professor für orientalische Sprachen in Erlangen. Alle diese Schriftsteller in akademischen Ämtern und Würden hatten neben ihren gewiß zeitraubenden Dienstgeschäften offenkundig Zeit genug, an ihrem literarischen Lebenswerk zu bauen. Eine ziemlich verlockende Vorstellung für einen Dreißigjährigen. Allerdings war das politische Klima um 1830, das auch die Hochschulen beherrschte, nicht gerade günstig für solche Traumkarrieren, und eine freisinnige Universität im deutschen Sprachraum wurde erst 1833, in Zürich, gegründet (und zog prompt eine ganze Legion fortschrittlicher Gelehrter in die Schweiz), kam also einige Jahre zu spät. Heine hatte dagegen 1820 in Bonn selbst miterlebt, wie der Volkstribun Ernst Moritz Arndt, sein (nicht unbedingt geliebter) Professor für Neuere Geschichte, unter dem Vorwurf »demagogischer Umtriebe« für die Dauer von zwei Jahrzehnten mit Vorlesungsverbot belegt worden war. Ein prominentes Beispiel aus späterer Zeit ist Hoffmann von Fallersleben, der seit 1835 als Professor für Deutsche Sprache und Literatur an der Universität Breslau wirkte und für seine philiströs-aufmüpfigen »Unpolitischen Lieder«, die bei der liberalen Opposition zum Bestseller avancierten, ein mehrjähriges Berufsverbot in Preußen erhielt. Ähnlich erging es Ludwig Feuerbach in Erlangen, Robert

Prutz in Halle und Theodor Mommsen in Leipzig: Immer standen politische Motive im Hintergrund, immer handelte es sich um politisch mißliebige Dozenten. Erfolgreiche Beispiele für das Dichter-Professor-Modell mehrten sich erst in den 1850er und 1860er Jahren; bezeichnenderweise waren es dann Autoren, die sich nicht gerade als Gesellschaftskritiker hervortaten: Emanuel Geibel, Friedrich von Bodenstedt, Otto Roquette, Felix Dahn. Ihren engagierten Kollegen blieb dagegen – zumindest in Deutschland – der Weg in ein akademisches Amt fast immer versperrt, obgleich die meisten promoviert waren und damit die äußeren Bedingungen einer Gelehrtenkarriere erfüllten.

Die Vorstellung eines Professor Heine mag heute dennoch einigermaßen irritieren, zumal in Verbindung mit einer deutschen Universität: Gehören zum *deutschen Professor* nicht auch, wie in einem der Gedichte der *Heimkehr* nachzulesen ist, *Nachtmützen und Schlafrockfetzen*, womit der gelehrte Herr *die Lücken des Weltenbau's* stopft? Unstrittig ist aber, daß Heine seine Sache mit Nachdruck betrieb, um sich, wie man heute sagen würde, ein ›Standbein‹ zu schaffen, das ihm regelmäßige Einkünfte bescherte, einen hohen sozialen Status sicherte und ihm gleichzeitig erlaubte, weiter literarisch tätig zu sein, ohne seine Existenz durch aufgezwungene literarische oder journalistische Brotarbeiten fristen zu müssen. Die Suche nach Alternativen zum Dichter-Professor aber wirft die Frage auf, welche Möglichkeiten sich einem jungen, akademisch gebildeten Autor zwischen 1825 und 1830 überhaupt boten, der sich nicht, als sogenannter ›Freier‹, den Zwängen des Marktes unterwerfen und kein leicht konsumierbares Massenfutter produzieren wollte. Die Antwort ist kurz: keine.

Da Heine mit seinem Düsseldorfer Landsmann Eduard von Schenk (der selbst literarische Ambitionen hegte und besonders als Dramatiker hervorgetreten war) freundschaftlich verkehrte und in ihm einen wichtigen Fürsprecher bei Hofe besaß, standen seine Chancen in der Tat nicht schlecht. Über welche Themen er an der Universität lesen wollte, ist nicht bekannt; doch betonte Schenk in seinem Empfehlungsschreiben an den König vom 28. Juli charakteristischerweise keineswegs Heines wissenschaftliche Qualitäten, sondern wies ihn allein als Schriftsteller aus. In Heines Schriften, schrieb Schenk, »waltet ein wahrer Genius; sie haben das größte Aufsehen in ganz Deutschland erregt; einige Auswüchse und Verirrungen fanden sich in den Jugendwerken aller unserer großen Schriftsteller; mehrern, wahrhaftig genialen Menschen in unserm teutschen Vaterlande hat am Anfang nur eine wohlthätige Fürstenhand gefehlt, die sie in Schutz und zugleich in Pflege nahm, ihre guten Eigenschaften aufmunterte und ihre Mängel und Verirrungen väterlich zurechtzuweisen suchte. Dr. Heine bedarf auch einer solchen Hand und ich bin überzeugt, daß er, – wenn Ew. Majestät ihn Allerhöchst Ihres Schutzes würdigen, – einer unserer ausgezeichnetesten Schriftsteller werden wird.«

In der Argumentation Schenks sehen wir noch einmal das alte Mäzenatenmodell des 18. Jahrhunderts aufleben. Für den Spitzenbeamten und Freizeitpoeten Schenk war ein anderer Schriftstellerstatus nicht seriös. Daß Heine um einer solchen Lösung willen auch politische Konzessionen zu machen bereit war, liegt auf der Hand. Als er dem König durch Cotta drei seiner bisherigen Bücher überreichen ließ, sollte dieser dazu erklären, *der Verfasser selbst sey viel milder, besser und vielleicht jetzt auch ganz anders als seine früheren Werke*; der König werde *weise genug* sein, *die Klinge nur nach ihrer Schärfe zu schätzen, und nicht nach dem etwa guten oder schlimmen Gebrauch, der schon davon gemacht worden*. Heine spielte also durchaus mit dem Gedanken, daß seine rhetorischen Fähigkeiten sich nicht unbedingt in der Vertretung und Propagierung oppositioneller Interessen zu dokumentieren brauchten, und deutete ein Einschwenken auf die Konzeptionen Metternichs und Friedrichs von Gentz an, wonach der konservativen Sache begabte Federn zu gewinnen seien. In einer verworfenen Passage der *Bäder von Lukka* (1829), der sogenannten Porzellan-Parabel, spielte er auf die Münchner Situation an: Er habe sich kürzlich ein Porzellan-Teeservice gekauft, *auf einer von den Tassen* sei sein *Liebling, der König von Bayern*, auf einer anderen *ein Sopha und Ehliges Glück* zu sehen, beides *ganz vorzüglich gemalt*. Da dieses Porzellan bei einer plötzlichen, durch Polizeimaßnahmen erzwungenen Abreise sehr hinderlich sei, da er schon merke, wie es ihn *im Schreiben* hindere und er *oft aus Angst* schmeichle, komme ihm der Verdacht, der Porzellanhändler sei ein Agent Metternichs gewesen mit der Mission, ihn zu *zähmen*: *Ja, ja, das Bild des Königs von Bayern sah mich so lockend an, und eben Er, der liebenswürdigste der Könige war der Köder, womit man mich fing.* So schrieb Heine freilich erst, nachdem das Projekt gescheitert war. Zunächst setzte er große Hoffnungen in seine Bewerbung, hatte Ludwig I. gar schon in einer ebenfalls später ausgeschiedenen Passage der *Reise von München nach Genua* reichlich mit Vorschußlorbeeren bedacht, indem er verlauten ließ: *Ich liebe keine Republiken – (...) ich liebe das Königthum – (ich habe Ludwig von Bayern gesehen).* Der Kniefall schlug bekanntlich später in gehässigen Spott um; zuerst in einem Bruchstück der *Florentinischen Nächte*, in dem Ludwigs poetischer Ehrgeiz ironisch glossiert wird, massiver im *Atta Troll* und den Zeitgedichten der 40er Jahre, insbesondere den boshaften *Lobgesängen auf König Ludwig*, deren Separatdruck einen Ulmer Buchhändler sogar ins Gefängnis brachte.

Um Heines Position richtig zu verstehen, muß man eine Reihe von Umständen berücksichtigen, die dem heutigen Betrachter nicht mehr selbstverständlich sind. Ludwig I. hatte damals den Ehrgeiz, aus seiner Residenz ein geistiges und künstlerisches Zentrum ersten Ranges zu machen. In den Zusammenhang dieser Bestrebungen gehört die Verlegung der Universität von Landshut nach München, die Anstellung prominenter (und dabei keineswegs unumstrittener) Hochschullehrer, die Förderung überregional ausgerichteter Presseorgane (ein Gebiet, auf dem der Hof eng mit dem Cotta-Verlag zusammenarbeitete), große Bauvorhaben zur architektonischen Gestaltung Münchens, Förderung der bildenden Künste und dergleichen mehr. Der bayrische König hatte sich obendrein kurz zuvor, was Heine gewußt haben dürfte, als entschiedener Verteidiger der Kunstfreiheit gezeigt und die Aufführung eines Theaterstücks aus der jüngeren Geschichte gegen diplomatische Interventionen durchgesetzt; bei dem in landesherrlichen Schutz genommenen Schriftsteller handelte es sich um Michael Beer, wie Heine jüdischer Herkunft. Ludwigs Verhalten in dieser Sache mußte ihn zu seiner beruflichen Offensive ermutigen. Außerdem hatte sich der Bajuwarenkönig auch in der Hochschulpolitik als Freund der Wissenschaften gezeigt. Anders als etwa an den ›Familienuniversitäten‹ Tübingen oder Basel, wo aus ein und derselben Gelehrtendynastie schon in dritter Generation Lehrstühle besetzt worden waren, gab es an der jungen Universität die Chance zu Berufungen außerhalb des akademischen Klüngels: Auf Ludwigs Einladung hin lehrte in München, ohne daß er zuvor ein Studium absolviert hatte, Joseph Görres Geschichte und Literaturgeschichte. Hier las Schelling Philosophie, für Heine bis zu seinem Abfall vom Pantheismus eine liberale Hoffnung, hier lehrte der Naturforscher Lorenz Oken, *der genialste Denker und einer der größten Bürger Deutschlands*. Die Einbeziehung des jungen Heine in die allgemeine kulturelle Aufwertung der bayrischen Residenz mußte für den bisher von offizieller Anerkennung nicht verwöhnten Autor eine große Bestätigung darstellen. Hier bot sich ihm, der für die Mühen seines juristischen Studiums nie belohnt worden war, eine seiner wirklichen Begabung angemessene Stellung. Hatte es bisher so ausgesehen, als stünden schriftstellerische Tätigkeit und Staatsanstellung in einem gewissen Widerspruch, so sollte nun auf einmal das eine das andere bedingen. Zudem ließ ihn die Personalisierung der Anstellungssache, die von einer individuellen Entscheidung des für verhältnismäßig liberal geltenden Monarchen abhängende Ernennung, vermuten, er stelle sich mehr unter den persönlichen »Schutz« einer »wohlthätigen Fürstenhand« als in den Dienst eines Systems, das er bisher kritisiert habe.

Einflußreiche Münchner Gönner wie Schenk und der russische Diplomat Tjučev rechneten offenbar damit, daß sich der selbst poetisch dilettierende König zu einer Geste gegen den hoffnungsvollen Dichter verstehen würde. In einem gewissen Evasionsreflex in kritischen Situationen, vergleichbar der Abreise aus Hamburg am Tag der Ausgabe des zweiten *Reisebilder*-Bandes oder dem Aufbruch nach Paris bei Erscheinen der Vorrede zu *Kahldorf über den Adel*, begab sich Heine nach Einreichung seines Gesuchs auf eine allerdings schon seit langem geplante Reise nach Italien, um dort die Entscheidung seiner Münchner Angelegenheiten abzuwarten. Es dauerte allerdings noch bis zum Januar 1829, ehe sich der König entschied, »Dr. Heines Gesuch« nicht zu bewilligen. Eine solche kritische Laus wollte er sich nicht in den königlichen Hermelin setzen lassen.

Das Ende der Kunstperiode

Die Frage, ob aus Heine der geworden wäre, der er wurde, wenn sich seine Münchner Erwartungen erfüllt hätten, gehört zu den vielen ›Wenns‹ der Literaturgeschichte. Sicher ist, daß die offenbar vor allem auf Betreiben ultramontaner Kreise zustandegekommene Ablehnung von Heines Gesuch (sämtliche Akten über Heines Bewerbung scheinen vernichtet worden zu sein) einen objektiven Tatbestand ausdrückte. Das Mäzenatenmodell war auf einen Autor, der sich politisch exponiert hatte, nicht mehr anwendbar. Heines politische Gegner sorgten selbst dafür, daß kein Mißverständnis aufkam: Auch eine vorgeblich von rein künstlerisch-ästhetischen oder wissenschaftlichen Motiven geleitete Ernennung war ein politischer Akt, der seinen ganz spezifischen Stellenwert in der zwischen halbwegs liberalen und ultrakonservativen Kräften heißumkämpften Münchner Szene hatte. Es nützte Heine nichts, wenn er Schenk etwas zweideutig versicherte: *Ich fühle viel Kraft in mir und will sie gern zum Guten anwenden*, die politischen Realitäten brachten sich ganz von selbst in Erinnerung. Heines Schriften waren Elemente einer öffentlich wie privat geführten Auseinandersetzung geworden, hatten einen besonderen Platz im Spannungsfeld der politischen und sozialen Tendenzen der Zeit eingenommen. Genau betrachtet, war es also Heine selbst, der seine unzeitgemäßen Anpassungsversuche vereitelte. Obendrein dürften seine ketzerischen Sprüche in der *Harzreise* (auslegbar als ›Nestbeschmutzung‹ der Akademikerzunft) nicht eben dazu beigetragen haben, seine Bewerbungschancen zu erhöhen. Nicht nur, daß ihm angesichts der von den Ultramontanen gegen ihn entfachten Kampagne die Zukunft in München verstellt war, mit ihrem Scheitern war Heine zugleich wieder auf die Schreibarbeit als Broterwerb (und damit auch auf den Journalismus) zurückgeworfen. Das politisch-ideologische Engagement, das den weiteren *Reisebilder*-Bänden immer mehr seinen Stempel aufdrückte, von der Napoleon-Darstellung im *Buch Le Grand* über das aktuelle Italienbild in der *Reise von München nach Genua* bis hin zur scharfen Religionskritik in der *Stadt Lukka* und zur *Freyheitsreligion* der *Englischen*

Fragmente, entfaltete eine unaufhaltsame Dynamik, in der seine Versuche, beruflich doch noch in systemkonformer Stellung Fuß zu fassen, konsequent untergingen; die gescheiterten Berufspläne mußten ihn zwangsläufig weiter und intensiver sein Glück als Schriftsteller versuchen lassen. Insofern bezeichnete München auch einen Wendepunkt in Heines Selbstverständnis. Den Beginn seines politischen Engagements auf seine Münchner Redaktionstätigkeit von 1828 datierend, resümierte er 1840: *Ich, der ich mich am liebsten damit beschäftige, Wolkenzüge zu beobachten, metrische Wortzauber zu erklügeln, die Geheimnisse der Elementargeister zu erlauschen und mich in die Wunderwelt alter Mährchen zu versenken ... ich mußte politische Annalen herausgeben, Zeitinteressen vortragen, revoluzionäre Wünsche anzetteln, die Leidenschaften aufstacheln, den armen deutschen Michel beständig an der Nase zupfen, daß er aus seinem gesunden Riesenschlaf erwache ...* Zugleich beschrieb Heine damit auch, im Rückblick radikaler, als die Neuorientierung tatsächlich vor sich ging, das vorläufige Ende seiner eher am Kunstschönen orientierten, aktualitätsfernen Schaffensperiode, stellte er den politischen Auftrag des Dichters über das rein poetische Selbstverständnis, wie es seiner Ansicht nach insbesondere die Ära Goethes charakterisierte.
Bereits in einem Brief an seinen Cousin Christiani vom 26. Mai 1825 hatte Heine verdeutlicht, er fühle jetzt den Kontrast der Goetheschen Natur mit der seinigen, *welcher alles Praktische unerquiklich ist, die das Leben im Grunde gringschätzt und es trotzig hingeben möchte für die Idee. Das ist ja eben der Zwiespalt in mir daß meine Vernunft in beständigem Kampf steht mit meiner angeborenen Neigung zur Schwärmerey.* Und wenig später bezeichnete er gegenüber Moser diese Differenz noch etwas genauer: *Ich hingegen bin von Haus aus ein Schwärmer, d. h. bis zur Aufopfrung begeistert für die Idee, und immer gedrängt in dieselbe mich zu versenken, dagegen aber habe ich den Lebensgenuß begriffen und Gefallen dran gefunden, und nun ist in mir der große Kampf zwischen meiner klaren Vernünftigkeit die den Lebensgenuß billigt und alle aufopfrende Begeistrung als etwas Thörigtes ablehnt, und zwischen meiner schwärmerischen Neigung, die oft unversehens aufschießt, und mich gewaltsam ergreift, und mich vielleicht einst wieder in ihr uraltes Reich* hinab-

zieht, wenn es nicht besser ist zu sagen hinaufzieht, denn er fühle sich glücklicher dabei. In München war Heines langjährige Auseinandersetzung mit dem Goetheschen Kunst- und Gesellschaftskonzept (zuletzt in der dritten Abteilung der *Nordsee*) nun in ein entscheidendes Stadium getreten. In der Rezension von Wolfgang Menzels Literaturgeschichte diagnostizierte er zum erstenmal öffentlich das Ende der *Kunstidee*, die das herrschende *Prinzip der Goetheschen Zeit* gewesen sei (wofür er später den Ausdruck *Kunstperiode* gebrauchte) und von der neuen Zeit der Bewegung und des Parteikampfes abgelöst werde. Damit formulierte er bereits Umrisse eines jungdeutschen Literaturprogramms. Während Goethe nach Heine ein bloßer *Spiegel* war, der die Natur naiv-treulich so wiedergab, wie sie tatsächlich war, sah er seine eigene Bestimmung als Dichter einer sentimentalisch-modernen Welt, die *mitten entzwey gerissen ist*, eben darin, an der Lösung der *großen Aufgabe unserer Zeit*, der politischen und sozialen Emanzipation der Menschheit mitzuwirken, sich also nicht in die *erlogenen Grünlichkeiten* und *zarten Naturgefühle* zurückzuziehen, wie es die Goethe-Epigonen taten, jene *Ganzheitdichter*, die die verlorene *Welteinheit* nachzuahmen versuchten, sondern im großen Ideenkampf der Zeit Partei zu ergreifen und den im Entwicklungsgang der Idee vorgezeichneten Platz einzunehmen. Was von nun an Heines ganzes Werk durchziehen wird und was er an seinem Lebensende im Gedicht *Enfant perdü* rückblickend aufgreift, die Selbstdarstellung als Soldat im *Freyheitskrieg*, formuliert er bereits im dritten *Reisebilder*-Band, am Ende der drei Marengo-Kapitel der *Reise von München nach Genua*: *Die Poesie, wie sehr ich sie auch liebte, war mir immer nur heiliges Spielzeug, oder geweihtes Mittel für himmlische Zwecke. Ich habe nie großen Werth gelegt auf Dichter-Ruhm, und ob man meine Lieder preiset oder tadelt, es kümmert mich wenig. Aber ein Schwert sollt Ihr mir auf den Sarg legen; denn ich war ein braver Soldat im Befreyungskriege der Menschheit.*

Die italienische Reise

Nachdem Cotta die »Annalen« vorübergehend eingestellt hatte, trat Heine im August 1828 eine Reise nach Italien an, womit er eine länger gehegte Absicht verwirklichte. Von München reiste er über den Brenner nach Trient und weiter nach Verona, eine der beiden klassischen Routen; teilweise bewegte er sich auf Goethes Spuren. Von Verona fuhr er dann jedoch nicht wie gewöhnlich über Venedig weiter nach Rom, sondern nach Mailand und Genua und dann die toskanische Küste hinunter. Für die 600 km lange Strecke bis Genua benötigte er lediglich elf Tage. Nach mehreren Badewochen in Livorno und den Bagni di Lucca, in denen er bis zum Ende der Saison blieb, kam er im Oktober für fast zwei Monate nach Florenz, von wo aus er sich am 24. November auf die Rückreise machte. Über Bologna und Venedig kehrte er nach München zurück, wo er allerdings nicht lange blieb, da sich sowohl seine akademischen Hoffnungen zerschlugen als auch die Verhandlungen mit Cotta über eine Erneuerung der »Annalen« scheiterten. In dieser verfahrenen Situation wandte er sich Ende Dezember erneut nach Hamburg.

Eine Italienreise gehörte zum festen touristischen Programm all derer, die es sich leisten konnten. Schon im 16. Jahrhundert unternahm der begüterte West- und Mitteleuropäer Reisen ins klassische Land der Sehnsucht. Der Reisezweck war zunächst Bildung im allgemeinsten Sinn. Unter dem Einfluß der Aufklärung einerseits – man schenkte den ökonomisch-technischen und geographisch-geologischen Verhältnissen des Landes mehr Aufmerksamkeit – und der Empfindsamkeit und später der Romantik andererseits wurde das Reisen zu einer Kompensation für die Beschränktheit und die Zwänge der bürgerlichen Gesellschaft, und man distanzierte sich ironisch von dem konformistischen, vordergründig bildungsbeflissenen Reisenden, der mit dem Reiseführer in der Hand in den Galerien umherrennt und nachsieht, *ob noch alles vorhanden, was in dem Buche als merkwürdig erwähnt ist*, wie Heine ironisch anmerkte.

Nicht eines langersehnten Kunst- und Bildungserlebnisses wegen reiste Heine nach Italien, sondern zunächst, weil er den Sommer seiner

Gewohnheit gemäß am Meer zuzubringen gedachte. Deshalb ließ er seinen Paß bei der Münchner Polizei auch auf Genua ausstellen, wo er aber offenbar keine geeignete Badegelegenheit fand. Anschließend wollte er in Florenz die Nachricht von der Ernennung zum Professor in München abwarten. Erst nachdem sich die Münchner Berufspläne zerschlagen hatten, erwog er, den Winter in Italien zu verbringen, wobei er auch an Rom als Aufenthaltsort gedacht haben könnte. Von diesem Vorhaben ist er dann vermutlich durch die Nachricht vom dramatisch verschlechterten Gesundheitszustand seines Vaters (Samson Heine starb am 2. Dezember am »Nervenschlag« und wurde drei Tage später auf dem jüdischen Friedhof in Altona bestattet) und wohl auch durch »Geldmangel«, wie er später erklärte, abgehalten worden. Jedenfalls hatte weder das klassische noch das neuzeitliche Rom für Heine die Anziehungskraft, die es auf die anderen Italienreisenden seiner Zeit ausübte. Sein Interesse galt vor allem den modernen politischen und sozialen Theorien und Tendenzen, und von daher mußten ihm London und Paris näher stehen als Rom.

Wenngleich Heine, obendrein bewaffnet mit einem Tage- oder Notizbuch, ins klassische Reiseland gefahren war, lieferte er nur zum Teil wieder einen Reisebericht nach dem Muster der *Harzreise*, das heißt relativ chronologisch und dokumentarisch orientiert und mit fiktiven Einlagen durchsetzt. In der in Lucca im Spätsommer 1828 entworfenen, im Dezember 1828 und November 1829 in Cottas »Morgenblatt« auszugsweise veröffentlichten und erst im Buchdruck so betitelten *Reise von München nach Genua* beschrieb er lediglich die ersten drei Wochen seiner viermonatigen Italienreise. Seine Technik der Motivverflechtung liefert die Begründung dafür, weshalb er seinen Bericht schon in Genua zu beschließen vermochte. Im Gegensatz zur aufklärerischen Reiseliteratur, die in erster Linie lokale Informationen bieten wollte, waren für Heine die Reisestationen nur das äußere Gerüst, an das er seine Beobachtungen, Reminiszenzen, Reflexionen und Visionen knüpfte. Er komponierte die Motive zusammen und ließ sich jeden der angeschlagenen Themenkreise in mehreren Bewegungen schließen. Auch hier zeigt sich noch einmal Heines gattungsgeschichtliche Innovation: Er war der erste Autor, der seine Italienbeschreibung thematisch mehrschichtig strukturierte, ohne die empirische Chronologie der Reise und des Reiseverlaufs aufzugeben.

Die *Reise von München nach Genua* war zweifellos eine Nachwirkung oder besser Wiederaufnahme des Plans von 1826, ein *europäisches Buch* zu schreiben, und dabei *etwas Besseres zu liefern*, als Lady Morgan es mit »Italy« (London 1821) getan hatte. Daneben gewann Goethes »Italienische Reise« eine besondere Bedeutung für Heines Reisebeschreibung. Es ist unschwer festzustellen, daß seine perspektivierende Darstellungsweise, die immer den subjektiven Ausgangspunkt angibt und Reflexionen und Erinnerungen in die Schilderung der italienischen Zustände einbringt, auf eine der Goetheschen Position (wie Heine sie damals verstand) genau entgegengesetzte Konzeption zurückgeht. Diese grundlegend verschiedene Perspektive ist in Heines von Hegel beeinflußter Geschichtsauffassung begründet. Sie verlieh seinem konstanten Bemühen, den Zusammenhang zwischen seinen individuellen Erfahrungen und der ›Wahrheit‹ der Geschichte zu entdecken, eine neue Dimension. Wie er dieser grundlegenden Opposition zur *Kunstbehaglichkeit des großen Zeitablehnungsgenies* Goethe Ausdruck verlieh, zeigt seine Mignon-Parodie im 18. und 20. Kapitel der *Reise von München nach Genua*. Heine bringt hier zum Ausdruck, daß er Italien nicht mit den *seufzenden Farben der Sehnsucht* schildern wolle, wie dies seiner Ansicht nach Goethe im Mignon-Lied getan hatte, er wollte es auch nicht spiegelartig wie Goethe in der »Italienischen Reise« darstellen, sondern demgegenüber eine bewußte, auf sein Geschichtsverständnis bezogene Interpretation der aktuellen Verhältnisse liefern. In der zugleich geschichtsmächtigen und politisch desolaten Realität Italiens sollte sich die Problematik der Emanzipation brechen. Selbst wenn Heine in der karikierten Figur des Bildungsphilisters vordergründig einen literarischen Topos übernahm, der einen Großteil der von der Romantik inspirierten Reisebeschreibungen zwischen 1800 und 1830 durchzieht (für den deutschen Italienreisenden im Engländer verkörpert), hat er diesen in einen neuen Sinnzusammenhang integriert und auf eine politische Pointe hin neu und anders konstruiert. Noch anhand vieler weiterer Details, etwa der Behandlung der Antike, zeigt sich Heines Wille, politische oder geschichtliche Bezüge sichtbar zu machen. In der historischen Perspektive und der politischen Intention seiner Reisebeschreibung steht Heine in der deutschen Italienliteratur seiner Zeit ziemlich einsam da.

Natürlich war sich Heine der Widerstände bewußt, die der Nationalismus einer europäischen Emanzipation entgegensetzte und weiter entgegensetzen würde. So hatte er in einer später ausgeschiedenen, heute gespenstisch anmutenden Passage der *Reise von München nach Genua* analysiert: *Zu einer Zeit wo fast alle Nazionalitäten aufhören, wo es keine Nazionen mehr giebt in Europa, sondern nur Partheyen, und wo diese große Wahrheit nirgens tiefer verstanden wird als in dem vielseitigen, kosmopolitischen Deutschland, in dem Lande das die Humanität am ersten und tiefsten gefühlt hat, just da entstand eine schwarze Sekte, die von Deutschheit, Volksthum und Ureichelfraßthum die närrischsten Träume aushekte und durch noch närrischere Mittel auszuführen dachte. (...) Sie waren gründlich, kritisch, historisch – sie konnten genau den Abstammungsgrad bestimmen der dazu gehörte um bey der neuen Ordnung der Dinge aus dem Weg geräumt zu werden; nur waren sie nicht einig über die Hinrichtungsmethode.* Solche Hellsichtig- und Hellhörigkeit hatte etwas Traumhaftes, dessen wahre Dimension sie sich nicht bewußt einzugestehen vermochte. Dennoch hielt Heine bei aller historischen Skepsis an der Vision der gelungenen Befreiung fest: Wenn die Ideen der französischen Revolution verwirklicht seien, werde es ein großes Versöhnungsmahl geben. *Es wird freylich noch einige Zeit dauern, bis dieses Fest gefeyert werden kann, bis die Emanzipazion durchgesetzt seyn wird; aber sie wird doch endlich kommen, diese Zeit, wir werden, versöhnt und allgleich, um denselben Tisch sitzen; wir sind dann vereinigt, und kämpfen vereinigt gegen andere Weltübel, vielleicht am Ende gar gegen den Tod – dessen ernstes Gleichheitssystem uns wenigstens nicht so sehr beleidigt, wie die lachende Ungleichheitslehre des Aristokratismus.*

Heines *Reise von München nach Genua* ist auch als Ergebnis eines jahrelangen Rezeptionsprozesses zu betrachten, als Auseinandersetzung mit einer bestimmten literarischen Tradition. Die vielfältigen von ihm integrierten Motive und Topoi lassen sich zwei großen literarischen Traditionen zuordnen, der romantischen und der aufklärerischen Reiseliteratur. Der romantischen Tradition entspricht die Philistersatire des Anfangs, die sich in den Engländerepisoden fortsetzt, ferner die Technik der ›belebten‹ Kunst, der Kunst als Rollenträger, auch die Ruinen-Verzauberung Heines in Trient und Verona und die Tatsache, daß die ersten fünf Kapitel auf den Ausgangspunkt München verwendet werden, ein Verfahren, das sich erstmals bei Sterne, dem großen Anreger der romantischen Reiseliteratur, findet. Auch die Technik seiner Kunstbetrachtung ist von der Romantik beeinflußt. Wenn er im 34. und letzten Kapitel ein Gemälde von Giorgione beschreibt und sich dabei in einer der Gestalten wiedererkennt, wiederholt er damit nur ein in der zeitgenössischen Literatur häufiger anzutreffendes Motiv. Dieser Tradition entspricht auch im ganzen eine gewisse Tendenz zur Fiktionalisierung, zum Verlassen des empirischen Rahmens, etwa die angebliche Fahrt zum Schlachtfeld von Marengo in den Kapiteln 29 bis 31. Dort, wo am 14. Juni 1800 der Konsul Napoleon Bonaparte die Österreicher besiegte und Frankreich die Herrschaft über Oberitalien sicherte, will er ausgestiegen sein, um seine *Morgenandacht* zu halten, das Gebet der neuen *Freyheitsreligion*: Die Sonne sei siegreich aufgegangen, während der Mond *verbleichend noch am Himmel stand*. Die von Heine beschriebene Konstellation ergibt sich nur bei abnehmendem Mond; am Tag seiner Reise von Pavia nach Genua, dem 17. August 1828, war jedoch zunehmender Mond, d. h. der Mond war am Morgen gar nicht sichtbar. Sonne und Mond haben in Heines Schilderung rein symbolischen Wert, sie stehen für die neu anbrechende Zeit der Emanzipation und für die *verbleichende* Epoche des Feudalismus.

Die historisch von der romantischen Reiseliteratur herzuleitende Technik fiktional überhöhter, stilisierender Darstellung ist jedoch keineswegs die Regel. Sie wird von Heine nur dort benutzt, wo der Sinnzusammenhang des Ganzen es erforderlich macht. Das Heinesche Ich ist nicht fiktiv wie Eichendorffs Taugenichts. Grundlage seines Italienbildes ist das empirische Erleben auf einer tatsächlich unternommenen Reise. Damit knüpfte Heine an die zweite Tradition an, die des nichtfiktionalen herkömmlichen Reiseberichts, wie er seit dem Humanismus mit gewissen Modifikationen gang und gäbe war. Der Reiseverlauf ist im großen und ganzen so wiedergegeben, wie er tatsächlich vor sich ging; die Reisestationen sind nicht etwa verschlüsselt wie in Kerners »Reiseschatten«, und Heines Auskünfte über die Hotels und Gaststätten, in denen er einkehrte, sind exakt. Die Reisebeschreibungen, die er im 26. Kapitel besprach, gehören in der großen Mehrzahl dieser Tradition an; aus ihnen schöpfte er seine Informationen. Wenn er sich auch zuweilen ironisch von ihnen absetzte, bevor er dieselben Gegenstände beschrieb oder manchmal auch geflissentlich überging, so bleibt doch ein gemeinsamer Nenner in der Themenauswahl und im Willen, ein bestimmtes »reales« Italienbild zu vermitteln.

Der Mischung von Elementen der traditionellen und der romantischen Reiseliteratur liegt eine spezifische Konzeption zugrunde. Die Freiheit, die Heine sich vorbehielt, ohne sich auf eine der beiden Traditionen festzulegen, ermöglichte die Verbindung von dunklen, poetisch verschlüsselten mit wirklichkeitsbezogenen politischen Inhalten. Das Politische wird umspielt von einem dichten Gefüge anderer Motive, die wie das Politische zum Teil in poetische Bildlichkeit aufgelöst sind. Die Durchdringung der verschiedenen Themenkreise, die Heine durch leitmotivische Wiederholung, sukzessive Auffächerung und kontrastive Nebeneinanderstellung erreicht, ist von der Auffassung getragen, als *geborener Knecht* das Heraufkommen der Freiheit zu beschwören:

Ja, es wird ein schöner Tag werden, die Freyheitssonne wird die Erde glücklicher wärmen, als die Aristokratie sämmtlicher Sterne; emporblühen wird ein neues Geschlecht, das erzeugt worden in freyer Wahlumarmung, nicht im Zwangsbette und unter der Controlle geistlicher Zöllner; mit der freyen Geburt werden auch in den Menschen freye Gedanken und Gefühle zur Welt kommen, wovon wir geborenen Knechte keine Ahnung haben – O! sie werden eben so wenig ahnen, wie entsetzlich die Nacht war, in deren Dunkel wir leben mußten, und wie grauenhaft wir zu kämpfen hatten, mit häßlichen Gespenstern, dumpfen Eulen und scheinheiligen Sündern!

Heine selbst gab sich nie der Hoffnung hin, diesen Tag zu erleben. Er wußte nur zu gut, daß er noch in der Nachtphase des *Befreyungskriegs der Menschheit* geboren war und das Stigma dieser Geburt trug. *O wir armen Kämpfer! (...) Die Glut des Sonnenaufgangs wird unsre Wangen nicht mehr röthen und unsre Herzen nicht mehr wärmen können, wir sterben dahin wie der scheidende Mond –*. Dieser Selbstzuweisung eines noch der alten Nachtwelt angehörenden und von ihr geprägten Kämpfers für die neue Welt ist er zeitlebens treu geblieben.

Wie schon im *Buch Le Grand* suchte Heine auch in seiner »Italienischen Reise« die Berührungspunkte seiner persönlichen Erfahrung mit der Weltgeschichte auf, die Ereignisse, in denen sich das Allgemeine im Individuellen verwirklichte, und nahm dafür auch Korrekturen an der erlebten Wirklichkeit in Kauf. Er stellte Italien nicht *objektiv* in der Weise des Goetheschen *Spiegels* dar, sondern gab immer »Farbe, Ton, Stimmung« dazu, wie Karl Herloßsohn in einer Rezension schrieb. Er wirkte seine *deutschen Schmerzen* und seine geschichtliche Rolle als *braver Soldat im Befreyungskriege der Menschheit* in das Bild, eben weil er ein zeitgemäßes Werk bieten wollte. *Mein Herz ist der beste Cicerone und erzählt mir überall die Geschichten, die in den Häusern passirt sind, und bis auf Namen und Jahrzahl erzählt es sie treu genug*. Auch das dunkle und bewußt verdunkelte Maria-Motiv (detailreiche, informative Passagen hat er vor dem Druck ausgeschieden) dient dazu, den Rahmen über die eigentliche Reisebeschreibung hinaus zu erweitern. Die Konfigurationen dieser Liebe durchziehen die ganze Reiseschilderung. Indem der Erzähler sein Porträt und das der *todten Maria* zuletzt in einer Gemäldegalerie wiedererkannte, objektivierte er die Geschichte dieser Liebe als *ewiges Wiederholungsspiel* der Natur, das ihm selbst zwar *trostlos* vorkam, weil es die *Originalität der Individuen* aufhob, das aber gerade deshalb über seine individuellen Empfindungen hinausführte. Es zeigt sich, daß das vermeintlich Subjektive in Heines Darstellung in Wahrheit Überindividuelles, Objektives anstrebt.

Generalabrechnung: Reisebilder III

Nach seiner Rückkehr aus München blieb Heine nur knapp vier Wochen in Hamburg. Im Februar 1829 übersiedelte er nach Berlin, im April nach Potsdam, die preußische Nebenresidenz. Er lebte mit gepackten Koffern. Rahel Varnhagen berichtete ihrem Mann am 11. März 1829 nach einem Besuch Heines bei ihr: »Dabei rochen seine Stiefel nach Schuster, seine Kleider nach stockig. Also Fenster nach ihm aufsperren.« Hier in Potsdam fand Heine vorübergehend die Ruhe, die er zum Arbeiten brauchte. Bereits im Juni 1826 hatte er gegenüber Wilhelm Müller angekündigt, er werde *in den nächsten Bänden der Reisebilder viel prosaisch Tolles, Herbes, Verletzendes und Zürnendes lesen. Absonderlich Polemisches.* 1827 deutete er gegenüber Varnhagen an, daß der dritte *Reisebilder*-Band heftige Attacken gegen *seichten Pietismus* und *deutsche Nationalbeschränktheit* enthalten werde. Im Vergleich mit dem *Buch der Lieder*, einem harmlosen *Kauffartheyschiff*, war Heine schon der zweite *Reisebilder*-Band als *Kriegsschiff* erschienen. Der neue Band, eine Generalabrechnung mit seinen Gegnern, sollte *noch fürchterlicher ausgerüstet werden* als die beiden Vorgänger. Im politischen und literarischen Meinungsstreit wollte Heine eindeutig Flagge zeigen. Noch vor der Abreise nach London hatte er sich mit seinem Verleger auf den Erscheinungstermin geeinigt: Pünktlich zur Herbstmesse 1827 sollte *Reisebilder* III in den Handel kommen. Tatsächlich aber mußten über zweieinhalb Jahre vergehen, ehe der Band erscheinen konnte. Obschon Heine von vornherein an eine literarische Ausbeute des Italienaufenthalts dachte, blieben bis ins Frühjahr 1829 hinein als Stoff immer noch die Eindrücke und Reflexionen der Englandreise im Gespräch.

Zwischen März und Mai 1829 begann Heine mit der Arbeit an einem *humoristischen Werk* mit dem Arbeitstitel *Bagni*, den späteren *Bädern von Lukka*. Es entstand eine erste Fassung im Umfang von zunächst zehn Kapiteln, von denen später aber nur sechs unmittelbar verwertet wurden. Die beiseite gelegten vier Kapitel schlachtete Heine, wie es seine Gewohnheit war, nach und nach aus. Der zweite

Teil der Italienreise wurde nur noch zu einem geringen Teil beschrieben: In den *Bädern von Lukka* erscheint Italien mehr oder weniger als Kulisse; nicht aber als zwingend gegebener Handlungsort. Die gewählte Form des Reiseromans, mit fiktionaler Handlung und handelnden Personen (dem unsterblichen Pärchen Gumpelino/Hirsch-Hyazinth, für die Don Quixote und Sancho Pansa Pate standen), ließ kaum Raum für Semi-Dokumentarismus, allenfalls für die Betonung des kulturellen Gegensatzes von Nord und Süd. Im Spätsommer entschied er sich dann, in den humoristischen Reiseroman seine polemische Entgegnung auf die Angriffe des Grafen August von Platen in dessen im April erschienenen aristophanischen Lustspiel »Der romantische Oedipus« einzubauen. Platen hatte damit auf jene literaturkritischen Epigramme Immermanns reagiert, die Heine am Schluß der dritten Abteilung der *Nordsee* abdruckte. Unter der Überschrift *Oestliche Poeten* war hier mit *kleinen Sängern*, orientalisierenden Goethe-Epigonen abgerechnet worden, in denen sich Friedrich Rückert (»Oestliche Rosen«, 1822) und Platen (»Ghaselen«, 1821-23) unbedingt wiedererkennen mußten:

Von den Früchten, die sie aus dem Gartenhain von Schiras stehlen,
Essen sie zu viel, die Armen, und vomiren dann Ghaselen.

Während eine Erwiderung Rückerts nicht bekannt ist, rächte sich Platen, indem er im fünften Akt seiner dramatischen Literatursatire Immermann als eitlen Ignoranten »Nimmermann« und Heine als seinen lobhudelnden und zugleich unverschämten Adlatus vorführte, wobei er infamerweise durchgängig auf dessen jüdische Herkunft zielte (»der getaufte Heine«, »Pindarus vom kleinen Stamme Benjamin«, »Samen Abrahams«, »Petrark des Lauberhüttenfests«, »Synagogenstolz«, »seine Küsse sondern ab Knoblauchsgeruch«). An seinen Freund, den Grafen Fugger, hatte er am 12. März 1828 geschrieben: »Daß die Epigramme auf mich und Rückert gehen (...), unterliegt keinem Zweifel. Daß Immermann sie gemacht, ist verzeihlich, daß aber Heine sie aufnimmt, sie vertritt, daß er mir Sottisen durch die dritte Hand sagt, ist nicht verzeihlich und ist nebenbei eine ächt jüdische Handlungsweise. Ueberdieß sind die Reisebilder, wie ich höre, ein sehr populäres Buch; er hat also vor ganz Deutschland meine Gedichte als etwas Gespieenes erklärt.« Platen war es schier unfaßlich, daß Heine es gewagt hatte, »einen offenbar Größern, der ihn zerquetschen kann, so unbarmherzig zu behandeln«.

Während seines Helgoland-Aufenthalts Anfang August bis Ende September 1829 überarbeitete Heine die Potsdamer Frühfassung der *Bäder von Lukka* und gewann offenbar Klarheit über Gestalt und Stoßrichtung seiner Platen-Polemik, vermutlich schrieb er auch Teile davon bereits nieder. Nach der Rückkehr nach Hamburg arbeitete er unter Hochdruck an den letzten Partien des Manuskripts, womit er bis etwa zum 13. Dezember beschäftigt war; zwischenzeitlich hatte er eine zweite auszugsweise Veröffentlichung der *Reise von München nach Genua* im »Morgenblatt« vorbereitet, die im November erfolgte. Anfang Januar 1830 kamen die ersten Exemplare von *Reisebilder* III in den Buchhandel.

Im Mittelpunkt der *Bäder von Lukka* steht die mit sorgfältiger Gemeinheit gearbeitete, ebenso grandiose wie flegelhafte Polemik gegen Platen, der in den letzten drei Kapiteln als Dichter demontiert und als Homosexueller stigmatisiert wird: Eine öffentliche Hinrichtung, die Opfer und Henker mehr schadete, als beide zu diesem Zeitpunkt ahnten. Vorbereitet wird die Abrechnung mit Platens ›unmännlicher‹ Sexualität durch eine Reihe von sowohl direkten als auch unterschwelligen Hinweisen auf ›normale‹ Formen der Sexualität in den vorangehenden Kapiteln. Handlungsort der hochsexualisierten Welt der *Bäder von Lukka* ist die Heimstatt von Signora Laetizia und ihrer Freundin Signora Franscheska: ein *kleines weißes Gebäude* auf angrenzendem Hügel, das den Anschein erweckt, als sei es *gleichsam noch im Negligé*, ein Haus der Freude, der Musik und des Gesangs, das männlichen Besuchern weit offensteht. Hier werden Landschaftskörper präsentiert und symbolische Koiti vollzogen: Als Signora Laetizia versehentlich die Bettdecke aufhebt und ihr gigantisches *Eva-Kostüm* entblößt, kommt nicht nur ihr Busen, *wogend wie das rothe Meer*, sondern – ein *gräßlicher Anblick* – auch eine größere Landmasse, *ganz Arabien, Syrien und Mesopotamien zum Vorschein*. Und weil sie es vorzieht, ihrem Verehrer, dem Markese Gumpelino, einen Kuß auf die *holde Stirn* zu verabreichen,

kann es nicht ausbleiben, daß dessen Nase in besagtem *rothen Meer* landet, dort *herumrudert* und *der Markese, oder vielmehr dessen Nase*, minutenlang *in Wonne* schwimmt (eine Passage, die Ende des Jahres 1833 zum Verbot der zweiten Auflage des Bandes führen sollte). Als er schließlich *seine Nase hervorzog aus dem rothen Meere, wie weiland König Pharao* (eine Anspielung auf die seit dem Mittelalter bekannte Penis-Chiffre *Rother König*), *da glänzte sein Antlitz in schwitzender Selbstwonne*. Gumpelinos Diener, sein *Leibzwerg* Hirsch-Hyazinth, ist eine *kleine Gestalt* in einem *schlotternd weiten Scharlachrock, überladen mit Goldtressen, die im Sonnenglanze stralten, und aus dieser rothen Pracht schwitzte ein Köpfchen hervor*: ein zweibeiniger priapeischer Witz, ein echter Penide, ein abgelöster und in Menschengestalt verselbständigter Penis, wie alle Däumlingsgestalten, heißen sie nun Tulifäntchen, Halef oder Hirsch.
Vor diesem genial-genitalen Hintergrund erfolgte nun Platens Stigmatisierung als verschämter Homosexueller, als Dichter, der *nur für Männer glüht, in warmer Freundschaft*. Dabei wollte Heine ihm nicht einmal die Erfüllung seiner Begierde gönnen: *Ich bemitleide den armen Grafen, wenn ihn Andere verhöhnen, ich zweifle, daß er sich an der verhaßten »Sitte« thätlich gerächt habe, obgleich er in seinen Liedern schmachtet, sich solcher Rache hinzugeben; ich glaube vielmehr an die verletzenden Kränkungen, beleidigenden Zurücksetzungen und Abweisungen, wovon er selbst so rührend singt*. Platen war für Heine ein *Troubadour des Jammers, mit all seiner blühenden Welkheit, seinem Ueberfluß an Geistesmangel, seiner Einbildung ohne Einbildungskraft, (...) forcirt ohne Force, pikirt ohne pikant zu seyn, eine trockne Wasserseele, ein trister Freudenjunge*. Nicht besser erging es seinen Dichtungen. Im Vergleich mit Petronius vermißte Heine eine plastische Offenheit: *Graf Platen (...) behandelt seinen Gegenstand vielmehr romantisch, verschleyernd, sehnsüchtig, pfäffisch, – ich muß hinzusetzen: heuchlerisch*. Das Fazit lautet: *Sitzfleisch (...) in Hinsicht der mühsamen, ausgearbeiteten Form (...), Sitzfleisch auch in Betreff des Inhalts*. Bezeichnenderweise hat Heine in der Platen-Polemik die Position des bürgerlichen, ja geradezu plebejischen Anklägers vertreten, der die Dekadenz der höhergestellten Adelskreise im Geiste ›natürlicher‹ Lebensvorstellungen anprangert.

Damit zielte er gewiß auf eine mehrheitlich konsensfähige Publikumsmeinung, mit der er den Streit für sich zu entscheiden dachte. Doch schlug in diesem Fall das Ausmaß der Tabuverletzung auf ihn zurück, fiel er seiner eigenen Denunziation zum Opfer.
Zu der Auseinandersetzung zwischen den durch gesellschaftliche Ungunst sexuell und religiös Diskriminierten trat der Streit um die Goethe-Nachfolge, die beide für sich reklamierten. Zudem waren auf beiden Seiten irrige Ansichten über den andern verbreitet. So war Heine der Überzeugung, bei Platen handle es sich um einen *frechen Freudenjungen der Aristokraten und Pfaffen*, und deshalb habe er in ihm *nur den Repräsentanten seiner Partey gezüchtigt*. Durch seine Sottisen gegen ihn und Immermann *empfehle* sich Platen *einem Bund von Pfäffchen, Baronen und Pedrasten, der verbreiteter und mächtiger* sei, *als man glaubt. Lachen Sie nicht*, schrieb er Immermann am 26. Dezember 1829, *ich spreche so ernst wie eine Bildsäule, die Pedrasten sind dienende Brüder, Mittelglieder in dem großen Bunde der Ultramontaner und Aristokraten*. Platen glaubte dagegen allen Ernstes an eine Verschwörung jüdischer Literaten, wovon er selbst Immermann nicht ausnehmen wollte. Beide Parteien disqualifizierten sich gegenseitig mit privaten Argumenten, deren Ähnlichkeit verblüfft. *Es war Krieg des Menschen gegen Menschen*, erklärte Heine am 3. Januar 1830 gegenüber Varnhagen. Sollten die gegenseitigen Invektiven und Schutzbehauptungen verdrängen, »wie nahe das Stigma des einen dem Makel des anderen« war, »und wie bedenklich der Versuch, das eigene Unglück in fremder Gestalt zu denunzieren«, wie Alfred Opitz vermutet?

Das Scheitern der Systemanpassung

Im März 1830 übersiedelte Heine ins damals holsteinische Wandsbek, den Sommer verbrachte er wieder auf Helgoland. Hier erfuhr er aus den Tageszeitungen von einer Revolution in Paris, die zum Auftakt einer Serie von nationalen Befreiungs- und sozialen Protestbewegungen wurde und das System der Restauration, das die europäischen Mächte auf dem Wiener Kongreß von 1815 beschlossen hatten, empfindlich erschütterte: Belgien erkämpfte seine Unabhängigkeit von den Niederlanden, in Polen brach ein Aufstand gegen die russische Oberherrschaft aus, Italien erhob sich gegen Österreich. Ende August erreichte die Woge der Revolution auch Deutschland, wo sich die Lebensverhältnisse weiter Teile der Bevölkerung seit Jahren ständig verschlechtert hatten. Da es hier an einem politischen Zentrum fehlte, blieben die Massenproteste und Aufstände freilich lokal begrenzt. Am 7. September brannte das Braunschweiger Schloß, der verhaßte Herzog Carl flüchtete nach England. Gleichzeitig kam es auch in Aachen und Jülich, Leipzig und Hamburg, Kassel und Hanau zu Kundgebungen und Unruhen. Am deutlichsten entlud sich der soziale Protest in Hessen: Im Großherzogtum kam es im Herbst zu Szenen wie aus dem Bauernkrieg.

Heilige Julitage von Paris! ihr werdet ewig Zeugniß geben von dem Uradel der Menschen, der nie ganz zerstört werden kann. Wer euch erlebt hat, der jammert nicht mehr auf den alten Gräbern, sondern freudig glaubt er jetzt an die Auferstehung der Völker. Heilige Julitage! wie schön war die Sonne und wie groß war das Volk von Paris! Die Götter im Himmel, die dem großen Kampfe zusahen, jauchzten vor Bewunderung, und sie wären gerne aufgestanden von ihren goldenen Stühlen und wären gerne zur Erde herabgestiegen, um Bürger zu werden von Paris!

Nach Jahren der politischen Restauration erging von Paris aus ein Signal an Europa, das 1789 begonnene Werk wiederaufzunehmen. Zugleich war sichergestellt, daß das Rad der Geschichte von den konservativen Führern der Heiligen Allianz nicht zurückgedreht werden konnte. Während der »trois glorieuses«, den drei ruhmreichen Tagen vom 27. bis 29. Juli des Jahres 1830, hatte das Volk von Paris der Bourbonenherrschaft ein schnelles Ende bereitet. Der Versuch Karls X., mit seinen Ordonnanzen die liberalen, in der Verfassung garantierten Rechte des Parlaments einzuschränken oder ganz abzuschaffen, war am Widerstand der Pariser Bevölkerung gescheitert, einer breiten Koalition aus Bürgertum, Arbeiterschaft und Studenten, aus Konservativen, Liberalen und Republikanern. Danach brachen jedoch sofort die Interessengegensätze innerhalb der siegreichen Opposition auf. Die Republikaner träumten von einer Neuauflage der jakobinischen Republik, die liberale Bourgeoisie schreckte davor zurück und sann auf Mittel, die revolutionären Energien zu kanalisieren. Louis-Philippe, Herzog von Orléans, Sohn des großen »Egalité« mit der revolutionär-nationalen Aura, schien den liberalen Bankiers Lafitte und Périer, den Großgrundbesitzern, Kaufleuten und Industriellen der geeignete Mann; seine Thronbesteigung wurde von ihnen geschickt und mit überlegenem politischen Spürsinn betrieben. Nach gewissem Zögern entschied sich der alte General Lafayette, Heros und Symbol der Julirevolutionäre, für Louis-Philippe und die konstitutionelle Monarchie. Damit war das Julikönigtum in den Sattel gehoben. An Stelle des letzten Bourbonenkönigs, der sich »von Gottes Gnaden König von Frankreich« hatte titulieren lassen, übernahm Louis-Philippe die Königswürde. Am 9. August 1830 leistete er seinen Eid auf die französische Verfassung, als »König der Franzosen«. 1840 konstatierte Heine, jetzt bereits mit einer gewissen Ernüchterung: *Er ist ein wahrhafter Repräsentant jener Bourgeoisie, welche anno 1789 die Revoluzion begonnen und 1830 vollendet hat, und einen König wählte nach ihrem Ebenbilde: einen guten Familienvater, einen Schutzvogt des Eigenthums, von bürgerlich tugendhaften Sitten, vorurtheilsfrey in Beziehung auf Geburtsadel, aufgeklärt in Betreff der Religion, liberal, tolerant, haushälterisch, erwerbthätig, wohlbeleibt, wohlunterrichtet, besonders in der edlen Rechenkunst, kurz einen braven Mann.*

Auch wenn seine schriftstellerischen Einnahmen eine aufsteigende Linie verzeichneten, fiel Heine während der letzten Jahre in Deutschland doch wieder in die alte Familienabhängigkeit zurück. Immer noch war er finanziell auf den Onkel angewiesen. Wieviel Salomon seinem Neffen während der letzten Hamburger Jahre zukommen ließ, ist heute nicht mehr festzustellen, da die Hamburger Familie offenbar alle diesbezüglichen Briefe und Unterlagen vernichtet hat und die meisten der an ihn gerichteten Briefe bei einem Brand in der Wohnung seiner Mutter vernichtet wurden. Gern hätte er sich aus der Abhängigkeit befreit, denn die Besuche in Ottensen waren von Mal zu Mal unerfreulicher geworden. Mehr und mehr schien Salomon umlagert von *Hausschmarotzern und Proteges*, ohne daß dieser Anstalten gemacht hätte, seinen Neffen enger an sich zu binden. Ausgerechnet *diejenigen Menschen* fanden hier *eine gute Aufnahme, die notorisch als Gegner* seiner *Renommeen bekannt waren.* Sein Onkel, resümierte er gegenüber Moser am 9. Januar 1826, sei *mit lauter Menschen umgeben (...) die mir feindseelig sind.* Und in einem Rückblick vom 5. August 1837 hieß es: *Alles Gewürm was an meinem guten Leumund zehren wollte, fand in diesem Hause immer die reichlichste Atzung.* Noch während des Studiums verriet er seinem Freund Moser: *Ich habe mich entschlossen, à tout prix es einzurichten daß ich ihn nicht mehr nöthig habe, da es so ganz und gar unter meiner Würde ist.* Und ein andermal hieß es: *Es ist doch in mir der Vorsatz aufgekommen alles anzuwenden um mich so bald als möglich von der Güte meines Oheims loszureißen.* Gewiß, der Onkel unterstützte ihn großzügig: *Aber alles was er thut geschieht auf eine unerfreuliche Weise*, d. h. auf demütigende Weise. Öffentlich wagte Heine nicht, gegen seinen Onkel aufzutreten, nur unter fremder Maske riskierte er manchmal einen versteckten Seitenhieb, etwa wenn es in der dritten Abteilung der *Nordsee* in einer Anmerkung zu Israels König Salomo doppelsinnig heißt, Salomo *hatte immer eine besondere Liebhaberey für Gold und Affen.* In den *Französischen Zuständen* erläuterte er bei Gelegenheit einer kleinen biographischen Untersuchung zu dem englischen Politiker George Canning, dieser sei *geboren von unglücklichen Eltern*; *späterhin, aus dem kleinen Elend der Armuth in das größere Elend einer glänzenden Abhängigkeit übergehend, erduldete er die Unterstützung eines Oheims.* Zweifellos ist der Wille, sich von der Hamburger Sippschaft abzusetzen, es ›ihr zu zeigen‹, dem kommerziell-materiellen Erfolg einen geistig-literarischen entgegenzusetzen, einer der wichtigsten Antriebe zu Heines schriftstellerischer Tätigkeit gewesen.

Diese individuelle Problematik war freilich überlagert von der sozialen Konvention, die von Salomon Familiensolidarität verlangte und Heine einen Anspruch auf Unterstützung gab. Auch nach Beendigung des Studiums ließ Salomon dem frischgebackenen Doctor juris daher öfter Geldbeträge zukommen. Die Kosten für Heines tägliches Leben konnte sich Salomon jedoch vorerst nicht zu übernehmen entschließen; seinen Zahlungen lagen zunächst offenbar außerordentliche Anlässe zugrunde wie etwa eine Erholungsreise an die See, die zur Wiederherstellung von Heines Gesundheit dienen sollte. Zumindest eigener Ansicht nach hatte Heine darüber hinaus noch einen spezifischen Anspruch auf Unterstützung durch seine Tätigkeit als öffentlicher Schriftsteller, die seiner Familie zu öffentlicher Ehre gereichte, worin wir vielleicht eine säkularisierte Form des frommen Talmudgelehrtendaseins zu sehen haben, das eine wohlhabende jüdische Familie ihrem begabten Sohn schuldig war. *Ich hätte Ihnen (...) über Das, was ich in der Welt noch thun werde, Dinge zu erzählen, die Ihren Scherz hervorrufen könnten, ich will deßhalb warten, bis die öffentliche Meinung Ihnen Dasselbe sagt*, schrieb er im Entwurf eines Briefs an Salomon aus Italien. Doch zu seinem Leidwesen wollte sich die Hamburger Familie nie zu einer echten Anerkennung seiner außerhalb der kommerziellen Sphäre liegenden Leistung verstehen. Die Störungen und Mißhelligkeiten beim Auszahlen der Unterstützung trafen Heine deshalb sowohl in seiner Identität als individueller, einer bestimmten Familie angehörender Jude wie in seiner Identität als engagierter Schriftsteller. Über die materiellen Belange hinaus war sein Kampf um diese Gelder somit auch ein Kampf um seine eigene Identität vor der Familie und der Gesellschaft.

Um sich aus dieser Zwangslage zu befreien, verfiel Heine Ende des Jahres 1830 noch einmal auf dieselbe Idee, der er schon in München monatelang angehangen hatte: Nur zwei Jahre nach dem Scheitern seiner damaligen Karrierepläne und nachdem er sich als Autor politisch noch weiter profiliert hatte, meinte er immer noch, die formale Fertigkeit und der mit Hilfe dieser Fertigkeit dargestellte Inhalt seien voneinander zu trennen und einer Bewerbung für den preußischen Staatsdienst stünde nichts im Wege, weshalb er Varnhagens anderslautende Ansicht meinte korrigieren zu müssen: *Sie irren wenn Sie glauben daß ich, des Inhalts meiner Schriften wegen, sobald ich transagiren möchte, nicht die preußische Regierung für mich interessiren könnte.* Hinter solcher, hier in einer gewissen Trotzhaltung vorgebrachten Behauptung steckt die egozentrische Vorstellung, man könne gerade durch die Kritik des Bestehenden den Machthabern seine Förderungswürdigkeit beweisen, als wäre die durch betonte Opposition erregte Aufmerksamkeit mit positiven Inhalten und ›Gefühlen‹ zu füllen. Die psychologische Wahrheit, die in solchen Annahmen stecken mag, hielt der Dynamik der politischen Notwendigkeiten allerdings nicht stand: Im Januar 1831 begann sich das preußische Oberzensurkollegium ernsthaft mit Heines *Nachträgen zu den Reisebildern* zu befassen, welches Studium nicht anders als mit einer scharfen Verurteilung und polizeilicher Beschlagnahme endete. Davon wußte Heine freilich zunächst noch nichts. Subjektiv von seiner Situation ausgehend, die sich äußerlich seit dem Scheitern der Münchner Pläne und der unverrichteten Rückkehr nach Norddeutschland nicht verändert hatte, versuchte er Varnhagen am 4. Januar 1831 in einem auch zum Vorzeigen höherenorts geeigneten Brief noch einmal für seine Angelegenheit zu mobilisieren: *Mein Streben geht dahin mir, à tout prix, eine sichere Stellung zu erwerben;* ohne solche kann ich ja doch nichts leisten. *Gelingt es mir binnen kurzem nicht in Deutschland, so reise ich nach Paris; wo ich leider eine Rolle spielen müßte wobey all mein künstlerisches poetisches Vermögen zu Grunde ginge und wo der Bruch mit den heimischen Machthabern consomirt würde. Ich thue gar keine Schritte, nur von Ihnen erwarte ich unterdessen zu erfahren ob in Berlin oder – Wien (!!!) nichts für mich zu erlangen ist. – Ich will nichts unversucht lassen und mich zum Aeußersten nur im äußersten Falle entschließen.*

Während er in dieser Weise vorsichtig seine Fühler noch einmal nach Preußen und Österreich ausstreckte, leitete er im Dezember 1830 – allerdings mehr theoretisch als praktisch – erste Schritte ein, um sich für eine eben frei gewordene Stelle als Ratssyndikus in Hamburg zu bewerben. So nannte man damals ein hohes städtisches Verwaltungsamt, dessen Vertreter – vier an der Zahl – mit einem »votum consultativum« an den Versammlungen des Senats teilnahmen. Auch hier sehen wir Heine wieder zaudern, ja eigentlich ohne Überzeugung vorgehen. Man dränge ihn von mehreren Seiten, sich zu melden, schrieb er Varnhagen am 4. Januar, doch wolle er sich nicht dem *Ridikül einer übergangenen Wahl* aussetzen (die Syndici wurden von den 28 Senatoren gewählt). Deshalb bat er Varnhagen, in der Presse zu lancieren, *daß man dem Gerüchte, als nenne man mich unter die Candidaten der erledigten Syndicusstelle, eine ungewöhnliche Wichtigkeit beylege, daß man meine Wahl als ein Begreifen der popularen Bedürfnisse betrachte, oder drgl.* Je nach der Hamburger Reaktion auf solche auswärtigen Presseberichte wolle er sich dann bewerben oder nicht bewerben. Während er solchermaßen seine (nicht unbegründete) Befürchtung und Unsicherheit vor dem Verdikt der Hamburger Patrizier in fein ausgedachten Publizitätsoperationen zu kanalisieren suchte, während er Varnhagen gestand, die Sache sei für seine *Privatinteressen* äußerst wichtig und es stehe mehr noch, als er auseinandersetzen könne, sein *persönliches Ansehen* auf dem Spiel, während er somit die Bewerbung zu einer Prüfung hochstilisierte, in der die gesamte Öffentlichkeit über seine persönliche Qualifikation befinden solle, hatte er von der praktischen Bedeutung einer Syndikusstelle keine präzise Vorstellung. In seiner Antwort vom 9. Januar 1831 versuchte Varnhagen, ihn auf den Boden der Tatsachen zurückzuholen: »Wie mir die Verhältnisse in Hamburg vor Augen stehen, so sind die Unmöglichkeiten dort häuserhoch aufgethürmt (...). Und auf welche Anführungen aus der Vergangenheit dächten Sie dort Ihre Hoffnung zu stützen? Glauben Sie, man wird ein Geschäftsmann, ein Bürger in Amt und Zutrauen, gleich mit Einem Sprung, wie man etwa ein Dichter wird? Überhaupt haben Sie es durch Ihr ganzes bisheriges Leben und Dichten wohl am wenigsten darauf angelegt, im Staatsdienst Ihre Bahn zu finden.« Und die mütterliche Freundin Rahel fegte Heines Ansinnen mit den Worten vom Tisch: »Sie schertzten auch halb. Ich sage auch Manchmal dinge; worüber ich lange weg bin.« Aber auch dem im Umgang mit dem Restaurationsstaat so erfahrenen Varnhagen mangelte es an konkreten Ratschlägen. Das einzige, was er Heine nahelegte, war, sich mit dem finanzkräftigen Onkel Salomon gutzustellen; darauf sei Heine »zunächst angewiesen«. Von daher müsse sich ihm »weiterer Fortgang entwickeln«. Was lag bei dem nach jüdischer Tradition ausgeprägten Zusammengehörigkeitssinn der Familie auch näher, als daß der vielfache Millionär den Neffen unterstützte? Varnhagen gab nur die aller Welt selbstverständliche Meinung wieder, als er riet: »Meines Erachtens müssen Sie vor allen Dingen mit Ihrem Oheim in gutem und fruchtbarem Einvernehmen stehen, der ist doch gleichsam Ihr angeborner Anhalt, und was kann ihm bessres begegnen, als einen solchen Neffen, der seinem Namen doch gewiß Ehre macht, mit seinen Kräften zu vertreten?« Und damit verwies er Heine nur wieder auf das ursprüngliche Dilemma zurück, dem zu entrinnen doch sein ganzes Streben war.

Die Befreiung: Reisebilder IV

Synchron zu dieser erfolglosen Stellungssuche verschärfte sich der von Heine in seinen Schriften angeschlagene politische Ton. Wir sagen synchron, da jede über die rein zeitliche Beziehung hinausgehende Interpretation nur schwer nach allen Seiten abzusichern ist. Im Januar 1831 waren die *Nachträge zu den Reisebildern* erschienen. Dieser vierte und letzte Band der Serie war zugleich Fortsetzung des Reiseromans mit reduziertem Personal und Dokumentarbericht und relativ schnell zusammengestellt: Für die *Stadt Lukka* konnte Heine auf Potsdamer Manuskripte vom Spätherbst 1829 zurückgreifen: einen Artikel, ein Bruchstück und zahlreiche Entwürfe, die er für die *Reise von München nach Genua* nicht benutzt hatte; die Artikel über England mußten nur geringfügig überarbeitet werden. Diese Arbeit erledigte Heine zwischen Ende August und Anfang November 1830; zensurbedingte Nachträge erfolgten in der zweiten Novemberhälfte. In der *Stadt Lukka* setzte sich Heine mit den Ideen auseinander, deren Personifikationen er im dritten *Reisebilder*-Band bekämpft hatte, kritisierte nationale Engstirnigkeit und das Bündnis von Thron und Altar und propagierte die Befreiung vom feudalen System, die Notwendigkeit einer durchgreifenden sozialen Emanzipation und eine Literatur des Fortschritts. In den *Englischen Fragmenten* sammelte Heine (bis auf zwei Ausnahmen) die England-Artikel, die er in seiner Münchner Zeit in drei verschiedenen Zeitschriften des Cotta-Verlags veröffentlicht hatte. Zusammengehalten werden beide Texte durch das Thema der *Befreyung*, wie die Überschrift des für diesen Band neugeschriebenen Schlußartikels der *Englischen Fragmente* lautet, der mit seiner emphatischen Revolutionsbegeisterung seinerseits an die *Spätere Nachschrift* der *Stadt Lukka* anknüpft. Dort, wie auch im aus Umfangsgründen hinzugefügten *Schlußwort* (es fehlten *noch einige Oktavseiten*, um die Vorzensur zu umgehen), formulierte Heine sein radikalisiertes schriftstellerisches Selbstverständnis nach der Julirevolution.

Insbesondere die in der *Stadt Lukka* gegen *Thron und Altar* gerichteten Passagen waren es, welche die Justiz zu raschem Einschreiten veranlaßten, denn eine Charakterisierung des Christentums als *trübselige, blutrünstige Delinquentenreligion* oder Kritik an der *Schlangenlist unserer Pfäffelein*, an *Adelgeziefer, Fürstenlaster* und *Despotismus* war nicht tolerierbar. Der Vorsitzende des preußischen Oberzensurkollegiums beschrieb die *Nachträge* als »alles übersteigend was mir von gotteslästerlichem Frevel je vorgekommen« und forderte ein augenblickliches Verbot »dieses Scheusals von Schrift«, was auch umgehend erfolgte. Kaum je zuvor habe es ein Autor gewagt, ein Buch zu publizieren, in dem »das Heiligste herabgewürdigt« werde und »empörende Blasphemien« gepredigt würden und das die »gehässigsten Invectiven gegen Staatsinstitutionen u. Staatsverwaltung« enthalte. Am 5. April 1831 sprach das preußische Ministerium des Innern und der Polizei ein Verbot des Werks aus.

Nicht besser erging es Robert Wesselhoefts im Mai 1831 unter Pseudonym erschienener Streitschrift »Kahldorf über den Adel in Briefen an den Grafen M. von Moltke«, zu der Heine, der auch als Herausgeber fungierte, eine *Einleitung* beisteuerte. Wesselhoeft, einer der führenden Jenaer Burschenschafter von 1819, verbüßte seit 1826 auf der Festung Magdeburg wegen »demagogischer Umtriebe« eine langjährige Haftstraße. Seine Broschüre war eine Entgegnung auf ein durchaus geistvolles Pamphlet des Grafen Magnus von Moltke, das 1830 in Hamburg erschienen war und unter dem Titel »Ueber den Adel und dessen Verhältniß zum Bürgerstande« die feudalen Privilegien verteidigte. Es war Julius Campe gewesen, der Heine überredet hatte, Wesselhoefts Broschüre zu bevorworten, denn er war überzeugt, eine solche Zutat »pfeffere diese Gabe gehörig«. Heine lagen beide Texte vor, und er setzte sich daher verschiedentlich mit Moltkes restaurativen Thesen auseinander. So nannte er die Behauptung, *daß durch adlige Zeugung ein besseres Blut entstehe als durch gemein bürgerliche Zeugung*, eine *mittelalterliche Zote*. Einen besonderen Akzent erhielt die *Einleitung* jedoch durch die Prognosen über Deutschlands politische Zukunft. Heines enthusiastischer Kommentar zur Julirevolution begann mit der programmatischen Formulierung: *Der gallische Hahn hat jetzt zum zweitenmale gekräht, und auch in Deutschland wird es Tag.* Die von ihm später in seiner Abhandlung *Zur Geschichte der Religion und Philosophie in Deutschland* ausführlich entwickelte

These, wonach die Geschichte der deutschen Philosophie und die Geschichte der Französischen Revolution parallel verlaufen seien, wird hier bereits in ihren Grundzügen entworfen: *Man vergleiche nur die Geschichte der französischen Revoluzion mit der Geschichte der deutschen Philosophie, und man sollte glauben: die Franzosen, denen so viel wirkliche Geschäfte oblagen, wobey sie durchaus wach bleiben mußten, hätten uns Deutsche ersucht unterdessen für sie zu schlafen und zu träumen, und unsre deutsche Philosophie sey nichts anders als der Traum der französischen Revoluzion. So hatten wir den Bruch mit dem Bestehenden und der Ueberlieferung im Reiche des Gedankens, eben so wie die Franzosen im Gebiete der Gesellschaft (...), Kant war unser Robespierre* –. Am Ende steht die Überzeugung, daß es ganz *natürlich* sei, *daß wir jetzt zur Politik übergehen*; *»die bürgerliche Gleichheit« könnte jetzt in Deutschland, eben so wie einst in Frankreich, das erste Losungswort der Revoluzion werden.* Mit seiner Idee einer deutsch-französischen Rollenverteilung im Geschichtsprozeß wurde Heine zu einem der beredtesten Wortführer der Opposition. Der Breslauer Polizeipräsident bezeichnete Heines Vorrede als »eine zwar geistreiche, aber sehr boshafte und desto mehr aufregende Arbeit«. Kaum vier Wochen nach Erscheinen war sie bereits in Preußen verboten.

Gewiß wäre es allzu verkürzt, die Verschärfung von Heines politischer Analyse nur als Reaktion auf die Vergeblichkeit seiner Anpassungsversuche zu werten. Wenngleich dies, insofern es ja objektive Tatbestände widerspiegelte, gewiß eine Rolle spielte, so bieten sich auch andere, subtilere Hypothesen an, die zugleich der spezifisch Heineschen Psychologie eher Rechnung tragen. So läßt sich beispielsweise vertreten, daß Heine gerade in dem Augenblick, da er eine persönliche Vermittlung mit der staatlichen Autorität suchte, mit den als rückschrittlich erkannten staatlichen Kräften unnachsichtig umgehen mußte, um sich selbst und der Welt die Unabhängigkeit seiner politischen Feder zu beweisen. Nur eine solche Verkettung der beiden an sich konträren Vorgänge macht die Verblendung plausibel, mit der er bis zuletzt etwa an eine Anstellung in Berlin zu glauben schien: Im gleichen Brief, in dem er Varnhagens Beistand in der Hamburger Bewerbungssache erbat, stellte er ihm anheim, zu betonen, daß er durch eine Anstellung in Hamburg für *Preußen*, seine *Heimath, verloren gehe.* Auf der anderen Seite sah er überdeutlich die damals realiter wohl noch nicht akute Gefahr einer gegen seine Person gerichteten Polizeimaßnahme. Beides, positive Belohnung in Form einer Anstellung und polizeiliche Bestrafung durch den Staat, waren Heine bewußt, als er am 1. April 1831 Varnhagen gegenüber das Fazit zog: *Mit dem besten Willen, sehe ich wohl ein, kann ich die Weißheit der Regierungen nicht für mich benutzen, und es bleibt mir nichts übrig als mich vor ihren Thorheiten zu sichern.* Die Folge: *Eines frühen Morgens brach ich meinen Bann und flog nach Paris wo ich als prussien liberé ein lustiges Leben begann.* Nach einem Zwischenaufenthalt in Frankfurt am Main traf Heine am 19. Mai 1831 in Paris ein. Mit der Übersiedlung nach Frankreich unterstrich Heine, daß er seinen individuellen Kampf um Lebensunterhalt nicht nur als eine persönliche Angelegenheit betrachtete, sondern vielmehr als Teil eines allgemeinen, politischen und sozialen Existenzkampfes. Zunächst war sie freilich durch die Sorge veranlaßt, die politisch brisante *Einleitung* zu *Kahldorf über den Adel* werde der Sicherheit ihres Verfassers gefährlich, zumal das preußische Ministerium des Innern und der Polizei im April 1831 in der Tat gegen Heines Schriften aktiv geworden war. *Ich habe zuletzt in Hamburg ein unerquickliches Leben geführt, ich fühlte mich nicht sicher, und da mir eine Reise nach Paris schon längst im Gemüthe dämmerte, so war ich leicht beredet als mir eine große Hand gar besorglich winkte*, schrieb er in einem seiner ersten Briefe aus Paris. In den *Geständnissen* heißt es stilisierend zum Wechsel von Deutschland nach Paris: *Ich hatte viel gethan und gelitten, und als die Sonne der Juliusrevoluzion in Frankreich aufging, war ich nachgerade sehr müde geworden und bedurfte einiger Erholung. Auch ward mir die heimathliche Luft täglich ungesunder, und ich mußte ernstlich an eine Veränderung des Climas denken.* Doch dieser unmittelbare Anlaß kann nicht über die tatsächliche Bedeutung der Abreise hinwegtäuschen. Heine wollte nicht ein traditionelles Bildungsbedürfnis in Paris befriedigen, wie er dies zuvor noch Varnhagen angedeutet hatte; es konnte auch nicht mehr darum gehen, »recht ordentlich (...) in wohlbereiteten Boden« zu säen, um doch noch ein Arrangement mit dem deutschen Staat in seinen verschiedenen

Ausformungen anzubahnen. Die Parisreise war ein politischer Akt, der, wie Heine es selbst vorausschauend formuliert hatte, einem *Bruch mit den heimischen Machthabern* gleichkam. Gegen diese Einsicht hatte Heine sich gesträubt, hatte bis zuletzt gemeint, taktieren zu können, und es bedurfte schließlich der Reise selbst, um diese Entscheidung im klarsten Licht erscheinen zu lassen. Nach einem Monat Aufenthalt in der französischen Hauptstadt beantwortete er die Frage, wie lange er wohl bleiben werde, mit der Feststellung: *Es kann mir hier nicht schlechter gehn wie in der Heimath, wo ich nichts als Kampf und Noth, wo ich nicht sicher schlafen kann, wo man mir alle Lebensquellen vergiftet. Die Ehe*, so sein Resümee vom August 1854, *welche ich mit unserer lieben Frau Germania, der blonden Bärenhäuterin geführt, war nie eine glückliche gewesen. Ich erinnere mich wohl noch einiger schönen Mondscheinnächte, wo sie mich zärtlich preßte an ihren großen Busen mit den tugendhaften Zitzen – doch diese sentimentalen Nächte lassen sich zählen, und gegen Morgen trat immer eine verdrießlich gähnende Kühle ein und begann das Keifen ohne Ende. Auch lebten wir zuletzt getrennt von Tisch und Bett.*

An diesem Punkt der Biographie wird die Verknüpfung der individuellen Erfahrungen mit der allgemeinen Problematik des Berufsschriftstellertums besonders evident: Bisher hatte Heine nur mit der Möglichkeit gerechnet, die Schriftstellerei quasi nebenberuflich auszuüben, als Ergänzung zu einer hauptamtlichen, wissenschaftlichen oder verwaltungspolitischen Tätigkeit im Staatsdienst, die seine Existenz finanziell abzusichern hätte. Die Erfahrung zeigte ihm, daß diese beiden Tätigkeitsbereiche in der damaligen politischen Situation des Deutschen Bundes unvereinbar waren, wenn er nicht seine von Anfang an geäußerten und sich im Laufe der Jahre immer mehr präzisierenden politischen Überzeugungen, ja auch nur die zu diesen Überzeugungen führenden methodischen Perspektiven verleugnen wollte. Im Grunde gab es seit der mit den *Reisebildern* eingeleiteten Entwicklung, die sich im nachhinein ganz unabhängig von seiner jeweiligen persönlichen Situation als konsequent erwies, kein Zurück mehr. Heine bewegte sich auf einen neuen, den sozioökonomischen Basisprozessen entsprechenden und sie artikulierenden Typus zu:

den des bürgerlichen Berufsschriftstellers. Die Verstärkung der bürgerlich-liberalen Tendenzen in der Öffentlichkeit und die ihr entsprechende Verschärfung der feudalstaatlichen Repression wiesen dem sich politisch verstehenden Berufsschriftsteller tatsächlich eine immer gewichtigere Rolle in der Mobilisierung des Bürgertums zu. Es bildeten sich die Rollenbilder vom Schriftsteller als *Tribun* und *Apostel* der Oppositionsbewegung heraus, auf die der Deutsche Bund dann insbesondere mit seinen restriktiven Beschlüssen vom Dezember 1835 reagierte. Heines Wechsel nach Paris nun entsprach dieser Situation in mehrfacher Hinsicht und besiegelte seinen endgültigen Übertritt in den Stand des Berufsschriftstellers: Nicht nur, daß ihm in Deutschland keine Aussicht auf eine staatliche Subventionierung seiner schriftstellerischen Tätigkeit winkte, diese schriftstellerische Tätigkeit wurde durch Zensur, Verbote und Konfiskationen in wachsendem Maße gehemmt, ja die Person des Schriftstellers selbst in ihrer Freiheit bedroht. In der Kahldorf-*Einleitung* entfuhr ihm daher der Stoßseufzer: *Ach! diese Geisteshenker machen uns selbst zu Verbrechern, und der Schriftsteller, der wie eine Gebährerinn während des Schreibens gar bedenklich aufgeregt ist, begeht in diesem Zustand sehr oft einen Gedankenkindermord, eben aus wahnsinniger Angst vor dem Richtschwerte des Censors.* Paris, das *Jerusalem der Freyheit*, war dagegen nicht nur der geistige Anziehungspunkt der Freiheitsfreunde Kontinentaleuropas und Zentrum der Bewegung, sondern auch Schauplatz und Beobachtungsposten für die europäische Intelligenzia, auf dem individuelle Bewegungsfreiheit und literarisch verwertbare Themen in Hülle und Fülle garantiert waren, und von daher der geeignetste Arbeitsplatz für einen politischen Berufsschriftsteller. Wie Ludwig Börne 1830 erklärte, lebten »ganze Scharen« von Literaten in Paris von dem »reichen Stoffe«, den »ihnen nur ein freies Volk verschaffen kann«. Da Heine nunmehr ausschließlich literarische Arbeitserlöse anvisieren konnte, war die Existenz dieses Rohmaterials für ihn von nicht zu unterschätzender Bedeutung.

VIERTES KAPITEL

Mythos Paris

Schauplatz der Revolution

Die Stadt, die Heine 1831 zum Abschied von Deutschland verführt hatte, war das Paris der Julirevolution. Die Jahre nach 1830 standen im Zeichen einer langsamen, aber nicht linear verlaufenden Stabilisierung der neuen Machtverhältnisse. Heine erlebte vor Ort die Nachwehen einer bürgerlichen Revolution als auch die allmähliche Konsolidierung des Julikönigtums, das zwar politische Veränderungen bewirkte, an den überkommenen Sozialverhältnissen jedoch unbeirrt festhielt. Durch Abschaffung der erblichen Pairswürde, durch Gewährung von Privilegien und freien Entfaltungsmöglichkeiten für die Wirtschaft – womit die Industrialisierung eingeleitet wurde –, durch Niederhaltung der republikanischen Bewegung und scharfe Zwangsmaßnahmen gegen die ersten Arbeiter-Selbsthilfeorganisationen gelang es der Monarchie, einen Großteil der Honoratioren und der neuen Industriebourgeoisie für sich zu gewinnen. Die Vormachtstellung des Adels war nun beseitigt; politische Einflußnahme leitete sich nicht länger vom (meist adeligen) Grund-, sondern vom (meist bürgerlichen) Geldbesitz ab, die Identität von wirtschaftlicher und politischer Macht war hergestellt. Geldumlauf und Wertpapierhandel erreichten eine zuvor nicht gekannte Bedeutung, es kam zur Gründung bedeutender Kreditinstitute. Die Pariser Börse wurde zum Ort, *wo die Interessen wohnen, die in dieser Zeit über Krieg und Frieden entscheiden.* Zwar wurde das Zensuswahlrecht von früher einhundert- auf jetzt zweihunderttausend Wähler erweitert, doch bei einer Gesamtbevölkerung von 32 Millionen blieben Bauern, Kleinbürgertum und Arbeiterschaft weiterhin von der politischen Mitbestimmung ausgeschlossen. Heines Resümee von 1840 lautete: *Es ist eine schon ältliche Geschichte. Nicht für sich, seit undenklicher Zeit, nicht für sich hat das Volk geblutet und gelitten, sondern für andre. Im Juli 1830 erfocht es den Sieg für jene Bourgeoisie, die eben so wenig taugt wie jene Noblesse, an deren Stelle sie trat, mit demselben Egoismus ... Das Volk hat nichts gewonnen durch seinen Sieg als Reue und größere Noth.*

Bereits nach Ablauf weniger Monate machte der Revolutions-Enthusiasmus einer weitgehenden Ernüchterung Platz. Die kritischen Stimmen mehrten sich, als sich innerhalb der Parteigänger der Julimonarchie eine Verschiebung von der liberalen Seite, der sogenannten Partei der Bewegung, hin zu den konservativen Kräften, der »Partei der Ordnung« oder den »Doktrinären«, vollzog. Der erste Ministerpräsident Lafitte wurde im März 1831 von Périer abgelöst, der die Politik des »Juste Milieu«, der »wahren Mitte« einführte und seinerseits nach seinem Choleratod 1832 noch konservativere Männer wie Broglie und Guizot zu Nachfolgern hatte. »Die aus der Julirevolution entstandene Regierung, die ganz volksthümlich sein sollte«, schrieb eine Straßburger Oppositionszeitung im Herbst 1831, »hat seit vierzehn Monaten für die materiellen Interessen des Volkes nichts gethan. Die Auflagen sind die nämlichen geblieben, das Budget ist um die Hälfte vermehrt worden, das öffentliche Zutrauen ist geschwunden und dadurch der Handel, die Nahrungsquelle der öffentlichen Wohlfahrt, in verderbliche Stockung gerathen.« Zugleich nahm auch der persönliche Einfluß Louis-Philippes auf die Regierungsgeschäfte zu. Die Republikaner wurden ganz an die äußerste Linke des politischen Spektrums gedrückt und weitgehend isoliert. Sie organisierten sich nun teilweise in Geheimgesellschaften. Aufstandsversuche im Juni 1832 und April 1834 scheiterten. Die parlamentarische Opposition verlor an Einfluß, das Parlament selbst an politischem Gewicht. Der »Bürgerkönig« hatte sich als König der Bourgeoisie entpuppt. Das allmähliche Erkalten der Sympathien für Louis-Philippe zeigte sich nicht nur in der Verbreitung despektierlicher Birnen-Karikaturen, in denen die königliche Majestät in lächerlichen und anzüglichen Stellungen vorgeführt wurde; es wurde auch in den Feiern zum Namensfest des Königs am 1. Mai sichtbar, die immer öfter zu Antidemonstrationen gerieten. Häufig war Heine Augen- oder Ohrenzeuge der bisweilen handgreiflichen Kritik an der konstitutionellen Monarchie und berichtete als Korrespondent darüber.

Die Regierungskrise der Jahreswende 1839/40 brachte am 1. März 1840 Adolphe Thiers ans Ruder, der eine vom König unabhängigere

Politik zu führen versuchte. Seine national getönte Außenpolitik aber, die in entscheidenden Punkten wie der Orient- und der Rheinfrage scheiterte, seine den konservativen Honoratioren verdächtige, ja gefährlich erscheinende Neigung zu populären, propagandistisch wirksamen Aktionen – Rückführung der sterblichen Überreste Napoleons, Befestigung von Paris –, schließlich der wachsende Gegensatz zum König isolierten ihn jedoch zusehends innerhalb der politischen Führungsschicht. Auch seine nach anfänglichem Zögern zuletzt drakonische Unterdrückung der Streikbewegung der Pariser Arbeiter im September 1840 konnte ihm den bei der Industriebourgeoisie verspielten Kredit nicht wieder einbringen. Er mußte im Oktober zurücktreten. Nun wurde François Guizot für die nächsten sieben Jahre zur neben Louis-Philippe bestimmenden politischen Figur der Julimonarchie.

Man hat die Atmosphäre dieser Jahre oft mit Guizots angeblicher Devise »Enrichissez-vous« karikiert, ohne zu bedenken, daß Guizot selbst eher ein Befürworter des staatlich reglementierten Liberalismus war. Seine Politik war zunächst die einer Sicherung von Ruhe und Ordnung nach innen und außen. Der außenpolitische Ausgleich mit England und den Kontinentalmächten, der wirtschaftliche Aufschwung schufen günstige Voraussetzungen für eine Konsolidierung des Regimes. Indessen umfaßte diese Stabilisierung nur einen Teil der Gesamtgesellschaft. Die Entstehung eines Industrieproletariats im Gefolge der Industrialisierung, der Bevölkerungsanstieg in den Städten auf der einen und der Wohlstand der Großbourgeoisie auf der anderen Seite schürten die sozialen Spannungen. Steigende Lebenshaltungskosten bei insgesamt eher sinkenden Löhnen waren die Grundlage des Pauperismus, für den Guizot keine Lösung bereitstellen konnte und dessen Brisanz Heine in seinen Artikeln für die »Allgemeine Zeitung« immer häufiger signalisierte. Auch unter der Bourgeoisie wuchs die Unzufriedenheit. Weite Kreise der neuen Unternehmerschaft waren durch das starre Zensuswahlrecht praktisch von der politischen Mitbestimmung ausgeschlossen und verlangten nach einer Reform. Hellsichtige Beobachter wie Sainte-Beuve beklagten die Industrialisierung und Kommerzialisierung der Kultur, die zur Auflösung der alten Ordnung führe, Heine diagnostizierte das

Auseinandertreten von liberaler Fassade und politisch-sozialem Inhalt und erklärte die Daumiersche Figur des Robert Macaire zum Repräsentanten des Zeitgeistes. In einer beispiellos scharfen, später ausgeschiedenen Passage der Briefe *Ueber die französische Bühne* bescheinigte er der französischen Geldaristokratie als Erbin zweier Revolutionen Krämergeist und Brutalität, rohen Egoismus und mitleidlose Kälte:

Das alte Regiment adeliger Bevorrechtung (...) war nichts als überfirnißte Fäulniß, eine geschminkte und parfümirte Leiche, die man ruhig ins Grab senken oder gewaltsam in die Gruft hinein treten mußte, im Fall sie ihr trostloses Scheinleben fortsetzen und sich allzu sträubsam gegen die Bestattung wehren wollte. Aber das neue Regiment, das an die Stelle des alten getreten, ist noch viel fataler; und noch weit unleidlicher anwidern muß uns diese ungefirnißte Rohheit, dieses Leben ohne Wohlduft, diese betriebsame Geldritterschaft, diese Nazionalgarde, diese bewaffnete Furcht, die dich mit dem intelligenten Bajonette niederstößt, wenn du etwa behauptest, daß die Leitung der Welt nicht dem kleinen Zahlensinn, nicht dem hochbesteuerten Rechentalente gebührt, sondern dem Genie, der Schönheit, der Liebe und der Kraft. Die Männer des Gedankens, die im achtzehnten Jahrhundert die Revoluzion so unermüdlich vorbereitet, sie würden erröthen, wenn sie sähen, für welche Leute sie gearbeitet haben, wenn sie sähen, wie der Eigennutz seine kläglichen Hütten baut an die Stelle der niedergebrochenen Paläste, und wie aus diesen Hütten eine neue Aristokratie hervorwuchert, die, noch unerfreulicher als die ältere, nicht einmal durch eine Idee, durch den idealen Glauben an fortgezeugte Tugend, sich zu rechtfertigen sucht, sondern nur in Erwerbnissen, die man gewöhnlich einer kleinlichen Beharrlichkeit, wo nicht gar den schmutzigsten Lastern verdankt, im Geldbesitz, ihre letzten Gründe findet.

Alle Kritik an der Politik Louis-Philippes und an den gesellschaftlichen Zuständen vermochte indes Heines prinzipieller Frankreichbegeisterung keinen Abbruch zu tun, zumal die deutschen Verhältnisse, die zumindest in der Tagespresse von ihm so freimütig nicht besprochen werden durften, dabei stets mitgemeint waren. Wenn er insbesondere in seinen journalistischen Arbeiten der vierziger Jahre *das*

Treiben der französischen *Bourgeoisie* rügte (aus strategischen Gründen entweder *im Tone der Betrübniß* oder *im Tone des Unwillens eines Hausfreundes, der den Untergang des Hauses jämmerlich voraussieht*), dann geschah dies hauptsächlich, weil es *mit heimischen offiziellen Zuständen die größte Analogie bot.* Heines Haltung zur Julimonarchie, die er einerseits als geschichtsphilosophischen Fortschritt sah, andererseits als Übergangslösung, die den Keim ihres Verfalls schon in sich trage, blieb bis zum Ende zwiespältig. Das hinderte ihn jedoch nicht daran, im April 1840 von Thiers eine Regierungspension (aus einem Geheimfonds des Außenministeriums) in Höhe von monatlich vierhundert Francs anzunehmen.

Mythos Paris

Was Heine und viele andere Intellektuelle avant la lettre nach Paris zog, hing zunächst mit den politischen Verhältnissen in Deutschland wie in Frankreich zusammen. Die Julirevolution erschien als schlagender Beweis dafür, daß die Geschichte nicht mit dem Wiener Kongreß und den Karlsbader Beschlüssen stehengeblieben war, daß der mit dem Sturm auf die Bastille eingeläutete revolutionäre Geschichtsprozeß weiterging. Wie die meisten deutschen Freisinnigen der Zeit stand er unter dem ideologischen Druck eines geradezu mythischen Frankreichbildes, welches imperativ Einordnung oder zumindest Stellungnahme verlangte. Paris war für diese Kreise Wiege der Revolution und Zentrum der modernen Welt. Hier war gewissermaßen die Vorhut der Menschheit damit beschäftigt, die Zukunft zugleich zu lesen und zu gestalten, hier galt es den Puls der Zeit zu erfühlen, die Zukunftsaussichten der Menschheit zu sondieren und jedenfalls dabei zu sein, wenn die neue Zeit ins Licht der Geschichte treten würde. Mehr als England erschien Frankreich als das neue politische und soziale Laboratorium, in welchem sich die neue Zeit dem forschenden Blick des Beobachters kundtat. Der Parlamentarismus und die damit verbundene Ausbildung der Parteien, der Einfluß der öffentlichen Meinung, die juristische Absicherung des Staatsbürgers, all diese Errungenschaften konnten hier erlebt und an der Praxis überprüft werden. Die Eroberung der Pariser Wahlstatt bedeutete die Teilnahme an einem überpersönlichen geschichtlichen Prozeß, die Aufnahme in den Kreis der Auserwählten, die für die zukünftige Erlösung der Menschheit kämpfen durften, und in diesem Sinn war der Pariser Beobachtungsposten für Heine unverzichtbar. Im ersten Brief, den er nach der Übersiedlung an die Varnhagens schrieb, jubelte er: *La force des choses! Die Macht der Dinge! Ich habe wahrhaftig nicht die Dinge auf die Spitze gestellt, sondern die Dinge haben mich auf die Spitze gestellt, auf die Spitze der Welt, auf Paris – ja, gestern Morgen stand ich sogar* – und jetzt macht der Rheinländer wieder einen hübschen grammatischen Schnitzer – *auf die Spitze dieser Spitze, auf das Pantheon.*

Gerade in ihrer symbolisch-mythischen Überhöhung waren die Attraktion dieses Parisbildes und die daran geknüpften Erwartungen Heines indessen nicht unproblematisch. Schon bald setzte ein Prozeß der Desillusionierung ein, zunächst im Bereich der Politik, dann in der Einschätzung der französischen Kultur (vor allem der Hochliteratur). An der vielfältigen, Verallgemeinerungen unzugänglichen Realität des täglichen Lebens brachen die Stereotypen auf, verlor sich die Generalisierungsperspektive des Touristen. Paris bedeutete für Heine zunächst die Erfahrung einer sich rapide entwickelnden Großstadt mit ihrem Kulturbetrieb, ihrer Beschleunigung des politischen Lebens und Erweiterung, aber auch Destabilisierung der Bewußtseinsinhalte, mit ihren aus Bevölkerungszuwachs und Industrialisierung resultierenden neuen sozialen Spannungen. Die Vielfalt der Eindrücke erlebte er zunächst geradezu rauschhaft als Befreiung aus der deutschen Misere. Parallel dazu schärften die Übertreibungen der Pariser Szene den satirisch-kritischen Blick, und nach einigen Jahren spürt man bei ihm eine gewisse Distanz und Ernüchterung, was sowohl als Selbstbehauptung wie auch als Zeichen wirklicher kultureller Einbürgerung bzw. Normalisierung seines Status zu verstehen ist. Was ihn an Frankreich fesselte, war nicht der äußere Glanz, sondern die heitere Lebensart, der Kontrast zu deutscher Tiefe und deutscher Misere. Es war dieses Gewebe aus sozialen, persönlichen und auch atmosphärischen Gegebenheiten, dessen wesentliche Färbung im Gegensatz zum dunklen Deutschland die einer heiteren Lebenslust war, das für Heine Paris ausmachte, seine Wahlheimat, von der er auch dann nicht mehr lassen konnte, als es die politischen Verhältnisse erlaubt hätten.

Die mythische Überhöhung der Stadt Paris wurde auf einer gegenstandsnäheren Ebene ergänzt durch den Nimbus der Großstadt. Als damals bevölkerungsreichste Stadt des europäischen Kontinents bot Paris eine dem Deutschen unbekannte Konzentration von Urbanität und Zivilisation, eine neue, mentalitätsverändernde Erfahrung von Raum und Zeit. Der Kulturschock der Ankunft in Paris war von deutschen Reisenden besonders seit der Zeit der Französischen Revolution immer wieder beschrieben worden. Dabei stand im Vordergrund das Gefühl einer Zeitbeschleunigung, hervorgerufen durch eine Verbindung von historisch-politischer Revolutionserfahrung und antiprovinzieller Urbanität. Dazu kam der Eindruck einer ungeheuren Fokussierung: In Paris befand man sich im Brennpunkt eines homogenen, zentralistischen Nationalstaats, der sich zugleich als die Wiege politischer, sozialer und kultureller Modernität verstand. *Paris ist eigentlich Frankreich*, erläuterte Heine seinen Landsleuten Anfang des Jahres 1832, und Frankreich sei *nur die umliegende Gegend von Paris. Abgerechnet die schönen Landschaften und den liebenswürdigen Sinn des Volks im Allgemeinen, so ist Frankreich ganz öde, auf jeden Fall ist es geistig öde, Alles, was sich in der Provinz auszeichnet, wandert früh nach der Hauptstadt, dem Foyer alles Lichts und alles Glanzes. Frankreich sieht aus wie ein Garten, wo man alle schönsten Blumen gepflückt hat, um sie zu einem Strauße zu verbinden, und dieser Strauß heißt Paris. (...) Paris ist nicht bloß die Hauptstadt von Frankreich, sondern der ganzen civilisirten Welt, und ist ein Sammelplatz ihrer geistigen Notabilitäten. Versammelt ist hier Alles, was groß ist durch Liebe oder Haß, durch Fühlen oder Denken, durch Wissen oder Können, durch Glück oder Unglück, durch Zukunft oder Vergangenheit. Betrachtet man den Verein von berühmten oder ausgezeichneten Männern, die hier zusammentreffen, so hält man Paris für ein Pantheon der Lebenden.*

Für Heine, der sich einerseits von der Düsseldorfer Kleinstadt kontinuierlich auf die Metropole zubewegt und zum anderen die Julirevolution als Befreiung aus historischer Stagnation und Restauration erlebt hatte, war diese Verbindung von Zeitbeschleunigung und räumlicher Zentrierung besonders bedeutsam.

Physiognomie der Metropole

Mit schätzungsweise 850.000 Einwohnern war Paris zu Beginn des dritten Jahrzehnts des 19. Jahrhunderts die nach London zweitgrößte Stadt der Welt. Der französische Zentralismus und die beginnende Industrialisierung zogen immer mehr Menschen in die Stadt. 1856, im Todesjahr Heines, zählte sie bereits über 1.175.000 Seelen. Dieser enorme Bevölkerungszuwachs schuf zwangsläufig erhebliche Wohnprobleme und verschärfte darüber hinaus die ohnehin vorhandenen krassen sozialen Gegensätze. Demographisch läßt sich die Pariser Bevölkerung in drei soziale Kategorien aufteilen. Der weitaus größte Teil (ca. fünfundsiebzig Prozent) umfaßte die Masse der Arbeiter, unselbständigen Handwerker und Bediensteten. Bei einem Arbeitstag von zwölf bis fünfzehn Stunden fristeten sie ihr Dasein dennoch nur knapp an der Grenze des Existenzminimums, in Krisenzeiten auch darunter. Amtlichen Angaben zufolge zählte man 1843 siebzigtausend »indigents«, Bedürftige. Die zweite Gruppe (ca. fünfzehn bis siebzehn Prozent) bildeten die selbständigen Handwerker und Kleinhändler, die Angestellten und niederen Beamten, die zwar materiell nur wenig besser gestellt und immer bedroht waren, in die Armut zurückzufallen, um so stärker aber auf ihrem bürgerlichen Selbstbewußtsein gegenüber dem sogenannten niederen Volk beharrten. Nur sechs bis acht Prozent der Bevölkerung gehörten dem besser situierten Bürgertum an, das der ärgsten Geldsorgen ledig war. Die wenigen wirklich wohlhabenden Großbürger und Aristokraten an der Spitze der sozialen Pyramide schließlich fielen bevölkerungsstatistisch kaum ins Gewicht, bestimmten dafür aber weitgehend die politischen Entscheidungsprozesse: 1830 waren nur 1,75 Prozent der Pariser innerhalb des herrschenden Zensuswahlrechts wahlberechtigte Bürger.

Armut und Reichtum verteilten sich einerseits auf bestimmte Pariser Stadtviertel, andererseits aber auch innerhalb der Viertel, ja sogar noch innerhalb der einzelnen Häuser, nämlich nach Stockwerken. Der alte Feudaladel bewohnte die Stadtpaläste des Faubourg Saint-Germain auf dem linken Seineufer; scharf davon getrennt waren die Viertel der neuen Geldaristokratie auf der rechten Seineseite im Faubourg Saint Honoré und dem heutigen Opernviertel. Die soziale Konkurrenz zwischen diesen beiden gesellschaftlichen Zentren hat Balzac in zahlreichen Romanen seiner »Comédie Humaine« beschrieben. Neue bürgerliche Wohnviertel entstanden vor allem auf der rechten Seine-Seite in der Nähe der großen Boulevards. Die alten Wohngebiete des Stadtzentrums und der Ile de la Cité, der Insel mit der Kathedrale Notre-Dame, sanken in ihrem sozialen Standard ab, wiesen aber insgesamt noch eine gemischte Bevölkerung auf. Arbeiter und Tagelöhner, sofern sie nicht ganz in die Vorstädte ausweichen mußten, lebten vor allem im Faubourg Saint-Antoine hinter dem Bastille-Platz, im Faubourg Saint-Denis und auf dem linken Seine-Ufer im Faubourg Saint-Marcel. Die Kosten für Miete und Feuerung waren vergleichsweise hoch, so daß das hungernde Großstadtproletariat in der Regel zu mehreren in einem einzigen Zimmer zusammengepfercht leben mußte. Aus seinen Reihen rekrutierten sich die Protagonisten der politischen und sozialen Rebellionen. Alles in allem zeichnete sich innerhalb der Stadtgrenzen eine Trennung zwischen den wohlhabenderen westlichen und den ärmeren östlichen Stadtvierteln ab, eine Grenze, die sich beispielsweise gut an der Topographie der Barrikaden während der Junitage 1848 ablesen läßt, wo der proletarische Pariser Osten gegen den bürgerlichen Westen aufstand.

Die französische Metropole befand sich damals in einem rapiden Umbruch. Im Grunde war sie noch weitgehend geprägt von einer mittelalterlichen Struktur im Zentrum um die Ile de la Cité und bis an die Grenze der großen Boulevards, mit engen, in der Regel nur zwischen vier und fünf Meter breiten Straßen ohne Trottoirs, in deren Mittelrinne sich Regen- und Abwasser ergossen, historisch gewachsenen Häuserzeilen aus unterschiedlichen Jahrhunderten, die verschiedene Fassadentypen aneinanderreihten, die Grundstücke, von einigen großen Besitzen abgesehen, meist klein parzelliert. Im allgemeinen waren die Häuser nicht an die Kanalisation angeschlossen, Abwässer wurden meist über an den Außenwänden verlaufende Rohre direkt in den

Rinnstein geleitet. Nur die modernen Häuser besaßen Fäkalgruben, die periodisch geräumt werden mußten. Auch fließendes Wasser gab es nur in den allerneuesten Stadtpalästen und in einigen ganz modernen Wohnhäusern, und auch da meist nur im Erdgeschoß. Die Hauptmasse der Einwohner war auf Wasserträger angewiesen, die ihre Ware (zu Beginn des Jahrhunderts im Durchschnitt ein Liter pro Tag und Einwohner) aus der Seine oder von den über die Stadt verteilten Brunnen (einhundertsiebenundzwanzig im Jahr 1835) bezogen. Die Statistiken der Cholera-Epidemie von 1832 verraten viel über die hygienischen Verhältnisse in den bevölkerungsreichen Vierteln des Stadtzentrums.

Mit Napoleon hatte eine langsame Modernisierung eingesetzt, die sich dann unter der Restauration und vor allem während der Julimonarchie erheblich beschleunigte und die Physiognomie der Stadt grundlegend veränderte: So stieg beispielsweise die Gesamtlänge der Trottoirs zwischen 1838 und 1848 von sechzehn auf zweihundertsechzig Kilometer, das Netz der unterirdischen Abwasserkanäle, das 1824 nur sechsundzwanzig Kilometer umfaßte, wurde bis 1854 auf einhundertfünfundfünfzig Kilometer ausgebaut. Die Verbürgerlichung des Lebens zeigt sich an der Einrichtung öffentlicher Transportmittel: Ab 1828 wurden die ersten Konzessionen für Pferde-Omnibuslinien vergeben, 1865, als die verschiedenen Transportgesellschaften fusionierten, gab es einunddreißig Linien mit insgesamt 621 Wagen. 1853 war die erste *Impériale* eingeführt worden, wo man zum halben Preis auf dem Dach befördert werden konnte. Ein Platz im Omnibus kostete 1828 fünfundzwanzig Centimes; wer selbst einen Fiaker mieten wollte, mußte für eine Fahrt im Schnitt zwei Francs ausgeben, den Tageslohn eines ungelernten Arbeiters. Die Eröffnung zweier neuer Eisenbahnlinien nach Orléans und Rouen im Mai 1843 schien Heine ein von der Vorsehung bestimmtes Ereignis, in seinen Konsequenzen ebenso weitreichend wie die Entdeckung Amerikas, die Erfindung des Schießpulvers und des Buchdrucks: *Welche Veränderungen müssen jetzt eintreten in unsrer Anschauungsweise und in unsern Vorstellungen! Sogar die Elementarbegriffe von Zeit und Raum sind schwankend geworden. Durch die Eisenbahnen wird der Raum getödtet, und es bleibt uns nur noch die Zeit übrig. Hätten wir nur*

Geld genug, um auch letztere anständig zu tödten! (...) Mir ist als kämen die Berge und Wälder aller Länder auf Paris angerückt. Ich rieche schon den Duft der deutschen Linden; vor meiner Thüre brandet die Nordsee.

Die Beleuchtung der Häuser und Wohnungen stellte in einer Stadt wie Paris, wo abends ein reges Leben herrschte, ein dem heutigen Betrachter nur schwer vorstellbares Problem dar. In den einfachen Haushalten benutzte man vielfach noch Talglichter, seltener Kerzen, doch galt dies als ein Zeichen von Armut. Bei besseren Familien hatte die Öllampe Einzug gehalten, die technisch zur Heine-Zeit mehrfach verbessert wurde und an deren ornamentaler Ausgestaltung sich der Zeitgeschmack des Louis-Philippe-Stils versuchte. Erst während des Zweiten Kaiserreichs tauchten die ersten Petroleumlampen auf. Schon zuvor hatten einige Oberschichthaushalte Gasbeleuchtung installiert, die sich jedoch wegen des enormen Aufwands und der hohen Gaspreise erst nach 1870 in größerem Umfang durchzusetzen vermochte. Lediglich als öffentliches Beleuchtungsmittel gewann das Gas auch schon früher eine gewisse Bedeutung: Heines Lieblingsspaziergang, die Passage des Panoramas, eine überdachte Geschäftsstraße, wurde bereits 1817 mit einer Gasbeleuchtung ausgestattet; 1853 wurden zwölftausendvierhundert gasgespeiste Straßenlaternen gezählt. Obgleich Heine nie einen bürgerlichen Haushalt im traditionellen Sinn führte, sah er sich doch wie jeder andere Einwohner von Paris mit all diesen praktischen Alltagsangelegenheiten konfrontiert.

Was sich zur Heine-Zeit ebenfalls gründlich veränderte, war die bauliche Physiognomie der Stadt. Während zuvor um den kompakten Stadtkern herum sich die Faubourgs mit ihren gewerblichen Aktivitäten mehr oder weniger anarchisch angelagert hatten, setzte mit der Enteignung der Klöster und Kirchengüter während der Revolution und mit der Aufteilung der Adelssitze eine Phase der urbanistischen Planung ein, die nach einigen Stockungen unter der Julimonarchie große Dimensionen annahm. Im Zuge gewaltiger Grundstücksspekulationen wurden urbanistische Projekte realisiert, in deren Verlauf gehobene Wohnviertel im Norden und Westen der Stadt entstanden. Damals bildete sich ein soziales Nord/Süd- und dann vor allem ein West/Ost-Gefälle aus, das die Stadt bis heute bestimmt. Die neuen Bebauungen nördlich der großen Boulevards Richtung Montmartre, das Viertel um die place de l'Europe, um die place Saint-Georges und um die rue Lafayette, die neuen Kirchen Notre-Dame-de-Lorette und Saint-Vincent-de-Paul, die ihrerseits urbanistische Strukturfunktionen übernahmen, dazu die Ebene von Passy im Westen und Beaugrenelle im Südwesten zeichneten eine neue Stadtgeographie. Nunmehr waren nicht mehr der mittelalterliche Kern, die Seine-Inseln, sondern die im 18. Jahrhundert bepflanzten Boulevards auf der rechten Seine-Seite das eigentliche Zentrum. Hier waren die Theater und die meisten Opernhäuser gelegen, die berühmten Cafés und Restaurants wie Tortoni, die Maison Dorée und das Café Anglais. Unter dem Präfekten Rambuteau wurden die ersten größeren Straßendurchbrüche durchgeführt (rue Rambuteau, rue Lafayette, rue du Cardinal Lemoine usw.), die allerdings noch lange nicht das Ausmaß der Haussmannschen Umstrukturierungen erreichten. In den neuen, größer parzellierten Häuserblocks um die Boulevards wurden ab 1830 vermehrt die überdachten Passagen eingerichtet, in denen Walter Benjamin den neuen Warencharakter der Stadt verkörpert sah, bunte, teilweise schon mit Eisenkonstruktionen verglaste Ladenstraßen mit Cafés und Theatern, neuesten Mode-Geschäften – weite Vorboten der heutigen Shopping-Center. Heine hat sich dort, auch wegen des zahlreichen weiblichen Publikums, sehr gerne aufgehalten: In einem Schuhgeschäft der Passage des Panoramas soll er die Bekanntschaft seiner späteren Lebensgefährtin Mathilde gemacht haben.

Wohnungen und Sommerquartiere

In dem Vierteljahrhundert, das er in Paris verlebte, zog Heine ungewöhnlich oft um: Insgesamt sind sechzehn Wohnadressen bekannt, dazu noch drei Postadressen. Der Standort dieser Wohnungen entsprach seiner jeweiligen finanziellen Situation; seine Wohnungswechsel folgten jedoch auch einer gewissen topographischen Logik: Heine bewegte sich von der linken Seineuferseite über das Stadtzentrum zunächst nach Norden, dann beschrieb er eine Kurve nach Nordwesten und langte schließlich bei den Champs-Élysées an. Damit folgte er insgesamt der Progression der bürgerlichen Wohnviertel nach Westen. Die ersten Pariser Jahre brachte Heine gar im Hotelzimmer zu, eine Gewohnheit, die damals freilich nicht so unüblich war, wie dies dem heutigen Betrachter scheinen mag: Sie bot einen gewissen, für einen Junggesellen interessanten Bedienungskomfort (Frühstück, Feuerung, Personal für Botengänge und Haushalt), der anderswo aufwendigere Lösungen erfordert hätte. Jedenfalls zeigt Heines jahrelanges Hoteldasein das Provisorische, Ruhelose seiner ersten Pariser Zeit. Zunächst wohnte er im Hôtel du Luxembourg, rue de Vaugirard 54; seine Briefe ließ er jedoch an Maximilian Donndorf adressieren, einen Korrespondenten der »Allgemeinen Zeitung«. Von Februar 1832 bis März 1833 wohnte er rue de l'Echiquier 38; Ende März 1833 bis Juni 1835 im Hotel d'Espagne in der rue des Petits Augustins 4 (heute rue Bonaparte). Von Dezember 1835 bis Januar 1836 gab er als Postadresse die seines Freundes Eugen von Breza im Hôtel de Bristol, rue Traversière 22, an (heute rue Molière), in der Nähe des Palais Royal. Anfang Januar 1836 bezog er mit seiner Lebensgefährtin (die ihre Wohnung rue Cadet 18 offenbar vorläufig behielt) eine Wohnung cité Bergère 3, nördlich der großen Boulevards am Eingang zum Montmartre-Stadtviertel. Die Aussicht auf eine feste, von der Hamburger Familie ausgesetzte Jahresrente schlug sich 1838 sofort in einer luxuriöseren Wohnung in der rue des Martyrs N° 23 nieder, deren Vorzüge er in einem Brief an den für solche Dinge empfänglichen Ferdinand Friedland vom 18. Juli 1838 mit nicht zu übersehendem Wohlgefallen schilderte: *die Zimmer groß, besonders der Speisesaal, große Spiegel, prächtige goldne Verzierungen, purpurne Bett- und Fensterdekorazionen.* Damit hatte er sich dem Montmartre genähert, von dort war es nicht weit bis zur place Pigalle und zur Moulin de la Galette, einem Gebiet, dem er längere Zeit treu blieb. Das damalige zweite und dritte Arrondissement mit den Bezirken Feydau, Faubourg Montmartre und Faubourg Poissonnière zählte zu den gehobenen bis teuren Wohngegenden.

Von September 1840 bis September 1841 wohnt er rue Bleue 25; die in der Heiratsurkunde verzeichnete Adresse rue des Grands Augustins

25 gab er nur an, um die Zeremonie, Mathildes Wunsch gemäß, in der Kirche St. Sulpice vornehmen lassen zu können. Von September 1841 bis April 1846 wohnte das Ehepaar rue du Faubourg Poissonnière 46 (heute Nr. 72), 4. Stock, danach bis Oktober 1847 Nr. 41 (heute Nr. 65), 3. Stock. Von Oktober 1847 bis Januar 1848 lautete seine Anschrift rue de la Victoire 21. Von Anfang Februar bis Mai 1848 hielt er sich im Sanatorium seines Freundes Faultrier in der rue de Lourcine 84 auf (heute: rue Broca), in der Gegend des Boulevard St. Jacques; als offizielle Adresse bis zum September 1848 ist jedoch rue de Berlin 9 angegeben (heute: rue de Liège), Richtung Batignolles. Die Sommermonate von Mai bis September 1848 verbrachte er in Passy, grande rue 64 (heute: rue de Passy). Im September 1848 kehrte er wieder in die alte Gegend zurück, rue d'Amsterdam 50 (heute Nr. 54), wo er es bis zum Frühsommer 1854 aushielt. Ende August 1854 meldete er der Mutter, daß er in Batignolles nahe bei der Barrière von Paris ein ganzes Haus mit großem Garten und altem Baumbestand gemietet habe, es lag in der grande rue 51 (heute avenue de Clichy). Es erwies sich jedoch als zu feucht, und so erfolgte schon im November eine weitere, die letzte Übersiedlung: Die Einnahmen aus den *Vermischten Schriften* erlaubten es ihm, in die teure und gut gelegene rue Matignon an den Champs-Élysées umzuziehen (heute avenue Matignon, Nr. 3), wo er eine »ziemlich geräumige Wohnung im fünften Stockwerk« des neungeschossiges Hauses bewohnte.

Solange er gesund und reisefähig war, blieb Heine die Sommermonate über nie in Paris. Den August und September 1831 verbrachte er in Boulogne-sur-mer, von Juli bis September 1832 hielt er sich in der Normandie auf (Le Havre, Dieppe, Eu, Rouen), von August bis Oktober 1833 war er erneut in Boulogne-sur-mer, ebenso im Juli und August 1834, im September schloß sich ein Aufenthalt in Versailles und St. Cloud an. Juni und Juli 1835 verbrachte er in La Jonchère (zwischen Rueil und St. Germain) auf dem Schloß der Fürstin Belgiojoso, anschließend fuhr er bis zum Jahresende nach Boulogne-sur-mer. Im Mai und im Juli 1836 hielt er sich zeitweilig mit Mathilde im zehn Wagenstunden von Paris entfernten Le Coudray (bei Le Plessi, chemin de Fontainebleau, Dép. Seine-et-Marne) auf. Ende Oktober/Anfang November 1836 unternahm er Streifzüge durch die Provence mit Aufenthalten in Marseille,

Hyères, Aix, Avignon und Lyon. Mai und Juni 1837 verbrachte er mit Mathilde in Granville, im Juli war er in Rennes. Von August bis September 1837 hielt er sich in Le Havre auf, ein Jahr später in Granville. Die beiden folgenden Jahre machte er gemeinsam mit Mathilde Urlaub in Granville, im September 1840 war er in der Bretagne. Juni und Juli 1841 verbrachte er in Cauterets (Pyrenäen), wobei er auf der Hinreise Lyon, Avignon und Sète passierte. August und September 1842 war er in Boulogne-sur-mer, Juli und August 1843 in Trouville. Auch der zweite Deutschland-Besuch im Jahr 1844 in Begleitung Mathildes wurde zu einem Abstecher an die Nordsee genutzt. Die gesamte Sommersaison des Jahres 1845 wohnte das Ehepaar in Montmorency, und so war es auch 1847 (rue de la Chataigneraie, 2). Von Juni bis September 1846 kurte das Ehepaar Heine in Bagnères-de-Bigorre, Barèges und Tarbes (Pyrenäen).

Heines Sommeraufenthalte am Meer entsprachen großbürgerlich-aristokratischem Lebensstil, auch wenn für ihn dabei gesundheitliche Erwägungen im Vordergrund standen und er sich davon eine Linderung seiner Nervenleiden versprach. Unter den von ihm besuchten Badeorten nahm das teure und mondäne Boulogne, in dem besonders englische Touristen Erholung suchten, einen besonderen Platz ein. Solange er noch nicht mit Mathilde liiert war, verbrachte Heine dort stets die Sommersaison. Als Gast des Hotel de la Marine wurde er am 31. August 1833 Zeuge eines Schiffsunglücks, als die »Amphitrite«, ein Segelschiff mit über einhundert weiblichen Sträflingen, mehreren Kleinkindern und sechzehn Mann Besatzung an Bord, im Gewittersturm vor der Küste leck schlug und sank. Vom Strand aus mußte er mitansehen, wie *diese armen Unglücklichen zwei volle Stunden im Angstzustand ausharrten. Ihre Schreie drangen durch das Brausen des Sturms. Als sie merkten, daß sie vergeblich auf Hilfe warteten, zogen sich viele von ihnen aus und hofften sich durch Schwimmen zu retten. Aber das Meer glich der Gesetzgebung Englands und blieb unbarmherzig, es begnadigte sie nicht und opferte sie kühl.* Nur drei Matrosen erreichten das rettende Ufer, von den Frauen überlebte keine. *Sie waren allesamt junge Geschöpfe, wegen Unsittlichkeit zur Deportation verurteilt, und viele von ihnen von seltener Schönheit. Ich habe eine Frau dem Schaum des Meeres entsteigen sehen, sie war eine echte Aphrodite, aber eine tote Aphrodite*, schrieb Heine am 5. September an den Herausgeber der Zeitung »Le Temps«, Jacques Coste. Boulogne hat aber auch insofern einen Sonderstatus, als Heine dort 1835 fast ein halbes Jahr ausharrte, auf der Flucht vor der ungeklärten Situation mit Mathilde, aber auch, was zum Teil wohl auf dasselbe herauskommt, um ungestört zu arbeiten, die *Romantische Schule* fertigzustellen, die *Florentinischen Nächte* voranzutreiben und in der relativ gut bestückten Stadtbibliothek Materialien für die *Elementargeister* zu sammeln. Erst die Nachricht von den Bundestagsbeschlüssen gegen das Junge Deutschland vermochte ihn damals zur Rückkehr nach Paris zu bewegen, was dann zum Wiederanknüpfen der Beziehung mit Mathilde und der Etablierung des ersten gemeinsamen Haushalts führte.

Das von Heine ab 1836 bevorzugte Wohnviertel lag nördlich der großen Boulevards in dem zum Montmartre-Hügel ansteigenden Stadtteil, eine Gegend, die damals vielfach von Künstlern und Literaten bewohnt wurde, in jenem Dreieck, das heute die rue de Lafayette, der boulevard de Magenta und die grands Boulevards von dem boulevard des Italiens bis zur place de la République einschließen. In diesem neuen Paris, das sich seit dem Beginn des Jahrhunderts ausbreitete, mit seinen relativ einheitlichen Hausfassaden, seinen durchbrochenen Holzfensterläden (»persiennes«), ließ er sich ab 1836 nieder, nachdem er zuvor auf dem linken Seine-Ufer oder im Zentrum gewohnt hatte. Hier lebte er nun in der Nachbarschaft anderer Schriftsteller und Künstler: Théophile Gautier, George Sand, Chopin, Liszt, Musset, Berlioz, Delacroix, Géricault und vieler anderer. Nicht weit war es zu den Stadtpalais der Bankiers Fould und zu Rothschild in der rue Laffitte, zum Viertel der Loretten und zur chaussée d'Antin, die Balzac als Hort des neureichen Bürgertums beschrieb. Allerdings zog er innerhalb des Viertels relativ häufig um (zehnmal zwischen 1836 und 1848), in keiner seiner Wohnungen blieb er länger als vier Jahre. Zuweilen hielt er es nicht länger als ein paar Monate aus, weil ihn irgendeine laute Nachbarschaft störte. Von seinen verschiedenen Domizilen im Faubourg Montmartre aus konnte er zu Fuß bis ins Palais Royal hinuntergehen zu seiner journalistischen Informationsbörse. Hier war er in unmittelbarer Nähe des alten Zentrums und doch der mittelalterlichen Enge und Düsterkeit entrückt. Theater- und Konzertbesuche ließen sich relativ mühelos bewerkstelligen, da fast alles in günstiger Entfernung lag, Restaurationsmöglichkeiten gab es in Hülle und Fülle. Wie sehr er das Viertel als Ganzes liebte, geht aus seinem testamentarischen Wunsch hervor, auf dem Friedhof Montmartre begraben zu werden, *denn unter der Bevölkerung des Faubourg Montmartre habe ich mein liebstes Leben gelebt.*

Spurenlesen: Der Flaneur und die Stadt

Ein wesentlicher Teil des für den Schriftsteller Heine bedeutsamen geselligen Lebens spielte sich nicht in den eigenen vier Wänden, sondern außerhalb des häuslichen Rahmens ab. Da ist zunächst die Straße zu nennen: Nicht die winkligen schmutzigen Gassen der Altstadt, sondern die von Menschen wimmelnden großen Boulevards, die neuen Prachtstraßen wie die rue de Rivoli, wo man freizügig flanieren, die Großstadtwelt beobachten und ihren zahlreichen Erscheinungen nachspüren konnte. Überschwenglich formulierte Heine 1842, als er von einer Reise nach Boulogne-sur-mer zurückkam: *Ich gestehe, das Herz jauchzte mir in der Brust, als der Postwagen über das geliebte Pflaster der Boulevards dahinrollte, als ich den ersten Putzladen mit lächelnden Grisettengesichtern vorüberfuhr, als ich das Glockengeläute der Cocoverkäufer* [eines Erfrischungsgetränks aus Lakritzwasser] *vernahm, als die holdselige civilisirte Luft von Paris mich wieder anwehte.* Das Gegenstück formulierte er nur zwei Jahre später, als er in einem Brief an Campe vom *brennenden Asphaltpflaster von Paris* sprach, vom *dumpfen Wagengerassel* und seiner Sehnsucht *nach grünnen Bäumen und reiner Luft*; ein verständlicher Wunsch angesichts der hygienischen Verhältnisse in manchen Stadtvierteln.

Weitere Schauplätze urbaner Erfahrungen waren die großen Cafés und Restaurants beim Palais Royal und an den Boulevards, wo sich die Bekannten und Freunde versammelten und Informationen austauschten. Heine nahm Teil an einem von Politik durchdrungenen sozialen Leben, in dem die Klassengegensätze stärker ausgebildet waren und die ideologischen Meinungsverschiedenheiten offener ausgetragen wurden, als er es aus Deutschland kannte. Die Vertreibung Karls X., die Inthronisierung Louis-Philippes, die Revolution in Belgien und die gescheiterte polnische Erhebung, all das machte die Menschen für politische Agitation empfänglich und polarisierte stark. Vereine und Hilfsorganisationen entstanden, es wurde debattiert und demonstriert. Anfangs hatte Heine sogar den Eindruck, er *ertrinke (...) im Strudel der Begebenheiten, der Tageswellen, der brausenden Revoluzion*. Für ihn als deutschen Autor kamen die speziellen Neuigkeitsbörsen der deutschen Buchhandlungen und Lesekabinette dazu, die eine wichtige Stellung im damals so problematischen Kommunikationssystem einnahmen. Dessen ungeachtet führte er jedoch kein eigentliches Emigrantenleben, von den organisierten Kreisen hielt er sich fern. Abends übten die gesellschaftlichen Unterhaltungsstätten eine große Anziehungskraft aus: öffentliche Bälle, Theater, Opern, Konzerte und sonstige kulturelle Veranstaltungen. Daneben waren die Unterhaltungen in den Salons von Bedeutung, den literarischen wie den politischen, die Besuche bei Freunden, die Einladungen zum Abendessen, gelegentliche Ausflüge in die nähere Umgebung von Paris, nach Versailles, nach Rocquencourt zu den Verwandten und so fort.

Alle diese Elemente *einer nicht sowohl launischen als vielmehr menschlich freyen Lebensweise* waren für den Schriftsteller Heine in gewisser Weise Produktionsvoraussetzung, indem sie ihm sowohl den Stoff zum Schreiben wie auch insbesondere den psychologisch und gesellschaftlich unabdingbaren Kontext des Schreibprozesses bereitstellten. *Das Leben in Paris ist so kostspielig, besonders wenn man hier verheurathet ist und keine Kinder hat*, formulierte er 1854 sarkastisch, auf diese teuren außerhäuslichen Vergnügungen anspielend, von denen er sich, bedingt durch die zunehmende Verschlechterung seines Gesundheitszustandes und gesellschaftliche Fauxpas seiner Frau, im Laufe der Jahre mehr und mehr zurückzog. Seiner Schwägerin Emma schrieb er am 1. Februar 1846: *Hier in Paris lebt man nur äußerlich froh und lachend, die Herzen sind sehr verdrießlich und müde von den Tagesgeschäften. Es giebt genug Bälle, Gesellschaften, Conzerte, aber diese Vergnügungen sind ebenfalls ein Ge-*

schäft, dem man sich nicht entziehen kann, weil doch am Ende die Frauen ihren Putz zeigen müssen und die Männer sich gern einander weiß machen wollen sie hätten nichts zu thun und seyen vornehme Müßiggänger. Sie haben keinen Begriff davon wie viel man hier in Paris arbeitet und im Grunde ernsthaft ist. Ich selbst nehme wenig theil an den öffentlichen Scheinfreuden. Das freilich war das Fazit nach fünfzehnjährigem Aufenthalt. Jahrelang aber hatte Heine den größten Teil seiner Freizeit gerade auf dieses immaterielle Paris verwendet, mit seiner unglaublichen Dichte von durcheinander zirkulierenden Informationen, von kulturellen Ereignissen, sozialen Konkurrenzsituationen und Spannungen, seinen politischen Konstruktionen und Repräsentationen sowie seiner uralten und zugleich ganz modernen Geschichte. Es war eine Welt für sich, derer man von außen kaum habhaft werden konnte, die es statt dessen zu entziffern galt im Verhalten der Menschen und in den konkreten Spuren, die sie in der Stadt hinterlassen hatten.

Zu dieser Aufgabe hatte Heine schon zwanzig Jahre vor Baudelaire die Figur des Flaneurs ausersehen, des herumschlendernden Beobachters, der in der Physiognomie von Stadt und Leuten zu lesen weiß, dem beim Anblick der vorbeiziehenden Szenen und Bilder *manchmal Gedanken* aufsteigen, mit deren Hilfe er die Zusammenhänge hinter den glitzernden Fassaden zu interpretieren vermag. Heines Flaneur geht einerseits auf die Verlockungen der Straße ein, er läßt sich ablenken und verführen von dem bunten Angebot, schaut nach den Fensterauslagen, den Beschäftigungen des Volks von Paris. Er besieht sich den Karneval, beobachtet die öffentlichen Tanzveranstaltungen im Bal Mabille, im Bal de la Reine-Blanche, bei Musard. Die sonntäglichen Kirchgänger erregen seine Neugier ebenso wie das Publikum, das sich vor den Theatereingängen drängt. Und doch behält er all diesen Oberflächenerscheinungen gegenüber immer eine gewisse Distanz, die es ihm ermöglicht, die *Signatur* des Zeitgeistes zu lesen und zu deuten. Er schaut nicht bloß zu, er schaut auch den Zuschauern zu. In einem Pariser Korrespondenzartikel vom 11. Dezember 1841 heißt es: *Jetzt, wo das Neujahr herannaht, der Tag der Geschenke, überbieten sich hier die Kaufmannsläden in den mannichfaltigsten Ausstellungen. Der Anblick derselben kann dem müßigen*

Flaneur den angenehmsten Zeitvertreib gewähren; ist sein Hirn nicht ganz leer, so steigen ihm auch manchmal Gedanken auf, wenn er hinter den blanken Spiegelfenstern die bunte Fülle der ausgestellten Luxus- und Kunstsachen betrachtet und vielleicht auch einen Blick wirft auf das Publikum, das dort neben ihm steht. Die Gesichter dieses Publikums sind so häßlich ernsthaft und leidend, so ungeduldig und drohend, daß sie einen unheimlichen Contrast bilden mit den Gegenständen, die sie begaffen, und uns die Angst anwandelt, diese Menschen möchten einmal mit ihren geballten Fäusten plötzlich dreinschlagen, und all das bunte, klirrende Spielzeug der vornehmen Welt mitsammt dieser vornehmen Welt selbst gar jämmerlich zertrümmern!

Heines Flaneur ist ein wissender Spurenleser, der aus seinem Material die geschichtsphilosophische Quintessenz zu ziehen bemüht ist. Die Prognose, die er der Pariser Gesellschaft der Julimonarchie stellt, ist eher düster: Die Schere zwischen Arm und Reich klafft immer weiter auseinander, und da die Herrschenden offenbar nicht mehr an die politischen und moralischen Werte glauben, in deren Namen das Regime während der Julirevolution ausgerufen und anschließend konstituiert wurde, hat sich die fortschrittsgläubige Zuversicht des politischen Liberalismus in einen zynischen Geschäfts- und Spekulationsgeist verkehrt, der die aufklärerischen Ideale des 18. Jahrunderts über Bord geworfen hat und nur auf schnelle Gewinne aus ist. Das neue *Bourgeoisieregiment* steht, Heine zufolge, in Torheiten und Unrecht dem Ancien régime in nichts nach, und so setzt es sich der Gefahr aus, von einem neuen Revolutionssturm hinweggefegt zu werden. Daß diese Revolution dann 1848 anders ausfiel, als Heine erwartet hatte, daß sie in vielem nur eine Karikatur des großen Modells abgab, steht auf einem anderen Blatt.

Aber es wäre falsch, Heines Paris-Erfahrung einzig auf diese politisch-soziale Ebene reduzieren zu wollen. Dem Künstler, dem Autor, dem Flaneur und Spurenleser ging es um mehr: Die Seine-Metropole war *Spitze* der Welt nicht nur in politischem Sinn, sondern auch in zivilisatorischer und kultureller Hinsicht. Was er an dieser Stadt liebte, war zum einen das volkstümliche Paris, der farbige Alltag mit all seinen Straßengeräuschen, die Welt seiner Mathilde mit ihrem Lachen und unintellektuellen Geplauder, in welchem die Gefahr der Großstadt gebannt schien. Und was ihn so faszinierte, was ihn an Paris fesselte, war zum anderen die Spannung zwischen dieser scheinbar harmlosen, nach außen gekehrten Alltagswelt und der weltbewegenden geschichtlichen Dimension der Stadt. Diese Spannung machte die Stadt wie keinen anderen Ort zur Verkörperung des *Lebens*, das, wie er einmal formulierte, *weder Zweck noch Mittel* in den Händen geschichtsphilosophischer Weltverbesserer oder Weltverächter sei, sondern ein *Recht*, ja ein *Menschenrecht*, das es zuallererst zu verfechten gelte. *Der Zweck des Lebens* sei *das Leben selbst*, lesen wir in einem Brief des Jahres 1838. Damit wird auf ganz moderne Weise die Gegenwart aufgewertet, in eine Position gesetzt, an der aufklärerische Heilsversprechen wie auch die Berufung auf gewachsene Traditionen und geschichtliche Grundlagen zu messen sind. Genau dieser Rückbezug auf die Gegenwart, auf die Rechte des gelebten Lebens, verleiht Heines Parisbildern bleibende Aktualität.

Lebensstil und Ausgabenpraxis

Die vielfach bekundete Nähe zum einfachen Mann auf der Straße, zum Pariser *Volk*, zeigt auch die unbürgerliche Anspruchslosigkeit von Heines Lebensstil. Denn obwohl er in einem eher gehobenen Viertel lebte, waren die Wohnungen, die er dort bezog, relativ klein und bescheiden. Drei bis vier Zimmer, meist im billigeren Hinterhaus und eher in den oberen Stockwerken. Keine Spur von bürgerlicher Repräsentation, und bis zum Ausbruch der Krankheit kein festes Dienstpersonal, wenn man von Mathildes »Gesellschafterin« absieht, die eher der Kategorie der Freundin zugehörte. Kaum eigene Möbel, eher etwas von einem permanenten Hoteldasein. Es war eine Lebensführung, die der lockeren Urbanität des echten Großstädters entsprach, der sich auf diesem Pflaster wirklich zu Hause fühlte, weil er sich in dem räumlichen und sozialen Labyrinth problemlos zurechtfand.

Bürgerlicher Lebensaufwand erforderte in Paris allerdings größere Mittel als in den meisten anderen Städten Europas (England ausgenommen), ein Sachverhalt, der zu dem damals weitverbreiteten

Urteil führte, das Leben in Paris sei teurer als anderswo. Ein ungelernter Arbeiter verdiente in Paris zwischen vier- und sechshundert Francs im Jahr, ein gelernter Handwerker ca. siebenhundertfünfzig Francs; der Tageslohn (bis zu 15-Stunden-Tag) schwankte zwischen eineinhalb und fünf Francs, der Durchschnittslohn der Pariser Handwerker lag 1848 bei dreieinhalb bis vier Francs/Tag, der Landesdurchschnitt dagegen lag bei zwei Francs; Arbeiterinnen erhielten die Hälfte. Ein Kilogramm des damaligen Grundnahrungsmittels Brot kostete je nach Jahr zwanzig bis vierzig Centimes. Eine drei- bis vierköpfige Arbeiterfamilie benötigte davon zwischen einem und drei Kilogramm am Tag und mußte dafür in Krisenjahren fast die Hälfte ihres Einkommens aufwenden. In den Gegenden mit überwiegendem Kartoffelanbau stand man sich kaum besser. Diese Zahlen, die in etwa auch deutschen Verhältnissen entsprechen, betreffen die Lebensbedingungen von siebzig bis achtzig Prozent der Bevölkerung. Betrachten wir noch einige für den bürgerlichen Lebensstil charakteristische Preise: Der Barbier, der morgens ins Haus kam, kostete zehn Centimes. Die Köchin von Heines Arzt Julius Sichel erhielt fünfundzwanzig Francs im Monat, besonders wohlmeinende Hausherren wie der bekannte Autor Eugène Scribe ließen sich ihre Köchin gar vierunddreißig Francs pro Monat kosten. Für eine gutgelegene, möblierte Vierzimmerwohnung mußten einhundertzwanzig bis einhundertachtzig Francs Monatsmiete erlegt werden, ungefähr das zweifache Monatseinkommen eines gutverdienenden Arbeiters. Ein viergeschossiges Mietshaus in Paris wurde je nach Lage und Ausstattung auf einhundert- bis fünfhunderttausend Francs veranschlagt. Der »Omnibus«, der Vorgänger der Pferdestraßenbahn, kostete dreißig Centimes. Als Rudolf Seeliger 1839 eine Kutsche für einen eintägigen Ausflug mit Heine nach Versailles mietete, bezahlte er dreißig Francs. Ein Theater-, Konzert- oder Opernplatz kostete zwischen fünf und zwanzig Francs, der Eintritt in die jährliche Kunstausstellung im Louvre, die Heine 1831 beschrieb, zehn Francs. Das Porto für einen einfachen Brief von Paris nach Hamburg betrug eineinhalb Francs, mehr als der Tageslohn, den Börne 1831 einer seine Hemden ausbessernden Näherin auszahlte. Ein neuer Überrock kostete Börne sechsundneunzig Francs, ein Hut fünfundzwanzig Francs, während

Heine ein seidenes Kleid für seine Frau ungefähr einhundert und eine Damenhaube dreizehn Francs zu stehen kam. Für eine Postreise von Hamburg nach Paris mußte man 1843 bei äußerster Beschränkung der Nebenkosten ca. siebenhundertfünfzig Francs rechnen, den Jahresverdienst eines tüchtigen und von den Unbilden des Wetters verschonten Pariser Maurers. Bei äußerster Sparsamkeit und unter Verzicht auf jede kulturelle Vergnügung konnte ein Student mit einhundert Francs im Monat auskommen, welche Summe die unterste Grenze der einem alleinstehenden Intellektuellen zumutbaren Entbehrungen darstellte. Einem halbwegs mittelständischen Studenten stand etwa die doppelte Summe zur Verfügung.

Da die Lebenshaltungskosten eine Funktion der Verbrauchsstruktur sind, die Verbrauchsgewohnheiten sich zwischen 1830 und heute aber grundlegend gewandelt haben, ist es ein gewagtes Unterfangen, die Kaufkraft damaliger Währung in heutigem Geld auszudrücken. Das Kaufkraftverhältnis zwischen einem Franken von 1830 und 1997 schwankt von 1 : 300 bis zu 1 : 2, je nachdem ob man den Stundenlohn eines Fabrikarbeiters oder das Porto eines einfachen Briefs von Paris nach Hamburg zugrunde legt. Im allgemeinen gilt, daß Waren, deren Herstellung rationalisiert, und Dienstleistungen, deren Ablauf durch Einsatz technischer Mittel optimiert werden konnten, billiger geworden sind, dagegen Dienstleistungen, die auch heute noch denselben Arbeitsaufwand wie damals erfordern, sich verteuert haben. Da die Kaufkraft von den zu kaufenden Gütern und den Verbrauchsgewohnheiten abhängt, diese Gewohnheiten aber von einer sozialen Schicht zur anderen stark variierten – für welchen Arbeiter wäre es denkbar gewesen, den Sommer an der See zu verbringen, ja nur einige arbeitsfreie Tage zu genießen? –, sind die folgenden mittleren Kaufkraftwerte eigentlich je nach Zusammensetzung der verschiedenen Familienbudgets zu differenzieren. Wirtschaftswissenschaftliche, auf das durchschnittliche Einkommen eines Parisers von 1830 und von heute bezogene Untersuchungen ergeben ein Umrechnungsverhältnis von 1 : 20 bis 1 : 55. Nimmt man als Mittelwert eine Relation von 1 : 40 an, so kommt man auf ein Kaufkraftverhältnis Franc (1830) und Mark (1997) von ca. 1 : 13. Danach entspräche also ein Franken von 1830 ungefähr dreizehn Mark von 1997. Dieser Mittelwert baut auf damaligem wie heutigem Durchschnittsverbrauch auf und ist wegen der gewaltigen Umwälzung, welche die Konsumgewohnheiten seit 1830 erfahren haben, mit aller nötigen Vorsicht zu genießen. Wir geben ihn im Grunde nur, weil es besser ist, eine solche Angabe zu besitzen als gar keine. Keinesfalls wäre es statthaft, mit Hilfe dieser Relation Preise von 1830 mechanisch in heutige Währung umzurechnen. Vor allem gilt es im Auge zu behalten, daß bürgerliche Konsumgewohnheiten, zu denen z. B. schon das einfache Bedürfnis gehörte, im Winter zu heizen, eine Verschiebung dieser Relation bewirken: Ein bürgerlicher Franc war – paradox formuliert – erheblich weniger wert als ein Franken, der einem Angehörigen der Unterschicht zur Verfügung stand (bzw. nicht zur Verfügung stand). Wichtiger als eine grundsätzlich fragwürdige Übersetzung damaliger Währung in heutige Kaufkraft ist deshalb immer, das Verhältnis der einzelnen Berufsgruppen, Waren und Dienstleistungen untereinander damals und heute zu vergleichen.

Um die materielle Situation des Schriftstellers Heine in Paris ab 1831 exakt zu beschreiben, bieten sich zwei Methoden an. Die eine besteht darin, wie in einem Haushaltsbuch zunächst alle Einnahmen, die literarischen wie die außerliterarischen, zusammenzurechnen, ihre Fluktuation zu bestimmen, dieses Budget dann auf die Ausgabenseite zu projizieren und abzulesen, welchen Lebensstil es Heine ermöglichte bzw. wie sich seine reale Ausgabenpraxis zu diesen Einnahmen verhielt. Die andere Methode dagegen ginge zunächst von einer Analyse der Ausgabenseite des Budgets aus und versuchte, den ihr entsprechenden Lebensstil auf der sozialen Stufenleiter zu situieren. Erst danach würde sie sich mit den Einnahmen befassen und untersuchen, in welcher Weise diese mit den Ausgaben in Deckung gebracht wurden oder nach welcher Seite eine Lücke klaffte. In der Tat lebten in den Gründerjahren des französischen Literaturbetriebs, als die Marktexpansion den Schriftstellern eine glanzvolle Zukunft verhieß, prominente Autoren wie Balzac, Lamartine oder Dumas nicht etwa von ihren realen Einkünften, sondern von ihren künftigen Honoraren: Sie lebten auf Kredit. Sie hatten einen (der Aristokratie abgeschauten) Lebensstil gewählt, den es sozusagen im nachhinein zu finanzieren galt, und zwar durch literarische Produktion. Lamartine beispielsweise konnte selbst mit angestrengtester und bis ins hohe Alter hinein unermüdlicher Schreibarbeit den riesigen Schuldenberg nicht mehr abtragen, der sich in den Jahren fürstlicher Hofhaltung angesammelt hatte. Selten zeigt sich der Zusammenhang von materiellem Sachzwang und literarischer Produktion so evident.

Wenngleich sich Heine von dem Gründerzeit-Optimismus nie so weit anstecken ließ, daß er sich unüberlegt in Schulden stürzte, vielmehr im Gegenteil, wie wir sehen werden, immer eine umsichtige Finanzpolitik betrieb, scheint uns doch auch bei ihm die zweite Methode aufschlußreichere Ergebnisse zu zeitigen. In der Tat strebte auch Heine in Paris einen bestimmten, seinen individuellen Bedürfnissen entsprechenden Lebensstil an, der ein gewisses Minimalbudget erforderte. Darunter tat Heine es einfach nicht. War dieses Limit einmal gefährdet, unternahm er verzweifelte - auch außerliterarische - Anstrengungen zur Sicherung eben dieses Lebensstils. Wenn es irgend ging, suchte auch er die traditionelle Mentalität, nach der die Ausgaben immer Funktion der Einnahmen sind, umzudrehen und den Ausgaben bis zu einer gewissen Grenze Vorrang zu geben. Obgleich sein Verhalten damit dem sozialen Habitus der künstlerischen und intellektuellen Elite entsprach, ging es für Heine - darin war er völlig unbürgerlich - nicht um einen bestimmten Platz auf der sozialen Stufenleiter, sondern um ein subjektives Freiheitsgefühl, um die Befreiung von der *bleichen Sorge*, die in der Tat den Menschen des 19. Jahrhunderts ständig begleitete, wenn er nicht als Aristokraten- oder Großbürgerkind geboren war. Indem er sein Leben so zu organisieren versuchte, daß er die elementarsten materiellen Zwänge nicht mehr tagtäglich zu spüren bekam, allerdings auch keine besonderen Anstrengungen über dieses Minimum hinaus tat, vielmehr tatsächlich in einer gewissen *Sorglosigkeit* lebte, vermochte er doch nicht die ökonomische Gesetzmäßigkeit außer Kraft zu setzen, die für eine Ausgabe eine entsprechende Einnahme verlangt: Die *menschlich freye Lebensweise* erforderte, wie wir sehen werden, erhebliche Konzessionen bei der Erschließung der Geldquellen.

Wie die Aufstellung seiner zwischen 1837 und 1839 bei dem Bankier Julius Cohen durchgeführten Geldoperationen zeigt, erhob Heine im allgemeinen das Geld für seine laufenden Ausgaben wöchentlich, was darauf hindeutet, daß er in dieser Hinsicht eine gewisse Regelmäßigkeit anstrebte. Nicht regelmäßig war dagegen die Höhe dieser Entnahmen. Sie schwankte im allgemeinen zwischen einhundert und dreihundert Francs, mit Ausgabenspitzen bis zu fünfhundert Francs die Woche. Die Unregelmäßigkeit dieser Beträge zeigt eine eher unbürgerliche Grundhaltung, wie man sie etwa in der damaligen Boheme antraf. Heine hatte kein festes Monats- oder Quartalsbudget, dessen Einzelposten genau festgelegt gewesen wären. Dennoch gab er im großen und ganzen soviel aus, wie er einnahm. Stiegen seine Einkünfte, so zogen die Ausgaben nach. Regelmäßige Ausgabenhöhepunkte bildeten die Sommermonate, die Heine mit seiner Frau am Meer zubrachte, sowie das Jahresende mit seinen gesellschaftlichen Verpflichtungen wie etwa Neujahrsgeschenken. Beide diesen Ausgabegipfeln zugrundeliegenden Verhaltensweisen entsprechen eher großbürgerlicher, im Falle des Seebads sogar eigentlich aristokratischer Lebensart. Insgesamt gab Heine in dieser Periode zwischen ca. zehntausendfünfhundert und über dreizehntausend Francs pro Jahr aus, eine Summe, die übrigens ungefähr mit den Angaben übereinstimmt, die er verschiedentlich Bekannten oder Verwandten gegenüber machte: Rudolf Seliger versicherte er im Mai 1839, er brauche »jährlich mehr als 12.000 Francs«. Und dem Bruder Maximilian bedeutete er 1843 etwas großsprecherisch, die viertausendachthundert Francs Rente, die er von Salomon beziehe, stellten *ungefähr das Drittel* dessen dar, was er in einem Jahr benötige.

Budgetposten

Versuchen wir nun, die Einzelposten dieses Budgets näher zu bestimmen. Was Heines Wohnung betraf, so war diese nie besonders stattlich im bürgerlichen Sinne. Bis 1838 lebte er sogar in äußerst einfachen Wohnverhältnissen, was Besucher mitunter zu hämisch-indiskreten Bemerkungen veranlaßte. Auch variierten die Ausgaben für Miete und Nebenkosten mit dem Gesamtaufwand. Angesichts von »drei ganz kleinen Zimmern im dritten Stockwerk« des Hauses rue Faubourg Poissonnière 41, die »mit bescheidenem Comfort geziert«

waren, urteilte Alfred Meissner, daß »die Wohnung eines der größten Dichter, die Deutschland je gehabt«, mit Sicherheit »hinter der eines französischen Autors zweiten oder dritten Ranges weit zurück« stehe. Präzise Informationen besitzen wir über die Wohnung, die Heine von September 1848 bis August 1854 im Haus Nr. 50 der rue d'Amsterdam innehatte. Sie lag im zweiten Stock eines sechsgeschossigen Hinterhauses und bestand aus einem Vorzimmer (antichambre), Flur, einem von zwei Kammern eingerahmten Schlafzimmer, Wohnzimmer, Eßzimmer, Küche und einem »lieu d'aisance« (Abort). Wie jede bürgerliche Wohnung aus dieser Zeit besaß sie zwei Eingänge (einen für die Dienstboten) und außerdem im sechsten Stock ein bis zwei Mansarden, um das Personal zu logieren. Insgesamt hatte sie – eine für die soziale Einstufung bedeutsame Zahl – neun Fenster. Heine bezahlte eine Jahresmiete von siebenhundert Francs, eine Summe, deren vergleichsweise bescheidene Höhe auf die etwas abseitige Lage zurückgeht sowie auf die Tatsache, daß es sich um ein Hinterhaus handelte. Immerhin besaßen im Jahr 1828 in Paris nur etwas mehr als sechzehn Prozent aller Wohnungen einen Mietwert von über sechshundert Francs. Will man außerdem von dieser Wohnung auf Heines allgemeine Wohnansprüche schließen, so ist zu beachten, daß Heine sie zu einem Zeitpunkt auswählte, da sich seine finanzielle Situation erheblich verschlechtert hatte: Die schwere Erkrankung und die damit verbundenen Kosten wie die drohende Arbeitsunfähigkeit ließen äußerste Vorsicht geboten scheinen. Deshalb liegt die Wohnung an der unteren Grenze dessen, was sich Heine während seiner Pariser Zeit zumutete. Erheblich mehr, nämlich dreihundert Francs im Monat, zahlte Heine für das Haus, das er im Spätsommer 1854 in Batignolles mietete, mit dem er aber doch nicht zufrieden war und das er Ende Oktober wieder verließ.

Heines übrige Wohnungen in Paris entsprachen im allgemeinen dem Typus dessen, was man heute als Vierzimmerwohnung bezeichnet, gut gelegen, aber nicht nach der Straße, sondern auf den Hof schauend und deshalb etwas billiger, aber auch ruhiger als die vorderen Appartements. Die Miete betrug, wie wir aus den erhaltenen Unterlagen über die entsprechenden Häuser schließen können, jeweils ca. achthundert bis eintausend Francs im Jahr. Damit blieb Heine, setzt man ein Gesamtbudget von 12.000 Francs voraus, innerhalb der Zehnprozentgrenze des Aufwands für Wohnung, die ein zeitgenössisches bürgerliches Anstandsbuch für einen wohlgeordneten Haushalt vorschrieb. Dazu kamen allerdings in manchen Jahren noch zusätzliche Ausgaben für eine Sommerwohnung auf dem Land; die von Heine 1847 in Montmorency gemietete kostete eintausend Francs für die Saison. Doch können diese Mieten, da sie zumindest in den vierziger Jahren die Badereise an die See ersetzten, auch als Freizeit-Ausgaben verbucht werden. Von seiner zweiten Hamburgreise (1844) schließlich wissen wir, daß er dort zunächst eine große Wohnung für einhundertzwanzig Kurantmark (ca. einhundertfünfundachtzig Francs) monatlich mietete, die offenbar deutlich zeigen sollte, wie gut es ihm in der Fremde ergangen sei. Nach Mathildes Abreise zog er dann in ein billigeres Logis um, das ihn nur mehr fünfundvierzig Mark (ca. siebzig Francs) kostete, und erreichte damit wieder Preisregionen, die ihm aus seinem Pariser Leben vertraut waren. Insgesamt neigte Heine, wie gezeigt, zu einem Kompromiß zwischen gutem Wohnviertel und billiger (weil höherer) Etage, ein Urteil, das durch deutsche Besucher wie etwa Hebbel 1843 bestätigt wird.

Die Wohnungen, die Heine mietete, waren zunächst möbliert. Damit fehlte seinem Haushalt eines der wichtigsten Elemente bürgerlicher Lebensart: repräsentative, eigene Möbel, für die ein echter Bourgeois in den Jahren der Hausstandsgründung und -etablierung einen erheblichen Teil seines Verdienstes, ja sogar der Vermögenssubstanz aufwendete. In dieser Hinsicht war Heines Geldbeutel also keiner besonderen Belastung ausgesetzt. Die Abstinenz in Möbelinvestitionen hängt zum einen sicher mit seiner unbürgerlichen Heirat zusammen: Von einer Mitgift konnte bei Mathilde natürlich keine Rede sein, außerdem lebten die beiden ja zunächst einige Jahre zusammen, ohne verheiratet zu sein. Zum anderen hatte Heine selbst offenbar eine tiefe Abscheu vor allem, was nach fester Installation, nach bürgerlicher Verwurzelung aussah. Erst nach und nach kaufte er sich ein paar eigene Möbel. Man weiß etwa von einem Nußbaumsekretär, der später zur Aufbewahrung wichtiger Aktenstücke und Papiere diente. Es ist bezeichnend, daß Heine am ehesten bei einem Schreibmöbel Konzessionen zu machen bereit war, mithin bei einem Gegenstand, der wie kein anderer seinen Beruf symbolisierte. Charakteristischerweise zeigte die aus den Unterschichten stammende Mathilde viel mehr als Heine Sinn für den Repräsentationswert der Möbel. Nach dem Tod ihres Gatten hat sie, deren laufende Ausgaben durch feste Renten gedeckt waren, offenbar von Zeit zu Zeit einige größere Stücke angeschafft. Bei ihrem Tod 1883 wurde das inzwischen angesammelte Mobiliar amtlich auf 4266, 55 Francs geschätzt und damit auf fast das Sechsfache dessen, was ihr beim Tod ihres Mannes als Alleinerbin zugefallen war, nämlich lediglich siebenhundertfünfzig Francs. Ähnlich wie Heines Aufwendungen für Miete können wir auch diese Zahl mit einer exakten sozialgeschichtlichen Statistik konfrontieren: Im Jahre 1847 wurde in 27, 4 % aller Pariser Todesfälle eine amtliche Erbschaftserklärung aufgesetzt (bei den übrigen 72, 6 % fiel also keinerlei nennenswerter Besitz an). Von diesen 27, 4 % wiederum hinterließen die Hälfte Mobiliar im Wert von weniger als fünfhundert Francs. Zusammen mit den völlig Besitzlosen ergibt dies einen Anteil von 86,3 % der Gesamtbevölkerung, die bei ihrem Tod für weniger als fünfhundert Francs Mobiliar besaßen. Auf der anderen Seite waren es knapp unter zehn Prozent aller Todesfälle, bei denen Möbel für mehr als eintausend Francs als Erbgut anfielen. Da sich bei anhaltender Geldwertstabilität die Proportionen zwischen 1847 und 1856 nur minimal verschoben haben, können wir Heines Möbelhinterlassenschaft ohne weiteres mit diesen Angaben vergleichen: Trotz äußerster Zurückhaltung in Möbelkäufen gehörte Heine zu den über dreizehn Prozent der Pariser, die bei ihrem Tod für mehr als fünfhundert Francs Mobiliar hinterließen. In einer proportional hundert Personen umfassenden Tabelle nähme er ungefähr den elften Rang ein.

Auch beim Kleidungsaufwand läßt sich bei Heine kein besonderer Luxus ausmachen. Einige Zeitgenossen sprachen von einer gewissen Eleganz, die aber mit betonter, »natürlicher Nachlässigkeit« zur Schau getragen worden sei. Andere dagegen stellten an ihm – entgegen der Sage – nichts »Stutzerhaftes« fest. Börne schließlich fand ihn einmal so »lüderlich, daß er nur ein einziges Paar Stiefel hat, (...) die jetzt zerrissen sind, so daß er nicht weiß, was er machen soll«, ein Urteil freilich, das aus den ersten Pariser Jahren stammt, als Heine mit seinen Mitteln zumal sehr haushälterisch umgehen mußte. Sicherlich

hatte Heine, wie jeder, der in Gesellschaft ging, einen gewissen Aufwand mit seiner Toilette zu treiben, der ihn, da alle Kleidungsstücke damals von Hand gefertigt waren, nicht gerade billig zu stehen kam. Henri Julia erzählt, daß Heines Hemden stets »außerordentlich fein« sein mußten und niemals gestärkt werden durften. Außerdem wirkte sich auf seine Ausgaben für Kleidung sicher belastend aus, daß er offenbar keine besondere Mühe darauf verwendete, seinen Bestand sorgfältig zu pflegen. Obendrein zeigte auch Mathilde keinen ausgeprägten Sinn für solche Arbeiten. Dadurch waren Neuanschaffungen häufiger vonnöten als etwa in einem sparsamen Bürgerhaushalt. Schließlich sei darauf verwiesen, daß der Unterhalt von Kleidung und Wäsche (Waschen, Plätten etc.) damals recht aufwendig war: Bei Anstellung eines Domestiken wog der Punkt »Wäsche« für den Ansteller oft genauso schwer wie die Tatsache, daß für die Nahrung des Bedienten aufzukommen war. So vermerkte George Sand in ihrem Rechnungsbuch die Ausgaben für einen Domestiken mit dem Hinweis »blanchi et nourri« (Verpflegung und Wäsche inklusive).
Während Heine über die Ausgaben für die eigene Garderobe Schweigen bewahrte, klagte er laut und häufig über das Konsumverhalten seiner Frau in diesem Punkt. In der Tat waren Damenroben damals nicht gerade billig, und Heine, der jahrelang ohne Hausfrau ausgekommen war, mochten Mathildes Kleiderkäufe in gewisser Hinsicht schmerzen. Als sie sich nach zehn Ehejahren 1851 endlich das Statussymbol einer Pariser Bürgersgattin, einen indischen Kaschmir-Schal für sechshundert Francs leistete, was immerhin dem Jahresverdienst eines Handwerkers oder dem Zweijahresverdienst einer Köchin entsprach, berichtete er solches seinem Bruder Gustav mit den Worten: *Sie hat das ganze Kapital ihrer Ersparnisse (...) zu einem Kaschemir verwendet; dieser Schawl kleidet sie ganz vortrefflich und gibt ihrem dicken Hintern einen sehr imposanten Anblick.* Doch ist auf der anderen Seite nicht zu übersehen, daß in seinen lauten Klagen auch eine gehörige Portion Stolz über die mondänen Erfolge seiner *Verbrengerin* mitschwang, ja fast eine Art Besitzerfreude.
Ein wichtiger Posten in Heines Budget war zweifelsohne alles, was mit der Ernährung zusammenhing. Heine aß gern, und Mathilde, nach dem Zeugnis Alexandre Weills, auch viel; beide gingen oft ins

Restaurant, und da Heine nicht bereit war, mit dem Billigsten vorliebzunehmen, ging diese Gewohnheit ins Geld, vor allem, wenn man wie Heine gerne guten Weinen zusprach, die damals verhältnismäßig teuer waren. Wie in Kleidungsfragen wirkte sich auch hier Heines unbürgerliche Lebensweise für seinen Geldbeutel nachteilig aus.
Spätestens ab 1838 beschäftigte das Ehepaar dann auch Personal, zunächst eine Magd für die Hausarbeit, ab 1843 zusätzlich Mathildes Freundin Pauline, die offenbar als eine Art Mädchen für alles fungierte, als Gesellschafterin, gelegentlich auch als Köchin, später während der Krankheit sogar als Vorleserin. Auf der anderen Seite wissen wir, daß 1846 in Paris rund fünfundvierzigtausend Domestiken tätig waren oder, anders gerechnet, ungefähr siebzehn Prozent aller Pariser die Dienste von Hausangestellten in Anspruch nahmen. Obwohl er kinderlos war, reihte sich Heines Haushalt auch schon vor der Krankheit in diesen – ziemlich genau der Bourgeoisie entsprechenden – Kreis ein. Spätestens seit 1850 hatte Heine dann noch eine eigene Köchin (für die man damals fünfundzwanzig bis fünfunddreißig Francs im Monat rechnen mußte) und außerdem seit Ausbruch der Krankheit eine Pflegerin. Er selbst teilte seiner Mutter einmal mit, daß er dieser Pflegerin – neben der Kost – hundertfünfzig Francs im Monat zahle, was etwas hoch gegriffen scheint. Immerhin war so mit der Zeit aus einem Zwei- ein Fünfpersonenhaushalt geworden, und paradoxerweise war es gerade Heines Krankheit, die diese Verbürgerlichung eingeleitet hatte. Auf der anderen Seite wurde dieses Anwachsen des Personals durch eine gewisse Rationalisierung des ganzen Haushalts und Ausmerzung des Bohemehaften kompensiert, so daß zumindest die Köchin und Pauline keine echte finanzielle Mehrbelastung bedeutet haben mögen.
Die Ausübung des Schriftstellerberufs war, vor allem wenn man nicht am Verlagsort wohnte, mit hohen Sonderaufwendungen verbunden. Die damaligen Portosätze beispielsweise muten heute geradezu prohibitiv an: So mußte Heine etwa für die Übersendung eines Zeitschriftenabdrucks seiner Briefe *Ueber die französische Bühne* 1840 siebzehn Francs und dreißig Centimes Nachporto zahlen, worüber er nach eigenen Worten *fast vor Schrecken gestorben* wäre: Diese Summe entsprach mehr als drei Tageslöhnen eines gutbezahlten

Handwerkers. Da Heine oft auf Postsendungen (Manuskripte, Bücher, Briefe, Korrekturfahnen etc.) angewiesen war, läßt sich das Gewicht dieses Postens leicht ermessen. Umgekehrt wird deutlich, daß es damals erst ab einem gewissen finanziellen Status möglich war, Korrespondenzen zu führen. Dazu kamen Kosten für Sekretärs- und Kopistenarbeiten, Honorare für Übersetzer – sofern dafür nicht der entsprechende Veröffentlichungsträger aufkam –, Eintrittskarten für Kulturveranstaltungen, über die sich Heine auf dem laufenden halten mußte, schließlich nicht unerhebliche Beträge für damals teures Papier und Schreibmaterial.

Auf einen anderen Posten in seinem Budget hat Heine selbst öffentlich hingewiesen: Er habe *nie die Kunst gelernt, wie man die Hungrigen mit bloßen Worten abspeist*, ließ er 1854 verlauten. Zahlreiche an ihn gerichtete Briefe belegen in der Tat, daß er nicht nur für allgemeine Wohltätigkeitszwecke Geld gab, sondern auch Freunden wie Breza und Gurowski, politischen Emigranten wie Grün und Venedey oder bedürftigen Kollegen wie Weill und sogar Wihl unter die Arme griff, wenn es der Zustand seiner Kasse erlaubte. Seine private Generosität ist also keine Legende, ebensowenig freilich wie die Formlosigkeit, mit der er seinerseits vermögende Bekannte anpumpte, wenn es in seinem Finanzhaushalt gerade ein Loch zu stopfen galt.

Im Durchschnitt entsprach Heines Lebensstil dem des gehobenen bürgerlichen Mittelstands. Einzelnen überdurchschnittlich hohen Ausgaben wie denen für Reisen, Badekuren und diverse Freizeitbeschäftigungen standen seine relative Bescheidenheit etwa in Dingen der Möblierung, ja in allem, was äußere Repräsentation betraf, gegenüber. Als völlig unbürgerlich ist schließlich die Tatsache zu werten, daß er bis kurz vor seinem Tod kaum an eine echte Vermögensbildung dachte. Die Einstufung Heines in den gehobenen Mittelstand darf freilich nicht vergessen machen, daß diese Schicht damals entgegen ihrem Namen nur äußerst dünn war. Noch zwischen 1880 und 1890, nach der ersten großen Phase wirtschaftlicher Bereicherung des Bürgertums, lag das Einkommen von nur fünf Prozent aller Haushalte in Frankreich über fünftausend Francs. Kein Wunder, daß Heine bei den meisten in Paris lebenden Deutschen für betucht, ja für reich galt. Ebenso klar war jedoch zum anderen, daß weder Heine noch Mathilde besonderes Talent besaßen, einen der Höhe ihrer Ausgaben entsprechenden optimalen Lebensstandard zu realisieren: Zuviel Verschwendung, nicht rationell im Sinne bürgerlicher Lebensführung eingesetzte Mittel bewirkten, daß beide unter dem Strich nicht so gut lebten, wie dies ihr Ausgabenbudget vermuten ließe. »Ein guter Haushälter mit seinen oft reichen Mitteln ist er [Heine] nie gewesen«, charakterisierte Heinrich Künzel 1838 zutreffend eine Situation, die sich auch danach nicht mehr ändern sollte.

Auf der anderen Seite überrascht die relative Konstanz dieses Budgets selbst unter stark schwankenden Bedingungen. Sogar der kranke Heine, der doch zusätzliches Pflegepersonal zu beschäftigen hatte, dazu die Dienste eines Vorlesers und Sekretärs und mitunter mehrere medizinische Kapazitäten gleichzeitig in Anspruch nehmen mußte, gab zunächst nicht entscheidend mehr als der gesunde Heine aus (im ersten Halbjahr 1853 etwa zwölfhundertfünfzig Francs/Monat statt früher ca. eintausend). Erst ab 1854, als sich seine Vermögensverhältnisse merklich besserten, stieg sein Budget bis auf sechzehnhundert Francs/Monat und lag nun erheblich über demjenigen der vierziger Jahre. Eine Bleistiftnotiz aus dieser Zeit nennt eine monatliche Gesamtsumme von vierzehnhundert Francs mit tausend Francs als Fixkosten (*Miethe 300 / Leben 700*) und *Extr[as]* in Höhe von vierhundert Francs. Doch betrifft dieses Ausgabenwachstum nur die letzten beiden Lebensjahre; ansonsten dürfen wir mit einem Durchschnittswert von eintausend Francs pro Monat rechnen, was ungefähr dreizehntausend Mark heutigen Geldwerts entspräche. Das heißt: Um sich 1997 den Lebensstil Heines in Paris zu ermöglichen, müßte man monatlich einen Betrag von nicht weniger als dreizehntausend Mark aufwenden. Sofern man dann auch noch den mit Ausbruch der Krankheit gestiegenen Kosten Rechnung tragen wollte, wäre dieser Betrag um fünfundzwanzig bis vierzig Prozent zu erhöhen, auf sechzehn- bis achtzehntausend Mark.

FÜNFTES KAPITEL

Politisch-soziale Systeme und Utopien

Die Jünger Saint-Simons

Ausgehend von dem historischen Bewußtsein, in einer Übergangszeit zu leben, war Heine 1831 unter anderem deshalb nach Paris gegangen, weil er dort am ehesten nach dem ausschauen zu können meinte, was die Zeit für die Zukunft bereithielt, und seine Suche galt sowohl kollektiven Strömungen wie den *großen Individualitäten*, derer diese Strömungen zur Realisierung ihrer Ideen bedürften. Gerade die Jahre nach der Julirevolution waren in Frankreich (und erst mit entsprechender Verzögerung auch in Deutschland) entscheidend für die Formierung einer demokratischen Opposition mit sozialem Akzent. Sozialtheorien wie der Saint-Simonismus, der Fourierismus und der Neobabouvismus, aber auch die liberale Wirtschaftstheorie oder der sozialistisch eingefärbte Republikanismus Aragos, Raspails und Blancs, versuchten auf die neuen sozialen Fragen zu antworten, die sich angesichts der wirtschaftlichen Etablierung des neuen Bürgertums, der Ausbildung des Manufakturwesens und der sichtlichen Verarmung weiter Kreise des Handwerks auftaten. In Paris erhielt Heine Einblick auch in die feinsten Differenzierungsprozesse innerhalb der Bewegung. Dabei kam es ihm nicht nur auf die äußeren Ereignisse an, sondern vor allem auf die geistigen, ideologischen Strömungen, in denen er Motoren des gesellschaftlichen Fortschritts erblickte. Schon während der letzten Jahre in Deutschland war ihm insbesondere unter dem Einfluß des Berliner Freundeskreises der Saint-Simonismus als eine der wichtigsten geistigen Neuerungen der Gegenwart erschienen, der er als sozialer Theorie gegenüber den politischen Parteibildungen, die nur auf eine Änderung der politischen Machtverhältnisse hinzielten, entschieden den Vorzug gab.

Der Sozialreformer Claude-Henri Comte de Saint-Simon (1760-1825) hatte zwischen 1808 und 1825 eine Reihe geschichtsphilosophischer und ökonomischer Schriften veröffentlicht, in denen er seine Vorstellungen einer durchgreifenden Reform von Staat, Wirtschaft und Gesellschaft entwickelte. In der von ihm erstrebten industriellen Leistungsgesellschaft sollten die produktiven Kräfte der Gesellschaft, die beruflich jeweils tüchtigsten Wissenschaftler und Produzenten (Arbeiter im weitesten Sinne und Industrielle) das Gemeinwesen leiten und jeder nach seinem Beitrag für das Gemeinwohl entlohnt werden, so daß das Mißverhältnis zwischen einer reichen parasitären Minorität von Müßiggängern (Adel und Klerus) und einer von ihnen ausgebeuteten produktiven Majorität entfallen und die Ausbeutung des Menschen der Ausbeutung und Verschönerung der Natur Platz machen konnte. Zur Harmonisierung der sozialen Beziehungen entwarf er ein »Neues Christentum«, das die ständige Verbesserung des Loses der »zahlreichsten und ärmsten Klasse« in moralischer, geistiger und physischer Hinsicht zum kategorischen Imperativ für die gesellschaftliche Elite erklärte. Der Staat sollte nach dem Willen Saint-Simons nur noch eine Ordnungsfunktion einnehmen. Ziel müsse die größtmögliche Ausnutzung der Produktivkräfte sein, um jedermann ein Leben in Wohlstand zu ermöglichen. Begabung und Leistung sollten über den Rang des einzelnen in der Gesellschaftshierarchie entscheiden.

Größere Publizität erhielten die sozialutopischen Lehren Saint-Simons erst nach seinem Tod, als sie von seinen Schülern St. Armand Bazard und Barthélemy Prosper Enfantin zusammengefaßt als »Doctrine de Saint-Simon« (1829-1830) herausgegeben wurden. Ende 1828 begann die Missionstätigkeit der Saint-Simonisten; zunächst in Form regelmäßiger Versammlungen in Paris, dann auch durch reisende Jünger der Bewegung. Vor einem ständig wachsenden Publikum propagierten die Saint-Simonisten ihre Theorie einer friedlichen Umgestaltung der bestehenden Wirtschafts- und Gesellschaftsstrukturen durch die »Association universelle«, den umfassenden Zusammenschluß aller Arbeitenden, durch Gründung von Genossenschaftsbanken, Abschaffung des bürgerlichen Erbrechts und die Verbreitung des »Neuen Christentums«, der neuen, pantheistisch verbrämten allgemeinen Moral. Die von den Saint-Simonisten im Januar 1831 übernommene Zeitung »Le Globe« wurde unter Leitung von Michel Chevalier zum Hauptorgan der Bewegung; unter dem Einfluß von Enfantin erfolgte der weitere Ausbau der hierarchischen Struktur des saint-simonistischen Gesellschaftsmodells. An der Spitze stand das Triumvirat Enfantin/Bazard/Rodrigues, wobei die beiden ersten als »Pères supremes« galten. Dann folgten die Apostel, schließlich die »Neophyten«. Seit dem Herbst 1831 stand Enfantin allein als »Papst« an der Spitze der Saint-Simonisten, die sich seitdem hauptsächlich religiösen und frauenemanzipatorischen Fragen widmeten. Die geplante »Assoziation aller Werktätigen« geriet mehr und mehr ins Hintertreffen, die »Rehabilitation der Materie«, d. h. die spektakuläre neue Sexualmoral, rückte in den Vordergrund. In zwei öffentlichen Veranstaltungen formulierte Enfantin im November 1831 Grundsätze, die an den Pfeilern der bürgerlichen Gesellschaft zu rütteln drohten: Auflösbarkeit der Ehe, Promiskuität zwischen Priester(in) und Ratsuchenden, Bestimmung der Vaterschaft durch die Frau, kurz, die Theorie von der »femme libre«. Die französische Regierung ging Anfang 1832 massiv gegen die Bewegung vor, verhaftete ihre Führer, beschlagnahmte Dokumente, löste Versammlungen auf. Formal wurden den Saint-Simonisten Übertretung des Versammlungsverbots, Erbschleicherei und Verstoß gegen die Sittengesetze vorgeworfen. Dafür mußte Enfantin mit einer einjährigen Haftstrafe büßen. Nach der erzwungenen Auflösung der Pariser Zentrale suchten sich die Saint-Simonisten ein neues Betätigungsfeld im Orient. Zusammen mit sechs seiner Anhänger ging Enfantin 1833 nach Ägypten, um dort zu missionieren. Nach dem Verbot der saint-simonistischen Gemeinschaft von Ménilmontant und auch aufgrund interner Auseinandersetzungen fiel der Saint-Simonismus als organisierte Bewegung bald auseinander. Einzelne seiner Vertreter jedoch wirkten in zahlreichen Bereichen des öffentlichen und wirtschaftlichen Lebens weiter, wie auch der Anstoß von großer Bedeutung blieb, den die saint-simonistische Sozial- und Wirtschaftstheorie als Ganze der nachfolgenden sozialistischen Entwicklung gab.

Was Heine an dieser Doktrin besonders interessierte, war zum einen ihr universalistischer Charakter, der alle Lebensbereiche umfaßte und dabei doch auf einer rationalistischen, den Geschichtsprozeß schon weitgehend als Klassenauseinandersetzung definierenden Geschichtstheorie aufbaute; zum anderen die besondere Betonung der »Rehabilitation des Fleisches«, der Wiedereinsetzung körperlicher

Bedürfnisse und Genüsse in ihre angestammten Rechte, d. h. die Ausbalancierung des christlichen Spiritualismus durch einen pantheistischen Sensualismus, wobei auch dieses Problem mit der sozialen Frage und dem technisch-industriellen Fortschritt verknüpft wurde: Die rasante Entwicklung von Industrie und Wissenschaft sollte durch geschickte staatliche Lenkung insbesondere den ärmeren Klassen zugute kommen, also das allgemeine gesellschaftliche Wohl und nicht die Interessen der »Geldmenschen« fördern, damit die »Ausbeutung des Menschen durch den Menschen« ein Ende habe. In Heines Abhandlung *Zur Geschichte der Religion und Philosophie in Deutschland* lesen wir: *Die politische Revoluzion, die sich auf die Prinzipien des französischen Materialismus stützt, wird in den Pantheisten keine Gegner finden, sondern Gehülfe (...). Wir befördern das Wohlseyn der Materie, das materielle Glück der Völker, nicht weil wir gleich den Materialisten den Geist mißachten, sondern weil wir wissen, daß die Göttlichkeit des Menschen sich auch in seiner leiblichen Erscheinung kund giebt, und das Elend den Leib, das Bild Gottes, zerstört oder avilirt (...). Wir kämpfen nicht für die Menschenrechte des Volks, sondern für die Gottesrechte des Menschen. (...) Die Saint-Simonisten haben etwas der Art begriffen und gewollt.* Noch in dem um die Jahreswende 1855/56 abgefaßten Vorwort zur französischen Ausgabe der *Reisebilder* fällt die *schöne Formel* vom Ende der »exploitation de l'homme par l'homme«. Was Heine mit und in dieser Formel übernahm, war zum einen die Konzeption der Geschichte als einer Abfolge von Klassengegensätzen, deren letzter der Antagonismus von Bourgeoisie und Proletariat sei – auch dieses Paar ist in scharfer sozialer Bedeutung erstmals von den Saint-Simonisten gebraucht worden –, und zum anderen die humanistische Implikation, daß es gelte, den Zustand der »Ausbeutung des Menschen durch den Menschen« zu überwinden, wolle man nicht einem inhumanen Zynismus verfallen. Was nun die Mittel einer solchen Überwindung anlangte, so hat sich Heine freilich nie ausdrücklich die Forderung einer »association universelle« zu eigen gemacht, auch nicht zu Zeiten, da er den Saint- Simonismus noch nicht rückblickend als historische Bewegung bewertete. Schon eher schenkte er den Versicherungen der saint-simonistischen Theoretiker Glauben, daß *die Fortschritte der Industrie und der Oeconomie* das *materielle Wohlseyn des Volkes* ermöglichen würden, zumal diese sozialökonomische Analyse mit einer Geschichtstheorie verbunden war, die das von Heine für sicher erachtete Ende des Christentums in eine allgemeine religionsgeschichtliche, dem Menschen schon auf Erden *Erlösung* versprechende Perspektive einband. Dabei zeigt sich, daß es Heine – wie bei der Beurteilung auch aller anderen späteren Bewegungen bis hin zum Kommunismus – praktisch nie um das Detail der Analyse und der Lösungsvorschläge ging, sondern um den großen Zug, um die universalhistorische Perspektive, die er in der saint-simonistischen Doktrin als einer geistigen, alle Bereiche des Lebens umfassenden Synthese am Werk sah.

Der universalistische Grundzug war es auch, der Heine den Saint-Simonismus 1831 nach der ersten Lektüre der »Doctrine de Saint-Simon« enthusiastisch als *neue Religion* begrüßen ließ, zu deren *Priester* er sich vielleicht in Paris weihen lassen wolle. In Paris angekommen, nahm er sofort Beziehungen zu saint-simonistischen Kreisen auf: »Le Globe« meldete am 22. Mai 1831 als eine der ersten Pariser Zeitungen seine Anwesenheit in Paris. Heine wurde ein regelmäßiger Leser des Blattes und besuchte mehrfach saint-simonistische Veranstaltungen; zur selben Zeit bezeichnete der Name Prosper Enfantins für ihn die *fortgeschrittenste Partei der menschlichen Emanzipation*. Selbst wenn er dann in der französischen Hauptstadt die Konfrontation dieses *Evangeliums* mit dem politischen Alltag erlebte und sich seine Einschätzung angesichts der konkreten Erfahrungen mit der »Église saint-simonienne« notwendig ernüchterte, blieb dieser Universalismus für ihn bestimmend, wobei das geschichtlich entscheidende Merkmal der neuen *Religion* für ihn eben darin bestand, die Menschen schon *auf Erden zu beseligen* und *die größere und ärmere Klasse* nicht länger *an den Himmel zu verweisen*. Und schließlich bot der Saint-Simonismus für Heine wie für die gesamte politische Generation um 1830 einen Ausweg aus dem Revolutionstrauma von 1793/94, indem er das Interesse von dem *Äußerlichen der Revoluzion*, der Auseinandersetzung um den Staat und der Problematik des jakobinischen Terrors, auf die *tieferen Fragen* lenkte, d. h. von den politischen auf die gesellschaftlichen Prozesse, weshalb Heine ja auch sein saint-simonistisches Konzept einer gesamtgesellschaftlichen Synthese dezidiert gegen die deutschen und französischen Republikaner in Paris einsetzte.

Die zeitweilige Begeisterung für den Saint-Simonismus fand ihren Niederschlag in einem 1833 entstandenen programmatischen Gedicht aus dem *Seraphine*-Zyklus, in dem Heine die Vision eines neuen Zeitalters formulierte, das die spiritualistische Epoche ablösen sollte und eine neue Religion, in der die Widersprüche von Geist und Materie aufgehoben waren, an die Stelle der alten setzte; eine Religion, die nicht nur den Geist, sondern auch den Körper heiligte und die Menschheit nicht auf ein jenseitiges besseres Leben verwies, um sie die Leiden des irdischen Jammertales mit Gleichmut ertragen zu lassen:

Auf diesem Felsen bauen wir
Die Kirche von dem dritten,
Dem dritten neuen Testament;
Das Leid ist ausgelitten.

Vernichtet ist das Zweyerley,
Das uns so lang bethöret;
Die dumme Leiberquälerey
Hat endlich aufgehöret.

Hörst du den Gott im finstern Meer?
Mit tausend Stimmen spricht er.
Und siehst du über unserm Haupt
Die tausend Gotteslichter?

Der heilge Gott der ist im Licht
Wie in den Finsternissen;
Und Gott ist alles was da ist;
Er ist in unsern Küssen.

Das Scheitern des Saint-Simonismus in den dreißiger Jahren hat nicht verhindert, daß dessen Geschichtsdenken, soziologisches Forschungsprinzip und insbesondere sein sozialanalytisches Begriffsinstrumentarium während des darauffolgenden Jahrzehnts diffus in der gesamten Sozialismus-Diskussion präsent waren und namentlich den späteren Fourierismus sowie auch den jungen Marx nachhaltig beeinflußten – man denke etwa an den Gegensatz Bourgeoisie/Proletariat, die Definition des Proletariers als eines einzig auf den Verkauf seiner Arbeitskraft angewiesenen Arbeiters, die historische Bestimmung des Eigentumsrechts und den Begriff des Klassenkampfs. Doch während Marx die von den Saint-Simonisten begonnene kritische Analyse der bürgerlichen Nationalökonomie aufgriff und weiterführte, hielt Heine auch nach der Auflösung der saint-simonistischen »Kirche« an dem Konzept einer universalen Synthese fest, die er noch 1840 als eine *neue Doktrin* bezeichnete, *die alle socialen Fragen von einem höheren Gesichtspunkt betrachtet, und von dem banalen Republikanismus sich eben so glänzend unterscheidet, wie ein kaiserliches Purpurgewand von einem grauen Gleichheitskittel.* Diese ursprünglich für die Börne-Denkschrift niedergeschriebene, dort aber unterdrückte und statt dessen im Artikel vom 30. April 1840 für die »Allgemeine Zeitung« veröffentlichte verschleierte Andeutung der eigenen, noch von den *heitern Richtungen einer pantheistischen Genußreligion* bestimmten Position belegt eben den sensualistisch-hedonistischen, aus dem Saint-Simonismus stammenden und bis ins *Wintermährchen* hineinreichenden Grundzug von Heines Sehweise. Daß er sich jedoch über die eigentliche historische Funktion des Republikanismus einige Fragen zu stellen begann, zeigt ein später wieder gestrichener Zusatz zu dieser Passage, wo er den Republikanismus in Frankreich als Übergangsphase bezeichnete, der man den *verdrießlich eingepuppten Raupenzustand verzeihen* solle, *in der Hoffnung, daß der Schmetterling, der einst daraus hervorbricht, desto farbenreicher seine Schwingen entfalten und im süßen Sonnenlichte spielen wird.* Diese Interpretation, die von Heine hier nur als Hypothese erwogen und in eine poetische Vision gekleidet wird, illustriert die Tatsache, daß die Geschichte seiner Beschäftigung mit dem Frühsozialismus die Geschichte einer Suche ist und seine Suche auch 1840 weiterhin der nächsten sozialen Etappe galt.

Sozialisten und Republikaner

Weit weniger Beachtung schenkte Heine der Schule der Fourieristen, die sich sowohl aus dem Lager der sozialen Republikaner als auch aus dem ehemaligen technokratischen Flügel der Saint-Simonisten rekrutierten und in den dreißiger Jahren in Frankreich an politischem Gewicht gewannen. Fouriers schwärmerische Utopien, in denen die Produktionsbedingungen hinter denen des Konsums zurücktraten, begannen Heine erst in den vierziger Jahren ernsthafter zu beschäftigen, als sich die fourieristische Partei besser organisiert hatte und Heine über den Journalisten Alexandre Weill in näheren Kontakt zu ihr trat. Erst zu dieser Zeit stellte er Fourier als großen Sozialisten neben Saint-Simon, doch ging es ihm bei diesem Urteil mehr um die historische Bedeutung als um Fouriers Lehre, der gegenüber er seine Vorbehalte nicht aufgab.

Mit dem christlichen Sozialismus des Abbé Lamennais dagegen hatte sich Heine frühzeitig auseinanderzusetzen, nicht nur, weil er Lamennais, der bei seinen Freunden Liszt und George Sand verkehrte, persönlich kannte, sondern auch weil die um Ludwig Börne gescharten deutschen Republikaner in Paris die Lehren des bretonischen Priesters stark rezipierten. Lamennais' »Worte eines Gläubigen« (1834), von denen sich Börne einen entscheidenden revolutionären Propaganda-Effekt versprach, wurden von Heine jedoch als bedauerlicher, ja gefährlicher Rückschritt hinter die geistig-philosophischen, antikirchlichen Errungenschaften der Revolution verstanden. Deshalb bekämpfte er ihn öffentlich und trat ihm privat, wie Heinrich Laube berichtete, mit provozierendem Spott entgegen. Im wesentlichen war es sein Antiklerikalismus, der Heine zu seiner scharfen Absage führte. Er unterstellte Lamennais, es gehe ihm letztlich nicht um die weltlichen Probleme des *Volks*, sondern um die Rettung der katholischen Religion. Als Konsequenz von dessen religiöser Grundhaltung meinte Heine im Herbst 1840 gewisse fanatisierte, irrationalistische Entwicklungen in der demokratischen Opposition zu entdecken, die, *irdischen und himmlischen Wahnsinn* vermischend, die nächste Revolution aus der Offenbarung des Johannes ableiten wollten. Die religiöse Begründung von Lamennais' Sozialismus hat Heine davon abgehalten, diesen als Sozialisten ernst zu nehmen und sich auf Einzelheiten seines sozialpolitischen Programms einzulassen. Obgleich Lamennais' in »Le Monde«, wo er die Redakteurstelle einnahm, veröffentlichte programmatische Artikel den Versuch einer theoretischen Reflexion, einer rationalistischen Gesellschaftsanalyse zeigen – Dinge, die Heine dem *schauderhaften Priester* immer abgesprochen hat –, konnten seine Anschauungen letztlich dem Vergleich mit saint-simonistischen Einsichten nicht standhalten.

Die ursprünglich stärkste und über Jahre hinweg einflußreichste Gruppe innerhalb der »Bewegungspartei« bildeten die »Amis du peuple«. Sie hatten sich am 30. Juli 1830 in Paris konstituiert; Initiatoren waren hauptsächlich Julikämpfer gewesen, meist ehemalige »Carbonari«, Angehörige einer Geheimgesellschaft, die unter der Bourbonenrestauration entstanden war und den Zenit ihrer Entwicklung zwischen 1820 und 1823 erreicht hatte. Im Führungsgremium war ein breites Spektrum der republikanischen Linken vertreten. Heine zufolge war Robespierres *letzte Rede vom achten Thermidor (...) ihr Evangelium*. Die »Volksfreunde« kamen zunächst öffentlich zusammen, bis Ende September provozierte Krawalle vor dem Versammlungslokal geschlossene Veranstaltungen erforderlich machten. Obschon die Zahl ihrer Mitglieder nur dreistellig gewesen sein dürfte, sollen ihre Broschüren Millionenauflagen erreicht haben. Ihre Propaganda beschränkte sich nicht auf Paris; sie war gut organisiert und erfolgte in mannigfacher Form, in der Presse und Publizistik, in Bildungskursen und Versammlungen. Mit Erfolg nutzten sie beispielsweise öffentliche Gerichtsverhandlungen als Foren zur Vorstellung ihrer demokratischen Grundsätze. Zu ihren Hauptzielen gehörten zunächst vornehmlich politische Forderungen: Durchsetzung des allgemeinen Wahlrechts, Errichtung einer demokratischen Republik, Trennung von Staat und Kirche. Erst die Sozialrevolte der in himmelschreiendem Elend lebenden Lyoner Seidenweber am 20. November 1831 (worauf Ludwig Börne den Beginn des »Kriegs der Armen gegen die Reichen« datierte) rückte die soziale Frage in den Mittelpunkt: Verbesserung des physischen und moralischen Zustandes der unteren Klassen (Sicherung der Existenz, kostenlose Erziehung),

Reorganisation des Kreditwesens zugunsten der Kleinproduzenten, Abschaffung der Monopole und der indirekten Steuern. Gleichzeitig stießen mehr und mehr Proletarier und Handwerker zu den »Volksfreunden«. Von ihnen beeinflußte Zeitungen veröffentlichten Arbeiterpetitionen und Proteste gegen die Verhaftung Streikender, Juristen der Organisation verteidigten angeklagte Arbeiter vor Gericht. Der Kampf um politische Rechte, um das allgemeine Wahlrecht wurde nun nicht mehr als Ziel, sondern nur noch als Mittel zur Erlangung weitergehender sozialer Reformen angesehen, die in die Herrschaft einer absoluten Gleichheit münden sollten, ohne daß diese Gleichheit näher bestimmt worden wäre. Weithin bekannt wurden die »Amis du peuple« Anfang 1832 durch den Pariser Schauprozeß gegen 15 ihrer Mitglieder. Man klagte sie an, »gegen die bestehende Regierung konspiriert zu haben, um dieselbe zu stürzen und eine Republik zu errichten«. Von den Beschuldigungen blieb am Ende aber nur ein Pressedelikt übrig. Raspail und Blanqui nutzten vor dem Gerichtshof die Gelegenheit, das Juliregime mit Vorwürfen einzudecken und die Forderungen der Republikaner vorzutragen. Blanqui beschrieb das politische System der Julimonarchie als eine »schreckliche Maschine«, mit deren Hilfe das Vermögen von 30 Millionen Franzosen in die Taschen von 200-300.000 »Privilegierten«, »Müßigen« geleitet werde. Um diese Politik der organisierten Ausplünderung zu beenden, verlangte Blanqui die Errichtung der Republik, allgemeines Wahlrecht, Abschaffung des bisherigen Steuersystems, Einführung von Nationalbanken und Reform des Kreditwesens.

Immer wieder betrieb die Regierung die Auflösung der »Volksfreunde«. Zu einer schweren Krise kam es nach der republikanischen Émeute von 1832. Am 1. Juni 1832 war in Paris der General und oppositionelle Abgeordnete Maximilien Lamarque gestorben. Sein Leichenzug am 5. Juni wurde, wie Heine anmerkte, zu einer *großen Heerschau der Opposizion*. Nach dem Erscheinen eines schwarzgekleideten Reiters, der eine rote Fahne mit der Aufschrift »La liberté ou la mort« trug, geriet die Demonstration außer Kontrolle und ging in einen bewaffneten Aufstand gegen die Julimonarchie über, der noch bis zum Abend des folgenden Tages anhielt. Etwa 60 Rebellen verschanzten sich in der rue Saint-Martin, wo sie von Linientruppen und Nationalgardisten Mann für Mann niedergemacht wurden. Obwohl die republikanischen Organisationen die Émeute nicht provoziert hatten und ihrerseits von einem »Staatsstreich« sprachen, der die Bürger mit dem Schreckensbild der Anarchie in Angst versetzen sollte, damit sich die Regierung dann um so mehr als Retter in Szene setzen konnte, schoben ihnen die Sicherheitsbehörden, denen es überdies gelungen war, Spitzel in die Gesellschaft einzuschleusen, die Schuld am Aufstand in die Schuhe und verfügten eine Reihe von Sanktionen. So wurden ab sofort Zusammenkünfte von mehr als 20 Teilnehmern generell untersagt. Als man den »Volksfreunden« auch noch einen Attentatsversuch auf Louis-Philippe vom November 1832 zur Last legte, zogen sie es vor, den Beschluß des Pariser Gerichtshofs, der die »Amis« für aufgelöst erklärte, zu akzeptieren. Ihre Rolle übernahm die »Société des Droits de l'Homme et du Citoyen«, die bis dahin ein halböffentliches Schattendasein geführt hatte. Die Beschränkung auf maximal 20 Mitglieder unterlief sie durch Aufteilung in Sektionen. In Paris soll sie 1833/34 zwischen zwei- und viertausend Mitglieder gezählt haben.

Das Bild, das die »Gesellschaft der Menschenrechte« nach außen bot, war widersprüchlich und entsprach keineswegs dem einer homogenen Organisation. Die ersten Anhänger fand sie im kleinbürgerlich-republikanischen Milieu, wo die Neojakobiner traditionsgemäß noch den stärksten Anhang besaßen. Das wird auch durch zahlreiche linksjakobinische Sektionsnamen der Pariser »Société« bestätigt. Daneben bestanden aber auch Sektionen, in denen offenbar die »proletaires« den Ton angaben, solche, die in den amerikanischen Politikern oder liberalen französischen Denkern ihr Vorbild sahen, und solche, die eindeutig babouvistisch dominiert waren und im Anschluß an Babeuf gütergemeinschaftliche Prinzipien propagierten.

François Noël (genannt Gracchus) Babeuf (1760-1797), Zeitgenosse von Danton, Robespierre und St. Just, war in seiner Theorie bereits 1787 über die Grenzen einer bürgerlichen Revolution hinausgelangt. Schon vor Ausbruch der Revolution hatte er angesichts der Kluft zwischen einer parasitären Minorität und dem Hungeralltag der Masse der Produzenten nach Lösungen gesucht, die nicht nur die politischen Strukturen, sondern darüber hinaus das soziale Gefüge der

Gesellschaft so verändern würden, daß diejenigen, die den nationalen Reichtum hervorbrachten, nicht mehr im Elend umkommen mußten. Als natürliches Recht aller Menschen verfocht er einen für alle geltenden gleichen Anteil an den Lasten und gleichen Anspruch auf die Genüsse des Lebens. In seiner Zeitung »La Tribune du peuple« bekämpfte Babeuf 1795/96 den Abbau der Demokratie durch den nachthermidorianischen Konvent, forderte die Verfassung von 1793 (die nie in Kraft getreten war) und bezeichnete das bourgeoise Kabinett des Direktoriums als Bande von Blutsaugern und Volksfeinden. Zusammen mit seinen Anhängern plante er den bewaffneten Aufstand. Am Vorabend der Insurrektion wurde er verhaftet und ein knappes Jahr später, am 28. Mai 1797, zusammen mit Augustin Darthé guillotiniert.

Erst in den 1830er Jahren waren die Lehren Babeufs wiederentdeckt worden. In der 1828 in Brüssel zuerst erschienenen Geschichte der Konspiration Babeufs dokumentierte sein Kampfgefährte Filippo Buonarroti (1761-1837) die politische, soziale und ökonomische Theorie von Babeufs »Gleichheitskommunismus«. Über Buonarrotis Vermittlung in Wort und Schrift und die Propaganda seiner Anhänger in Bildungszirkeln, Zeitungen und Flugschriften erlangte der alte Babouvismus, theoretisch bereichert durch die Einsichten des Fourierismus und Saint-Simonismus, als Neobabouvismus Einfluß in den Volksgesellschaften. Buonarroti war im August 1830 aus seinem belgischen Exil nach Paris zurückgekehrt, wo er zusammen mit Charles-Antoine Teste (1783-1848) und Marc-René Voyer d'Argenson (1771-1842) die streng konspirative »Charbonnerie démocratique universelle« gründete. Im Unterschied zur französischen Carbonaria der 1820er Jahre konstituierte sie sich als »internationale Organisation aller Freunde der Gleichheit ungeachtet ihrer Nationalität und Religion«. Nach einer Phase interner Auseinandersetzungen dominierten seit dem Herbst 1833 im Zentralkomitee der »Société« die Neobabouvisten. Als vorläufiges Programm galt Robespierres Version der Erklärung der Menschen- und Bürgerrechte vom 24. April 1793. Angesichts der Ergebnisse der Juli-Revolution erstrebten die Neobabouvisten, anders als die bürgerlichen Republikaner, nicht nur eine politische, sondern eine soziale Umwälzung; anders als Saint-Simonisten und Fourieristen erwarteten sie nach den Lyoner Kämpfen Besserung nicht mehr von einer Reform, sondern einzig von einer Revolution. Weithin sichtbar wurde dies im Aufstand der »Société des Saisons« vom Mai 1839.

Kirchenväter der Revolution

Auch Heine war nicht entgangen, daß ein Teil der Republikaner bereits in hohem Maße von sozialistischem Gedankengut beeinflußt war: In einem Artikel für die »Allgemeine Zeitung« vom 30. April 1840 berichtete er von der radikaldemokratischen Agitation in den Werkstätten der Pariser Vorstädte – zwar noch unter der Überschrift der republikanischen Propaganda, doch weisen die von ihm angeführten Agitationsschriften wie Cabets *Revoluzionsgeschichte (...), Cormenins giftige Libelle, Babeufs Lehre und Verschwörung von Buonarotti* deutlich auf die frühsozialistischen und -kommunistischen Kreise innerhalb der radikaldemokratischen Partei. Ebenso benennt die Akzentuierung des *eifersüchtigen Gleichheitssinns* der Republikaner das zentrale Prinzip der »égalité«, an dem sich die gesamte frühsozialistische Diskussion in den dreißiger Jahren entzündet hat. In diesem Zusammenhang lenkte Heine die Aufmerksamkeit erstmals auf eine Figur der linksrepublikanischen Opposition, die für ihn in diesen Jahren ein wichtiger Bezugspunkt gewesen ist: Louis Blanc. Nach der Enttäuschung der Revolution von 1848, in deren erster Phase Blanc als wichtigster Vertreter der demokratischen Linken die brennende soziale Frage zu entschärfen suchte, wurde Heines Urteil freilich kritischer: Nun warf er ihm Sentimentalität und unwissenschaftliches Vorgehen vor. Diese Kritik im *Waterloo*-Fragment sowie die ebenfalls erst in den fünfziger Jahren vorgenommenen Änderungen an den Blanc betreffenden Passagen der *Lutezia* konnten darüber hinwegtäuschen, daß Heine den Schriftsteller und Politiker zu Beginn der vierziger Jahre durchaus positiv beurteilt, ja ihm zeitweise eine bedeutende Rolle in der Pariser Szene zugeteilt hat.
Ausgangspunkt mag dabei Heines Vorstellung einer Führerpersönlichkeit gewesen sein, deren die soziale Idee zu ihrer Realisierung

bedürfe und die zum Wegbereiter der künftigen Revolution werden könne. Hinzu kam die taktische Konstellation während der Abfassung der Börne-*Denkschrift*, als Heine nach möglichen, politisch unverdächtigen Bundesgenossen gegen die deutschen Republikaner in Paris Ausschau hielt. Indem er im April 1840 Blancs Weitblick unterstrich, der *tief in die Abgründe* reiche, *wo die socialen Fragen nisten und lauern*, ihm, weil er *die Vergangenheit* begreife, eine *große Zukunft* prophezeite, ihn somit scharf von der *Beschränktheit* der anderen Republikaner absetzte, deutete er die Möglichkeit eines Bündnisses gegen den rein politischen Republikanismus an, ein Bündnis, das er im Herbst desselben Jahres konkretisieren wollte, als er Blanc für die »Revue du Progrès« Auszüge aus der Börne-*Denkschrift* in französischer Übersetzung anbot. Die Tatsache, daß Blanc ziemlich kühl mit dem Hinweis ablehnte, er sehe in Heines Text politische Tendenzen am Werk, die mit seinen eigenen unvereinbar seien, und Heine humorvoll, aber bestimmt eine baldige »Bekehrung« empfahl, vermochte dessen günstige Einschätzung Blancs vorerst nicht zu trüben: Im Artikel vom 12. Januar 1842 würdigte er ihn erneut als *einen der größten Denker Frankreichs* und sagte ihm nochmals eine *große Zukunft* voraus. Der Augsburger Zensor der »Allgemeinen Zeitung« lehnte jedoch den ganzen Blanc betreffenden Teil des Artikels ab, so daß Heine Jahre später bei der Bearbeitung in der *Lutezia* mit Hilfe der bei ihm verbliebenen Entwürfe einen neuen, nunmehr auf den 6. November 1840 vordatierten Artikel rekonstruierte, in welchem er das Urteil über Louis Blanc vielfach kritisch umformulierte, während die im Manuskript des Artikels vom 12. Januar 1842 niedergelegte, erheblich freundlichere Besprechung unbekannt blieb.

In diesem Artikel gab Heine auch einige biographische Informationen über Louis Blanc und dessen Familie, ein in Heines Korrespondenzberichten ungewöhnliches Verfahren, das eine gewisse Vertrautheit mit der Person des Publizisten nahelegt. Zum Beleg für Blancs Ausnahmestellung 1842 führte er dessen Schrift »L'Organisation du travail« von 1839 an, von der er sagte: *Glühende Sympathie für die Leiden des Volks, zeigt sich in jeder Zeile dieses kleinen Opus, und es bekundet sich darin zu gleicher Zeit jene Vorliebe für unbeschränkte Herrscherey, jene gründliche Abneigung gegen genialen Personalis-*

mus, wodurch sich Louis Blanc von einigen seiner republikanischen Genossen (...), auffallend unterscheidet. Damit benannte er die seiner Ansicht nach entscheidenden Fragen: die schon in Heines Saint-Simonismus-Rezeption festgestellte humanistische Tendenz (die Heine allen *Sozialisten* unterlegt) sowie Blancs aufs Systematische zielender Ansatz, den Heine hier gegen die rein liberale, *die Freyheit nur der Freyheit wegen* liebende Richtung ausspielt. Auch in dieser Hinsicht bestätigt sich wieder, daß Heine sich nie für die Details der Analyse interessiert, dagegen immer nur nach der wesentlichen Grundidee fragt und diese in seine schematische Darstellung einzupassen sucht.

Der Grundgedanke der »Organisation du travail«, die freie Konkurrenz sei für das Elend des Proletariats verantwortlich und darum durch staatliche Intervention, durch Bildung selbständiger Produktionskollektive zu beschränken und schließlich aufzuheben, entsprach einer gewissen antiliberalistischen Konstante in Heines politischen Anschauungen. Dazu kam Blancs allgemein anerkannte rhetorisch-stilistische Meisterschaft, die ihn für die Rolle eines *Volkstribunen* geeignet erscheinen ließ. Heine, der an die geschichtsträchtige Macht des Wortes glaubte und zudem den wachsenden Einfluß von Blancs Publizistik auf die Öffentlichkeit miterlebte, sah hier möglicherweise einen jener Männer am Werk, die der nächsten Revolution notwendig vorauszugehen hätten, vielleicht gar jenen *Guizot des Communismus*, den er für die nahe Zukunft prophezeite. Außerdem besaß Blanc wie zuvor die Saint-Simonisten eine universalhistorische Perspektive, welche die damalige politische und soziale Situation aus der geschichtlichen Entwicklung von der Antike über das Christentum, die englische und französische Revolution bis hin zur Ausprägung des Klassengegensatzes von »bourgeoisie« und »proletariat« ableitete und teilweise deutliche Parallelen zu Heines Darstellung in *De l'Allemagne* aufwies. Schließlich verband Blanc seine politisch-soziale Rolle mit der eines Historikers der Gegenwart. Der erste Band seiner »Histoire des dix ans«, mit der er zehn Jahre nach der Julirevolution die Geschichte der Julimonarchie zu schreiben unternahm, war ja der Anlaß zu Heines Darstellung im Artikel vom 12. Januar 1842 gewesen und stellte Blanc den führenden Politikern der Julimonarchie gegenüber, die ihrerseits ihre politische Karriere zum großen Teil als Historiker der Französischen Revolution von 1789 begonnen hatten, historisch auf eine andere Stufe, deutete voraus auf Blancs zukünftige Laufbahn. Alle diese Züge sowie Heines mangelndes Interesse für die ökonomischen Aspekte von Blancs Auffassungen, in denen andere Kritiker die große Schwäche von dessen Sozialtheorie entdeckten, machen begreiflich, daß der sozialistische Publizist für Heine bis 1842 eine Sonderstellung einnehmen konnte. Interessanterweise benutzte Heine in seiner Kritik Blancs nach dessen politischer Feuerprobe 1848 vor allem das Argument des *Mangels an Wissenschaft und Gelahrtheit*, d. h. er machte sich auf seine Weise die Fachkritik der bürgerlichen Nationalökonomen zu eigen, wie sie etwa sein Freund Michel Chevalier vorgetragen hatte.

Eine wichtige Mittlerfunktion zwischen Heine und Louis Blanc besaß zweifellos der elsässische Journalist und Sozialist Alexandre Weill, der zu Beginn des Jahres 1839 nach Paris gekommen war und bald eine Art Vertrauensstellung bei Heine eingenommen hatte, wobei von beiden Seiten freilich immer eine gewisse Hierarchie zwischen dem mittellosen jungen Journalisten und dem arrivierten Schriftsteller gewahrt blieb. Der vor Aktivismus übersprudelnde Weill gehörte ab Juni 1840 zu den Mitarbeitern an Blancs »Revue du Progrès«, für die er eine Reihe von beachtenswerten Artikeln lieferte. So stellte er etwa am 1. Juni 1840 ganz im Sinne Heines die politisch subversive Rolle von Hegels Philosophie heraus und führte Heine mehrfach als Chorführer einer literarisch-politischen Revolution in Deutschland an, gegen die die derzeitige kommerzialisierte und politisch träge französische Literatur ungünstig absteche. Auch in anderen Artikeln der »Revue du Progrès« kam Weill mehr oder minder ausführlich auf Heine zu sprechen, so daß sich auch von daher erklärt, daß Heine und Louis Blanc um diese Zeit feste Größen füreinander gewesen sein dürften. Insofern er ab Sommer 1842 in der »Revue indépendante« publizierte, begleitete Weill auch die Interessenverlagerung Heines von Blanc auf Pierre Leroux, die wichtigste Persönlichkeit unter den französischen Frühsozialisten.

Obwohl Heine glaubhaft versicherte, er habe Leroux bereits 1832 *in der Salle-Taitbout als einen der Bischöfe des Saint-Simonismus* kennengelernt, dürfte eine ernsthaftere Auseinandersetzung mit Leroux' Theorien erst in der zweiten Hälfte der dreißiger Jahre eingesetzt haben. Um die Jahreswende 1836/37 trat Leroux in den engeren Bekanntenkreis George Sands ein, bei der Heine gerade um diese Zeit ein und aus ging, so daß ab 1837 auch häufigere persönliche Kontakte zwischen beiden anzusetzen sind. Bei diesen persönlichen Begegnungen hat nun Heine die wichtige Bestätigung erfahren, daß seine in *De l'Allemagne* niedergelegte Interpretation der revolutionären Rolle der deutschen Philosophie bei einem der führenden Denker Frankreichs auf fruchtbaren Boden gefallen war. In der Tat bildete sich Leroux' Sozialphilosophie zu Beginn der vierziger Jahre in direkter Auseinandersetzung mit dem zuerst von Heine vermittelten Bild einer deutschen Philosophie heraus, welche die Transzendenz abgeschafft und Gott im Menschen entdeckt habe. Leroux belegte diese Vermittlerrolle Heines öffentlich in seinem Aufsatz »Du cours de philosophie de Schelling« vom Mai 1842, wo er nicht nur einen Satz Heines aus *De l'Allemagne* über Kants vernichtende Attacke gegen den Himmel zitierte und – ganz im Sinne Heines – hinzufügte, Hegel habe diese Entwicklung vollendet, sondern Heine auch – ohne ihn namentlich zu nennen – als »einen der geistreichsten Schriftsteller Deutschlands, direkten Schüler Hegels« apostrophierte, der eines Tages nach dem Essen ausgerufen habe: »Liebe Freunde, wir sind alle Götter, die gut zu abend gespeist haben!« So wurde Heine für Leroux zum Garanten einer »linkshegelianischen«, atheistischen Hegelinterpretation, die als negativer Gegenpol zu seinem eigenen, an dem Prinzip einer »Religion« festhaltenden Ansatz Bedeutung gewann. Umgekehrt versicherte Heine im Artikel vom 2. Juni 1842 – einen Monat nach Erscheinen von Leroux' Aufsatz –, Leroux habe ihm *vor sechs Jahren* gestanden, *erst aus der Allemagne von Henri Heine habe er die Einsicht gewonnen, daß die deutsche Philosophie nicht so mystisch und religiös sey wie man das französische Publikum bisher glauben machte, sondern im Gegentheil sehr kalt, fast frostig abstrakt und ungläubig bis zur Negazion des Allerhöchsten.*

Einen weiteren Verbindungspunkt zwischen Heine und Leroux – zumindest bis 1840 – lieferte ihre gemeinsame Gegnerschaft zu Victor Cousin, dem Philosophen des Eklektizismus und späteren

Unterrichtsminister. Hatte Heine Cousins Versuche zur Popularisierung der deutschen Philosophie in Frankreich im *Anhang* zur *Romantischen Schule* einer vernichtenden Kritik unterzogen, so griff Leroux seinerseits in Cousins Eklektizismus zugleich eine rationalistische »Verirrung« und einen politischen Machiavellismus an, der dem Wesen der Philosophie zuwiderlaufe. Cousin bildete auch den Kontrapunkt zu dem Porträt Leroux', das Heine im Frühjahr 1843 in einem zunächst für die »Allgemeine Zeitung« bestimmten, dort aber wegen »communistischer Grundlage« von der Redaktion abgelehnten und schließlich am 19. Juli 1843 in der »Zeitung für die elegante Welt« unter dem Titel »Kampf und Kämpfer« veröffentlichten Artikel entwarf. Heine wandte das Verfahren einer kontrastiven Darstellung an, wobei das Ganze von dem Vergleich der Kommunisten-Gemeinden mit der *Ecclesia pressa des ersten Jahrhunderts* umrahmt, Leroux' Porträt also vor dem Hintergrund einer universalhistorischen Bedeutung der kommunistischen Bewegung entwickelt wird. Hatte Heine bei Louis Blanc die mögliche Funktion eines *Kirchenvaters der Revoluzion* nur durch die Beziehung auf Rousseau angedeutet, so stellte er dies im Falle Leroux' als bereits vollzogene Tatsache hin und schlug damit zugleich die Brücke zu seiner Konzeption der Kommunisten als *Ecclesia pressa*: *Eine solche Rolle* [eines *Kirchenvaters der Revolution*] *spielt bereits Pierre Leroux*. In der Entwurfshandschrift hieß es an anderer Stelle noch deutlicher: *Hier* [in der »Revue indépendante«] *sehen wir ihn, in der That, als den ersten Kirchenvater des Communismus und in dieser Beziehung nimmt er ganz besonders unser Interesse in Anspruch.*

Was bildete die Grundlage zu einer solchen Einschätzung? Zunächst gewiß Heines Wertschätzung des Philosophen Leroux, dessen sozialpolitisches Engagement Heine offenbar die ganzen Jahre hindurch aufmerksam verfolgt hatte. Wenn er auch Leroux' neuere Arbeiten, aus denen er die Bezeichnung des *Kirchenvaters* ableitete, mit Ausnahme der Polemik gegen Cousin unbesprochen ließ, so charakterisierte er doch im weiteren Text des Artikels Leroux' Philosophie als einen Versuch, eine *kolossale Brücke* zu bauen, *die, aus einem einzigen Bogen bestehend, auf zwey Pfeilern ruhen soll, wovon der eine aus dem materialistischen Granit des vorigen Jahrhunderts, der*

andre aus dem geträumten Mondschein der Zukunft verfertigt worden, und diesem zweiten Pfeiler giebt er zur Basis irgend einen noch unentdeckten Stern in der Milchstraße. Wiederum war es der universalistische Ansatz, der Heine für Leroux' Theorie einnahm und den Leroux besonders in der Schrift »De l'humanité« entwickelt hatte, wo er sich eine Synthese von Materialismus und Spiritualismus zum Ziel setzte. Für Heine war damit ausgemacht, daß Leroux nicht mehr *die alte Religion mit der Philosophie zu flicken* suchte, sondern *die Philosophie mit dem Gewande einer neuen Religion* beschenkte. Doch wenn Heine in dem französischen Materialismus des 18. Jahrhunderts den einzigen *festen Pfeiler* von Leroux' Theorie sah, mithin die Überwindung des Christentums als grundlegende Basis postulierte, so nahm er damit eine Interpretation vor, die Leroux' komplexem Verhältnis zur Religion im allgemeinen und zum Christentum im besonderen keine Gerechtigkeit widerfahren ließ. Heine machte Leroux zu einem ›Junghegelianer‹ in seinem Sinn, ganz in der Art Weills, der Leroux zugerufen hatte, er nenne sich einen Schellingianer par excellence und sei doch ein waschechter Hegelianer. Der Abschnitt in Leroux' »De l'humanité«, wo dieser forderte, der Mensch solle endlich aufhören, ein imaginäres Paradies außerhalb der Welt, der Natur und des Lebens zu suchen, und sich der menschlichen »Realität« zuwenden, stand für Heine offenbar philosophiegeschichtlich auf derselben Stufe wie Feuerbachs Abschaffung des Himmels. Und Leroux' seit der »Humanité« erschienene Arbeiten stellten für Heine wie für Weill offenbar schon die nächste Etappe dar, in der die Philosophen sich nicht mehr mit der Kritik der Religion beschäftigten, sich vielmehr den Problemen der »organisation sociale« zuwandten und ein positives Gesellschaftssystem zu entwerfen suchten. Damit machte man den Leroux der Jahre 1842/43 – ganz gegen seinen Willen – zu einer Art ›Post-Feuerbachianer‹.
Neben dieser geschichtlichen Einordnung erschien Heine einige Detailkritik unwesentlich, die er gegen Leroux' Philosophie durchaus vorzubringen hatte und mit der er auch nicht hinter dem Berg hielt. So warf er ihm nicht nur Mangel an *Methode* vor, sondern kritisierte auch seine Konzeption der unendlichen Vervollkommnung der Menschheit: *An der* immortalité de l'âme *kaut Leroux beständig,*

ohne davon satt zu werden; es ist dies nichts als ein perfekzionirtes Wiederkäuen der ältern Perfektibilitätslehre. Was Heine hier mit einer Handbewegung abtat, war freilich für Leroux eine zentrale Frage, da er entschieden an der »Unendlichkeit« des menschlichen Fortschritts und damit auch an der Vorstellung einer religiösen Transzendenz festhielt. Die ›junghegelianische‹ Konzeption einer rein immanenten Realisierung des Göttlichen im Menschen lehnte er ausdrücklich mit der Begründung ab, daß damit das Phänomen der Religion verfehlt sei. Für Heine aber blieb bestimmend, daß Leroux schon in den dreißiger Jahren das Ende des Christentums konstatiert hatte.

Ein anderer Punkt mag Heine in der Meinung bestärkt haben, daß Leroux wirklich der »postreligiösen« Etappe der Philosophiegeschichte angehörte: die wachsende Kluft zwischen Leroux und Lamennais, über die Heine auch schon zu einem Zeitpunkt privat informiert gewesen sein mag, als sie noch nicht notorisch geworden war. Am 10. September 1841 berichtete Leroux George Sand über eine Art Verrat Lamennais' an der guten Sache. Wie für Heine, so blieb Lamennais auch für Leroux ein »Priester«, der als solcher per definitionem keinen wesentlichen Beitrag zur zukünftigen Gesellschaftsordnung leisten konnte. Außerdem setzte sich Lamennais gerade zu dem Zeitpunkt offen von Sozialismus und Kommunismus ab, da Leroux die Bezeichnung Kommunist für sich selbst – aus Solidarität mit dem »peuple« – zu akzeptieren bereit war. »Dann, beste Freundin«, schrieb er am 15. September 1841 an George Sand, »sind Sie Kommunistin, ohne es zu wissen, und ich bin Kommunist«, und man darf davon ausgehen, daß sich Heine über diese Diskussionen, die der Gründung der »Revue indépendante« durch Leroux, G. Sand und Viardot unmittelbar vorausgingen, bei seiner *cousine* interessiert erkundigte. Die Beschreibung von Leroux' ärmlichen Lebensumständen gab Heine im Artikelschluß nochmals Gelegenheit, die moralische Haltlosigkeit der rein auf dem Geldprinzip gebauten Gesellschaft der Julimonarchie herauszustellen und dagegen das gewaltige Kraftpotential des *Communismus* durch den Rahmenvergleich mit dem Christentum anzudeuten: *Die heutige Gesellschaft vertheidigt sich nur aus platter Nothwendigkeit, ohne Glauben an ihr Recht, ja ohne Selbstachtung, ganz wie jene ältere Gesellschaft, deren morsches Gebälke zusammenstürzte, als der Sohn des Zimmermanns kam.*

Außer Louis Blanc und Pierre Leroux erreichte keiner der anderen französischen Sozialisten vergleichbare Bedeutung für Heine. Fourier nannte Heine erst 1843 in dem erwähnten Artikel »Kampf und Kämpfer«, offenbar unter dem Eindruck der aktiven Fourieristenschule in Paris, zu der wiederum Alexandre Weill gute Beziehungen unterhielt. Heine stellte die Fourieristen mit den Saint-Simonisten historisch auf eine Stufe und sagte ihnen voraus, sie würden über kurz oder lang zu dem *wachsenden Heere des Communismus* überlaufen. Fourier selbst habe er früher oft gesehen, wie er *in seinem grauen, abgeschabten Rocke, längs den Pfeilern des Palais-Royal hastig* dahinschritt, *die beiden Rocktaschen schwer belastet, so daß aus der einen der Hals einer Flasche und aus der andern ein langes Brod hervorguckten.* Mit dieser Beschreibung des Durchschnittsfranzosen belegte Heine ähnlich wie bei Leroux die Echtheit der Lebensverhältnisse, aus denen Fouriers Theorie entsprang; doch von einer Auseinandersetzung mit dem Fourierismus, den ja Engels zu gleicher Zeit als wahre »Sozialphilosophie« würdigte, konnte bei Heine keine Rede sein.

Auffallend ist Heines Stillschweigen über Proudhon, sieht man einmal von der Parodie in *Atta Troll* ab, wo Heine den *Tendenzbären* proudhonistische Thesen vertreten ließ. Obwohl Heine nach Meissners Bericht Proudhon persönlich kannte, äußerte er sich nie direkt über ihn. Das sensationelle Schlagwort vom Eigentum als Diebstahl scheint das einzige, was er von ihm rezipierte. Der Grund mag vielleicht darin zu suchen sein, daß Proudhon als eine Art »Einzelkämpfer« auftrat, außerhalb jeder politischen Organisation oder geistigen Schule. Auch bei den Junghegelianern setzte die eigentliche Auseinandersetzung um Proudhons Thesen und Schriften erst 1844 ein, d. h. zu einem Zeitpunkt, als sich Heines Interesse von den französischen Gruppierungen auf den Kreis um Marx, Ruge und Moses Heß verlagert hatte.

Die Kommunisten

Parallel zu Heines Beschäftigung mit den sozialistischen Theoretikern verlief seine in den Jahren 1840 bis 1843 immer präziser werdende Akzentuierung der aus zahlreichen Untergruppen bestehenden und in ihren Grenzen unscharfen kommunistischen Bewegung in Frankreich, die damals selbstverständlich noch keinerlei marxistische Färbung besaß. Sie zeichnete sich nach Heine vor allem dadurch aus, daß sie überhaupt keine traditionellen politischen Programmpunkte vertrat, sondern rein materielle Forderungen nach Umverteilung der Güter stellte und zum gewaltsamen Kampf für diese Ziele aufrief. 1840 erläuterte er noch eher vage: *Die Bourgeoisie, nicht das Volk, hat die Revoluzion von 1789 begonnen und 1830 vollendet, sie ist es, welche jetzt regiert, obgleich viele ihrer Mandatarien von vornehmem Geblüte sind, und sie ist es, welche das andringende Volk, das nicht bloß Gleichheit der Gesetze, sondern auch Gleichheit der Genüsse verlangt, bis jetzt im Zaum hielt. Die Bourgeoisie, welche ihr mühsames Werk, die neue Staatsbegründung, gegen den Andrang des Volkes, das eine radikale Umgestaltung der Gesellschaft begehrt, zu vertheidigen hat, ist gewiß zu schwach, wenn auch das Ausland sie mit vierfach stärkeren Kräften anfiele, und noch ehe es zur Invasion käme, würde die Bourgeoisie abdanken, die unteren Classen würden wieder an ihre Stelle treten, wie in den schrecklichen neunziger Jahren, aber besser organisirt, mit klarerem Bewußtseyn, mit neuen Doktrinen, mit neuen Göttern, mit neuen Erd- und Himmelskräften; statt mit einer politischen, müßte das Ausland mit einer socialen Revoluzion in den Kampf treten.* Im Artikel vom 20. Juni 1842 dann benannte er den Protagonisten der *Revoluzion*: den *Communismus*. 1843 stellte sich für ihn der Übergang der sozialistischen Theoretiker zu den Kommunisten als unabwendbare Erscheinung dar, und mit eben dieser Begründung leitete er seine Besprechung Pierre Leroux' ein. Seine Sicht der Kommunisten als einer von *dämonischer Nothwendigkeit* getriebenen Partei bzw. als einer dem frühen Christentum vergleichbaren quasireligiösen Bewegung schloß die sozialistischen Denker mit ein, die, *dem rohen Bedürfnisse das gestaltende Wort leihend*, sich an die Spitze der *Parthey* setzten.

Diese Konzeption einer ihrem Wesen nach einheitlichen Bewegung hielt ihn auch davon ab, innerhalb der französischen Kommunisten zwischen einzelnen Richtungen zu differenzieren, und es wäre verfehlt, Heines zwischen 1841 und 1843 in der »Allgemeinen Zeitung« veröffentlichte Äußerungen über die Kommunisten einseitig auf die Neobabouvisten zu beziehen, andere Gruppierungen aber auszuschließen. Als aufmerksamer Leser der französischen Tagespresse, als guter Beobachter des Pariser Volks, schließlich als persönlicher Bekannter Blancs, Leroux', Weills und anderer war Heine über das, was er *die Communisten* nannte, relativ gut informiert. Um so bedeutsamer ist es, daß er von den Fraktionsbildungen und Richtungskämpfen innerhalb der Kommunisten keinerlei Notiz nahm. Wie wenig er bereit war, sich auf feine Unterschiede einzulassen, zeigt schon sein Zögern bei der Abfassung des Artikels vom 30. April 1840, als er bei seinem Bericht über die Propagandaschriften der Arbeitervorstädte das Adjektiv *bornirt* erst auf Babeuf, danach auf Cabet anwandte, bevor er dann nur noch allgemein von der *Beschränktheit* der Republikaner sprach. Als er im Artikel vom 11. Dezember 1841 zum erstenmal den Begriff *Communisten* gebrauchte, tat er dies im Anschluß an die öffentliche Diskussion, die die Parallelprozesse um das Attentat Quénissets und die »Humanitaires« ausgelöst hatten, jener Gruppe, die sich im Unterschied zu den rein neobabouvistischen Travailleurs égalitaires als »materialistische Kommunisten« bezeichnet hatte und deren radikale Forderungen damals in mehreren französischen und auch deutschen Blättern kolportiert worden waren. Vielleicht mag für Heine eine Rolle gespielt haben, daß die »communistes matérialistes« die ersten waren, die als Gruppe militant antireligiös auftraten – doch können derartige Erwägungen allenfalls Erklärungen für die eine oder andere Reaktion Heines bereitstellen, nie aber seine Konzeption einer einheitlichen Bewegung beeinträchtigen.

Auch bei Heines anderen Äußerungen über den *Communismus* zwischen 1841 und 1843 lassen sich keine eindeutigen Zuweisungen vornehmen. Einige Schlagworte wie das der Kunstfeindlichkeit (wobei die Stellung zu Künsten und Wissenschaft innerhalb der Neobabouvisten umstritten war und die *Abschaffung* der Künste keineswegs eine so ausgemachte Angelegenheit war) oder die Forderung nach *Gleichheit der Genüsse* weisen in der Tat eher auf Neobabouvisten und »Materialisten«, während das Prinzip der *Fraternität*, welches *der Troß der Communisten* im Munde führe, auf unmilitantere Richtungen wie Cabets »Icarier« oder die »Idealisten« um Lahautières Zeitschrift »La Fraternité« deuten. Der allen Richtungen gemeinsame Programmpunkt der Kommunisten blieb für Heine in den vierziger Jahren die Veränderung der Eigentumsverhältnisse, ohne daß er sich allerdings in die daran anschließenden ökonomischen Diskussionen einließ. Im Artikel vom 17. September 1842 zitierte er einen *kommunistischen Freund* (Alexandre Weill?), der ihm erklärt habe, *das Eigenthum wird keineswegs abgeschafft werden, aber es bekömmt eine neue Definizion.* Doch machte er deutlich, daß für ihn eine solche Neuorganisierung des Eigentums in ihren *letzten Consequenzen* doch auf eine Abschaffung hinausliefe. Dabei bleibt charakteristisch, daß er die Eigentumsdiskussion nie als isoliertes Phänomen auffaßte, sondern immer nur als die Kehrseite der im Frankreich der Julimonarchie herrschenden staatlich-gesellschaftlichen Ordnung. Die Kritik der Eigentumsidee durch die Kommunisten war für ihn von der Einsicht nicht zu trennen, daß diese Eigentumsidee eben den *Grundpfeiler der heutigen Gesellschaft* darstellte.

So wie Heines Verhältnis zu den Kommunisten nur in der Verflechtung mit seiner Kritik der damaligen Gesellschaft zu fassen ist, so lassen sich auch seine Ausführungen über Sozialisten und Kommunisten nur als Ganzes begreifen, selbst wenn dadurch eine gewisse Widersprüchlichkeit in Kauf genommen werden muß. Die kommunistische Massenbewegung, die auf eine gewaltsame Änderung der Gesellschaft hinzielte, und die sozialistischen Schriftsteller und Theoretiker, die sich *mit der leidenden Menschheit* befaßten und *Heilmittel* ersannen für deren *achtzehnhundertjähriges Gebreste*, bilden eine dialektische Einheit, deren innere Antithetik (etwa zwischen Revolution und Reform) er offenbar nicht lösen wollte. Wenn er im Artikel vom 17. September 1842 über die materielle Lage der englischen Fabrikarbeiter berichtete und ausrief, *nur sociale Ideen könnten hier eine Rettung aus der verhängnißvollsten Noth herbeyführen*, schien er die Möglichkeit einer reformistischen Lösung in Erwägung zu ziehen. Doch im selben Augenblick deutete er die wachsende Kluft zwischen Arm und Reich als einen Antagonismus, der eine *sociale Umwälzung* zur Folge haben könne, *wogegen die französische Revoluzion als sehr zahm und bescheiden erscheinen dürfte*. Dieser Dualismus von sozialer Reform einerseits und gewaltsamer Revolution andererseits, den Heine ja auch zwölf Jahre später im nachgelassenen Gedicht *Die Wanderratten* gestaltete, blieb bei ihm ein dauerndes Dilemma, das seine publizistisch-poetische Wirkung z.T. aber gerade aus den inhärenten ungelösten Spannungen zog. Auch die Begegnung mit Marx Ende 1843 – so wichtig sie im persönlich-psychischen Bereich war – vermochte Heines Sozialismusauffassung nicht entscheidend zu modifizieren, die sich nach wie vor charakteristisch zwischen einem utopischen (dem *noch unentdeckten Stern in der Milchstraße*) und einem praktisch-humanitären Pol (*daß alle Menschen das Recht haben zu essen*) spannte. Ohne näher auf das Verhältnis von Wissenschaft und Utopie im Sozialismus einzugehen, sei hier nur soviel festgehalten, daß Marx' Rückgriff auf die Wissenschaft von Heine, soweit er ihn damals überhaupt orten konnte, immer nur als ein philosophisch-politischer, nie aber als ein anti-utopischer Akt verstanden wurde, ebensowenig wie Heine je einen grundsätzlichen Unterschied zwischen dem »wissenschaftlichen« Sozialismus eines Marx, dem »wahren« Sozialismus eines Moses Heß und den »Ideologen« Feuerbach und Bruno Bauer machte. Für ihn lieferte diese Gruppe als Ganzes eben den Beleg für seine Prophezeiung, daß sich die Philosophen nunmehr der Einlösung der Utopie vom *Himmelreich auf Erden* zuwenden würden.

Als bedeutsamster Beleg für Heines Einstellung zum bereits marxistisch geprägten Kommunismus kann eine Äußerung gelten, die dem 1844 entstandenen Fragment der sogenannten *Briefe über Deutschland* entstammt:

Die Vernichtung des Glaubens an den Himmel hat nicht bloß eine moralische, sondern auch eine politische Wichtigkeit: die Massen tragen nicht mehr mit christlicher Geduld ihr irdisches Elend, und lechzen nach Glückseligkeit auf Erden. Der Kommunismus ist eine natürliche Folge dieser veränderten Weltanschauung, und er verbreitet sich über ganz Deutschland. Es ist eine eben so natürliche Erscheinung, daß die Proletarier in ihrem Ankampf gegen das Bestehende die fortgeschrittensten Geister, die Philosophen der großen Schule, als Führer besitzen; diese gehen über von der Doktrin zur That, dem letzten Zweck alles Denkens, und formuliren das Programm. Wie lautet es? Ich hab es längst geträumt und ausgesprochen in den Worten: »Wir wollen keine Sanskülotten seyn, keine frugale Bürger, keine wohlfeile Präsidenten: wir stiften eine Demokrazie gleichherrlicher, gleichheiliger, gleichbeseligter Götter. Ihr verlangt einfache Trachten, enthaltsame Sitten und ungewürzte Genüsse; wir hingegen verlangen Nektar und Ambrosia, Purpurmäntel, kostbare Wohlgerüche, Wollust und Pracht, lachenden Nymphentanz, Musik und Comödien«.

Die Tatsache des Selbstzitats aus *Zur Geschichte der Religion und Philosophie in Deutschland* belegt, daß es Heine hier nicht um eine neue Perspektive, sondern im Gegenteil um den Nachweis einer konstanten Einschätzung seit der Mitte der dreißiger Jahre ging: So hatte er das Bündnis zwischen Philosophie und Proletariat schon etwa in Leroux' Schriften begrüßt; spätestens 1842 war er auch über das politische Engagement der Junghegelianer informiert. Schon ein Jahr vor Marx hatte Moses Heß Heine in der Ansicht bestärkt, er habe mit seinem philosophiegeschichtlichen Essay wesentlich zur Bildung einer politisch aktiv werdenden philosophischen Schule beigetragen, ja diese Entwicklung in gewisser Weise initiiert. Möglicherweise von der Auseinandersetzung mit Leroux und dem Umgang mit Weill angeregt, hatte sich Heine 1842 ein Exemplar von Hegels »Philosophie der Geschichte« zugelegt, es ausführlich durchgearbeitet und seine Kenntnisse der Hegelschen Geschichtsauffassung aktualisiert; die damalige Hegel-Lektüre hat unmittelbare Spuren im Artikel für die »Allgemeine Zeitung« vom 20. März 1843 hinterlassen. Auch das 1842 entstandene Gedicht *Doktrin* legt Zeugnis von dieser Selbsteinschätzung Heines im Popularisierungsprozeß der Hegelschen Philosophie ab. All dies unterstreicht eine gewisse Kontinuität, und im Sinne dieser Kontinuität formulierte er als Programm der *fortgeschrittensten Geister* seine eigene Vision einer pantheistischen, den Menschen auf

Erden Erlösung verheißenden Genußreligion. 1844 sah er in den Junghegelianern von Feuerbach bis Marx die wirkungsvollsten *Führer* der sozialen Bewegung, wirkungsvoller wohl als zuvor Louis Blanc und Pierre Leroux in Frankreich, zumal sie von dem Ikonoklasmus-Vorwurf frei blieben. Doch das Programm, unter dem er diese *Führer* antreten sah, blieb sein sensualistisches Gleichheitsprogramm der dreißiger Jahre. Daß Heine die Verbindung dieses Programms mit der Erfahrung der neuen politischen Situation in Deutschland literarisch fruchtbar zu machen verstand, zeigt unter anderem das *Wintermährchen*. Dort wird auch im *Caput I* erneut sichtbar, daß der Ausgangspunkt dieses Programms die Religionskritik blieb:

Ein neues Lied, ein besseres Lied,
O Freunde, will ich Euch dichten!
Wir wollen hier auf Erden schon
Das Himmelreich errichten.

Wir wollen auf Erden glücklich seyn
Und wollen nicht mehr darben;
Verschlemmen soll nicht der faule Bauch
Was fleißige Hände erwarben.

Je länger sich Heine mit den Kommunisten befaßte, desto mehr reifte in ihm die Überzeugung, daß es sich um die *einzige Parthey in Frankreich* handle, *die eine entschlossene Beachtung verdient*. Als er dies in der »Allgemeinen Zeitung« auch öffentlich zu sagen versuchte, rief er damit die Redaktionszensur auf den Plan, die derartige Äußerungen unterband, was schließlich 1843 zur Einstellung seiner politischen Korrespondenzen führte. Für die Zeit vor 1848 bleibt festzuhalten, daß ihm der Kommunismus als die schier mit geschichtlicher Notwendigkeit eintretende Konsequenz des korrumpierten *Bourgeoisieregiments* der Julimonarchie erschien. Nach einem spektakulären Wahlsieg der Opposition in Paris und Umgebung bei den Wahlen zur Deputiertenkammer im Sommer 1842 beschlich ihn allerdings die Vorstellung, es könnte sich daraus ein Krieg zwischen Frankreich und Deutschland entwickeln, den *beiden edelsten Völkern der Civilisazion*, der dann den Auftakt gäbe zu einer *Welterschütterung*, einem großen *Zweykampf der Besitzlosen mit der Aristokratie des Besitzes*, an dessen Ende alle Privilegien und Diskriminierungen vernichtet sein würden: *Da wird weder von Nazionalität noch von Religion die Rede seyn: nur Ein Vaterland wird es geben, nemlich die Erde, und nur Einen Glauben, nemlich das Glück auf Erden.* Zugleich aber sah Heine die Gefahren für alle Individualität: *Es wird vielleicht alsdann nur Einen Hirten und Eine Heerde geben, ein freyer Hirt mit einem eisernen Hirtenstabe und eine gleichgeschorene, gleichblökende Menschenheerde! (...) Die Zukunft riecht nach Juchten, nach Blut, nach Gottlosigkeit und nach sehr vielen Prügeln. Ich rathe unsern Enkeln, mit einer sehr dicken Rückenhaut zur Welt zu kommen.*

Diese Angst vor dem Proletarierregime verstärkte sich nach 1848, war aber stets mit einer geradezu fatalistischen Zustimmung zur historischen Unabwendbarkeit des Kommunismus verbunden. Im März 1855, ein Jahr vor seinem Tod, schrieb er in einem Entwurf zur *Préface* der französischen Ausgabe der *Lutezia*:

Nur mit Grauen und Schrecken denke ich an die Zeit wo jene dunklen Iconoklasten zur Herrschaft gelangen werden: mit ihren rohen Fäusten zerschlagen sie als dann alle Marmorbilder meiner geliebten Kunstwelt, sie zertrümmern alle jene phantastischen Schnurrpfeifereyen die dem Poeten so lieb waren; sie hacken mir meine Lorbeerwälder um und pflanzen darauf Kartoffeln; die Liljen welche nicht spannen und arbeiteten und doch so schön gekleidet waren wie König Salomon, werden ausgerauft aus dem Boden der Gesellschaft wenn sie nicht etwa zur Spindel greifen wollen; den Rosen den müßigen Nachtigallbräuten geht es nicht besser, die Nachtigallen, die unnützen Sänger werden fortgejagt und ach! mein Buch der Lieder wird der Krautkrämer zu Düten verwenden um Kaffe oder Schnupftabak darin zu schütten für die alten Weiber der Zukunft – Ach! das sehe ich alles voraus und eine unsägliche Betrübniß ergreift mich wenn ich an den Untergang denke womit meine Gedichte und die ganze alte Weltordnung von dem Communismus bedroht ist –.

Gegen alle Erwartung ließ Heine auf diese bis zur Karikatur gesteigerte Vision die bedingungslose Ergebung in das *Communistenregiment* folgen. Zwei Argumente von großem Gewicht ließen es als das kleinere Übel erscheinen: zum einen sein alter Haß auf die *sogenannten Vertreter der Nazionalität in Deutschland*, die *falschen Patrioten* und Xenophoben, denen *ganz sicher der Communismus den Garaus* machen werde. Schon elf Jahre zuvor, in einer von der Zensur unterdrückten Passage des Nachrufs auf Ludwig Markus vom April 1844, hatte Heine von *jener Verbrüderung der Arbeiter in allen Ländern* gesprochen, *von dem wilden Heere das alles Nazionalitätenwesen vertilgen will um den gemeinschaftlichen Zweck in ganz Europa zu verfolgen*, und damit den internationalistischen Aspekt des Frühkommunismus unterstrichen, der ihm wohl durch seinen Umgang mit Moses Heß, Marx, Ruge und anderen und deren Bemühungen um eine »alliance« mit den französischen Kommunisten bewußter geworden war, den er aber auch schon zuvor in seiner Parallelisierung der englischen und französischen Bewegung festgestellt hatte. Hier sah er eine Kraft wachsen, von der er überzeugt war, sie werde den Nationalisten, *die nur Raçe und Vollblut und dergl. Roßkammgedanken im Kopfe tragen*, mitsamt *ihren Träumen von germanischer, romanischer und slavischer Volksthümlichkeit ein Ende machen.* Zum andern kam eine gewisse *Großmuth* ins Spiel: Angesichts des kommunistischen Versprechens, wonach *alle Menschen das Recht haben zu essen*, war Heine bereit, dafür notfalls die alte Welt zum Teufel gehen zu lassen, samt seinem *Buch der Lieder: Gesegnet sey der Krautkrämer der einst aus meinen Gedichten Tüten verfertigt worin er Kaffe und Schnupftabak schüttet für die armen alten Mütterchen, die in unserer heutigen Welt der Ungerechtigkeit vielleicht eine solche Labung entbehren müßten – fiat justitia et pereat mundus!*

SECHSTES KAPITEL

Auslandskorrespondent

Zeit-Reflexionen

Die Übersiedlung nach Paris hatte Heine erstmals seit Jahren wieder die Möglichkeit zu umfassender journalistischer Betätigung eröffnet. »Dort müssen Sie schreiben, für hier«, hatte die mütterliche Freundin Rahel Varnhagen aus Berlin geraten und damit das Programm festgelegt, nach dem Heine seine journalistische Arbeit gestaltete. Erst in der französischen Hauptstadt nahmen seine Vorstellungen von Funktion und Praxis der Publizistik scharfe Konturen an. Die Voraussetzungen dazu boten zum einen die Struktur und der Entwicklungsstand des französischen Pressewesens und zum anderen das Informationsnetz, das die deutsche Presse damals in Paris ausgelegt hatte, um politisches und kulturelles Zeitgeschehen nach Deutschland zu vermitteln. Paris stellte somit zugleich Stoff und Struktur der Berichterstattung.

Die zeitgenössische Presse blieb für Heine immer die wichtigste Materialquelle seiner Arbeit. Man hat vielfach nachgewiesen, wie er diese Informationen verarbeitete. Tägliche ›Überwachung‹ der wichtigsten Pariser Blätter – sei es durch eigene Lektüre im Lesekabinett, sei es durch Befragung befreundeter Kollegen wie List und Seuffert – gehörte zu den Grundvoraussetzungen der journalistischen Arbeit. Die allgemein zugänglichen Quellen wurden ergänzt durch persönliche Beziehungen zu politischen und diplomatischen Kreisen sowie zu Vertretern der – damals bisweilen eigene Kuriere beschäftigenden – Hochfinanz. So verfügte Heine etwa in der Damaszener Judenaffäre über Insiderinformationen. Für die erste Jahreshälfte 1840 sind auch seine Beziehungen zum Kreis um den Ministerpräsidenten Thiers in Rechnung zu stellen. Der Informationsbeschaffung diente schließlich der tägliche Gang in die Cafés am Palais Royal, die als eine Art Nachrichtenbörse fungierten, wo man Bekannte traf, Neuigkeiten austauschte und das Tagesgeschehen kommentierte. Natürlich konnte nur ein Bruchteil der von Heine wahrgenommenen und zur

Verarbeitung in Betracht gezogenen Nachrichten in die eigenen Texte eingehen. Darum kommt einer Untersuchung der jeweiligen Selektionsprozesse besondere Bedeutung zu. Die Frage, worüber Heine nicht berichtet, ist zuweilen genauso aufschlußreich wie die nach dem Untersuchungsgegenstand.

Bei alldem ist jedoch in Rechnung zu stellen, daß Heine nur in Ausnahmefällen auf besonders aktuelle tagespolitische Informationen aus war. Ihm ging es eher um die richtige Einschätzung der Dinge, die Unterscheidung von Wichtigem und Belanglosem, um das Aufspüren der zukünftigen grundlegenden Entwicklungen. Insofern stellte er etwa die Beschreibung und Beurteilung von Personen in den Vordergrund, die übergreifenden Situationsanalysen, das Auffinden des charakteristischen Merkmals oder Details. Informationsbeschaffung hieß darum für ihn Offenheit eben zur Wahrnehmung solcher oft unscheinbaren Einzelheiten, deren Funktion als *Signatur* der Zeit – ein Schlüsselwort für Heines Konzeption der Berichterstattung – sich nur dem wachen Kombinationsvermögen des distanzierten Beobachters erschloß. Für solches Spurenlesen, die Suche nach den signifikanten Merkmalen, bedurfte es nicht so sehr der Masse an Nachrichten, sondern des geeigneten Apperzeptionsapparats, wozu freilich auch das Einbeziehen des eigenen Standpunkts gehörte, und zwar nicht nur bei der Wahrnehmung von Geschichte, sondern auch bei ihrer Beschreibung, d. h. eine Reflexion über die Stelle, die der Beobachter selbst im Informationssystem einnahm.

Heine unterschied immer zwischen reinem Nachrichtenjournalismus und der journalistischen Reflexion über Nachrichten und Ereignisse. Ersteres überließ er geflissentlich anderen. In der »Allgemeinen Zeitung« waren damals Joseph Savoye, Seuffert, Audibert und Foelix dafür zuständig. Heine nahm für sich dagegen einen Freiraum zum Kommentieren in Anspruch, der auch einen gewissen Abstand zum Ereignis voraussetzte. Das zweite Spezifikum betraf den Platz innerhalb des von der Zeitung angebotenen Meinungsspektrums. Einer der Grundsätze der Augsburger Redaktion bestand darin, durch Meinungspluralismus eine gewisse Objektivität anzustreben. Angesichts fehlender Parteigruppierungen nimmt es allerdings nicht wunder, daß die Grenzen zwischen den einzelnen Positionen von Fall zu Fall, von Ereignis zu Ereignis schwankten, wie ja auch die politischen Konstellationen durchaus noch nicht festgeschrieben waren. Von besonderem Interesse ist die Rollenverteilung bei der Wiederaufnahme von Heines Berichterstattung im Frühjahr 1840. Während etwa Foelix und Audibert im Sinne des zurückgetretenen konservativen Kabinetts Soult argumentierten und Ferdinand von Eckstein das gesamte konstitutionelle »Repräsentativsystem« von einer Position konservativen Erneuerungswillens her kritisierte, schloß sich Heine eher Friedrich List an, der damals für eine Vermittlung des linken Zentrums mit den gemäßigten Konservativen eintrat, ganz im Sinne der von Thiers dann am 1. März 1840 gebildeten neuen Regierung. Was Heines erste Korrespondenzen freilich von vergleichbaren Artikeln Lists und Savoyes unterschied – vor allem, wenn man die von der Redaktion gestrichenen oder zurückgewiesenen Passagen in Rechnung stellt –, war insbesondere der kritische, respektlose Ton gegenüber Louis-Philippe. Erst im Artikel vom 9. April 1840 fand Heine zu einer ausgewogeneren Darstellung des Bürgerkönigs, welche die Zensur unbeschadet überstehen konnte, dafür aber auch seine Besonderheit im Berichtspektrum der »Allgemeinen Zeitung« fürs erste abschwächte. Bereits ab Ende April ging Heine dann allerdings in der Hervorhebung der sozialen Spannung – ein Thema, bei dem er sich übrigens mit dem konservativ-linkskatholischen Eckstein traf – und in der Affäre der Juden von Damaskus, bei der er sich als unbeugsamer Kritiker der Regierung Thiers erwies, wieder eigene Wege. Auch seine konsequente Besprechung des Kommunismusthemas ab Dezember 1841 hob ihn von den anderen Korrespondenten ab. In allen diesen Fällen läßt sich das Besondere seiner Position nur vor dem Hintergrund der allgemeinen Berichterstattung der »Allgemeinen Zeitung« verstehen.

Aufgrund seiner raschen Integration in die tonangebenden literarischen Kreise und angesichts der – relativ – günstigen Marktchancen für deutsche Kultur und Wissenschaft in Paris bot sich Heine die Aussicht, für die Vermittlung Deutschlands an das französische Publikum aktiv zu werden. Daraus entstanden Projekte wie die Zeitschrift »Europe littéraire«, an deren Genese Heine entscheidenden Anteil nahm und die ihrerseits für Heines Deutschlandschriften der dreißiger

Jahre Pate stand. Damit diversifizierten sich sowohl Heines journalistische Praxis wie auch die Vermittlungsprozesse, an denen er teilhatte. Im großen und ganzen lassen sich zwei Grundformen solcher Praxis feststellen. Die eine tendierte zum Essay, umfaßte größere Einheiten und war meist für Zeitschriften bestimmt, wie die Arbeiten über die Pariser Gemäldeausstellung, über Religion und Philosophie in Deutschland, über neuere deutsche Literatur und über das französische Theater. Da ihnen meist ein spezieller Gegenstand und eine von vornherein abgesteckte Schreibintention zugrunde lagen, ließen sie sich später verhältnismäßig leicht zu Buchpublikationen zusammenfassen oder umarbeiten. Sie waren bereits in ihrer Zeitschriftenform in der Regel mit Heines Namen unterzeichnet. Dementsprechend waren Heines Zugeständnisse an die journalistische Veröffentlichungsform eher gering. Sie betrafen allenfalls die Artikellänge und die Möglichkeit einer Unterteilung in Kapitel, die im Umfang einem Aufsatz entsprachen. Ihre Informations- und Unterhaltungsintention deckte sich im allgemeinen mit der Buchpublikation. Das zweite Modell schloß enger an eigentliche journalistische Traditionen an. Es betraf die politische und auch kulturelle Berichterstattung aus Paris für Tageszeitungen, überwiegend für die Augsburger »Allgemeine Zeitung«. Manches erschien auch in anderen Blättern wie der Leipziger »Zeitung für die elegante Welt« oder französischen Periodika, der Schwerpunkt lag jedoch bei der »Allgemeinen Zeitung«. Innerhalb dieses Grundmodells läßt sich wiederum unterscheiden zwischen einer Langform (die Heine Cotta gegenüber als *große fortlaufende Aufsätze* bezeichnete) und einer Kurzform, der sogenannten *Tageskorrespondenz* bzw. den *Tagesberichten*. Beide Formen differieren nicht nur im Umfang, sondern auch in der jeweiligen Verteilung von Erzählung und Räsonnement. Die Mischung beider Formen ist charakteristisch für die zwischen 1840 und 1848 geschriebenen Texte, wobei jedoch eine Tendenz zur Großform des ausgearbeiteten Artikels festzustellen ist.

Heines Berichterstattung für die »Allgemeine Zeitung« gliedert sich in zwei Etappen. Eine erste Artikelserie von 1831 und 1832 erschien im Dezember 1832 als Buch unter dem Titel *Französische Zustände*. Die zweite Serie von Artikeln Heines, von denen die meisten später Aufnahme in die beiden *Lutezia*-Bände fanden (1854), umfaßt die Jahre

1840 bis 1844, mit einigen Ausläufern, die bis ins Revolutionsjahr 1848 reichen. Angesichts der neuen innenpolitischen Dynamik (die sich abzeichnende erste parlamentarische Niederlage des Bürgerkönigs in der Frage der finanziellen Ausstattung des zweiten Sohns von Louis-Philippe durch das Staatsbudget anläßlich seiner Heirat) beschloß Heine im Februar 1840, auf seinem *Wachtposten* wieder aktiv zu werden. Voraus ging zwischen Oktober und November 1831 eine Folge von Korrespondenzen über die jüngste *Gemäldeausstellung in Paris* für das Stuttgarter »Morgenblatt«, die 1833 im ersten Band des *Salon* und zugleich auf französisch im Sammelband *De la France* (1833) erschien. Für diese sowohl politische als auch feuilletonistische Publizistik setzte Heine mit großem Erfolg den seit den *Briefen aus Berlin* neu entwickelten Prosastil ein. Vergleicht man Inhalt und Form der jeweiligen Artikelserien, so läßt sich in den Berichten der vierziger Jahre einerseits zunehmende Sachkenntnis und andererseits eine Verfeinerung des literarisch-rhetorischen Instrumentariums gegenüber den Korrespondenzen der dreißiger Jahre beobachten. Diese Artikel gelten mit Recht als die politisch differenziertesten Texte Heines und zeichnen sich ferner dadurch aus, daß sich in ihnen Selbst-, Redaktions- und amtliche Zensur überlagern.

Gegenseitige Aufklärung der ›Erbfeinde‹ war Heines Hauptanliegen als politischer Publizist. Über seine Mission als Vermittler zwischen Deutschland und Frankreich resümierte er 1840: *Alles was ich seit zehn Jahren über Frankreich schrieb, sey es in deutschen Journalen oder in besonderen Büchern, hatte nur einen Zweck, nemlich gewissen perfiden Berichterstattern entgegenzuwirken die, bezahlt von den Feinden des französischen Volks, unseren Deutschen alles was sich hier ereignet, die Menschen und die Dinge, im gehäßigsten Lichte zeigen.* Die französische Thematik schloß indessen aktuelle Deutschland-Bezüge mit ein, die Heine – etwa in der Vorrede zu den *Französischen Zuständen* vom Juli 1833 mit ihrem Frontalangriff auf Preußen – noch erheblich verschärfte. Mit Recht fürchtete er, daß ihm dies *vielleicht auf immer die Rückkehr nach Deutschland* versperren könnte.

Gemäldeausstellung in Paris

Die *Französischen Maler*, wie der Werktitel im ersten *Salon*-Band von 1834 lautet, waren Heines erstes literarisches Rendezvous mit der französischen Hauptstadt und Kultur. Neun Jahre später, in der *Denkschrift* über Ludwig Börne, beschrieb er das Befremden seines republikanischen Rivalen darüber, daß seine erste literarische Tätigkeit in Paris Gemälde zum Gegenstand genommen hatte und nicht etwa die politische Aktualität. *Ich lasse dahin gestellt seyn, ob das Kunstinteresse, das mich zu solcher Arbeit trieb, so ganz unvereinbar war mit den revoluzionären Interessen des Tages; aber Börne sah hierin einen Beweis meines Indifferentismus für die heilige Sache der Menschheit.* Die Art und Weise, mit der Heine an die Dinge heranging, läßt sich in der Tat nicht mit der eines Kunstkritikers gleichsetzen. Was er im Gegenteil in diesem enormen Ausschnitt der zeitgenössischen Kunstproduktion suchte (ausgestellt waren insgesamt über dreitausend Bilder von rund tausend Künstlern), das waren Auskünfte über die Beziehungen zwischen Kunst und Gesellschaft, waren Zeichen einer neuen Ästhetik, in der die Lehren der Revolution verarbeitet wurden. In diesem Sinn zeigt sein Kunstbericht die wesentlichen Merkmale jener Grundfragen, die über alle materiellen, politischen und sozialen Nebengründe hinweg das Hauptmotiv für seine Übersiedlung nach Paris gewesen waren und die seitdem von ihm immer wieder neu gestellt wurden: Welches ist die spezifische Rolle des Künstlers in der modernen Gesellschaft? Wie kann man die historischen Ansprüche der Epoche auf Emanzipation der Menschheit und die bescheidenen Möglichkeiten des Schriftstellers, auf diese Prozesse einzuwirken, miteinander versöhnen?

Im Hintergrund dieser Grundfrage stand die saint-simonistische Auffassung von der Mission des Künstlers. Sie barg zwar einige Gefahren für die Autonomie des literarischen Schöpfungsprozesses, alles in allem kam sie Heines Selbstbild jedoch sehr entgegen. Die Saint-Simonisten erkannten dem Künstler eine einzigartige moralische Autorität zu. Weil er als ›kompletter Mensch‹ über die Fähigkeiten zu verfügen schien, sympathetisch die Zukunft vorwegzunehmen und zugleich die grundlegenden Tendenzen der Kultur zusammenzufassen, konnte er zu einer Art Regulator des sozialen Lebens werden. Ihm fiel daher die große Aufgabe zu, sich für den Frieden zwischen den Nationen einzusetzen und an der Herstellung einer neuen sozialen Ordnung mitzuwirken. Die im Sommer 1831 im Louvre ausgestellten Bilder wurden nun von Heine daraufhin abgesucht, ob und wie die derzeitigen Großmeister der Kunst die politische und soziale Revolution zu verarbeiten wußten – ein Thema, das er in programmatischer Weise am Schluß der Artikel zusammenfaßte:

Die jetzige Kunst muß zu Grunde gehen, weil ihr Prinzip noch im abgelebten, alten Regime, in der heiligen römischen Reichsvergangenheit wurzelt. Deßhalb, wie alle welken Ueberreste dieser Vergangenheit, steht sie im unerquicklichsten Widerspruch mit der Gegenwart. (...) Indessen, die neue Zeit wird auch eine neue Kunst gebären, die mit ihr selbst in begeistertem Einklang seyn wird, die nicht aus der verblichenen Vergangenheit ihre Symbolik zu borgen braucht, und die sogar eine neue Technik, die von der seitherigen verschieden, hervorbringen muß.

Die Vorzeichen dieser neuen Kunst erblickte Heine insbesondere in einem der Bilder von Léopold Robert, der »Ankunft der Schnitter in den pontinischen Sümpfen«: eine *Apotheose des Lebens*, dessen Farbgebung den Ehrgeiz verriet, eine Synthese zwischen Raffael, *dem größten Maler der katholischen Weltzeit*, und einer *verhüllten* saint-simonistischen *Doktrin* zu versuchen: *Bey dem Anblick desselben vergißt man, daß es ein Schattenreich giebt und man zweifelt, ob es irgendwo herrlicher und lichter sey, als auf dieser Erde. Die Erde ist der Himmel und die Menschen sind heilig, durchgöttert, das ist die große Offenbarung, die mit seligen Farben aus diesem Bilde leuchtet.* Ein Stahlstich dieses Bildes, das 1830 in Rom entstanden war, hing später in Heines Arbeitszimmer.

Angesichts solcher Ausführungen nimmt es nicht wunder, daß im »Globe« ab dem 2. Januar 1832 Auszüge aus Heines Artikeln erschienen und der Autor in einer einleitenden Bemerkung implizit als Saint-Simonist vorgestellt wurde. Nie zuvor, hieß es da, habe ein Kritiker eine solch erhabene Sprache gesprochen, nie habe die Kunstkritik von einem ähnlichen sozialen Standpunkt aus geurteilt. Hier habe kein berufsmäßiger Kritiker geistreiche kunstwissenschaftliche Bemerkungen gemacht, sondern ein Mensch der Gegenwart Betrachtungen über die Mission des Künstlers angestellt, ein Mensch, dessen Herz lebhaft für alles glühe, was schön und fortschrittlich sei, der seine politischen Gefühle und seine künstlerischen Sympathien nicht zu trennen vermöge, ein Mensch, ganz aus einem Guß, der schreibe, wie er fühle, ohne künstliche Verstärkung, mit der Poesie des Herzens.

Die Übereinstimmung in diesen Punkten schloß differierende Auffassungen an anderer Stelle keineswegs aus: Während Heine ein besonderes Interesse für Bilder mit historischem Gegenstand entwickelte, favorisierte der Saint-Simonismus eine Kunst, die sich entschieden der Zukunft zuwandte. Und wenn Heine anhand der Bilder von Décamps die Theorie einer Offenbarungskunst entwickelte, die er der alten Naturnachahmungstheorie gegenüberstellte, stand dies in krassem Widerspruch zu der saint-simonistischen Idee einer Unterordnung der Kunst gegenüber der sozialen Realität. Heine zufolge nährte sich die wahre Kunst aus einer Art *mystischer Unfreyheit*, die den Künstler zwinge, sein Werk nach einer eingeborenen Idee zu konzipieren: *In der Kunst bin ich Supernaturalist. Ich glaube, daß der Künstler nicht alle seine Typen in der Natur auffinden kann, sondern daß ihm die bedeutendsten Typen, als eingeborene Symbolik eingeborner Ideen, gleichsam in der Seele geoffenbart werden.* Diese programmatische Äußerung verweist auf die deutsche romantische Tradition und enthält in nuce eine grundsätzliche Ansicht, die Heine nicht nur von den Saint-Simonisten trennte, sondern von jeder Form der Indienstnahme des Schriftstellers durch eine politische Partei.

Wenn es auf der einen Seite darum ging, die Rolle des Schriftstellers im ideologischen und sozialen Feld theoretisch abzuklären, so hatte der Bericht über die Gemäldeausstellung natürlich auch einen ganz praktischen kommerziellen Zweck. Denn Heine hatte die Artikelserie über die Gemälde-Ausstellung, die zwischen Sommer und Herbst 1831 niedergeschrieben wurde, von vornherein für Cottas »Morgenblatt« bestimmt, das er wegen seiner überregionalen Verbreitung für ein geeignetes Forum hielt. Er mußte jedoch feststellen, daß ein Teil der Artikel nur dazu diente, eine altes Defizit beim Verlag zu begleichen, und daß er sich, wenn er sich finanziell wieder erholen wollte, in eine regelmäßige journalistische Tätigkeit fügen mußte. Genau das unternahm er dann.

Korrespondent für Cotta

Es war im Winter 1831/32, als Heine über den damals in Paris weilenden stellvertretenden Redakteur der »Allgemeinen Zeitung«, Gustav Kolb, Cotta wissen ließ, er gedenke für die Zeitung »eine Art politischer Skizzen über die Deputirtenkammer und sonstige Pariser Szenen« zu liefern und somit an die (freilich nicht sonderlich erfolgreiche) Zeit als Redakteur in München anzuknüpfen. Kolb selbst hatte Heine zu solcher Arbeit ermuntert, da er sich und dem Verleger davon frischen Wind für die »Allgemeine Zeitung« versprach. Für Heine selbst war ein solcher Vorschlag damals nicht selbstverständlich. Börne hatte ihm angetragen, mit ihm gemeinsam eine zensurfreie Zeitschrift herauszugeben. Auch von anderer Seite versuchte man ihn für Journalpläne zu gewinnen. Die Entscheidung zugunsten der »Allgemeinen Zeitung« und gegen Börne mußte alsbald zu einer Polarisierung seiner Stellung in Paris führen. Die »Allgemeine Zeitung« galt bei den Republikanern und Radikaldemokraten als *Augsburger Hure*, als gesinnungsloses, indifferentes, insbesondere Metternich ergebenes Blatt; wer sich mit ihr einließ, geriet alsbald in den Ruch der Käuflichkeit. Zudem unterlag die Zeitung in Bayern nach der Julirevolution einer relativ strengen Zensur, ganz zu schweigen von der Redaktionszensur, die man in Augsburg aufgrund der engen Beziehungen nach Wien besonders ernst nahm.

Diese Nachteile wurden jedoch in Heines Augen durch eine Reihe von Vorteilen aufgewogen, die schließlich den Ausschlag gaben. Zum einen kam es ihm darauf an, eine größtmögliche Zahl von Lesern zu erreichen. Dafür bot die »Allgemeine Zeitung« als damals auflagenstärkstes Blatt in Deutschland die besten Voraussetzungen. In einer *späteren Notiz* aus dem Jahr 1854 führte er dazu aus:

Es giebt obskure Winkelblätter genug, worin wir unser ganzes Herz mit allen seinen Zornbränden ausschütten könnten – aber sie haben nur ein sehr dürftiges und einflußloses Publikum (...). Wir handeln weit klüger, wenn wir unsre Gluth mäßigen, und mit nüchternen Worten, wo nicht gar unter einer Maske, in einer Zeitung uns aussprechen, die mit Recht eine Allgemeine Weltzeitung genannt wird, und vielen hunderttausend Lesern in allen Landen belehrsam zu Händen kommt. Selbst in seiner trostlosen Verstümmlung kann hier das Wort gedeihlich wirken; die nothdürftigste Andeutung wird zuweilen zu ersprießlicher Saat in unbekanntem Boden. Beseelte mich nicht dieser Gedanke, so hätte ich mir wahrlich nie die Selbsttortur angethan, für die Allgemeine Zeitung zu schreiben.

Damit ist nicht gesagt, daß Heine immer die zensurfreien *obskuren Winkelblätter* verschmähte. Er publizierte ja zuweilen auch in Emigrantenzeitschriften wie dem »Geächteten« und dem »Vorwärts«. Doch bei der politischen Berichterstattung stand die größtmögliche Breitenwirkung als Kriterium obenan. Und weil die »Allgemeine Zeitung« die höchsten Abonnentenzahlen aufzuweisen hatte, konnte sie auch die höchsten Honorare zahlen, was für Heine ebenfalls von nicht zu unterschätzender Bedeutung war. Und schließlich ließ sich die politische Linie der »Allgemeinen Zeitung«, ein gemäßigter Liberalismus bei prinzipiellem Pluralismus der verschiedenen in der Zeitung vertretenen Positionen, mit Heines damaliger Selbsteinstufung als eines *Gemäßigten*, der sich aus den Tageskämpfen zurückziehen und nunmehr auf die *sociale Revoluzion* konzentrieren wollte, ganz gut vereinbaren. Freilich unterlag Heine einer Illusion, wenn er glaubte, auf diese Weise ungestört für die »Allgemeine Zeitung« publizieren zu können. Da der bürokratische Obrigkeitsstaat in der sich nach englischem und französischem Vorbild herausbildenden öffentlichen Meinung seine Grundlagen gefährdet sah und seit den Karlsbader Beschlüssen ein strenges Kontrollsystem der Presse- und Buchproduktion aufgebaut hatte, stand der politisch-oppositionelle Schriftsteller der Restaurationszeit in der vordersten Front des Kampfes um die Erringung der bürgerlichen Freiheiten. Die Annalen der Auseinandersetzung der oppositionellen Autoren und Verleger mit dieser Zensurinstitution, die in den Polizeiarchiven, in Schriftsteller- und Verlagskorrespondenzen sowie in den zensierten Handschriften niedergelegt sind, belegen den Aufwand beider Seiten an Tücke und

List, an Zynismus und verzweifelter Anstrengung, Kaltblütigkeit und Selbstentäußerung.

Journalismus und Zensur

Jeder Journalist sah sich einer doppelten Kontrolle ausgesetzt: der internen redaktionellen und der externen amtlichen Zensur. Die Aufsicht über die Tageszeitungen wurde relativ streng gehandhabt, nicht nur weil die Presse ja das unabdingbare Medium der öffentlichen Meinungsbildung war, sondern auch weil bestimmte Zensoren für einzelne Zeitungen oder Zeitungsgruppen abgestellt wurden, über deren politische Färbung die Behörden im vornherein informiert waren. Ausschlaggebend für das ganze waren die offiziellen Regierungsverordnungen, für deren Anwendung der Zensor verantwortlich war. Dieser unterstand seinerseits dem Innenministerium als dem ausführenden Organ von Zensurinstruktionen, deren Normen letztlich in der Wiener Staatskanzlei festgelegt wurden. Bei der amtlichen Zensur handelte es sich wohlgemerkt um eine Vorzensur: Ein Abzug des frisch gesetzten Textes war dem Zensor jeweils zur Genehmigung vorzulegen. Jede Zeitungsredaktion griff darüber hinaus zur Selbstzensur, um den Eingriffen des amtlichen Zensors vorzubeugen; ein Weg, der um so häufiger eingeschlagen wurde, als es ja für die Redaktionen letzten Endes immer vorteilhafter war, die endgültige Gestalt des Blattes selbst bis in alle Einzelheiten festzulegen, als sich nachträglichen Veränderungen oder Konflikten auszusetzen. Aus diesem Grund machten die Redaktionen – gerade im Fall der Augsburger »Allgemeinen Zeitung« – reichlich Gebrauch von ihrer Zensurkompetenz. Schließlich zeichneten juristisch nicht etwa die Autoren der Beiträge, sondern die Redaktionen für den Inhalt des Blattes verantwortlich. Obwohl die Redaktion der »Allgemeinen Zeitung« mit der politischen Zielsetzung der Zensur keineswegs einverstanden war, übte sie oftmals – aus den genannten Gründen – eine erheblich strengere Zensur an den Zeitungsbeiträgen aus, als dies unter Umständen der amtliche Zensor getan hätte. Auch innerhalb der Redaktionen stellte sich somit das Paradox der Selbstzensur. Für den oppositionellen, in liberalen Blättern publizierenden Schriftsteller doppelte sich damit das komplexe Bezugssystem von Zensur und Selbstzensur. Schweren Herzens nur akzeptierte Heine das Recht der Redaktion, *nach Gutdünken durch Ausmerzen, Ausscheiden, Hinzufügen und Umänderungen jeder Art* seine Artikel *druckbar zu machen.*

Bereits die institutionalisierte Außenzensur wirkte sich auf Heines Praxis entscheidend aus: So wurde die 1831 begonnene Artikelserie durch eine Intervention Friedrich von Gentz' bei Cotta schon im April 1832 gestört. Die Bundesbeschlüsse vom 5. Juli 1832, die eine neue Verschärfung der Zensur brachten, hatten eine weitere, erhebliche Einschränkung des Handlungsspielraums der Redaktion zur Folge. So konnte etwa Heines großer Artikel vom 25. Juni mit grundsätzlichen Überlegungen über Aristokratismus, Republikanismus und das *demokratische Prinzip* als *eigentlichem Zweck* einer jeden Regierungsform nicht mehr veröffentlicht werden. Ähnliches wiederholte sich elf Jahre später, als eine erneute Verschärfung der Zensur abermals dazu führte, daß Heine seine Korrespondententätigkeit gewissermaßen versiegen ließ. In beiden Fällen konnte die Entscheidung für die liberale »Allgemeine Zeitung« also nicht verhindern, daß die Zensur gegen seine Rede schließlich das letzte Wort behielt.

Generell standen dem Schriftsteller mehrere Möglichkeiten offen, die Zensur zu umgehen. Er konnte entweder versuchen, in unzensierter Form zu veröffentlichen, etwa im Ausland oder heimlich in den deutschen Staaten, unter falscher Titel- und Druckereiangabe oder in Form von Flugschriften. In diesen Fällen setzten sich sowohl Autor wie Verleger und Drucker strafrechtlicher Verfolgung aus, und die Druckexemplare liefen Gefahr, an der Grenze, beim Transport oder als Lagerbestände beschlagnahmt zu werden. Immerhin ist diese klassische Art der Zensurumgehung bis heute gebräuchlich, ja gerade durch die neuen Kommunikationsmethoden ungleich wirkungsvoller geworden als im 19. Jahrhundert. Die andere Möglichkeit, das Problem anzugehen, bestand darin, sich der Zensur anzupassen und sie sozusagen von innen auszuhöhlen. Auch hier sind wiederum verschiedene Abstufungen zu beobachten. Man konnte etwa den täglichen Kleinkrieg mit dem Zensor aufnehmen und ihn zu zermürben suchen. Derartige Versuche ließen sich jedoch nur in der Anfangsphase der Zensur unternehmen, als das Repressionssystem noch Lükken und Nischen aufwies. Immerhin nutzten findige Verleger und Autoren aber auch in der Folgezeit etwa die regionalen Unterschiede in der Handhabung der Zensur und wußten auf diese Weise bei der Verbreitung von brisanten Schriften der Polizei den entscheidenden Vorsprung abzugewinnen, der es gestattete, einen Großteil davon vor den effektiven Beschlagnahmeverfahren abzusetzen.

Doch die auf lange Sicht wirksamste Taktik bestand zweifellos in der Anpassung des Schreibstils an die Zensurbedingungen, in der Entwicklung und Verfeinerung der ironischen, parodistischen und satirischen Formen, in der Ausarbeitung einer spezifischen Zensursprache, die den Behörden die zensurliche Beurteilung der Schriften erschwerte und zudem den Schriftstellern auch juristische Verteidigungsmöglichkeiten auf ihrem eigenen Spezialgebiet eröffnete, der Interpretation sprachlicher Äußerungen. Dies bedeutete eine Technik der Verstellung, der Maskerade, eine Witzkultur, worin sich Schriftsteller wie Heine, Glaßbrenner oder Weerth besonders hervortaten, und die es auch in neuerer Zeit gab und gibt. Wiederholt wies Heine (wenngleich mit einem leicht ironischen Unterton) auf die stilbildende Funktion der Zensur hin. Am bekanntesten ist seine Bemerkung gegenüber Fanny Lewald angesichts der Aufhebung der Zensur im Deutschen Bund im März 1848: »Ach! ich kann nicht mehr schreiben, ich kann nicht, denn wir haben keine Censur! Wie soll ein Mensch ohne Censur schreiben, der immer unter Censur gelebt hat? Aller Styl wird aufhören, die ganze Grammatik, die guten Sitten!« In solch humoriger Verzweiflung drückte sich die Erkenntnis aus, daß die von ihm zur Umgehung der Zensur entwickelte »Grammatik« integraler Bestandteil seines Stils geworden war, daß sie zu seiner schriftstellerischen Identität gehörte. Publikationsbedingungen und Schreibweise waren eine untrennbare Verbindung eingegangen. Die Selbstzensur war eben nicht bloß eine von Heine insgesamt beherrschte und bis zur Meisterschaft gebrachte Verstellungsstrategie, ein in allen Punkten kontrolliertes und der jeweiligen Veröffentlichungs- und Zensursituation gemäß dosiertes Verfahren, sie konnte auch eine Eigendynamik entfalten, sich von den äußeren

Bedingungen, aus denen sie hervorgegangen war, lösen und sich als unabhängige, generelle Schreibbedingung konstituieren.
Die Verstellungstaktik warf noch eine Reihe weiterer Probleme auf, etwa die Integration in die herrschenden ästhetischen Kategorien. Insofern die Schriftsteller nach den Karlsbader Beschlüssen auf die neue Zensur zu reagieren hatten, galt es, das Problem der einheitlichen Stil- und Tonlage zu lösen, d. h. die Verstellung in der Weise zu üben, daß Einheit und Bruch der Einheit in einem kohärenten Verhältnis zueinander standen; das Außenproblem der Zensur so in den Text hineinzunehmen, daß dessen spezifische ästhetische Anforderungen nicht gefährdet wurden. Der ironische Grundton, ja die Ironie überhaupt, waren dazu besonders geeignet. Doch barg ein durchweg ironisch-satirischer Ton wiederum die Schwierigkeit in sich, daß auf diese Weise immer nur Kritik vermittelt wurde, die positiven Inhalte dagegen unbestimmt bleiben mußten, so daß der Ironiker vielfach der Systemlosigkeit, der mangelnden politischen Grundlage angeklagt wurde – ein Phänomen, das wir aus der Geschichte der Heine-Rezeption kennen. Außerdem setzt uneigentliches, ironisches oder bildhaft-parodistisches Sprechen immer ein Einverständnis mit dem Leser voraus, eine gemeinsame Verstehensbasis, die es dem Leser gestattet, hinter den Zeilen den eigentlichen Sinn der im Text bewußt verstellten Autorintention zu entziffern, die Maskerade zu durchschauen und den politischen Inhalt des Textes im Lesevorgang zu restituieren. Die Kodierung des Sinns durch Verstellung bedarf immer der Dekodierung durch das Publikum. Insofern sie jedoch primär die Zensur zu täuschen hat, wohnt ihr der Widerspruch inne, zugleich verhüllen und enthüllen zu müssen, Mißverstehen und Verstehen hervorzurufen. Je schärfer der Zensurdruck und je komplexer damit die Verstellung wird, desto größer wird die Gefahr, daß sie für das Publikum nicht mehr durchschaubar und der Text damit unverständlich wird. Der Autor hat zwischen verzichtbaren und absolut unverzichtbaren Mitteilungen zu differenzieren, um ein Minimum an Verständlichkeit zu sichern. Das Medium dieses höchst fragilen Differenzierungs- und Selektionsprozesses war und ist die Selbstzensur.

Ideenguillotine

Mit der Antizipation der Fremdkontrolle versuchte der Autor, sowohl den redaktionellen als auch den Eingriffen ›von Amts wegen‹ zuvorzukommen. Damit wurde die amtliche Zensurregelung in internalisierter Form quasi in den Schreibprozeß selbst hineinverlagert und somit konstitutiv für das Schreiben. Eine ganze Reihe der von Heine in diesem Zusammenhang entwickelten Techniken lassen sich sowohl als verinnerlichte Schreibhemmung wie als produktive Nutzung der Schreibhindernisse fassen. Wenn Heine einmal Cotta bittet, der Verleger möge dafür sorgen, daß an seinen *Artikeln wenig verändert* werde, sie kämen *ja doch schon censirt* aus seinem Kopf, so deutete er damit unter anderem an, daß die Zensur bereits sein Denken zu beeinflussen drohte. Weil sich die Selbstzensur als in den Schreibprozeß verlegte Zensur gegen den eigenen Text richtete, konnte sie zur Schreibhemmung führen, dann nämlich, wenn sich der Autor gewissermaßen überkontrollierte, wenn er vor lauter Masken- und Verstellungsspiel seine eigene Meinung nach und nach so deformierte, daß sie für ihn selbst nicht mehr richtig faßbar war. Als Selbstzensur wird die Außenzensur somit zum psychischen Problem, welches das dichterische Selbstverständnis und das eigene Schaffen in Frage stellen kann. Auch diese Problematik reicht in Heines Arbeit hinein und scheint sie an entscheidenden Punkten beeinträchtigt zu haben.

In der Vorrede zur französischen Buchausgabe seiner politischen Paris-Korrespondenzen aus den 40er Jahren stellte sich Heine selbst in den Mittelpunkt seiner subversiven Anpassungsstrategie und gab einige aufschlußreiche Hinweise über seine publikumsorientierten und formaltechnischen Optionen:

Die Traditionen der Allg. Ztg. kennend, wußte ich z. B. daß sie es sich immer zur Aufgabe gestellt hatte alle Fakta der Zeit nicht bloß zur schnellsten Kenntniß des Publikums zu bringen, sondern sie auch vollständig gleichsam wie in einem Weltarchiv zu enregistriren. Ich mußte daher darauf bedacht seyn alles was ich insinuiren wollte, das Ereigniß sowohl als meine Ansicht darüber, alles was ich dachte und fühlte, in die Form des Faktums zu kleiden, indem ich etwa fremden Personen meine Privatmeinungen in den Mund legte oder gar parabolisch verfuhr. Meine Briefe enthalten daher viel Historietten und Arabesken deren Symbolik nicht jedem verständlich ist und die dem rohen Gaffer als kleinliche Anekdotenkrämerey oder gar Commerage erscheinen konnte. Bey diesem Bestreben die Form des Faktums vorwalten zu lassen, war auch die Tonart ein wichtiges Mittel wodurch ich es möglich machte das Verfänglichste zu referiren. Die probateste Tonart war aber die Indifferenz. Indirekt ließ sich auch manches nützliche kundgeben und die Republikaner welche sich über Inoffiziösität von meiner Seite beklagen, haben übersehen wie ich in Fällen wo es Noth that, sie ernsthaft genug vertrat, so wie auch daß ich die Misère der herrschenden Bourgeoisie unablässig in ihrer widerwärtigsten Blöße zeigte.

Hier liegt der Grund zu Heines Dialogszenen, in denen verschiedene Ansichten auf verschiedene Sprecher verteilt werden, zu vielfacher Modalisierung der vorgebrachten eigenen Urteile, zur Unkenntlichmachung von Personenbezügen, zu allegorischer Überhöhung der beobachteten *Fakten*. Anstelle problematischer abstrakter Feststellungen entwarf er szenische Konstruktionen; etwa zu Beginn des Artikels vom 11. Dezember 1841, wo er den Gegensatz zwischen der luxuriösen Warenwelt der Schaufenster und den armen verhungerten Gesichtern der Passanten, die die Luxusgegenstände *begaffen*, vor Augen führte. Zuweilen verließ er die Beschreibungsebene völlig und montierte Bildassoziationen wie die vielzitierte Passage aus dem Artikel vom 4. Dezember 1842, die die Stimmung zum Jahreswechsel vergegenständlichte:

Hier in Frankreich herrscht gegenwärtig die größte Ruhe. Ein abgematteter, schläfriger, gähnender Friede. Es ist alles still, wie in einer verschneiten Winternacht. Nur ein leiser, monotoner Tropfenfall. Das sind die Zinsen, die fortlaufend hinabträufeln in die Capitalien, welche beständig anschwellen; man hört ordentlich wie sie wachsen, die Reichthümer der Reichen. Dazwischen das leise Schluchzen der Armuth. Manchmal auch klirrt etwas, wie ein Messer das gewetzt wird.

Aber auch die Großstruktur einzelner Aufsätze zeigt ähnliches *parabolisches* Verfahren. Im Artikel vom 19. Dezember 1841 etwa konstruierte

Heine eine kunstvolle Parallele zwischen dem Obelisken von Luxor auf dem Concorde-Platz und dem Staatsgebäude der Julimonarchie, die beide nicht auf festem Boden stünden. Diese Parabel ergänzte er durch die Besprechung eines Kupferstichs nach einem *eklektischen* Gemälde von Delaroche, womit gleichzeitig die Prinzipien der staatstragenden Philosophie der Julimonarchie angesprochen waren. Überhaupt ist die Verbindung von Kunst- und Gesellschaftsanalyse, die wechselseitige Beleuchtung des einen durch das andere, für eine Reihe von Artikeln grundlegend. Einen ähnlichen Zweck verfolgten die Doppel- und Dreifachportraits von Louis-Philippe und Thiers, Guizot, Lamennais und Blanc. Der Artikel vom 7. Februar 1842 entwarf anläßlich des Karnevals ein suggestives Bild der Gesellschaft, indem er den Gegensatz von Gesellschaftstanz der *vornehmen Welt* und Cancan der *untern Klassen* herausstellte. Das Genrebild der Karnevalszene wurde unversehens zum Zerrbild, in dessen Deformation sich die aus den Fugen geratene Gesellschaft spiegelte.

Schwieriger sind die Selbstzensurformen zu fassen, die Heine als bewußte Wahl einer Tonlage der *Indifferenz* bezeichnete. Sie beinhalten das gesamte, äußerst vielschichtige Problem der subjektiven Sprecherrolle, der Parteinahme und Distanzierung, und damit auch die für den Leser so wichtige Frage von Heines eigener Stellungnahme zu den politischen und sozialen Vorgängen im Frankreich der Julimonarchie. Wie die oben zitierte Passage aus der *Préface* zeigt, kam es Heine grundsätzlich eher darauf an, d a ß er überhaupt von den Dingen, als w i e er von ihnen sprach. Wenn diese rückblickende Feststellung auch hauptsächlich der Selbstrechtfertigung diente, so kann der Interpret doch nicht einfach an ihr vorübergehen, namentlich nicht bei all den Themen, wo Heine Zensureingriffe zu befürchten hatte. Zunächst bedeutet dies, daß alle diesbezüglichen Wertungen Heines möglicherweise mit einem Fragezeichen zu versehen und auf versteckte, gegenläufige Signale abzufragen sind. Im Einzelfall vermögen die intensiven Überarbeitungsvorgänge der Entwurfshandschriften gewisse Anhaltspunkte zu geben, zeigen sie doch, wie Heine bis ins kleinste Detail den sprachlichen Ausdruck durchziselierte.

Besonders interessant sind die Wertungsformulierungen, die in der Tat erheblichen Schwankungen unterliegen. So heißt es in einer

Passage über die Arbeitergesänge in den Werkstätten des Faubourg Saint-Marceau zunächst, es seien dies *Lieder* voll *Blutdurst und Wuth*, die *aus Begeisterung und Wahrheit von unbekannten aber genialen Blutpoeten gedichtet* worden seien *und Refrains enthielten die einem das Herz vor Verwunderung und Entsetzen erfüllen*. In der Reinschrift setzte er dann *Lieder (...), die in der Hölle gedichtet zu seyn schienen, und deren Refrains von der wildesten Verzweiflung zeugten* und korrigierte schließlich *Verzweiflung* in *Aufregung*. Heine hat also die Frage, ob diese Lieder die wahre verzweifelte Situation der Arbeiter bezeugten, hin und her geschoben und endlich in einem letzten Selbstzensurakt offengelassen.

Im selben Artikel findet sich ein anderes Beispiel, das, strenggenommen, zwar nicht in diese Kategorie fällt, hier aber wegen des Textzusammenhangs angeführt werden soll. Heine stellte sich die Frage, welche politischen Konsequenzen diese Lektüre und diese Lieder nach sich ziehen würden, und schwankte zwischen Äußerungen der affektiv ausgedrückten Furcht und der rationalen Einsicht in die Unvermeidlichkeit der Entwicklung. Im folgenden fünf aufeinanderfolgende Versuche für die Formulierung dieses Dilemmas: *Ich fürchte die Ern[te], Möge [n]immermehr die Ae[r]nte gedeihen, Daß wir früh oder spät die Republik ärndten unterliegt keinem Zweifel, Möge der Tag der Erndte noch lange säumen! – Dennoch wollen wir nicht den äußersten Befürchtungen Raum geben. Und bräche sie auch hervor aus dem Boden Frankreichs, ... Welche schreckliche Saat! Aus dem Boden Frankreichs wird früh oder spät die Republik hervorbrechen*. In der Reinschrift setzte er schließlich: *Eine Frucht dieser Saat, wird aus Frankreichs Boden früh oder spät die Republik hervorbrechen*, was der Redakteur Kolb abschwächte in: *droht (...) hervorzubrechen*. Hier wurde also unter dem Druck der rationalen Einsicht die Selbstzensurkontrolle außer Kraft gesetzt, bis die Redaktion der »Allgemeinen Zeitung« die Dinge wieder zurechtrückte.

Im Artikel vom 7. Mai 1843 läßt sich der Zug zur *indifferenten* Tonlage an mehreren Einzelheiten ablesen. So hatte Heine etwa von dem *Geist der Bourgeoisie* gesprochen, der das gesamte gesellschaftliche Leben Frankreichs *mehr oder minder wohlduftend durchdringt*, dann die Modalisierung weggelassen und einfach *durchdringt*, *durch-*

fröstelt und *regiert* gesetzt. In der Fassung der »Allgemeinen Zeitung« hieß es dann wieder einfach *durchdringt*. Im selben Zug entfernte er die Wertung aus seinem Kommentar, als er das Wort *trostlos* in der Formulierung *das trostlose Wappen dieser neuen Herrschaft* strich.

Besondere Beachtung verdienen in diesem Zusammenhang schließlich die Ausdrücke, mit denen Heine seine affektive Haltung zu den *Communisten* charakterisierte, die von ihm entworfene Typologie des Grauens und Entsetzens, die ebenfalls gewissen Schwankungen unterworfen war und durch die öfters sowohl Mitleid wie rationale Genugtuung hindurchschimmern. Einige Beispiele zur Verwendung des Wortes *Revoluzion*, das Heine vielfach durch andere Begriffe zu ersetzen pflegte, können dies veranschaulichen. Im Artikel vom 13. Februar 1841 änderte er *die Saat der Revoluzion* in *Saat der socialen*, dann *gesellschaftlichen Umwandlung* und ersetzte *Revoluzion* weiter unten zweimal durch *Idee*. Im gleichen Artikel hieß es zunächst von Thiers, er würde seinem Patriotismus *die Interessen der Revoluzion aufopfern*, bevor nur noch von *mütterlichen Interessen* die Rede ist. Im gleichen Zusammenhang wurde aus *Revoluzion Freiheitsspektakel* und *gr[oße] Beweg[ung]*. Auch im ansonsten unverfänglichen Artikel vom 19. Mai 1841 über die Jahressitzung der Académie zögerte Heine mehrfach bei der Niederschrift des Wortes *Revoluzion* und ersetzte es einmal durch *große Bewegung*. Die Beispielliste ließe sich verlängern. Freilich ist in einigen Fällen nicht auszuschließen, daß auch einfache stilistische Gründe wie die Vermeidung von Wortwiederholungen Heine zur Änderung bewogen.

Dies trifft jedoch nicht zu für die bekannten Verse aus dem *Wintermährchen*, wo Heine angesichts der aus dem Nachtgeschirr Hammonias aufsteigenden Düfte die von ihm Saint-Just zugeschriebenen, tatsächlich aber von Chamfort stammenden und von Marmontel überlieferten Worte *Man mache keine Revoluzion / Mit Rosenöhl und Moschus* vor dem Druck änderte in: *Man heile die große Krankheit nicht / Mit Rosenöhl und Moschus*. Interessanterweise aber verzichtete Heine auf den Begriff der Revolution auch in einer zentralen Passage der deutschen Vorstufe zur *Lutèce*-Vorrede, bei der ja gar keine Zensur zu befürchten war. Dort beteuerte er, es sei ihm darum gegangen, daß seine Artikel zu einer Zeit erschienen, wo sie *sowohl im Interesse der Wahrheit überhaupt als auch der guten Sache insbesondere, fruchtbar seyn könnte[n]*, und war dann fortgefahren: *Diese gute Sache, ich will es nicht verhehlen, ist die der Revoluzion, der ich von Kind an mein Leben, mein Glück, meine Gesundheit, ja meinen Leumund widmete, und zwar mit Freude.* Dieses bedeutungsschwere ›Geständnis‹ hat er jedoch ersatzlos gestrichen.

Kapitulation

Die letzte, äußerste Stufe der Selbstzensur erreicht Heine schließlich, wenn er den Schreibprozeß abbricht und gewissermaßen das Handtuch wirft. Dazu gehören nicht nur Fälle, wo er einfach eine Passage durchstreicht und, statt sie für den Zensor zu arrangieren, einfach an den Rand schreibt: *Sie drucken's ja doch nicht!*, sondern auch abgebrochene Selbstkommentare wie *doch wozu das beständige Verfallen in Parallelen, ein unfruchtbares Gesch[äft].*

Am aufschlußreichsten erscheint dieses Verstummen über der Arbeit im Artikel vom 1. Juni 1844, der zugleich Heines letzte große politische Arbeit für die »Allgemeine Zeitung« war. Dort hatte Heine eine Parallele zwischen Guizot und Hegel erstellt und darauf hingewiesen, daß *beider Ansichten über die Welthistorie und die höchste Aufgabe der Menschheit (...) dieselben* seien: *Wer Hegels Philosophie der Geschichte gehört hat, erstaunt bey Guizot zuweilen fast wörtlich dieselbe Anschauungsweise ausgesprochen zu finden. Als Staatsminister hätte gewiß Hegel nicht anders gehandelt, und wir dürfen von unserem hohen Lehrer voraussetzen daß er unter ähnlichen Verhältnissen dieselbe Entschlossenheit, dieselbe Verachtung der unklugen Menge, jedenfalls dieselbe Mäßigung entwickelt hätte.* Bis hierhin warf die Textentwicklung offenbar keine Probleme auf, aber dann komplizieren sich die textgenetischen Stränge, die wir nachfolgend in einer leicht verkürzten Auswahl wiedergeben:

Ob, Guizot soll, Ich weiß nicht ob Herrn Guizot, Bey einer andern Gelegenheit zeige ich mahl wie Hegel eben jenes Bourg[e]oisieregiment als eine Nothw, wie jenes Bourg[e]oisieregiment, als deren Trä-

ger wir jetzt Guizot erblicken, auch unserem verewigten Hegel als eine nothw

Hier bricht der Text ab, Heine strich den Passus und begann, von etwas ganz anderem zu reden: den Debatten der französischen Pairskammer. Der ganze Vergleich Hegel-Guizot blieb ein Torso. Heine war gleichsam ins Stottern geraten, aber im Unterschied zu anderen Gelegenheiten gab er auf, ohne einen Rettungsversuch zu unternehmen. Und dabei betraf die Passage den zentralen geschichtsphilosophischen Schritt, den Heine in der Nachfolge Hegels bei der Interpretation des französischen *Bourgeoisieregiments* tun oder lassen konnte, nämlich die Frage, inwieweit sich die Herrschaft der Bourgeoisie *nothwendig* – Heine strauchelte zweimal bei der Niederschrift dieses Wortes – ausbilden, zu ihrer Vollendung gebracht werden mußte, damit der Geschichtsprozeß als solcher weitergehen und sich im dialektischen Gegenzug eine neue geschichtliche Kraft konstituieren konnte. Genau bei diesem Schritt, den der Marx-Kreis, mit dem Heine zur selben Zeit ja in engem Kontakt stand, vollzog, zögerte Heine und brach ab, eben weil einerseits die auch nur ansatzweise Enthüllung derartiger Geheimnisse in grundsätzlichem, strukturellen Widerspruch zu seiner verhüllenden Selbstzensurpraxis stand und weil wohl auf der anderen Seite die damit verbundene geschichtsphilosophische Überhöhung der Rolle Guizots nicht unwidersprochen bleiben konnte. In einem für die Buchausgabe geschriebenen Zusatz zum Artikel vom 1. Juni 1843 heißt es dazu: *Diese Hosiannatage sind vorüber, und es ergreift uns eine Verzagniß, ein Zweifel, ein Mißmuth, der nicht auszusprechen weiß, was er nur dunkel empfindet und ahndet, und der sich endlich in ein grämliches Stillschweigen versenkt.* Eben dieses *Stillschweigen*, das Heine hier retrospektiv für das Verstummen der politischen Berichterstattung der vierziger Jahre anführt, ist die Kehrseite der kunstvoll entwickelten Selbstzensurpraxis, der zu entrichtende Preis für die Verinnerlichung der Zensur durch den politischen Schriftsteller.

Damit sind wir an einem Punkt angelangt, wo sich der ursprüngliche Zweck der Selbstzensur, die Umgehung der Fremdzensur, in sein Gegenteil verkehrt hat und zugleich ein Grundwiderspruch von Heines schriftstellerischer Praxis ins Blickfeld gerät. *Sie kennen (...) die bittere Stimmung nicht*, schrieb er an Campe am 20. Dezember 1836, *worin mich die Nothwendigkeit versetzt jeden Gedanken, den ich denke im Kopf gleich zu zensiren zu schreiben, während das Censurschwert an einem Haare über meinem Kopfe hängt – das ist um wahnsinnig zu werden!* Wenn er sich auch nachgerade an diese seine Verstandesmittel und seinen Schreibimpetus permanent bedrohende Situation gewöhnt hatte, so wußte er doch, daß er mit dieser Selbstzensur der Gedanken im eigenen Kopf seinen schriftstellerischen Lebensnerv traf. In mehreren Briefstellen aus den dreißiger und vierziger Jahren brachte er zum Ausdruck, daß mit der Selbstzensur, die sich als Selbstverstümmelung oder Selbstkastration immer auch gegen ihn selbst richtete, der Punkt erreicht war, wo er zu keinen weiteren Konzessionen mehr bereit war: *Ist mir es nicht möglich, unverstümmelt gedrukt zu werden, so will ich lieber die ganze deutsche Schriftstellerey aufgeben.*

SIEBTES KAPITEL

Deutscher Schriftsteller und französischer Literaturmarkt

Lockungen

Das Leben in Paris bot dem Schriftsteller Heine nicht nur neuen Stoff zum *Studieren* und Beschreiben, es eröffnete ihm auch prinzipiell eine neue Möglichkeit: die Eroberung des französischen Literaturmarkts. Wenngleich diese Aussicht bei Heines Entscheidung zur Übersiedlung sicher noch keine Rolle gespielt hatte, war sie ihm doch präsent, sobald er in Paris die ersten Einblicke in den französischen Kulturbetrieb gewonnen hatte. Die Möglichkeit, hier Fuß zu fassen, mußte ihm aus mehreren Gründen verlockend erscheinen. So waren die Verdienstmöglichkeiten in Frankreich eindeutig besser. Der Pariser Zentralismus und das wachsende wirtschaftliche Gewicht des französischen Bürgertums hatten günstige Voraussetzungen für eine rasche Expansion des Literaturmarktes geschaffen. Der Aufschwung der Presse, das breite Interesse etwa für zeitgeschichtliche Darstellungen – man denke an die Woge von Literatur über die Französische Revolution –, die Lebendigkeit des Pariser Theaterbetriebs, Hauptschauplatz der Auseinandersetzung um die französische Romantik, all dies waren Zeichen einer Entwicklung, die auch der materiellen Situation des Schriftstellers zugute kommen sollte. Vor allem die Honorare der Spitzenverdiener erreichten in den dreißiger und vierziger Jahren Höhen, neben denen die deutschen Sätze geradezu lächerlich anmuteten. Victor Hugo beispielsweise erhielt schon zu Beginn der dreißiger Jahre für Neuauflagen seiner weniger bekannten Werke 1 Franc pro gedrucktes Exemplar, und dies bei einer Laufzeit des Vertrags von nur 18 Monaten. 1835 brachte er es bei Neuauflagen dann auf einen Franc vierzig Centimes und eine Gesamtvertragssumme von sechzigtausend Francs. Mit der Aufsatzsammlung »Littérature et Philosophie« (1832) erzielte er drei Francs pro Exemplar für achtzehn Monate. Der Verleger Delloye honorierte Hugo 1842 die Rechte an einer Gesamtausgabe mit einer Viertelmillion Francs. Der zehnteilige Roman »Les Misérables« schließlich brachte es 1861 auf das

Rekordhonorar von dreihunderttausend Francs, dreißigtausend Francs für den Band von durchschnittlich zwanzig bis fünfundzwanzig Bogen. Noch vor der Februarrevolution erhielt Lamartine für die acht Bände seiner »Histoire des Girondins« die fabulöse Summe von zweihundertfünfzigtausend Francs oder zwölfhundertfünfzig Francs für den Oktavbogen, das Dreißigfache des von Heine mit »De l'Allemagne« erzielten Bogenhonorars. Und Alexandre Dumas père gar brachte es in den vierziger Jahren auf ein Jahreseinkommen von zweihunderttausend Francs, ein Betrag, in dem allerdings zu einem großen Teil Theatertantiemen und Unternehmensgewinne enthalten waren, da Dumas ja sein eigenes Theater betrieb. Derart astronomische Summen sprengten freilich jedes kommune Maß und werden hier nur zitiert, um den Aufbruch der Literatur ins Industriezeitalter zu dokumentieren. Aber auch abgesehen von diesen Großverdienern lag das allgemeine Honorarniveau in Frankreich höher als in den deutschen Staaten. Ein Durchbruch auf diesem Markt hätte für Heine das Ende aller finanziellen Sorgen bedeutet.

Auch das Schriftstellerproblem stellte sich in Paris in einem anderen politischen Kontext. Mit der Julirevolution hatte das Bürgertum in Frankreich entscheidende Positionen erobert, und der Schriftsteller war, soweit er bürgerliche Interessen repräsentierte, nicht mehr notwendig Oppositionsschriftsteller. Diese Wandlung hatte einen Großteil der französischen Intelligenz in die Arme der Julimonarchie geführt. Insofern freies nicht mehr automatisch unterdrücktes Schriftstellertum bedeutete, hatte der Schriftsteller subjektiv in der Organisation seines Lebens mehr Freiraum zu seiner Verfügung; er war den Zwängen, die eine politische Oppositionsrolle immer mit sich bringt, nicht mehr bedingungslos ausgeliefert. Für Heine war dieser Punkt besonders wichtig, da er der Gruppenbildung der deutschen literarischen Opposition gegenüber, zumal in ihrer Pariser Ausprägung, grundsätzlich ein gewisses Mißtrauen empfand. Die Hinwendung zum französischen Literaturmarkt bedeutete deshalb für ihn zugleich einen Ausweg aus dem Dilemma seiner Pariser Oppositionsrolle, den *Unbequemlichkeiten* seiner *hiesigen Stellung unter den Patrioten*, mit denen er sich nur bedingt solidarisieren konnte. Zudem widerstrebte die Auflösung in kollektiven Identitäten seinem

Naturell. In der Folge verließ er sich daher eher auf persönliche Beziehungen zu einzelnen Vertretern der verschiedenen Gruppen. Die Veränderung seines Schriftstellerstatus fand später in der Bewilligung der französischen Staatspension Ausdruck.

Nicht zuletzt entsprach der Versuch, sich auf dem französischen Markt durchzusetzen, einem tiefen Grundzug von Heines literarischem und politischem Wirken: dem Internationalismus. Er hatte Vertrauensleute und Freunde bei den Saint-Simonisten (Michel Chevalier, Lazare-Hippolyte Carnot, Charles Duveyrier), bei regierungsnahen Kreisen (Jacques-Eloi Mallac, Charles Nisard, François-Auguste Mignet) oder Zeitungen (»Journal des Débats«, »Le Constitutionnel« und »Le Temps«), bei der gemäßigten republikanischen Opposition (Camille-Hyacinthe Odilon-Barrot), später auch bei den Frühsozialisten (Louis Blanc, George Sand, Pierre Leroux). Gemeinsamer Nenner dieser Beziehungen war ein gewisser geistiger Aristokratismus, das Gefühl, sich mit wenigen Worten zu verstehen, weil man die neue Zeit in ihren Wesenszügen durchschaut zu haben meinte. Nationale Bedingtheiten spielten dabei praktisch keine Rolle, der geistige Zugriff auf die Welt verstand sich – gut französisch – universalistisch-übernational: Es ging um nicht weniger als um die Interessen der Menschheit. Während die deutsche liberale Opposition zu großen Teilen nationalen bis nationalistischen Ideen huldigte, bekämpfte Heine zeitlebens die *Ueberreste oder Nachkömmlinge der Teutomanen von 1815*, war die Überwindung der geistigen wie literarischen Nationalgrenzen einer der unwandelbarsten Leitsätze seines Wirkens. Selbst mit der internationalen Verbreitung seiner Schriften ein Beispiel für solche Grenzüberschreitung zu geben, mußte einen besonderen Reiz für den besitzen, der schon in seiner Münchner Zeit erklärt hatte: *Es giebt in Europa keine Nationen mehr, sondern nur Parteien.*

Voraussetzungen

Mehrere biographische Faktoren schienen Heine zum Wechsel der Bezugskultur gewissermaßen prädestiniert zu haben. Da war zum einen natürlich seine deutsch-jüdische Ausgangssituation, die schon von Anbeginn auf kulturelle Polysemie ausgelegt war. Definiert man Kultur als System, das den Objekten des Alltags und der geistig abstrakten Welt ihren Sinn verleiht, so war zu beobachten, wie sich bei Heine in der Berliner Zeit der Bewußtwerdung seiner deutsch-jüdischen Identität eine Reihe von Verschiebungen ergaben. Nicht umsonst tauchten gerade in dieser Phase die ersten Emigrationspläne bei ihm auf. Damit soll nicht behauptet werden, daß sich das Pariser Exil notwendig aus der doppelten, deutschen und jüdischen Referenz ergeben hätte: Der Doppelbezug gewann allerdings erst in dem Augenblick an Bedeutung, da er als eine schmerzhafte Spaltung erfahren wurde. Ebensowenig geht es darum, Heine als einen Deutschen ›auf Absprung‹ hinzustellen, der aufgrund seiner jüdischen Herkunft nur darauf wartete, die deutsche Perspektive auf Welt und Dinge abzustreifen. Mit dem Hinweis auf die Offenheit dessen, der eine bikulturelle Erziehung genossen hatte, soll lediglich betont werden, daß die deutsch-jüdische Abstammung es Heine sicherlich erleichterte, auf Distanz zu gehen, eingewachsene Kulturbezüge zu relativieren, die Brüche im kulturellen Selbstverständnis aufmerksam zu registrieren, schließlich offen zu sein für neue Kultursysteme und die Probleme ihrer Vermittlung. Weder schwenkte er vollkommen in die Bahn der Hyperassimilation ein, noch fiel er in exilhafte Isolierung zurück. Seine Stärke war zum einen – Deutschem gegenüber – die distanziert kritische Rückbindung an deutsche Kultur, vemittelt in erster Linie durch die Sprache, dann durch persönliche affektive Fixierungen (Familie, Freunde und Bekannte) sowie durch die materiell realen Beziehungen zum deutschen Publikum, dem literarischen Markt. Zum anderen ließ er sich Frankreich gegenüber nicht durch vorschnelle Generalisierungen blenden, fand nach einer Phase der mythisch-symbolischen Überhöhung und der daran anschließenden Krise zu einer differenzierten Einstellung, wo er sorgfältig zwischen

den einzelnen Ebenen unterschied, wo sich grundlegende Sympathie mischte mit dem Bewußtsein der unüberwindbaren Grenzen, des eigenen Andersseins.
Genauso wichtig war als zweiter, soziohistorisch-biographischer Faktor das Scheitern seiner beruflich-sozialen Integration in die Gesellschaft der deutschen Restauration: die vergeblichen Versuche, das juristische Brotstudium in eine staatliche Anstellung oder eine Niederlassung als Advokat umzumünzen, das Scheitern der publizistischen Tätigkeit in München, das Mißlingen einer Universitätskarriere in München und Berlin, die wir im dritten Kapitel beschrieben haben. Dabei dürfte deutlich geworden sein, daß es nicht nur an der mangelnden Aufnahmebereitschaft der Restaurationsgesellschaft lag, sondern wohl auch am fehlenden Durchsetzungswillen bzw. Anpassungsvermögen Heines. Immerhin hatte die mangelnde Integration in die deutsche Gesellschaft zur Folge, daß er sich 1831 ohne tiefere sachliche Verflechtung mit deutschen Zuständen und ohne andere persönliche Bindung als die zu seiner Familie und zu einigen Freunden auf die Reise nach Frankreich machen konnte. Obschon zweiunddreißigjährig, besaß er keinerlei anderes soziales Gepäck als einen Hochschulabschluß und ein paar literarische Anfangserfolge.
Die dritte Voraussetzung der Übersiedlung war die Entscheidung zum Berufsschriftsteller: Das Scheitern der Pläne zu einem bürgerlichen Beruf zwang Heine in die ungesicherte Existenz eines vom Ertrag seiner Feder lebenden Autors. Der schmale deutsche Literaturmarkt der Biedermeierzeit konnte die Berufsschriftsteller und -literaten jedoch kaum ernähren, zumal wenn sie wie Heine einerseits mittelständische bis großbürgerliche Lebensverhältnisse gewohnt und andererseits nicht bereit (oder nicht fähig) waren, sich als journalistische Tagelöhner zu verdingen. So mußte es dem deutschen Schriftsteller Heine verlockend erscheinen, sich durch die Übersiedlung nach Paris zum einen eine neue, publizistisch interessante und verwertbare Umwelt anzueignen, zum anderen sich den weiter entwikkelten, ertragreicheren französischen Literaturmarkt zu erschließen. Zwar war Heine nicht der erste deutsche Schriftsteller, der sich dauerhaft in Paris niederließ: Schon in der zweiten Hälfte des 18. Jahrhunderts war Friedrich Melchior Grimm oder dem Baron von Holbach

die Aufnahme in die Pariser Gesellschaft der Lumières in einer Weise gelungen, daß kaum ein französisches Lexikon der Zeit sie noch als Deutsche bezeichnete. Während des Empire und der Restauration existierte bereits eine deutsche bürgerliche Kolonie in Paris, die auch eine Reihe von Schriftstellern und literarisch tätigen Intellektuellen aufwies. Ein Jahr vor Heine schlug Ludwig Börne sein Domizil in der Seine-Metropole auf. Das Neue an Heines Übersiedlung war indessen, daß sich hier ein deutscher Schriftsteller, nach einer kurzen Phase der Selbstbesinnung, ganz entschieden anschickte, den Pariser Literaturmarkt zu erobern, ohne dabei seine deutsche Identität aufzugeben, sondern mit der Absicht, sie zu vermarkten.
Die Möglichkeit, auf den französischen Markt vorzustoßen, war aber zunächst eher theoretischer denn realer Natur. Da war erst einmal das Interesse eines Verlegers zu wecken, der bereit war, die kommerzielle Seite des Projekts zu übernehmen. Sodann war das sprachliche Problem zu lösen und ein qualifizierter Übersetzer zu finden, da Heine diese Arbeit selbst zu besorgen nicht imstande war. Seine Französischkenntnisse verbesserten sich natürlich im Lauf der Jahre. Wenngleich er seinen »starken Accent« bis zuletzt nie verlor und die Grammatik nie ganz beherrschte, so verfügte er doch über einen reichen Wortschatz. Für Übersetzungen – von kurzen Prosa-Ergänzungen und Vorworten abgesehen – bedurfte er jedoch stets eines Gerüsts von fremder Hand. Wenn er sich dann auf einer zweiten Stufe einschaltete, rang er unermüdlich um den treffenden Ausdruck und den angemessenen Ton. Anfangs mangelte es ihm indes noch an der Fähigkeit, zwischen einer geglückten und einer mißratenen Übersetzung unterscheiden zu können. Eine im Nachlaß erhaltene Übersetzung zur *Nordsee* von Tessier Dumotay aus dem Jahr 1838, schulmeisterlich und voller Germanismen, in Orthographie und Zeichensetzung geradezu abenteuerlich, dokumentiert auf sprechende Art und Weise das Dilemma: Tessiers kläglich mißglückter Versuch belegt ja nicht allein die Schwächen des Übersetzers, sondern zugleich Heines Unfähigkeit, dies beurteilen zu können. Anstatt sie augenblicklich zu verwerfen, feilte er an dieser Übersetzung herum, hielt also an ihr fest, und eine Abschrift davon schickte er unseligerweise an George Sand. Diese, so Pierre Grappin, »hinterließ den trefflichsten Kommentar zu

dieser unglücklichen Übersetzung: sie verwendete die letzte leergebliebene Seite für ihre Haushaltsabrechnungen«. Später fanden sich geschicktere Übersetzer wie Grenier, Nerval und Taillandier, und auch Heine gewann als Lektor an Kompetenz und Sprachgefühl. Allerdings blieben Lyrikübertragungen nach wie vor ein nahezu unlösbares Problem. Es schien ihm einfach unmöglich, im Französischen seine *deutschen poetischen Gefühle auszudrücken*. Seine *überrheinische Empfindsamkeit* klang *in der Sprache des Positivismus nach allzu prosaischem gesundem Menschenverstand.*

Davon ganz unberührt war schließlich das diffizile Problem der Übertragbarkeit eines literarischen Erfolgs. De facto war die international erfolgreiche Rezeption eines lebenden Autors damals äußerst selten; die nationalen Eigenheiten des literarischen Lebens bestimmten noch weitgehend das Geschehen. Heines (potentieller) Erfolg in Frankreich war deshalb zum einen eine Frage der Anpassung seiner literarischen Produktion an die Gegebenheiten des französischen Marktes und zum anderen eine Frage seiner persönlichen Integration in den Pariser Literaturbetrieb, seiner Verbindungen zu Literaten und Veröffentlichungsträgern. Und schließlich war zu klären, ob sich Erfolge auf dem französischen und auf dem deutschen Markt einfach addieren ließen oder ob das eine zu dem anderen nicht in einem gewissen Konkurrenzverhältnis stand, insofern der eine Markt Anpassungsvorgänge nötig machte, die den Interessen des anderen zuwiderliefen. War eine gleichermaßen auf beide Märkte ausgerichtete Produktion überhaupt auf Dauer aufrechtzuerhalten? In dieser Hinsicht hing Heines Einstieg in den französischen Markt aufs engste mit seinem Status als Auslandsdeutscher zusammen, mit dem Grad seiner inneren und äußeren, erzwungenen oder freiwilligen Abwendung von der Heimat. Die Ausweitung auf die europäische Dimension barg also zugleich die Gefahr einer Schmälerung der deutschen Marktbasis. Wie real diese Gefahr für Heine war, zeigt die gewichtige Rolle, die der Vorwurf der Entfremdung von den deutschen Zuständen in der zeitgenössischen Heine-Rezeption gespielt hat.

Eroberungsstrategien

Daß sich Heine dieser Problematik in besonderer Weise bewußt war, wird aus dem komplizierten Zusammenspiel von Distanzierung und Annäherung ersichtlich, von Einmischung in die Tagespolitik und Rückzug in Kunstkritik, Philosophie- und Literaturgeschichte, das er in den ersten Pariser Jahren aufzog. Dem entsprach im persönlichen Bereich ein vorsichtiges Taktieren zwischen der gleichsam natürlichen Affinität zu deutschen Flüchtlingskreisen, unpolitischen Auslandsdeutschen und der Anknüpfung neuer Beziehungen zu französischen Zirkeln, die sich kontinuierlich entwickelten. Es kam darauf an, soziale Verbindungen zu schaffen, Kontakte nicht nur individueller Art herzustellen, sondern Eingang in informelle Gruppen und Verbindungen, Lobbies und einflußreiche Kreise des Kulturlebens zu finden. Besonders zu führenden Saint-Simonisten geriet Heine schon früh in fruchtbaren Kontakt, und Varnhagen konnte in deutlicher Anspielung auf die Berufsproblematik von Berlin aus urteilen: »An Verbindungen aller Art scheint es Ihnen nicht zu fehlen, also auch nicht an Aussichten.« Die Saint-Simonisten-Zeitung »Le Globe«, die Heine während des Winters 1831/32 regelmäßig zugestellt wurde, war auch das erste französische Blatt, das einen Prosatext Heines veröffentlichte: eine auszugsweise Übersetzung seines Berichts über die Gemäldeausstellung 1831, die am 2. Januar 1832 erschien. Heine war es offenbar gelungen, den Redakteur des »Globe«, Michel Chevalier, von dem originalen Wert einer Arbeit zu überzeugen, die sicher nicht ihres Themas wegen angenommen wurde – Berichte über den Gemäldesalon waren damals in der französischen Presse gang und gäbe –, sondern wegen der ihr zugrundeliegenden, die Saint-Simonisten interessierenden Perspektive. Damit war der erste Schritt Heines auf dem französischen Markt getan.

Hatte sich Heine mit der Veröffentlichung im »Globe« einem zwar einflußreichen, aber doch ideologisch begrenzten Publikum vorgestellt, so fand er ein halbes Jahr darauf mit Übersetzungen aus den *Reisebildern*, welche die gut eingeführte »Revue des Deux Mondes« im Sommer 1832 brachte, eine erheblich breiter gestreute Leserschaft.

Vor allem war es ihm gelungen, in dem E.T.A.-Hoffmann-Übersetzer und Inaugurator der damals in Frankreich grassierenden Hoffmann-Mode, François-Adolphe Loeve-Veimars, einen literarischen Vermittler zu gewinnen, der eine einflußreiche Stellung im Pariser Literaturbetrieb innehatte. Daß er sich nun anschickte, Heine in Frankreich zu popularisieren, war in der Tat vielversprechend. Bald darauf wurde Heine auch maßgeblich an Planung und Verwirklichung eines Zeitungsprojekts beteiligt, das damals in der literarischen Welt einzigartig war, der »Europe Littéraire«. Dieses Unternehmen, dessen Titel ein in einem umfassenderen Sinn politisches Programm signalisieren sollte, als es der sogenannten Tagespolitik vorbehalten war, von der es sich ausdrücklich fernzuhalten versprach, brachte dann Heines wirklichen Durchbruch auf dem französischen Zeitschriftenmarkt: Ihm wurde die Ehre zuteil, die erste Nummer am 1. März 1833 mit einer Artikelserie über die zeitgenössische deutsche Literatur zu eröffnen. Bis Mai 1833 veröffentlichte er hier unter dem Titel *État actuel de la littérature en Allemagne* in insgesamt acht Folgen eine Übersicht der deutschen Literatur von Lessing bis Arnim und Brentano. Auf diesem Ehrenplatz in dem hervorragend aufgemachten neuen Journal konnte sich Heine nicht nur als Produzent, sondern auch als Kritiker und Vermittler der deutschen Literatur profilieren, was sich dann auch in konkreten Angeboten des französischen Buchhandels niederschlug, Heine also seinem großen Ziel, sich den französischen Markt zu erschließen, erheblich näher brachte. Der bekannte Verleger Renduel, bei dem eine ganze Reihe der an der »Europe Littéraire« tätigen Schriftsteller publizierten und der dieses Blatt selbst verlegte, bot Heine zunächst an, eine Übersetzung der *Französischen Zustände* herauszubringen. Kurz darauf erfolgte eine Vereinbarung über eine mehrbändige Sammlung von Schriften zur deutschen Literatur, Philosophie und Musik. Renduel, dessen Verlag durch Publikationen der französischen Romantiker und besonders Victor Hugos Ansehen und wirtschaftliche Macht gewonnen hatte, befand das Thema Deutschland 1833 offenbar für zukunftsträchtig, sah hier seinerseits eine potentielle Marktposition zu besetzen. Im Vertrag vom 26. Dezember 1833 verkaufte Heine erstmalig ein zum größeren Teil noch ungeschriebenes Werk an einen französischen Verleger; der französische Markt schien nun in seinen Produktionsüberlegungen Vorrang vor dem deutschen zu genießen.

Wie schon in seiner deutschen Periode konnte Heine auch hier mit dem vom Verleger anvisierten Tempo nicht mithalten. Die beiden Bände *De l'Allemagne* erschienen erst 16 Monate nach Vertragsabschluß, und die vertraglich vorgesehene Verlängerung über die beiden Bände hinaus unterblieb. Um die Zwischenzeit zu überbrükken, brachte Renduel im Mai 1834 die zweibändigen *Tableaux de Voyage* heraus, die eine Auswahl aus den erzählenden Texten der vier *Reisebilder*-Bände sowie eine gekürzte Version des *Schnabelewopski* enthielten. Damit nicht genug, wurden diese Bände obendrein als Bestandteil einer Werkausgabe angekündigt, in die nachträglich auch *De la France* aufgenommen wurde, die im Juni 1833 erschienene und um Auszüge aus den *Nachträgen zu den Reisebildern* und der Kahldorf-*Einleitung* ergänzte Übersetzung der *Französischen Zustände*. Heine hielt die Chance eines erfolgreichen Vordringens auf dem französischen Markt für so wichtig, daß er auch finanziell ungünstige Bedingungen (kein eigentliches Honorar, nur Vergütung der Übersetzungskosten) in Kauf nahm. Im Frühjahr 1835 umfaßte die französische Werkausgabe fünf Bände, und die Numerierung (2 bis 6) läßt erkennen, daß zumindest noch ein weiterer, erster Band, vermutlich mit Lyrik, geplant war. Sechsundzwanzig Jahre vor dem Erscheinen der deutschen Gesamtausgabe seiner Werke bei Hoffmann und Campe, zwei Jahre bevor er mit Campe über eine solche Ausgabe zu verhandeln begann, präsentierte sich Heine dem französischen Publikum als ein »kompletter« Autor mit zumindest teilweise abgerundetem Gesamtwerk. Zudem war sein Verleger einer der rührigsten des damaligen französischen Buchhandels, der um Beschaffung günstiger Rezensionen bekannter Kritiker und Lancierung verkaufsfördernder Notizen in der Presse nie verlegen war. Zur gleichen Zeit verkehrte Heine mit den Größen der Pariser literarischen Welt, stand mit den bekanntesten unter ihnen gut genug, um zwanglos deutsche Parisreisende bei ihnen einzuführen. Er hatte in den ersten vier Jahren seines Aufenthalts in Paris erreicht, was zuvor keinem anderen deutschen Schriftsteller seiner Generation gelungen war.

Zweifellos war die allgemeine Konjunktur für deutsche Kulturimporte im Frankreich der Julimonarchie relativ günstig. Der im 18. Jahrhundert eingeleitete Prozeß der historischen Normenrelativierung war schon ziemlich fortgeschritten, die Enzyklopädisten hatten den Blick auf die historische Spezifizität der Nachbarkulturen freigelegt. Die französische Nationalkultur erschien nicht mehr fraglos als die beste, geschmackvollste oder zivilisierteste; zumindest nicht mehr als die einzige. Die deutschen Jakobiner in Paris hatten das Interesse für deutsche Philosophie (Kant) geweckt, indem sie – vierzig Jahre vor Heine – auf die Komplementarität von französischer politischer Revolution und deutscher philosophischer Revolution hinwiesen, Madame de Staël hatte im Anschluß an die Arbeiten der »Idéologues« versucht, andere Wertungsmaßstäbe als die des franko-zentrischen Kulturimperialismus durchzusetzen, François Guizot sich noch unter dem Empire zum Anwalt deutscher Pädagogik gemacht. Nach 1815 setzte dann ein kontinuierlich wachsendes Interesse an deutscher Wissenschaft (Philosophie, Philologie, Geschichte, Rechtswissenschaft, Geographie) ein, das vor allem nach der Julirevolution, nachdem eine Reihe der an Deutschland interessierten Intellektuellen in die politische Machtsphäre eingetreten war, sprunghaft anstieg. So kam es, daß um 1830 in Frankreich bereits mehrere Deutschlandbilder miteinander konkurrierten. Zwei Grundtypen lassen sich einander gegenüberstellen: auf der einen Seite das literarisch-romantische Deutschland, das vor allem de Staël ins öffentliche Bewußtsein eingeführt hatte und das inzwischen durch relativ zahlreiche Übersetzungen deutscher Literatur (Goethe, Schiller, Lessing, Jean Paul, E.T.A. Hoffmann, Zacharias Werner) gestützt wurde; auf der anderen Seite das wissenschaftlich-philosophisch gelehrte Deutschland der neuen Universitäten, ein Bereich, in dem sich die Dinge seit de Staëls Deutschlandbuch stürmisch entwickelt hatten, ein Deutschland, das eine Reihe von jungen Intellektuellen anzog, zu Deutschlandreisen verführte (Cousin, Lerminier, Comte, Gustave d'Eichthal, Quinet, Michelet) und das später in der zweiten Hälfte des Jahrhunderts grundlegende Bedeutung für das französische Selbstverständnis gewinnen sollte. Dabei waren ›objektive‹ Kenntnisse über Deutschland und deutsche Zustände selbstverständlich noch relativ gering, ein Umstand, der im übrigen den innerfranzösischen Verweis auf deutsche Verhältnisse erleichterte, da man es im einzelnen damit noch nicht so genau nahm. Doch die Tendenz ging eindeutig aufwärts, und in den Elite-Institutionen wie dem Collège de France und vor allem der École Normale Supérieure wurde die Beschäftigung mit deutscher Wissenschaft fester Bestandteil von Lehre und Forschung.

Die Spannungen zwischen diesen beiden Rezeptionssträngen, einem wissenschaftlich-philologischen Deutschlandbild gegenüber dem bekannten romantischen, haben Heines Wirkung in Frankreich wesentlich mitbestimmt. Nimmt man einmal *De la France* aus, so gehörten Heines erste französische Veröffentlichungen eher in das Feld des literarisch-romantischen Deutschlandbilds. Und insgesamt überwogen unter den Pressestimmen zu den im Mai 1834 bei Renduel erschienenen zweibändigen *Tableaux de Voyage* dann auch diejenigen, die in Heine einen charmanten, geistvollen und formlosen Repräsentanten deutscher Phantasterei sahen. Die politische Brisanz der für die deutschen Verhältnisse vor 1830 geschriebenen Texte ging in Frankreich weitgehend verloren. Allenfalls konnte Heine auf eine spezifisch literaturpolitische Rezeption rechnen, weil die deutsche Romantik indirekt einen eigenen Stellenwert in der innerfranzösischen Auseinandersetzung um die Durchsetzung der (französischen) Romantik besaß. Von dieser Warte aus sind die positiven Besprechungen, die Heine von Exponenten der französischen Literaturszene wie Léon Gozlan und Hippolyte Carnot erfuhr, von gewisser Bedeutung. Schließlich ist darauf hinzuweisen, daß schon bei Gelegenheit der *Tableaux de voyage* eine Reihe von Rezensenten die Frage thematisierte, ob Heine nun als »französischer«, untypischer Deutscher oder als typischer Repräsentant der deutschen Nation einzustufen sei.

Der Angriff auf die Deutschlandexperten

Im April 1835 brachte Renduel dann in zwei Bänden *De l'Allemagne* heraus. Der Titel war in bewußtem Anklang an das berühmte Werk der Baronin Germaine de Staël *De l'Allemagne* gewählt worden. Vorausgegangen war zwischen März und Dezember 1834 unter dem Titel *De l'Allemagne depuis Luther* ein Teildruck der philosophiegeschichtlichen Kapitel, *worin die Phasen der deutschen Philosophie und zugleich ihre politische Bedeutung verständlicht werden sollten*, erschienen in der »Revue des Deux Mondes«. Parallel zu seiner deutschen Berichterstattung griff Heine nun bewußt in die französische Debatte um ein authentisches Deutschlandbild ein. *Ich wollte nur hier und da von dem mysteriösen Lande den Schleyer lüften*, bemerkte er 1855. Tatsächlich ging es ihm aber nicht nur um informationspolitische Popularisierung. Damit verknüpft war – als Gegenentwurf zu Madame de Staëls Deutschlandbuch – eine selbständige Auslegung insbesondere des deutschen Idealismus, die junghegelianische Gedanken vorwegnahm und den Schriften auch eine besondere »deutsche« Programmatik verlieh. Das Establishment der professionellen Deutschlandexperten (und damit Konkurrenten) wurde von Heine teils, wie Victor Cousin, scharf angegriffen, teils, wie Lerminier und Quinet, ignoriert. *In jenen Artikeln, welche die katholisch romantische Literaturperiode in Deutschland schilderten, wollte ich den Franzosen ein warnendes Spiegelbild vorhalten, und dem für Frankreich gefährlichen Einfluß unserer ultramontanen Schule entgegen wirken*, bestimmte Heine 1836 seine damit verknüpften Absichten. Noch schärfer umriß er 1844 seine damalige Intention: Er habe dem französischen Publikum zeigen wollen, *was eigentlich jene romantische Schule bedeutete, die Frau von Staël so sehr rühmte und feyerte. Ich zeigte, daß sie nur aus einem Haufen Würmern bestand, die der heilige Fischer zu Rom sehr gut zu benutzen weiß, um damit Seelen zu ködern.* Heine, den immer der Zusammenhang zwischen der Literatur und der Politik einer Epoche interessierte, erblickte in der *Wiedererweckung der Poesie des Mittelalters* die klammheimliche

Wiedereinführung einer *katholisch feudalistischen Denkweise*, von *Ritterthum und Pfaffenthum.*

Während sich die Artikel über deutsche Literatur mit ihrer ideologiekritischen Interpretation der deutschen Romantik laut Heines eigener Bekundung offiziell von französischer Polemik fernhalten sollten – obgleich er zumindest indirekt auf Vertreter einer französischen »historischen Schule« wie Lerminier antwortete –, griff er mit den Teilen über Philosophie und Religion in Deutschland ausdrücklich in die innerfranzösische Diskussion ein. Die Parallelen zwischen Französischer Revolution und deutscher Philosophie, die er schon in der Kahldorf-*Einleitung* konstatiert hatte, wurden jetzt ausführlich entwikkelt. Ganz konsequent prophezeite er Deutschland – als Folge der von Kant eingeleiteten philosophischen Umwälzung – daher auch eine politische Revolution. 1844 erklärte er, er habe *über die deutsche Philosophie eine wahre Auskunft geben* wollen und *unumwunden das Schulgeheimniß ausgeplaudert, das nur den Schülern der ersten Klasse bekannt war (...). Ich hab freylich den Franzosen keine ausführliche Darstellung unserer verschiedenen Systeme geben können (...) aber ich habe ihnen den letzten Gedanken verrathen, der allen diesen Systemen zu Grunde liegt, und der eben das Gegentheil ist von allem, was wir bisher Gottesfurcht nannten.* Damit auch ja keine Unklarheit aufkommen konnte, hob er in der Vorrede zu *De l'Allemagne* hervor, es sei ihm darum gegangen, den von Madame de Staël, der *Großmutter der Doktrinäre*, verbreiteten Ansichten über deutsche Philosophie entgegenzuwirken. Hinter Germaine de Staël wollte er demzufolge die liberalkonservative Gruppe um Guizot und Rémusat und den mächtigen »Großmeister der Universität«, Victor Cousin, treffen, dem er ja dann auch einen eigenen polemischen Anhang widmete.

Damit war nun nicht mehr eine literarische Debatte um die Romantik angesprochen, sondern eine ideologische Auseinandersetzung mit eminent politischem Nebeneffekt. Cousin hatte schon vor der Julirevolution in seinen berühmten Sorbonne-Vorlesungen von 1828 und 1829 die Legitimität der französischen Verfassung aus Hegels Geschichtsphilosophie abgeleitet. Nach der Julirevolution war er dann zu einer der führenden geistigen Persönlichkeiten der neuen

Monarchie aufgestiegen. Seine Rolle als Schlüsselfigur des Bildungssystems (Direktor der École Normale Supérieure, 1840 Unterrichtsminister, führendes Mitglied der Akademie der Wissenschaften und langjähriger Präsident des nationalen Prüfungsausschusses für Philosophie) ist schwerlich zu unterschätzen und strukturell in Frankreich bis heute zu spüren. Durch seine Funktion an der École Normale Supérieure gebot er über eine Institution zur Formierung einer geistigen Elite, die für die Kontrolle des neuen Bildungs- und Unterrichtssystems von strategischer Bedeutung war. Gegen Cousin seine eigene Interpretation der deutschen Philosophie zu propagieren hieß somit, gegen das dominierende, gewissermaßen staatstragende Deutschlandbild vorzugehen. Um seine eigene Position als Deutschlandexperte zu etablieren, mußte Heine an die französische Diskussion anknüpfen, und dies tat er in Form einer subversiven Kritik auf dem Feld der politisch sensiblen Deutschland-Debatte: dem philosophisch-wissenschaftlichen Deutschlandbild, der Interpretation des geistig-wissenschaftlichen Aufschwungs in Deutschland, der *deutschen Revoluzion* auf dem Gebiet des Geistes. In *De l'Allemagne* ging es in erster Linie gar nicht mehr um de Staël und Napoleon, sondern – zugespitzt formuliert – um die Julimonarchie, um die philosophische Fundierung des französischen Konstitutionalismus. Schon in einem Absatz der Artikelserie über deutsche Literatur von 1833 hatte Heine solches angedeutet, als er schrieb:

Indem ich hier von deutschen Philosophen gesprochen, kann ich nicht umhin einen Irrthum zu berichtigen, den ich in Betreff der deutschen Philosophie hier in Frankreich allzusehr verbreitet finde. Seit nemlich einige Franzosen sich mit der Schellingschen und Hegelschen Philosophie beschäftigt, die Resultate ihrer Studien in französischer Sprache mitgetheilt, auch wohl auf französische Verhältnisse angewendet: seitdem klagen die Freunde des klaren Denkens und der Freyheit, daß man aus Deutschland die aberwitzigsten Träumereyen und Sophismen einführe, womit man die Geister zu verwirren, und jede Lüge und jeden Despotismus mit dem Scheine der Wahrheit und des Rechts zu umkleiden verstünde. Mit einem Worte, diese edlen, für die Interessen des Liberalismus besorgten Leute, klagen über den schädlichen Einfluß der deutschen Philosophie in Frankreich. Aber der armen deutschen Philosophie geschieht Unrecht.

Heine wandte sich dagegen, daß man sich in Frankreich instrumentell auf Hegel und Schelling berief, um politisch die »Stillstandspartei« (»parti de la résistance«) zu stützen. Auch wenn man in Deutschland zumindest mit dem späten Schelling ähnlich verfahre, ändere dies nichts an der revolutionären Substanz der idealistischen Philosophie, die sich in soziale und politische Emanzipation umsetzen werde. Sein Hauptargument gegen Cousin, dessen angebliche Unwissenheit über deutsche Zustände er polemisch beleuchtete, bestand in der Behauptung, er als Deutscher müsse schließlich eine authentischere Kenntnis der deutschen Philosophie besitzen als Cousin. Und so zitierte er im Anhang von *De l'Allemagne* auch ausführlich eine Cousin-Kritik des Hegelianers Hinrichs, in der dieser dem Franzosen vorwarf, Hegel nicht richtig verstanden zu haben. Dabei ließ Heine jedoch außer acht, daß es primär gar nicht um ein authentisches Hegel- oder Schellingverständnis ging, sondern um die instrumentelle Verwendung der deutschen Philosophie (und der ihr offenbar innewohnenden Autorität) in innerfranzösischen Herrschaftskämpfen. Cousin war nicht der inkompetente, lächerliche Außenseiter und Einzelkämpfer, als den ihn Heine porträtierte. Er war im Gegenteil das Zentrum der einflußreichsten Gruppe des französischen Geisteslebens wie auch der politischen Bühne. Bei den höheren Beamten im Unterrichtswesen, bei den Professoren der akademischen Prüfungsausschüsse, bei den Studenten der École Normale Supérieure hatte er das Bild eines ernsten, methodisch für den Fortschritt der Wissenschaften wirkenden Deutschlands verbreitet, dessen Sprache man zu erlernen habe, wenn man international auf der Höhe bleiben wollte, und dessen in vieler Hinsicht vorbildliches Bildungssystem es in Frankreich zu übernehmen, den französischen Gegebenheiten anzupassen gelte.

Die Antwort des Cousin-Kreises auf Heines Frontalangriff ließ nicht lange auf sich warten. In einer ausführlichen Rezension zu *De l'Allemagne* im »Journal Général de l'Instruction publique«, der quasioffiziellen Zeitung für Unterrichtswesen, vom 25. Juni 1835 zog ein Cousinianer – vermutlich der Herausgeber der Zeitung, Ed. Hébert – gegen

Heine zu Felde. Sein überraschendes Hauptargument: es fehle dem französelnden, im Grunde undeutschen Heine am nötigen Ernst, um über so wichtige und grundlegende Dinge wie die deutsche Philosophie zu referieren. Hatte Heine geglaubt, er müsse sich auf typisch französische Weise äußern, um in Frankreich Gehör zu finden, die Dinge popularisieren, vereinfachen, mundgerecht zurichten, zugleich mit Esprit und Witz würzen, die Franzosen gewissermaßen auf ihrem eigenen Feld schlagen, so wurde ihm nun entgegnet, man könne als Deutscher nicht in dieser Weise über den weltbewegenden deutschen Geist räsonieren. Zwar waren einige dieser Argumente ähnlich auch von Ludwig Börne gegen Heine verwendet worden; die Funktion hier war eine völlig andere: Es ging darum, Heine aus der internen französischen Diskussion über die profunde deutsche Metaphysik auszuschließen, die man brauchte, um eine neue französische (post-revolutionäre) Identität abzusichern, weshalb sich der Rezensent auch besonders gegen Heines Schlußprophetie einer gewaltsamen Revolution in Deutschland wandte. Für Heines revolutionäre Politisierung der deutschen Philosophie war in der innerfranzösischen Diskussion der dreißiger Jahre kein Platz. Dort war man im Gegenteil an einem wissenschaftlich-philosophischen Deutschlandbild interessiert, das zum einen die nachrevolutionäre Konsolidierung Frankreichs ideologisch zu legitimieren vermochte und zum anderen durch seine »Andersartigkeit« argumentativ verfügbar blieb, etwa um die Debatte zu entpolitisieren.

Die Pointe dabei ist, daß wir mit Cousin einen typischen Vertreter der französischen rhetorischen Kultur vor uns haben, der im Grunde mit dem objektiven, freien Fortschritt der Wissenschaft in der Tradition Humboldts nicht viel im Sinn hatte. Für ihn blieb die brillante Neuformulierung bekannter Ideen (und das hieß im Grunde: der Vulgata) immer wichtiger als philologische Kritik und Hermeneutik. Und institutionspolitisch war er letzten Endes eher auf Ausgleich und Mäßigung (etwa auch der Kirche gegenüber) bedacht. In den dreißiger Jahren ließ sich also durchaus ein Widerspruch zwischen dem Verweis auf den abstrakten Fortschritt deutscher Wissenschaft und der eigenen wissenschaftlichen Praxis der Cousinianer beobachten; insofern hatte Heine durchaus recht, wenn er die französische

Vereinnahmung deutscher Philosophie durch Cousin anprangerte. Aber dies war eben nicht das entscheidende Problem. Entscheidend war im Gegenteil, daß Heine mit seiner Darstellung der deutschen Philosophie auf eine praktisch geschlossene Front der Ablehnung stieß. Bei den zukunftsträchtigen, deutschem Geistesleben gegenüber aufgeschlossenen Teilen der französischen Intelligenz hat ihn die Veröffentlichung von *De l'Allemagne* geradezu disqualifiziert. So konnte er im wissenschaftlich-philosophisch-philologischen Deutschlandbild nicht Fuß fassen, an dessen Expansion nicht teilnehmen, sondern stand im Grunde konträr dazu, ausschließlich auf die (politisch ungefährlichen) literarisch-romantischen Sektoren fixiert und von den Cousinianern ausdrücklich daran zurückgebunden. Als Autor der *Reisebilder* ließ man ihn gelten, nicht aber als Denker und Philosophie-Exegeten.

Der Widerstand der professionellen Deutschland-Experten macht den kommerziellen Mißerfolg von *De l'Allemagne* besser erklärbar. Vorsichtig genug, hatte Renduel von Heines französischem Erstling *De la France* nur achthundert Exemplare drucken lassen. Den Bänden *Reisebilder – Tableaux de Voyage* war es mit einer Auflage von zwölfhundert Stück etwas besser ergangen. *De l'Allemagne* hatte Renduel zwar zunächst ernstliche Chancen eingeräumt (er hatte sich vertraglich ausbedungen, daß die Rechte an dem Werk nach drei Auflagen voll und ganz an ihn übergehen sollten), doch wurden laut Vertrag nur eintausend Exemplare gedruckt. Obendrein hatte er Heine in einer nach Jahresfrist beschlossenen Zusatzklausel zum Vertrag gezwungen, fünfhundert Francs des ursprünglich vereinbarten Honorars von zweitausend Francs vom Absatz seiner Schrift innerhalb einer gewissen Frist abhängig zu machen, einen Teil des verlegerischen Risikos also selbst zu tragen. Die verbleibenden fünfzehnhundert Francs entsprachen einem Honorar von siebenunddreißigeinhalb Francs für den Oktavbogen zu sechzehn Seiten. Zum Vergleich sei angeführt, daß Adolphe Specht allein für die Übersetzung der *Reisebilder* mehr verlangte, als der Autor Heine schließlich für den bereits übersetzten Text *De l'Allemagne* erhielt: zwölfhundertfünfzig Francs pro Band oder fünfzig Francs für den Oktavbogen. Renduel freilich verstand sich für die Übersetzung schließlich nur zu vierundzwanzig Francs für den

Oktavbogen, weshalb Specht den Auftrag auch an einen jungen, namenlosen Übersetzer abgab.

Schon das Verhältnis von Autor- zu Übersetzerhonorar zeigt deutlich, daß Heine hier an der unteren Grenze dessen lag, was sich ein halbwegs anerkannter Schriftsteller damals zumuten konnte. Der junge, unbekannte Théophile Gautier etwa erhielt bei Renduel für die beiden Bände seiner »Mademoiselle de Maupin« (1833) fünfzehnhundert Francs bei einer Auflage von fünfzehnhundert Exemplaren, also fünfzig Centimes für das Exemplar, und stand sich damit in der Gesamtsumme schon genausogut wie Heine, wenngleich dieser, auf Stückbasis berechnet, noch etwas mehr erhielt. In derselben Honorarklasse bewegte sich auch der junge Gérard de Nerval, dem Renduel 1836 für einen ebenfalls zweibändigen und gemeinsam mit Gautier zu verfassenden Roman sechzehnhundert Francs bot. George Sand veröffentlichte 1832 bei Buloz auf der Basis eines Zeitschriften-Bogenhonorars von zweihundertfünfzig Francs, was einem Buchhonorar von ca. zweitausend Francs für einen durchschnittlichen Band entsprach. Ein Jahr später erhielt sie bereits zweitausendfünfhundert, und 1838 wurde sie dann unter Zugrundelegung eines Bogenhonorars von fünfhundert Francs bezahlt, hatte also ihre Honorarbasis innerhalb von fünf Jahren verdoppeln können. Freilich war auch sie noch weit entfernt von den Spitzensätzen, die der höchsten literarischen Prominenz damals gezahlt wurden. Heine brachte es zur selben Zeit bei der »Revue des Deux Mondes« jedoch nicht fertig, die Schallmauer von zweihundert Francs pro Bogen zu durchbrechen.

Daß Renduels allmählich gewachsene Skepsis über die Absatzmöglichkeiten von Heines Literaturprodukten auf dem französischen Markt nur allzu begründet war, sollte die spätere Entwicklung deutlich erweisen. Als er sich fünf Jahre später, im Herbst 1840, vom Buchhandel zurückzog und sein Lager an Hachette veräußerte, befanden sich unter seinen Beständen von Heines *De la France* noch 362, von *Reisebilder – Tableaux de Voyage* 449 und von *De l'Allemagne* noch 378 Exemplare. Mit anderen Worten: Von *De la France* waren in sieben Jahren nicht mehr als vierundfünfzig Prozent, von *Reisebilder – Tableaux de Voyage* in sechs und von *De l'Allemagne* in fünf Jahren jeweils nur wenig über 62 Prozent abgesetzt worden. Diese Zahlen waren auch für damalige Verhältnisse vernichtend und bezeugen Heines Scheitern auf dem französischen Buchmarkt. Doch nicht der Verleger hatte sich in der Markteinschätzung geirrt, als er 1833 den Gesamtvertrag über *De l'Allemagne* aufsetzte und wie selbstverständlich von der Möglichkeit mehrerer Auflagen ausging; das Deutschlandthema war damals zweifellos erfolgverheißend. Die Fehleinschätzung ging eher zu Lasten Heines, der die dominierende Position Victor Cousins in der französischen Deutschland-Debatte offenbar nicht richtig wahrgenommen oder aber seine eigenen Kräfte und Einflußmöglichkeiten in dieser Hinsicht überschätzt hatte.

In der zweiten Hälfte der dreißiger Jahre bestand keine Chance mehr, an dieser Situation etwas grundlegend zu ändern. Erst mit dem Aufkommen der Frühsozialisten ergab sich potentiell ein neuer Ansatzpunkt, weil in ihnen eine neue, regierungsfeindliche Anti-Cousin-Front erstand, die sich ebenfalls auf deutsche Philosophie und Wissenschaft zu berufen gedachte. Doch bezeichnenderweise erschien auch noch Louis Blanc, der sich in diesem Punkt die Argumente seines Gegners, des Cousin-Kreises, zu eigen machte, Heine als zu unseriös, wohingegen Pierre Leroux bei seinen 1841 einsetzenden Attacken auf Cousin die Munition nicht so sehr bei Heine suchte – von Heine leitete er lediglich einige Argumente seiner anti-atheistischen Hegel-Kritik ab –, sondern paradoxerweise bei Schelling, dem Vertreter der Restauration. Der neue Anknüpfungspunkt der Frühsozialisten stellte somit keine tragbare Alternative dar, und Heines Versuchen, in den vierziger Jahren eine Neuausgabe von *De l'Allemagne* durchzusetzen, war deshalb konsequenterweise kein Erfolg beschieden. Der Markt für Heines Werke war so schmal, daß es Renduel auch nicht gelang, die Rechte, die er an seinen Werken besaß oder zu besitzen vermeinte, zu verkaufen. Der Verleger Charpentier, der von Heine in diesem Zusammenhang eingeschaltet worden war, schrieb an Renduel am 9. Dezember 1841:

»Ich habe Heines Werke überflogen (...) und finde sie – offen gestanden – nicht gut. Politische, philosophische etc. Ausschweifung, und zwar in jeder Beziehung. Und der Geist, der manchmal darin vorkommt, riecht verteufelt nach Bierkrug. Das Ganze ist das Gebräu eines in Hitze geratenen deutschen Studenten.«

Auch die Verhandlungen mit anderen Verlagen führten zu keinem Ergebnis. Niemand fand sich bereit, Heines Werke zu übernehmen. Das Ausscheiden Renduels bedeutete deshalb für Heine das vorläufige Ende aller auf den französischen Buchmarkt gerichteten Erwartungen. Was ihm blieb, waren seine Beziehungen zur französischen Presse, vor allem zu Buloz' »Revue des Deux Mondes«, und die Möglichkeit, dort Übersetzungen seiner neuen Produktionen erscheinen zu lassen, sofern sie sich für eine solche Plattform eigneten. Die Zeiten, da er primär für ein französisches Publikum und französische Veröffentlichungsorgane produzierte, waren jedoch zunächst vorbei. Auch war das finanzielle Gewicht solcher Zeitschriftenpublikationen verschwindend gering im Vergleich zu den Honoraren, die ihm der deutsche Markt als Ganzes brachte. Ende der dreißiger Jahre war Heines Versuch, sich durch Veröffentlichung der französischen Fassungen seiner Werke systematisch neue Verdienstmöglichkeiten zu schaffen, bis auf weiteres gescheitert. Dieses Scheitern ist um so gravierender, als es in eine Periode fiel, da der französische Literaturmarkt eine Expansion ohnegleichen erlebte. Heine war zwar einer Elite des französischen Geisteslebens bekannt geworden – dauerhafte, wenngleich nicht immer ungetrübte Beziehungen verbanden ihn mit einer ganzen Reihe von Persönlichkeiten des öffentlichen Lebens aus Politik, Wissenschaft und Kultur, darunter George Sand, Honoré de Balzac, Pierre-Jean de Béranger, Hector Berlioz, Frédéric Chopin, Alexandre Dumas, François Guizot, Victor Hugo, Franz Liszt, Giacomo Meyerbeer, Alfred de Musset, Gioacchino Rossini, Adolphe Thiers und Edgar Quinet –, aber es war ihm nicht gelungen, diesen Vorteil in einen breiteren und dauerhaften literarischen Erfolg umzusetzen. Das von ihm in den ersten Pariser Jahren gesponnene Netz persönlicher Beziehungen hatte sich nur so lange als wirksam erwiesen, wie es ihm gelungen war, es direkt in Markt- und Verkaufserfolge umzusetzen. In sich heterogen, vermochte es keine kontinuierlichen Belastungen oder einseitigen Beanspruchungen auszuhalten.

Rückzug und später Durchbruch

Die Hinwendung zu dem Unterschichtenkind Mathilde, die Heine bestimmte Kreise der Pariser Gesellschaft verschloß, bedeutete gleichzeitig die Abkehr von der Hochkultur und von der Eroberungsstrategie der ersten Jahre. Im angestrebten Ausmaß war die literarische und soziale Integration nicht gelungen. Daran vermochte auch der am 4. Januar 1844 erfolgte Eintritt in die kleine Pariser Freimaurerloge »Trinosophes«, der Persönlichkeiten des öffentlichen Lebens, Vertreter des gehobenen Mittelstandes und außer Heine noch eine Reihe weiterer Nichtfranzosen angehörten, nichts zu ändern. Heine war kein gleichberechtigter Großer unter den französischen literarischen Koryphäen der Julimonarchie geworden und mußte sich mit dem Status eines geachteten Außenseiters begnügen. Aus einem Balzacschen Rastignac, der aufgebrochen war, die Pariser Gesellschaft im Sturm zu erobern, war ein von der Midlife-crisis geschüttelter, ernüchterter Kenner der Materie geworden, der es vorzog, sich einen eher bescheidenen Schlupfwinkel abseits des großen Trubels zu suchen, der sich in den Salons und auf den Gesellschaftsbällen nur noch sporadisch blicken ließ und seine Freunde fortan sorgfältig auswählte. Von nun an interessierte ihn die zeitgenössische französische Hochliteratur nicht mehr vorrangig. Er fühlte den inneren Abstand zwischen seinen eigenen poetologischen Positionen und dem, was ihm bei Schriftstellern und Dichtern wie Lamartine, Hugo, Vigny und selbst Musset als pompöse Rhetorik vorkam. Dagegen bewahrte er ein vertrauteres Verhältnis zur Trivialliteratur, zu Alexandre Dumas, Béranger, Alphonse Royer, Eugène Sue, und der als Trivialliteratur verkappten Hochliteratur, zu Balzac, Gautier, G. Sand, der trivialen Gattung des französischen Romans, deren Realitätsnähe ihm offenbar eher zusagte. Aus den französischen Diskussionen hielt er sich eher fern. Aufgrund dieser Arbeitsteilung machte er in den vierziger Jahren auch seinen Frieden mit Victor Cousin, dessen Verdienste um die Verbreitung der deutschen Philosophie in Frankreich er nunmehr würdigte, ebenso wie seine Rolle in der Auseinandersetzung zwischen Staat und Kirche. Von nun an war sein literaturpolitisches

Engagement eindeutig auf Deutschland ausgerichtet, auf das topographisch Ferne, aber affektiv Nahe, während er sich gegenüber dem französischen Markt darauf beschränkte, seine deutschen Texte mehr oder minder sorgfältig durch Detailmodifikationen auf das französische Publikum hinzufrisieren. Das Besondere seiner Position liegt aber nun darin, daß die Prioriät für Deutschland und das deutsche Publikum keineswegs unproblematisch war. Heine schrieb von Paris aus nach Deutschland, von einem Außenposten, wodurch sich seine Perspektive notwendig mit der Zeit veränderte. Sein Deutschland, das *Land der Räthsel und der Schmerzen*, bekam mehr und mehr imaginären Charakter, wohingegen sich der reale französische Kulturbezug stärker bemerkbar machte, was man an Werken wie *Atta Troll* oder an den späten Gedichten verdeutlichen kann, wohl auch an der Entwicklung seiner Sprache. Seine Stellung zwischen den Kulturen tendierte somit zur Akzentuierung einer mehr und mehr eigenen poetischen Welt, die sich den jeweiligen dominanten Tendenzen entzog. Besonders deutlich wird dies in der Matratzengruftsituation nach 1848, die Heine einen Sonderstatus zuwies.

Erst als der Verlag Michel Lévy Frères ab 1855 eine neue Gesamtausgabe seiner Werke zu publizieren begann, erlebte Heine dann doch noch den Durchbruch auf dem französischen Markt. Doch kam dieser Erfolg viel zu spät, um sich noch zu Lebzeiten des Autors nachhaltig auszuwirken. Das freundliche Echo vor allem auf die französische Ausgabe der *Lutezia* (*Lutèce*, April 1855) brachte ihm denn auch eher idealistische Genugtuung als materiellen Gewinn, und wie so oft mußte er sich wieder auf den Nachruhm vertrösten, während die Interessen seines *Suppentopfs* zu kurz kamen. Die Verbindung zu Lévy im Sommer 1854 war wohl durch Vermittlung von François Buloz zustande gekommen, der Heine in französischen Verlagsangelegenheiten schon seit längerem beraten hatte. Am 23. September 1854 begab sich Lévy in Begleitung seines Sekretärs an Heines Krankenbett und legte ihm einen vorbereiteten Vertragsentwurf vor, der nur in einigen nebensächlichen Punkten abgeändert wurde. Obwohl man offenbar von vornherein an eine möglichst vollständige Werkausgabe dachte, wurden im Vertrag zunächst nur drei Werke namentlich aufgeführt: *De l'Allemagne*, *Reisebilder* und *Poésies et Légendes*, deren Erstauflage sich jeweils auf fünfzehnhundert Exemplare belaufen sollte. Zu denselben Konditionen sicherte sich Lévy das Exklusivrecht an allen weiteren, binnen fünf Jahren fertiggestellten französischen Werken Heines. Schon im Oktober 1854 ließ er einen Prospekt zur Gesamtausgabe drucken, angeblich in dreißigtausend Exemplaren. Auch wurden die beiden ersten Bände *De l'Allemagne*, die im Februar 1855 erschienen, als Bestandteile einer Gesamtausgabe angekündigt.

Als Honorar erhielt Heine fünfundzwanzig Centimes pro gedrucktes Exemplar, dreihundertfünfundsiebzig Francs pro Band und Auflage; ein vergleichsweise eher bescheidener Satz, der erklärt, weshalb er behaupten konnte, mit dieser Werkausgabe erwerbe er Ruhm, aber kein Geld. Die Besonderheit der Vereinbarung bestand in der Tatsache, daß Heines *Œuvres complètes* in Michel Lévys Reihe der »Bibliothèque contemporaine« aufgenommen wurde, die sich durch ein besonders auffälliges Format, das sogenannte »format Charpentier«, sowie durch einen niedrigen Verkaufspreis auszeichete: Nur drei Francs kostete ein Band, weniger als die Hälfte dessen, was für einen Band der Renduel-Ausgabe bezahlt werden mußte. Michel Lévy hatte sich ja seinen Platz auf der französischen Verlagsszene durch eine systematische Niedrigpreis-Politik erkämpft, die er mit erhöhtem Absatz zu kompensieren trachtete. Im Falle Heines ging das verlegerische Kalkül allerdings nur nach und nach auf. Lediglich *Lutèce* erlebte zu Heines Lebzeiten eine zweite Auflage. Der eigentliche buchhändlerische Erfolg stellte sich erst kurz nach Heines Tod ein, mit *Reisebilder – Tableaux de Voyage* (1856), die bis 1895 in zehn Auflagen erschienen. Auch von *Lutèce* wurden bis 1871 neun Auflagen gedruckt. Mittlerweile waren die Buchpreise weiter gesunken, so daß die Heine-Ausgabe, die bis 1871 auf stattliche vierzehn Bände anwuchs, vergleichsweise nicht mehr besonders wohlfeil zu erstehen war. Paradoxerweise kam auf diese Weise die französische Werkausgabe einige Jahre vor der deutschen Gesamtausgabe auf den Markt, die erst ab 1862 erschien und für deren Rechte Campe schon seit 1837 Zahlungen geleistet hatte.

Mit der Lévy-Ausgabe erfüllte sich auch der langgehegte Wunsch Heines, dem französischen Publikum in einem geschlossenen Band als lyrischer Dichter vorgestellt zu werden. Zwar waren hie und da, vor allem in der »Revue des Deux Mondes«, Übersetzungen von einzelnen Zyklen und Texten erschienen, darunter die *Nordsee*-Gedichte, deren Übertragung Gérard de Nerval 1848 gezeichnet hatte. Aber erst der Band *Poèmes et Légendes* vom Juli 1855 erschloß dem französischen Leser einen Überblick über Heines Gedichtproduktion und begründete seine spätere Rezeption bei Baudelaire und den französischen »Parnassiens«. Allerdings handelte es sich in der Regel um Prosaübersetzungen, die nur einen matten Abglanz des Originals zu vermitteln vermochten und solchermaßen *mit Stroh ausgestopftem Mondschein* gleichkamen, wie Heine selbstironisch einräumte. Mit der Selbstdefinition als *arme deutsche Nachtigall, die ihr Nest in der Perücke Voltaires gebaut hat*, bezeichnete Heine nicht nur die schwierige Situation des rheinisch-romantischen Zugvogels, den es nach der Julirevolution ins gelobte Land der Freiheit und des Rationalismus verschlagen hatte, sondern auch eine Spannung, die sein Werk charakterisiert. Auf die Übersetzung seiner Gedichte ins Französische bezogen, verweist die Formulierung auf einen ungelösten Widerspruch, den Heine an anderer Stelle, anläßlich der Übersetzung des Zyklus *Neuer Frühling*, die Saint-René Taillandier im September 1855 in der »Revue des Deux Mondes« veröffentlichte, selbstparodistisch mit den Worten umschrieb: *Ich glaubte daß es unmöglich sey diese Gedichte nur einigermaßen genießbar ins französische zu übertragen und ich wollte vielleicht auch das Publikum nicht mit einer allzugroßen Dosis von Rosen, Mondschein und Nachtigalen-Frikassee überfüttern.* Trotz kleiner Teilerfolge verhinderte die Sprachbarriere auf lange Zeit, daß der Poet Henri Heine in Frankreich angemessen rezipiert wurde.

ACHTES KAPITEL

Mathilde

Eros und Sexus

Heines private Integration in den französischen Alltag äußerte sich nicht zuletzt in seinen diversen Beziehungen zu Frauen, Damen der Gesellschaft ebenso wie Figuren der Halbwelt. Hohe Gönnerinnen wie Betty Rothschild waren darunter, berühmte Schriftstellerinnen wie George Sand, vornehme Salonbekanntschaften wie Caroline Jaubert, große Künstlerinnen wie Elisa Rachel. Sexualität und handfeste Erotik erlebte er indessen fast ausschließlich im Milieu der Grisetten und Prostituierten. Euphemistisch formulierte er einmal, freilich primär mit Bezug auf Frankophilie und Bonapartismus: *Die Liebe mit Erlaubniß des Herrn Maire* hatte *nie für mich so viel Anziehendes, wie jene verbotene, wenigstens nicht offizielle Liebe, die mit socialen Hindernissen zu kämpfen hat.* Zur Lebensgefährtin erkor er sich das französische Unterschichtenkind Augustine Crescence Mirat, die ebenfalls dem Umkreis der Demimonde zuzurechnen ist. Alfred Meissner bezeugt, daß Heine »einen wahren Horror vor der gelehrten und starkgeistigen Frau, dem Blaustrumpf und dem Verstandesweibe« hatte, wie er umgekehrt auch von der bewunderten intellektuellen Frau nicht als Liebhaber gewünscht wurde: Gerade gegenüber geistreichen, kultivierten Damen glaubte Heine seinem maliziösen Esprit heftig die Sporen geben zu müssen. Doch seine geistreiche Art wirkte auf sie wohl eher abstoßend. Auf geschäftlicher Basis und unter Ausnutzung seines sozialen Ranges konnte der Freier leichter ans Ziel seiner Wünsche gelangen.

Frustrierende Liebeserfahrungen und Kränkungen durch Ab- und Zurückweisung hatten Heine schon als jungen Mann sexuelle Entspannung im Rotlicht-Milieu der Großstädte suchen lassen. *Ich wurde größer und küßte schöne Frauen ... Aber sie sahen mich manchmal an mit so bleichem Schmerze, und ich erschrak in den Armen der Freude ... Hier war ein Unglück verborgen, das niemand sah und woran jeder litt.* Vorbei jene *besseren Götterzeiten, wo es noch keine gothische Lüge gab, die nur blinde, tappende Genüsse im Verborgenen erlaubt und jedem freyen Gefühl ihr heuchlerisches Feigenblättchen vorklebt.* Sollte die Erfahrung von *Entbehrung und Entsagung wirklich allen Genüssen dieser Erde vorzuziehen* sein? Notgedrungen wandte er sein Interesse von Aphrodite Pandemos ab und ihrer Zwillingsschwester zu, der römischen Venus Vulgivaga, Göttin der sinnlichen Liebe und der Prostitution. *Madonnen*, wie er sie als junger Mann gesucht hatte, lernte er auch in diesem Milieu kennen (in Paris sogar eine Professionalistin, die sich Madonna nannte): *Ich habe Weiber gesehen, auf deren Wangen das rothe Laster gemalt war und in ihrem Herzen wohnte himmlische Reinheit*, heißt es in den *Englischen Fragmenten*. Dem Berliner Freund Immanuel Wohlwill gegenüber äußerte er im April 1823, er könne sich nicht allein für das Allgemeine begeistern. *Wenn Du mahl glühst so ist es für die ganze Menschheit. Bey mir ist das anders.* Als Student verschmähte er auch nicht standesgemäßes weibliches Dienstpersonal nicht: So lesen wir in einem Brief an Moser vom 25. Februar 1824, er sei in die *schöne*, angeblich aber *venerische Köchinn des Hofrath Bauer* verliebt, eine andere Anspielung zielte auf die Hausangestellte des Freundes Ludwig Markus (*Was geht mich der kleine Markus an mit seinem Demonstriren daß ich eine Idee sey; seine Magd weiß es besser*). Doch derlei Affären sprachen sich in Kleinstädten unter Umständen schnell herum, weshalb man besser die Finger davon ließ. Unproblematischer waren die kurzen Begegnungen mit professionellen Liebesdienerinnen. Schon in Hamburg, der *großen Rechenstube*, die sich nachts in *ein großes Bordell* verwandelte, hatte er Prostituierte aufgesucht, später in London oder Florenz hielt er es ebenso. Sie waren, wie er Varnhagen gegenüber einmal andeutete, eines seiner *gewöhnlichen Hausmittel* gegen *körperliches Unwohlseyn* und *geistiges Mißbehagen*. Moser gestand er am 11. Juli 1823, *vorgestern nach Mitternacht* habe er Ablenkung von seinem *infernalen Brüten* gesucht und auf der Suche nach einer Entspannungsmöglichkeit *die bekannten Schmutzgassen Hamburgs durchwandelt*. Die meisten Huren traf man auf der anrüchigen Drehbahn, dem Vergnügungsviertel des Hamburger Bergs (später unter dem Namen St. Pauli bekannt) und vor dem Dammtor in Hamburg. Von einigen kennen wir sogar die Namen – jedenfalls die Namen, die Heine ihnen gab, unter denen sie

vielleicht arbeiteten, etwa *die lange Mahle*, die Heine, wie Lewald bezeugt, lange nicht vergessen konnte, Hannchen Meyer, *die dicke Posaunengel-Hanchen, die Braunschweiger Mummen-Friedrike, die falsche Marianne, Pique-As-Louise, Kuddelmuddel-Marie, Dragonerkathrine, die rote Sophie, die keusche Susanne, die Strohpuppenjette, die große Malvine*, sämtlich von der Schwiegerstraße, wo die Edelbordelle lagen. Was sich in Berliner Lusthäusern abspielte, war angeblich nur eine »decente Gemeinheit«, gemessen an den »cyclopenhaften Bacchanalien, die in Hamburg bei Peter Ahrens und Dorgerloh, oder im Sommer in der Alten Glashütte vor dem Dammthor gefeiert werden«.
Der Preis für dieses freizügige Liebesleben waren vermutlich zwei Syphilosen, die Heine dann – viel zu spät – veranlaßten, von Kondomen Gebrauch zu machen. Moser berichtete er unter dem Datum des 25. Februar 1824 aus Göttingen, nicht ohne noch schnell einen Scherz unterzubringen: *Ich habe mir gestern Abend bey der neuen Putzhändlerinn 1/2 Dutzend Gondons anmessen lassen, und zwar von veilchenblauer Seide.* Der jüngere Bruder Maximilian, wohl weil er etwas von praktischer Medizin verstand, war vermutlich näher eingeweiht in die pathologischen Liebesfolgen und konnte sich daher in seinen Briefen gelegentlicher Ermahnungen nicht enthalten. Am 10. März 1834, nach der Lektüre des ersten *Salon*-Bandes mit seinen *viel[en] Zoten*, wie Heine selbst einräumte, schrieb er dem Bruder ins Sündenbabel an der Seine: »Ich vermuthe daß es Dir recht gut geht. (...) Aber das rathet Dir mein wohlmeinendes Herz im Schooß blühender Rosen den Thau Deiner Mannes-Kraft nicht zu verschütten! Sehr prosaisch gesagt, nimm Dich ja mit den Huren in Acht« – obgleich er konzedieren mußte, daß »eine so große Neigung« zum »Huren« in »unserer ganzen Familie sich befindet«.
Daran gehalten hat sich Heine offenbar nicht. Über seine frühen erotischen Beziehungen in Paris wissen wir zwar so gut wie nichts; Ludwig Börne allerdings behauptete in einem Brief an Jeanette Wohl vom 14. Oktober 1831, Heine laufe »den gemeinsten Straßendirnen bei Tag und Nacht nach«; noch schlimmer sei, daß er sich dazu bekenne und »in einem fort von dieser häßlichen Gemeinheit« spreche, »in welcher er ein ästhetisches Vergnügen findet«. Nicht nur wie hier gegenüber Börne oder in Briefen an vertraute Freunde, auch öffentlich machte

Heine keinen Hehl aus seinem Interesse an buchbarer Sexualität. In den *Elementargeistern* erinnerte er an das Gewispere, *das man zur Abendzeit in gewissen Seitengäßchen einer Hauptstadt zu vernehmen pflegt*, und selbst im *Rabbi von Bacherach* treffen wir in Frankfurt zur Messezeit Prostituierte aus dem Würzburger Frauenhaus. Die Schilderung von Prostituierten, Loretten und Kurtisanen durchzieht das gesamte Werk, von der frühen Lyrik über die *Reisebilder*, die Prosa der dreißiger und die Versepen der vierziger Jahre bis hin zu den Gedichten der Spätzeit. Der Bogen spannt sich von jenem *schönen Kind* unter den Linden, dessen Gruß auf offener Straße sich Heine verbittet (*Blamir' mich nicht*), bis zu den *Dirnen* des *Apollogotts* aus dem *Amsterdamer Spielhuis*, worunter *eine dicke* besonders hervorsticht: *Ob dem großen Lorbeerkopfputz / Nennt man sie die grüne Sau*. Verse wie diese waren schon provozierend genug; Heine unterließ es jedoch nicht, auf den gesellschaftlichen ›Nutzen‹ der Prostitution hinzuweisen, die Scheinmoral der bürgerlichen Gesellschaft aufzudecken: Sarkastisch verglich er im dritten Teil der *Nordsee* die *öffentlichen Personen* mit *Bollwerken und Blitzableitern (...), wodurch die Moralität der Bürgerstöchter geschützt wird*. Selbst auf Norderney könne man daher einer Prostituierten begegnen, einer *Person vom festen Lande*, die man *für die Badezeit (...) hierher verpflanzt* habe, damit sie *alle Sünden der fremden Gäste in sich aufnehmen, und dadurch die Insulanerinnen vor allen schlimmen Einflüssen sichern* solle.

Was Börne bereits für 1831 überlieferte, nämlich Heines Vorliebe für die Freudenmädchen in der Passage des Panoramas, galt auch noch später: In einem Brief vom 29. Januar 1833 empfahl ihm sein eben aus Paris zurückgekehrter Vetter Carl, dort nicht »gar zu viel« spazierenzugehen und sich »nur regelmäßig, etwa 1 oder 2 Mal die Woche verführen« zu »lassen« – andernfalls werde ihm wohl kaum ausreichend Zeit bleiben, um »ein ordentliches Werk« zu schreiben. August Lewald wurde von Heine sogar ermächtigt, dem deutschen Publikum 1836 in einer Aufsatzsammlung ausführlich von seinem »Lieblingsspaziergang« zu berichten, »wo man Abends gern vermeidet hindurchzugehen, wenn man eine Dame am Arme führt«, weil mit Einbruch der Dämmerung jene jungen Frauen auftauchten, die im

Ruch der Käuflichkeit stünden: Hier pflege Heine zu flanieren, angezogen von »lustwandelnden« Zoën, Aglaën, Desiréen, Clarissen, Amélien und wie sie sich sonst noch nannten. Selbst als verheirateter Mann gab er seine lieben Gewohnheiten nicht völlig auf. *Paris zu genau kennen zu lernen* bedeutete für ihn, die Bekanntschaft von Prostituierten zu machen. Mit Ferdinand Lassalle machte er im Winter 1845/46 offenbar diverse Besuche bei Pariser Loretten, um sich *bei Weibern (...) zu zerstreuen*, wie es in einem Brief an das junge *Genie* heißt, auch nach Lassalles Abreise setzte er die Besuche fort, wenngleich eingeschränkt: *Hermance ist noch immer bettlägerig. Madonna habe ich noch nicht besucht, Eugenia ein einziges Mal – Schwäche, Dein Name ist – – !* Wegen der Verschlechterung seines Gesundheitszustandes (fortschreitende Gesichtslähmung, Gefühlstaubheit) mußte er die Besuche einstellen, denn er fürchtete, die *Weiber* könnten ihm *jetzt den Garaus geben (...); deshalb hatte ich auch noch nicht den Muth, Madonna zu besuchen – sie könnte aus Zerstreutheit sich in der Person irren.*

Pygmalion und sein Geschöpf

Zur dauerhaften Liebe seines Lebens wurde ein blutjunges Bauernmädchen, das es aus der Provinz nach Paris verschlagen hatte und das auf den Namen Augustine Crescence Mirat getauft war. Weil ihm weder der eine noch der andere Vorname zusagte, und zweifellos auch, um ihre Vorgeschichte zu tilgen, belegte Heine sie umgehend mit einem eigenen Namen, *Mathilde*, womit er ihr, wie Peter Rühmkorf feststellte, die gleiche magische Initiale aufdrückte wie allen »seinen großen Passionen«. Sogar ihren Namenstag feierte sie von nun an am 14. März. Diese Landpomeranze war es, die *zum zweitenmal* (nach der Hamburger Cousine) in Heines Leben die *große Glut* entfachte. Beide kannten sich vermutlich spätestens seit 1833; aus einem Brief Heines an August Lewald vom 11. April 1835 geht jedoch hervor, daß die eigentliche Beziehung erst von Oktober 1834 datierte. War Mathilde jene *schönhüftige Freundinn*, die Heine in der Nacht auf den 10. Juli 1833, aus Angst, er könne dort verhaftet werden, nicht nach Hause gehen ließ? Soeben waren die scharf antipreußische *Vorrede* zu den *Französischen Zuständen* und *De la France* mit der harschen Juste-Milieu-Kritik erschienen, und Heine selbst fürchtete, *jeden Augenblick arretirt zu werden*. Von einer festen »Maitreße« Heines, wohnhaft auf dem Montmartre, war auch im Bericht eines österreichischen Geheimagenten vom 24. Juli 1833 die Rede. Es war die Zeit, als Heine renommistisch zweideutig an Rudolf Christiani berichtete, er habe in der letzten Zeit zu viel *Uebung im Französischen gehabt*; immerhin brächten einem die Französinnen *die schwierigsten Conjugationen (...) fast spielend* bei, *das que, das merkwürdige Bindewort, das lernt man erst durch den Gebrauch*.

Augustine Mirat war ungefähr achtzehn Jahre alt, als Heine sie kennenlernte. Spätere Freunde des Ehepaars beschrieben sie als eine schöne Frau mit einem runden, vollen Gesicht, das kastanienbraune bis schwarze Haar in der Mitte gescheitelt und glatt an den Schläfen heruntergestrichen, mit großen dunkelbraunen Augen, blendendweißen Zähnen, ungeschminkten und dennoch »kirschroten« Lippen und einem kleinen Grübchen auf der rechten Wange. Ihre Figur war nach dem Zeugnis Alexandre Weills »bewundernswürdig«, ihre Büste »unvergleichlich«, ihre Hüften »göttlich«; ihr einziger Makel sei die flache, oval endende Stirn gewesen: »Diese Stirn verriet einen kindlichen Geist, ein geringes Maß an Überlegung und Verstand, aber einen hartnäckigen Willen, der indessen ohne rechte Energie war und leicht in Füßestampfen oder in Tränen auslief.« Dem entsprach der Ton ihrer Stimme, die Caroline Jaubert als wahre »Grasmückenstimme« charakterisierte, die sich »mit tiefer Verachtung der Mittelstraße stets in den höchsten Tonlagen« bewegte (was auf Heine freilich einen »immerwährenden Zauber« ausübte). Sie hatte ein außerordentlich temperamentvolles, ja unbeherrschtes Wesen und war daher unberechenbar, doch auf jeden Wutanfall folgte stets eine »leidenschaftliche Versöhnung, unterbrochen von homerischem Gelächter«. Mathilde »liebte die Szenen«, berichtete Weill. »In einem Anfall war sie imstande, sich selbst mit Fäusten zu schlagen; zwei Minuten später erstickte ihr Zorn in Tränen und Schluchzen. Sie schluchzte ebenso leicht beim Tode ihres Papageis wie bei dem ihrer

Mutter. Und diese Szenen wiederholten sich oft, und besonders dann, wenn ihr Blut überschäumte. Sie war dann keine Frau mehr, sondern ein Kind, und wie ein Kind wälzte sie sich auf dem Boden, stampfte mit den Füßen und hämmerte auf sich selbst ein.« Im Kosenamen *Katze* hat Heine das wilde, nicht domestizierbare und gleichzeitig schmiegsam-zärtliche Wesen Mathildes festgehalten. Ein um 1838 entstandenes Porträt von Alexandre Laemlein zeigt eine bäuerlich-naturhafte Schönheit ohne urban-zivilisierte Verfeinerung, ein wenig ins Melancholisch-Romantische stilisiert, dennoch mit einem leicht belustigten Blick, als könne sie die Porträt-Sitzung nicht ganz ernst nehmen: das Gesicht mit ebenmäßigen Zügen und einem leicht sinnlichen Mund, der Kopf eingerahmt von glattem, starkem Haar, darunter weiße Schultern, der kräftig-skulpturale Knochenbau von ländlicher Abkunft zeugend. Auf einer später entstandenen Photographie erscheint sie etwas fülliger, das Gesicht in sich noch ebenmäßiger, wie eine als bürgerliche Dame verkleidete Naturschönheit. Auffällig der Kontrast, ja geradezu die Diskrepanz zwischen der prächtig-eleganten Robe, dem weißen Spitzenschal, der allerdings auch etwas an ländliche Tracht erinnert, und dem Gesicht, vor allem dem kraftvollen Kinn und Mund, der hier weniger voll, weniger stilisiert als auf dem Gemälde erscheint, aber wieder mit einem unmerklichen Anflug von Amüsement: eine Mischung aus Einfachheit und Unnahbarkeit.

Augustine/Mathilde war ein echtes Kind des Agrarproletariats aus der weiteren Umgebung von Paris. Geboren wurde sie am 15. März 1815 im Weiler Le Vinot de la Trétoire bei Melun im Département Seine et Marne, 50 km östlich von Paris. Ihre Mutter Brigitte Crescence Mirat war zum Zeitpunkt ihrer Geburt etwa 27 Jahre alt und verwitwet und bewirtschaftete einen Bauernhof am Südende des Dorfes. Angeblich kam sie im Alter von 15 oder 16 Jahren nach Paris, wo sie bei einer ihrer Tanten in Paris als Schuhverkäuferin arbeitete. Das Geschäft soll sich rive gauche in einer Passage in der Nähe des Justizpalastes befunden haben. Hier soll sie Heine kennengelernt haben, der oft an dem Geschäft vorbeikam. Caroline Jaubert bezeichnete sie als Arbeiterin; allerdings deuten ihre »Hände von aristokratischer Feinheit« an, daß sie der Handarbeit seit langem entwöhnt war.

Vielleicht wohnte sie, als Heine sie kennenlernte, im Faubourg Saint-Marceau, dem Viertel um die Goubelain-Manufaktur südlich des Quartier Latin, worauf das Gedicht *In der Frühe* verweist, das Mathilde gilt. August Lewald, im Frühjahr 1836 in engem Umgang mit Heine, stellte sie den Lesern der »Europa« absprachegemäß in verklärendem Licht vor, wodurch die Öffentlichkeit im Mai 1836 erstmals von Heines ständiger Geliebter erfuhr: »Eine hübsche Brünette mit Feueraugen, aus denen Geist blitzt«. Bei anderen Zeitgenossen hinterließ sie einen völlig entgegengesetzten Eindruck. Édouard Grenier bezeichnete sie als »eine gute Dirne«, die Heine »– ich weiß nicht wo – auf dem Pflaster von Paris gefunden« habe, ohne Geist und ohne Erziehung. Heinrich Börnstein, der sie 1844 kennenlernte, charakterisierte sie als »ohne jegliche Bildung, ja fast ohne Erziehung«, nur mit dem gewöhnlichen »bon sens der Pariser Grisetten«. Und Alfred Meissner, der im großen und ganzen sehr liebevoll über Mathilde schrieb, resümierte: »Dies Frauengemüth war seicht, es interessirte sich nur für Kleinigkeiten und hatte für nichts in der Welt eine innige Theilnahme«. Außer ausgehen, tanzen, gut dinieren oder ähnlichen Amüsements kannte Mathilde kaum einen andern Zeitvertreib. Vorübergehend war sie mit Stickerei und ähnlichen Arbeiten beschäftigt, einmal teilte Heine mit: *Ihre Liebhaberey ist Leinwand*, da säumte sie Bettücher. Eine glückliche Zeit verbrachte sie 1845/47 in der Landwohnung in Montmorency. Hier konnte das Bauernkind nach Herzenslust gärtnern.

Nicht nur die Vorlieben, Interessen und Bedürfnisse waren verschieden, auch die Bekannten. Nur wenigen deutschen Freunden ihres Mannes gegenüber empfand Mathilde Sympathie. Dazu gehörten die Ehepaare Laube und Lewald, später Alexandre Weill und Ferdinand Friedland. Wegen Mathildes »Eigenheiten«, ihrem unbeherrschten Wesen, wagte Heine ohnedies nur noch die »intimsten Bekannten« einzuladen. Meist vermied er es, zu Hause aufgesucht zu werden, und traf sich mit Besuchern außer Haus. Zu den wenigen Besuchern, denen Heine Einblick in seine intimsten Lebensverhältnisse gestattete, denen gegenüber er sich seiner Mätresse nicht schämte, gehörte Hermann Detmold, dem gegenüber er sich den derben Witz erlaubte, Mathilde sei zwar seine Beisassin auf der Reise, seine *Atra cura*, sie sitze aber nicht, wie es sich gehöre, hinter ihm, sondern er, *der Reuter sitzt gewöhnlich auf ihr.* Auf der anderen Seite repräsentierten auch Mathildes Freundinnen Pauline, Elise, Stéphanie und Aurécia eine Welt, die nicht die Heines war, obgleich er sie, mit einem heiter-erotischen Unterton, stets akzeptierte.

Heine tat nicht wenig, um den Standes- und Bildungsunterschied abzumildern, was ihn angeblich insgesamt zehntausend Francs kostete. Schon O.L.B. Wolff, der sie im März 1835 kennenlernte, sprach in einem Brief von damaligen Erziehungsversuchen Heines. Im Februar 1839 trat Mathilde in die Mädchenpension der Madame Darte in Chaillot ein, einem Dorf am westlichen Stadtrand, wo die Vierundzwanzigjährige zwei Jahre lang, an sechs Tagen in der Woche, Grundzüge einer allgemeinen und gesellschaftlichen Bildung und wohl auch der Hauswirtschaft und Haushaltsführung erhielt. In einem Brief an die Frau seines Vetters Carl Heine vom März 1839 schwärmte Heine von den erstaunlichen Fortschritten, die Mathilde mache, sowohl in Dingen des Geistes wie solchen des guten Benehmens: *Sie wird richtig charmant. Zu ihrer Naivität, zu ihrer kindlichen Einfachheit gesellt sich nunmehr das distinguierte Aussehen und die graziöseste Haltung einer großen Dame, so daß ich überall, wo ich mich mit ihr sehen lasse, beneidet werde.* Freilich sei das *kein Ausgleich für den Ärger, den Sie kennen, Sie kennen das Übel, an dem ich leide.* Erneut während Heines Deutschlandaufenthalten 1843 und 1844 befand sich Mathilde in Chaillot; Heine ermunterte sie, in dieser Zeit ein wenig Deutsch zu lernen. Aber über drei auswendig gelernte Phrasen kam sie nicht hinaus. Noch 1854 verstand sie so wenig von dieser Sprache, daß sie sich gegenüber deutschen Besuchern mit *meine Frau* vorstellte. Was die geistig-seelische Erziehung seiner Partnerin anlangte, war Heine jedoch so leicht nicht zu entmutigen. In einem Brief vom 19. September 1844 lesen wir: *Ich habe die Hoffnung nicht aufgegeben, Dich so weit zu bringen, daß Du eines Tages meine Begeisterung für die schönen Künste teilen wirst, wo Dein Herz doch dafür geschaffen ist, das Schöne zu lieben. Wenn wir dann in Italien sein werden, wirst du die Malerei lieben, wie du jetzt schon die Musik liebst. Ja, mein Engel, ich träume die ganze Zeit von Italien, und in Gedanken weile ich mit Dir bald in Neapel, bald in Rom, wo ich Dich von einem begabten Künstler malen lassen will, damit dieses schöne Lächeln, dieser graziöse Schimmer Deiner Seele, der zuweilen über Deine Lippen leuchtet, nicht vom bösen Zahn der Zeit verzehrt werde. Nur, wenn Du dann die wundervollen Bilder Raphaels siehst, laß nicht ab in Deiner Liebe für Deine alte Säge von Ehemann!* Alfred Meissner berichtete: »Sie war seine Puppe, die er zierlich anzukleiden liebte, in Seide und Spitzen hüllte, die er gern mit dem Schönsten geschmückt hätte, was in Paris zu finden war.« Gegenüber Weill erklärte Heine: »Ich bilde mir ein, Pygmalion zu sein. Sie war ein Geschöpf meiner Hand. Ich hauchte ihr die Seele ein, ich gab ihr das Leben. Sie lebt nur durch mich. Mir verdankt sie alles.« Er war es, der sie geschaffen hatte, von daher begriff er sie als sein Eigentum. Alexandre Weill behauptete, von beiden erfahren zu haben, daß Heine sie ihrer Tante für die Summe von dreitausend Francs regelrecht abgekauft hatte. Eigentum verpflichtet: Indem Heine sie an sich band, sie ihrem natürlichen Milieu gleichsam entfremdete, übernahm er auch die Pflicht, für sie zu sorgen. Mathilde war ihm daher, wie er im Spätgedicht *An die Engel* festhielt, *Weib und Kind zugleich.*

Trotz aller Bildungs- und Erziehungsversuche wurde aus Mathilde nie die Dame des Hauses, die Heine sich wünschte. Weill erzählte, daß sie ihren Mann »bei allen größeren Haushaltseinkäufen hinters Licht« führte und mit dem insgeheim zurückbehaltenen Geld ihre Schneiderrechnungen beglich. Sie sei *unerfahren und rathlos wie ein dreyjähriges Kind*, hieß es am 8. März 1842 gegenüber Betty Heine. Seit 1844 wurde der Vorwurf, sie sei eine Verschwenderin (*ist und bleibt die größte Verbrengerin*), zum Stereotyp. Immer wieder beklagte Heine *Mathildens Unfähigkeit häuslicher Einrichtung und Geschäftsführung*, was ihm *Verdrießlichkeiten* und *ungeheure Geldkosten* bereite. Im *Wintermährchen* überging er daher die Frage seiner Mutter, ob seine Gattin eine treusorgende Hausfrau sei, mit beredtem Stillschweigen. Brieflich offenbarte er ihr am 12. März 1851: *Meine Frau (...) erleichtert mir und verschönt mir das Leben, tröstet mich und entzückt mich, stößt mir aber doch manchmal unversehens das Herz ab, durch ihre unheilbare Verbrengerei. Da ist nicht zu helfen; das ist wahrhaftig mein größter Verdruß. Dieses Fieber, bestän-*

dig Geld auszugeben, ist entsetzlich. Und doch bin ich kein Geizhals. Das Lachen darüber ist mir längst vergangen. Mehr und mehr empfand Heine Mathildes freizügigen Umgang mit Geld als regelrecht krankhaft. Sie sei *keine Sparbüchse*, hieß es ironisch unter dem Datum des 12. August 1852 gegenüber dem Bruder Maximilian; *ihre Freigebigkeit* werde *bei ihr zu einer Untugend, da sie ohne Maß und ohne Bedenken*, am 21. März 1851. Weill bestätigte, daß es oftmals »flüchtigen Bekanntschaften, die sich ihre Freundinnen nannten«, gelang, ihr Geld »abzuluchsen«. Schmerzlich vermerkte Heine am 1. August 1851, daß seine Frau sich *täglich unerfahrener* zeigte *in weltlichen Dingen*. Dennoch erteilte er ihr am 20. Dezember 1853 Bankvollmacht. Am 17. April 1852 konstatierte er resignierend: *Die schönste Harmonie herrscht zwischen mir und meiner Gattin, und ich sage immer Ja.* Am 18. März 1853 erfuhr die Mutter: *Wir leben sehr einig; d. h. ich gebe in allen Dingen nach.*

Dreht man es nur um, ist auf Mathilde jenes Wort anwendbar, das Heine auf ›die Frau im allgemeinen‹ münzte: Die *verdrießlichsten Gebrechen* wurden bei ihr Ursache der *lieblichsten Vorzüge*. Weil sie nämlich ohne jede Bildung war, wußte sie selbstverständlich auch »von der deutschen Literatur nicht das Geringste«, und da sie von ihrem Geliebten keine einzige Zeile gelesen hatte, glaubte er sich in der Gewißheit wiegen zu können, daß diese Frau ihn nicht »um seiner Talente« willen, nicht »seines Ruhmes halber« liebte, sondern einzig »um seiner Person willen«, wie er es zuvor kaum je erfahren hatte. »So wie sonst wohl Fürsten ihren Stand verbargen, um zu sehen, ob sie ihrer persönlichen Eigenschaften wegen von schönen Seelen geliebt werden konnten, so verschweigt Heine bei seiner Frau seine geistigen Anwartschaften, und ist entzückt, sich doch geliebt zu wissen«, berichtete August Lewald 1836. Mathildes Zuneigung lasse ihn annehmen, so Heinrich Laube, dies sei ein Beweis für seine »persönliche Liebenswürdigkeit«, die er für im Grunde »unwiderstehlich« halte. Seine soziale Attraktivität übersah Heine dabei völlig. Weill war sogar überzeugt, daß Mathilde Heine »nicht mit derselben Leidenschaft liebte, die er für sie empfand«. Sie sei »im Grunde kalt« gewesen; er habe überhaupt keinen einzigen Menschen gekannt, der von ihr geliebt wurde. Die Schriftstellerei galt ihr nur als Broterwerb, der

Geld und soziales Ansehen verschaffte, der künstlerische Aspekt wurde ausgeblendet, wie ihr Heines Dichtertum überhaupt unbegreiflich blieb. Eine der wenigen Äußerungen Mathildes über Heines literarische Praxis überlieferte Alfred Meissner. Zu ihm sagte sie: »Mein Mann machte dauernd Gedichte; aber ich glaube nicht, daß dies besonders viel wert war, denn er war nie damit zufrieden.« Heine wußte selbst: *Ich liebe sie über alle Vernunft.* Auf der anderen Seite schätze er, daß sie es verstand, ihm das Leben *behaglich* zu machen. Stets habe Heine »die guten Eigenschaften Mathildens, ihren Humor, ihr Kindergemüth« gerühmt, »als ob«, so Meissner kritisch, »dies allein genüge, einen Mann glücklich zu machen, und als ob er nicht mehr fordern dürfe«. Heine mußte wissen, daß diese Beziehung auf Dauer ein hoffnungsloses Unterfangen, daß bei diesem immensen geistigen Abstand immer nur ein Bruchteil von Kommunikation möglich war. Auf dem künsterisch-geistigen Sektor, der ihn wirklich interessierte, gab es keine Gemeinsamkeiten.

Obgleich der jedermann sogleich bemerkbare Kontrast zwischen beiden Partnern auch nach außen hin Heines Überlegenheit demonstrierte (*alle Dinge sind uns ja nur durch ihren Gegensatz erkennbar*), muß das Leben an der Seite dieser Frau in vieler Hinsicht einer dauernden Demütigung gleichgekommen sein. Und die Kehrseite des Besitzerstolzes, mit der er sie – etwa im Badeurlaub – zur Schau zu stellen pflegte, war die Verachtung des von ihm spendierten Putzes, mit dem sie sich schmückte. In Krisenzeiten erschien Mathilde ihm als *das niedrigste* und seine Leidenschaft für sie als *Schlacke* und *Kot.* Selbstbezichtigend sprach er von *schmerzhaften Schmutzflekken* des Herzens. Diese Janusköpfigkeit der ungleichen Beziehung verrät bereits Heines Geständnis von 1835 gegenüber Heinrich Laube, er sei *verdammt nur das niedrigste und thörichtste zu lieben ... begreifen Sie wie das einen Menschen quälen muß, der sehr stolz und sehr geistreich ist?* Gegenüber George Sand räumte er sogar ein, daß er sich hinsichtlich seiner Geliebten einer *langjährigen moralischen Verblendung* erfreue. Im Ballettlibretto *Die Göttinn Diana* hat Heine im Doppelporträt Tannhäuser/Venus die Beziehung gespiegelt. Dort läßt er die beiden *ein sehr sinnliches Pas-de-deux* tanzen und bemerkt dazu: *Sie scheinen sich im Tanze zu zanken, sich zu verhöhnen, sich zu necken, sich mit Verspottung den Rücken zu kehren, und unversehens wieder vereinigt zu werden durch eine unverwüstliche Liebe, die aber keineswegs auf wechselseitiger Achtung beruht.* Weitere Spiegel- oder Vexierbilder für Heine und Mathilde sind die Paare Marcus Antonius/Kleopatra, Heinrich VIII./Catharina und Romeo/Julia in *Shakespeares Mädchen und Frauen*. Noch häufiger war Heine versucht, das Zusammenleben mit Mathilde literarisch zu verarbeiten, nicht immer kam es zur Ausführung, noch seltener zur Veröffentlichung: Ein achtteiliger *Olympe*-Zyklus, in dem er der Geliebten 1838 ursprünglich ein literarisches Denkmal setzen wollte, wurde später aufgelöst; dafür lüftete er im Gedichtzyklus *Unterwelt* (vier der fünf Gedichte entstanden zwischen Oktober und Dezember 1841) »sein verwundetes Herz«, wie Meissner sagte, und verriet seine *Eh'standsqual*. Ein unverblümtes Fazit enthält das erst im Nachlaß aufgefundene Gedicht *Celimene*:

Glaube nicht, daß ich aus Dummheit
Dulde deine Teufeleyen;
Glaub auch nicht ich sey ein Herrgott,
Der gewohnt ist zu verzeihen.

Deine Nücken, deine Tücken,
Hab ich freylich still ertragen.
Andre Leut' an meinem Platze
Hätten längst dich todt geschlagen.

Schweres Kreuz! gleichviel, ich schlepp' es!
Wirst mich stets geduldig finden –
Wisse, Weib, daß ich dich liebe
Um zu büßen meine Sünden.

Ja, du bist mein Fegefeuer,
Doch aus deinen schlimmen Armen
Wird geläutert mich erlösen
Gottes Gnade und Erbarmen.

Im Entwurf lautete die erste Strophe: *Hältst du mich für einen Dummkopf, / Welcher glaubt all deine Lügen, / Oder für den lieben Herrgott, / Dem Verzeihen ein Vergnügen?*

Hund und Katze

Wenn Mathilde auch nicht dem Idealbild einer fördernden Lebensgefährtin entsprach, brachte sie vielleicht neben ihrer erotischen Faszination gerade durch ihr »unvernünftiges«, anti-intellektuelles Wesen die notwendige vitale Grundspannung in die Beziehung, derer Heine bedurfte, um produktiv tätig sein zu können. Eine geistig ebenbürtige Gefährtin wäre dem Autor auf Dauer vielleicht auf die Nerven gegangen – et vice versa. Heine war offenbar unfähig, den Typus der klugen, gesellschaftlich höhergestellten, »moralischen« Frau zu lieben, begehrte ihn nicht oder konnte mit keiner Gegenliebe rechnen und hatte statt dessen eine Schwäche für ihn erniedrigende Liebesbeziehungen. George Sand urteilte 1841: »Er ist (...) in der Liebe romantisch, ja schwach, und eine Frau kann ihn unbegrenzt beherrschen.« Bereits Ende 1821 porträtierte sich Heine als ewiger Verlierer, dem die Geliebte in immer neuer Gestalt mutwillige, *unartige Streiche* spielt, oder gar *schlimm mitspielt, die Brust zerkratzt* und sich am Ende einem andern *in die Arme* wirft. Erst am Ende seines Lebens, in der Beziehung zu der jungen Journalistin Elise Krinitz, fand er eine Partnerin, mit der er sich sowohl ein glückliches Liebesleben als auch eine anspruchsvolle geistige Beziehung vorstellen konnte (das manifestiert sich bereits in den Anfangszeilen der ihr gewidmeten Gedichte: *Dich fesselt mein Gedankenbann* und *Vertraut sind ihre Seelen*). Ihr verriet er am 20. Juli 1855 die späte Erkenntnis: *Lange Zeit liebte ich Tigerkatzen, aber die sind zu gefährlich et les empreintes vivantes, die sie zuweilen in meinem Gesichte zurückließen, waren nicht sehr angenehm*. Der selbstgewählte antithetische Kosename *(armer) Hund* verrät ebensoviel vom Charakter des Trägers wie von der Rollenverteilung innerhalb der Beziehung. Aus dem *Tannhäuser*-Gedicht ist zu schließen, daß Heine seine Freundin bzw. Ehefrau aus diesem Ohnmachtgefühl heraus zu verprügeln pflegte (*Tannhäuser,*

edler Ritter mein, / (...) Ich wollte lieber du schlügest mich, / Wie du mich oft geschlagen); was durch eine Bemerkung zu Elise Krinitz (*Schlagen werde ich Dich nie, selbst wenn Du es einmal durch allzu große Dummheit verdientest*) und den Bericht Weills bestätigt wird: »Heine pflegte seine Frau zu prügeln wie der erste beste Droschkenkutscher. (...) Mit seinen schwachen Fäusten hieb er auf die schönen Schultern Mathildens ein, wobei er rief: ›Das ist für die und die Ungezogenheit, das für deine böse Zunge!‹ (...) Sie war dreimal so stark wie er, sie hätte ihm die Knochen zerbrechen und ihn zermalmen können (sie war auch nicht wenig stolz auf ihre Kraft), aber sie hielt still dabei, weinte nur heftig und jammerte.«
Die Beziehung war von Anfang an ständigen Belastungsproben ausgesetzt. Die heftigste Krise erfolgte bereits im Frühjahr 1835, sie endete mit einer monatelangen Trennung der Partner. Das *Tannhäuser*-Gedicht aus dem *Verschiedenen*-Zyklus, in dem die sexuelle Abhängigkeit des Mannes, die Versklavung des Gefühlslebens und der psychopathologische Wunsch nach *Bitternissen* thematisiert werden, hat Heine später als eine rare *schriftliche Urkunde* aus dieser *Periode* seines *Lebens* bezeichnet. Und danach dauerte es noch eine gewisse Zeit, bis sich die Verhältnisse konsolidierten. Nach der schmerzhaften Erfahrung schwankte Heine zwischen heftiger Zuneigung und ängstlicher Skepsis. Am 3. Oktober 1837 versicherte er Detmold, seine *Leidenschaftlichkeit für Mathilde* werde *täglich chronischer*, wären da nicht *düstre Zukunftgedanken*, die ihm die Freude verdunkelten. *Ich genieße in vollen Zügen die Schmerzen des Besitzes*. So bekannte er auch am 18. Oktober gegenüber Lewald: *Wir leben eingezogen und so halb und halb glücklich; diese Verbindung wird aber ein trübes Ende nehmen; es ist deshalb heilsam dergleichen vorher zu wissen, um nicht vom dunklen Augenblick bezwungen zu werden*. Im Sommer 1838 mieteten Heine und Mathilde eine neue Wohnung rue des Martyrs 23. Hier konnte man auch Freunde empfangen und sich solchermaßen den Anschein einer gewissen Verbürgerlichung geben. Es war nun nicht mehr davon die Rede, Mathilde in einer eigenen winzigen Wohnung zu verstecken; für die Außenwelt war sie fortan Madame Heine. Melancholische Bedenken äußerte Heine auch jetzt noch, etwa im gleichzeitig entstandenen

Julia-Porträt aus *Shakespeares Mädchen und Frauen*. Immer wieder gab es aber auch Phasen großer Innigkeit. Ich bin *verliebt – in meine Frau*, bekannte er am 24. Mai 1845, und am 1. Februar 1846 lautete seine Bilanz: *Seit 11 Jahren bete ich sie an.*

Trotz ihrer Grundverschiedenheit, trotz dauernder Verlustängste, trotz der immensen sozialen und psychischen Schwierigkeiten versuchten beide immer wieder, sich zusammenzuraufen, ohne daß es ihnen je gelang, ihre Beziehung zu normalisieren. Weder Mathildes Ungestüm noch ihr Talent, Heines Eifersucht anzustacheln, verlor sich mit den Jahren, ebensowenig auch Heines Leidensfähigkeit in dieser Hinsicht. Provokationen von seiner Seite taten ein übriges. Mal war es der siebzehnjährige Bruder eines Freundes, der Mathilde auf der Treppe unter das Kleid schaute, was Heine mit Schillers Worten kommentierte: »Der Knabe Karl fängt an mir fürchterlich zu werden«, mal waren es französische Studenten, die vom Nebentisch eines Restaurants mit Mathilde flirteten und anzügliche Reden führten, bis Heine »in seiner bekanntlich gränzenlosen Eifersucht plötzlich aufstand und dem nächsten der jungen Herren eine eclatante Ohrfeige gab«, was um ein Haar zu einem Duell geführt hätte. Die Serie von Briefen, die Heine seiner Frau 1843 aus Hamburg schrieb, bezeugt die Ängste, mit denen er sie in Paris zurückließ, und wie sehr er fürchtete, daß sie ihn durch aufreizendes Verhalten kompromittieren könnte. Vorsichtshalber hatte er sie außerhalb der Stadt in der Pension Darte untergebracht; in diesem Nestchen solle sie sich still halten, forderte er sie auf; dennoch beschäftigte ihn immer die gleiche Frage: *Was macht jetzt meine Frau, die Tollste der Tollen?* Er werde doch alles erfahren, drohte er ihr am 2. November 1843. Insbesondere warnte er sie vor Besuchen bei Leuten, mit denen er schlecht stehe, sie würden Mathilde eines Tages gewiß verraten. Bei seinem zweiten Hamburg-Besuch mußte ihn Mathilde begleiten. Doch weil sie auch hier gegen die gesellschaftliche Etikette verstieß, zog er es vor, sie unter dem Vorwand einer lebensgefährlichen Erkrankung ihrer Mutter schon nach drei Wochen nach Hause gehen zu lassen, wenngleich ihn die kommenden acht Wochen bis zu seiner Rückkehr nach Paris erneut große Unruhe und Eifersucht plagten, zumal Mathilde erst nach Wochen von sich hören ließ. Am 2. September 1844 versicherte der gequälte Gatte (auf Deutsch), er liebe sie *bis zum Wahnsinn, meine liebe Frau*. In der letzten Lyriksammlung, den *Gedichten. 1853 und 1854* lesen wir von seinen *Babylonischen Sorgen*:

Mich ruft der Tod – Ich wollt', o Süße,
Daß ich dich in einem Wald verließe,
In einem jener Tannenforsten,
Wo Wölfe heulen, Geyer horsten
Und schrecklich grunzt die wilde Sau,
Des blonden Ebers Ehefrau.

Mich ruft der Tod – Es wär' noch besser,
Müßt' ich auf hohem Seegewässer
Verlassen dich, mein Weib, mein Kind,
Wenn gleich der tolle Nordpol-Wind
Dort peitscht die Wellen, und aus den Tiefen
Die Ungethüme, die dort schliefen,
Haifisch' und Crokodile, kommen
Mit offnem Rachen emporgeschwommen –
Glaub mir, mein Kind, mein Weib, Mathilde,
Nicht so gefährlich ist das wilde,
Erzürnte Meer und der trotzige Wald,
Als unser jetziger Aufenthalt!
Wie schrecklich auch der Wolf und die Geyer,
Haifische und sonstige Meerungeheuer:
Viel grimmere, schlimmere Bestien enthält
Paris, die leuchtende Hauptstadt der Welt,
Das singende, springende, schöne Paris,
Die Hölle der Engel, der Teufel Paradies –
Daß ich dich hier verlassen soll,
Das macht mich verrückt, das macht mich toll!

Mit spöttischem Sumsen mein Bett umschwirrn
Die schwarzen Fliegen; auf Nas' und Stirn
Setzen sie sich – fatales Gelichter!
Etwelche haben wie Menschengesichter,

Auch Elephantenrüssel daran,
Wie Gott Ganesa in Hindostan. – –
In meinem Hirne rumort es und knackt,
Ich glaube da wird ein Koffer gepackt,
Und mein Verstand reist ab – o wehe –
Noch früher als ich selber gehe.

Umgekehrt war es Heine, der bei einem heimlichen Theaterbesuch mit der jungen und schönen Näherin Frisette von Mathilde und ihrer Freundin Pauline in der Loge überrascht wurde, was eine längere Verstimmung hervorrief, war er es, der in einem Modeladen der rue Faubourg Montmartre offenbar eine wütende Eifersuchtsreaktion seiner Freundin provozierte, und der auch vor Seitensprüngen nicht zurückschreckte: So rühmte (und schämte) er sich im Dezember 1836 gegenüber Pariser Freunden einer Affäre mit der Gattin seines Übersetzers Loeve-Veimars. Einer allzu attraktiven Krankenpflegerin ihres Mannes, Marietta, kündigte Mathilde kurzerhand und ließ sie durch eine unansehnlichere Wärterin ersetzen. Dergleichen pflegte Heine zusammenfassend *Weibergeschichten* und *Liebesklatschereyen* zu nennen, sprach ihnen also eine gewisse Normalität zu. In Zeiten, in denen beide Partner – auch nur vorübergehend – voneinander getrennt waren, nahm Heine verstärkten Kontakt zu anderen Frauen auf, woraus sich gelegentlich Affären ergaben: 1838, während eines Krankenhausaufenthalts Mathildes, unterhielt er intime Beziehungen zu der Schauspielerin und Sängerin Jenny-Caroline Olivier und zu Pauline Treuenthal, einer Gesellschafterin von Betty Rothschild.

Pariser Freundinnen

Unter den Frauen, zu denen er in ein näheres Verhältnis zu gelangen suchte, waren drei, die ihm zeitlebens besonders viel bedeuteten: die Prinzessin Belgiojoso, George Sand und Caroline Jaubert. Auch später rückten sie gelegentlich wieder in den Mittelpunkt seines Interesses, ohne daß es je zu einer intimen Freundschaft gekommen wäre. Die in Mailand geborene Principessa Cristina Belgiojoso-Trivulzio

(1808-1871) hatte Heine vermutlich im März 1833 in ihrem Pariser Salon kennengelernt, der von vielen Künstlern und Schriftstellern besucht wurde. Sie kam als politischer Flüchtling nach Paris, ihr Mann leitete eine geheime Verbindung gegen die österreichische Fremdherrschaft. Sie war im Alter von 16 Jahren verheiratet worden, und Stendhal sagte ihr einen freizügigen Lebenswandel nach. In Jonchère, in der Nähe von Saint-Germain, besaß sie ein Landhaus, in dem Heine 1835 einige Wochen *im lieblichen Kreise vornehmer Personen und vornehmer Persönlichkeiten* verlebte. Auf dem Höhepunkt der Krise in seiner Beziehung zu Mathilde schrieb ihr Heine mehrere Briefe, in denen er um sie zu werben scheint, zumindest aber mit ihr flirtete, ohne daß seine Komplimente von der Fürstin erwidert worden wären. Sein Brief vom 11. April 1835 gipfelt in der Versicherung: *Man kann nicht schöner sein als Sie es sind, an Leib und Seele.* Am 26. August 1835 bat er sie: *Vergessen Sie niemals, daß ich letztlich Ihnen gehöre und daß ich etwas wert bin. Sie werden nicht so schnell einen Spiegel finden, wie ich es bin, so wahr, so intelligent, einen so sprechenden Spiegel.* Ein Brief vom 30. Oktober 1836 an die Fürstin schließt mit den Worten: *Ich küsse Ihre schöne Hand. Sie sind die vollkommenste Person, die ich auf Erden gefunden habe.* Noch 1844 heißt es, hegelianisch pointiert: *Belgiojoso, diese Schönheit, die nach Wahrheit lechzt.*

Gleichzeitig kulminierte auch das Interesse an George Sand. Am 8. Januar 1835 gestand er ihr, sie sei *liebenswürdig, anbetungswürdig, göttlich.* Noch eindeutigere Bemerkungen in einem Brief aus Granville vom 17. August 1838 deuten auf eine erneute Krise und die Hoffnung auf ein bevorstehendes Ende der Beziehung zu Mathilde, nicht allein wegen der zärtlichen Bemerkungen über die schönen Augen und *das schönste Haar* der soeben von ihrem Liebhaber befreiten Empfängerin: *Ich bin noch in den schrecklichen Ketten, und weil man mich abends mit ganz besonderer Sorgfalt ankettet, gelang es mir nicht, Sie in Paris zu sehen. Aber wenn ich alles hinter mir habe, werde ich Sie wiedertreffen, und sei es am Ende der Welt.* Doch auch dieser Sturm ging augenscheinlich vorüber.

Als nächste kam Caroline Jaubert ins Spiel. Sie hatte Heine am 4. April 1835 kennengelernt. Am 22. April schrieb er ihr einen Brief, der an Eindeutigkeit nichts zu wünschen übrig ließ. Er schwärmte von ihrem Fuß: *Dieser Fuß, den ich vorgestern sah, kann nur einem dieser phantastischen Wesen gehören, von denen ich in meinem Buch [Elementargeister] sprach.* Dieser Fuß sei *hinreichend klein, niedlich, zart und fein*, und die Dame *so luftig, so feenhaft ... Ist sie gut oder böse?* Doch um eine (verheiratete) Frau wie die Jaubert an sich fesseln zu können, hätte Heine sie mehr als bloß amüsieren müssen. In ihren Erinnerungen verriet sie, daß die beständigen boshaften Witzeleien Heines ihr zunächst einiges Mißtrauen einflößten; gleichwohl gefielen ihr Heines merkwürdige Unterhaltungsgabe, seine lustigen Einfälle und Aussprüche so sehr, daß sie ihn mehrfach zu sich einlud. Nicht jeder sah, wie die kluge George Sand, die ihm Zärtlichkeit, Aufmerksamkeit und Aufopferungsbereitschaft bescheinigte, hinter der Maske von Zynismus, Spott und Skeptizismus ein gutes Herz. Während eines Badeurlaubs in Boulogne-sur-mer im August 1833 lernte Heine die englische Schriftstellerin Sarah Austin kennen, mit der ihn eine langjährige Freundschaft verband. Adam Gurowski wittert am 3. September 1834 ein intimes Verhältnis Heines zu der 1793 geborenen und verheirateten Schriftstellerin, dessen Motiv er in die derben Worte faßte: »Ich weiß es nicht wie lange noch Du Dich auf der Fotze der Mme Austin zu der englischen Unsterblichkeit Dich hineinarbeiten wirst –.« Die bekannten Fakten deuten zwar nicht in diese Richtung, doch gibt es aus dem September 1835 ein fragmentarisches Billet aus Boulogne von ihr (das Heine für eine Notiz benutzte), welches mit der vielleicht für Heine bestimmten und auf ihren Ehemann zielenden Bemerkung endet: »evening at 8 o'clock / He goes at ten –«. Auch Heines Passion für Lassalles Schwester Friederike, verheiratete Friedland, seine *Busenfreundin*, die *allerhübscheste Person*, war erotisch getönt. Er lernte sie Ende 1845 kennen, und sie beeindruckte ihn, weil sie in seinen Augen *ebensoviel Verstand als Herz* besaß. In einem provozierenden Brief an ihren Mann lobte er ihr *graziöses muthwilliges Wesen, ihre generöse Denkungsart* und gar *die prachtvolle Weiße ihrer Schultern.*

Man mag sich wundern, daß Heine insbesondere verheirateten Frauen den Hof machte. Aber er selbst hat dieses gesellschaftliche Phänomen wie folgt erklärt: *Bey uns in Deutschland, wie auch in*

England und anderen germanischen Ländern, gestattet man den Mädchen die größtmöglichste Freyheit, verehelichte Frauen hingegen treten in die strengste Abhängigkeit und unter die ängstlichste Obhut ihres Gemahls. Hier in Frankreich ist (...) das Gegentheil der Fall, junge Mädchen verharren hier so lange in klösterlicher Eingezogenheit, bis sie entweder heirathen oder unter strengster Aufsicht einer Verwandten in die Welt eingeführt werden. In der Welt, d. h. im französischen Salon, sitzen sie immer schweigend und wenig beachtet; denn es ist hier weder guter Ton noch klug, einem unverheiratheten Mädchen den Hof zu machen. (...) Wir Deutsche, wie unsere germanischen Nachbarn, wir huldigen mit unserer Liebe immer nur unverheiratheten Mädchen, und nur diese besingen unsere Poeten; bey den Franzosen hingegen ist nur die verheirathete Frau der Gegenstand der Liebe, im Leben wie in der Kunst.

Duell – Ehe – Eheduell

Im Sommer 1841, einige Tage vor dem Pistolenduell mit Salomon Strauß, verwandelte Heine seine *wilde Ehe in eine zahme*. Wie er selbst erklärte, lag ihm daran, vor dem ungewissen Ausgang der Auseinandersetzung *Mathilde's Posizion in der Welt zu sichern*, das heißt ihr im Unglücksfall sein Hab und Gut hinterlassen zu können und sie als Mitglied des Familienclans zu legitimieren. Das *eheliche Duell*, schrieb er Lewald, sei freilich weit gefährlicher als der kurze Holmgang mit Strauß und werde *nicht eher aufhören (...), bis einer von uns beiden getödtet*. Am 1. September erfolgte die zivile Trauung, tags zuvor die kirchliche Trauung in Saint-Sulpice: *Ich ließ nemlich dort meine Ehe mit meiner Gattinn (...) auch kirchlich einsegnen, weil meine Gattinn, von erzkatholischer Familie, ohne solche Ceremonie sich nicht gottgefällig genug verheirathet geglaubt hätte*. Mathilde war eine strenggläubige Katholikin (*Nonotte*, Nönnchen, nannte sie deshalb Heine, vielleicht auch in Anspielung auf den Jesuiten gleichen Namens, der gegen Voltaire polemisierte); »sie hatte ein Krucifix und einen kleinen Jesus von Wachs in ihrem Zimmer und betete gern, wie sie von Hause aus gewohnt war«. Ein gemeinsames Schlafzimmer

gab es nicht, in der rue de la Victoire (1847) war Heines Arbeitszimmer *sechs Zimmer entfernt* von Mathildes Bereich. Die Ehe blieb kinderlos; Heine wußte, daß *Kinderzeugen* nicht seine *Spezialität* war. Seine Kinder waren seine Geisteskinder. Mathilde erfreute sich an exotischen Vögeln: Ihren ersten Sittich soll Heine aus Eifersucht vergiftet haben, mußte ihn aber umgehend durch eine neue »Perüsche« ersetzen, auf die dann »Cocotte« folgte. Zu dem *spießbürgerlich ehrbaren Hausstand* des Ehepaars gehörten zeitweilig eine Magd und eine Köchin, ab 1843 dann eine feste Gesellschafterin, Mathildes Freundin (und, wie Weill spitz ergänzte, »Sklavin« und »Echo«) Pauline Rogue, die Mathilde offenbar an Korpulenz wenig nachstand und die Heine, wohl in Anspielung auf ihren breiten Hintern, liebevoll *meine kleine sentimentale Melone* nannte. Ab 1850 kam noch eine zusätzliche Krankenwärterin hinzu. Zuletzt waren es also fünf Frauen, die Heine umsorgten.
Bis zur Heirat dürfte auch die Verwandtschaft allenfalls rudimentär über die Frau an Heines Seite unterrichtet gewesen sein. Durch gemeinsame Freunde informiert, konnte der Bruder Maximilian am 20. Februar 1838 immerhin schreiben: »Erhalte uns Deine Gesundheit; ich weiß es giebt süße Exzesse in venere, Du kennst sie zu gut; mit jedem Saamentropfen fließt ein Stück Geist von uns, und Du läßt ihn so verschwenderisch hinströmen. Schone Dich für die älteren Tage. Deine Geliebte, Madame, die schön ist und Dich in schöne Fesseln geschlagen hat, begeht durch Dich das größte Verbrechen an die Literatur.« Auch nach der Hochzeit dauerte es noch einige Monate, bis sich Heine gegenüber seiner Familie offenbarte. Am 8. März 1842 wurde zunächst die Mutter gleichsam offiziell über Mathildes Wesen unterrichtet: Sie sei *ein kreuzbraves, ehrliches, gutes Geschöpf, ohne Falsch und Böswilligkeit. Leider aber ist ihr Temperament sehr ungestüm, ihre Laune nicht gleich, und sie irritirt mich manchmal mehr als mir heilsam ist. Ich bin ihr noch immer mit tiefster Seele zugethan, sie ist noch immer mein innigstes Lebensbedürfniß.* Allerdings fürchte er sich vor dem Erkalten der *Sympathie*, wenn nur noch *die Launenlast* übrigbleibe. Seiner Schwester Charlotte schilderte Heine seine Gattin kurz darauf als *engelgute, grundehrliche Seele, durch und durch großmüthig und nobel, aber wild und launig, mitunter*

auch quälerisch und zänkisch. Und der Bruder Maximilian erfuhr 1843, Mathilde sei *ein gutes, natürliches, heiteres Kind, fast zu sehr Kind, launisch wie nur irgend eine Französinn seyn kann, und sie erlaubt mir nicht in melancholisches Träumen, wozu ich so viel Anlage, zu versinken. Seit sieben bis acht Jahren liebe ich sie mit einer Leidenschaft und Zärtlichkeit, die ans Fabelhafte grenzt. Ich habe seitdem schrecklich viel Glück genossen, Qual und Seligkeit in entsetzlichster Mischung, mehr als meine sensible Natur ertragen konnte*. Noch 1853 rühmte Heine gegenüber seiner Mutter an seiner Frau, daß in ihrem *Herzen kein Tropfen Falsch ist*, und ironisch reduzierte er 1854 die Unerträglichkeiten ihres Charakters auf *einige Dutzend kleiner Fehler*.

Daß Heines Ehe trotz gegenseitiger Gewöhnung in der Routine des Alltags dann doch keine glückliche wurde, lag an den Veränderungen, die er an seiner Eheliebsten nach und nach wahrnahm: *So dick, so leidend, so trampelnd*, lautete das Resümee vom 1. August 1851. Der dreifache Fluch bestand für Heine darin, daß seine Frau mit den Jahren auf beängstigende Weise dick wurde, daß sie an den Nerven litt, leicht erregbar und im Zorn ohne jede Selbstbeherrschung war. Bestand der Alltag des Ehepaars anfangs noch aus gemeinsamen Vaudeville-, Theater- und Konzertbesuchen, so zog sich Heine, bedingt durch das unberechenbare Temperament seiner Frau, mehr und mehr aus der Gesellschaft zurück, lebte *eingezogen*, wie es in mehreren Briefen hieß, *und so halb und halb glücklich*. An Heines »Arm spazieren gehen, sich mit ihm in der Oeffentlichkeit zeigen, waren Genüsse der Eitelkeit, deren (...) sich« Mathilde nur »selten erfreut hatte«, attestierte Caroline Jaubert.

Mathilde aß gut und gern: »Eine starke Esserin« nannte sie Weill. »Bei sich zuhause schlürfte sie zunächst ein Dutzend Austern, dann verspeiste sie zwei Beefsteaks und trank eine halbe Flasche puren Wein dazu, auf die Gefahr hin, etwas beschwipst zu werden, obgleich sie sich niemals betrank (...). Nicht als ob Frau Heine eine Feinschmekkerin gewesen wäre; ihr häusliches Menü war von patriarchalischer Einfachheit: ein Fisch, ein Stück Kalbs-oder Hammelbraten, Salat und Käse. Aber diese Fleischstücke waren dick und saftig, und Frau Heine sprach ihnen mehr zu als ihr Gatte, der eine feine Zunge hatte.«

Bereits 1837 meinte Heine in einem Gedicht auf seine *Frau Geliebte, ihre Taille (...) / Könnt ein bischen schmähler seyn*. Besucher des Jahres 1839 beschreiben ihre Figur vorsichtig als »üppig«. Drei Jahre später verriet Heine August Lewald, Mathilde werde *täglich korpulenter.* Weitere acht Jahre später, Mathilde war eben 35 Jahre alt geworden, konstatierte er bereits ein Gewicht von 180 Pfund, und ein Ende war noch nicht erreicht: Sie wird *entsetzlich dick*, hieß es erneut unter dem Datum des 12. Mai 1851. Julius Campe, der Mathilde 1844 in Hamburg kennengelernt hatte, fand sie 1855 bei einem Besuch in Paris als »dicke wabblige Person« wieder. Im November 1849 fiel das *süße, dicke Kind* beim Gardinenaufhängen vom Tisch und verrenkte sich den Fuß. Monatelang konnte sie nun nicht ausgehen und saß mit hochgelegtem Fuß im Lehnsessel.

Beiderseitige Krankheiten

Häufig ist in Heines Briefen oder Zeugnissen Dritter von Krankheiten Mathildes die Rede. Regelmäßig hielt sie sich, *ihrer Gesundheit wegen*, bei ihrer Mutter auf dem Land auf. Seit 1844 wurde sie häufig von Kopfschmerzen attackiert (*mitunter einige Grunzvögelchen*; *flöten ein bischen die Grunzvögelchen*; *bey meiner Frau zwitschern die Grunzvögelchen*; *sehr oft mit Kopfschmerzen behaftet*), was mit schubartig auftretenden Verhaltensauffälligkeiten einherging: eine *Unglücksquelle*, die Heine oftmals *mit Bitternissen* tränkte, und wofür er 1849 gegenüber dem Arzt Wertheim die Bezeichnung *Wahnsinn* gebrauchte. Weill zufolge überfielen sie diese Anfälle, die Mathilde selbst als »Lebhaftigkeit« entschuldigte, »zu gewissen Tagen im Monat«. Am 13. Januar 1845 hieß es in einem Brief Heines an Campe, Mathildes *Zustand* werde *bedenklicher*, und damit war ihre psychische Verfassung gemeint, wie aus einem Brief vom selben Tag an Detmold hervorgeht: *Dazu kommt, daß mein Hausvesuv, der seit drey Jahren ruhig war, jetzt wieder Feuer speit: Mathilde ist in dem aufgeregtesten Zustand*. Das Resümee vom 23. Januar, wieder gegenüber Detmold, bezog daher die Gattin in die Vielzahl aktueller Übel mit ein: *Ein kranker, arbeitsunfähiger Kopf,*

Mathilde, grimmige Privatfeinde, politische Verfolgung, noch allerley geheime Schäden, die täglich ausbrechen können und dabey kein Geld – das kann ich nicht aushalten. Mathildes Unbeherrschtheit (*sie zankt und schreit*) und ihr Jähzorn spielen in den Briefen der folgenden Jahre eine immer größere Rolle, auch wenn Heine den Stein des Anstoßes meist diskret umschrieb: Sie sei *ein gutes, edles Kind, leider aber sehr leidend an einer fatalen Krankheit*, hieß es gegenüber Campe am 31. Oktober 1845. Nur wenige erfuhren, worin *ihr Uebel* wirklich bestand, was es hieß, wenn sie *ein bischen leidend* war. Im Sommer 1848 stellte sich ein weiteres Symptom ein. Am 10. August gestand Heine seiner Schwester: *Meine Frau verliert den Kopf und ist manchmal wie verrückt.* Um die Jahreswende 1848/49 kam es zu einem Vorfall, den Alexandre Weill erzählt: Eines Tages kam der österreichische Arzt Dr. Leopold Wertheim zu einem Krankenbesuch. Mit Bezug auf Mathilde, die ihren Mann zwar, wie Weill unterstreicht, »nach besten Kräften« pflegte, deren Kräfte als Krankenpflegerin jedoch »sehr bescheiden« waren, erklärte der Arzt, daß Heine besserer Pflege bedürfe. Mathilde, so Weill, hatte nun »nichts Eiligeres zu tun, als dem Arzt an der Tür aufzulauern und ihm mit ihrer kräftigen Faust das Auge blau zu schlagen«. Hätte er sich zur Wehr gesetzt, »sie hätte ihn erwürgt«, schloß Weill diese Episode. Er war selbst mehrfach Opfer ihrer Launen geworden: So warf ihm Mathilde einmal eine Platte mitsamt den Resten einer Fischmahlzeit ins Gesicht. Mit ähnlichem Eklat enden auch die freundschaftlichen Beziehungen zu Heinrich Seuffert. In einem Brief an Wertheim vom 5. April 1849 bat Heine den Arzt um gütige Nachsicht für das Verhalten seiner Frau: Es handle sich um Wahnsinn *(...), der mehr oder minder selten hervorbricht, und der eben so unzurechnungsfähig wie unheilbar ist. Hier ist weder zu klagen noch zu ändern, sondern nur mit Ruhe zu dulden und mit Barmherzigkeit zu verzeihen.* Die gleiche Nachsicht und das gleiche Verständnis mußte er natürlich selbst aufbringen, auch wenn er sich am Ende vorkam wie der *Narr* seiner Frau. *Sie ist ein gutes Kind und wenn sie mir Kummer macht, so ist es nicht ihre Schuld sondern die ihrer Krankheit*, hieß es am 19. August 1849. Seinem Bruder Gustav schrieb Heine am 17. Dezember 1850: *Ich fürchte sehr für ihren armen, schwachen Kopf, der schon manchmal*

irre redet. Sie war sehr leidend und sei *überhaupt nicht ganz gesund*, hieß es kryptisch 1853.
Bis zum Frühjahr 1848 fühlte sich Heine durchaus noch in der Lage, sein Schicksal wenden zu können. An seine Mutter schrieb er am 30. März 1848: *Sollten die Sachen sich hier, wie ich fürchte, noch düsterer gestalten, gehe ich fort, mit meiner Frau, oder auch allein. Bin sehr verdrießlich. (...) Meine Frau befindet sich wohl. Wir leben still und von der Welt abgesondert. (...) Meine Frau führt sich gut auf. Führte sie sich nicht gut auf, so würde ich ihr jetzt die Freyheit geben.* Der Ausbruch seiner Krankheit mit der dauernden Bettlägerigkeit machte diese Möglichkeit nicht nur zunichte, sie war auch eine schwere Belastung für die Ehe. Weil Heine alle geistigen und materiellen Mittel in der Hand behielt, blieb er bis zum Schluß Herr der Beziehung. Noch als gelähmte *Scheinleiche* steuerte er von seinem Winkel in der Matratzengruft aus die Geschicke der Ehe, und es gelang ihm sogar, seine Frau *bis zu Thränen* zu quälen, wie er Campe in einem Brief gestand. Heine wußte, daß die lebenslustige Enddreißigerin an seinem Krankenlager *einen harten Stand* hatte, ließ sie deshalb, so oft es ging, spazierengehen, Theater und Konzerte besuchen. Alfred Meissner, der Mathilde 1847 kennenlernte, erzählte: »Mit ihrem Papagei plaudern, mit Paulinen, ihrer Gesellschafterin, täglich zu Wagen eine Promenade in den Champs elisées machen und dann erzählen was sie gesehn – das war ihr Leben.« Doch obgleich Heine häufig über ihr *heftiges Temperament* klagte, das auf seine *so leicht affizirten Nerven nicht immer wohlthätig wirken* konnte, war es Mathilde, die ihm – trotz ihrer häufigen *Mißlaune* – mit ihrer *Liebenswürdigkeit* die schweren Jahre der *Matratzengruft* erleichterte. Ihre *unauslöschlich lachende Munterkeit* sorgte dafür, daß ihn auch jetzt die *Heiterkeit* nicht ganz verließ.
Spätestens seit der Verheiratung setzten bei Heine Überlegungen zur Zukunftssicherung Mathildes ein. Als er am 7. März 1843 sein Testament verfaßte (vermutlich anläßlich der geplanten Deutschland-Reise, die wegen möglicher polizeilicher Nachstellungen in Preußen ein unkalkulierbares Risiko barg), setzte er Mathilde als Alleinerbin ein. Ebenso verfuhr er im zweiten Testament vom 27. September 1846 (ergänzt am 26. Februar 1847). Zu einer echten Schmälerung seines

Lebensstils und systematischen Rücklagenbildung konnte er sich jedoch auch in den vierziger Jahren zunächst noch nicht entschließen. Erst mit Ausbruch der Krankheit wurde Mathildes Versorgung über seinen Tod hinaus zu seiner Hauptsorge, auch wenn es 1851 einmal ernüchtert hieß: *Gott erhalte sie und mich, der ich ihr ebenso nöthig bin, wie sie sich selbst überflüssig ist.* Alfred Meissner berichtet: »Auf seinem Krankenlager, unter den ärgsten Schmerzen, waren seine Gedanken fortwährend darauf gerichtet, ihre Ehre vor der Welt zu wahren und sie für den Rest ihrer Tage sicher zu stellen. (...) Jeder Artikel seines Testaments giebt Zeugniß von einer Sorgfalt, die sich über das Grab hinaus erstreckte.« In einem Nachlaßgedicht ist dieses Bestreben zusammengefaßt.

Ich war, O Lamm, als Hirt bestellt,
Zu hüten dich auf dieser Welt.
Hab dich mit meinem Brod geäzt,
Mit Wasser aus dem Born geletzt.
Wenn kalt der Wintersturm gelärmt
Hab ich dich an der Brust erwärmt.
Hier hielt ich fest dich angeschlossen
Wenn Regengüsse sich ergossen
Und Wolf und Waldbach um die Wette
Geheult im dunkeln Felsenbette.
Du bangtest nicht, hast nicht gezittert
Selbst wenn den höchsten Tann zersplittert
Der Wetterstral – in meinem Schooß
Du schliefest still und sorgenlos.

Mein Arm wird schwach, es schleicht herbey
Der blasse Tod! Die Schäferey,
Das Hirtenspiel, es hat ein Ende.
O Gott ich leg in deine Hände
Zurück den Stab – behüte du
Mein armes Lamm, wenn ich zur Ruh
Bestattet bin – und dulde nicht
Daß irgendwo ein Dorn sie sticht –

O schütz' ihr Vließ vor Dornenhecken
Und auch vor Sümpfen, die beflecken,
Laß überall zu ihren Füßen
Das allerbeste Futter sprießen
Und laß sie schlafen sorgenlos,
Wie einst sie schlief in meinem Schooß!

Insbesondere vor der Öffentlichkeit wurde Heine nicht müde, seine große Liebe und Sorge für Mathilde bis über den Tod hinaus zu beteuern: In den *Neuen Gedichten*, in den *Lamentazionen* des *Romanzero* (*In Mathildens Stammbuch*; *An die Engel*), in den *Gedichten. 1853 und 1854* (*Babylonische Sorgen*) und in Nachlaßtexten ebenso wie in Privatbriefen. Die Verletzungen und Frustrationen behielt er für sich, bannte sie in Texten, die erst in seinem Nachlaß aufgefunden wurden. In einem aus dem *Romanzero* ausgeschiedenen Gedicht lesen wir:

Lebewohl.

Hatte wie ein Pelikan
Dich mit eignem Blut getränket,
Und du hast mir jetzt zum Dank
Gall' und Wermuth eingeschenket.

Böse war es nicht gemeint,
Und so heiter blieb die Stirne;
Leider mit Vergeßlichkeit
Angefüllt ist dein Gehirne.

Nun leb wohl – Du merkst es kaum,
Daß ich weinend von dir scheide,
Gott erhalte, Thörin, dir,
Flattersinn und Lebensfreude!

NEUNTES KAPITEL

Schreiben unter dem Zensurschwert

Salon I: Viel Zoten

Verlegerwünsche, politische Umstände (insbesondere die Vorzensurpflicht für Werke bis zu 320 Seiten Umfang) und finanzielle Verhältnisse Heines haben oft Zufälligkeiten bei der Veröffentlichung seiner Werke bewirkt und Sammelband-Formen hervorgebracht, die zwischen zwei Buchdeckeln vereinen, was von Thema und Genre her nicht zusammengehört. So mischt die vierteilige Reihe des *Salon* Lyrik, Essays und erzählerische Prosa, Erstveröffentlichungen und mehr oder weniger stark bearbeitete Neudrucke.

Der erste Band erschien im Dezember 1833. Von Campe gedrängt, ein Buch *zusamen[zu]kneten*, sammelte Heine dort das Fragment eines Romans, der ihm *mißglückt* war, den leicht umgearbeiteten und erweiterten Journaldruck der *Französischen Maler* sowie eine Abteilung von sechsundfünfzig Gedichten, von denen die Hälfte bereits vorab veröffentlicht worden war. Heines romantisch inspirierte Liebeslyrik hatte im *Neuen Frühling* ein letztes Mal ihren Ausdruck gefunden. In Paris boten ihm Frauengestalten der Straße Stoff zu provokativen, auf Baudelaire vorausweisenden Gedichten über die Liebeserfahrungen in der Großstadt, von denen er zunächst einundzwanzig im Zyklus *Verschiedene* sammelte, der zwischen Januar und März 1833 in der Berliner Zeitschrift »Der Freimüthige« erschienen war. Schon der Titel bedeutete eine Provokation, signalisierte er doch nivellierende Polygamie. Unter den Namen *Seraphine*, *Clarisse*, *Hortense*, *Angelique* und *Diana* faßte Heine hier kleinere Gruppen von Gedichten zusammen, in denen er durch kunstvolle Zusammenstellung knapp typisierte Liebeskonstellationen entwarf. Des anstößigen Titels beraubt, um fünfunddreißig Gedichte (darunter auch einige ältere) erweitert und neu arrangiert, sorgte die Sammlung im *Salon* für Furore. Obgleich mit Ausnahme von *Diana* keine einzige der Figuren wirklich Gestalt erhält, wurden die Gedichte oftmals als Porträts mißdeutet, für die diverse »Pariser Boulevardsschönheiten«

Modell gestanden hätten; die Namen seien »Namen von Dirnen«. Mit den *Verschiedenen* schien sich Heine als »Lüstling« zu porträtieren und seine unmoralische Lebensführung zu dokumentieren. Fiktion wurde mit Empirie, Sublimierung mit Wirklichkeitserfahrung verwechselt. Ein einziger Kritiker erkannte, daß Heine »in seinen Liebesliedern (...) nicht die Geliebte, sondern nur sich« besungen hatte: »aus seinen ganzen Liedern kann man kein Bild von ihr zusammensetzen«. Überdies mischten sich auch noch chauvinistische Spitzen in die literarische Debatte: Man betonte die französische Herkunft dieser Gedichte und warnte vor dem Übergreifen derartiger »französischer Zustände« auf Deutschland. Paris galt als »Hauptstadt der Frivolität« und Heine als saint-simonistischer Apostel einer »Religion des Sensualismus«.

Neuheit und Fremdheit ihres Tons erschwerten die Aufnahme dieser Gedichte; überdies galt ihr Stoff als unpoetisch, für eine künstlerische Verarbeitung ungeeignet: Die Darstellung des »Gemeinen« sei dem Wesen des Kunstschönen stets zuwiderlaufend, hieß es. »In nassem, ekelhaftem Schmutz, in sich spreizender Schamlosigkeit« müsse auch »der letzte Funke von Poesie« erlöschen. Manche Kritiker gingen noch weiter und sprachen Heine sogar die »Wahrhaftigkeit« seines Gefühls ab. Moritz Saphir brachte es 1834 auf den Punkt: »In Heines politischen wie in seinen erotischen Erzeugnissen ist die Sinnlichkeit, die Schwelgerei, die Lust im Fleisch zu wühlen, gleichviel ob Weiberfleisch ob Völkerfleisch, der Antrieb und der Anlaß. (...) Er hat keine revolutionäre Gesinnung, sondern bloß revolutionäre Geilheit.« Die zeitgenössische Literaturkritik, überwiegend an gefühlsbestimmte Erlebnisdichtung gewöhnt, war zunächst ohne Verständnis für Liebespoesie, die erstmals moderne Großstadterfahrungen verarbeitete. Sie forderte das ästhetisch Schöne und Erhabene, wo Heine schon in Kriterien wie künstlerische Wahrheit und Naturtreue dachte und dichtete, womit er erneut ein tradiertes Erfahrungsmodell der Literatur in Frage stellte. 1837 bilanzierte Heine das Verdienst der von ihm begründeten *Schule* mit der *heilsamen Reakzion gegen den einseitigen Idealismus im deutschen Liede, sie führte den Geist zurück zur starken Realität und entwurzelte jenen sentimentalen Petrarchismus, der uns immer als eine lyrische Donquixoterie erschienen ist.*

Seine *anstößigen Gedichte* verteidigte er mit dem Verweis auf die *künstlerische Behandlung* des Stoffs und vor allem auf die Pariser Wirklichkeit, der sie nachgebildet seien: Von den *abnormen Amouren in einem Welttollhaus, wie Paris ist*, könne man sich in Deutschland keine Vorstellung machen, schrieb er 1838 an Karl Gutzkow, der als Autor eines Skandalbuchs mit der Strafjustiz bereits einschlägige Bekanntschaft gemacht und Heine vor einem Wiederabdruck der *Verschiedenen* gewarnt hatte, weil er dadurch »seine Stellung im Volke« verlieren werde. Bereits ein Jahr zuvor hatte Heine mit Bezug auf das französische Theater ähnlich argumentiert: *Die Leidenschaften, die uns (...) in einem umfriedeten Winkel des geruhsamen Deutschlands (...) ganz übertrieben erscheinen, sind vielleicht dem wirklichen Leben hier treu nachgesprochen, und was uns (...) so greuelhaft unnatürlich vorkommt, ereignet sich täglich und stündlich zu Paris in der bürgerlichsten Wirklichkeit. Nein, in Deutschland ist es unmöglich, sich von dieser französischen Leidenschaft eine Vorstellung zu machen.*

Der heiter-frivole Ton der Gedichtabteilung prägt auch die im ersten *Salon*-Band nachfolgenden bruchstückhaften *Memoiren des Herren von Schnabelewopski*, die den barocken Schelmenroman mit zeitgenössischer humoristischer Prosa und aktueller religionskritischer Problematik kombinieren. Das mit Einlagen durchsetzte Romanfragment erzählt Stationen aus der fiktiven Biographie eines polnischen Adeligen, dessen lustig-abenteuerliches Schicksal bereits mit seinem Geburtstag, dem 1. April, determiniert scheint. Neben der Figur des Ich-Erzählers sind es die derben, grotesken Elemente der sogenannten niederen Stilebene, die dem Fragment Züge des pikaresken Romans verleihen.

Von der polnischen Provinz führt Schnabelewopskis Weg zunächst nach Hamburg, das als Hochburg einer saturierten Bürgerlichkeit beschrieben wird, und dann über Cuxhaven und Amsterdam weiter nach Leiden, wo der Erzähler elterlichem Wunsch gemäß ein Theologiestudium aufnimmt. Die im Studentenmilieu angesiedelten Romankapitel verschafften Heine Gelegenheit, die *wohlhabende Sinnlichkeit* und den groben, stumpf-mechanischen Materialismus in Hamburg mit unfruchtbaren theologischen Glaubensdebatten über die Existenzform Gottes, deren Zeuge der Erzähler in Leiden wird, zu konfrontieren und zugleich auf eine höherwertige Utopie zu verweisen, wie sie die Bilder des holländischen Genremalers Jan Steen verkörpern, der als saint-simonistischer Künstler interpretiert wird: *Keiner hat so tief wie er begriffen, daß auf dieser Erde ewig Kirmes seyn sollte; er begriff, daß unser Leben nur ein farbiger Kuß Gottes sey, und er wußte, daß der heilige Geist sich am herrlichsten offenbart im Licht und Lachen.* Hier und auch im symbolischen Duelltod des Theologiestudenten Simson, eines verzweifelten Deisten, wird die zeitliche Nähe der letzten sieben Romankapitel zu den Deutschland-Schriften der dreißiger Jahre deutlich, während die beiden vorangehenden Episoden offenbar ältere Entwürfe, *Stückchen* seiner *Memoiren* und *Briefe über Hamburg*, integrieren. Diese 1824/25 entstandenen Skizzen waren so brisant, daß er damals glaubte, sie *nur in sehr späteren Zeiten erscheinen* lassen zu dürfen. Die bald darauf veröffentlichten *Ideen* können damit kaum gemeint gewesen sein, eher der autobiographische Kern des *Schnabelewopski*, die Konfessionen für Eingeweihte. Der Bruder Max schrieb ihm nach der Lektüre knapp: »Die Memoiren des H. v. Schnabelewopski habe ich recht gut verstanden«. Für die Benutzung früher Entwürfe sprechen auch die polnische Herkunft des Helden und dessen Aufenthalt in den Niederlanden, womit länger zurückliegende eigene Erfahrungen und Reiseerlebnisse angesprochen waren. Die Hauptarbeit am Text und die Montage der topographisch getrennten Episoden sowie deren Auflösung in einem Roman, der dann freilich über den Ansatz nicht hinauskam, dürfte gleichwohl zwischen Ende 1831 und Herbst 1833 geleistet worden sein.

Die Rezeption des ersten *Salon*-Bandes war geprägt durch die sensualistisch-pantheistischen Teile des Buchs. Der Bericht über die Gemäldeausstellung fand großes Interesse und gab nur wenig Anlaß zur Kritik. Um so mehr rieb man sich an den *Verschiedenen* und dem Romanfragment. Eine der letzten, aber auch gewichtigsten Besprechungen des Bandes, im April 1834 in den angesehenen »Blättern für literarische Unterhaltung« erschienen, bescheinigte Heine, er habe alles getan, »um den Ruhm von sich zu stoßen (...). Noch zwei solche Bücher, und Niemand spricht mehr von Heine als von einem lebenden deutschen Schriftsteller.« Die vernichtende Prophezeiung fußte auf der Beurteilung des *Schnabelewopski*, der »von einer Schwäche« sei, »zu welcher wir Heine's Genius herabzusinken nicht für fähig hielten. Die ordinairsten Verhältnisse, die in dem Leben eines geistesleeren Taugenichts möglich sind, werden in spaßsüchtiger Langweiligkeit dargestellt, Scenen der gemeinsten Liederlichkeit mit burschikoser Frechheit zur Schau gestellt, und zotenhafte Scherze der gröbsten Art zeigen nur zu deutlich, für welche Classe der Gesellschaft Hr. H. diesen seinen Salon geöffnet hat.«

Der anonyme Rezensent konnte nicht wissen, daß die Provokation durchaus beabsichtigt war. Seiner Mutter schrieb Heine im Frühjahr 1834, nachdem er seine Belegexemplare erhalten hatte:

Es sind sehr ekelhafte Druckfehler drin. Viel Zoten. Dies war politische Absicht. Ich wollte der öffentlichen Meinung eine gewisse Wendung geben. Besser man sagt ich sey ein Gassenjunge, als daß man mich für einen allzuernsthaften Vaterlandsretter hält. Letzteres ist in diesem Augenblick kein rathsam Renommee. – Die Demagogen sind wüthend über mich; sie sagen, ich werde bald öffentlich als Aristokrat auftreten. Ich glaube, sie irren sich. – Ich zieh mich aus der Politik zurück. Das Vaterland mag sich einen anderen Narren suchen.

Angekündigt hatte Heine diesen Rückzug bereits in einem ostensiblen Brief an Varnhagen vom 16. Juli 1833, in dem er, der immer gewärtig sein mußte, daß seine Briefe von der preußischen Post geöffnet und ihr Inhalt an eine höhere Dienststelle weitergemeldet wurde, gewissermaßen gegenüber der preußischen Regierung sein zukünftiges Aktionsfeld bezeichnete: *Ich habe wahrlich nicht die Absicht, demagogisch* auf den Moment *zu wirken, glaube auch nicht mahl an die Möglichkeit einer momentanen Wirkung auf die Deutschen. Ich ziehe mich übrigens von der Tagespolitik zurück und beschäftige mich jetzt meistens mit Kunst, Religion und Philosophie.* In dieser Äußerung klang Resignation an, die auf die allgemeine politische Entwicklung, insbesondere die Bundesbeschlüsse von 1832 mit ihren restriktiven Pressebestimmungen, zurückzuführen war. In einem Brief an Cotta vom 1. Januar 1833 sprach Heine vom Erlöschen des *politischen Interesses*, dem er Tribut zolle.

Salon II: Religion und Philosophie

Mitte Januar 1835, und damit nur ein Jahr nach dem ersten Band, erschien der zweite Band des *Salon*. Neben dem (von der Druckerei versehentlich mit dem Titel »Frühlingslieder« versehenen und um sechs Gedichte verkürzten) Zyklus des *Neuen Frühlings*, wie ihn Heine bereits 1831 in der zweiten Auflage von *Reisebilder* II veröffentlicht hatte, enthielt er den umfangreichen Essay *Zur Geschichte der Religion und Philosophie in Deutschland*, der zuerst auf französisch in der »Revue des Deux Mondes« erschienen war. Der Schlußabschnitt wurde gleichzeitig in Heft 6 des »Geächteten«, der Zeitschrift des »Bundes der Geächteten« publiziert. Gemessen an der *Vorrede* zu den *Französischen Zuständen*, in der Heine der preußischen Regierung sein »J'accuse« entgegengeschleudert hatte, war die Beschäftigung mit deutscher Geistesgeschichte ein Abschweifen in scheinbar harmlosere publizistische Gefilde. Wenn er solchermaßen der äußeren Situation Rechnung trug, bemühte er sich doch zugleich, diesen Richtungswechsel als lediglich taktischen Rückzug von der tagespolitischen Bühne darzustellen: Das Scheitern der politischen Agitation der Jahre 1831 und 1832 habe bewiesen, daß Deutschland noch nicht dazu bereit sei, die von Frankreich angezündete Revolutionsfackel zu übernehmen. Nun gelte es, auf die Ideen und Mentalitäten zu wirken, bevor man einen echten politischen Wechsel anvisieren könne. Und so bezeichnete er seine literaturkritische und philosophische Arbeit denn auch als Fortsetzung des Kampfes mit anderen Mitteln, wobei er von *guten Schwertschlägen* oder von seiner *Soldatenpflicht* sprach. Durch die Änderung seiner Taktik glaubte Heine, den Freiraum des oppositionellen Schriftstellers bewahrt und gleichzeitig die politische Debatte auf ein weniger brisantes Feld verlagert zu haben, das nach dem Scheitern der *Demagogen* und dem Zustand allgemeiner Schläfrigkeit der deutschen Gesellschaft nun zunächst anzugehen sei: die Kritik der Religion. Im Brief an Laube vom 23. November 1835 umriß er, zugleich sein eigenes Vorgehen in den letzten beiden Jahren rechtfertigend, Aufgaben und Chancen der politischen Publizistik in politischer Stillstandszeit:

Machen Sie eine genaue Scheidung zwischen politischen und religiösen Fragen. In den politischen Fragen können Sie so viel Concessionen machen, als Sie nur immer wollen, denn die politischen Staatsformen und Regierungen sind nur Mittel; Monarchie oder Republik, Demokratische oder Aristokratische Instituzionen sind gleichgültige Dinge solange der Kampf um erste Lebensprinzipien, um die Idee des Lebens selbst, noch nicht entschieden ist. Erst später kommt die Frage durch welche Mittel diese Idee im Leben realisirt werden kann, ob durch Monarchie oder Republik oder durch Aristokrazie, oder gar durch Absolutismus ... für welchen letzteren ich gar keine große Abneigung habe. Durch solche Trennung der Frage kann man auch die Bedenklichkeiten der Censur beschwichtigen; denn Diskussion über das religiöse Prinzip und Moral kann nicht verweigert werden ohne die ganze protestantische *Denkfreyheit und Beurtheilungsfreyheit zu anulliren.*

Indem Heine sich auf das Feld der Religion und Philosophie begab, meinte er, Beweise seiner Mäßigkeit gegeben, die Zensur quasi entwaffnet zu haben. Doch genau diese Taktik, die Debatte auf das philosophische Terrain zu verlagern und damit scheinbar zu entpolitisieren, erwies sich als Kurzschluß und gab den Behörden Veranlassung zu massiver Intervention. Heines philosophiegeschichtliche Abhandlung, in der sich religionskritische Interpretationen Kants, Fichtes, Hegels und Schellings mit der saint-simonistischen Theorie von der Rehabilitation der Materie und der weltlichen Erlösung des Menschen verbinden und die in der Prophezeiung einer deutschen Revolution gipfelt, rief umgehend den beauftragten Zensor am Druckort Altenburg auf den Plan, der an fünfzehn Stellen in den Text eingriff und über 6 Prozent strich. Eine neue Zensurinstruktion im Herzogtum hatte die alte Einundzwanzig-Bogen-Freiheit aufgehoben und das Buch, das durch die Einschaltung der lyrischen Abteilung auf 330 Seiten gestreckt worden war, behördlicher Willkür preisgegeben. Es war der quantitativ umfangreichste Eingriff in der Druckgeschichte von Heines Werken. Davon betroffen waren vor allem zwei Bereiche: die Zeitkritik am unseligen Bündnis von Thron und Altar und die aktuellen Perspektiven, die Möglichkeit einer deutschen Revolution, wie sie insbesondere in der apokalyptischen Schlußvision des Werks zum Ausdruck kommt. Heine reagierte mit einem heftigen Angriff auf seinen Verleger, dem er irrtümlich die Verantwortung für die Verstümmelung seines Manuskripts zur Last legte, wurde von Campe dann eines Besseren belehrt und behielt doch einen gewissen Groll, der in der brieflichen Warnung gipfelte, er lasse sich nicht länger *wie ein Junge, der schweigen muß, behandeln. Ich war vielleicht ein kleiner Junge als Sie mich zuerst sahen, aber das sind jetzt 10 Jahre, und ich bin seitdem ganz erschrecklich gewachsen.*

Die romantische Schule

Nicht besser erging es der *Romantischen Schule*, die im November 1835 herauskam. 1833 war auch sie *zuerst in der Gestalt französischer Journalartikel erschienen*, unter dem Titel *Zur Geschichte der neueren schönen Literatur in Deutschland* lag sie auch schon in einer zweibändigen Ausgabe des Pariser Verlags von Heideloff und Campe vor. Für die Neuausgabe hatte Heine den Text um etwa ein Viertel erweitert, seine ursprüngliche Absicht eines Gesamtüberblicks bis hin zu den Schriftstellern seiner *eigenen Zeit* jedoch aufgegeben und sich ganz auf die Schriftsteller der romantischen Epoche konzentriert. Ein kurzer Seitenblick galt Laube, Gutzkow, Wienbarg und Schlesier, vier namhaften Vertretern der literarischen Avantgarde, wofür Heine, wie gleichzeitig auch Laube, seit 1833 den Schulbegriff des *jungen Deutschland* gebrauchte: ein Bekenntnis zur »littérature engagée«, der Gelegenheit schuf zu einem Selbstporträt – war er doch selbst einer der *Schriftsteller des heutigen jungen Deutschlands, die (...) keinen Unterschied machen wollen zwischen Leben und Schreiben, die nimmermehr die Politik trennen von Wissenschaft, Kunst und Religion, und die zu gleicher Zeit Künstler, Tribune und Apostel sind.* Der soziale Fortschrittsglaube, der diese Autoren beseele, auf dem ihr *apostolischer Eifer* gründe, habe den *Schriftstellern der früheren Periode* gemangelt.

Auch hier führte Heine nur weiter, was er in Grundzügen bereits 1831, im Vorwort zur zweiten Auflage des zweiten *Reisebilder*-Bandes, skizziert hatte: Die Obsoletheit der romantischen Poesie angesichts der politischen Stürme, die in Deutschland spätestens durch die Julirevolution entfesselt worden waren. Die romantische Dichtung, wie Ludwig Uhland sie einst *so hold und lieblich hervorgesungen* habe *aus den Trümmern alter Burgen und Klosterhallen*, hieß es dort, *diese frommen und ritterlichen Töne, diese Nachklänge des Mittelalters, die noch unlängst in der Periode einer patriotischen Beschränktheit, von allen Seiten widerhallten, verwehen jetzt im Lärmen der neuesten Freyheitskämpfe, im Getöse einer allgemein europäischen Völkerverbrüderung, und im scharfen Schmerzjubel jener modernen Lieder, die keine katholische Harmonie der Gefühle erlügen wollen und vielmehr, jakobinisch unerbittlich, die Gefühle zerschneiden, der Wahrheit wegen.*

Obgleich Heine Campe vor jeglicher Zensur gewarnt hatte, zog es der pragmatische Hamburger Verleger vor, diesen Wunsch zu ignorieren und statt dessen den Behördenweg einzuhalten. Denn war ein Buch erst einmal erschienen, konnten die bestehenden Strafgesetze dagegen angewendet werden, was bedeutete, daß neben dem Autor (bei Zeitschriften zusätzlich noch Redakteur und Herausgeber) auch der Verleger mit Sanktionen rechnen mußte, von der Geldbuße über Ausweisung und Haftstrafe bis zum Verlagsverbot. Angesichts der Ausfälle gegen die Heilige Allianz, gegen die katholische Kirche und gegen *Censur und Geisteszwang aller Art*, gab sich Campe keinerlei Illusionen hin. Es war ihm völlig bewußt, daß er es hier mit einem brisanten Text zu tun hatte, und wollte nicht riskieren, daß ihm im nachhinein die gesamte Auflage beschlagnahmt wurde und er obendrein noch einen Prozeß an den Hals bekam. Und er behielt recht: Der Altenburger Zensor tilgte an nicht weniger als zwanzig Stellen des Buchs Text im Umfang von etwa dreizehn Seiten. Davon entfiel rund ein Drittel auf Heines Haupttendenz, seine Kritik am *gefährlichen Einfluß der ultramontanen Schule*, die ihn in der Spätromantik ein Werk klerikaler Ideologen erblicken ließ. Die weiteren Eingriffe galten insbesondere der zeitgeschichtlichen Dimension des Werks, wodurch dessen Grundtendenz entschärft und damit verfälscht wurde – für Heine eine besonders schmerzliche Tatsache, da seine republikanischen Gegner, die ihn ohnehin der Mäßigung bezichtigten, annehmen konnten, er *selbst hätte im Buche die scharfen Stellen ausgemerzt.* So waren vom Zensor sämtliche Passagen eliminiert worden, in denen Heine den politischen Status quo in Frage stellte, darunter die folgende:

Das deutsche Mittelalter liegt nicht vermodert im Grabe, es wird vielmehr manchmal von einem bösen Gespenste belebt, und tritt am hellen lichten Tage in unsere Mitte, und saugt uns das rothe Leben aus der Brust ... Ach! seht Ihr nicht wie Deutschland so traurig und bleich ist? zumal die deutsche Jugend, die noch unlängst so begeistert emporjubelte? Seht Ihr nicht wie blutig der Mund des bevollmächtigten Vampirs, das am Herzen des deutschen Volkes so schauerlich langsam und langweilig saugt?

Das Verbot des Jungen Deutschland

Heines Reaktion auf die erneute Verstümmelung wäre zweifellos weniger maßvoll ausgefallen, hätte der weitere Gang der Ereignisse die Manipulationen der Zensur an seinem letzten Buch nicht zu einer geringfügigen Marginalie erklärt. Im Herbst 1835 holten die deutschen Behörden zu ihrem entscheidenden Schlag gegen die oppositionelle Literatur aus, für die sich der Gruppenname Junges Deutschland mittlerweile eingebürgert hatte – ein Schlagwort, das von Anfang an schillernd in seinem Gebrauch war; zunächst vor allem, weil es zwischen literarischer und politischer Bedeutung oszillierte. Politisch bezog es sich eigentlich auf den Geheimbund des Jungen Europa, der von Mazzini 1834 in der Schweiz gegründet wurde und konspirativ-revolutionär der Heiligen Allianz entgegenarbeiten sollte. Er teilte sich in nationale Unterorganisationen, deren deutsche Variante eben Junges Deutschland hieß. Die italienische Giovine Italia bestand schon seit 1831 und ging auf die Carbonari-Bewegung zurück. Die Frontstellung des Unternehmens gegen das alte Europa des »Ancien régime« ist unverkennbar, ebenso die übernationale Ausrichtung. Entsprechend seiner konspirativen Natur war dieses Junge Deutschland indessen in der Öffentlichkeit wenig bekannt, und nur die Polizeibehörden der deutschen Bundesstaaten, allen voran Österreich und Preußen, gingen damit genauer um. Der Begriff des literarischen

Jungen Deutschland – Beleg für die enge Vernetzung der Vorgänge in den Nachbarländern – antwortete auf die »Jeune France«, die Victor Hugo schon vor der Julirevolution in Paris als Adressatin seines literaturpolitischen Appells benannt und die Théophile Gautier 1833 mit seinem Romantitel »Les Jeune-France« als literaturpolitische Bewegung thematisiert hatte.

Im Jungen Deutschland sammelten sich auf literarischem Gebiet diejenigen Kräfte, die im Restaurationsstaat nach politischer, religiöser und moralischer Freiheit und Selbstbestimmung drängten. In ihren Schriften berührten sie die großen Zeitfragen, um damit die Diskussion über Staat, Kirche und Gesellschaft zu beleben. Man verstand sich als Erben der fortschrittlichen Tradition der deutschen Kulturgeschichte, die von Luther, dem religiösen Reformator, über Kant, den Aufklärer, und Lessing, den Nationaldichter, bis hin zu Börne, dem Zeitkritiker, reichte. Die Kampfansage galt den Politikern des Restaurationssystems und ihren Helfershelfern. Dazu zählte man die antimodernen, »verzopften« oder auch bloß politisch indifferenten Kräfte der Gesellschaft wie die sauf- und rauffreudigen studentischen Landsmannschaften, die deutschtümelnden Turner oder die Dichter der Romantik, die wegen ihres reaktionären Mittelalterkults kurzerhand zu abgehalfterten Literaturgespenstern erklärt wurden. Selbst Goethe galt den meisten Jungdeutschen nicht als »Dichterfürst«, sondern als »Fürstendiener«. Auch die allgemein bewunderten Ideologen der Befreiungskriege wie Arndt und Jahn blieben nicht ungeschoren, weil sich ihr nationaler Enthusiasmus mit einem ausgeprägten Fremdenhaß verband und sie sich so den Blick für Anregungen durch die europäischen Nachbarn verstellten. Sofern Modelle einer zukünftigen Gesellschaftsform diskutiert wurden, setzte man sich auch mit saint-simonistischem Gedankengut auseinander, vor allem der besonders spektakulären »freien Liebe«. Die Hegelsche Philosophie fand wegen des Fortschrittsgedankens ebenfalls ein starkes Interesse. Nicht nur die Gegenwart wurde geprüft, inwieweit sie den emanzipatorischen Forderungen schon entsprach; ebenso kritisch beleuchtete man auch die Vergangenheit. Aktuelle politische Ereignisse wie die Julirevolution, der polnische Aufstand, das Hambacher Fest oder der Frankfurter Wachensturm wurden auf ihre Motive und Konsequenzen

hin untersucht, wobei freilich die wenigsten Autoren politisch über einen vagen Liberalismus hinausgelangten.
Obgleich sich in den Polizei- und Zensurakten übereinstimmend die Vorstellung einer regelrechten Konföderation von Schriftstellern findet, hat es einen solchen Bund oder auch nur eine interne Absprache nie gegeben: Die angebliche jungdeutsche »Schule« war eine polizeiliche Schöpfung, zu der der Bundestagsbeschluß vom 10. Dezember 1835 die Taufurkunde darstellte. Im Gegenteil: Die heftige und gereizte Kritik, die die Jungdeutschen aus Profilierungssucht auch untereinander übten, führte dazu, daß anfänglich vereinzelte Organisationsbestrebungen von den Betroffenen selbst hintertrieben wurden (was gelegentliche partielle Allianzen nicht ausschloß). Auch Heine berührte es unangenehm, daß sein Name *willkürlich* mit anderen Namen *zusammengekoppelt* worden war, die *wenig zusammen pasten und von heterogensten Grundsätzen waren.* Die tatsächlichen Gemeinsamkeiten wurden durch Gegensätzliches verdeckt und als weniger wichtig empfunden. Gemeinsam war diesen Autoren, daß sie sich mit ihren Schriften aufklärerisch an das gebildete Publikum wandten, statt einer Revolution erstrebten sie soziale und geistige Reformen. Heine selbst erklärte bündig gegenüber Varnhagen, sein *Revoluzionsgeist* wende sich *nicht an die Thätigkeit der rohen Menge (...), sondern an die Bekehrung der Höchstgestellten.* Immerhin wagte zum ersten Mal in der Geschichte der deutschen Literatur eine Gruppe von Schriftstellern zu propagieren, daß Literatur nicht nur Medium der Erkenntnis, sondern selbst Mittel der gesellschaftlichen Veränderung sein sollte. Weil das legale politische Kampffeld fehlte, war die Literatur zum Forum der Meinungskämpfe geworden. Frage und Prophezeiung miteinander verbindend, behauptete Laube 1833: »Schon zappelt's Millionen in Händen und Füßen, modern zu handeln, begierig hören sie hier und da von socialer Umgestaltung, die mit der politischen Hand in Hand gehe – funfzehn Romane, und die Millionen sind auf den Weg gebracht; wer schreibt sie?« Daß dabei die Wirkung von schöner Literatur weit überschätzt wurde, steht auf einem anderen Blatt.
Der Irrtum bestand allerdings auf beiden Seiten: Auch den Behörden mutete besonders bedrohlich an, daß nach den mit der Tagespolitik

beschäftigten Journalisten nun auch schöngeistige Schriftsteller politische und soziale Themen aufgriffen und Stellung zu den großen Zeitfragen bezogen und die entsprechenden Theorien nicht mehr nur in entlegenen wissenschaftlichen Werken verklausuliert, sondern in allgemein verständlicher Sprache, in »belletristischen, für alle Classen von Lesern zugänglichen« Schriften verbreitet wurden. Georg Büchner freilich, der wegen seiner Teilnahme an der demokratischen Agitation in Hessen 1835 nach Straßburg flüchtete und sich so der Verhaftung wegen Hochverrats entzog, hielt das Junge Deutschland für eine literarische Spiegelfechterei. »Nur ein völliges Mißkennen unserer gesellschaftlichen Verhältnisse«, so Büchner am 1. Januar 1836, »konnte die Leute glauben machen, daß durch die Tagesliteratur eine völlige Umgestaltung unserer religiösen und gesellschaftlichen Ideen möglich sey.« Die belletristische Polemik gegen überkommene Regierungsformen und Sozialstrukturen, christliche Entsagungsreligion und restriktive Moral konnte den feudalen Vergangenheitsrelikten in der Tat nicht viel anhaben, das System der Restauration war durch die Romane eines Gutzkow oder Laube nie gefährdet, nicht einmal in Frage gestellt. Mit ihrer überzogenen Reaktion bewiesen die Staatsbehörden keineswegs den hohen Grad der Gefährdung, sondern lediglich die Sensibilität des Restaurationsstaats.

Gleichwohl erblickten die Spitzenpolitiker des Deutschen Bundes in der Verbreitung der jungdeutschen Literatur eine Gefahr für die öffentliche Sicherheit und Ordnung und reagierten mit Vehemenz. Von einer »Erschütterung« aller »bisherigen Begriffe über Christenthum, Obrigkeit, Eigenthum, Ehe« war die Rede, »Zucht und Sittlichkeit« schienen in Gefahr, »Anarchie« drohe sich »in allen socialen Verhältnissen« auszubreiten, eine »allgemeine Umwälzung« stehe bevor. Vorbereitet und flankiert wurden die staatlichen Unterdrükkungsmaßnahmen von Leitartikeln und Kommentaren der regierungstreuen Publizistik und Journaille. Hier tat sich vor allem der Herausgeber des Stuttgarter »Literaturblatts«, der Großkritiker Wolfgang Menzel, hervor, der früher selbst den liberalen Schriftstellern nahegestanden hatte. Er lieferte die Stichworte für die kommenden Verbote. Sowohl der Denunziant Menzel wie auch das preußische Oberzensurkollegium machten einen wesentlichen Angriffspunkt in der »entschieden anti-nationalen, französischen Tendenz« des Jungen Deutschland aus. Von Paris sei das Übel ausgegangen, wo Heine, »von jüdischen Antipathien und französischen Beispielen verlockt (...), die Verspottung des Christenthums und der Moral, der deutschen Nationalität und Sitte« zum Prinzip erhoben habe. Schnell hatte man saint-simonistische Sozialtheorie, Religionskritik und vage Vorstellungen vom liederlichen Leben im Sündenbabel zu einem gefährlichen Gebräu gemixt. Und die Tatsache, daß sich in Frankreichs Presse die Stimmen mehrten, die die angegriffenen Schriftsteller verteidigten, wurde flugs als Bestätigung der nationalen Polarisierung ausgelegt. Überdies erhielt die Debatte noch einen antisemitischen Akzent. 1844 erinnerte Heine daran, daß Menzel damals in seinen *Kapuzinaden gegen das junge Deutschland* so weit gegangen sei, *daß er auf unsere verruchten Häupter alle Flammen des Himmels und in Ermanglung derselben die Polizeyblitze der verschiedenen Bundesstaaten auf uns herabbeschwor. Er behauptete wir wären alle Juden, obgleich kein einziger von dem jungen Deutschland sich zum Cultus des Mosis bekannte* und mit Ausnahme von ihm selbst keiner *einen Tropfen jenes glorreichen Blutes in sich trug, dem unser Herr und Heiland entsprossen.*

Leidtragender der Kampagne war zunächst Karl Gutzkow, der kecke Literaturkritiker und Verfasser des als blasphemisch-obszön gebrandmarkten Romans »Wally, die Zweiflerin«, der in Preußen am 24. September verboten wurde. Am 14. November erfolgte das preußische Verbot der »Deutschen Revue«, einer von Gutzkow und Ludolf Wienbarg im Mannheimer Verlag von Carl Löwenthal (bei dem auch »Wally« erschienen war) projektierten freisinnigen Zeitschrift. Nach dem Willen ihrer Herausgeber sollte sie »Wissenschaft«, »Poesie« und »Leben« vereinigen und sich als nationales »Institut« von »europäischer« Bedeutung etablieren. Zur Mitarbeit aufgefordert waren »alle deutschen Dichter und Gelehrte (...), die sich von einer Verschmelzung unserer alten Horen, Athenäen u. s. w. mit der Revue de Paris, Revue des deux mondes eine billigende Vorstellung machen können«, man hoffte auf die Mitarbeit von Starautoren wie Börne, Heine und Varnhagen. Zwei Tage nach dem Verbot wurde in Mannheim das Verfahren gegen Gutzkow und seinen Verleger Löwenthal eröffnet, am

30. November wurde der Autor der »Wally« in seinem Gasthofsquartier festgenommen und nach sechswöchiger Untersuchungshaft vom badischen Hofgericht wegen »Angriffes auf die christliche Religion« zu einer vierwöchigen Gefängnisstrafe verurteilt.
Mit dem Beschluß der Deutschen Bundesversammlung vom 10. Dezember 1835 gegen die »Verfasser, Verleger, Drucker und Verbreiter der Schriften aus der unter der Bezeichnung ›das junge Deutschland‹ oder ›die junge Literatur‹ bekannten literarischen Schule« war schließlich der spektakuläre Höhepunkt in der Auseinandersetzung zwischen der engagierten Literatur und dem System der Restauration erreicht. Namentlich genannt wurden fünf Autoren (dem Verlag Hoffmann & Campe ließ die Behörde eine »geeignete Verwarnung zugehen«); auf ausdrücklichen Wunsch des österreichischen Staatskanzlers Metternich war zu den jüngeren Karl Gutzkow, Heinrich Laube, Theodor Mundt und Ludolf Wienbarg, deren Schriften in Preußen bereits seit dem 14. November verboten waren, noch Heine hinzugekommen, der zusammen mit dem (im Verbot jedoch nicht erwähnten) Börne als geistiger Ziehvater der jungen Leute galt. Durch seine Abhandlung *Zur Geschichte der Religion und Philosophie in Deutschland* im zweiten Band des *Salon* hatte Heine erneut die persönliche Aufmerksamkeit Metternichs erregt, der am 31. Oktober 1835 den preußischen Minister Wittgenstein darüber informierte, daß diese Schrift ein »wahres Meisterstück in Beziehung auf Styl und Darstellung« sei und »die Quintessenz der Absichten und Hoffnungen der Bagage mit der wir uns beschäftigen« enthalte. Insofern hatte Heine recht, als er fast zwanzig Jahre später in seiner Schrift über *Die Götter im Exil* nicht ohne Stolz auf seinen *gesunden, klaren, volksthümlichen Stil* verwies und in einer ausgeschiedenen Passage daran die Bemerkung knüpfte: *Nicht der gefährlichen Ideen wegen welche »das junge Deutschland« zu Markte brachte, sondern der popularen Form wegen worin jene Ideen gekleidet waren hat man das berühmte Anathema dekretirt über die böse Brut und namentlich über ihren Rädelsführer, den Meister der Sprache, in welchem man nicht eigentlich den Denker sondern nur den Stylisten verfolgte. Nein, ich gestehe bescheidentlich, mein Verbrechen war nicht der Gedanke, sondern die Schreibart, der Styl. Mein Freund Heinrich*

Laube hat einst diesen Styl ein literarisches Schießpulver genannt. Es war in der That eine gute Erfindung, und die nachwachsende Generazion, welche dieses Pulver nicht erfunden, hat wenigstens tüchtig damit zu knallen gewußt.

Zwar war der Kreis der Jungdeutschen weitaus größer, als ihn der Bundestagsbeschluß festlegte. Daß im Verbotstext nur fünf Namen auftauchen, mag damit zu tun haben, daß man glaubte, mit Heine, Gutzkow, Laube, Wienbarg und Mundt die exponiertesten Vertreter herausgegriffen und unschädlich gemacht und den anderen ein warnendes Beispiel geliefert zu haben. Es war das erste Mal in der deutschen Literaturgeschichte, daß eine Gruppe von Autoren per Regierungsbeschluß an der Fortsetzung ihrer literarischen Tätigkeit gehindert oder zumindest (und das auf Jahre) großen Beschränkungen unterworfen wurde. So wie das Verbot formuliert war, war es als Berufsverbot interpretierbar. Nachdem die gesetzlichen Grundlagen geschaffen waren, gingen Polizei und Justiz mit einer bis dahin nicht gekannten Konsequenz gegen die Autoren und weitere an Herstellung und Vertrieb der engagierten Literatur beteiligte Personen vor. Zeitschriften- und Bücherverbote, Ausweisungen mißliebiger Redakteure oder Ermittlungsverfahren gegen Schriftsteller waren an der Tagesordnung. Bis zum Frühjahr 1836 folgte etwa ein Dutzend Einzelstaaten der Verbotsempfehlung der Bundesversammlung. Sarkastisch resümierte Heine neunzehn Jahre später:

Durch ein Dekret meiner heimischen Regierung wurden nicht bloß alle Schriften verboten, die ich bisher geschrieben, sondern auch die künftigen, alle Schriften, welche ich hinführo schreiben würde; mein Gehirn wurde konfiszirt, und meinem armen unschuldigen Magen sollten durch dieses Interdikt alle Lebensmittel abgeschnitten werden. Zugleich sollte auch mein Name ganz ausgerottet werden aus dem Gedächtniß der Menschen, und an alle Censoren meiner Heimath erging die strenge Verordnung, daß sie sowohl in Tagesblättern, wie in Broschüren und Büchern jede Stelle streichen sollten, wo von mir die Rede sey, gleichviel ob günstig oder nachtheilig.

Ein preußischer Ministerialerlaß vom 16. Februar 1836 schwächte das Totalverbot dann ab und stellte klar, daß davon alle Werke ausgenommen waren, die zuvor die preußische Zensur passiert hatten, und auch dies sollte, wie später präzisiert wurde, nur für in Preußen gedruckte Werke gelten. Im nachhinein stellte sich der Bundestagsbeschluß als wesentlich weniger spektakulär heraus, als es zunächst den Anschein hatte, und Heine hatte im Grunde recht, als er mutmaßte, *das Ganze* sei wohl nur ein *Schreckschuß* gewesen. Doch trotz uneinheitlicher Regelungen und fehlender Ausführungsbestimmungen bekamen Autoren und Verleger die Folgen noch bis in die 40er Jahre hinein zu spüren. Manche Schriftsteller entzogen sich der Gängelung, indem sie im Ausland publizierten oder indem ihre Verleger die Differenzen zwischen den einzelnen Bundesstaaten in der Handhabung der Zensur auszunutzen suchten. Heine ging einen eigenen Weg: In einem offenen Brief *An eine hohe Bundesversammlung* protestierte er Ende Januar 1836 auf geripptem Handbüttenpapier nicht ohne Ironie, aber mit ausgesuchter Höflichkeit beim Deutschen Bundestag gegen das über ihn verhängte Veröffentlichungsverbot. Gleichzeitig teilte er seinem Verleger mit, er wolle nun ein Buch herausbringen, *welches höchst interessant und liebenswürdig sey ohne weder die Politik noch die Religion zu berühren*. Damit war der dritte Band des *Salon* gemeint.

Salon III: Das stille Buch

Heine ahnte nicht, welche Schwierigkeiten bis zum Erscheinen dieses Buches noch zu überwinden waren. Das *ekelhaft, häßliche, preußische Jahr* 1836 wurde zum Wendepunkt seiner Biographie: Es beendete zahlreiche Illusionen, führte zum Bankrott einer schriftstellerischen Strategie, stürzte ihn in eine schwere finanzielle Krise und offenbarte darüber hinaus die erhebliche Verschlechterung seiner Gesundheit. Seine Versuche, französische Kompensationen für die deutsche Misere zu finden, brachten nicht den erhofften Erfolg, und eine Reise nach Südfrankreich, die er im Herbst 1836 unternahm, um sich von einer Gelbsucht zu erholen, glich einer Flucht.

Daß seine nächste Publikation bei Campe *ein Buch amüsanten Inhalts* werden sollte, an dem *kein Censor in der ganzen Welt* etwas *auszusetzen habe*, hatte Heine bereits im Sommer 1835 verlauten lassen. Für diesen dritten Band des *Salon*, den er vorübergehend ironisch *Das stille Buch* oder *Mährchen* zu betiteln gedachte, wählte Heine die zu eben dieser Zeit projektierten und vermutlich ab Oktober entstandenen *Florentinischen Nächte*, eine erotische Konversationserzählung, mit der Heine an die spätromantische Erzählkunst und die Literatur der »Schwarzen Romantik« anknüpfte und die, aus Zensurgründen wesentlicher Passagen beraubt, im April/Mai 1836 zuerst im »Morgenblatt für gebildete Stände« erschien. Außerdem arbeitete er einen Text über die deutsche Volksmythologie weiter aus, der in französischer Übersetzung bereits Eingang in *De l'Allemagne* gefunden hatte: *Mittheilungen über das traulich Innerlichste was das deutsche Volk besitzt und worin sich seine ganze Seele ausspricht, nemlich seine Sagen und Legenden*, wie Heine 1855 die Elementargeister definierte.

Im März 1836 hatte Heine den größten Teil des Manuskripts im Umfang von 194 Seiten nach Hamburg schicken können. Um weitere achtunddreißig Seiten fertigzustellen, benötigte er fast ein Dreivierteljahr. Monatelang hinderte ihn der obsessionelle Gedanke an die Zensur am Abschluß der Arbeiten. In einem Brief an seinen Verleger vom 1. September deutete er das Dilemma an: *Ich bin mit der Füllung des Buches in den allerschrecklichsten Nöthen, nicht als ob's mir an Manuskript fehle, vielmehr häuft sich dessen bey mir bis zur erfreulichsten Wohlhabenheit – aber die Angst vor der Censur – auch das Unschuldigste ist jetzt bedenklich – ich bin jetzt einer der unglücklichsten Schriftsteller.* Die Hepatitis, an der er anschließend laborierte, war gewissermaßen eine Somatisierung der Mißerfolge und Niederlagen. Um das Buch wieder über die Schallgrenze von dreihundertzwanzig Seiten zu bringen, plante Heine eine umfangreiche *Vorrede* beizugeben, die jedoch erst Anfang 1837 nach mehreren vergeblichen Anläufen zustande kam (*Was hilft mir schreiben, wenn mir's nicht gedruckt*) und schließlich aus Zeit- und Zensurgründen nur als separate Broschüre erscheinen konnte. Im Mittelpunkt stand die Polemik gegen Wolfgang Menzel, den Heine als liberalen Renegaten und feigen *Denunzianten* der fortschrittlichen Literatur charakterisierte. Weil Heine darin die Folgen des Bundestagsverbots bilanzierte, wobei es ihm zunächst um die Wahrung seiner *persönlichsten*

Interessen ging, drohte die *Vorrede* den Charakter des Bandes zu sprengen. Im Begleitbrief an Campe berichtete er von der *Mühe*, die es gekostet habe, *so delikate Gegenstände in einer Form zu schreiben, die alles Mißwollen der Regierungen entwaffnet. Ich habe alles gesagt, und doch ohne im mindesten zu verletzen, ja die Autoritäten werden dadurch zu meinen Gunsten gestimmt.* Immerhin konnte Heine es nicht unterlassen, bei dieser Gelegenheit das Publikum über die Gründe für den plötzlichen Genrewechsel (von der literaturpolemischen *Romantischen Schule* zu Novellen und volkstümlichen Mythen) zu informieren: So charakterisierte er die *Elementargeister* drastisch als *eine Reihe harmloser Mährchen, die, gleich den Novellen des Dekamerone, dazu dienen könnten, jene pestilenzielle Wirklichkeit, die uns dermalen umgiebt, für einige Stunden zu vergessen.* Weil der für die Druckerei in Kassel zuständige Zensor aus Solidarität mit Menzel den Druck innerhalb des *Salon* verweigerte, besorgte sich Campe in Hamburg eine Druckerlaubnis für das Manuskript. Beide Werke, *Salon* III und *Ueber den Denunzianten. Eine Vorrede zum dritten Theile des Salons*, kamen schließlich im Juli 1837 in den Buchhandel.

Schreiben nach dem Bundestagsbeschluss

Wie dramatisch die Situation nach dem Bundestagsbeschluß für Heine tatsächlich geworden war, zeigte sich nicht weniger deutlich an der Druck- und Zensurgeschichte des *Schwabenspiegel*, die sich nahezu über ein Jahr hinzog. Die Streitigkeiten um diesen Text von nicht mehr als Aufsatzlänge, eine Polemik gegen württembergische Autoren, hielten Heine und seinen Verleger auch nach Erscheinen noch geraume Zeit in Atem. Vorausgegangen waren heftige Attacken gegen Heine aus dem Umkreis von Gustav Schwab, dem Stuttgarter Dichterpfarrer, dessen respektlose Rezension des *Buchs der Lieder* im »Morgenblatt« vom Sommer 1828 seinerzeit Heines Mißfallen gefunden hatte: *Nach dem Inhalt jener Rezension zu schließen sollte man glauben ich sey eben der Gallere entsprungen*, hatte er sich damals beklagt. Insbesondere in den letzten vier Jahren, zwischen

Herbst 1835 und Anfang 1838, waren mehrere in Württemberg wirkende oder von dort stammende Autoren massiv gegen Heine und seine Anhänger vorgegangen: Menzel mit seiner Eröffnung der Pressekampagne gegen das Junge Deutschland vom September 1835 im »Morgenblatt«, Schwab durch seinen brüskierenden öffentlichen Rücktritt von der Mitherausgeberschaft des »Deutschen Musenalmanachs« im Frühjahr 1836, dem sich andere schwäbische Schriftsteller anschlossen, weil der Verlag als Frontispiz ein Heine-Porträt vorgesehen hatte, und schließlich Gustav Pfizer mit einem nicht weniger als achtzig Seiten umfassenden polemischen Aufsatz über »Heine's Schriften und Tendenz«, der im Januar 1838 in der »Deutschen Viertel-Jahrsschrift« erschienen war.

Diese Reihe von Angriffen mußte beim Autor den Eindruck verfestigen, daß er es nicht nur mit Einzelgegnern zu tun hatte und sich im deutschen Südwesten eine einhellige Front gegen ihn formierte, die er seit 1836 unter dem Begriff der *schwäbischen Schule* subsumierte. Gerade von dieser Seite angegriffen zu werden, mußte ihm schwer erträglich erscheinen, weil auf der Gegenseite die angreifbaren Schwächen zu deutlich sichtbar waren: der penetrante Regionalismus, die Ästhetisierung des Banalen, die ungeheure Nüchternheit, der Kult einer mikroskopisch kleinen Naturwelt. Im Grundansatz gab es damals kaum größere Gegensätze zu den eigenen Zielen. Schon 1837, in der Don Quixote-*Einleitung*, unterschied Heine zwei neuere Lyrikschulen, *wovon die eine leider mit meinem eigenen Namen, die andere mit dem Namen Schwabens bezeichnet wird*; diese *schwäbische Schule* habe indirekt sogar *zum Heile der deutschen Poesie* beigetragen, indem sie *alle kränklichen, bleichsüchtigen, fromm gemüthlichen Feuchtigkeiten der deutschen Muse an sich zog. Stuttgart war gleichsam die Fontanelle der deutschen Muse. Arme Zeisige der Gedankenlosigkeit* nannte er die Schwabendichter noch im Vorredenentwurf zur zweiten französischen *Reisebilder*-Ausgabe vom Winter 1855/56.

Unter dem übrigens nicht von Heine selbst, sondern vom Verlag herrührenden Titel *Der Schwabenspiegel* (mit dem auf das mittelalterliche süddeutsche »Land- und Lehnrechtsbuch« angespielt wurde, für das sich im 17. Jahrhundert die Bezeichnung »Schwabenspiegel« einbürgerte) holte Heine nun zum Gegenschlag aus. Der Text war zunächst als Vorrede, dann als Nachrede des zur selben Zeit projektierten neuen Lyrikbandes (*Buch der Lieder, Zweiter Theil*) geplant. Weil der Druck dieses Werks auf Zensurschwierigkeiten und Einsprüche im Umfeld Campes stieß, wurde vorübergehend erwogen, ihn als separate Broschüre herauszugeben. Schließlich einigte man sich darauf, den Text dem soeben gegründeten, von Karl Gutzkow redaktionell betreuten »Jahrbuch der Literatur« einzuverleiben. Anfang Oktober 1838 ging der *Schwabenspiegel* in Druck. Mit der Herstellung des »Jahrbuchs« hatte Campe die Reimersche Buchdruckerei in Grimma im Königreich Sachsen beauftragt, weil dort die Arbeitslöhne niedriger lagen und die sächsische Zensur weit liberaler als etwa die preußische verfuhr.

In der Tat wurde der *Schwabenspiegel* nicht zum Zensurfall: Weil ihm in anderer Sache ein »Preßprozeß« drohte, war es der Druckereibesitzer und Verleger Karl Ferdinand Philippi selbst, der das Manuskript derart massiv bearbeitete, daß die Zensurbehörde daran kaum mehr etwas auszusetzen hatte. Ganze Partien des Textes waren von ihm ausgeschieden worden, vieles abgeschwächt, und das auf eine so geschickte Weise, daß Heine nicht bloß um seine *Genugthuung an den darinn besprochenen Personagen* geprellt schien, sondern obendrein *durch Verfälschung der Beywörter, Ausmerzung der Uebergänge und sonstige Entstellung der Form* auch sein *artistisches Ansehen bloßgestellt* sah. Im Brief an Campe vom 19. Dezember 1838 machte er sich Luft:

So eben erhalte ich den Schwabenspiegel. Hier bin ich wieder verkauft und verrathen oder wenigstens sind meine theuersten Interessen den kläglichsten Rücksichten, wo nicht gar dem leichtsinnigsten Privatwillen, aufgeopfert. Sie hatten schon genug an mir versündigt durch die ohne mein Wissen zugegebene Verstümmlung des 2 ten Salontheils und der romantischen Schule – Sie waren Schuld, daß mir die ganze Schriftstellerey verleidet wurde, daß ich lieber gar nichts schrieb, als daß ich meine Kinder in Ihre ungetreue Hände nach Hamburg schicken wollte – und jetzt schreibe ich das politisch und censurlich Harmloseste, eine Zurechtweisung der persönlichen Feinde, und selbst in dieser kleinen Arbeit sind die widerwärtigsten

Verstümmelungen zugelassen, Verstümmelungen in den wichtigsten Uebergängen, und von einer fast tückischen Art, daß ich nicht einmal an Censurroheit glauben kann. In einer solchen Schrift, wo ich mit ganzer Persönlichkeit gegen persönliche Unbill auftrete, mußte Ihnen jeder Buchstab heilig seyn -- Bey Gott! dergleichen habe ich zum letzten male erduldet, ich werde schon meine Maßregeln nehmen daß dergleichen nicht mehr vorfällt, und für den gegenwärtigen Fall werde ich ebenfalls Mittel finden die kleine Schrift ganz wie ich sie geschrieben habe, dem Publikum mitzutheilen. Ich kann sie aus dem Kopf schon wieder ergänzen; im Fall Sie ---.

Vorwürfe gegen die vom Verleger umständlich betriebene Druck- und Zensurprozedur schlossen sich an. Dabei verglich Heine noch einmal die Brisanz des *Schwabenspiegels* mit der von *Shakspeares Mädchen und Frauen*, die ihm weit zensurgefährlicher schienen und doch ohne Beanstandung fast gleichzeitig vertrieben werden konnten: *Verglichen mit dem Schwabenspiegels, war das Buch voll der schrecklichsten Stellen in Betreff der Politik und der Religion.* Der Autor übersah allerdings, daß die Zensurschwelle bei persönlichen Verunglimpfungen, wie sie der *Schwabenspiegel* ursprünglich zuhauf enthalten hatte, in der Regel viel niedriger lag als bei politischen oder religiösen Reflexionen, sofern sie nicht unverhohlen aggressiv formuliert waren. Zudem hatte Campe selbst keinerlei Einfluß auf das Zensurverfahren genommen, sondern dies Philippi überlassen. Was Heine allenfalls monieren konnte, war, daß man es in Hamburg am guten Willen hatte fehlen lassen, daß man sich zu wenig in seinem Sinn engagiert und um einen zensurfreien Druck seines Textes bemüht hatte. Von gemeinsamen Kabalen oder gar von einer Verbrüderung zwischen seinem Verleger und dessen Mitarbeitern konnte allerdings nicht die Rede sein.

Weil die anschließenden Rechtfertigungsversuche seines Verlegers ihn nicht überzeugten, verfaßte Heine Ende Januar eine kurze Pressemitteilung, in der er sich vom *Schwabenspiegel* in seiner verstümmelten Gestalt öffentlich distanzierte. Am 8. Februar wurde sie in der Leipziger »Zeitung für die elegante Welt« veröffentlicht. Man hat den Eindruck, daß Heine damit einen Schlußstrich unter die Affäre ziehen und dabei das letzte Wort behalten wollte. Doch diese Erklärung, in der

Campe und dessen damaligen Vertrauten der Vorwurf der Kumpanei mit der sächsischen Zensur zugunsten seiner württembergischen Gegner nicht erspart wurde, konnte der Verlag nicht unbeantwortet lassen. Kurz aber bestimmt wies Campe acht Tage später die Vorwürfe im hauseigenen »Telegraph für Deutschland« als unbegründet zurück. Auch dies hätte ein Schlußwort sein können. Statt dessen eskalierte der Streit jetzt mit der Publikation eines Aufsatzes, betitelt *Schriftstellernöthen*, in dem Heine seine Erfahrungen mit der Zensur als Campescher Autor seit 1832 resümierte. Im Untertitel als *Offener Brief des Dr. Heine an Herren Julius Campe, Inhaber der Hoffmann und Campeschen Buchhandlung zu Hamburg* deklariert, wurde der Text Mitte April 1839 in der »Zeitung für die elegante Welt« veröffentlicht: nach Ansicht Heinrich Hubert Houbens »in seiner aristophanischen Grobheit wohl der schlimmste Streich, den je ein Autor seinem Verleger gespielt hat«. Es war zum einen das in seinen Augen überflüssige und wahrheitswidrige Dementi des Verlegers, das Heine zu dem erneuten Schritt an die Öffentlichkeit provozierte und ihn den Vorwurf wiederholen ließ, Campe habe sich zum Handlanger feindlicher Interessen machen lassen. Die kritisch-distanzierten bis polemischen Veröffentlichungen Karl Gutzkows und seines Adlatus Ludwig Wihl (unter anderm im bei Campe verlegten »Telegraph für Deutschland«) bestätigten ihn obendrein in der Überzeugung, daß Campe sich mit ihnen zwei höchst unzuverlässige Helfershelfer ausgesucht hatte, deren wahre Position im Literaturstreit sich jetzt offenbarte. So scheute er sich nicht, in den *Schriftstellernöthen* aus Briefen Campes zu zitieren, in denen Wihl und Gutzkow mit wenig schmeichelhaften Epitheta bedacht wurden. Seine Hoffnung, die *hamburger Klique* durch derlei Indiskretionen *gesprengt* zu haben, ging zwar auf, wenngleich um den Preis einer deutlichen Abkühlung des Verhältnisses zu seinem Verleger: Obschon er sicher war, daß es ihm niemand verübeln würde, wenn er sich »auf das Dampfschiff setzte« und seinen Autor »mit ein paar gutgeladenen Pistolen zur Rechenschaft zöge«, lenkte Campe ein, verkniff sich eine Erwiderung. Wihl und Gutzkow dagegen setzten sich mit entsprechenden Erklärungen gegen Heine zur Wehr, womit eine weitere Runde der Auseinandersetzung begann, die erst im Sommer 1839 ein (vorläufiges) Ende fand.

Was Gutzkow und Wihl anging, so trog Heine seine Menschenkenntnis in diesem Fall nicht: Ludwig Wihl, ein deutscher Jude, suchte in der Literaturszene einen Ersatz für jenes Vaterland, das ihn wegen seines Glaubens verstieß. Die verweigerte bürgerliche Gleichberechtigung trieb ihn in das Elend der Tagesschriftstellerei, die seine Fähigkeiten sichtlich überstieg und in der er keine gute Figur machte. Sein Versuch, sich erst mit Hilfe Heines, dann als angeblicher Intimus über ihn und schließlich im Streit mit ihm einen Namen zu erschreiben, scheiterte kläglich. Karl Gutzkow verstellte sich durch Skandalsucht, Schulmeisterei und einen geradezu pathologischen Hang zur Intrige selbst alle Aussichten auf eine dominierende Position im Literaturbetrieb. In der Sache allerdings hatte Heine Unrecht. Trotz langjähriger Erfahrung waren seine Vorstellungen von der Zensur im allgemeinen und von den Leipziger Zensoren im besonderen absolut realitätsfern. Das zeigte sich an eben den *Schriftstellernöthen*, die vom Leipziger Zensor – demselben, dem schon die Kontrolle des *Schwabenspiegels* oblag – in praktisch allen Passagen entschärft wurden, die sich mit Zensoren und der Praxis der Zensur beschäftigten. Nicht einmal eine harmlose Erklärung, die der Redakteur der »Zeitung für die elegante Welt« zu diesem Vorfall veröffentlichen wollte, durfte in der Zeitung erscheinen.

Salon IV: Tiefpunkt der Rezeption

Es dauerte bis zum Oktober 1840, ehe Heine wieder ausreichendes Material für einen vierten Band des *Salon* zusammengetragen hatte. Nach bewährtem Muster vereinigte er Bekanntes und Ungedrucktes, Lyrik und Prosa. Bekannt war der Aufsatz *Ueber die französische Bühne*, eine Reihe fiktiver Briefe, die Heine nicht zuletzt des in Aussicht gestellten Honorars wegen für den alten Hamburger Freund August Lewald geschrieben hatte, der sie um die Jahreswende 1837/38 in der von ihm herausgegebenen »Allgemeinen Theater-Revue«, einem Unternehmen des Cotta-Verlags, veröffentlichte. Für den Neudruck wurde der Text *revidirt*.

In den *Briefen* unternahm es Heine, *mit Humor, von den letzten Gründen der Verschiedenheit des französischen und deutschen Thea-*

ters zu *reden*, ein Thema, von dem sich der umtriebige Lewald publizistisches Aufsehen versprach. In der Tat stellte das Theater einen der Brennpunkte des Pariser Kulturlebens dar, der Abend für Abend ein breites, auch sozial gestaffeltes Publikum anzog: auf der einen Seite gab es die Horte der Tradition wie die beiden Häuser des Théâtre français, auf der anderen Seite die überaus zahlreichen Theater, die insbesondere am später von Marcel Carné in seinem Film »Les enfants du paradis« verewigten, heute verschwundenen Teil des boulevard du Temple standen und sich eher dem volksnahen Vaudeville verschrieben hatten. Gerade der soziale Aspekt des Theaterlebens war für Heine wichtig, die Tatsache, daß sich sowohl auf wie vor der Bühne Nation und Literatur wechselseitig spiegelten, und daß darum die Entzifferung der Theaterkultur und -institution Aufschlüsse versprach über den damaligen Zustand der französischen Gesellschaft, ihre Erwartungen und Zukunftsaussichten. Damit die Distanz des Beobachters zur Stadt auch äußerlich sichtbar wurde, verlegte er die Niederschrift der Briefe in ein Dorf außerhalb von Paris, dessen frühlingshafte Szenerie und Figuren immer wieder in den Text eingespielt werden – ein künstliches, dramatisches Stilelement, das die Sprecherrolle verstärken sollte, denn tatsächlich hatte er sich an dem entsprechenden Ort ein Jahr früher aufgehalten, im Mai 1836.

Von dieser Position des außenstehenden Beobachters aus ließ Heine das französische Bühnengeschehen Revue passieren, wobei er sich insbesondere bei den Koryphäen Victor Hugo und Alexandre Dumas aufhielt, dazu auf das Trivial- und Boulevard-Theater einging, das er in Begleitung Mathildes intensiv frequentierte. Die beiden letzten der insgesamt zehn *Briefe* handeln von dem Pariser Opern- und Musikleben, von Meyerbeer und Rossini, Berlioz, Liszt und Chopin. Wie bei den vorangehenden Theaterbriefen, und wie auch schon sieben Jahre zuvor in den Artikeln über die Gemäldeausstellung, stellte Heine eine Verbindung her zwischen Kunst und Gesellschaft. Theater und Musik interpretierte er als soziale Kulturprodukte, mit denen die Künstler auf die Herausforderungen des Tages antworteten, wobei er systematisch auch die Perspektive des Publikums miteinbezog, das sich diese Produktionen aneignete und sie verwertete. Wie von ungefähr kam er dabei auch auf politische Themen zu sprechen, die eigentlich seit dem Bundestagsverbot tabu waren, weshalb er es bei *wenigen Andeutungen* belassen mußte. *Das französische Volk, welches die große Revoluzion Europas begonnen, geht vielleicht zu Grunde, während nachfolgende Völker die Früchte seines Beginnens ernten*, mutmaßte er angesichts des Eindrucks, daß das französische Theater die tiefen *Krisen* des derzeitigen *sozialen Zustands* offenbare. Zwar gäben die französischen Lustspieldichter *Zerrbilder*, aber doch Bilder von *unbarmherziger Wahrheit*, und wenn es *auch nicht die Wahrheit von heute* sei, dann *doch gewiß die Wahrheit von morgen*. Auf diese Weise geriet auch die unverfänglichste Theaterkritik zur politisch-sozialen Allegorie.

Die sich im vierten *Salon*-Band anschließende Abteilung *Gedichte* gliederte sich in die Zyklen *Katharina* und *Romanzen*. Von den insgesamt siebenundzwanzig Gedichten waren lediglich drei bisher unveröffentlicht. Während der *Katharina*-Zyklus Gedichte der letzten Jahre sammelte und später bruchlos den *Verschiedenen* der *Neuen Gedichte* eingereiht werden konnte, hatte Heine mit dem *Romanzen*-Zyklus, der 1840 erst neun Gedichte (gegenüber vierundzwanzig in den *Neuen Gedichten*) umfaßte, ein Genre aufgegriffen, das am Anfang seiner poetischen Laufbahn stand: *Die Romanze vom Rodrigo* war 1817 eine seiner ersten Gedichtveröffentlichungen gewesen. Den alten balladesken Typus der Romanze, die zu seiner Zeit zu einer antiquiert-konventionellen Gattung degeneriert war, entwickelte er weiter, indem er ihn mit neuen, gesellschaftskritischen oder politischen Komponenten anreicherte.

Vollständig unbekannt war dagegen das Fragment des *Rabbi von Bacherach*. Die vorhandenen Manuskripte zu seinem Roman aus den zwanziger Jahren machte Heine im Laufe des Sommers 1840 druckfertig, ergänzte wohl auch kleinere Partien. Insgesamt beschränkte sich die Überarbeitung auf eine stilistische Durchsicht. Neu hinzu kam lediglich das Dritte Kapitel, für das vermutlich ein erzählerisches Konzept vorlag. Darin erklärt die Frau des Rabbi, die schöne Sarah, dem Konvertiten Don Isaak, der ihr seine ritterlichen Minnedienste anbieten will: *Wenn Ihr mein Ritter seyn wollt, so müßt Ihr gegen ganze Völker kämpfen, und in diesem Kampfe giebt es wenig Dank und noch weniger Ehre zu gewinnen! Und wenn Ihr gar meine Farben tragen wollt, so müßt Ihr gelbe Ringe auf Euren Mantel nähen oder eine blaugestreifte Schärpe umbinden: denn dieses sind meine Farben, die Farben meines Hauses, des Hauses welches Israel heißt, und sehr elend ist, und auf den Gassen verspottet wird von den Söhnen des Glücks!* Daß Heine es bei dem Fragment beließ, ist ein Indiz dafür, daß er selbst seine Stärke eher auf dem Gebiet der publizistischen Prosa sah; daß er es überhaupt veröffentlichte, ein Reflex auf die Zeitgeschichte: 1840 siegte die *Zeitgemäßheit* des Stoffs über alle Bedenken.

Mit der Veröffentlichung des *Rabbi von Bacherach* reagierte Heine auf den offenen Gruppenantisemitismus, wie er in der Affäre der Juden von Damaskus im Frühjahr 1840 zutage trat. Anläßlich der Ermordung eines Kapuzinermönchs in Syrien wurden alte Ritualmordbeschuldigungen gegen die Juden neu belebt und diesen unter der Folter die entsprechenden »Geständnisse« abgepreßt. Heine ergriff sofort und entschieden Partei für die Opfer, auch um den Preis, seinen Gönner Thiers, dem die Affäre in seine außenpolitischen Pläne paßte, zu verärgern. *Erscheinungen dieser Art sind ein Unglück*, bekannte er im Artikel vom 7. Mai 1840, *dessen Folgen unberechenbar. Der Fanatismus ist ein ansteckendes Uebel, das sich unter den verschiedensten Formen verbreitet, und am Ende gegen uns alle wüthet.* Zugleich beklagte er den Mangel an Solidarität bei den Pariser Juden und prangerte insbesondere diejenigen unter den getauften Juden an, *die aus feiger Hypokrisie über Israel noch ärgere Mißreden führen, als dessen geborene Feinde. In derselben Weise*, fuhr er fort, *pflegen gewisse Schriftsteller, um nicht an ihren Ursprung zu erinnern, sich über die Juden sehr schlecht oder gar nicht auszusprechen*, womit er seine eigene Fürsprache für die Sache der Verfolgten ins rechte Licht rückte.

Obgleich das kleine Fragment des *Rabbi von Bacherach* mit seiner authentischen Atmosphäre und lebendigen Figurendarstellung als eines der herausragenden Zeugnisse früher jüdischer Erzählliteratur gelten kann, wurde es von der Literaturkritik kaum beachtet. In den beiden einzigen Rezensionen des *Salon* IV erfüllte sich exakt, was Heine vorausgesagt hatte: Kritik *bey Juden wie Christen*. Ernst Keil, der spätere Herausgeber der »Gartenlaube«, witterte im *Rabbi* einen

»giftigen, anwidernden Hauch« und fragte sich, ob Heine »die Juden und ihre Gebräuche lächerlich machen« wollte; der unbekannte Rezensent der »Allgemeinen Zeitung des Judenthums« unterstellte Heine, er habe nur deswegen »sein vergessenes Judenthum aus den Winkeln des wüsten Gedächtnisses« hervorgeholt, weil »das große Genie kein Fünkchen Inhalt, kein Stäubchen produzirten Stoffes« mehr in sich gespürt habe, um daraus ein »Büchlein« zu schmieren. Gemessen an den *Reisebildern* brachten die vier Bände des *Salon* Heine ohnehin nur bescheidenen buchhändlerischen Erfolg; doch der vierte Band schnitt mit Abstand am schlechtesten ab: Die Auflage von schätzungsweise 2.000 Exemplaren war erst nach siebzehn Jahren verkauft. Der durch die *Denkschrift* über Ludwig Börne ausgelöste Skandal, in den das Buch hineinproduziert worden war, überlagerte die Rezeption. Heines Popularitätskurve war auf dem Tiefpunkt angelangt.

ZEHNTES KAPITEL

Heilmittel gegen Geldschwindsucht

Die Finanzkrise von 1836 und ihre Überwindung

Der Umzug nach Paris hatte zunächst prinzipiell nichts an der Grundverteilung von Heines Einnahmen geändert. Im Gegenteil: Da seine Ausgaben in Paris höher lagen als in Hamburg, reichte auch das absolute Anwachsen seiner literarischen Einnahmen nicht hin, deren proportionalen Anteil an seinem Budget zu erhöhen, der im Durchschnitt bei fünfunddreißig Prozent lag. Lediglich das Jahr 1833 könnte mit dem beträchtlichen Honorar der »Europe littéraire« (mehr als fünfzehnhundert Francs) eine gewisse Verschiebung gebracht haben. Doch mangels genauer Zahlen bleiben wir auf Vermutungen angewiesen. Wenn es Heine, im Unterschied zur Mehrheit seiner Landsleute, die sich hier als Handwerker und »Ouvriers« zu kümmerlichen Löhnen verdingen mußten, in Paris dennoch finanziell verhältnismäßig gut ging, so lag das immer noch an der großzügigen Unterstützung durch seinen Onkel, die ihm sogar einen relativ aufwendigen Lebensstil ermöglichte. Wir wissen, daß er ab 1831 zunächst einen erheblichen Teil von Heines Pariser Aufenthaltskosten trug, und zwar mindestens zweitausend Francs im Jahr, vermutlich sogar mehr. Insgesamt schätzen wir die zwischen 1820 und 1836 von Salomon Heine an seinen Neffen gezahlten Gelder auf sieben- bis achttausend Taler oder etwas mehr als dreißigtausend Francs. Insofern machte sich Heine selbst etwas vor, wenn er 1837 seinen Bruder Max wissen ließ: *Ich habe wahrhaftig (...) zu dem Ansehen, das ich in der Welt erlangt, der Beyhülfe meiner Familie nicht bedurft.*

Im Herbst 1836 traten dann Spannungen auf, in deren Verlauf Heine die Äußerung entschlüpfte, das Beste an dem Onkel sei, daß er seinen (Heines) Namen trage, womit Heine den Dualismus materieller und ideeller Interessen auf seine Weise entschied. Sie führte zu einer Unterbrechung der Zahlungen und quasi von einem Tag auf den andern zu einer dramatischen finanziellen Situation. *Ich bin wie geschunden von den schneidendsten Beleidigungen – und ich soll um Verzeihung bitten*, stöhnte er im Sommer 1837, als die Not wieder bei dem Onkel anzuklopfen gebot. Daß diese schiefe, psychologisch ungesunde Situation bei ihm selbst alles andere als eine souveräne, abgeklärte Haltung bewirken konnte, erscheint unvermeidlich, und so entsprach denn der die Grenzen aller familiären Höflichkeit übersteigenden Revolte gegen den Onkel auf der anderen Seite eine an Masochismus grenzende Unterwerfung, die wir etwa in den Worten finden, die Heine bei der Nachricht vom Tode des Onkels in einem ostensiblen Brief an seine Schwester richtete: *Mir sagte er [Salomon] viel Hartes, er hat diesen Sommer mir in der Aufregung sogar einen Schlag mit dem Stock gegeben – ach Gott! wie gern bekäme ich wieder meine Schläge.*

Den Ausweg aus der finanziellen Misere eröffnete im April 1837 eine Vereinbarung mit Julius Campe, dem Heine für die Summe von zwanzigtausend Francs die Rechte an einer Gesamtausgabe seiner Werke übertrug. Die ihm aus diesem Vertrag zufließenden Gelder, deren Auszahlung über dreieinhalb Jahre gestaffelt wurde, gaben seinen Finanzen bis auf weiteres wieder eine gewisse Basis und sicherten zum ersten Mal den literarischen Einnahmen ein Übergewicht über die außerliterarischen – eine Situation, die sich allerdings bereits im Jahr 1840 umkehrte, als einerseits die Zahlungen aus dem Vertrag ausliefen und zum anderen die französische Staatspension einsetzte.

Daß Heine mit Campe von einer äußerst starren Position aus verhandelte, hängt mit seinen französischen Erfahrungen zusammen: positiv als Anwendung moderner Verhandlungstechnik, negativ als Druckausgleich für die durch das Scheitern seiner literarischen Integrationsbemühungen entstandene dramatische Finanzlage. So setzte er im Februar 1837, als er mit der Idee des Rechteverkaufs seiner *Gesammelten Werke* herausrückte, Campe das Messer auf die Brust, indem er ihm ein Konkurrenzangebot des Verlags Scheible in Stuttgart unterbreitete. Schon seit seinem Eintritt in die Dienste Cottascher Presseinstitute hatte Heine gegenüber Campe immer durchblicken lassen, daß er sich keineswegs unabdingbar an Hoffmann & Campe gebunden fühlte und, wenn er nur wolle, bei einem anderen Verleger mit Leichtigkeit bessere Konditionen zu finden imstande sei.

Solche Töne verstärkten sich in dem Maße, wie die Verkaufsziffern seiner Werke anzogen, und ab 1835 begleitete Heine nahezu jede Honorarforderung an Campe mit zweideutigen Klagen über die *verlockendsten Anträge* von anderer Seite, deren er sich kaum zu erwehren wisse, eine Technik, die Heine umgekehrt auch Cotta gegenüber anwendete, als er mit diesem 1831 über eine Mitarbeit verhandelte. Darüber hinaus ließ er etwa keine Gelegenheit aus, Campe verschiedentlich günstige Äußerungen anderer Verleger über seine Popularität zu stecken. Campe freilich ließ sich als gewiefter Kaufmann von solchen fast zum Handwerk gehörenden Tönen nicht sonderlich beeindrucken, und mit der Zeit war Heine versucht, die kommerzielle Realität der Konkurrenz Campe mit drastischeren Mitteln vor Augen zu führen. Je enger er sich jedoch vertraglich an Campe band, je länger ihre »literairische Ehe« währte, desto weniger glaubhaft waren seine Drohungen, sich doch noch einem anderen Verleger anzuschließen.

Zur Sicherung einer günstigen Verhandlungsposition trug auch die Simulierung von Schulden bei. Im Januar 1837, also einen Monat bevor er Campe mit dem Antrag auf Erwerb der Rechte an seinen *Gesammelten Werke* konfrontierte, ließ er diesen wissen, er sei *durch eine Reihe von unbegreiflichsten Ereignissen, in eine Schuldenlast von 20.000 Franks gerathen.* Dabei konnte von Schulden in dieser Höhe (die übrigens wohlgemerkt genau der von Heine später ausgehandelten Vertragssumme entsprachen) gar nicht die Rede sein. Vielmehr verwendete Heine das ihm aus diesem Vertrag zufließende Geld ganz brav und erst nach und nach zur Deckung seiner laufenden Ausgaben. Um Campe weiter an seine vielfältigen Zahlungsverpflichtungen glauben zu machen, bat sich Heine außerdem aus, einen Teil der Vertragssumme in Bankomark statt in Francs, in Form eines Wechsels auf das Bankhaus Fould einlösen zu dürfen, da er diesem Haus eine Schuld zu zahlen habe und man dort ganz bestimmt wünsche, daß er sie in Bankomark einlöse. Auch dieses Manöver war reiner Bluff, da Heine dieses Geld unverzüglich von Fould auf sein laufendes Konto bei Cohen überweisen ließ, wo es ebenfalls seinen alltäglichen Ausgaben zugute kam. Dieselbe Technik der Schuldensimulation wandte Heine noch 1854 bei den Verhandlungen über die

Vermischten Schriften an, als er Campe versicherte, er müsse fünftausend Francs für eine *Dummheit* bezahlen, die er Campe *später beichten* wollte. In Wirklichkeit konnte davon keine Rede sein. Auch privaten Geldgebern wie dem reichen Vetter Carl gegenüber benutzte Heine dieses Verfahren, wenn es galt, zusätzliche Zahlungen zu erwirtschaften.

Mit der Vereinbarung über eine Gesamtausgabe hoffte Heine zugleich, den Kalamitäten hoher Auflagen zu entgehen, bei denen er sich mehr und mehr benachteiligt fühlte. Zu Beginn seiner Karriere verkaufte er seine Werke pro Auflage; ab dem zweiten *Reisebilder*-Band wurde ihm für eine Nachauflage im allgemeinen die Hälfte des Erstauflagenhonorars gezahlt. Ob er mehr als dieses Ersthonorar erhielt, hing also von Höhe und Absatz der ersten Auflage ab, war somit an den kommerziellen Erfolg seiner Schrift gebunden. In Frankreich sah Heine dann während der dreißiger Jahre, daß es den bekanntesten Autoren gelang, in ihren Verlagsverträgen nicht nur die jeweilige Auflagenhöhe ihrer Schriften genau festzulegen, sondern die Laufzeit dieser Verträge auch zu befristen. Victor Hugo beispielsweise verkaufte das Verlagsrecht seiner Werke auf neun, zwölf oder achtzehn Monate. Danach konnte er wieder voll und ganz über seine Werke verfügen, und zwar unabhängig von dem Absatz, d. h. von der Tatsache, ob die entsprechende Auflage inzwischen vergriffen war oder nicht. Es war dem Autor also gelungen, das kommerzielle Risiko fast vollständig auf den Verleger abzuwälzen, der seinerseits das größte Interesse daran besaß, das Werk innerhalb der Vertragslaufzeit auch abzusetzen, und deshalb eine äußerst aktive Verkaufspolitik betrieb. Freilich waren solche Verträge nur dann wirklich vorteilhaft, wenn der Autor auch über kleinere Konjunkturschwankungen hinweg prinzipiell zugkräftig blieb. Flaute seine Beliebtheit ab, so schwand auch das Interesse der Verleger an neuen Vertragsabschlüssen bzw. -verlängerungen, und der Usus der kurzen Laufzeiten konnte auf einmal gegen den Autor zurückschlagen. Insofern hing der Effektivverdienst eines Autors dann doch wieder vom Absatz seiner Werke ab, kamen die Marktgesetze erneut zur Geltung. Sicherheitsbedürfnis und maximales Gewinnstreben standen also auch hier in einem Spannungsverhältnis.

In seinen bisherigen Verhandlungen mit Campe über einzelne Werke hatte Heine jedoch weder Abmachungen über Auflagenhöhen noch über Laufzeiten getroffen. Dabei mag in der Frage der Laufzeit die Undurchsetzbarkeit einer solchen Forderung, in der Frage der Auflagenhöhe die Resignation eine gewisse Rolle gespielt haben. Er hatte die Erfahrung gemacht, daß er Campe in dieser Hinsicht nur schwer beikommen konnte. Stets Unrat witternd und auf der Hut vor feindlichen Machenschaften, hielt Heine seinem Verleger sporadisch vor, er lasse zu große Auflagen drucken. Schon 1833 war es zu einem ernsthaften Streit über die Zahl der von den *Reisebildern* und dem *Buch der Lieder* gedruckten Exemplare gekommen. Während Heine im Falle seiner Lyriksammlung von vier- bis sechstausend Exemplaren wissen wollte, schwor Campe hoch und heilig, nur zweitausend gedruckt zu haben, und war auch imstande, die entsprechende Drukkereirechnung zu präsentieren. Er legte Heine ausdrücklich ans Herz, ihn doch »künftig mit dergleichen beleidigenden und unwürdigen Mistrauen [zu] verschonen«. So ganz war Campes Entrüstung freilich nicht zu trauen, hatte er doch noch im Sommer 1833 auf Ehre versichert, »das höchste, was ich je von einem Ihrer Bücher auflegte sind 2500 Exemplare gewesen«, später jedoch, als er Heine von dem schlechten Absatz der *Französischen Zustände* überzeugen wollte, beiläufig bemerkt, daß die Erstauflage von 1832 dreitausend Stück betragen habe.

Für zwanzigtausend Francs erwarb Campe nun das Recht, in einem festgelegten Zeitraum von elf Jahren Heines *Gesammelte Werke* herzustellen, zu vertreiben und unbegrenzt viele Auflagen davon zu machen. Außerdem gestand Heine seinem Verleger zu, seine bisherigen Einzelschriften in beliebiger Höhe und Zahl neu aufzulegen, ohne dafür neues Honorar begleichen zu müssen. Damit hatte sich Heine um das leidige Problem der Auflagenhöhe seiner früheren Schriften nicht mehr zu kümmern. Der kommerzielle Wert seiner Schriften war nunmehr zu einem ganz bestimmten Zeitpunkt (dem des Vertragsabschlusses) festgesetzt und sozusagen im Vorgriff auf die folgenden elf Jahre versilbert worden. Er entsprach einem jährlichen Nutzungsentgelt von eintausendachthundertachtzehn Francs, wobei die durch den Kapitalzins zusätzlich geschaffenen

Verschiebungen nicht berücksichtigt sind. Insofern er den Wert eines literarisch-kommerziellen Rechts auf elf Jahre festlegte, entsprach dieser Vertrag zum einen Heines offenbar vorhandenem Sicherheitsbedürfnis – Heine war nunmehr bis zu einem gewissen Grad gegen Schwankungen seines Marktwerts abgesichert –, zum anderen aber war Heine das Risiko eingegangen, das Recht seiner *Gesammelten Werke* zu billig abgetreten zu haben, falls sich seine Popularität und damit der Absatz seiner Schriften günstig entwickelte. Von solchen mittel- bis langfristigen Erwägungen einmal abgesehen, hatte der Vertrag den unschätzbaren Vorteil, Heine in einer Phase drängender Geldnot und wachsenden Budgetdefizits sofort zu einer erklecklichen Geldsumme zu verhelfen. Daß die Vertragssumme, wiewohl der Vertrag in einer Phase relativ ungünstiger Konjunktur abgeschlossen wurde, im großen und ganzen die künftige Entwicklung vorwegnahm, zeigt der neue Verlagsvertrag vom 5. Dezember 1843, in welchem Heine die Rechte an einer Gesamtausgabe gegen eine ab 1848 (also unmittelbar nach Ablauf des ersten Vertrags) zu zahlende Lebensrente von zwölfhundert Bankomark jährlich (zweitausendzweihundertachtzig Francs) definitiv an Campe veräußerte. Die proportionale Erhöhung der Jahreszahlung um 25 Prozent trug dem seit 1837 erweiterten Schriftvolumen sowie verschiedenen Vorteilen Rechnung, die Campe in dem neuen Vertrag zugestanden wurden. Die Tatsache, daß die Gesamtausgabe schließlich nicht mehr zu Heines Lebzeiten erschien, Campe sich vielmehr darauf beschränkte, die vergriffenen Einzelwerke neu aufzulegen, spielt in diesem Fall keine Rolle. Unter Zugrundelegung eines durchschnittlichen Kapitalzinses von vier bis fünf Prozent, wie er im 19. Jahrhundert allgemein vorausgesetzt werden kann, entsprachen die Rechte über Heines *Gesammelte Werke* also einem Kapital von ca. fünfundvierzig- bis sechsundfünfzigtausend Francs.

Zeitungspläne

In dieselbe Reihe der Versuche, Heilmittel gegen seine *Geldschwindsucht* zu finden, gehören Heines Pläne, auf dem Pressesektor als Redakteur und Herausgeber aktiv zu werden. Im Unterschied zu Börne, der bei seinen eigenen deutschsprachigen Zeitungsprojekten immer die (relative) Zensurfreiheit in Paris in den Mittelpunkt rückte, also prinzipiell an einer politischen Emigrantenpresse interessiert war, ging es Heine bei seinen Pariser Plänen eher um die Bedeutung der französischen Hauptstadt als übernationaler Informationszentrale. Während er bei einem Projekt aus dem Jahr 1835, das unter Cottas Fittichen erscheinen sollte, vor allem plante, den französischsprachigen Pariser Zeitungen in Deutschland durch Informationsvorsprung und spezifisch deutsches Feuilleton den Rang abzulaufen, demgemäß also nicht unmittelbar mit den deutschen Blättern konkurrieren wollte, verfolgte er mit der 1838 geplanten »Pariser Zeitung« das hochgesteckte Ziel, mit einem für Deutschland einzigartigen Blatt alle traditionellen Zeitungen zu überflügeln. In seiner realistischen Einschätzung der Lage war für ihn ein fein ausgeklügeltes kommerzielles und technisches Konzept Grundvoraussetzung für die Verwirklichung ideeller Ziele.

Die von Heine ausgesonnene *Combinazion* war in der Tat bemerkenswert: Von Paris als *Stapelplatz aller politischen Faits und Raisonnements* ausgehend und deshalb, wie er meinte, den deutschen Blättern gegenüber von Anfang an im Vorteil, *deren Pariser Correspondenzen dem Verdacht des Daheimfabrizirten ausgesetzt sind und nicht selten von den schlechtgewähltesten Correspondenten mitgetheilt werden*, dafür aber (möglicherweise) in Kehl an der französischen Grenze gedruckt, um der hohen französischen Pressesteuer zu entgehen, müsse die Zeitung einen konzeptionellen Vorsprung haben, *wodurch sie alle bestehenden Blätter übertrifft und sich aufs großartigste geltend machen kann*. Der eigentliche kommerzielle Clou aber war nach Heine eine konsequente Ausspielung des für die deutsche Presse damals in der Tat völlig neuen Annoncengeschäfts, *dieser geheimsten Parthie des Journalismus*. Zwei Jahre zuvor hatte Emile de Girardin die Abonnementskosten seiner Neugründung »La Presse« durch eine völlige Reorganisation des Anzeigenwesens gegenüber der Konkurrenz um die Hälfte gesenkt und damit eine Revolution in der Geschichte der Presse eingeleitet. Durch die Bekanntschaft mit Charles Duveyrier, einem ehemaligen Saint-Simonisten und nunmehrigen Leiter einer der Werbeagenturen, die sich mit der Vermietung des Anzeigenraums der neuen Blätter befaßten, meinte Heine ausreichend Einblick in die *Raffinements, die im Annonzengeschäft seit einigen Jahren statt finden*, gewonnen zu haben. Hier sah er eine Chance, sich an die Spitze des kapitalistischen »Fortschritts« zu stellen und endlich das große Geld zu machen. *Gestern noch*, schrieb er seinem mit allen Wassern gewaschenen Freund Lewald am 1. März 1838, *gestern morgen noch wollte jemand den für Annonzen bestimmten Raum des Journals für jährlich 50.000 Frcs. pachten.* Girardins »Presse«, versicherte er nebenbei, verdiene *jetzt schon jährlich 100.000 Francs an Annonzengebühr.* Nachdem er offenbar durch Vermittlung Ferdinand Friedlands (dessen konzeptionellen Beistand das Projekt übrigens verrät) das nötige Startkapital aufgebracht hatte, schien für Heine in einer echten Gründerzeit-Euphorie der kommerzielle Erfolg gesichert.

Grundbedingung für die erfolgreiche Realisierung des Projekts war, daß das Blatt in das Hauptabsatzgebiet Preußen ungehindert eingeführt werden konnte. Wie Heines Brief an seinen alten Protektor und Ratgeber Varnhagen vom 13. Februar 1838 zeigt, war er zu erheblichen politischen Konzessionen bereit, um eine solche Zusage zu erwirken. Einem Taktiker wie ihm fiel es freilich nicht schwer, unter dem Motto: *Die Hand, die man nicht abhauen kann, muß man küssen* partielle *points d'entente* mit der preußischen Regierung zu finden, ohne in seinen Zugeständnissen strategisch wichtige Positionen aufzugeben. Allen diesen Vermittlungsversuchen war jedoch kein Erfolg beschieden, da das preußische Innenministerium eine Aufhebung der Heine betreffenden Verbote ablehnte und sich hinter juristischen Prozedurspitzfindigkeiten verschanzte, die der Zeitung von vornherein die Einfuhr nach Preußen unmöglich machten, womit das potentielle Hauptabsatzgebiet gesperrt war: ein tödlicher Schlag für das Projekt. *L'affaire est tombée dans l'eau*, schrieb Heine am 24. März 1838 an

Meyerbeer. Wieder hatte sich der Grundwiderspruch eines oppositionellen Berufsschriftstellers im damaligen politischen Kontext Deutschlands als bestimmend erwiesen, letzten Endes durchschlagender als Heines Versuche, diesen Gegensatz individuell zu versöhnen und diese Versöhnung in bürgerlich-materiellem Sinne in Geld umzusetzen. Sein doppeltes Ziel, *einestheils viel Geld* zu *gewinnen um meine Kriege zu führen, anderes Theils (...) in diesem Kriege eine formidabel Bastion aufzurichten* (...) *von wo aus ich meine Kanonen am besten spielen lassen kann*, eine Verbindung von moralischem und pekuniärem Nutzen zu suchen, war unter den damaligen Voraussetzungen nicht realistisch. Dabei lassen wir hier völlig außer acht, ob Heine im Ernstfall auch der Mann gewesen wäre, die hochfliegenden Pläne konkret ins Werk zu setzen.

Gutbezahlte Gelegenheitsschriften

Daß unter Heines Motivationen beim Verfassen bestimmter Werke dem finanziellen Anreiz besonderes Gewicht zukam, steht außer Zweifel. Kleinere Arbeiten wie die *Einleitung* zu »Kahldorf über den Adel«, die *Einleitung* zum »Don Quixote«, die *Französische Bühne* (bei der Heine allerdings nicht das ihm zugesagte Honorar erhielt) und vor allem der Text zu *Shakspeares Mädchen und Frauen* sind nicht denkbar ohne das Honorar, das die Verleger im voraus dafür aussetzten, handelte es sich dabei doch ausschließlich um gut bezahlte Auftragsarbeiten, die Heine, wie er etwa im Falle der Cervantes-*Einleitung* offen zugab, des *lieben Geldes wegen* übernahm. Wenngleich solche Geständnisse auch nicht ganz für bare Münze zu nehmen sind – Heine gefiel sich gerne darin, den ästhetischen Wert seiner Arbeiten herunterzuspielen, wenn sie nicht mit der idealistisch-klassischen Ästhetik im Einklang standen –, so drücken sie doch einen grundsätzlich zutreffenden Sachverhalt aus.
Vor allem die finanzielle Misere der Jahre 1837/38 war es, die Heine veranlaßte, sich an zwei Publikationen zu beteiligen, die in vielem an moderne verlegerische Spekulationsobjekte mit internationaler Beteiligung erinnern: einer illustrierten Neuedition des »Don Quixote«

und einer Prachtausgabe von Stahlstichen zu sämtlichen Dramen William Shakespeares. Sowohl für die Niederschrift einer *Einleitung* zu Cervantes' Weltroman wie auch einer Reihe von Begleittexten zu der Porträtsammlung von *Shakspeares Mädchen und Frauen* war auslösendes Moment das äußerst lukrative Angebot eines Verlegers. Der finanzielle Anreiz ließ ihn in seiner prekären Situation darüber hinwegsehen, daß es offenkundig nur darauf ankam, ein kommerzielles Unternehmen von zweifelhaftem literarischem Wert mit einem renommierten Namen zu veredeln. Doch zugleich war damit auch die Möglichkeit zu Selbstdarstellung und -rechtfertigung gegeben. Im Shakespeare-Buch nutzte Heine zunächst die Gelegenheit, sich ausführlich zum Werk eines wahlverwandten Autors zu äußern, den er als schöpferisches Genie gleich hinter dem lieben Gott plazierte, wie Elise Krinitz überlieferte. Innerhalb des *Dichtertriumvirats* Goethe, Cervantes, Shakespeare, *das in den drey Gattungen poetischer Darstellung, im Epischen, Dramatischen und Lyrischen, das Höchste hervorgebracht* hatte, war es der große Elisabethaner, dem Heine den Spitzenplatz einräumte. Und so ist auch glaubhaft, was Friedrich Hebbel in seinem Pariser Tagebuch vom 4. Juli 1844 nach einem Gespräch unter vier Augen notierte, wonach es nämlich für Heine das schönste wäre, »auf einem Weibe« zu liegen »und Shakespearsche Tragödien [zu] dichten!« In der Cervantes-Schrift reflektierte Heine seine eigene Situation in dieser Zeit, bedrängt von der Reaktion auf der einen und den Republikanern um Ludwig Börne (er starb während Heines Arbeit am Manuskript) auf der anderen Seite; griff also der umfangreichen Auseinandersetzung in der *Denkschrift* voraus.

Während die verlegerische Initiative zu der Shakespeare-Prachtausgabe von England ausging, standen im Hintergrund der »Don Quixote«-Ausgabe französische Geldgeber: Eine Pariser Kommanditgesellschaft auf Aktienbasis unter Führung von Jacques-Julien Dubochet et Cie, dem sich später der Verlagsbuchhändler Jean-Baptiste-Alexandre Paulin zugesellte, bereitete im Frühjahr 1836 eine Reihe klassischer Neueditionen vor, darunter auch eine illustrierte Ausgabe von Cervantes' Roman. Lizenzausgaben waren für England, Spanien, Deutschland, Italien und Rußland geplant. Das französische

Projekt erschien 1836-1837 in insgesamt 30 Lieferungen mit achthundert Holzstichen nach Zeichnungen von Tony Johannot. Bei einem Besuch August Lewalds im März 1836 hatten sich Heine und er über ihren Anteil an einer deutschen Ausgabe auf Grundlage der Dubochet-Edition verständigt: Lewald wollte die Übersetzung besorgen, Heine eine Vorrede schreiben. Als Verleger war zunächst der Stuttgarter Buchhändler Johannes Scheible vorgesehen, mit dem Lewald seit 1835 enge Geschäftsbeziehungen unterhielt. Offenbar hatte Lewald Dubochet vorgeschlagen, für die Summe von fünfzehntausend Francs Scheible die Klischees von Johannots Illustrationen zu überlassen, wobei aber noch offen war, ob der Pariser Verlag das Angebot akzeptieren würde. Voraussetzung für Scheibles Engagement war, wie sich später herausstellen sollte, daß der französische und der deutsche »Don Quixote« etwa gleichzeitig auf den Markt kamen.

Von wem die Idee ursprünglich ausging, ist nicht sicher festzustellen. Wahrscheinlich war es aber der umtriebige Lewald, der erst Scheible von dem zu erwartenden Erfolg des Unternehmens überzeugte und dann Heine zur Mitarbeit überredete. Nach Stuttgart zurückgekehrt, besprach sich Lewald mit Scheible über die näheren Einzelheiten und unterrichtete ihn auch über Heines Honorarforderung von tausend Francs, eine vergleichsweise enorme Summe, die aber anscheinend den hochgesteckten Verkaufserwartungen angepaßt war. Nachdem sich das Projekt mit Scheible zerschlug, gelang es Lewald, einen anderen, ebenfalls in Stuttgart ansässigen Verlag für das Vorhaben zu gewinnen. Wie er Heine am 10. Dezember 1836 berichtete, war der damalige Geschäftsführer der »neuen Friedrich Brodhag'schen Buchhandlung«, die sich später in »Verlag der Classiker« umbenannte, Adolf Fritz Hvass, zu Verhandlungen nach Paris unterwegs. Ende Dezember gelang Hvass die Einigung mit Dubochet, woraufhin er Heine noch von Paris aus den förmlichen Auftrag für die *Einleitung* gab. Weil Heine das Manuskript erst am 24. Februar 1837 abschickte, ist nicht anzunehmen, daß die Hauptarbeit am Text früher als Anfang Februar geleistet wurde.

Gleich nach Erhalt bemühte sich der Verlag um Zulassung des Werks in Preußen und legte Heines Originalmanuskript dem Oberzensurkollegium in Berlin vor. Doch der Plan, in Berlin eine Vorab-Einfuhr-

genehmigung zu erwirken, ging nicht auf, das Manuskript wurde zurückgeschickt und eine Entscheidung erst bei Vorlage des gedruckten Werks in Aussicht gestellt. Der Verlag gab jedoch nicht auf: Zu ertragreich war der preußische Markt, als daß man ihn außer acht lassen durfte, zu rigoros verfuhren die dortigen Behörden in Zensurfragen, zu oft spielten sie bei Verboten den Vorreiter. Mitte Mai 1837 wurde dem Ministerium des Innern und der Polizei ein Druckabzug der *Einleitung* vorgelegt. Die erforderliche Prüfung erledigte der beauftragte Zensor, Goethes ehemaliger Sekretär John, mit pedantischer Sorgfalt. Obgleich er den Text im großen und ganzen für »unbedenklich« hielt, genügten dem Innenministerium in Berlin drei vergleichsweise harmlose Stellen, um dem Verlag die Erlaubnis zum Verkauf des Werks in Preußen zu verweigern. Dennoch wurde keine der beanstandeten Stellen der *Einleitung* geändert oder entfernt: Eine Sicherheitsabschrift, die bei Heine verblieb, zeigt zwar Abweichungen vom Druck, doch handelt es sich mit einer Ausnahme um stilistische Korrekturen, die Heine in der nicht überlieferten Druckvorlage selbst vorgenommen haben dürfte. Vermutlich war es auch der Autor selbst, der auf die ursprüngliche Charakterisierung der Trikolore als *dem heiligen Banner der Menschenrechte* und der französischen Gendarmen als *Gensdarmen der Freiheit* verzichtete: Eine Schrift, die sich gegen den naiven Revolutions-Enthusiasmus der Republikaner wandte, sollte ihrerseits keine enthusiastischen politischen Bekenntnisse enthalten. Außerdem waren die Auswirkungen des Bundestagsbeschlusses zu berücksichtigen, die Heine immer noch zur Zurückhaltung zwangen.
Um das Risiko einer Beschlagnahme zu verringern, entschied sich der Verlag, das zweibändige Werk in Einzellieferungen herauszugeben und die *Einleitung* erst mit sechsmonatiger Verspätung nachzureichen; sie erschien im November 1837. Während Heines Beitrag in den Voranzeigen des Werks, der Reklame wegen, immer erwähnt worden war, verfuhr der Verlag bei der Nennung im Werk selbst vorsichtiger: Nur auf dem Titelblatt des ersten Bandes findet sich die Angabe, dagegen fehlt sie im Inhaltsverzeichnis des ersten und auch auf dem Titelblatt des zweiten Bandes. Ganz offenkundig wollte sich der Verlag das Weihnachtsgeschäft nicht dadurch verderben, daß er

die Einfuhr des Werks nach Preußen durch einen von der Zensur bereits als unzulässig erkannten Text des polizeiwidrigen Autors unmöglich machte. Zweifellos wurde das Heine-Titelblatt des ersten Bandes nur denjenigen Käufern ausgehändigt, die es wagten, auch die *Einleitung* zu erwerben.

Heines kleine Schrift über Cervantes und sein Hauptwerk ist vielfach origineller als bisher angenommen. Freilich machte er keinen Hehl daraus, daß es sein Dichterverständnis war, das er auf den spanischen Autor projizierte. In seiner Interpretation des »Don Quixote« verfuhr er dagegen objektiver, wobei er auf Ansätze der Romantik zurückgriff. Indem er den »Don Quixote« als *Satyre gegen die menschliche Begeisterung* interpretierte, ging er jedoch über die romantischen Deutungen weit hinaus. Angesichts der Situation nach dem Bundestagsbeschluß enthielt diese Deutung zugleich einen zeitgemäßen Aspekt: Heine warnte damit die allzu naiven und realitätsfernen Vertreter der Opposition, sich gegenüber dem wieder militant gewordenen Restaurationssystem in die Rolle eines *irrenden Ritters der Freiheit* drängen zu lassen: Der Held muß unterliegen, wenn er seine Ziele statt mit Vorsicht und taktischem Geschick zu offen und begeistert durchzusetzen versucht, waren den Gegnern damit doch allzu leicht Angriffsflächen geboten. Auch die Bedeutung des »Don Quixote« für die Herausbildung des modernen Romans, Cervantes' Beitrag zur Geschichte der Satire, seine *Doppelwirkung* durch Zerstörung und Neuschöpfung (als *destructeur initiateur* bezeichnet sich Heine dann selbst in den *Aveux de l'auteur*) – all das sind Erkenntnisse, die Heine eigenständig und unbeeinflußt entwickelte. Daß er vorgab, von dem Ergebnis seiner Arbeit wenig erbaut zu sein, sie als *das Schlechteste* bezeichnete, was er *je geschrieben habe* (*auf Kommando und aus Geldnoth*), ist nicht ganz ernst zu nehmen, fielen diese selbstkritischen Äußerungen doch allein in Briefen an Campe: Sicherlich sollten sie auch dazu dienen, den Verleger von seinen erheblichen Finanzsorgen zu überzeugen und die Bedeutung seines ›Seitensprungs‹ herunterspielen, um die bewährte Zusammenarbeit nicht zu gefährden. So heißt es im Brief vom 10. Mai 1837 denn auch unverblümt: *Ich thats des lieben Geldes wegen, und schon am schlechten Styl werden Sie es merken. – Ich tauge verdammt wenig zum Lohnschreiber.*

Denn diese Erkenntnis hielt ihn nicht davon ab, es ein Jahr später erneut zu versuchen. Ähnlich wie im Fall des »Don Quixote« ging es auch hier um ein Projekt europäischen Ausmaßes. Ende des Jahres 1836 erschien in London, als Weihnachtsgeschenk für das betuchte englische Bürgertum, eine prachtvoll ausgestattete Sammlung von Stahlstichen mit dem einschüchternd langen Titel: »Shakespeare-Bildersaal. Beinhaltend die weiblichen Hauptcharaktere aus den Dramen des großen Dichters. Auf vollendetste Weise gestochen nach Zeichnungen führender Künstler«. Lizenzen wurden unter anderm nach New York, Berlin und Paris vergeben, wo Henri-Louis Delloye gleich drei Ausgaben vorbereitete, zwei für den heimischen, eine für den deutschen Markt, die mit neuen, jeweils auf Frankreich und Deutschland zurechtgeschnittenen Begleittexten international angeboten werden sollten. Für die deutsche Ausgabe, die in Kooperation mit Brockhaus vertrieben wurde, sicherte sich Delloye Heines Mitarbeit und das Recht, ihn als Verfasser bezeichnen zu dürfen, was ihm immerhin ein paar tausend Francs wert war. Allein für die Hergabe seines Namens sollte er zweitausend Francs erhalten, des weiteren dreihundert Francs für jeden Druckbogen seines Manuskripts. Für von ihm ausgesuchte Zitate, die sich als Beigaben zu den Porträts anboten, standen ihm noch einmal vierzig Francs pro Druckbogen zu, wobei die Kosten für den Begleittext insgesamt die Summe von zweitausend Francs nicht übersteigen durften, so daß sich Heines Gesamthonorar maximal auf viertausend Francs belief – eine exorbitante Summe, die seinem durchschnittlichen schriftstellerischen Jahreseinkommen entsprach. Aber auch für den Verleger rentierte sich das Geschäft. Delloye machte sich die im wohlhabenden Bürgertum grassierende Stahlstichmode zunutze und hatte zudem ein zugkräftiges Sujet mit leicht erotischem Unterton gewählt. Die deutsch-französische Ausrichtung ermöglichte eine hohe Auflage, was wiederum die Herstellungskosten senkte. Ein mit der luxuriösen Aufmachung begründeter prohibitiver Verkaufspreis von acht Talern (etwa dreißig Francs) für die deutsche Ausgabe ließ es dann auch zu, ein unverhältnismäßig hohes Honorar auszusetzen.

Heines Beschäftigung mit Shakespeare im Frühsommer 1838 konnte an frühere Studien anknüpfen. Auch wenn seine eigene Angabe, die historischen Dramen seien ihm *von frühester Jugend* auf bekannt, wohl nicht ganz wörtlich zu nehmen ist, so dürfte doch feststehen, daß die erste Bekanntschaft mit dem Werk des englischen Dichters bereits in seine Düsseldorfer Zeit fiel. Auf der Vahrenkampschen Handelsschule, wo er eigener Angabe zufolge *zwey Jahre* verbrachte und auch *fremde Sprachen, besonders Englisch*, hatte lernen müssen, könnte er den Dramatiker sogar in der Originalsprache gelesen haben. In seiner Studienzeit lernte er dann Schlegels Shakespeare-Übersetzungen kennen. Auslösendes Moment für das verstärkte Interesse an dem englischen Musterdramatiker in den frühen zwanziger Jahren dürfte die Arbeit an *Ratcliff* gewesen sein: Der Einfluß in der dramatischen Diktion wie in einzelnen Szenen von Heines Jugenddrama ist nicht zu übersehen. Ein weiteres Mal erweitert wurde die Shakespeare-Rezeption durch den England-Aufenthalt. Im Juni 1827 sah er in London Inszenierungen von »Othello«, »Richard III«, »Macbeth« und »Der Kaufmann von Venedig«.

Im Frühsommer des Jahres 1838 studierte Heine dann in Paris die einschlägige Primär- und, wenngleich oftmals nur aus zweiter Hand, auch die Sekundärliteratur, die er sich überwiegend wohl aus einer Leihbücherei oder aus der Königlichen Bibliothek beschaffte, die er laut eigener Angabe *in den ersten Jahren nach der Juliusrevoluzion (...) täglich* besuchte. Bei der Benutzung seiner Hilfsmittel ging der Autor unbekümmert und rein pragmatisch vor: Hauptgrundlage für seine Shakespeare-Zitate war eine in eigenem Besitz befindliche Ausgabe der »Dramatischen Werke«, die 1828-1830 in Stuttgart erschienen war. Da ihm der achte Band fehlte, bediente er sich ergänzend, teilweise auch alternativ, bei der Sekundärliteratur. Nur im Einzelfall korrigierte er den ihm durch die Übersetzungen gelieferten Grundtext eigenschöpferisch. Aufbau und Proportionen des Werks waren durch arbeitsökonomische Bedingungen geprägt. Dadurch ergab sich Heines ausführliche Kommentierung der Shakespearschen Tragödien, während die Komödien nur durch Werkzitate vorgestellt werden. Zwei längere Essays rahmen die fünfundvierzig Einzelporträts ein; der erste beschäftigt sich vorwiegend mit dem englischen Autor und seinen deutschen Rezipienten, der zweite stellt die produktive Rezeption in Frankreich in den Mittelpunkt und trägt Einzelbeobachtungen zu den Komödien nach.

Eine Augenerkrankung zwang Heine zu einer neuen, bis dahin noch nie erprobten Form literarischen Produzierens, zum Diktat. Er war mit seiner Arbeit noch nicht fertig, als er Campe mitteilte, es sei *eine schlimme Sache mit dem Diktiren*. Er habe bei seiner Arbeit über Shakespeare *den Versuch gemacht, aber die prägnante Kürze und farbige Klarheit des Styls* gingen *dabey verloren*. Und wenig später vertraute er dem Verleger an, sein Shakespeare-Buch sei *unter uns gesagt kein Meisterstück, aber immer gut genug für den Zweck*. Diese Selbstkritik formulierte der Autor aus zwei Gründen. Zum einen hatte er tatsächlich nicht sehr viel Aufwand getrieben, was im Widerspruch zu seiner Überzeugung stand, ein gutes Buch brauche seine Zeit. Zum andern wollte er offenbar Campe gegenüber auch hier die Bedeutung der Schrift herunterspielen, stand die Vereinbarung mit einem anderen als diesem seinem Hauptverleger doch in Widerspruch zu der mit diesem eben erst getätigten Vereinbarung über die Rechte an einer Gesamtausgabe: Werke, die nicht bei Hoffmann & Campe erschienen, mußten davon natürlich ausgenommen bleiben, ihre Rechte von Campe erst erworben werden.

Nicht zuletzt aufgrund von Heines eigener kritischer Einschätzung wurden *Shakspeares Mädchen und Frauen* lange nur als unbedeutendes Nebenwerk eingeschätzt. Die Vorbehalte bezogen sich darüber hinaus noch auf die unübersehbare Quellenabhängigkeit und die schon zeitgenössische Tendenz der Rezeption, der Schrift kaum mehr als den Status einer Gelegenheitsarbeit einzuräumen. Demgegenüber lassen originelle und innovative Ansätze sie auch in übergreifenden Zusammenhängen von Interesse erscheinen. Dies gilt vor allem für die historische Perspektive: War Heine 1827 in England auf Schritt und Tritt den Spuren Shakespeares begegnet, so fühlte er sich nun in dessen Dramen ständig an Zeitgenossen und aktuelle Auseinandersetzungen erinnert: Das Porträt Bolingbrokes (»Heinrich VI.«) war für ihn ein *Steckbrief* Louis-Philippes, der Kampf zwischen römischen Patriziern und Plebejern (»Coriolan«) glich dem Parteienstreit zwischen Tories und Radikalen in England, Cäsar erschien ihm als bonapartistischer Herrscher, Cleopatra wurde als *antike Pariserin* vorgeführt (»Antonius und Cleopatra«), und auch bedenkliche Erscheinungen des modernen Republikanismus wurden mit älteren

Vorbildern in Verbindung gebracht (»Julius Caesar«). Kommentatorischer Höhepunkt sind die Ausführungen zum »Kaufmann von Venedig«, in denen sich Heine in der Maske eines anonymen Frankfurter Briefscheibers zur leidenschaftlichen Stimme der diskriminierten Juden macht, den Antisemitismus nicht religiös, sondern ökonomisch erklärt und demgegenüber die *innige Wahlverwandtschaft* zwischen Deutschen und Juden behauptet. Hinzuweisen ist ebenfalls auf die poetischen Anteile des Shakespeare-Buchs. In keinem anderen Werk hat Heine die Möglichkeiten der offenen, arabesken Komposition so virtuos wahrzunehmen gewußt. Er verstand sich lediglich als *Pförtner*, der dem Leser *diese Gallerie aufschließt*, und nicht gar zu ernster *Cicerone*. Wenn man der Schrift auch nicht den Rang einer wissenschaftlichen Abhandlung zubilligen mag, handelt es sich doch um eine »geistvolle feuilletonistische Arbeit, locker gebaut, luzid und glänzend formuliert«, »wo der Autor nach eigenem Gusto entscheidet, was zum Thema gehört und welche Fragen er behandeln will oder nicht«.

Shakspeares Mädchen und Frauen blieb die Anerkennung durch die zeitgenössische Kritik verwehrt: Mit zwei längeren Rezensionen und ein paar Notizen war das Presseecho bereits erschöpft. Dabei gehörte es zu den wenigen Werken Heines, die in Preußen nicht mit einem Einzelverbot belegt wurden, und hätte daher ohne Schwierigkeiten besprochen werden dürfen. Um so mehr konnten sich Autor und Verleger über den finanziellen Erfolg freuen: Die Operation reüssierte, das deutsche, bislang wenig an solcherlei Buchprodukte gewöhnte Publikum kaufte, und Heine hatte erstmals seine Verbindungen im ›fortschrittlichen‹ französischen Buchwesen und den Klang seines Namens auf dem deutschen Markt in eine fruchtbringende Synthese gebracht. Doch das Werk, das deutlich die Merkmale der Gründerzeit des französischen Buchhandels trägt, blieb eine Ausnahme, und es gelang Heine nicht, diese Geldquelle über einen längeren Zeitraum zum Sprudeln zu bringen.

Genius gegen Geldsack

Nach anderthalbjährigem Zerwürfnis und äußerst schwierigen Verhandlungen gelang es Heine im Herbst 1838 mit Unterstützung Meyerbeers schließlich doch noch, von seinem Onkel eine feste Zusage über ein jährliches, ab Januar 1839 zu entrichtendes Fixum von viertausend Francs zu erhalten, eine seine Existenz sichernde Summe, die auch sein *Verhältniß* zu seinem *Oheim sicherer gestaltet*. Sichere Existenz und sicheres Verhältnis zum Onkel waren für Heine in der Tat damals nahezu gleichbedeutend. Mit diesem Unterhaltszuschuß, der nach seiner Eheschließung 1841 auf viertausendachthundert Francs erhöht wurde, sah sich Heine als Angehöriger einer anderen sozialen Kategorie: Er war einem »rentier« gleichgestellt, der notfalls vom jährlichen Ertrag seines Kapitals leben konnte, das Traumziel eines jeden im Wirtschaftsleben tätigen Bürgers. Freilich war damit seinem Budget bei seiner Lebensweise nur eine gewisse Basis gegeben, auf der er weiter bauen mußte. Und wenn auch seine Behauptung gegenüber dem Bruder Max vom 12. April 1843, Salomons viertausendachthundert Franken deckten *ungefähr das Drittel* von dem, was er *brauche*, etwas übertrieben war, so entsprach sie doch der traurigen Tatsache, daß ihn dieses Geld nicht der Notwendigkeit enthob, weitere Geldquellen zu erschließen. In der so elementaren Frage des Lebensunterhalts immer wieder die ›Überlegenheit‹ der materiellen Werte anzuerkennen, war eine außerordentlich schmerzliche Erkenntnis, um so mehr, als man sich in Hamburg keinen Zwang antat, den aufbegehrenden Neffen diesen Sachverhalt bei Gelegenheit fühlen zu lassen, und die Geldzuwendungen oft mit erniedrigenden Nebenumständen verbunden waren. Allerdings dominierte bei Salomon Heine gegen Ende seines Lebens doch der Wunsch, aller Welt zu zeigen, »wie zuckersies« er und sein ungeratener Neffe miteinander standen. Und damit selbst Rothschild in Paris sehe, »wie wir ein Arsch, und ein Kuchen sind«, ließ er Mathilde im Dezember 1843 zu Weihnachten vierhundert Francs anweisen.

Um so mehr traf Heine der Versuch des Hamburger Familienclans, die Pension nach Salomons Tod am 23. Dezember 1844 um die Hälfte zu kürzen und auch die Auszahlung noch dieser Hälfte an gewisse Bedingungen zu knüpfen. Als es zur Testamentseröffnung kam, stellte sich heraus, daß für Heine nur die einmalige Zahlung von achttausend Bankomark, nicht aber die Fortzahlung der Jahresrente vorgesehen war. Mit Brief vom 30. Dezember 1844 teilte ihm sein Vetter, Salomons Sohn und Haupterbe Carl Heine, lapidar mit, er biete sich an, die achttausend Mark bei sich zu behalten (»Du hast nie mit Capital umzugehen gewußt«) und mit einem jährlichen Zinssatz von vier Prozent zu vergüten und ihm darüber hinaus – als freiwillige Leistung, ohne jeden Rechtsanspruch – eine reduzierte Jahresrente in Höhe von zweitausend Francs zu bewilligen, »d. h. nicht als rente, sondern es bleibt meinem freien Willen überlassen dieses aufzuheben (...) Nie im Leben hast Du Ansprüche darauf zu machen.« Insgesamt bot er ihm damit fixe Einkünfte in Höhe von zweitausendsechshundertvierzig Francs an, was eine bedeutende Reduktion der bisherigen Einkünfte um fast fünfzig Prozent darstellte, und auch dies war an drastische Bedingungen geknüpft: Über die Erbschaft dürfe Heine »nicht ohne triftige, nothwendige Gründe« verfügen und »nur die Zinsen« erheben, während er selbst »jeder Zeit frei« sei, seinem Vetter das Geld zur »Disposition zu stellen«, wenn ihm die Vereinbarung »nicht mehr convenire«. Außerdem warnte er Heine, bei einer etwaigen Veröffentlichung sich indiskret-unziemlich über seinen verstorbenen Vater zu äußern: »Wie ich höre hat Deine Schwester sich verlauten lassen Du habest oder würdest eine Biographie vom seligen Vater schreiben. – Ist dieses der Fall, so bitte ich Dich das Manuscript einem bewährten Freunde vorher einzuliefern und verlasse mich fest darauf, daß nicht ein Wort darin bleibt, das hätte wegbleiben müssen. – Ich empfehle Dir darin, wenn es überhaupt Deine Absicht ist, die genaueste Vorsicht. Nie würden Dir die Kinder des Entschlafenen verzeihen ein unpassendes Wort.« Von einem Tag auf den andern maßte sich Carl Heine an, Heines Lebensstil und Veröffentlichungsabsichten kommandieren zu dürfen: Von nun an sollten absolute Loyalität, Sparsamkeit und Einschränkung gelten.

Man kann sich ohne weiteres ausmalen, welche Gefühle der Empörung und Erniedrigung dieser Brief des Vetters auslöste, den Heine bis dahin als *Freund* betrachtete, für den er *eine fast kindische*

Schwäche empfand. Auch der Eindruck von Undankbarkeit drängte sich auf: War er es nicht gewesen, der seinen an der Cholera erkrankten Cousin in Paris gepflegt, der Carls gute *Parthie* mit Cécile Furtado *gemacht* hatte? An Varnhagen schrieb er am 3. Januar 1846: *Der Verrath der im Schooße der Familie, wo ich waffenlos und vertrauend war, an mir verübt wurde, hat mich wie ein Blitz aus heiterer Luft getroffen und fast tödtlich beschädigt; wer die Umstände erwägt, wird hierin einen Meuchelmordsversuch sehen; die schleichende Mittelmäßigkeit, die zwanzig Jahre lang harrte, ingrimmig neidisch gegen den Genius, hatte endlich ihre Siegesstunde erreicht.* Ziel seiner Bemühungen mußte sein, die formelle Zusicherung der von Salomon bewilligten Pension und im Falle seines Todes deren Übertragung auf seine Frau in Höhe von fünfzig Prozent zu erhalten. Dafür waren ihm alle Mittel recht: die Beeinflussung der öffentlichen Meinung durch eine regelrechte Pressekampagne, versteckte Drohungen, notfalls sogar die juristische Anfechtung des Testaments. Am 8. Januar 1845 verriet er Campe: *So viel werden Sie merken, daß ich einen Todeskampf beginne und neben den Gerichten auch die öffentliche Meinung für mich gewinnen will, im Fall Carl Heine nicht nachgiebt. Ich will mein Recht, und müßte ich es mit meinem Tode besiegeln.* Um seinen Fall für sich selbst akzeptabler zu machen, suchte Heine ihn zu verallgemeinern, in ihm nur ein weiteres Exempel für den großen *Kampf des Genius mit dem Geldsak* zu sehen.

Um auch hier wieder einen Maßstab für die Größe der in Frage stehenden Summen anzuführen: Während der Julimonarchie waren in Paris nur sieben Todesfälle zu verzeichnen, bei denen eine Erbmasse von mehr als vier Millionen Francs anfiel. Die größte Hinterlassenschaft, die des Barons Seillière, belief sich auf zehn bis elf Millionen. Salomon Heine dagegen soll eine Erbschaft von ungefähr dreißig Millionen Francs hinterlassen haben. Die von Heine beanspruchte Rente von jährlich viertausendachthundert Francs entsprach (unter Zugrundelegung eines Kapitalzinses von knapp fünf Prozent) einem dreihundertstel Teil der Erbmasse. Testamentarisch waren ihm dagegen nur einmalige achttausend Bankomark oder 0,05 % der Erbmasse zugesprochen. Er war in genau gleicher Weise wie seine beiden Brüder bedacht, die doch ihrerseits einträgliche bürgerliche Berufe ergriffen hatten. Auch hier zeigte sich wieder, daß Heines Sonderrolle als Aushängeschild der Familie keineswegs anerkannt wurde. Wieder einmal bestätigte sich, was er schon 1837 in einem Brief an seinen Bruder Maximilian als schier unbegreiflich konstatiert hatte, daß nämlich die Hamburger Familie *nie das Bedürfniß fühlte dieses Ansehen, und sey es auch in den kleinsten Dingen, zu befördern.*

Den Gedanken eines Prozesses gab Heine bald auf, weil er ohne jede Erfolgsaussicht war. So blieb ihm nur das Mittel der publizistischen Einflußnahme. In einer in diesem Zusammenhang verfaßten, auf den ersten Blick gegen sich selbst gerichteten Artikelvorlage setzte Heine die Familie zu den Regierungen in Parallele, die sich gegen die *excentrische Natur* des Poeten *sicher zu stellen suchen* müßten. Damit erschienen die Familiensanktionen als ein Akt der politischen Unterdrückung: Die ihm auferlegte Familienzensur, die Verpflichtung, nichts ohne vorherige Zustimmung des Vetters Carl über die Familie zu veröffentlichen, wurde zur politischen Zensur. Doch auch hier gelangte er nicht ans Ziel. Die von ihm eingefädelte Pressekampagne fand nicht das erhoffte Echo. Er wußte selbst: *Carl Heinen ist es ganz gleichgültig was die Leute reden. Er hat nur drey Leidenschaften: die Weiber, Zigarren und Ruhe. Wenn ich die hamburger Freudenmädchen gegen ihn aufwiegeln könnte, müßte er bald nachgeben.*

Nach einem erbitterten Tauziehen, bei dem Heine trotz Aufbietung aller List nichts erreichte, vielmehr seine produktiven Lebensenergien verschwendete – er förderte während dieser Zeit mit Ausnahme einiger Gedichte keine literarischen Werke zutage – und einen Gutteil seiner Gesundheit einbüßte, lenkte Carl Heine schließlich aus eigenem Antrieb im Herbst 1846 ein, von einer Falschmeldung über Heines vermeintlichen Tod aufgeschreckt. Im Februar 1847 sicherte er seinem Cousin die unverkürzte Fortzahlung der ursprünglichen Jahresrente auf Lebzeiten zu. Außerdem erklärte er sich bereit, nach Heines Tod die Hälfte der Pension an Mathilde weiterzuzahlen. Ab 1848, dem Beginn der *Matratzengruft*-Zeit, erhielt Heine darüber hinaus noch einen Jahreszuschuß von dreitausend, ab 1850 von fünftausend Francs. Sogar für verschiedene, teils wohl fiktive Schulden Heines kam der reiche Vetter auf. Die Erbschaft mitgerechnet, waren es über einhundertvierzigtausend Francs, die dem Dichter zwischen 1838 und dem Tod aus dem Säckel der Hamburger Bankiersfamilie zuflossen. Zusammen mit den vor 1838 gezahlten Beträgen war dies also ein gutes Stück mehr als die Summe, die wir für Heines aus literarischer Tätigkeit entstandene Einnahmen berechnen können. Geht man rein nach der Quantität, so war das Gewicht der Familienzuwendungen größer als das der Einkünfte aus seinem eigentlichen Beruf. Heines Schriftstellerhonorare und die Zahlungen der Familie standen etwa im Verhältnis 1 : 1,2.

Hilfsgeld oder Bestechung? Die Staatspension

Wie wir im dritten Kapitel sahen, hegte Heine von Anbeginn die Erwartung gegenüber dem Staat, seine juristischen und literarischen Fähigkeiten sowie sich selbst als Persönlichkeit in irgendeiner Weise entlohnt zu sehen. Nachdem die Verwaltungskarriere einmal zu den Akten gelegt war und seine schriftstellerische Entwicklung ihn in innere und äußere Opposition zu den bestehenden politischen Verhältnissen geführt hatte, wäre eine Indienstnahme seiner publizistischen Fähigkeiten durch die deutschen Staatsorgane einem Verlust seiner Identität gleichgekommen. Noch von Paris aus wußte Heine in Anspielung auf Versuche, seine Feder für die Sache der Restauration zu gewinnen, Varnhagen zu berichten: *Hatte unterdessen manchmal Gelegenheit mir eine solche [sorglose Existenz] zu erwerben, aber es sollte unter Bedingungen geschehen, wogegen ich (...) als vornehmer Mann, eine gewisse Repügnanz hatte.* In der nachrevolutionären Gesellschaft Frankreichs nach 1830 stellte sich freilich die Frage einer Staatsanstellung nicht mehr unter ganz denselben Vorzeichen. Thiers stand für andere politische Kräfte und Ideen als Metternich, und mit diesen neuen Machthabern schien eine Einigung eher möglich. Umgekehrt sahen denn auch die meisten Zeitgenossen, zumal die der Opposition, in der Heine von der Julimonarchie schließlich bewilligten Pension einen Beweis dafür, daß Heine sich einem bestimmten politischen System verkauft habe. Heine dagegen stellte in seiner öffentlichen Verteidigung (*Retrospektive Aufklärung*) die Pension als eine rein humanitäre Hilfe dar, die das politisch fortschrittliche Frankreich und das großmütige französische Volk dem von den reaktionären Kontinentalmächten in seinen Erwerbsmitteln geschädigten Schriftsteller habe zuteil werden lassen.

Betrachtet man Heines Pension nicht als individuellen Fall, sondern als spezielle Ausprägung der problematischen Stellung des Schriftstellers in der Gesellschaft, ist damit zugleich ein umfassendes Problem angesprochen: Wer entlohnt den Schriftsteller für seine Tätigkeit? Ist mit dieser Entlohnung auch ein Anspruch auf eine bestimmte Stellungnahme zu den gesellschaftlichen Verhältnissen verbunden, und zwar eventuell auch zu denen, die ihm eine freie Berufsausübung ermöglichen? Wir befinden uns hier an einem der Scharniere der Problematik des freien Schriftstellers; Heines Pension gehört zugleich zum Kapitel des Lebenskampfs, den der Berufsschriftsteller in der Frühphase des kapitalistischen Literaturmarkts zu führen hatte, als der Markt noch zu klein für hohe Verkaufszahlen war, zumal wenn sich der Autor nicht völlig dem Journalismus oder der Trivialliteratur verschreiben wollte.

Überschaut man die gesellschaftlichen Formen schriftstellerischer Arbeit seit etwa 1750, so scheint klar, daß das neue Selbstbewußtsein der Schriftsteller gerade darauf beruhte, sich von den Abhängigkeiten des Hofpoetentums und der ständischen Verpflichtungen zu emanzipieren, die auf der Bejahung der bestehenden politischen und sozialen Verhältnisse gründeten. Indem der neue bürgerliche Schriftsteller an keinen namentlich aufgeführten Mäzen und Gönner mehr gebunden, vielmehr von einem Markt anonymer Bürger getragen war, blieb – idealtypisch gesehen – seine Freiheit, die Unabhängigkeit seines Urteils gegenüber den Machthabern, gewährleistet. Wie paßte nun eine von einer bürgerlichen Regierung ausgesetzte Pension zu diesem Emanzipationsprozeß? Es ist interessant zu beobachten, daß Heine in seiner Argumentation, mit der er sich gegen den Vorwurf der Bestechung verteidigte, ganz innerhalb der Prämissen freien Schriftstellertums blieb: Erst als ihm die Ausübung und angemessene Honorierung seiner schriftstellerischen Tätigkeit durch die Bundestagsbeschlüsse unmöglich gemacht, als er solchermaßen seines

Vermögens und seiner *Erwerbsmittel* beraubt worden sei, habe er die Pension *in Anspruch genommen.* Die französische Regierung sei also nur dort eingesprungen, wo die deutschen Staatsorgane durch ihre Gewaltmaßnahmen die freie Entlohnung des Schriftstellers durch die Gesamtheit der Bürger über den literarischen Markt unterbunden hätten. Damit stellte er die Bewilligung der Pension als einen Akt dar, der keinen positiven politischen Gehalt besitze, sondern nur als Reaktion auf die ungerechten Entscheidungen des Deutschen Bundes zu werten sei. Solchen humanitären Motiven widerspreche es, politische Gegenleistungen zu erwarten.

Die Wirklichkeit war freilich komplexer. Die erste richtigzustellende Einzelheit betrifft das Datum, an dem die Pension bewilligt wurde. Heine selbst hatte öffentlich erklärt: *Ich nahm solche Hülfsgelder in Anspruch kurz nach jener Zeit, als die bedauerlichen Bundestagsdekrete erschienen, die mich, als den Chorführer eines sogenannten jungen Deutschlands, auch finanziell zu verderben suchten.* Die Bundestagsbeschlüsse, auf die Heine anspielte, datieren vom Dezember 1835. Auf der anderen Seite ist als terminus ante quem der 29. Oktober 1840, die Bildung des Ministeriums Guizot, anzusetzen (zugleich das einzige präzise Datum, das Heine nennt): Indem er 1854 in der *Retrospektiven Aufklärung* darauf verwies, daß Guizot ihm zu jener Zeit nicht etwa eine neue Pension bewilligt, sondern nur eine schon bestehende weiter bestätigt habe, stellte er klar, daß das Datum der Bewilligung auf irgendeinen Zeitpunkt vor dem 29. Oktober anzusetzen ist. Eine vom März 1843 datierte, offenbar im Auftrag des Chefs angefertigte Aufstellung des Außenministeriums über die aus dem Geheimfonds gezahlten Gelder gibt als Anfangsdatum der Heineschen Pension jedoch erst das Jahr 1840 an. Außerdem wird vermerkt, daß die Zuwendung in Höhe von viertausendachthundert Francs von Thiers ausgesetzt und von Guizot ohne schriftlich niedergelegten Beschluß bestätigt worden sei. Die fragliche Pension wurde demnach erst während des zweiten Thiersschen Kabinetts (1. März bis 20. Oktober 1840) bewilligt. In der Tat stand Heine zu dieser Zeit mit seiner Finanzplanung vor einem großen Problem: Zum 1. März war Campes letzte Zahlung aus dem Vertrag über die Gesamtausgabe fällig gewesen. Für diese Gelder, die seit 1837 regelmäßig eingetroffen waren, sich im Jahr zuvor auf sechstausend Francs belaufen und damit rund die Hälfte seines Jahresbedarfs gedeckt hatten, galt es nun dringend einen Ersatz zu finden – andernfalls hätten er und Mathilde ihren Lebensstil radikal einschränken müssen. In diesem Sinne wandte er sich am 24. März 1840 an seine *cousine* Cécile, doch für ihn bei ihrem Schwiegervater, Heines Onkel, zu erwirken, daß ihm die Pension von jährlich viertausend Francs, die ihm 1838 bewilligt worden war, auf einige Jahre im voraus ausgezahlt würde; eine Vergünstigung, die der Hamburger Bankier jedoch abschlug. Die durch das Auslaufen von Campes Zahlungen in Heines Budget klaffende Lücke blieb also nach wie vor zu schließen. Es ist anzunehmen, daß die entsprechenden Schritte zur Erlangung der französischen Pension damals schon unternommen worden waren und er vermutlich Ende März dieses Jahres positiv beschieden wurde: Hatte er in den parallel geführten Verhandlungen mit Campe um das Honorar der Börne-*Denkschrift* am 8. März 1840 noch hart auf seiner Forderung von zweitausend Bankomark bestanden, so gab er am 28. März in der Honorarfrage plötzlich nach.

Die Präzisierung des Datums hat nicht nur dokumentarische Bedeutung, sondern impliziert auch politische Probleme. Denn in der Tat war Heine im März 1840 in Paris kein namenloser deutscher Flüchtling, dem Thiers aus rein humanitären Gründen unter die Arme griff: Die gewährten viertausendachthundert Francs waren alles andere als ein *Almosen*, ein bescheidenes *Hilfsgeld*, sie entsprachen immerhin dem Jahresgehalt eines gutverdienenden Universitätsprofessors; ein hoher polnischer Offizier im französischen Exil erhielt dagegen maximal ›nur‹ achtzehnhundert Francs. Vielmehr war Heine seit kurzem reaktivierter Korrespondent der einflußreichen »Allgemeinen Zeitung«, und dies zu einem Zeitpunkt, da das neue Ministerium Thiers eine großangelegte Offensive zur Verbreiterung seiner Basis in Parlament und Öffentlichkeit gestartet hatte. Auch wenn zwischen Thiers und Heine nie detaillierte Dienste vereinbart wurden – auf dieser Ebene wurden derartige Dinge nicht mehr einzeln ausgehandelt –, so läßt sich doch nicht ernstlich bezweifeln, daß zwischen Heines journalistischer Position und Thiers' Pensionsbeschluß, der bezeichnenderweise nie schriftlich niedergelegt wurde, eine gewisse Beziehung bestanden hat. Es ist alles andere als ein Zufall, daß Heine in der ersten Aufstellung des Außenministeriums (von 1840) über die Verwendung der Geheimfondsgelder als »publiciste« und in der zweiten (von 1841) ausdrücklich als »correspondant de la Gazette d'Augsbourg« verzeichnet ist. Heine selbst, der es in diesen Dingen sehr genau nahm, verteidigte sich später wohlweislich nur gegen den Vorwurf, er habe sich von Guizot bestechen lassen; über Thiers' Protektion dagegen läßt er den Leser keineswegs im ungewissen. Soweit diese Protektion sich in Geld niederschlug, lag sie freilich im Zwielicht, in einer Mehrdeutigkeit, die wir heute weder einfach ignorieren noch in die simplen Kategorien Vorteilsannahme/Unbestechlichkeit auflösen können. Denn wiewohl Heine in einer Protestnote gegen verschiedene Berichte, die schon im Frühsommer 1840 über seine Stellung zum Ministerium Thiers durchgesickert waren, laut versicherte, daß er höchstens für Thiers' individuelles *Genie*, nie aber für dessen politische Taten eintrete, so war er doch viel zu vertraut mit den Mechanismen der öffentlichen Meinungsbildung, um nicht auch den politischen Stellenwert solchen persönlichen Fürspruchs genau zu sehen, und dies zumal in einer Situation, da die politischen Gegner den ›Parvenü‹ Thiers durch eine auf seine persönlichen Eigenheiten und Marotten abzielende Kampagne zu demontieren suchten. Immerhin zitierte ein französisches Oppositionsblatt im April 1840 ausführlich einen Heineschen Artikel aus der »Allgemeinen Zeitung« als Beispiel für die persönliche Lobhudelei und Beweihräucherung, die Thiers in der ausländischen Presse – gegen Zahlungen aus dem Geheimfonds – verbreiten lasse. Zeitpunkt und Höhe der Zahlung legen es also nahe, daß Heines Pension so unschuldig nicht war, wie er es zu seiner Rechtfertigung glauben machen wollte. Wenn er sich auch nie zu Thiers' Sprachrohr in der »Allgemeinen Zeitung« degradieren ließ und namentlich in der Beurteilung von Thiers' politischen Akten eine bemerkenswerte Unabhängigkeit bezeugte, so scheint doch die Verteidigung von dessen staatsmännischen, die einzelnen politischen Akte überdauernden Qualitäten der Preis gewesen zu sein, den Heine als Gegenleistung für die Pension um so leichter zahlte, als er damit offenbar nur seinen eigenen Überzeugungen Ausdruck zu geben brauchte.

Der Sturz Thiers' im Oktober 1840 und die Tatsache, daß die von ihm ausgesetzte Pension von seinem Nachfolger Guizot nicht gestrichen wurde, ermöglichte nun Heines Darstellung von dem großen *Almosen*, welches das französische Volk dem Flüchtling gewährt habe. Was dagegen die Vertretung der Guizotschen Interessen in der »Allgemeinen Zeitung« betraf, so war Guizot in der Tat schon viel früher mit dem ebenfalls auf der Pensionsliste stehenden Baron d'Eckstein handelseinig geworden, eine Verbindung, auf die der in diesen Dingen offenbar wohlinformierte Heine hinzuweisen nicht unterläßt, wenn er schreibt:

Am allerwenigsten mochte es dem stolzen Manne (...) in den Sinn kommen, eine kümmerliche Lobspende in der französischen Presse oder in der Augsburger Allgemeinen Zeitung von mir zu verlangen, von mir, der ihm bisher ganz fremd war, während weit gravitätischere und also zuverlässigere Leute, wie der Baron von Eckstein oder der Historiograph Capefigue, welche beide (...) ebenfalls Mitarbeiter der Allgemeinen Zeitung waren, mit Herrn Guizot in vieljährigem gesellschaftlichen Verkehr gestanden und gewiß ein delikates Vertrauen verdient hätten.

Die Weiterzahlung der Pension durch Guizot belegt, daß derartige Gelder zwar von einzelnen politischen Führern in einem bestimmten historischen Kontext bewilligt wurden, die Bewilligung dann aber ein gewisses Eigengewicht erlangte, das auch eine Änderung dieses Kontextes überdauern konnte. Der Baron d'Eckstein beispielsweise bezog seine Gelder seit 1826, diese waren ihm also noch unter den Bourbonen bewilligt worden. Freilich war Eckstein dann auch gezwungen, nach dem Sturz der Bourbonen die Fahne zu wechseln und schon wenige Tage später den neuen Herren in der Person des »Commissaire provisoire« Guizot seine Dienste anzubieten. Ein solcher Fahnenwechsel läßt sich bei Heine nach Thiers' Demission und Guizots Regierungsbildung im Oktober 1840 jedoch nicht feststellen, und wir müssen Heine recht geben, wenn er versicherte, Guizot in der »Allgemeinen Zeitung« immer nur *mit unabhängiger Wahrheitsliebe* besprochen zu haben. Seine Artikel bestätigen diesen Sachverhalt zweifelsfrei. Seit dem 29. Oktober 1840 war Heine durch die Geldzuwendungen des Außenministeriums nur noch insoweit gebunden, als er mit einer allzu beißenden Kritik der französischen Zustände die Streichung der Pension und möglicherweise die Ausweisung aus Paris riskiert hätte, worauf er selbst offen hinwies. Die französische Pension brachte Heine die Vorteile einer von ihm schon lange erstrebten Staatsstellung in Gestalt eines festen Gehalts, ohne ihm deren Nachteile in Form von Dienstverpflichtungen aufzubürden. Die politischen Konzessionen, die sie mit sich brachte, waren für ihn kein Opfer – im Gegensatz zu denen, die eine Professur in München oder ein Amt in Berlin, Wien oder Hamburg impliziert hätten. Vor allem darf eine Beurteilung von Heines ›Pensionsaffäre‹ nicht heutige Leistungsvorstellungen in die damaligen Verhältnisse projizieren. Mit dieser Gratifikation wurde nicht etwa eine laufend in Artikelform erbrachte Leistung honoriert, sondern ähnlich wie mit einem Orden ein einmal erworbenes Verdienst anerkannt. Heine hat in genauer Kenntnis dieses Sachverhalts den ihm so erwachsenen Spielraum in seinen Artikeln voll ausgeschöpft und brauchte darum, als er dieselben Artikel vierzehn Jahre später unter seinem Namen in Buchform veröffentlichte, an seinen früheren Äußerungen über Thiers kaum etwas zu retuschieren.

Die Februarrevolution 1848 setzte dem Regime Louis-Philippes und auch Heines Pension ein plötzliches Ende. Die Versuche des Dichters, von den neuen republikanischen Machthabern die Weiterzahlung der Rente zu erreichen und die Regimeunabhängigkeit dieses Geldes im nachhinein dadurch zu beweisen, daß es die Revolution unbeschadet überstanden habe, schlugen im Frühjahr 1848 fehl, und auch nach den Junitagen, als sich die neue bürgerliche Führung konsolidiert hatte, war seinem Bestreben kein Erfolg beschieden. Gegenüber Edouard de Lagrange beklagte er sich am 25. Juni 1848, daß ihm die Franzosen wohl einige Erkenntlichkeit dafür schuldig gewesen seien, daß er *immer so unerschrocken für Frankreich gegen jene Ihnen bekannten Franzosenfresser gekämpft* habe. *Aber was Sie noch mehr verwundern wird, ist, daß diese unglückselige Pension von jemand, von dem ich es am wenigsten erwartet hätte, aufgehoben wurde – von Monsieur de Lamartine! Ja, Monsieur de Lamartine hat einem armen und kranken Dichter namens Henri Heine die Pension entzogen. Das ist unglaublich, aber dennoch eine Tatsache, und diese Tat-*

sache wird von der berühmten Märtyrergeschichte, die den Namen »Deutsches Dichterleben« führt, schmerzlich verzeichnet werden. So blieb die französische Pension ein Intermezzo von zwar beachtlichem Gewicht – Heine erhielt insgesamt 37 600 Francs –, das aber doch in entscheidender Weise zeitlich begrenzt war: Heine kam nicht einmal volle acht Jahre in ihren Genuß.

Theater, Ballett, Vertonungen

Mangelte es einem halbwegs geschickten Schriftsteller während der dreißiger Jahre in der französischen Hauptstadt an Geld, wandte sich sein Blick gleichsam natürlich zur Bühne. Wurden an den Pariser Theaterkassen nicht Abend für Abend Zehntausende von Francs umgesetzt? In der Tat war das Theater eine Art Staat im Literaturstaate, wo nicht nur die bekanntesten Autoren in Saus und Braus lebten, sondern auch weniger renommierte Schriftsteller, Schauspieler, Fachjournalisten, Ausstattungsspezialisten, Claqueure ihr Auskommen fanden. Durch seine Verankerung im gesellschaftlichen Leben, seine Repräsentationsseite und das zahlenmäßige Anwachsen des Bürgertums war der Theaterbetrieb der übrigen Literatur ein Stück voraus, eine Entwicklung, die mit der traditionellen Einschätzung des Theaters als hierarchischen Gipfels der Literaturästhetik eine merkwürdige Verbindung eingegangen war. Die finanzielle Attraktivität der Pariser Bühne, belegt etwa durch einen Autor wie Scribe, der zwischen 1830 und 1848 jeweils zwischen einhundert- und zweihunderttausend Francs jährlich einnahm, Dumas, der 1847 schließlich sein eigener Theaterunternehmer wurde und in einer Saison über siebenhunderttausend Francs einspielte, aber auch Hugo, der zwar nicht an die fabulösen Beträge dieser beiden Theaterpotentaten herankam, gleichwohl aber doch durch seine Bühnenproduktion mehr als auskömmlich hätte leben können – diese Attraktivität zog auch Schriftsteller an, deren Stärke offenbar nicht auf der Bühne lag, so relativ dieser Begriff auch immer sein mag. Balzac, immer auf der Suche nach einträglichen literarischen Aktivitäten, scheiterte mit seinem »Vautrin« (1840). George Sand erging es mit ihrer »Cosima« (die

Heine in der »Allgemeinen Zeitung« rezensierte) kaum besser. Nervals gemeinsam mit Dumas verfaßter »Piquillo« erreichte zwar einen Achtungserfolg, doch sobald sich Nerval allein als Bühnenautor versuchte (»Leo Burckart«, »L'Alchimiste«), blieben auch die Zuschauer aus. Heine, der in seinen literarischen Anfängen, zweifellos noch unter dem Eindruck der klassischen Ästhetik, ebenfalls Versuche in dieser Richtung unternommen, allerdings mit seinen beiden Stücken auf der Bühne keinen Erfolg erzielt hatte, hoffte immer noch, daß sich ihm eines Tages das Theater öffnen würde. Das belegt etwa sein Versuch, 1834 Charles Duveyrier zu einer Dramatisierung der Gumpelino-Handlung aus den *Bädern von Lukka* zu bewegen. Zuvor schon scheint er gegenüber August Lewald »mehrmals wiederholt« zu haben, daß er dem Theater »gewiß noch Werke schenken« werde, die, wie Lewald meinte, Epoche machen würden. Auch mit dem Jenaer Literaturprofessor und Rezitator O. L. B. Wolff sprach er 1835 über Theaterpläne. Über das Projektstadium gelangte er dabei jedoch nicht hinaus. Dafür ließ er im Januar 1840 in der »Revue de Paris« unter dem Titel *William et Marie* eine französische Übersetzung des *Ratcliff* erscheinen. Nach wie vor setzte er große Hoffnungen in eine Inszenierung seines mit so viel Herzblut geschriebenen Jugenddramas, mit der er Eingang in die Pariser Theaterwelt finden würde. Noch im Herbst 1855 wurde der Plan einer Inszenierung diskutiert.

Was die Funktionsgesetze des Theaterbetriebs betraf, war Heine freilich mittlerweile längst abgeklärt und illusionsfrei. Die Bühnendichter, analysierte er in einem unter dem 30. April 1840 für die »Allgemeine Zeitung« verfaßten Artikel, bildeten *eine ganz abgesonderte Classe*, die *nur den gemeinsten Handwerksinteressen* huldige und alles unternehme, um die Größen der *eigentlichen Literatur* von der Bühne fernzuhalten, weil sie die *goldenen Früchte (...), die hinter den Lampen der Bretterwelt reifen*, selbst pflücken wollten. Sarkastisch brachte er den Gegensatz zwischen Qualität und Quantität, zwischen dem Genie und dem Dichterling auf den Punkt: Man könne es *den kleinen Leuten nicht verdenken, daß sie sich gegen die Invasion der Großen so viel als möglich wehren. Was wollt ihr bey uns, rufen sie, bleibt in Eurer Literatur und drängt Euch nicht zu unsern Suppentöpfen! Für Euch der Ruhm, für uns das Geld! Für Euch die langen Artikel der Bewunderung, die Anerkenntniß der Geister, die höhere Critik, die uns arme Schelme ganz ignorirt! Für Euch der Lorbeer, für uns der Braten! Für euch der Rausch der Poesie, für uns der Schaum des Champagners, den wir vergnüglich schlürfen in Gesellschaft des Chefs der Claqueure und der anständigsten Damen. Wir essen, trinken, werden applaudirt, ausgepfiffen und vergessen, während Ihr in den Revüen »beider Welten« gefeyert werdet und der erhabensten Unsterblichkeit entgegenhungert!* Hier spricht bereits die Resignation vor dem *geheimen Schutz- und Trutzbündniß zwischen den Mittelmäßigkeiten, die das Theater ausbeuten*: Die *Machinazionen der Bühnendichter* lieferten ihm den Grund dafür, weshalb es ihm ebenso wie etwa auch der Sand nicht gelang, auf dem Theater Fuß zu fassen. Da er seinerseits kaum persönliche Beziehungen zu den tonangebenden Kreisen der Theaterwelt unterhielt, fehlte die elementare Voraussetzung zum Erfolg.

Erst 1846 gelang ihm ein Einbruch in die *Bretterwelt*, allerdings nicht auf der Sprechbühne, sondern nur auf einem Nebensektor: dem des Balletts, und bezeichnenderweise nicht in Paris, sondern in der englischen Hauptstadt, wo Heine ein unbeschriebenes Blatt war. Seine durch Théophile Gautier vermittelte Bekanntschaft mit Benjamin Lumley, dem Direktor des Königlichen Theaters in London, führte zunächst zu einer Vereinbarung über den Szenenentwurf der *Göttinn Diana*, deren Rechte Lumley für zweitausend Francs erwarb, und danach zu einer Art Auftragsarbeit, dem *Faust*-Ballett, dessen Aufführungsrechte für Großbritannien und Irland gegen ein Honorar von sechstausend Francs an Lumleys Theater gingen. In beiden Fällen war die Operation für Heine also äußerst lukrativ, vor allem wenn man in Rechnung stellt, daß das Londoner Theater von seinen Rechten gar keinen Gebrauch machte und eine Aufführung der beiden Werke unterblieb. Was Lumley letztlich davon abhielt, die Stücke auf den Spielplan zu setzen, war bei der *Göttinn Diana* zum einen die Esoterik des Librettos, das die Konsumgewohnheiten des englischen Publikums überfordern mußte, zum andern die »Tendenz« des Stücks, das im programmatischen Sieg heidnischer Lebensfreude über den christlichen Spiritualismus gipfelte und im prüden England kaum ein positives Echo gefunden hätte. Außerdem krankte das

Libretto entgegen den aktuellen Erfordernissen an einem zu hohen Anteil männlicher Rollen, was mit dem Aufgebot einer einzigen Primaballerina eben nicht kompensiert wurde: in einer Phase verschärfter Konkurrenz, der sich Lumley eben zu dieser Zeit ausgesetzt sah – in der Saison 1846 wetteiferten gleich drei große Londoner Opernunternehmen um die Zuschauergunst –, vielleicht das entscheidende Argument. Beim *Doktor Faust* waren es ähnliche Gründe, hatte Heine doch *versucht, dem abgedroschensten Stoffe eine neue frische Seite abzugewinnen*, und ein Libretto entworfen, das einerseits mit seinem reichen Ideengehalt und den verschiedenen Handlungssträngen hohe intellektuelle Anforderungen an das Publikum stellte, andererseits mit Provokationen (man denke an die erotische Satansmesse im Dritten Akt) nicht sparte. Hinzu kam für Lumley erneut der Druck des Erfolgszwangs sowie, wenn Heines Behauptung zutrifft, die *Böswilligkeit* des Londoner Choreographen, der das Projekt zugunsten der Inszenierung eigener Ballette sabotierte.

Für Heine blieb unter dem Strich dennoch ein hoher pekuniärer Erfolg. Kein Werk war ihm bis dahin so gut bezahlt worden wie der *Doktor Faust*, und dabei waren in diesem Honorar die eigentlichen Buchrechte sowie die außerbritischen Aufführungsrechte noch gar nicht enthalten. Da das Ballett der Öffentlichkeit aber vorläufig unbekannt blieb, mußte Heine es anderweitig unterzubringen suchen. Nachdem sein Freund Laube im Januar 1850 zum Burgtheaterdirektor in Wien bestellt worden war und er scheinbar über einen sicheren Lobbyisten im Theaterbetrieb verfügte, sah er endlich die Stunde für den lang erwarteten großen Bühnenerfolg gekommen. *Ich Narr des Glücks! könnt ich wie Romeo sagen*, schrieb er Laube am 25. Januar: *Jetzt wo ich kein Stück mehr schreiben kann, hast Du das große Burgtheater in Händen. Vor 15 Jahren hätte ich unter solchen Umständen gewiß ein Drama nach dem andern geschrieben*. In Ermanglung eines neuen Theaterstücks sollte Laube sich nun wenigstens für eine Aufführung des *Faust*-Balletts einsetzen. Obwohl Laube aktive Unterstützung versprochen hatte, kam es jedoch ebensowenig zu einer Inszenierung des Balletts wie zu einer des *Ratcliff*, die Heine seinem Freund nochmals ans Herz gelegt hatte. Und da bald darauf grundsätzliche politische Meinungsverschiedenheiten das persönliche Verhältnis der beiden trübten, hakte Heine auch nicht weiter nach. Sieht man also von den zwei exzeptionellen Abschlüssen mit Lumley ab, so muß Heines Versuch, sich einen Zugang zu den *Suppentöpfen* der Bühne zu erschließen, als gescheitert betrachtet werden. Auch nach seinem Tod war den Bemühungen um ein *Faust*-Ballett oder eine *Ratcliff*-Oper kaum Erfolg beschieden. Gewinnbringender erwiesen sich die Adaptationen von Heine-Stoffen (Gautier: »Giselle«, Ballett; Wagner: »Der fliegende Holländer«, Oper). Wenigstens mittelbar profitierten die Nachbarkünste also von Heines Inventionen.

Gelang es Heine auch nicht, als Bühnenautor oder Ballett-Librettist im Theater Fuß zu fassen, so sah er doch andere Produktionen seiner Feder im internationalen Kulturbetrieb von ausnehmendem Erfolg gekrönt: Günter Metzner zählte 1989 an die achttausend Vertonungen seiner Lieder durch über dreitausend Komponisten oder Bearbeiter meist aus der romantischen Epoche. Allein *Du bist wie eine Blume* reizte bis heute über dreihundert Komponisten zur Vertonung. Allerdings sah sich Heine dafür nie honoriert. Nach heutigem Urheberrechtsbegriff hätten für alle Aufführungen seiner von Schubert, Schumann, Mendelssohn Bartholdy, Fanny Hensel und zahllosen anderen in Musik gesetzten Texte Tantiemen entrichtet werden müssen, ganz abgesehen davon, daß es heute undenkbar wäre, in einem Musikverlag Liederkompositionen eines zeitgenössischen Autors zu veröffentlichen, ohne ihm entsprechende Autorrechte zu vergüten. Die damalige Rechtslage war jedoch alles andere als eindeutig und ließ vielmehr Komponist und Musikverleger freie Hand. Heine selbst beschwerte sich in einem während der fünfziger Jahre geschriebenen Abschnitt der *Lutezia*: Bei einer entsprechenden Regelung *würde ein Dichter, dessen Buch der Lieder seit zwanzig Jahren von allen deutschen Musikhändlern ausgebeutet wird, wenigstens von diesen Leuten einmal ein Wort des Dankes erhalten haben. (...) Möge auch einmal für Deutschland die Stunde schlagen, wo das geistige Eigenthum des Schriftstellers eben so ernsthaft anerkannt werde, wie das baumwollene Eigenthum des Nachtmützenfabrikanten. Dichter werden aber bey uns als Nachtigallen betrachtet, denen nur die Luft angehöre; sie sind rechtlos, wahrhaft vogelfrey!*

Um Vertonungen seiner Texte wenigstens teilweise in klingende Münze umzusetzen, gab es damals für Heine nur eine Möglichkeit: sich mit einem Komponisten zu einer gemeinsamen Originalproduktion zusammenzuschließen, ein Weg, den er seit frühester Zeit zu gehen versuchte. Seinem Hamburger Freund Albert Methfessel (1830) und in Paris Ferdinand Hiller stellte er ungedruckte Gedichte zur Verfügung, deren rechtzeitige, einer Buch- oder Zeitschriftenveröffentlichung zuvorkommende Vertonung aber aus diversen Gründen unterblieb. In den vierziger Jahren, als sich zumindest in Frankreich die rechtliche Lage für Texter zu bessern begann, traf Heine mindestens zwei Vereinbarungen mit Komponisten, in welche auch bereits Musikverleger eingeschaltet waren: Ab Januar 1844 wollte er im Verlag der Brüder Escudier eine Serie von modernen *Volksliedern* herausgeben, zu denen Meyerbeer die Musik liefern sollte und von deren Verkauf er sich eine alle drei Wochen anfallende Einnahme von zweihundert Francs versprach. Vor allem aus Rücksicht auf die Belange seines angestammten Verlegers Schlesinger erfüllte Meyerbeer seine Kooperationszusage jedoch nicht, zahlte Heine aber immerhin ein Ausfallhonorar von insgesamt siebenhundert Francs. In einer anderen Angelegenheit, der 1845 geplanten Herausgabe von sechs Gedichten bei Schlesinger, deren Vertonung der junge Friedrich Kücken übernehmen sollte, war es zunächst Heine, der in der Lieferung der letzten beiden Texte säumig blieb, bevor sich die Abmachung dann anderweitig zerschlug. Heine hatte das Vertonungsrecht fest an Schlesinger verkauft und dafür dreihundert Francs eingenommen. In beiden Fällen spekulierten die Verleger darauf, daß eine derartige musikalische Produktion, deren Titelblatt den Vermerk »Manuskript« trug, sich als Novität besonders gut verkaufen ließ. Die einem solchen Projekt inhärenten organisatorischen und psychologischen Schwierigkeiten standen seiner Realisierung aber im Wege und erwiesen sich für diesmal noch stärker als der kommerzielle Anreiz. Für Heine blieben die ihm aus diesem Sektor zufließenden Gelder Ausnahmen.

Ausserfamiliäre Mäzene

Eine weitere Geldquelle Heines waren seine Beziehungen zur (außerfamiliären) Hochfinanz. Vor allem zur Zeit der Krankheit ließen ihm die Rothschilds und einmal auch deren große Konkurrenten, die Brüder Pereire, Gelder zukommen oder beteiligten ihn an gewinnreichen Aktienemissionen. 1852 etwa rief Heine dem Pariser Rothschild ins Gedächtnis:

Jedesmal, wenn das Glück Sie in Ihren kolossalen Geschäften besonders begünstigte, haben nicht bloß Ihre nächsten Hausfreunde, sondern auch der Dichter (...) etwas zu schlucken bekommen.

Wie Heines Dankesbrief vom 19. Januar 1852 bezeugt, vergaß ihn der große Finanzier auch diesmal nicht. Hinter der Idee der Verteilung eines Teils von Rothschilds Gewinnen unter die *Hausfreunde* mit Einschluß des *Dichters* steckt zum einen das alte Prinzip der Schicksalsverbundenheit und Solidarität der jüdischen Minoritäten untereinander (nicht zufällig waren alle von Heine in dieser Weise bemühten Mäzene jüdischer Herkunft), zum anderen aber auch der ebenso alte und ebenfalls jüdische Grundsatz, daß die vom Handelsmann erwirtschafteten Güter letzten Endes der ungestörten Entfaltung geistiger Aktivitäten zu dienen hätten. Folgerichtig nannte denn Heine auch solche Zahlungen einmal dem Wiener Rothschild gegenüber ein *Zeichen der Achtung für einen Poeten und (...) für den Geist überhaupt.* Ein derartiger Rückgriff auf den gemeinsamen kulturhistorischen Fundus war damals, nach der ersten großen Assimilationswelle des westeuropäischen Judentums, allerdings nicht mehr selbstverständlich, und wie Heines Gönner ihr Scherflein zum Lebensunterhalt des Dichters nicht mehr automatisch beisteuerten, ohne aufgefordert zu sein, so bedeutete auf der anderen Seite die jeweilige Anfrage oder Erinnerung für Heine zweifelsohne einen Aufwand an Selbstentäußerung, dem er sich systematisch nur in den letzten Jahren unterzog, das Ziel einer materiellen Sicherung Mathildes eisern vor Augen. Heines Dilemma spricht beispielsweise aus der Tatsache, daß er sich beim Empfang eines Briefs des Wiener Rothschild, in dem ihm ein Wechsel zu seinen Gunsten in Höhe von viertausend Francs angekündigt wurde, ereiferte, weil der Geldmann seinen Geschäftsbrief mit einem Schillerzitat geziert hatte. Dabei scheint er so eindrucksvoll über die einfältige Bildungsprahlerei deutscher Geschäftsleute gespottet zu haben, daß die Szene Elise Krinitz, seiner *Mouche*, noch Jahrzehnte im Gedächtnis haften blieb, ohne daß sie den eigentlichen Zusammenhang kannte.

Die Beträge, um die es bei derartigen Zuschüssen ging, lagen meist zwischen eintausend und viertausend Francs, und insgesamt darf man die von Heine auf diese Weise einkassierte Summe auf mindestens fünfzehntausend Francs schätzen, von welchem Betrag Heine durch die Februarrevolution möglicherweise einen kleinen Teil verloren hat. Dieses Geld war nicht an irgendwelche Gegendienste gebunden. Wenngleich Heine sich auch einmal bei Campe dafür einsetzte, die Veröffentlichung eines gegen die Rothschilddynastie gerichteten Manuskripts zu unterlassen, so zeigt doch seine eigene Besprechung des modernen *Krösus* in der Börne-*Denkschrift* und in *Lutezia*, daß von einer besonderen Schonung oder Rücksichtnahme keine Rede sein konnte. Als er seiner langjährigen Fürsprecherin, der Baronin Betty Rothschild, die *Lutezia* übersandte, beeilte er sich zu erklären:

Es sind Stellen darin, wo ich von dem Herrn Baron spreche und meine Sprache vielleicht nicht die der gewöhnlichen Devotion sein mag, die man einem Gönner schuldig ist; aber es hat um diese Gönnerschaft eine besondere Bewandtniß.

Zwar wäre wie im Fall der französischen Pension undenkbar gewesen, daß Heine seine Geldgeber frontal angriff, ohne sich ihre besondere Gunst zu verscherzen, doch bestand gerade Rothschild gegenüber ein sehr weiter Spielraum. Das tiefe Gemeinsamkeitsgefühl eines sozial verstandenen Judentums, einer *Bundesgenossen*schaft in einem *Kampfe, der schon fast zwey Jahrtausende dauert*, wie Heine sich einmal ausdrückte, sollte diese oder jene witzige Respektlosigkeit der *Lutezia* unbeschadet überstehen. Umgekehrt trägt Heines öffentliches Urteil über die Rothschilds keine Zeichen eines besonderen Protegé-Verhältnisses.

Eine gewisse Sonderrolle unter Heines Mäzenen spielte der schwerreiche Komponist Giacomo Meyerbeer (Jakob Meyer Beer), den

Heine einem Bonmot zufolge gefragt haben soll, warum er denn eigentlich komponiere, wo er dies doch gar nicht nötig habe. Meyerbeer war unter den Zeitgenossen dafür bekannt, daß er äußerst empfindlich auf Angriffe der Presse reagierte. Heine sprach später (in bewußt böser Absicht) von Meyerbeers Aufwand an *Claque, Zeitungslob u. s. w.* oder von seiner *Instrumentazion* der Presse, bezichtigte ihn also, mit Geld einer günstigen Resonanz seiner Werke in der Öffentlichkeit nachzuhelfen. Auf der andern Seite war Heine ein alter Freund der Familie Beer, und vor allem mit dessen Mutter Amalie Beer verbanden ihn seit jeher Gefühle aufrichtiger Verehrung. Im Sinne dieser Familienfreundschaft und der (im Gegensatz zu Heines Hamburger Familie) besonderen Aufgeschlossenheit der Beers für kulturelle Werte lag es durchaus nahe, daß der reiche Bankierssproß dem Dichter finanziell unter die Arme griff, wenn in dessen Kasse gerade Ebbe herrschte.

Nun waren aber auch hier – wie im Falle der Staatspension – nicht nur humanitäre Interessen im Spiel, und sowohl Heines Stellung als Pariser Korrespondent der »Allgemeinen Zeitung«, als welcher er auch über die musikalischen Begebenheiten der französischen Hauptstadt berichtete, wie auch Heines besondere Beziehungen zum Pariser Musikbetrieb (etwa seine enge Verbindung zu den Musikverlegerbrüdern Escudier) hatten zur Folge, daß in die persönliche Freundschaft zwischen beiden Männern auch materielle Interessen hineinverwoben waren. Heine selbst sorgte für eine zusätzliche Verquickung der kommerziellen und persönlichen Sphären, wenn er Meyerbeer zuweilen interessante Informationen aus den Pariser Musikkulissen zukommen ließ oder wenn er ihm versicherte, das Geld, das er gerade benötige, nicht etwa für sich selbst ausgeben zu wollen, sondern gleich an dunkle Hintermänner weiterleiten zu müssen, die Meyerbeer gefährlich werden könnten. Heines Bestreben, sich solchermaßen für die Unterstützung Meyerbeers erkenntlich zu zeigen, den ›materiellen Wert‹ seiner vielfältigen Verbindungen und seines eigenen persönlichen Wohlwollens herauszustreichen, erleichtert dem heutigen Betrachter nicht gerade die Beurteilung des wahren Sachverhalts. Daß insgesamt humanitäre, uneigennützige Motive in Meyerbeers Verhalten letzten Endes überwogen, belegen die 1848 geleisteten Zahlungen, als er dem kranken Heine angesichts von dessen schlimmer Lage spontan Geld überließ. Selbst zu Zeiten des späten Zerwürfnisses, als Heine ihn öffentlich anzugreifen drohte, sollte er sich nicht für seine Interessen an der Berliner Bühne einsetzen, ließ er sich in seiner Haltung nicht entscheidend beeinflussen. Dies verdient um so mehr Beachtung, als Meyerbeer in der Tat einen Heidenrespekt vor den Bosheiten von Heines Feder besaß und, namentlich was die Memoiren betraf, die schlimmsten Befürchtungen hegte. Der Mythos dieser Memoiren war freilich von Heine mit Bedacht gepflegt worden, nicht nur Meyerbeer, sondern all denen gegenüber, von denen er Geld bekam oder erwartete.

Im Grunde ist das Finanzielle nur eine Seite des äußerst komplexen Verhältnisses der beiden ehemaligen Freunde und späteren Gegner zueinander. Für Heine mag zum einen eine gewisse Rivalität gegen den aus vergleichbaren Verhältnissen stammenden und eine ähnliche Stufe im kulturellen Assimilationsprozeß der deutschen Juden repräsentierenden, aber vom Glück besonders begünstigten Komponisten unterschwellig im Spiel gewesen sein. Auf der anderen Seite war er zweifellos darüber verbittert, in welch großem Umfang der Erfolg im modernen Kulturbetrieb vom massiven Einsatz von Geld und guten Worten abhängig geworden war; ein allgemeiner Vorgang, den er zunehmend in Meyerbeer personifiziert sah. Daß Meyerbeer unter diesen Umständen für den kranken, rein physisch von der Außenwelt abgeschnittenen Poeten zum Zielpunkt gewisser Aggressionen wurde, erscheint zumindest nachvollziehbar.

Beziffern können wir von Meyerbeers Unterstützungszahlungen heute nurmehr äußerst wenig. Völlig gesichert sind nur fünfhundert Francs im Frühjahr 1842 sowie zusammen eintausend Francs im Jahr 1848. Des weiteren können wir davon ausgehen, daß Heine die dreihundert Francs, die er 1840 verlangte, auch erhalten hat, ebenso wie die zusätzlichen fünfhundert, um die er Meyerbeer im Mai 1842 bat. In beiden Fällen ist jedoch heute nicht mehr zu eruieren, in welchem Umfang Heine das Geld tatsächlich für sich selbst verwendete oder nur als Vermittler diente. Weitere Zahlungen in unbekannter Höhe sind durch Meyerbeers Tagebuch im Februar und im Herbst 1841 belegt.

Alle diese Bemühungen zeigen Heines bemerkenswerte Findigkeit im Aufspüren von Geldquellen. Die Erfolge, die er dabei erzielte, waren alles in allem beachtlich. Doch ein Ende der drängenden finanziellen Sorgen war nie in Sicht. Die Februarrevolution 1848, die eine allgemeine Finanzkrise heraufbeschwor, sowie der Ausbruch seiner schweren, kostenintensiven Krankheit verhinderten eine definitive Konsolidierung seiner Finanzen. Die abschließende materielle Bilanz im siebzehnten Kapitel wird freilich zeigen, daß das Ergebnis von Heines Vermögenspolitik insgesamt günstiger ausfiel, als man gemeinhin annimmt.

ELFTES KAPITEL

Strategien des Exils

Talent gegen Charakter

Mit *Ludwig Börne. Eine Denkschrift* legte Heine 1840 seinen Beitrag zur »Deutschen Ideologie« vor. Von Anfang an waren Börnes Existenz, die Ähnlichkeit der sozialen und politischen Ursprünge, schließlich die Unverrückbarkeit seiner Überzeugungen für Heine ein permanenter Grund zur Selbstbefragung gewesen, eine Art Herausforderung. *Wir geben sein Standbild mit seinen wahren Zügen, ohne Idealisierung, je ähnlicher desto ehrender für sein Andenken. Er war ja weder ein Genie noch ein Heros; er war kein Gott des Olymps. Er war ein Mensch, ein Bürger der Erde, er war ein guter Schriftsteller und ein großer Patriot.* In der großen Auseinandersetzung mit seinem republikanischen Antipoden und Weggefährten des Exils versuchte er eine eigene politische wie literarische Standortbestimmung. Von daher erklärt sich die zentrale Stellung, die die *Denkschrift* in Heines Werk einnimmt. Ihre Entstehung zog sich über drei Jahre hin. Sie wurde immer wieder durch literaturpolitische Fehden unterbrochen, die sich im *Schwabenspiegel* (1838) und im Aufsatz *Schriftstellernöthen* (1839) niederschlugen und die polemische Stoßrichtung des Textes vermutlich verstärkten.

Heines Verhältnis zu seinem ehemaligen Waffenbruder war zuletzt äußerst problematisch gewesen. Nach einer kurzen Phase des Schwankens hatte er ab Sommer 1832 die politische Radikalisierung Börnes, die enge Verbindung zu den deutschen Republikanern in Paris mißbilligt und seine Gesellschaft eher gemieden. Wenn er doch einmal mit ihm zusammentraf, wußte er ihn durch provozierend-neckische und mystifizierende Bemerkungen zu reizen, etwa indem er sich als gesinnungsloser Luftikus oder kultureller Banause gab. Börne seinerseits hatte schon bald den Stab über Heine gebrochen, sah in ihm einen frivolen, egozentrischen Feigling, der sich an die Aristokratie verkauft habe. Seit dem Herbst 1831 streute er, zunächst privat, das Gerücht aus, Heine sei ein bezahlter Agent des restaurativen Systems. Im Herbst 1833 trat er, im 109. der »Briefe aus Paris« und in der Form noch relativ maßvoll, erstmals öffentlich gegen ihn auf. Schärfer fiel dann seine Rezension von *De l'Allemagne* aus, die im Mai 1835 in der Zeitschrift »Le Réformateur« erschien. Hier holte Börne zu einem umfassenden Rundumschlag gegen Heine aus, bezichtigte ihn der Charakterlosigkeit und sprach seiner Interpretation der deutschen Philosophie und Literatur jede Seriosität ab. Damit traf er nicht nur Heines Unternehmen im Nerv – seine Kritik lief trotz des völlig verschiedenen Ausgangspunkts in dieselbe Richtung wie die von Heines französischem Hauptgegner Victor Cousin –, als angesehener Parisdeutscher untergrub er auch das Ansehen Heines gewissermaßen von innen her, von der Seite der Deutschland-Kompetenz, die Heine ja gegen Cousin gerade geltend zu machen gesucht hatte. Und schließlich nahm er Heine den politischen Wind aus den Segeln, indem er ihn als poetischen Schmetterling charakterisierte, der unbeständig von einer Blume zur andern flattere. Heines Bemühungen um die Vermittlung deutscher Philosophie und Literatur in Frankreich deutete er als Pose zum Zweck der Selbstinszenierung, politisch bezichtigte er ihn des Verrats. Er brachte die Antithese auf den bekannten Punkt: Heine habe zwar literarisches Talent, aber es fehle ihm an Charakter. Damit sei er für jegliche öffentliche Rolle disqualifiziert.

Zu diesen Anschuldigungen hatte Heine bei Lebzeiten Börnes geschwiegen. Erst nach dessen im Februar 1837 erfolgtem Tod reifte in ihm, der eigenem Bekunden nach *nie eine Beleidigung auf dieser Erde verzieh*, der Gedanke einer öffentlichen Entgegnung, zumal er feststellen mußte, daß Börne im nachhinein geradezu *kanonisirt* wurde. Der tiefere Grund liegt indessen im Prozeß der Selbstbesinnung, den die Bundestagsbeschlüsse und die darauffolgende literarische wie private Identitätskrise bei ihm eingeleitet hatten. Zwischen 1838 und 1840, und damit parallel zu den Stabilisierungsversuchen des Privatlebens – finanzielle Konsolidierung, eheähnlicher Haushalt mit Mathilde – stellte Heine kritische Reflexionen an über seine schriftstellerische Praxis und deren Beziehung zur sozialen Welt im weitesten Sinne, die dieser Praxis zugrunde lag. Es schien an der Zeit, die Rolle des Schriftstellers in der Gesellschaft, das Verhältnis von *Dichter* und *Tribun*, die Beziehung zwischen künstlerischer und ideologischer Motivation neu zu bestimmen.

Der Antrieb dazu war doppelter Art: Zum einen zwang ihn das Bundestagsverbot dazu, seine Strategie gegenüber den deutschen Regierungen zu revidieren, da die Verlagerung des Kampfes vom politischen auf das ideologische Terrain nicht den erhofften Erfolg gebracht hatte. Dazu kam generell die Aktualisierung alter Autobiographiepläne, die durch den mit Campe im Februar 1837 abgeschlossenen Vertrag über die Gesamtausgabe seiner Schriften ausgelöst wurden. Seine autobiographische Bilanz von 1840 umfaßte dann allerdings nicht so sehr biographische Ereignisse und Begebenheiten, sondern geriet zu einer kritischen Neubewertung der Beziehungen zwischen Individuum und Außenwelt, in der vor allem die Grundprobleme des »Zeitschriftstellers« angesprochen wurden, etwa die Frage nach der Beziehung von Kunst und Idee, von Literatur und Zeitgeist. Autobiographie und Memoiren vermochte Heine nie als chronologische Vergegenwärtigung seines Lebens ins Auge zu fassen. Ihm ging es immer um die Verschränkung der eigenen Geschichte mit der Weltgeschichte. Allerdings konnte das Problem nicht umfassend angegangen werden, der Anspruch auf Totalität hätte jede Initiative zu ersticken gedroht. Heine suchte deshalb Ansatzpunkte, die ein selektives Vorgehen gestatteten und genau jene Probleme anzusprechen erlaubten, die ihm am Herzen lagen.

Die *Denkschrift* setzte in der heftigen Auseinandersetzung, die um sein Persönlichkeitsbild in der Öffentlichkeit entbrannt war, eine Reihe von neuen Akzenten. Zum ersten Mal griff Heine in großem Maßstab selbst und offen in die Diskussion ein. Er wußte: *Sobald sein Privatleben von dem unbarmherzigsten Lichte der Presse beleuchtet wird und die Tageskritik an seinen Worten würmelt und nagt, kann auch das Lied des Dichters nicht mehr den nöthigen Respekt finden.* Dabei ging er höchst subtil vor, auf mehreren Ebenen zugleich agierend. Kontrastiv zu Börnes Porträt entfaltete er ein Bild seiner selbst, das eine Rechtfertigung seines Schaffens und seines öffentlichen Verhaltens bot, und zwar in einer zeitkritischen autobiographischen Form.

Zunächst stellte sich Heine lediglich als Beobachter vor, der sein *unmaßgebliches Dafürhalten*, sein *Privaturtheil* über einen großen Zeitgenossen mitteilen wolle und bei dieser Gelegenheit einige wichtige Themen aus Geschichte und Theorie der literarisch-politischen Opposition der letzten fünfzehn Jahre besprechen müsse. Dabei werde er mit der *kältesten Unpartheylichkeit* verfahren und von sich nur insofern reden, als zur Wahrheit des Porträts immer auch die *genaue Angabe des Ortes und der Zeit* gehöre, an denen der Porträtierte dem Porträtisten gesessen habe. *Zugleich verhehle* er *nicht, welche günstige oder ungünstige Stimmung* ihn *während der Sitzung beherrschte. Ich liefere dadurch den besten Maßstab für den Glauben, den meine Angaben verdienen.* Aus seiner Authentizität verbürgenden Augenzeugenschaft sowie aus der Tatsache, daß die Öffentlichkeit seit jeher dazu geneigt habe, seinen Namen (in positivem wie in negativem Sinn) mit dem Börnes zusammenzustellen, leitete Heine die Verpflichtung zu einem *Hervorstellen* seiner eigenen Person ab. Fremd- und Selbstporträt sind also dialektisch miteinander verbunden; eine Tatsache, die sich übrigens auch daran ablesen läßt, daß Heine seinem Gegenüber Sätze in den Mund legte, die er selbst zuvor als eigene Formulierungen zu Papier gebracht, aber nicht veröffentlicht hatte, darunter die sogenannte Porzellan-Parabel (s. Kapitel 3).
Der Aufspaltung des Themas in die Figuren des Beschriebenen und des Beschreibers entspricht eine ebenso dialektische Dualität von Enthüllung und Verhüllung in Heines Selbstdarstellung. Dem Ziel einer programmatischen Abrechnung, der Tatsache, daß er das jahrelange Schweigen über Börne endlich brach, um eine grundsätzliche Korrektur an seinem Öffentlichkeitsbild vorzunehmen, wurde, wenn konkrete Züge dieses Bildes zur Sprache kamen, konsequent der Verweis auf das ›Unsagbare‹ entgegengesetzt. Die Geste des den Finger-auf-den-Mund-Legens (*Doch still, mein Herz, du verräthst dich zu sehr*), die Heine stets ausführte, wenn er sein *Geheimniß*, die *innere Einheit* seines Lebens lüften sollte, diese Geste bedeutet, daß er sich selbst immer nur insofern darzustellen vermochte, als er sich zugleich verschlüsselte.
Die Begründung dafür lieferte Heine, als er auf die sein Bild negativ bestimmende Talent-Charakter-Antinomie zu sprechen kam und zu

erklären versuchte, warum ihm gemeinhin *Charakter* abgesprochen werde: In genauer Bezugnahme auf die Identifikationsprozesse beim Leser hieß es da, das Publikum könne immer nur demjenigen Charakter zusprechen, bei dem es eine Übereinstimmung von *Lebensprogramm* und Realisierung dieses Lebensprogramms erkenne. *Begreifen* könne das Publikum jedoch nur minder begabte Menschen – wie Börne –, während *ausgezeichnete Geister* immer über ihr Zeitalter hinausragten und sich dem unmittelbaren Zugriff der *bornirten Menge* entzögen. Daß Heine sich diesen *Geistern* zurechnete, steht außer Frage, ebenso sein Ziel, mit dieser Erklärung die *momentanen* Schwierigkeiten, denen er in der öffentlichen Meinung begegnete, zu einer Art innerer Notwendigkeit zu überhöhen. Indirekt spiegelte er sich hier als *echter Dichter* ab, dessen Schöpfungen, dem Obelisken auf der place de la Concorde gleich, von den Zwergen der Menge in ihrer *putzigen Beschränktheit* nur blinzelnd bestaunt werden könnten. Es gehört zu der bewußt dialektischen Doppelstrategie der *Denkschrift*, daß Heine, der sich zunächst nur als bescheidener Augenzeuge eingeführt hatte, im Hintergrund als einer jener *Artisten* erscheint, die das Wort *zu jedem beliebigen Zwecke* handhaben, es *prägen nach Willkühr* und *objektiv* schreiben, gerade weil sie dies von einem bewußt subjektiven, persönlichen Standpunkt aus tun. Während Börne als Autor nur das tagespolitische Treiben gesehen habe und ihn darum als Dichter meinte abwerten zu können, betonte Heine, daß er die Verbindung von *Kunstinteresse* und den *revoluzionären Interessen des Tages* gesucht und sich eben dadurch erst in eine wirklich geschichtliche Perspektive gestellt habe, zeichnete sich der *wahre* Dichter doch dadurch aus, daß er, wie Dante, das, was er beschrieb, wirklich *gelebt*, *gefühlt* und *gesehen* hatte.

Sensualismus und Spiritualismus

Zeitgeschichtlich bedeutete das Börne-Thema eine Zentrierung auf die Julirevolution und auf die Fragen der deutschen Emigration in Paris. Es ging darum, die wachsende politische Kluft zwischen ihm und Börne aus dem historischen Kontext zu erklären. Gleichzeitig unternahm es Heine, Börnes diversen Verunglimpfungen dadurch zu begegnen, daß er in ihrer beider Personen zwei Weltsichten einander gegenüberstellte. Seinen von Börne privat wie öffentlich vielfach beanstandeten hedonistischen Pantheismus der dreißiger Jahre untermauerte er mit einer geistesgeschichtlich-typologischen Konstruktion, die er bereits 1834 im Essay über *Religion und Philosophie in Deutschland* entwickelt hatte. In einem Entwurfsmanuskript dazu hieß es:

Zu allen Zeiten giebt es Menschen von unvollkommener Genußfähigkeit, verkrüppelten Sinnen und zerknirschtem Fleische, die alle Weintrauben dieses Gottesgarten sauer finden, bey jedem Paradiesapfel die verlockende Schlange sehen und im Entsagen ihren Triumph und im Schmerze ihre Wollust suchen. Dagegen giebt es zu allen Zeiten wohlgewachsene, leibesstolze Naturen, die gern das Haupt hoch tragen; allen Sternen und Rosen lachen sie einverständlich entgegen, sie hören gern die Melodien der Nachtigall und des Rossini, sie lieben das schöne Glück und das tizianische Fleisch.

Heine unterschied in der Geschichte eine spiritualistische, den Geist verabsolutierende, körperfeindliche Tendenz, die er im Judentum, dem Volk des absoluten Geistes, vorgeprägt sah und die sich welthistorisch mit dem Christentum durchgesetzt habe, und eine heidnisch-materialistische, sinnenfreudige, hellenische Richtung, die diesseitige Genüsse verlange und nunmehr, angesichts des nahen Endes christlicher Weltherrschaft, zum Aufstand gegen die Übermacht der Jenseitsreligionen angetreten sei und das Paradies auf Erden errichten wolle. Hatte er früher seinen Einsatz für die jüdische Sache unter anderem damit begründet, sich ein *Gegengift* gegen das Christentum bereiten zu wollen, und damit einen tiefen Antagonismus zwischen Christentum und Judentum unterstellt, so bewertete er nun Juden wie Christen als Repräsentanten eines spiritualistischen Nazarenertums, dem es den Garaus zu machen gelte, wenn man die Menschheit jemals wirklich emanzipieren wolle. Dieser ins Soziale gewandte Hellenismus stellte für den Heine der mittleren Jahre das *Heilmittel* für das *achtzehnhundertjährige Gebreste* der Menschheit dar, und damit auch für die Überwindung des Judentums. So konnte er in hyperbolischer Überspitzung den notorischen Antisemiten (und Goethe-Geg-

ner) Wolfgang Menzel einen *Juden* nennen, ebenso wie den ultrakonservativen evangelischen Theologen Hengstenberg.
Diesen Gegensatz zwischen Spiritualismus und Materialismus bzw. Nazarener- und Hellenentum griff Heine in der *Denkschrift* erneut auf, um seine eigenen Vorstellungen einer saint-simonistisch beeinflußten und von Hegels Geschichtstheorie her entwickelten sozialen Revolution (mit dem Endziel einer Versöhnung von Spiritualismus und Materialismus) gegen den dürren Asketismus der rein politischen Republikaner und insbesondere Börnes abzusetzen. Indem er den Konflikt auf eine höhere Ebene trug und als gleichsam natürlichen Antagonismus zwischen zwei konträren Lebenseinstellungen schilderte, suchte er die politische Differenz im nachhinein philosophisch bzw. ideengeschichtlich zu überhöhen. Einerseits gab Heine zu verstehen, daß die hellenischen Menschen von *lebensheiterem, entfaltungsstolzem und realistischem Wesen* die richtige Einstellung zum Leben hatten und den Vorzug vor den Nazarenern mit ihren *ascetischen, bildfeindlichen, vergeistungssüchtigen Trieben* verdienten. Andererseits waren eben die lebensheiteren Menschen à la Heine von den *modernen Puritanern* mit ihrer *öden Werkeltagsgesinnung* bedroht.

Die harten Treppen des Exils

Was Heine indessen wieder an Börne annäherte und eine starke unterschwellige Solidarität mit ihm aufbaute, war die Exilsituation, ein Thema, das Heine immer wieder in den Mittelpunkt der Betrachtung rückte, auch wenn er es gelegentlich auf typische Weise ins Humoristische und in die Selbstparodie wendete:
Glücklich sind die, welche in den Kerkern der Heimath ruhig hinmodern ... denn diese Kerker sind eine Heimath mit eisernen Stangen, und deutsche Luft weht hindurch und der Schlüsselmeister, wenn er nicht ganz stumm ist, spricht er die deutsche Sprache! (...) Ihr habt vielleicht einen Begriff vom leiblichen Exil, jedoch vom geistigen Exil kann nur ein deutscher Dichter sich eine Vorstellung machen, der sich gezwungen sähe, den ganzen Tag französisch zu

sprechen, zu schreiben, und sogar des Nachts, am Herzen der Geliebten, französisch zu seufzen! Auch meine Gedanken sind exilirt, exilirt in eine fremde Sprache.

Als in der deutschen Sprache verwurzelter Schriftsteller mußte Börne ähnlich an der Exilsituation gelitten haben wie Heine selbst: *Auch wurde für ihn die Entfernung vom Vaterlande eine wahre Marter, und manches böse Wort in seinen Schriften hat diese Qual hervorgepreßt. Wer das Exil nicht kennt, begreift nicht, wie grell es unsere Schmerzen färbt, und wie es Nacht und Gift in unsere Gedanken gießt. Dante schrieb seine Hölle im Exil. Nur wer im Exil gelebt hat, weiß auch, was Vaterlandsliebe ist, Vaterlandsliebe mit all ihren süßen Schrecken und sehnsüchtigen Kümmernissen!*

Hier war eines der Grundprobleme von Heines Pariser Schriftstellerexistenz angesprochen, und die Einsicht, daß alle Parisdeutschen auf ihre Weise darunter zu leiden hatten, mochte den Kritiker zuweilen nachsichtig stimmen. 1844 sinnierte er:

Was ist der Grund, warum von den Deutschen, die nach Frankreich herüber gekommen, so viele in Wahnsinn verfallen? Die meisten hat der Tod aus der Geistesnacht erlöst; andere sind in Irrenanstalten gleichsam lebendig begraben; viele auch, denen ein Funken von Bewußtseyn geblieben, suchen ihren Zustand zu verbergen, und geberden sich halbwegs vernünftig, um nicht eingesperrt zu werden. Dies sind die Pfiffigen; die Dummen können sich nicht lange verstellen. Die Anzahl derer, die mit mehr oder minder lichten Momenten an dem finstern Uebel leiden, ist sehr groß, und man möchte fast behaupten, der Wahnsinn sey die Nazionalkrankheit der Deutschen in Frankreich. Wahrscheinlich bringen wir den Keim des Gebrestens mit über den Rhein, und auf dem hitzigen Boden, dem glühenden Asphaltpflaster der hiesigen Gesellschaft, gedeiht rasch zur blühendsten Verrücktheit, was in Deutschland lebenslang nur eine närrische Krüppelpflanze geblieben wäre. Oder zeugt es schon von einem hohen Grade des Wahnwitzes, daß man das Vaterland verließ, um in der Fremde »die harten Treppen« auf und ab zu steigen und das noch härtere Brot des Exils mit seinen Thränen zu feuchten?

Was Heine hier ansprach, war eine aus den Fugen geratene, verkehrte Welt, die Wahrnehmungsverschiebung der Exilsituation, die das immer problematische Verhältnis zu Heimat und Vaterland signalisierte. Der affektive Kern der schmerzlichen, die Relation der Welterfahrung umkehrenden Exilerfahrung war der Patriotismus, und gerade aus diesem Grund stimmte Heine die Klage über das Exil in dem Augenblick an, als er Börnes *rührende Vaterlandsliebe* besprach. Wahnsinn und Exil rückten auf diese Weise eng zusammen; die politische Radikalisierung der deutschen Republikaner, ihre totale Verkennung der Wirklichkeit ließen sich anschaulich demonstrieren und zugleich psychologisch erklären: *Glücklich sind die, welche, über das große Leid, am Ende ihr letztes bischen Verstand verloren (...). Die Zelle ihres Wahnsinns dünkt ihnen eine geliebte Heimath, und in der Zwangsjacke dünken sie sich Sieger über allen Despotismus, dünken sie sich stolze Bürger eines freyen Staates ...*

Künstler und Politiker

In der *Denkschrift* ging es Heine auch darum, die Kontinuität der eigenen Selbsteinschätzung zu belegen, die Einheit seines Lebens und Wirkens herauszustellen. Immer wieder war ihm vorgeworfen worden, sein »tiefer Weltschmerz« sei nur eine »dichterische Erfindung«, während Börne in dieser Hinsicht »durch und durch wahr« gefühlt habe. In einem ersten Entwurfsmanuskript lesen wir: *Ein und untheilbar ist der Gedanke, die Synthese, woraus alle Manifestazionen meines Geistes, sowohl im Leben wie in der Schriftwelt geflossen sind, und in diesem großen Selbstbewußtseyn mußten mir die Vorwürfe von Charakterlosigkeit und Widerspruch eben so abgeschmackt wie kläglich erscheinen.* Börnes Angriff bezeichnete Heine als ungerechtfertigt und verleumderisch. Dabei sei Börne *ein ehrlicher Mann* gewesen, *tugendhaft, und den edelsten Zwecken sein Lebensglück und das Leben selbst aufopfernd.* Eben dieses Selbstbewußtsein und die *Unerschütterlichkeit* seiner Überzeugungen hätten ihn nicht gerade wählerisch in der Wahl seiner Mittel sein und nach der jesuitisch-jakobinischen Devise handeln lassen, wonach der Zweck die Mittel heilige. Er selbst dagegen, so liest man in einem ersten Entwurfsmanuskript der *Denkschrift*, werde viel zu oft von

Zweifeln geplagt, um sich seiner Sache jemals ganz sicher zu sein. Weil er auf die Veränderungen der Umwelt wie ein lebendiges Wesen reagiere, von *jedem geistigen Windzug bewegt* werde, sei er in hohem Maße der Gefahr des Abtrünnigwerdens, *gleichviel ob aus Ueberzeugung oder Treulosigkeit*, ausgesetzt:

Das schlimmste Gift, das an uns nagt, ist die Furcht ob der Möglichkeit eines Abfalls. Es sträubt sich oft mein Haar, wenn ich daran denke, daß ich vielleicht morgen dasjenige liebe, was mir noch heute so tief verhaßt ist, und daß ich dasjenige hasse, dem ich jetzt mit aller Liebe meiner Seele anhänge! Dann möchte ich gern mit dem Tode das schleunigste Bündniß schließen, damit er mich schütze vor mir selber.

Diese Schicht des Börne-Komplexes wurde in der Endfassung der Schrift verwischt, aber sie signalisiert deutlich die Reichweite der autobiographischen Spannung, die in ihr angelegt war. Daß damit ein komplexes Spiegelspiel mit Börne verbunden war, mit gegenseitiger Projektion und Retroprojektion, liegt auf der Hand.

Ein weiterer Fragenkomplex, der die Börne-*Denkschrift* strukturiert, galt der Selbstbestimmung des Künstlers in der Gesellschaft, und damit zusammenhängend der Frage der oppositionellen Strategie überhaupt. Auf die Verschärfung des politischen Drucks nach 1833 reagierten Börne und Heine im Grunde zunächst gar nicht so verschieden, wie man aufgrund von Heines Darstellung annehmen könnte. Parallel zu Heine zog sich auch Börne nach Veröffentlichung von Band 5 und 6 seiner »Briefe aus Paris« im Frühjahr 1834 weitgehend aus der Tagespolitik zurück. Mit seiner Zeitschrift »La Balance«, die zur deutsch-französischen Verständigung auf dem Gebiet des Geistes beitragen sollte, worin er eine Vorbedingung für die politische Befreiung Europas erblickte, verschrieb er sich 1835 einem ähnlichen Programm der Kulturvermittlung wie Heine mit *De l'Allemagne*. Beide reagierten auf den Bundestagsbeschluß gegen das Junge Deutschland, indem sie den teutomanen Denunzianten Menzel in ihren Schriften anprangerten. Fundamentale Unterschiede bestanden hingegen in der Frage der passenden Antwort der Opposition. Wie Büchner und Gutzkow 1836 über Mittel und Ziele der »Bewegungspartei« stritten, so trugen Heine und Börne zwischen 1831 und 1837 ihre Differenzen in der Einschätzung der Situation und in der Wahl der adäquaten Mittel zu ihrer

Veränderung aus. Genau diese Differenzen versuchte Heine in der *Denkschrift* präziser zu bestimmen, wobei er nun zunehmend seine eigene künstlerische Denk- und Anschauungsweise ins Spiel brachte, die ihm den nötigen Abstand zu den tagespolitischen Verstrickungen der deutschen Republikaner in Paris ermöglichte.

Zwei Gründe waren es, die Heine bewogen, auf seiner Künstler-Identität zu insistieren. Zum einen war er überzeugt, daß es dem Künstler eher als anderen gelinge, die *Stimme der Vorzeit* zu enträtseln und die *verborgene Quelle* zu erschließen, aus der das *Wasser des Lebens* für die Menschheit fließe. Trotz ihrer vermeintlichen Weltferne seien die politischen und sozialen Analysen des Dichters darum authentischer und wirklichkeitsnäher als die Raisonnements der Berufspolitiker und -emigranten. Und zum anderen bewahrten ihn der kritische Blick und das sensible Gehör des phänomenologisch sezierenden Künstlers davor, blind den republikanischen Selbstüberredungsformeln zu trauen, kollektiven Selbsttäuschungen zu erliegen. Er sah die Mischung von Lächerlichkeit und Tragik, die viele seiner Weggefährten charakterisierte, sowie die Gefahr, die der *leidenden Menschheit* von der *Radikalkur* drohte, die ihr die republikanische Linke verschreiben wollte, eine Gefahr, die auch insbesondere den Dichter betraf: *Denn Schönheit und Genie sind ja auch eine Art Königthum, und sie passen nicht in eine Gesellschaft, wo jeder, im Mißgefühl der eigenen Mittelmäßigkeit, alle höhere Begabniß herabzuwürdigen sucht, bis aufs banale Niveau.* So bezeugt die *Denkschrift* auch den Klärungsprozeß, der sich in Heines Verhältnis zu den deutschen Emigranten-Kollegen in Paris vollzog, schloß die Standortbestimmung ab. Die Grundgegebenheiten dieses Verhältnisse reichen bis in die Anfangsphase von Heines Parisaufenthalt zurück.

Die deutsche Emigration

Schon seit vielen Jahrhunderten war Frankreich Zielpunkt einer Wanderungsbewegung aus Deutschland, die alle sozialen Schichten umfaßte, von Handwerkern über Soldaten zu Geschäftsleuten aller Art, Intellektuellen, Künstlern, Musikern und Wissenschaftlern. Neu war indessen seit der Französischen Revolution die politische Komponente, die sich dann auch nach 1830 wieder verstärkte. Die Gruppe der exilierten Intellektuellen und Schriftsteller wies nicht nur brillante Persönlichkeiten wie Heine und Marx, Friedrich List und Ludwig Börne auf, sie entfaltete auch – teilweise in Verbindung mit Arbeitervereinen – eine breite politische Agitation, die durch geheime Emissäre auch in Deutschland verbreitet wurde. In vielfacher Wechselwirkung zur französischen Entwicklung wurde in den Auslandsorganisationen der deutschen Arbeiter und Handwerker, vom »Deutschen Volksverein« über die Geheimbünde der »Geächteten« und »Gerechten« bis zum »Bund der Kommunisten«, der Grund der deutschen Arbeiterbewegung gelegt. Die politische Emigration ruhte freilich stets auf einem breiten Sockel wirtschaftsbedingter Migrationen, an dem gemessen die Zahl derer, die Deutschland aus politischen Motiven verlassen hatten, relativ gering erscheint, betrug sie doch nie mehr als fünf Prozent.

Betrachtet man die sich in Frankreich um 1830 aufhaltenden Ausländer insgesamt, so stellten die Deutschen knapp nach den Belgiern die zweitgrößte und in Paris sogar die größte ausländische Bevölkerungsgruppe. In der Hauptstadt zählte man damals ungefähr siebentausend Deutsche, zehn Jahre später waren es schon dreißigtausend, und bis 1848 stieg ihre Zahl auf zweiundsechzigtausend, bei insgesamt einhundertsiebzigtausend Ausländern in Paris und im Département Seine. Anders ausgedrückt: Am Vorabend der Revolution von 1848 war jeder zwanzigste Einwohner von Paris ein Deutscher. Auch in ganz Frankreich waren die Deutschen damals die wichtigste Einwanderergruppe. Was war der Grund für diese massenhafte Immigration? War es wirklich, wie Heine in einem Korrespondenzartikel für die »Allgemeine Zeitung« vom 14. September 1842 ausführte, weil sich ein Deutscher *an keinem Orte der Welt (...) heimischer fühlen* könne *als eben in Paris, und Frankeich selbst (...) am Ende unserem Herzen nichts anderes als ein französisches Deutschland* sei? Primär ging dieser beträchtliche Anteil ebenso wie die zugrundeliegende Migrationsdynamik auf wirtschaftliche und soziale Gründe zurück. Die rückständige ökonomische Entwicklung in Deutschland, Wirtschafts- und Agrarkrisen bei gleichzeitigem starkem Bevölkerungszuwachs, trieben Jahr für Jahr Zehntausende in die Emigration. Dazu kam die alte Tradition der Gesellenwanderung, mit dem Unterschied allerdings, daß viele der Gesellen nicht mehr den Weg in die Heimat zurückfanden. Dementsprechend zählte ein Großteil dieser Immigranten – je nach Zeitraum zwischen fünfundsiebzig und neunzig Prozent – zur Schicht der Handwerker und Arbeiter. Sie fanden hier wesentlich besser bezahlte Beschäftigungen. Bestimmte Zünfte wie Schuster, Schneider, Buchdrucker und Tischler wiesen einen besonders hohen deutschen Anteil auf und galten 1847 in Paris geradezu als germanisiert. Dazu kamen die schon stark proletarisierten Tagelöhner und Arbeiter, auf die man etwa beim Straßen- und Eisenbahnbau zurückgriff. Demgegenüber stellten die kaufmännischen, intellektuellen und künstlerischen Berufe nur eine kleine Minderheit dar (Proportionen, wie sie damals auch für die französische und deutsche Gesamtgesellschaft galten): 1830 betrug ihr Anteil etwa zwanzig Prozent, 1848 sank er auf unter zehn Prozent, obwohl sich ihre Zahl absolut mehr als verdoppelte. Denn auch Bankiers, Ärzte, Gelehrte, Architekten, Künstler, Schriftsteller und Journalisten fanden hier wesentlich günstigere Bedingungen zur Ausübung ihrer Berufe vor. Man kann daher insgesamt von einer stark anwachsenden deutschen Kolonie in Frankreich ausgehen, einer mobilen, in sich durchaus differenzierten Gruppierung in der Gesellschaft, mit einer beachtlichen sozialen Dynamik.

Mehr oder weniger integriert in die französische Umwelt, war die deutsche Emigration in Paris dennoch eingebunden in kulturelle und politische Prozesse, die sie ihrerseits wieder vorantrieb, und damit ein eminent wichtiger Akteur des geistigen und kulturellen Austauschs zwischen Deutschland und Frankreich, dessen Aktivitäten sich auf zahlreiche Felder des kulturellen Lebens erstreckten. Bedeutende Verlegerdynastien wie Brockhaus, Vieweg und Campe eröffneten in Paris luxuriös ausgestattete Buchhandlungen, teilweise mit angegliedertem Lesekabinett. Sowohl auf wissenschaftlichem wie auf belletristischem Sektor nahmen die deutschen Verlagsbuchhandlungen nach 1830 eine bedeutende Stellung ein, und auch im Musikleben avancierten deutsche Verleger wie Moritz (Maurice) Schlesinger und die Brüder Brandus bald zu Marktführern. Für die großen Sänger und Instrumentalisten waren Auftritte und Aufenthalte in Paris eine geradezu unverzichtbare Karrierevoraussetzung. Auch Komponisten zog es in die Seine-Metropole: Meyerbeer feierte dort triumphale Erfolge mit seinen Großopern und unterrichtete zugleich am Königlichen Konservatorium; Ferdinand Hiller, Stephen Heller, Heinrich Wilhelm Ernst, Friedrich Wilhelm Kalkbrenner und Henri Herz debütierten nicht nur als Instrumentalvirtuosen, sondern auch als Musikautoren, ganz zu schweigen von der Ausnahmepersönlichkeit Franz Liszt, die man in Paris eher dem deutsch-österreichischen Kulturkreis zurechnete. Auch der junge Richard Wagner versuchte sich bekanntlich auf diesem Parkett; Jacques (Jakob) Offenbach aus Köln legte dort in den vierziger Jahren den Grundstein zu einer beispiellosen Karriere, die dann zur Zeit Napoleons III. ihren Höhepunkt erreichte.

Was die Wissenschaft anbelangt, so ist zwischen den Naturforschern zu unterscheiden, die wie Justus Liebig im Gefolge Alexander von Humboldts an den großen Pariser Forschungsinstitutionen praktische Erfahrungen sammelten, und den Philologen, Orientalisten und Schulmännern, die das deutsche Universitätssystem damals im Überfluß hervorbrachte und die teils wegen der reichen Handschriftensammlung der Königlichen Bibliothek, teils einfach um ein Auskommen zu finden, nach Paris kamen. Wie immer waren auch auf diesem Sektor Exil und Emigration eher mit Armut und Elend verbunden. In erheblich besseren Lebensumständen befanden sich dagegen naturgemäß die relativ zahlreichen Bankiers, Finanziers und Geschäftsleute, die sich damals in Paris niedergelassen hatten. Den Rothschilds, die schon zu Zeiten Napoleons kamen, waren zahlreiche auch nichtjüdischen Bankniederlassungen gefolgt. Wie an Balzacs Figur des Baron Nucingen abzulesen ist, machte man damals in Frankreich kaum Unterschiede zwischen jüdischen, elsässischen, deutschen und schweizerischen Bankhäusern. Heine selbst verkehrte nicht nur bei den Rothschilds, sondern auch im Hause Fould, Leo bzw. Valentin und Cohen, einem Milieu, dem er über die Hamburger Verwandten verbunden war, und wickelte seine eigenen Geldgeschäfte ebenfalls über deutsch-jüdische Bankiers ab.

Deutsch-jüdische Soziabilität

Betrachtet man die Persönlichkeiten in Heines Umkreis näher, insbesondere jene, zu denen er enge Beziehungen unterhielt, stößt man immer wieder auf mehr oder weniger akkulturierte deutsche Juden, die damals ja auch in der Pariser deutschen Kolonie überproportional repräsentiert waren. Die Hindernisse, die ihrem akademischen Fortkommen in den Staaten des Deutschen Bundes zu dieser Zeit noch entgegenstanden, ließen viele von ihnen ihre Chance zu sozialem Aufstieg und Anerkennung im Ausland suchen, insbesondere in Frankreich, wo die Juden seit der Revolution die juristische Emanzipation erlangt hatten. Einige wenige machten in Frankreich glänzende Karrieren; die meisten fristeten indessen ein eher kümmerliches anonymes Dasein, als Deutsch- und Englischlehrer am Gymnasium, als Gelegenheitsjournalisten, Übersetzer oder als private Hauslehrer in begüterten Familien. Daß die wenigsten von ihnen sich noch zum Glauben ihrer Väter bekannten, die meisten sich aber, wie Heine, hatten taufen lassen und einige sich sogar zum Atheismus bekannten, vermochte nichts daran zu ändern, daß sie in der Außenwahrnehmung mit einer kollektiven jüdischen Identität belegt wurden: Die kulturellen Widerstände waren ja nicht auf die Konfession beschränkt, sondern durchzogen das gesamte Spektrum des gesellschaftlichen Lebens.

Gehörten Heines jüdische Bekannte in der deutschen Periode noch vielfach dem Bildungs- und Besitzbürgertum an – die hervorragendsten Beispiele liefern Moses Moser, der Herzensfreund der Berliner Jahre, der Lüneburger Advokat Rudolf Christiani und die mütterliche Mentorin Rahel Varnhagen –, so waren sie in der Pariser Zeit sozial erheblich breiter gestreut. Man trifft unter ihnen Persönlichkeiten der kulturellen Elite wie die Musiker und Komponisten Giacomo Meyerbeer (Jakob Meyer Beer), Ferdinand Hiller, Stephen Heller, Ignaz Moscheles, den Verleger Moritz Schlesinger, Angehörige der neuen Finanzaristokratie wie die Rothschilds und die Foulds, Bankiers wie Julius Cohen, August Leo oder Julius Homberg, arrivierte Ärzte wie David Ferdinand Koreff, Julius Sichel, Leopold Wertheim oder David Gruby, Gelehrte wie Salomon Munk oder J. Duesberg. Familiäre Beziehungen verbanden Heine mit den Furtados, die der sozialen Elite der sogenannten portugiesischen Juden angehörten, den Sephardim, die gesellschaftlich und kulturell meist schon besser integriert waren. Um sich sozial aufzuwerten, heirateten deutsche Aschkenasim aus den arrivierten Bank- und Geschäftsdynastien in diese Kreise gern ein, so Heines Vetter Carl, der – von Heine vermittelt – Cécile Furtado ehelichte, oder sein Onkel Isaac, der sich schon Anfang des Jahrhunderts in Bordeaux niedergelassen hatte und mit dessen Kindern Jakob (Armand) und Michel Heine in Paris verkehrte. Mit einer Tochter Isaacs, Charlotte, schon in Bordeaux geboren und gewissermaßen sephardisch ›geadelt‹, verheiratete sich 1833 Heines Freund Christiani, der dadurch zum *Cousin* wurde. Auch die Ehe der Tochter Beer Lion Foulds, Rose, mit Elie Furtado aus Bordeaux ist ein Beispiel für diese vielfach ineinander verschränkte Heiratspolitik.

Dieser jüdischen Geldaristokratie, zu der Heine nie ein eindeutiges Verhältnis entwickeln konnte – dafür waren die Abhängigkeiten zu groß –, standen die zahlreichen Intellektuellen, Gelehrten und Journalisten gegenüber, von denen viele in dürftigen Verhältnissen lebten. Mit einer ganzen Reihe von ihnen war Heine zeitweise in enger Berührung. Maximilian Donndorf, der seit Ende der zwanziger Jahre als Artikelschreiber und Sprachlehrer sein Dasein in Paris fristete, kannte Heine noch aus Göttinger Studienzeiten. Da er als Cotta-Korresponent offenbar Beziehungen zu den französischen Ministerien unterhielt, konnte er Heine mit vielerlei Informationen versorgen. Er starb 1838 in geistiger Umnachtung. Auch mit Johann Hermann Detmold, Advokat in Hannover, war Heine noch in seiner deutschen Zeit bekannt geworden. Als er dann Ende 1836 für ein halbes Jahr nach Paris kam, wurde er ein besonders enger Vertrauter, mit dem Heine, in einer Phase kritischen Umbruchs begriffen, seine Lebensstrategien besprach und hochfliegende Pläne zur »Gesundung« seines »finanziellen Ungemachs« sowie zur Stabilisierung seiner literaturpolitischen Stellung entwickelte. Im Gegenzug schleuste Heine Detmold in Cottas Blätter ein, stärkte seine publizistischen Einflußmöglichkeiten, auf die er dann in der Folge in kritischen Situationen gerne zurückgriff. Den betriebsamen Publizisten und Theaterautor August Lewald hatte Heine 1829 in Hamburg kennengelernt. Im Anschluß an zwei längere Parisaufenthalte wie auch später noch erwies er Heine vielfach journalistische Dienste. Börne verachtete ihn als harmlosen Spießbürger und konnte nicht begreifen, wieso Heine sich mit derart »gewöhnlichen Menschen« umgab. Angesichts des überaus vertrauten Tons, der sich sofort zwischen ihnen und Heine einstellte, besteht Anlaß zu der Vermutung, daß auch im Fall von Moses Heß, Karl Marx und Ferdinand Lassalle, führenden Köpfen der sozialistischen Bewegung, das jüdisch-deutsche Moment die persönlichen Barrieren herabsetzte. Viele der Journalisten und Intellektuellen jüdischer Herkunft, die Heines Weg kreuzten, gehörten indes einer noch niedrigeren sozialen Kategorie an, etwa Paul Herzfeld, Heines Trauzeuge, der, obschon promoviert, seinen Lebensunterhalt mit Sprachunterricht und gelegentlichen Artikeln in der Presse verdiente, oder später Siegmund Engländer, ein Achtundvierziger-Revolutionär aus Wien, der sich in Frankreich mit Sozialtheorien befaßte und den Heine zu protegieren suchte, indem er ihn unter anderem als Korrespondenten für die »Allgemeine Zeitung« empfahl, wie er sich zehn Jahre früher bei Cotta nachdrücklich für den Journalisten J. Karpeles eingesetzt hatte.

Heines Beziehungen zur Gruppe der deutschen Juden in Paris zeichneten sich zwar zum einen durch eine gewisse Nähe und Vertrautheit aus, waren aber zum anderen grundsätzlich ungleich, und so liefen sie oft Gefahr, umzukippen, vor allem, wenn Heine sie stark instrumentalisiert hatte. Natürlich hing die Entwicklung der Beziehungen von den individuellen Eigenschaften der Partner ab, von der Interessenlage und der äußeren Situation. Der Altersunterschied spielte ebenfalls eine wichtige Rolle in der gegenseitigen Einschätzung und Rollenzuweisung. Doch das bekannte Phänomen einer spezifischen gemeinsamen Form des Umgangs, die Vorstellung einer Art weitläufiger Verwandtschaftsbeziehung, die sowohl eine gewisse Nähe wie auch die entsprechenden Konflikte bedeuten kann, sind unverkennbar auszumachen. Die besondere affektive Bindung mochte sich in spontaner Zuneigung oder in heftigem Widerwillen äußern, nie aber wandelte sie sich in blanke Gleichgültigkeit. Und dabei schlug immer wieder die soziale Solidarität angesichts der Misere so mancher jüdischer Emigranten durch. Ludwig Wihl etwa, den Heine in den Auseinandersetzungen um den *Schwabenspiegel* mit ätzendem Spott überzogen hatte, sah er 1850 *mit großem Vergnügen* wieder, *weil er wirklich vor den Andern emporragt, durch Anständigkeit* – bevor er sich dann aufs neue mit ihm überwarf.

Einen besonders instruktiven Fall stellt in dieser Hinsicht Alexandre Weill dar, der in Frankfurt auf der Talmudschule studiert, seine geistliche Bestimmung jedoch schon bald mit weltlichem Auftrag vertauscht hatte und 1839 mit dem Ziel einer literarischen Karriere vor Augen völlig mittellos in Paris anlangte. Ganz nach Heines Vorbild versuchte er sich dort zugleich als Experte in Sachen deutscher Philosophie und Literatur, wurde Anhänger Fouriers und berichtete für deutsche Zeitungen über das Pariser Geistes- und Kulturleben. Nach 1848 wandte er sich wieder dem Judentum zu, womit ein weiteres Gesprächsthema zwischen ihm und Heine benannt ist, wurde indessen aber auch Parteigänger legitimistisch-konservativer politischer Ideen, was ihn schließlich Heine entfremden sollte. In den vierziger Jahren jedoch war er der originelle Polygraph, den Heine, gutmütig und amüsiert zugleich, unter seine Fittiche nahm und dem er eine großzügige Unterstützung Meyerbeers vermittelte. Über zehn Jahre lang gehörte er zu Heines engstem Umkreis, war zeitweise sogar *der einzige Deutsche* (obgleich Weill aus dem Elsaß stammte), dem sein *Haus offen stand*: eine Art Faktotum des Heineschen Haushalts, der zugleich für Heine publizistische Dienste verrichtete, Mathilde zum Lachen brachte und beide mit seinen lebhaften Geistesergüssen unterhielt.

Die Instrumentalisierung einer solchen besonders intensiven Freundschaft ging bei Heine freilich mit der Angst einher, daß die von ihm beschützte, geleitete und »eingesetzte« Figur sich plötzlich verselbständigen, außer Kontrolle geraten und dabei Schaden anrichten könnte. Während seines Deutschlandaufenthalts 1844 warnte er Mathilde eindringlich, Weill bloß nicht wissen zu lassen, daß sie alleine in Paris sei; wegen seines Mangels an Takt, seiner Umtriebigkeit und seiner Unverfrorenheit sei er gefährlicher als ein Feind. Heine hatte eine Heidenangst, daß Weill ihn ohne direkte Kontrolle durch unbedachte Äußerungen in der Presse kompromittieren könnte; obendrein war wohl auch ein wenig Eifersucht im Spiel. Immerhin erwies er ihm 1847 den außergewöhnlichen Dienst, ein Geleitwort für die zweite, erweiterte Auflage seiner Dorfgeschichten zu schreiben – es war dies Heines konkreter Beitrag zu Weills Eheschließung mit Agathina Marx, für die der arme Bräutigam einhundert Taler benötigte, einen Betrag, den der Stuttgarter Verleger der »Sittengemälde aus dem elsässischen Volksleben« nur herausrücken wollte, falls Weill Heine dazu überreden könne, ein *Vorwort* beizusteuern.

Wie schnell Zuneigung in Abneigung umschlagen konnte, wie innig Vertrauen und Mißtrauen miteinander zusammenhingen und wie sehr in die Beziehung immer auch Heines eigene kritische Selbstwahrnehmung hineinspielte, zeigt das Beispiel Ferdinand Friedlands (ursprünglich Friedländer), dessen Bekanntschaft Heine 1838 gemacht hatte. Damals war Friedland, der über beste Beziehungen zum französischen Ministerium (später auch zu Thiers) verfügte, in vielerlei Geschäften unterwegs. Da ihm zwischen 1838 und 1841 mehrmals ein Sonderpaß der französischen Regierung ausgestellt und er in den Registern als »Kurier« und »Angestellter« des Innenwie auch des Außenministeriums geführt wurde, ist anzunehmen, daß er damals als Agent fungierte. Vielleicht auch deswegen interessierte sich die preußische Polizei für ihn, die im Sommer 1838 eine Haussuchung bei Friedland vornahm. Heine bezeichnete ihn mit dem Spitznamen *Calmonius* als seinen Hofbankier, der seine finanzielle Misere beenden sollte, während Friedland seinerseits damals Briefe mit »Heinischer Geheimrath« zeichnete: Ausdruck eines beiderseitigen und von beiden Seiten anerkannten Abhängigkeitsverhältnisses. Vor allem nach seiner im Jahr 1845 erfolgten Heirat mit Friederike Lassalle, der Schwester Ferdinands, wurden die Beziehungen, in die auch Mathilde eingeschlossen wurde, besonders herzlich. Friedland wußte Heine mit großartigen Versprechungen dazu zu überreden, ihm aus der Erbschaft Salomon Heines zugeflossene zehntausend sowie danach noch weitere zweitausendfünfhundert Francs in Aktien der »Iris. Compagnie générale d'éclairage par le gaz hydrogène« zu investieren, der die Straßenbeleuchtungskonzession für die Stadt Prag übertragen werden sollte. Der erwartete Gewinn –

Friedland hatte die Verdreifachung der Einlage in Aussicht gestellt – blieb jedoch aus, und die Gesellschaft wurde im Gefolge der Februarrevolution zahlungsunfähig. In den folgenden Jahren verwandte Heine seine ganze Energie darauf, zumindest einen Teil des Geldes von Friedland zurückzubekommen; wie sich zeigte, mit einem gewissen Erfolg, da dieser nach und nach elftausend Francs zahlte.

Gerade weil er Leute wie Friedland nur allzugut kannte, brachte Heine es auch in den schlimmsten Momenten nicht über sich, sie wirklich zu hassen. So analysierte er in einem Brief an den Bruder Gustav, Friedland sei *vielleicht im Grunde ein dummer Kerl, er hat aber ein angebornes Talent des Aufspürens, und fast ein instinktartiges Begreifen der heterogensten Verhältnisse und eine Combinationsgabe, die ihn zu einem bedeutenden Menschen machen würde, wenn er nicht dabei das Unglück hätte, auch der größte Lügner zu sein und sich selbst noch mehr als andere zu belügen.* Und so stand auch nach den öffentlichen Feldzügen und heftigsten Beschimpfungen einer Aussöhnung nichts mehr im Wege. In einem Brief vom 22. Mai 1855 gedachte Friedland anläßlich seiner Lektüre von *Lutezia* gerührt der gemeinsam verbrachten Zeit, der »schönen Tage (...), die ich damals in Ihrer Gesellschaft so häufig verlebte«, der »Erinnerungen« an »Thiers, Damaskus – klein Cohnke, Rothschilds – Munk, der Abyssinier König, Papa Duesberg, Spazier«: eine Galerie der Freunde und Feinde aus dem jüdischen Umfeld, von Julius Cohen bis J. Duesberg, mit den entsprechenden Themen wie der Damaskus-Affäre, Munks historischen Forschungen über die afrikanischen Juden und dem gemeinsamen Feldzug gegen den Journalisten Spazier.

Suchte Heine unter den deutschen Juden in Paris auch immer wieder Einverständnis in der Einschätzung sozialer Situationen und persönlicher Schwächen von Kontrahenten, so mußte er doch gleichzeitig befürchten, daß sich derartige intime Kenntnisse einmal gegen die eigene soziale Position richten würden. Mit der Vertrautheit ging daher stets die Angst vor Bloßstellungen einher, weshalb Heine nicht sonderlich daran interessiert war, daß einer dieser diversen Helfer aus seinem großen Schatten heraustrat. Er zögerte, sie näher in seine *Wirthschaft* schauen zu lassen, und wenn er es einmal jemandem wie

Detmold trotzdem gestattete, bedeutete dies ein hohes Maß an Vertrauen. Letztlich aber setzte er keine allzu großen Hoffnungen in sein Umfeld: *Die persönlichen Bekannten eines großen Helden, seine Mitkämpfer, seine Leibdiener, seine Kämmerer, Sekretäre, Adjutanten* kamen ihm am Ende *vor wie das kleine Insekt, das auf dem Kopf eines Menschen herumkriecht, ganz eigentlich in der unmittelbarsten Nähe seiner Gedanken verweilt, ihn überall begleitet und doch nie von seinem wahren Leben und der Bedeutung seiner Handlungen das mindeste ahnte.*

Die Opposition formiert sich

Trotz ihres zahlenmäßig geringen Gewichts war es neben der Kultur und der Finanzwelt vor allem die Politik, welche die deutsche Kolonie in Paris strukturierte. Dies galt zunächst in sozialpsychologischer Hinsicht. Die politische Emigration, die ja im Unterschied zur wirtschaftlichen Emigration auf eine Veränderung der Verhältnisse in der Heimat hinwirken möchte und meist unter einem gewissen doppelten Druck steht, von innen und von außen, begünstigt im allgemeinen politische Fragmentierung und soziale Rivalitäten. Dies verhinderte auf der anderen Seite nicht die Entfaltung einer bestimmten politischen Dynamik, vor allem in Verbindung mit dem französischen politischen Leben. Die ersten Organisationsformen bildeten sich schon Anfang der dreißiger Jahre im Anschluß an nationale, liberale und antirestaurative Oppositionsbestrebungen heraus. Unter Führung bürgerlicher Intellektueller fanden sich hier Angehörige aus sozial stark gemischten Schichten zusammen, mit der für die damaligen Verhältnisse charakteristischen Melange liberaldemokratischer und deutschnationaler Programmatik.

Ausgangspunkt war eine Initiative des liberalen Publizisten Georg August Wirth, der im Herbst 1831 in der freisinnigen »Deutschen Tribüne« die Gründung einer Aktiengesellschaft angeregt hatte, »die den Kampf der von den Regierungen verfolgten freien Presse für Einführung von Verfassung und Volksvertretung wirksam unterstützen sollte«. Einem weiteren Aufruf Wirths folgte Anfang des Jahres 1832 in

Südwestdeutschland die Gründung der ersten Filialen des »Preß- und Vaterlandsvereins«. Mit dem gesammelten Geld sollten Flugblattaktionen finanziert und durch die rigide Preßgesetzgebung in Not geratene Journalisten unterstützt werden. Am 23. Februar 1832 versammelten sich in Paris deutsche Handwerker, Gewerbetreibende und Intellektuelle, um über die Gründung einer Auslandssektion des »Deutschen Vaterlandsvereins zur Unterstützung der freien Presse« zu beraten. Wenige Tage später druckte die »Deutsche Tribüne« den Gründungsaufruf des Pariser »Vereins«, der gleichzeitig auch in französischen Blättern erschien. Der »Preßverein« war zwar keine Massenbewegung; durch die Beschränkung auf den Kampf für Pressefreiheit gelang es ihm aber immerhin, die Esoterik vergleichbarer politischer Organisationen zu überwinden und breite Teile der Bevölkerung, ungeachtet ihres sozialen Status, zu mobilisieren. Nach dem Verbot der Burschenschaft war der »Preßverein« somit die erste Organisation der liberalen Opposition von überregionaler Bedeutung.

Die Feindseligkeiten zwischen Heine und den deutschen Republikanern waren bereits im Jahr seiner Ankunft eröffnet worden, als das Wort von Heines angeblicher »Käuflichkeit« die Runde machte. Antipathien und Idiosynkrasien bestanden indes auch auf Heines Seite: So galt ihm der Buchhändler Franckh, einer der politischen Führer der Opposition, als perfider Intrigant; Börne, vertraute er Varnhagen im Frühjahr 1832 an, sei ein *Verrückter.* Als dann zwischen Januar und November 1832 in der in linken Emigrantenkreisen als servil verschrieenen »Allgemeinen Zeitung« Heines Korrespondenzen aus Frankreich erschienen, führte das erneut zu gewissen *Unbequemlichkeiten* seiner *Stellung unter den Patrioten*: Einige irritierte deutsche Emigranten meinten, ihm, der sich partout zu *keinem Mitwahnsinn verstehen* wollte, die Generalbeichte abnötigen zu müssen, ob er *für sie oder gegen sie* sei. Sie erreichten jedoch nur, daß Heine sich überlegte, gegebenenfalls *noch gemäßigter als jemals* zu werden. Wie er unablässig betonte, war er *kein Republikaner,* sondern eher ein *Royalist*, und zwar *aus angeborner Neigung*; sein *Revoluzionsgeist* beschränkte sich auf *die Bekehrung der Höchstgestellten.* In einem von der Redaktion der »Allgemeinen Zeitung« abgelehnten Korrespondenzbericht vom Sommer 1832 finden sich einige für die Bestimmung von Heines politischer Position interessante Definitionen, die teilweise unmittelbar auf die »Déclaration des droits de l'homme et du citoyen« zurückgehen und etwa mit der impliziten Anerkennung des allgemeinem Wahlrechts den Grundsätzen der äußersten Linken entsprechen: *»Wir schlagen uns für den Grundsatz, daß alle Menschen auf dieser Erde gleich edel geboren sind, und kein Mensch, seiner Geburth wegen, im Staate bevorrechtet werden soll.« Die Anhänger dieses Grundsatzes nennen wir Demokraten, und ihre Parthey heißt die Demokrazie. Die Gegner dieses Grundsatzes, die unanständiger- und unvernünftigerweise behaupten, »ein Mensch sey edler gezeugt als der Andere, und müsse, für dieses Verdienst, mehr Recht genießen als der Andre!« diese nennen wir Aristokraten und ihre Parthey heißt die Aristokrazie. Der Kampf mit dieser Parthey ist unsere Aufgabe. (...) Die Regierungsform*, so Heine dann weiter, sei *nur das Mittel, während das demokratische Prinzip der eigentliche Zweck* sei. Der *Prinzipienstreit* dürfe nicht in einen *leeren Streit um Formen* ausarten.

Ich sage der Streit um die Form der Regierung ist ein leerer Streit; ob an der Spitze des Staates nur eine einzige Person steht, die, als unsterblich betrachtet wie der Staat selbst, sich durch Primogenitur fortsetzt, oder ob die Staatsregierung einer Anzahl Personen anvertraut ist, die durch periodische Volkswahl geschaffen wird, das ist nicht die Hauptsache. Wir haben wohl gesehen, daß die völlige Bürgergleichheit, die heiligste Demokrazie, in sogenannten Monarchien blühen konnte (...); während in sogenannten Republiken, selbst wenn sie noch so gleichheitlich konstituirt worden, endlich die Geburtsbevorrechtung überhand nahm. (...) Nur die nordamerikanische und die weiland französische Republiken verdienen, als wahre Demokrazien, unsere Beachtung. Aber ich bemerke, daß jene nur auf einem frischen, jungfräuligen, neuen Welttheil, wie Amerika, gedeihen konnte, und daß es thörigt wäre sie etwa nachbilden zu wollen auf dem alten Scherbenberg einer tausendjährigen Civilisazion, auf dem fieberhaften, abgematteten, kranken Boden Europas. Was die französische Republik betrifft, so verdient sie gewiß unsere Anerkennung. In der That, ich liebe sie, sie war schön, sie war herrlich, und es ist nur Schade, daß diese Herrlichkeit sich keine vier

Jahre erhalten konnte. Ich liebe aber diese Republik, nicht weil sie eine Republik war, sondern weil sie am kräftigsten und ruhmwürdigsten die Interessen der Demokrazie verfochten.

Keineswegs wollte Heine *liberal* genannt werden: *Es liegt in dem Begriffe liberal etwas durchaus Aristokratisches, ein Ueberheben des Einen, der gnädig und duldsam genug ist, dem Andern eine Gabe, Freyheit, Recht, Geltung darzureichen. Der Name eines Liberalen ist auch in Frankreich gegenwärtig bereits veraltet. Noch einmal! Nur Aristokraten sind liberal, und Volksfreunde allein freygesinnt.* Fühlte er als Demokrat – das Synonym für *Volksfreund* – auch eine Geistesverwandtschaft mit den englischen Radikalen und den italienischen Carbonari, so gehörte er deshalb noch lange nicht, wie er seinen Schwager Moritz Embden schon 1822 wissen ließ, *zu den Demagogen in Deutschland*, denn deren habitueller Antisemitismus hätte schon bald das gemeinsame Interesse an einer politischen Veränderung überlagert. Doch die Selbstcharakterisierung als *Gemäßigter* brachte ihn in Gegensatz zu den Ultraradikalen, deren politische Verzweiflung sich in imaginären Weltrevolutionsplänen Bahn brach.

Gleichwohl verstand sich Heine vorerst noch als Sprecher dieser Leute. Und daher ließ er sich auch, obgleich man ihn schon bald zwingen wollte, *als Tribun abzudanken*, auf der Generalversammlung des Pariser »Deutschen Preß- und Vaterlandsvereins« vom 5. März 1832 neben Börne in den zehnköpfigen Vorstand berufen. Gegenüber Cotta beklagte er sich freilich, sein Name sei *als Lockvogel, mehr als mir lieb ist, gebraucht worden.* Wenn seine spätere Angabe stimmt, war es *das erste und letzte Mal*, daß er an einer solchen Zusammenkunft teilgenommen hat. In der *Denkschrift* resümierte er mit ironischem Abstand:

Ich kann den Tabaksqualm nicht vertragen, und ich merkte, daß in einer deutschen Revoluzion, die Rolle eines Großsprechers in der Weise Börnes et Consorten nicht für mich paßte. Ich merkte überhaupt, daß die deutsche Tribunatskarriere nicht eben mit Rosen, und am allerwenigsten mit reinlichen Rosen bedeckt. So z. B. mußt du allen diesen Zuhörern, »lieben Brüdern, und Gevattern« recht derb die Hand drücken. Es ist vielleicht metaphorisch gemeint, wenn Börne behauptet: im Fall ihm ein König die Hand gedrückt, würde er sie nachher ins Feuer halten, um sie zu reinigen; es ist aber durchaus nicht bildlich, sondern ganz buchstäblich gemeint, daß ich, wenn mir das Volk die Hand gedrückt, sie nachher waschen werde.

Die Vorrede und der Volksverein

Von der Buchausgabe seiner Artikel für die »Allgemeine Zeitung«, die er seit Mai 1832 in Angriff nahm, versprach sich Heine eine gewisse Rehabilitation. Varnhagen vertraute er an, das Werk sei geeignet, ihn *vielleicht vor dem Laternentod bey der nächsten Insurrekzion* zu retten, *indem jetzt meine holden Landsleute mich nicht mehr des Einverständnisses mit Preußen beschuldigen können. Schufte, wie Börne und Consorten*, fuhr er fort, *habe ich dadurch unschädlich gemacht, für mich wenigstens.* Allerdings erwies sich das Unternehmen, den *Demagogen* zu zeigen, daß er kein *bezahlter Schuft* sei, als schwieriger denn geplant, denn Heine stellte den *Französischen Zuständen* eine scharfe anti-preußische *Vorrede* voran, in der er die reaktionären Bundesbeschlüsse vom Juni 1832 denunzierte und den König wegen des gebrochenen Verfassungsversprechens direkt angriff. In drastischen Bildern drohte er den Regierenden, daß das deutsche Volk, der *närrische* Riese, einmal erwachen könne, um ihnen *aus Ueberspaß, mit dem kleinen Finger den Kopf* einzudrücken, *so daß Euer Hirn bis an die Sterne spritzt.* Appell und Selbstcharakteristik miteinander verbindend, hatte es gleich zu Anfang geheißen:

Wenn wir es dahin bringen, daß die große Menge die Gegenwart versteht, so lassen die Völker sich nicht mehr von den Lohnschreibern der Aristokratie zu Haß und Krieg verhetzen, das große Völkerbündniß, die heilige Allianz der Nazionen, kommt zu Stande, wir brauchen aus wechselseitigem Mißtrauen keine stehenden Heere von vielen hunderttausend Mördern mehr zu füttern, wir benutzen zum Pflug ihre Schwerter und Rosse, und wir erlangen Friede und Wohlstand und Freyheit. Dieser Wirksamkeit bleibt mein Leben gewidmet; es ist mein Amt.

Der sein Amt sehr wichtig nehmende Zensor am Druckort Altenburg sorgte indessen dafür, daß der Text auf die Hälfte zusammengestrichen und damit das sorgfältig ausgewogene Gleichgewicht zwischen den fast diplomatisch formulierten Artikeltexten und der schneidend scharfen *Vorrede* zerstört wurde. Heine reagierte empört, fürchtete er doch, daß nun ein entgegengesetzter Effekt eintreten werde. An Campe, der die *Französischen Zustände* der Vorzensur überantwortet hatte, schrieb er am 28. Dezember 1832: *Eben erhalte ich die Vorrede, worin ich vor den Augen von ganz Deutschland als ein trübseliger Schmeichler des Königs von Preußen erscheine – stände nicht auch darin daß Professor Raumer der beste unter den Schriftstellern sey, es wäre nicht zu ertragen. (NB. im Manuskript stand: er ist von allen schlechten Schriftstellern noch der beste.) – Ich bin betäubt vor Kummer.* In einer öffentlichen Erklärung sagte er sich von der publizierten Fassung los:

Nimmermehr hätte ich jenes Buch herausgegeben ohne diese Vorrede, worin ich die Gesinnungen, die in jenen Artikeln nur angedeutet sind, vollkräftig mittheilen und zugleich durch anderweitige Besprechungen einen großen Akt der Bürgerpflicht ausüben konnte. Wie soll ich nun die widerwärtige Empfindung ausdrücken, die mich berührte, als ich einen Abdruck dieser Vorrede brieflich erhielt, und daraus ersah, daß mehr als die Hälfte davon unterdrückt worden; ja, was noch fataler ist, daß durch diese Unterdrückungen alles, was ich sagte, nicht bloß entstellt, sondern auch mitunter ins Servile verkehrt worden ist!

Schließlich sah Heine sich veranlaßt, den authentischen Text der *Vorrede*, unter Umgehung der Zensur, in Paris, mit einer erklärenden *Vorrede zur Vorrede* zu veröffentlichen, ein Unternehmen, bei dem ihm eben auch deutsche Republikaner Hilfestellung leisteten und das bei den preußischen Behörden wirklich böses Blut machte. Mit Recht ging er davon aus, daß er sich damit für lange Zeit die Rückkehr nach Deutschland versperren werde. Und dabei gelang es ihm nicht einmal, die Kritik der deutschen Republikaner, namentlich Börnes, zu entschärfen. Im Gegenteil wurden die gegenseitigen Beziehungen weiter belastet. Für Heine selbst hatte dies zur Folge, daß er sich von der tagespolitischen Bühne zurückzog und fortan nicht mehr *an die*

Möglichkeit einer momentanen Wirkung seiner Schriften *auf die Deutschen* glaubte.
Obgleich der Pariser »Preß- und Vaterlandsverein« im Sommer 1832 durch einen Beschluß des Deutschen Bundestags verboten wurde, konnte er seine Existenz durch Umbenennung in »Deutscher Volksverein« fast zwei Jahre lang weiter fristen; seine Führung ging bald von bürgerlichen Intellektuellen auf Arbeiter und Handwerker über. Obgleich aus diesen Kreisen auch handfeste Kritik an Heine geübt wurde, fand noch am 22. Dezember 1833 bei ihm zu Hause eine Versammlung statt, auf der beschlossen wurde, »die Redaktion der Druckschriften und Pamphlets des Patriotenvereins (...) künftig geübten Federn anzuvertrauen«, wozu ursprünglich auch Heine gehören sollte. Der schwelende Konflikt mit den Republikanern, aber auch die Dramatisierung des Verhältnisses zwischen den Emigranten und der französischen Regierung verhinderten dann die Weiterverfolgung dieses Plans.

Vom Hambacher Fest zum Frankfurter Wachensturm

Die republikanische Agitation der Jahre 1832/33 wurde von Heine in der *Denkschrift* detailliert rekapituliert. Im Zentrum seiner Betrachtung stand das Hambacher Fest, mit 30.000 Teilnehmern die größte antifeudale Massenkundgebung des deutschen Vormärz. Die Einschränkung der Vereins- und Versammlungsfreiheit hatte die Organisatoren gezwungen, die Manifestation in die noch gestattete Form eines Volksfestes zu kleiden, das aber dennoch deutlich im Zeichen des Kampfes »zur Abschüttelung innerer und äußerer Gewalt, für Erstrebung gesetzlicher Freiheit und deutscher Nationalwürde« stand. Der Sembacher Pfarrer Johann Heinrich Hochdörfer, einer der Hauptredner des Tages, erklärte als Ziel der Zusammenkunft, einander »für die Befreiung der niedergetretenen Völker Europas, besonders aber des deutschen Volkes, zu begeistern, zu ermuthigen, zu stärken«. Bürgerliche Freiheit und nationale Einheit waren die Hauptforderungen des Hambacher Festes, aber auch das Thema des nationalen Marktes stand auf der Tagesordnung. Die vielen Binnenzölle sollten abgeschafft, Schutzzölle gegen das Ausland errichtet, Handels- und Gewerbefreiheit eingeführt werden. Die Teilnehmer, Bürger und Handwerker, Bauern und Intellektuelle, repräsentierten alle Klassen der Bevölkerung und kamen aus allen Teilen des Deutschen Bundes. Zu den prominentesten Gästen gehörten Börne aus Paris und Harro Harring aus Straßburg. Die Straßburger »Amis du peuple« hatten eine 40köpfige Delegation geschickt. Ihre Grußbotschaft, die Lucien Rey verlas, wurde in der Broschüre »Das Nationalfest der Deutschen zu Hambach« veröffentlicht, deren Erlös »zur Gründung eines Fonds für deutsche politische National-Journalistik« bestimmt war.

Bis zuletzt blieb umstritten, auf welchem Weg und in welcher Form die politischen Forderungen realisiert werden sollten: evolutionär oder revolutionär, unter dem Dach einer konstitutionellen Monarchie oder durch eine Repräsentativ-Republik. Am dritten Festtag, dem 29. Mai 1832, wurden zur weiteren Koordination der Opposition im engeren Kreis Delegierte gewählt. Der Vorschlag, diese anschließend zu Vertretern der Nation und den auf diese Weise gebildeten Nationalkonvent zur provisorischen Regierung zu erklären, wurde mehrheitlich abgelehnt, da man sich, wie eingewendet wurde, nicht auf den Volkswillen berufen könne. An dieser *Competenzgeschichte*, wie Heine ironisch kommentierte, scheiterte schließlich der Versuch, die Ergebnisse des Hambacher Fests in politische Aktionen umzusetzen, und damit war der *letzte Termin den die Göttinn der Freyheit uns gewährte* verstrichen: die Möglichkeit einer deutschen Revolution scheiterte an dem Verdikt, *man sey nicht kompetent.*

Und dennoch beurkundete das Fest von Hambach einen großen Fortschritt, zumal wenn man es mit jenem anderen Feste vergleicht, das einst ebenfalls zur Verherrlichung gemeinsamer Volksinteressen auf der Wartburg statt fand. Nur in Aussendingen, in Zufälligkeiten, sind sich beyde Bergfeier[n] sehr ähnlich; keineswegs ihrem tieferen Wesen nach. Der Geist, der sich auf Hambach aussprach, ist grundverschieden von dem Geiste, oder vielmehr von dem Gespenste, das auf der Wartburg seinen Spuk trieb. Dort, auf Hambach, jubelte die moderne Zeit ihre Sonnenaufgangslieder und mit der ganzen Menschheit ward Brüderschaft getrunken; hier aber, auf der Wartburg, krächzte die Vergangenheit ihren obscuren Rabengesang, und bei Fackellicht wurden Dummheiten gesagt und gethan, die des blödsinnigsten Mittelalters würdig waren! Auf Hambach hielt der französische Liberalismus seine trunkensten Bergpredigten, und sprach man auch viel Unvernünftiges, so ward doch die Vernunft selber anerkannt als jene höchste Autorität, die da bindet und löset und den Gesetzen ihre Gesetze vorschreibt; auf der Wartburg hingegen herrschte jener beschränkte Teutomanismus, der viel von Liebe und Glaube greinte, dessen Liebe aber nichts anders war als Haß des Fremden und dessen Glaube nur in der Unvernunft bestand, und der in seiner Unwissenheit nichts Besseres zu erfinden wußte als Bücher zu verbrennen!

Unterm Strich aber überwog bei Heine der Hohn über die verpaßte historische Chance, der sich in dem zweimal wiederholten Stoßseufzer: *O Schilda, mein Vaterland!* Luft machte. Im nachhinein erschien ihm das »Nationalfest der Deutschen« als Beweis für die Unfähigkeit der Deutschen, vom Gedanken zur Tat überzugehen. Die *großen Königskinder* hätten daher vorerst nichts zu fürchten: *Die deutsche Revoluzion ist noch weit von Euch entfernt, gut Ding will Weile, und die Frage der Competenz ist noch nicht entschieden ...* Diese Eigenschaft des deutschen Nationalcharakters hatte er schon viele Jahre zuvor konstatiert: Sprichwörter wie »Eile mit Weile«, »Was lange währt, wird gut« oder »Kommst du heut nicht, kommst du morgen«, so die Erkenntnis von 1821, dienten seinen Landsleuten *als Krücken bey jeder Handlung* und sollten daher *der ganzen deutschen Geschichte als Motto voran gesetzt werden.* Möglicherweise verhielten sich die Hambacher in der Kompetenzfrage aber nur deshalb so bedächtig, weil sie keine übereilte Aktion provozieren wollten und statt dessen auf das Bündnis mit französischen Republikanern setzten. Mit ihnen war anscheinend abgesprochen worden, daß die Revolution gleichzeitig in beiden Ländern stattfinden müsse, wenn sie erfolgreich sein solle. Diese Pläne wurden dann zurückgestellt, auch weil sich die Opposition in Deutschland noch auf keine gemeinsame Strategie verständigen konnte. Aufgrund ihrer parlamentarischen Erfolge behielten bis zum Sommer 1832 zumindest in Südwestdeutschland die gemäßigten Liberalen gegenüber den entschlossenen Revolutionären die Oberhand. Die am 28. Juni und 5. Juli 1832 vom Frankfurter Bundestag verabschiedeten »Maaßregeln zur Aufrechterhaltung der gesetzlichen Ordnung und Ruhe in Deutschland« brachten hier die Wende. Sie waren eine Reaktion auf die Folgen der Julirevolution in Deutschland und die Erfolge der demokratischen Volksbewegung, wie sie eben erst im Hambacher Fest zum Ausdruck gekommen waren. Die Bundestags-Ordonnanzen liquidierten endgültig die Pressefreiheit, belegten politische Vereine mit einem Verbot und kriminalisierten von vornherein jede Art von Versammlung, die einem politischen Zweck diente. Unter diesen Bedingungen war eine Fortsetzung der politischen Arbeit nur noch in der Illegalität, im Untergrund möglich. Liberale Koryphäen, die den Weg verfassungsmäßiger Politik nicht verlassen wollten, waren zur Untätigkeit verurteilt. Energische Führer besonders der südwestdeutschen Opposition arbeiteten überregional zusammen und bereiteten den Aufstand vor.

Am 3. April 1833 versuchten rund einhundert radikale Burschenschafter und Handwerker in Frankfurt einen bewaffneten Putsch mit dem Zweck der »Erregung einer Revolution«. Nach der Erstürmung der Polizeiwachen sollten die dortigen Behörden des Deutschen Bundes besetzt und von hier aus die Revolution ausgerufen werden. »Durch die Macht eines kühnen Beispiels, vielleicht durch einen momentanen kühnen Erfolg«, sollte »die Trägheitskraft der Massen« überwunden werden, analysierte wenig später Wilhelm Schulz. Doch die erhoffte Unterstützung der Bevölkerung blieb aus, Frankfurter Linienmilitär gelang es, den Tumult binnen einer Stunde zu unterdrücken. Das Ergebnis: 9 Tote und mindestens 24 teils Schwerverwundete – im historischen Augenblick des Jahres 1833 Opfer der irrigen Annahme, offene Massenaktionen könnten durch einen Putsch ersetzt oder initiiert werden. Die Wachenstürmer hatten sowohl die Signalwirkung ihrer Aktion als auch die politischen Kräfteverhältnisse falsch eingeschätzt. Es ist daher auszuschließen, daß aus dem Putsch selbst bei günstigster Konstellation eine revolutionäre Situation hätte heraufbeschworen werden können. So war der Wachensturm zwar die spektakulärste Aktion der Republikaner zwischen Hambacher Fest und 48er Revolution, er blieb jedoch ohne fruchtbare Resultate und schadete der Opposition mehr, als daß er ihr nutzte. Heine kommentierte sie mit den Worten, *eine radikale Umwälzung in Deutschland* werde *wenig gefördert (...) durch Volksaufläufe oder durch ein Stegreifscharmützel, wie in Frankfurt.*

Babylonische Verwirrung

Die Spitzenpolitiker der Restauration erkannten sehr schnell die Gunst der Stunde. »Das Frankfurter Attentat kann Deutschland retten, wenn man sich beeilt, das Ergebnis auszubeuten«, schrieb der preußische Minister Ancillon nach Wien. Mit einer noch rigideren Innenpolitik, flächendeckenden polizeilichen Ermittlungen und einer Welle von Verhaftungen reagierten die deutschen Bundesstaaten auf den Umsturzversuch. Außerdem entstanden in vielen Bundesstaaten geheime Ministerialkommissionen. Weil der deutsche Partikularismus eine erfolgreiche, länderübergreifende Ermittlungsarbeit und einen Datenaustausch der verschiedenen Polizei- und Untersuchungsbehörden verhinderte, betrieb Österreich überdies die Einrichtung einer »Zentralbehörde« des Deutschen Bundes, die per Bundesbeschluß vom 20. Juni 1833 in Frankfurt installiert wurde. Sie hatte zur Aufgabe, »nähere Umstände«, »Umfang« und »Zusammenhang des gegen den Bestand des Bundes und gegen die öffentliche Ordnung in Deutschland gerichteten Komplottes, insbesondere des am 3. April laufenden Jahres zu Frankfurt stattgehabten Attentates«, zu untersuchen. Als Kopf eines geheimen Apparats zur Ausspähung, Verfolgung und Unterdrückung »revolutionärer Umtriebe«, der sich über jeden politischen Prozeß in Deutschland unterrichten ließ und gegebenenfalls seinen Verlauf korrigierte, der einen politischen Auskunftsdienst unterhielt, periodisch schwarze Listen druckte und an sämtliche Regierungen verschickte, koordinierte sie für die nächsten zehn Jahre sämtliche Aktionen der politischen Polizei und der lokalen Untersuchungsbehörden im gesamten Gebiet des Deutschen Bundes.

Den Emigranten in Frankreich ging es nicht besser: Zwangsmaßnahmen der Regierung trieben auch ihre politischen Organisationen in die Illegalität. Nach der Verschärfung des französischen Vereinsgesetzes formierte sich ein Teil des Pariser »Volksvereins« im Mai 1834 als Sektion des konspirativen »Bundes der Geächteten«. Mit radikalen Flugschriften, die von Handwerksgesellen (der von den Behörden gefürchteten »Propaganda zu Fuß«), teilweise auch auf dem Postweg nach Deutschland geschmuggelt wurden, agitierten die »Geächteten« für eine demokratische Revolution in Deutschland. Die Programmschriften des Bundes fußten zunächst auf jakobinischer Tradition (Robespierres Version der »Deklaration der Menschen- und Bürgerrechte«); als Hauptgegensatz wurde das Verhältnis von Arm und Reich, nicht von Kapital und Arbeit, gesehen. Im Gedanken sozialer Veränderung war der Bund fortschrittlich, in seinen utopischen Zielsetzungen dagegen eher traditionalistisch; gefordert wurde ein Staat der Kleineigentümer. Mit der Ablösung Venedeys, des ersten Redakteurs des »Geächteten«, durch Theodor Schuster vollzog sich dann ein ideologischer Wandel. Jetzt wurden erstmals soziale Forderungen laut und Stellung genommen zu konkreten sozialen und ökonomischen Fragen wie dem Eigentumsproblem und der Arbeitspflicht, wobei der Einfluß französischer neobabouvistischer Theoretiker und Gruppierungen unverkennbar ist. Allerdings verstand auch Schuster diese Forderungen als prophylaktische Maßnahmen angesichts einer sonst ins Haus stehenden sozialen Revolution. Er propagierte nicht den Befreiungskampf des Proletariats – wie hätte er auch, da es das moderne Proletariat in unserem Sinne noch kaum gab –, sondern versprach sich durch Stärkung des Mittelstandes und Errichtung von Nationalwerkstätten Besserung. Eindeutig sozialistische Tendenz verfolgte der 1836 unter der Führung Wilhelm Weitlings vom »Bund der Geächteten« abgespaltene »Bund der Gerechten«, in dem eine radikale Gütergemeinschaft und zum ersten Mal eine rein auf dem Proletariat als einziger wahrhaft revolutionärer Kraft fußende soziale und politische Umwälzung gefordert wurde. Kleine Meister und Handwerksgesellen waren die Träger der Bewegung. Ihre soziale Deklassierung bzw. Proletarisierung war Folge der zunehmenden Kapitalisierung, die vor allem die Existenz des Kleinhandwerks bedrohte: Den betroffenen Produzenten blieb nur die Wahl zwischen Geschäftsaufgabe, Arbeitslosigkeit, Verdingung als handwerkliche Lohnarbeiter oder Emigration. Aus den »Gerechten« ging später in Brüssel der »Bund der Kommunisten« hervor, als dessen Programm 1848 das von Karl Marx und Friedrich Engels ausgearbeitete »Kommunistische Manifest« erschien.

Nach dem kurzen Gastspiel vom Frühjahr 1832 als Mitglied im Führungskomitee des Pariser »Preßvereins« und der kleinen Redaktionskonferenz vom Dezember 1833 hatte sich Heine zwar nicht mehr organisatorisch an diesen Verbindungen beteiligt, aber doch sporadisch mit ihnen zusammengearbeitet: Der Separatdruck seiner aggressiven *Vorrede zu Heinrich Heine's Französischen Zuständen, nach der französischen Ausgabe ergänzt und herausgegeben von P[aul] G[au]g[er]* in Paris im Juli 1833 wurde vom »Deutschen Volksverein« unterstützt, das Vereinsmitglied Paul Gauger gab seinen Namen dafür her. Im Januar 1835 druckte der »Geächtete«, das Publikationsorgan des »Bundes«, den in der Buchfassung von der Zensur malträtierten Schlußabschnitt von *Zur Geschichte der Religion und Philosophie in Deutschland* unter dem Titel »Die zukünftige Revolution Deutschlands«. Einer späteren Generation prophezeite Heine dort eine blutige deutsche Umwälzung. Die Altenburger Zensur hatte die entsprechenden Passagen der Buchfassung gestrichen, und das Pariser Emigrantenblatt bot die Gelegenheit zu unverstümmelter Veröffentlichung. Freilich wurde Heines Interpretation der deutschen philosophischen Revolution von den meisten Bundesmitgliedern mißbilligt: Wie sich etwa an der Reaktion des »Pianofortemachers« Wolfgang Strähl ablesen läßt, mißtraute man zutiefst Heines geistreicher Konstruktion einer Parallelität von deutscher Philosophie und französischer Politik. Philosophie war in diesen Kreisen schlecht angesehen, da man sie mit Voltaire und den französischen Materialisten des 18. Jahrhunderts in Verbindung brachte, Strähl zufolge dic Hauptschuldigen für das Scheitern der Französischen Revolution. Der gott- und sittenlose Heine gehöre zu den Verführern, die das Volk schon einmal ins Verderben gestürzt hätten. Im Gegensatz zu Lamennais und Börne, den Koryphäen des neuen Jahrhunderts, sei der Gotteslästerer Heine hoffnungslos veraltet.

Die Ablehnung der Arbeiterführer hinderte Heine nicht daran, weiterhin Kontakte zu einzelnen Vereinsmitgliedern zu unterhalten: Für Jakob Venedey setzte er sich 1834 beim französischen Innenministerium ein, dem Journalisten Ferdinand Wolff, später tätiges Mitglied des »Bundes der Kommunisten«, besorgte er über einen Zeitraum von fünfzehn Jahren Übersetzungsarbeiten. Doch weil Wolff in der Krise zwischen Heine und Campe nach 1848 eine unglückliche Figur machte, setzte ihn Heine 1850 *schimpflich vor die Thüre.* Enger waren in den vierziger Jahren die kollegialen Verbindungen mit den »Vorwärts«-Mitarbeitern. Auch seine freilich temporären freundschaftlichen Beziehungen zu Arnold Ruge, Karl Grün, Ferdinand Lassalle und Georg Weerth sind hier zu nennen. Karl Marx ausgenommen, behielt Heine freilich immer eine gewisse Distanz im Umgang mit seinen *Genossen.* In der *Denkschrift* und auch in den *Geständnissen* hob er mit ironischer Übertreibung hervor, wie er sich derartige *gefährliche Gesellen* immer tunlichst vom Leibe gehalten habe.

Heines *deutsche Noth*, wie er diesen Aspekt seines Exils einmal nannte, resultierte natürlich aus seiner exponierten Stellung als Schriftsteller, dem in der Öffentlichkeit Gehör geschenkt wurde. Zum einen ließ sie ihn zu einem willkommenen, weil prominenten Kampfgefährten avancieren, zum anderen schlossen viele seiner Emigrationsgefährten, sicher nicht ganz zu Unrecht, daraus auf eine gewisse Wohlhabenheit, die ihn in ihren Augen zu großzügigen Solidaritätsopfern befähigen mußte. Und war er nicht *der Verwandte aller möglichen Millionäre?* 1835 klagte er einmal gegenüber dem ungleich vermögenderen Meyerbeer, *Germania, die alte Bärin*, habe *alle ihre Flöhe auf Paris ausgeschüttet* und er *Ärmster werde davon am unaufhörlichsten zernagt.* Die Masse der Emigranten erschien ihm als *Lumpengesindel* und *widerwärtige, ekelhafte Erscheinungen.* Das *freche Gesindel* häufe sich *täglich*, und er habe nur *die Wahl, sie entweder zu unterstützen und der Chef einer Räuberbande zu werden oder sie bestimmt abzuweisen und beständig von ihnen inkommodirt zu seyn.* In dieser oder ähnlicher Weise äußert sich Heine immer über seine *deutsche Landsmannschaft*, deren einziger Nutzen für ihn darin zu bestehen schien, daß sie ihn vor Heimweh schützte. *Lum-*

pengesindel, Bettler die da drohen wenn man ihnen nichts giebt, Hundsvötter die beständig von Ehrlichkeit und Vaterland sprechen, Lügner und Diebe, hieß es in einem Brief an Heinrich Laube vom 27. September 1835. Kaum 14 Tage vergingen, und ein Brief an Campe wiederholte das Lamento: *Die Deutschen in Paris sind ein Lumpenhaufen, womit ich nicht verkehren will, und die deßhalb alle möglichen Niederträchtigkeiten gegen mich ausüben.*

Doch wie wir sahen, lagen die eigentlichen Gründe für Heines Mißverhältnis zu den deutschen Emigranten in Paris tiefer als diese rein materiellen Querelen. Die Einheit der antirestaurativen Opposition war eine Schimäre, die er beizeiten, früher als die meisten seiner Kampfgefährten, aufgegeben hatte. Die Fraktionierung unter den deutschen Oppositionellen in Paris war bereits Ende 1836 so ausgeprägt, daß der Geheimagent Bernhard Lizius alias Dr. Schäfer von einer »babilonischen Verwirrung« unter den Flüchtlingen sprach: »Keiner duldet den Andern. Alles hat sich in kleine Kotterien aufgelös't.« Beträchtliche Differenzen schieden Konstitutionelle von Republikanern und teilten letztere noch einmal in wirtschaftsliberale »Girondisten« und kleinbürgerliche »Montagnards«. Hinzu kam der wesentliche, alle Positionen übergreifende Unterschied zwischen der Partei der *ehemaligen Deutschthümler*, beseelt von einer Art von religiösem Fanatismus, und den Kosmopoliten, die *den Grundsätzen der französischen Freyheitslehre* huldigten, wozu sich auch Heine rechnete, war er doch ebenfalls Anhänger des von ihm vielfach gerühmten *Cosmopolitismus, jenes Weltbürgerthums, jenes Humanitätsgesetzes, welchem die größten deutschen Schriftsteller huldigten*, ja recht eigentlich sogar dessen Inkarnation. Diese dezidierte politische Position brachte Heine schon bald in scharfen Gegensatz zu derjenigen Fraktion nationaler Gesinnung in Deutschland (und vorübergehend auch im französischen Exil), die das Heil der deutschen Nation nur noch in der Pflege antifranzösischer Ressentiments suchte und sich anfangs noch in die *Farben und Redensarten des Liberalismus* vermummte, wie es in der *Denkschrift* heißt. So fochten er und andere frankophile deutsche Intellektuelle in Paris eigentlich einen doppelten Kampf: gegen die Heilige Allianz, die sie polizeilich verfolgte und ihre Schriften verbot, und gegen die Teutomanen in den

Reihen der Opposition, die ihnen Verrat an der germanischen Seele und Blindheit gegen die ›welsche‹ Verderbnis vorwarfen.

Mißtrauen und Zwietracht säte in Emigrantenkreisen auch die Gewißheit, daß Spitzel der französischen Polizei und Geheimagenten der deutschen Regierungen in die eigenen Reihen eingeschleust wurden und ihre Vorgesetzten über Vorgänge und Planungen in der deutschen Kolonie auf dem laufenden hielten. Bereits nach kurzer Zeit war Heine zu der Einsicht gelangt, Paris wimmle von preußischen Spitzeln, weshalb er, wie er Varnhagen versicherte, beschlossen habe, sich *den politischen Intriguen fern* zu halten. Dieses Bekenntnis galt sicherlich in erster Linie den preußischen Behörden, von denen er annehmen konnte, daß sie seinen Briefwechsel kontrollierten. Das feite ihn, der sich mit seiner Artikelserie für die »Allgemeine Zeitung« nun auch einen Namen als dezidiert politischer Publizist gemacht hatte, jedoch nicht gegen die Nachstellungen Informeller Mitarbeiter der Wiener Staatskanzlei. Obwohl er stets Vorsicht übte und auch gegenüber angeblichen Gesinnungsgenossen mißtrauisch blieb, gelang es Ende Mai 1833 einem Geheimagenten der österreichischen Regierung, sich in Paris als angeblicher württembergischer Liberaler unter dem Decknamen Dr. Beulwitz in die internationalen Republikanerkreise einzuschleichen und auch Heines Bekanntschaft zu machen. Nachdem er es mit Hilfe eines devoten Briefs erreicht hatte, Heine seine »Aufwartung machen zu dürfen«, traf er innerhalb der nächsten acht Wochen mehrmals mit ihm zusammen und versuchte ihn dabei auszuhorchen. In seinem Diensteifer entging dem Lockspitzel jedoch, daß »der pfiffige Heine«, wie Metternich selbst aufgrund der ihm zugekommenen, wenig ergiebigen Berichte formulierte, den Agenten »sehr bald witterte« und mit Falschinformationen fütterte.

Beulwitz, der eigentlich Wilhelm Binder hieß und zuvor im schweizerischen Biel als Gymnasiallehrer gearbeitet hatte, war nur einer von vielen Kundschaftern in Regierungsauftrag. Von überall her schwärmten seit der Julirevolution Polizeikommissare in geheimer Mission und Agenten mit Decknamen und falschen Pässen aus, um auf oft abenteuerliche Weise Kontakte zu knüpfen oder bestehende Beziehungen infam zu mißbrauchen: Die Preußen schickten 1833 die

Agenten Eusebius Wedecke, Ludwig Lessing und Joël Jacobi in die Schweiz, für Österreich spionierten dort und in Frankreich neben Wilhelm Binder noch Zacharias Aldinger und Bernhard Lizius, aus Paris berichteten unter anderen die Dichterin Helmina von Chezy (die ihren privaten Kontakt zu einem hohen österreichischen Polizeikommissar allerdings nicht zum Verrat, sondern im Gegenteil zur Deeskalation einsetzte), der Orientalist Heinrich Julius Klaproth, die Journalisten Ferdinand von Eckstein und Eduard Beurmann und der Schriftsteller Georg Klindworth. Nicht wenige dieser Informanten korrespondierten auch für Cottas Zeitungen und Zeitschriften. Es waren also Kollegen Heines, die hin und wieder Dossiers über ihn anfertigten und dafür ein zweites verborgenes Gehalt empfingen. Auch die Regierungen der kleineren Staaten heuerten Informelle Mitarbeiter an, etwa Baden den Reisejournalisten Eduard Singer. Ihr Auftrag war, auf welche Weise auch immer, sicherheitsrelevante Erkenntnisse zu sammeln – Erkenntnisse, die freilich nicht immer verwertbar waren und mitunter auch zu unangenehmen diplomatischen Verwicklungen führten: Denn was man in Wien, Berlin und anderswo nicht bedacht hatte, war der Leistungsdruck der Agenten, die im eigenen Interesse in den von ihnen observierten Kreisen gelegentlich auch einmal nachhalfen, wenn der revolutionäre Geist zu erschlaffen drohte, etwa durch eine anfeuernde Brandrede. Nicht wenige von ihnen wurden daher, ohne daß ihre Vorgesetzten sie dazu ermutigt hätten, zu »agents provocateurs«, was im Entdeckungsfall die Regierungen der Länder, in denen sie operierten, gegen ihre amtlichen Auftraggeber aufbrachte.

Tiefpunkt der Popularität

Heines Überzeugung, mit der *Denkschrift* sein bis dahin *bestes Werk* geschrieben, ein Buch von *dauerhaft historischem Werth* mit dem *Reitz eines humoristischen Unterhaltungsbuchs* geschaffen zu haben, wurde vom breiten Publikum nicht geteilt und der anvisierte innere Klärungsprozeß durch die katastrophale Rezeption wieder in Frage gestellt. Sein Versuch, sich mit der *Denkschrift* ironisch von den deutschen Republikanern in Paris, ihren betont plebejischen Umgangsformen, der sittenstrengen Moral und ihrer fanatischen Parteiwut zu distanzieren und zugleich die Debatte auf eine grundlegende, gewissermaßen existentielle Ebene zu verlagern, war gründlich gescheitert. Die *Denkschrift* über Ludwig Börne wurde zum Buch, dessentwegen er die heftigste und seinem Renommee insgesamt auch abträglichste Kritik erfuhr, und für das sich nur ganz wenige Verteidiger fanden, darunter Varnhagen und Karl Marx. Seine teils sehr persönliche Kritik am »Haus-Götzen« der Opposition, am »Blutzeugen für die deutsche Freiheit«, stieß auf weitgehende Empörung gerade im linken Lager und verschärfte den Konflikt mit den Republikanern. Hinzu kam der merkantile Mißerfolg des Buchs, das es trotz des Skandals zu Heines Lebzeiten zu keiner zweiten Auflage brachte, und, als weitere Reaktion, ein allgemeiner Absatzrückgang von Heines Werken.

Der Tenor der Kritik lautete, daß Heine sich nicht nur durch seine zehnjährige Abwesenheit den deutschen Zuständen entfremdet habe, sondern überhaupt in seinem Wesen undeutsch sei. »Den Wunden Fleck haben Sie am deutschen Charakter mit Pfeffer und Salz bestrichen«, resümierte Campe am 14. August 1840 die Situation, »das brennt und schreit! und wird eine fatale Nachwirkung haben, für Sie und Ihre Zukunft als deutscher Schriftsteller.« Dabei hatte Heine ja noch, einem Rat Heinrich Laubes folgend, versucht, die persönliche Dimension der Schrift zu entschärfen und die allgemeine Revolutionsproblematik durch den Einbau der *Briefe aus Helgoland* zu verstärken, des zweiten von fünf Kapiteln der *Denkschrift*, in dem Börnes Name überhaupt nicht genannt wurde. All dies hatte nichts gefruchtet. Die unleugbaren ästhetischen Qualitäten der Schrift, von der Thomas Mann sagte, es sei die beste deutsche Kunstprosa bis Nietzsche, wurden nicht wahrgenommen.

Daß außerdem die scharfe Kritik an Heine in einem Augenblick laut wurde, da die restaurativen Kräfte in Deutschland, die Gunst der Stunde, nämlich die Rheinkrise nutzend, die öffentliche Meinung anheizten, um dem deutschen Liberalismus ein für allemal jede frankophile Neigung auszutreiben, ist ebenfalls kein Zufall. Für Heine war diese auf dem Tiefpunkt seiner deutschen Popularität einsetzende Hetze nicht nur eine politische Gefahr, sondern eine zusätzliche, ganz reale Bedrohung seiner Existenzgrundlage, womit die Verschränkung der materiellen Probleme mit den geistig-politischen und ideologischen Prozessen wieder einmal augenfällig demonstriert wird. Da er es jedoch unter der Devise *die Zukunft gehört mir* ablehnte, sein literarisches Schaffen kurzfristig auf die neue Situation in Deutschland umzustellen, im Gegenteil Campes Ansinnen, rasch mit einer »neuen glänzenden Publikation«, etwa einem »Roman« hervorzutreten, »der die Scharte auswetzte«, einfach ignorierte, war der literaturpolitische Horizont weiterhin verhangen. Erst mit den *Neuen Gedichten* und dem *Wintermährchen* gelang es ihm, über eine veränderte poetische Identität eine neue Basis im Publikum zu finden.

Zuvor allerdings war noch ein tragikomisches Nachspiel zur *Denkschrift* auszustehen, das Heine um ein Haar das Leben gekostet hätte, und dessen Ursache beleidigende Äußerungen über Jeanette Wohl-Strauß waren, Börnes ehemalige Frankfurter Freundin und Gattin des Kaufmanns Salomon Strauß. So hatte sich Heine in der Schilderung seiner ersten Begegnung mit ihr, im Herbst 1827 in Frankfurt, zu der Bemerkung hinreißen lassen, er habe damals *eine magre Person* kennengelernt, *deren gelblich weißes, pockennarbiges Gesicht einem alten Matzekuchen glich*, ihre Stimme sei *kreischend* gewesen, *wie eine Thüre, die sich auf rostigen Angeln bewegt*. Aufgrund ihres unklaren Verhältnisses zu Börne, der in Paris den Haushalt des Ehepaars Strauß komplettierte, und in Umkehrung des Börneschen Frivolitäts-Vorwurfs, hatte Heine sie als *zweydeutige Dame* bezeichnet und eine Betrachtung darüber angestellt, ob sie Börne tatsächlich *nur das reine, schöne Gemüth*, ihrem Ehemann dagegen *die nicht sehr schöne und nicht sehr reinliche Hülle gewidmet* habe. Am 14. Juni 1841, fast ein Jahr nach Erscheinen des Buchs, wurde Heine von Salomon Strauß, den er in der *Denkschrift* mit einem *gehörnten Esel* verglichen hatte, auf offener Straße, Ecke rue de Richelieu und rue Saint-Marc, zur Rede gestellt. Es kam zu einer verbalen Auseinandersetzung, in deren Verlauf Strauß Heine eine Ohrfeige versetzt haben wollte – so jedenfals lautete seine Version, die er alsbald in der Presse verbreiten ließ. Heine dagegen bestritt die Ohrfeige auf das heftigste, schimpfte Strauß einen *miserabelen Lügner* und wollte nur von *einigen hingestotterten Worten* wissen, *womit jenes Individuum krampfhaft zitternd sich mir nahte, und denen ich lachend ein Ende machte.* Wenig später trat er eine längst geplante Erholungsreise in die Pyrenäen an. Die *Ohrfeigengeschichte* verursachte jedoch einen derartigen Wirbel in der Presse, daß Heine sich gezwungen sah, seine Bäderkur vorzeitig abzubrechen und Anfang August nach Paris zurückzukehren. Dort ließ er Strauß, der seine ehrenrührige Behauptung nicht zurücknehmen wollte, auf Pistolen fordern. Als seine Sekundanten fungierten zunächst die Schriftsteller Théophile Gautier und Alphonse Royer, die dann durch Heinrich Seuffert und Tessier Dumotay ersetzt wurden. Strauß hatte seinerseits Eduard Kolloff und François-Vincent Raspail benannt. Unter lebhafter Anteilnahme der Öffentlichkeit zog sich die Angelegenheit hin, unter anderm deshalb, weil man sich in der Wahl der Waffen nicht einig werden konnte: Jeanette wollte ihrem Ehemann offenbar einen Schußwechsel ersparen. Das Duell fand schließlich am 7. September 1841 im Wald von Saint-Germain statt; Heine erlitt einen Streifschuß an der Hüfte. Zuvor hatte er sich, am 31. August kirchlich und einen Tag später standesamtlich, mit Mathilde trauen lassen, um sie bei tödlichem Ausgang versorgt zu wissen.

Immerhin führte die Duellgeschichte zu einer Art symbolischer Reinigung. Für die ganzen ungeklärten inneren und äußeren Konflikte, für das verzwickte Spiel der Projektionen und Selbstzuschreibungen hatte sich mit einem Mal ein Terrain aufgetan, auf dem mit einfachen, sozial kodifizierten Regeln gekämpft wurde, den aristokratischen, vom Bürgertum verinnerlichten Prinzipien männlicher Ehre. Daß der Konflikt selbst absolut nichts Aristokratisches hatte, ja daß überhaupt die Kompliziertheit der Situation sich mit solchen sozialen Vorstellungen beleidigter Ehre keineswegs vermitteln ließ, spielte dabei nur eine untergeordnete Rolle. Ebensowenig fiel ins Gewicht, daß das Duell selbst ja als eine zunehmend anachronistische Form erscheinen mußte, um derartige Konflikte auszutragen. Das berühmte Pistolenduell zwischen Emile de Girardin, dem Herausgeber des ersten Massenblatts »La Presse«, und Armand Carrel, dem Redakteur des »National«, das 1836 mit dem Tod des jungen Carrel endete, ist ein besonders eindrucksvolles Beispiel für die wachsende Diskrepanz zwischen altem Verhaltenskodex und neuen, »industriellen« Formen literarischer Kommunikation. Wichtig war hingegen subjektiv, daß Heine hier auf einem Feld agieren konnte, das bestimmte Lösungen vorsah und, wie auch immer, einen formalen Abschluß der Affäre garantierte. Insofern die Person Heines in der Öffentlichkeit gewissermaßen eine Rehabilitierung erfuhr, wurden bestimmte Aspekte des literarischen Mißerfolgs kompensiert. Heine hatte den Eindruck, es sei ihm gelungen, seine Gegner zu desavouieren, ihnen eine öffentliche Niederlage beizubringen. Somit schienen nunmehr die Voraussetzungen auch für eine literarische Rehabilitierung geschaffen, die dann in der Tat mit *Atta Troll* und den *Neuen Gedichten* einsetzte. Das Grundproblem der Vermittlung von privater Biographie und öffentlicher Schriftstellerrolle war indessen keineswegs gelöst. Im Gegenteil signalisierte gerade auch die Strauß-Affäre, daß eins ins andere unversehens übergehen konnte und wie schwierig es zusehends wurde, die beiden Bereiche auseinanderzuhalten.

ZWÖLFTES KAPITEL

Der freie Autor und sein Bild in der Öffentlichkeit

Schreiben als Beruf

Ein professioneller Schriftsteller definiert sich zum einen durch die Tatsache, daß er über den literarischen Markt direkt vom Ertrag seiner Werke lebt, zum anderen durch einen bestimmten sozialen Habitus und einen ideologischen Anspruch. Als sozialer Typus, dessen Herausbildung an eine bestimmte Stufe der gesamtgesellschaftlichen Entwicklung gebunden ist und der sich durch ein typisches Sozialverhalten, ja eine typische, in der bürgerlichen Ideologie wurzelnde Geisteshaltung ebenso auszeichnet wie durch sein Streben nach finanzieller Unabhängigkeit, bildete er sich in der zweiten Hälfte des 18. Jahrhunderts heraus, und zwar zuerst in den ökonomisch fortgeschrittenen Staaten Westeuropas, bald darauf auch in Deutschland. Immer wieder bemühte Beispiele für Berufsschriftsteller aus dieser Zeit sind Klopstock, Lessing und Wieland, die aber alle in ihrem Anspruch, sich von der Unterstützung politisch-staatlicher Instanzen frei zu machen, letztlich scheiterten, also eher die Probleme und die Grenzen einer Schriftstellerkarriere illustrieren als die Karriere selbst. Auch in der ersten Hälfte des 19. Jahrhunderts hat sich der freie Berufsschriftsteller gesellschaftlich und finanziell noch längst nicht richtig etablieren können. Gerade Heine liefert dafür ein gutes Beispiel.

Versucht man den Schriftsteller auf der Skala der damaligen Berufe zu situieren, so zeigt sich, daß er auf der einen Seite den sogenannten freien Berufen zu vergleichen ist, die gerade im 18. Jahrhundert einen erheblichen sozialen Aufstieg erlebten. Den Ärzten und Advokaten vergleichbar waren die Schriftsteller etwa insofern, als die Ausübung dieser Berufe keine besondere Anforderung an Geburts- oder Taufschein stellte. Außerdem hing der berufliche Erfolg – zumindest idealtypisch – von der Qualität der erbrachten Leistung ab, welchem Anspruch natürlich das bürgerlich-liberale Konkurrenzschema zugrunde lag. Auf der anderen Seite gab es jedoch

gravierende Unterschiede zwischen einem Berufsschriftsteller und einem Advokaten. Da literarisches Eigentum bis weit ins 19. Jahrhundert hinein gesetzlich nicht richtig geschützt war, fehlte den Autoren bis dahin die elementarste rechtliche Berufssicherung. Sie hatten des weiteren keine berufsständischen Organisationen, und zumindest auf dem Papier war zur Ausübung des Schriftstellerberufs keinerlei akademische Qualifikation nötig. Schließlich bot der zwar expandierende, dem Umsatz nach aber noch enge literarische Markt nur einer relativ geringen Zahl von vollberuflich tätigen Schriftstellern Existenzmöglichkeiten. Dieser mangelnden materiellen Sicherheit entsprechend genossen die Schriftsteller ein reichlich dubioses Sozialprestige.
Der Umstand wurde allerdings zum Teil aufgewogen durch die spezifische Rolle, welche die Bildung in der Gesellschaft – vor allem in Deutschland – spielte. Der Schriftsteller war angewiesen auf das gebildete Publikum (als Konsument seiner literarischen Ware), die Gebildeten wurden andererseits vom Staat umworben, der sie zur Planung und Durchführung der als Antwort auf die gesellschaftlichen Basisprozesse unvermeidlichen Reformen benötigte und ihnen die Verwaltung öffnete. Angesichts der fehlenden wirtschaftlichen Entwicklungsmöglichkeiten des Bürgertums wurde Bildung zum Aufstiegsvehikel schlechthin, ja zur Voraussetzung für politisches Mitspracherecht, und erfüllte damit eine ähnliche Funktion wie der Besitz. Gerade für die ökonomisch rückständigen deutschen Staaten war diese Ersatzfunktion der Bildung als eines inneren Besitzes, der genau wie der äußere Besitz einen potentiellen Anspruch auf politische Verantwortung beinhaltete, bedeutsam geworden. Der auf die politische und ökonomische Macht des gebildeten Publikums angewiesene freie Berufsschriftsteller war also aufs engste in die politischen und sozialen Prozesse verwickelt, um so mehr, da er auf der Bühne der Öffentlichkeit agierte, deren wachsende politische Rolle weder von der staatstragenden Partei noch von der Opposition verkannt wurde.
Heute hat sich allgemein die Einsicht durchgesetzt, daß das Aufkommen des freien Berufsschriftstellers als eines neuen Typus der literarischen Produktion an den politischen und gesellschaftlichen Aufstieg des Bürgertums gebunden war. Dem meist entweder als Hofdichter

angestellten oder anderweitig mit einer Staatsanstellung auf dem Kultursektor versorgten ständischen Schriftsteller gegenüber begann sich seit der Mitte des 18. Jahrhunderts ein unabhängiger Typus zu etablieren, der, da er über einen anonymen Markt von der Gesamtheit der Gesellschaft honoriert wurde, auch die Belange dieser Gesamtheit vertreten konnte und nicht mehr den partikularen Interessen des einen oder anderen Fürsten verpflichtet war. Daß diese Gesamtheit in Wirklichkeit keineswegs die gesamte Gesellschaft, sondern selbst wieder nur eine dünne Schicht meinte, das gebildete Bürgertum, steht dabei außer Frage. Die Forderung der Schriftsteller nach freier Presse und freiem Buchhandel war wie diejenige nach Parlament und öffentlicher Kontrolle der politischen Macht eine bürgerliche Forderung, und der freie Schriftsteller vertrat idealtypisch die Interessen des sich formierenden Bürgertums gegen die Feudalaristokratie.

Für Autoren gab es keine Ständeklausel, und eben deshalb war die Konkurrenz so groß. Alles schrieb: Adlige, Priester, Lehrer, Beamte, Kaufleute, Bauern, Soldaten, Hausierer. »Die Schriftstellerey« sei eine »freye Kunst«, »die der Scherge, der Abdecker so gut treiben darf als der Professor«, konstatierte ein Zeitgenosse zu Anfang des Jahrhunderts, um im gleichen Atemzug den »Eigennutz« zu beklagen, »der in unsern Tagen die Schriftstellerey zu einem Broderwerb gemacht hat, da man seine Ideen zu Markte bringt, wie der Weingärtner seine Steckbohnen, oder der Seifensieder die Talglichter«. Die relative Begrenztheit des deutschen Literaturmarkts um 1830 hatte zur Folge, daß es damals im Deutschen Bund kaum lupenreine Berufsschriftsteller gab. Diese »freye Kunst« kannte nur wenige wirklich freie Autoren. Es gab zwar einige, die keinen bürgerlichen Beruf ausübten, zum Teil, weil es ihnen die gesellschaftliche Norm versagte, und die schrieben, ohne von ihren schriftstellerischen Einkünften leben zu müssen oder auch zu können: Das waren die wohlhabenden Adligen beiderlei Geschlechts, wie Ludwig I. von Bayern, der oberste der lyrischen Dilettanten, Ida Gräfin Hahn-Hahn, Annette von Droste-Hülshoff, Fürst Pückler-Muskau oder Graf Auersperg, der sich als Dichter bescheiden Anastasius Grün nannte. Und da war die große Zahl adliger Damen und Herren, deren Namen heute verschollen sind, literarische Sterne dritter oder gar nur vierter Ordnung,

»gebildet genug, um schreiben zu können«, und doch zu wenig begabt, um sich über die »Mittelmäßigkeit« zu erheben. Und es gab tatsächlich auch eine Handvoll veritabler Berufsschriftsteller, die ihren Unterhalt ausschließlich durch literarische Produktion bestritten, aus einem unmittelbaren ökonomischen Zwang heraus, selten genug auch aus künstlerischen Motiven. Das waren die echten »Freien«. Gleichwohl waren sie vielleicht die Unfreiesten: Obwohl häufig Bestsellerautoren von Kinderbüchern oder Ritterromanen, sind sie, nach einem Wort von Rudolf Schenda, die »unberühmten Außenseiter« der Zunft geblieben.

Sehr häufig treffen wir auf Mischsituationen, deren bekannteste Variante die Verbindung von Autor und Redakteur/Publizist war. Diese Kombination konnte aber auch das spezifische Sozialverhalten und die Ideologie der freien Schriftsteller verwischen. Denn während der Redakteur wegen der überwiegend regionalen Struktur der Presse noch mehr oder minder in lokale Honoratiorengesellschaften integriert war, sah sich der vollberufliche Buchautor in die Mechanismen eines Marktes eingespannt, der zusehends von rein kommerziellen Interessen beherrscht war und eben aus diesem Grund überregionale, ja nationale Dimensionen anzustreben gezwungen war. Zwar begannen sich um diese Zeit auch in der deutschen und vornehmlich in der literarischen Presse reine Marktgesetze durchzusetzen, und es vollzog sich also von der Funktion der geleisteten Arbeit her eine Annäherung zwischen Schriftsteller und Publizist, wie umgekehrt der Aufschwung der periodischen Veröffentlichungen die an Zeitfragen interessierten Schriftsteller anzog; doch kam die einsetzende Expansion der Presse zunächst eher den konservativen (etwa in der Almanachs- und Taschenbuchliteratur spezialisierten) Schriftstellern und Publizisten zugute, und die Verschärfung der Bestimmungen gegen die oppositionelle Presse ab 1832 begünstigte in einem Negativeffekt ebenfalls die staatserhaltende Publizistik. So gab es unter den bekannteren oppositionellen Schriftstellern um 1830 niemanden, der rein vom Ertrag seiner Feder leben konnte: Börne besaß ein nicht unerhebliches Privatvermögen, Heine war auf die Unterstützung seiner Familie angewiesen, Wienbarg mußte sich zunächst als Hauslehrer durchschlagen. Gutzkow hatte jahrelang trotz fleißigster Textproduktion immer nebenher Redakteursarbeit zu verrichten, bevor sich ihm dann als Bühnenautor neue Einnahmequellen auftaten. Andere wie Eduard Beurmann, Adalbert von Bornstedt oder Hermann Ebner verdingten sich als Polizeispitzel.

Diese prekäre finanzielle Situation erklärt auch die Bedeutung, die einer staatlichen Subvention für die deutschen Schriftsteller selbst im 19. Jahrhundert noch zukam. Gerade Heine hat das Problem einer staatlichen Pension – in Deutschland wie in Frankreich – sein Leben lang begleitet. Von Börne soll Gentz gesagt haben, es sei ein leichtes, ihn politisch mundtot zu machen, »sobald er durch ein leidliches Gehalt gedeckt, sich ungestört seiner Faulheit würde hingeben können«. Grillparzer war bekanntlich in Wien als Hofarchivdirektor angestellt und mußte sich periodisch durch (meist erfolglose) Bitten um Beförderung und Gehaltsaufbesserung bei Hofe in Erinnerung bringen. Während solcherlei Demarchen im 18. Jahrhundert noch relativ unverfänglich, ja den gesellschaftlichen Organisationsformen und -strukturen quasi inhärent waren, wurde ihnen nach den Freiheitskriegen zusehends ein politischer Sinn unterlegt. Bezeichnend hierfür ist etwa Freiligrath, der das ihm vom preußischen König 1841 ausgesetzte »Gnadengehalt« 1844 »aufkündigte«, um den Verdacht loszuwerden, »als sei er schnöden Gewinns wegen seiner freien Dichternatur untreu geworden«. Umgekehrt wurde Dingelstedts Anstellung als Bibliothekar und Vorleser des Königs von Württemberg 1843, nach zwei Jahren freien, unabhängigen Schriftstellertums, von der liberalen Opposition weithin als »Verrat« an der guten Sache empfunden und mit Verachtung quittiert.

Zwischen dem ideologischen Anspruch auf Unabhängigkeit und den realen Verdienstmöglichkeiten des freien Schriftstellers bestand also eine gewisse Diskrepanz, die durchaus mit dem 1848/49 offenbar gewordenen Unterschied zwischen idealem Anspruch und realer Durchsetzungsmöglichkeit der politischen Machtergreifung des Bürgertums zu vergleichen ist. Ja, die verbale Radikalisierung gewisser freier Schriftstellerkreise ließe sich sozialpsychologisch gerade mit der mangelnden materiellen Basis des Standes erklären. Jedenfalls sind wir in den deutschen Staaten bis 1850 noch weit entfernt von den englischen Verhältnissen. Der wirtschaftliche und politische

Vorsprung brachte es mit sich, daß dort die Debatte um die Rolle des freien Schriftstellers im 19. Jahrhundert, als sie in den deutschen Staaten noch parallel zur politischen Diskussion verlief, schon wieder eine gewisse Entpolitisierung erfuhr. Nachdem die wichtigsten politischen Machtpositionen einmal erkämpft waren, zeigte sich, daß der freie Schriftsteller nicht immer ein oppositioneller Schriftsteller sein mußte und daß er, abgesehen von diesen neuen politischen Frontstellungen, in Wirklichkeit gar nicht frei und unabhängig war, sondern nur die früheren ständischen Herren gegen einen neuen, mitunter sogar noch unbeugsameren Meister eingetauscht hatten: den literarischen Markt. Vor allem seit dieser expandierende Markt zum Objekt immer größerer Kapitalinvestitionen geworden war, machten sich diese neuen Zwänge zunehmend stärker bemerkbar. Die Beziehung zwischen Autor und Publikum erfuhr eine tiefgreifende Wandlung: Neue Phänomene wie das kommerzielle Aufbauen eines Autors durch einen Verlag, Bedarfsweckung anstelle von Bedarfsbefriedigung beim Publikum, Imagepflege von Autoren und Verlagen oder die wachsende Verselbständigung des Literaturbetriebs belegen diese Entwicklung. Gerade für Heine, der in Paris für den deutschen wie den französischen Markt produzierte und somit an einer Nahtstelle der neuen und alten Tendenzen lebte, gilt es, diese Antinomie von Politisierung und Kommerzialisierung der Schriftstellerrolle immer im Blick zu behalten.

Im 18. Jahrhundert war der freie Schriftsteller eine Waffe des Bürgertums im Kampf um die politische und wirtschaftliche Macht. Da er sich für seine Arbeit über den anonymen Markt von der Gesamtheit der Bürger entlohnen ließ, war er nicht mehr von den politischen Implikationen einer Hof- oder Staatsstellung abhängig und konnte sich im Gegensatz zu den *literarischen Lohnlakayen* zum unabhängigen Kritiker aufschwingen. Je stärker jedoch die wirtschaftlichen und politischen Machtpositionen des Bürgertums wurden, desto deutlicher erwies sich der freie Literaturmarkt für den Schriftsteller als neuer Despot, der eine andere Art der Anpassung verlangte. Dadurch, daß der Schriftsteller vom Verkauf seiner literarischen Produkte auf dem Literaturmarkt lebte, hatte er die Warenform seiner Werke akzeptiert und damit das auf das Kapital und Marktprinzipien gegründete Organisationssystem der Literatur gleichsam im Sack eingekauft. Die Konkurrenzsituation der Autoren und Verlage untereinander, der sich schnell ausweitende Markt, die von den Verlagen und Medien eingeleitete Politik der Bedarfsweckung dort, wo die Nachfrage zu erlahmen drohte, die neuen Praktiken der Öffentlichkeitsarbeit und Imagepflege, der Aufschwung der Werbung und die rasch wachsenden Kapitalinvestitionen in allen an Herstellung und Vertrieb des Konsumgutes Literatur beteiligten Branchen, all dies veränderte die Existenzbedingungen der Literatur und der Literaten von Grund auf.

Nach der einen Seite hin war diese Kommerzialisierung des Literaturbetriebs tatsächlich als Bestechung auszulegen, als Versuch, das kritische Potential der Literatur zu vereinnahmen. Wenn ein Autor nur noch um des *bloßen Gelderwerbs* willen schrieb, war schwerlich von ihm zu erwarten, daß er die Bedingungen kritisierte, nach denen dieser Gelderwerb funktionierte. Doch abgesehen davon, daß sich auch die Systemkritik bis zu einem gewissen Grade als kommerziell nutzbar erwies (wie der Aufschwung der politischen Lyrik in Deutschland nach 1840 belegt), zeigte die Literatur auf der anderen Seite eine gewisse Resistenz gegenüber diesen Basis-Vorgängen.

Paradoxerweise liegt es im Wesen der bürgerlichen Literatur, sich selbst nie offen als eine bürgerliche Arbeit deklarieren zu dürfen, um nicht ihrerseits als Kunst deklassiert zu werden. Wenn die Verbindungen zu den Finanzkräften allzu sichtbar werden, schlägt das Phänomen selbst auf die Literatur zurück. Die in den dreißiger Jahren in der französischen Presse eingeführten Werbepraktiken spielten immer mit ihrer Durchschaubarkeit, gaben sich teils als Werbeannonce zu erkennen und versteckten sich teils hinter einer traditionell aufgemachten Literaturkritik. Außerdem gab es immer wieder Schriftsteller, die diese Entwicklung selbst zum Thema ihrer literarischen Arbeit machten und sie denunzierten, ohne dabei das Rad der Geschichte zurückdrehen zu wollen. Nicht zuletzt Heine bezeichnete präzise diesen Widerspruch zwischen dem übergreifenden Anspruch der Literatur auf unabhängige Darstellung der Wirklichkeit und der dem System inhärenten Tendenz, diese Idealität der Literatur für individuelle (kommerzielle) Zwecke nutzbar zu machen.

Dichter und Geschäftsmann

Heines schriftstellerische Aktivität ist nicht zu trennen von den materiellen Bedingungen, unter denen sie sich vollzog. Umgekehrt erklären diese Bedingungen die schriftstellerische Arbeit aber nur zum Teil. *Mein Leben ist ein wahres Geschäft geworden, ein grämliches Krämergeschäft*, klagte er am 16. Juli 1833 Varnhagen gegenüber. Diese Erkenntnis setzte sich jedoch keineswegs in passive Resignation vor der Krämergeschäfts-Seite seiner Existenz um. Im Gegenteil entfaltete er an ihr seine Energien, akzeptierte er die geschäftliche Dimension seines Berufs voll und ganz, suchte beharrlich nach der optimalen Lösung. Es dauerte viele Jahre, bis Heine die berufliche Qualität seiner schriftstellerischen Aktivität für sich selbst einigermaßen geklärt hatte. Gleichwohl ist seine Haltung zur Literatur als Beruf nur schwer auf einen Nenner zu bringen. Auf der einen Seite betrachtete er seine literarischen Fähigkeiten als eine individuelle Gabe, die es fruchtbar zu machen gelte, so wie der Advokat sein Rednertalent, der Schauspieler seine mimischen und der Arzt seine analytisch-therapeutischen Fähigkeiten nutze. Dieser Gedanke der freien Ausbeutung der persönlichen Begabung entstammt dem bürgerlichen Ideengut des 18. Jahrhunderts. Die Fähigkeit zu schreiben wurde einem bürgerlichen Besitz assimiliert, sie war gleichbedeutend mit seinem *Vermögen, welches in der Exploitazion meiner Schriften und meiner literarischen Thätigkeit besteht*. Folgerichtig nannte er das 1835 vom Deutschen Bundestag gegen ihn erlassene Publikationsverbot eine *Verletzung der unbestreitbarsten Eigenthumsrechte*. Er verwahrte sich gegen den staatlichen Eingriff in seine literarische Freiheit, wie sich der liberale Industrielle gegen die staatliche Behinderung seiner wirtschaftlichen Aktivitäten wendete. Im Zusammenhang mit diesem Eigentumsbegriff wehrte er sich etwa gegen die unbefugte Rückübersetzung seiner *Götter im Exil* ins Deutsche, einer Schrift, die zuerst in französischer Fassung erschienen war und deren sich deutsche und belgische Raubdrucker angesichts des mangelnden internationalen Urheberrechtsschutzes sofort bemächtigten. In gleicher Weise setzte sich Heine, wie wir sahen, als Autor dafür ein, daß *das*

geistige Eigenthum des Schriftstellers eben so ernsthaft anerkannt werde, wie das baumwollene Eigenthum des Nachtmützenfabrikanten. Es sei Aufgabe der Gesellschaft und des Staates, dem einzelnen, sei er Handelsmann oder Angehöriger der freien Berufe, die ungehinderte Nutzbarmachung seines Vermögens zu garantieren.
Auf der anderen Seite wußte Heine genau, daß sich geistiges Eigentum nicht einfach materiellem Besitz assimilieren ließ, daß eine Reduktion literarischer Tätigkeit auf reine Geldprobleme wesentliche Qualitäten dieser Tätigkeit verfehlte: *Das Wort gehört nicht mehr dem Sprecher, sobald es seiner Lippe entsprungen und gar durch die Presse vervielfältigt worden*, relativierte er an wichtiger Stelle den Begriff des literarischen Besitzes, und als er von den *Debatten* der französischen Deputiertenkammer *über das literarische Eigenthum* berichtete, vermerkte er belustigt:
Es ist aber jedenfalls ein bedeutendes Zeichen der Zeit, daß die heutige Gesellschaft, die auf dem Eigenthumsrechte basirt ist, auch den Geistern eine gewisse Theilnahme an solchem Besitzprivilegium gestatten möchte, aus Billigkeitsgefühl, oder vielleicht auch als Bestechung! Kann der Gedanke Eigenthum werden? Ist das Licht das Eigenthum der Flamme, wo nicht gar des Kerzendochts? Ich enthalte mich jedes Urtheils über solche Frage, und freue mich nur darüber, daß ihr dem armen Dochte, der sich brennend verzehrt, eine kleine Vergütung verwilligen wollt für sein großes, gemeinnütziges Beleuchtungsverdienst!
Dahinter steckte die aufklärerische Vorstellung von der überindividuellen Funktion des Schriftstellers als eines Verfechters der *Interessen der Menschheit*, der kraft seiner Wortgewalt zum *öffentlichen Sprecher* wird, zum Sprachrohr der Allgemeinheit, zum gemeinnützigen Instrument des Lichts. Und Heine ging noch weiter: *Die großen Fakta und die großen Bücher entstehen nicht aus Gringfügigkeiten, sondern sie sind nothwendig, sie hängen zusammen mit den Kreisläufen von Sonne, Mond und Sternen*, und in diesem Sinne liegt *in der Brust der Schriftsteller eines Volkes (...) schon das Abbild von dessen Zukunft.* In dieser Optik ist es unwesentlich, ob und inwieweit der einzelne Schriftsteller auch persönlich-materielle Ziele verfolgt und auf Erwerb bedacht ist, wenn er nur ein wahrer Schriftsteller ist.

Der echte Schriftsteller ist nur eine Funktion der allgemeinen geschichtlichen Entwicklung.

Interessanterweise zog Heine immer selbst die Verbindung von der individuellen Situation des Schriftstellers zur allgemeinen politischen Entwicklung, ja er benutzte die dialektische Polarität dieser beiden Ebenen zu sprachlichen Effekten, etwa wenn er in der neuen französischen Literatur einen ausgebildeten *Plagiatismus* feststellte:

Hier hat ein Geist die Hand in der Tasche des anderen und das giebt ihnen einen gewissen Zusammenhang. Bey diesem Talent des Gedankendiebstals, wo einer dem andern den Gedanken stielt ehe er noch ganz gedacht, wird der Geist Gemeingut – In der Republik des lettres ist Gedankengütergemeinschaft. So wie Heine den Phänomenen der »industriellen Literatur« gegenüber das geistige Eigentum betonte, so hob er die Relativität dieses Eigentums hervor, sobald es um die wahre schriftstellerische Qualität ging.

Die Dialektik dieser Auffassung vom Schriftsteller spiegelt ihrerseits die Widersprüchlichkeit des bürgerlichen Eigentumsbegriffs wider, auf dem sie aufbaute und den sie zugleich kritisierte. Besitz war die Begründung für den Anspruch des Bürgertums, die Angelegenheiten des Staates mitzugestalten; das Recht, sich einen Besitz frei aufzubauen, gehörte zu den Grundforderungen des Dritten Standes. Insofern sich diese Forderung gegen die Privilegien der Aristokratie wandte und von dem Eigentum behauptet wurde, es stehe jedem frei, solches zu erwerben, handelte es sich um ein demokratisches Prinzip. Insofern es de facto die Existenz der Besitzlosen voraussetzte, wurde das Eigentum jedoch selbst zum Privileg, in dessen Wesen es begründet lag, diejenigen auszuschließen, auf deren Ausbeutung es basierte.

In ähnlicher Weise hantierte Heine mit der Dualität von qualitativ hochwertiger und kommerziell ertragreicher Literatur. Die deutsche Muse, so stellte er in einem Testamentsentwurf von 1851, vor dem allerletzten Aufschwung seiner Finanzen, fest, sei nicht schuld daran, wenn er *in einem Zustande, der an Dürftigkeit grenzt*, sein Leben beschließe,

und ich bemerke solches ausdrücklich, um nicht jener Meinung Vorschub zu leisten, als sey die Poesie eine fatale Gabe, die ihren Besitzer zum Erwerb und zur Verwaltung unfähig mache, als sey der Poet von Natur unpraktisch und deßhalb hienieden zu Armuth und Elend verdammt. Die Mittelmäßigkeit hat diese Meinung ausgeheckt, um der Welt einzureden, ihre eigne poetische Inkapazität sey eine Bürgschaft ihrer Geschicklichkeit in Verwaltung häuslicher oder öffentlicher Geschäfte. Seit der Februar-Revoluzion ist es zumal das Jammerbild eines Alphonse de Lamartine, auf welches hingewiesen wird, um das praktische Unvermögen der Dichter zu illustriren. Nein, der wahre Dichter kann auch ein guter Geschäftsmann seyn, wie die großen Italiener der Renaissance und in unsrer Zeit Wolfgang Goethe gezeigt haben.

In subtiler Dialektik ließ Heine sodann durchklingen, daß der große Lamartine, der sich vor der Februarrevolution Millionen zusammengeschrieben und so gut wie kein anderer Schriftsteller verdient habe, eben deshalb in Schulden geriet, weil er eigentlich *gar kein Dichter war.* Während er mit Lamartines Schiffbruch die Ertraglosigkeit einer unwahren und in ihrer Unwahrheit rein aufs Kommerzielle ausgerichteten Literatur belegte, legitimierte er seine eigene Hartnäckigkeit in finanziellen Fragen mit der merkantilischen Finesse des Meisters Goethe und proklamierte damit, seiner Praxis entsprechend, die dialektische Einheit von geistiger und materieller Sphäre.

Mit diesem Anspruch waren freilich die zahlreichen Probleme, die aus dem Widerstreit von Quantität und Qualität erwuchsen und eine Berufsschriftstellerexistenz zwangsläufig begleiteten, keineswegs gelöst. Bei dem relativ schmalen Markt in Deutschland konnten nur die allerprominentesten und zugleich fleißig produzierenden Autoren die einem bürgerlichen Lebensstandard entsprechenden Einkünfte aus ihrer Arbeit ziehen. Das Verdienstgefälle zwischen dieser Handvoll Auserlesener und der Masse der schlecht und häufig am Rande des Existenzminimums lebenden Literaten war enorm, größer als in den meisten gängigen Berufen. Die Auslese vollzog sich nach einem Qualitätsprinzip, dessen Relativität als Ganzes außer Frage steht. Dabei hatte der Schriftsteller sich nicht wie der Händler, Arzt, Anwalt oder Handwerksmeister in einem lokal begrenzten, überschaubaren Wirkungskreis einen Namen zu machen, sondern, wie gesagt, auf einem anonymen Literaturmarkt, dessen Träger er nicht persönlich kannte. Hatte er einmal einen festen Platz in der literarischen Öffentlichkeit erobert, so galt es für ihn, in möglichst regelmäßigen, nicht zu langen Abständen mit neuen Produkten hervorzutreten, um den einmal erworbenen Namen zu verteidigen. Gutzkow etwa wußte wohl, was er schrieb, als er Heine 1839 öffentlich vorwarf, er könne »seit beinahe sechs Jahren nichts mehr schaffen« und greife, »um sich nicht vergessen zu machen, nach dem schmutzigsten Scandale«. Der Verdacht mangelnder Produktivität und die Akkreditierung eines solchen Verdachts in der Öffentlichkeit bedrohten einen vom Ertrag seiner Feder lebenden Schriftsteller in seiner Existenz. Auf der anderen Seite jedoch – und dies zeigt deutlich das Dilemma des arrivierten Autors – gefährdete eine hemmungslose Verwertung der literarischen Qualität durch Vielschreiberei und Mehrfachverwertung (Gutzkow selbst war darin Meister; zwei von ihm erstmals publizierte Texte Georg Büchners, zu denen er jeweils nur ein paar Zeilen Kommentar beigesteuert hatte, nahm er sogar in seine, Gutzkows, Werkausgabe auf!) das literarische Renommee. Die entfesselte, eindeutig finanziellen Motivationen unterliegende Produktion und Selbstreklame des alten Lamartine zog ihm den Vorwurf des literarischen Merkantilismus zu und wirkte sich auf den Absatz seiner Werke nachteilig aus. Sobald die Quantität der Produktion allzu ungewöhnliche Ausmaße annahm, konstatierte die Kritik vielfach Qualitätsverlust. So galt etwa Balzac bei Sainte-Beuve für einen Schriftsteller zweiten Ranges, einfach weil er zu schnell und zu viel veröffentlichte.

Für Heine allerdings, der meist mühevoll und langsam arbeitete, hat die Gefahr einer Massenproduktion nie bestanden. Vielmehr wußte er, passend zu dieser psychologischen Disposition, schon frühzeitig ein elitäres Bewußtsein vom *wahren Dichter* zu kultivieren, dem die Herstellung von Dutzendware à la Ernst Raupach ebenso unmöglich sei wie republikanische oder nationalliberale Gesinnungspoesie. Beide Literaturformen waren nach Heine *Mittelmaß* und keinesfalls auf eine Ebene mit den Schöpfungen des eigentlichen *Genius* zu setzen, ganz abgesehen von der Tatsache, daß es sich bei den zitierten Beispielen um kommerzielle Literatur handelte. Heine hat sein ganzes Leben lang die Priorität der künstlerischen Perspektiven vor den

finanziellen vertreten, wenn sich beide im Widerstreit befanden. Die Kunst war nur, sie miteinander möglichst zur Deckung zu bringen.
Die Auswirkungen der materiellen Notwendigkeiten auf Heines literarisches Schaffen waren vielfältig. Von den Auftragsarbeiten wie dem Shakespeare-Buch oder der Cervantes-*Einleitung* abgesehen, die jeweils als Ganzes finanziell attraktiv waren, läßt sich die materielle Motivation bis in die Struktur einzelner Werke hinein verfolgen. Die Tatsache, daß Heine meist für ein zu lieferndes oder geliefertes Textvolumen bezahlt wurde, ließ ihn bestimmte Kompositionstechniken entwickeln, etwa die Zitatcollage: In *Zur Geschichte der Religion und Philosophie in Deutschland* führte er ausgiebig Quellen über Fichte an, in den *Französischen Malern* übersetzte er den Kunstkritiker Louis de Maynard, in den *Elementargeistern*, die über weite Strecken kompilatorischen Charakter besitzen, zitierte er Passagen aus den »Sagen« der Brüder Grimm, Wilhelm Grimms Übersetzungen von »Altdänischen Heldenliedern« und aus Prätorius' »Anthropodemus plutonicus«. Der ersten Auflage von *De l'Allemagne* gab er einen über hundertseitigen Anhang von Quellenübersetzungen bei, die ihm als gewöhnlicher Text honoriert wurden. Bei *Shakspeares Mädchen und Frauen* schließlich, in dessen Konzeption Shakespeare-Zitate fest eingebaut waren, hatte sich der Verleger Delloye gegen übermäßiges Zitieren abgesichert, indem er einen getrennten Preis für Heineschen Originaltext und von Heine beigebrachte Übersetzungen sowie außerdem ein Limit für das Gesamthonorar festsetzte, das insgesamt viertausend Francs nicht übersteigen durfte.
Wie ein Blick in seine Arbeitshandschriften erweist, arbeitete Heine auch im Detail ausgesprochen ökonomisch. Sofern es nicht zwingende äußere Gründe gab, die gegen eine Veröffentlichung sprachen, bemühte er sich, einen einmal geschriebenen Text, einen Gedanken oder auch nur eine Pointe auch zum Druck gelangen zu lassen. Dabei spielten Texttransplantationen, Umstellungen und Verschiebungen keine Rolle: Drei Strophen von *Deutschland. Ein Wintermährchen*, die er bei der Durchsicht des Manuskripts strich, wurden zur Keimzelle des Zeitgedichts *Der neue Alexander*; als Kommentar für das Kapitel über Constanze in Shakespeares »König Johann« benutzte er die leicht veränderte ursprüngliche *Einleitung* von *Zur Geschichte*

der Religion und Philosophie in Deutschland, ein 1829 entstandenes Bruchstück zu *Die Stadt Lukka* über die Deutschen als Dozenten der Knechtschaft legte er 1840 Ludwig Börne in den Mund. Auch Heines Technik des Selbstzitats gehört in diesen Zusammenhang. So wiederholte er etwa in der *Einleitung* zum »Don Quixote« eine Passage aus *Die Stadt Lukka*, benutzte in den *Geständnissen* seine Ausführungen aus der Vorrede zur zweiten Auflage von *Salon* II und tarnte in *Shakspeares Mädchen und Frauen* Ausführungen über den modernen Judenhaß als Auszug eines *Privatbriefs*, um sie Jahre später in den *Geständnissen* wiederzuverwenden. Als Selbstzitat im großen Rahmen läßt sich schließlich seine Kunst der Zyklenkomposition verstehen, die es ihm gestattete, Gedichtzyklen leicht modifiziert in verschiedene Buchveröffentlichungen zu integrieren. So war etwa die *Heimkehr* nur ein Jahr vor dem Abdruck im *Buch der Lieder* bereits im ersten Teil der *Reisebilder* erschienen, der *Neue Frühling* zuerst in der zweiten Auflage von *Reisebilder* II, dann im zweiten Band des *Salon*, bevor er seinen Platz in den *Neuen Gedichten* fand.

Aber nicht nur solche leicht abgrenzbaren Vorgänge lassen sich mit der kommerziellen Sphäre in Zusammenhang bringen. Heines Technik, in kleinteiligen Strukturen zu arbeiten, die dann später leicht im Rahmen eines Werks oder Buchs den Platz wechseln oder einfach miteinander verknüpft werden konnten, erleichterte es, in kritischen Fällen die 20-Bogen-Grenze der Vorzensur zu überschreiten, und war generell von Bedeutung, wenn es ein Buch zu füllen galt. Ein Blick in die Druckvorlage von *Zur Geschichte der Religion und Philosophie* zeigt, daß die Ausführungen über Goethe erst nachträglich eingefügt wurden, wobei die Tatsache, daß der Text dadurch an Umfang gewann, zwar sicher nicht der einzige, aber doch einer unter mehreren Gründen war. Heine hatte das Manuskript offenbar aus der Arbeit an *Zur Geschichte der neueren schönen Literatur* noch übrig und konnte es auf diese Weise nutzbringend verwerten. In den *Memoiren* schließlich verfuhr Heine fast durchgehend nach dem amplificatio-Prinzip und reicherte ursprünglich knapp erzählte Episoden auf mehr als den doppelten Umfang an, ein Beispiel, das nochmals die Verschränkung von materieller und rhetorisch-literarischer Ebene illustriert. In all diesen Fällen hat Heine also literarische Verfahren entwickelt, die den Vorzug besaßen, seine Existenz und damit die Voraussetzung zum Schreiben zu sichern.

Für die Zeit nach 1840, als Heines materielle Existenz durch die Pensionen des Onkels und der französischen Regierung (vorläufig) abgesichert war, ist ein deutlicher Rückgang in der Anwendung dieser Verfahren festzustellen, soweit sie nicht strukturell fester Bestandteil von Heines Arbeitsweise geworden waren. Nun hatte Heine es nicht mehr nötig, Vorreden oder Begleittexte zu schreiben, fremde Autoren in extenso zu zitieren oder, wie 1837, Klassikeranthologien-Projekte auszubrüten. Doch soll auf der anderen Seite nicht der Eindruck entstehen, als lasse sich Heines Schaffen vor 1840 fein säuberlich in einen Teil scheiden, der seiner wahren dichterischen Berufung entsprach, und einen solchen, der rein finanziellen Interessen entsprang. Denn wenn Heine auch dem Onkel gegenüber argumentierte, er möge ihn endlich in den Stand setzen, *Meisterwerke für die Nachwelt zu schaffen, was ach! nicht möglich ist wenn man betrübt von den qualsamsten Nahrungssorgen sein Talent an unerquickliche Tagesaufgaben vertrödeln und verzetteln muß*, so waren doch diese *Tagesaufgaben*, insofern sie die Realität von Heines Schriftstellerexistenz bezeichneten, schon viel zu sehr Bestandteil seines Werks geworden, in sein geistiges Interessengebiet wie in seine Arbeitsweise integriert, als daß man sie nachträglich wieder davon hätte lösen können. Im Gegenteil zeigt Heines schriftstellerische Tätigkeit über die Zäsur des Jahres 1840 hinweg eine bemerkenswerte Konstanz, die zum einen von der relativ geringen Bedeutung der Änderung von Heines finanziellem Status 1840 wie zum anderen von der Resistenz seines Werks diesen Vorgängen gegenüber zeugt.

Heine vermag die Berufsschriftstellerproblematik in der ersten Hälfte des 19. Jahrhunderts gerade deshalb beispielhaft zu verdeutlichen, weil er sich zum einen den neuen kommerziellen Realitäten öffnete, seine literarische Praxis frühzeitig darauf einstellte, sich zum anderen aber diesen Gegebenheiten verschloß, wenn sie allzu gewaltsame Anpassungsreaktionen erforderlich machten, die seine der *alten Zeit* verhafteten Qualitätsvorstellungen und seine Identität als *wahrer Dichter* bedrohten. Daß er im Sinne dieser Identität keine nennenswerten Konzessionen an den Geist der neuen Zeit machen konnte, gehört neben seinem gehobenen Lebensstil und der damals noch ungenügenden Ergiebigkeit des Buchmarkts zu den wesentlichen Erklärungen dafür, daß Heine als Schriftsteller finanziell nie auf eigenen Füßen stehen konnte. Wie in seinem politischen Selbstverständnis wußte er sich auch als Künstler in einer *Uebergangskrise* lebend, in seinen Zielen auf die *Zukunft* ausgerichtet, *Hebammendienste* bei der Geburt der neuen Zeit leistend, aber in seinem Innersten doch der *alten Welt* verpflichtet. Als solcher war er überzeugt, daß er in seiner eigentlichen Bestimmung über all die materiellen Probleme weit erhaben sei, auch wenn er zu seiner schriftstellerischen Verwirklichung auf eben diese materielle Sphäre angewiesen war, ohne sie nicht existieren konnte. Denn, wie er Campe einmal mit einem Goethezitat wissen ließ:

> *»Eh er singt und eh er aufhört*
> *muß der Dichter leben! –«*

Im Gegensatz zu dem in Gelddingen so geschwätzigen Börne, der ein gleichsam objektives Verhältnis zu Zahlen besaß, überall Rechnungen anstellte, seinen Alltag finanziell organisierte – was ihn nicht daran hinderte, regelmäßig an einer Lotterie teilzunehmen und auf das alle Geldsorgen hinwegschwemmende große Los zu setzen –, betrieb Heine auf dem Finanzsektor allerdings eine regelrechte Verdunkelungstaktik. Die Nennung von Zahlen erfolgte nie um ihrer selbst willen, sondern immer nur in bezug auf bestimmte Personen. War er schon zurückhaltend, wenn es um die finanzielle Situation von Kollegen ging (er rechnete einem Konkurrenten beispielsweise nie dessen Honorare nach, wie das bei so manchen seiner Zunftgenossen üblich war), so trieb er die Diskretion in eigenen Geschäften so weit, daß er meistens bei mehreren Banken gleichzeitig Konten führte, um allzu neugierigen Zeitgenossen einen Überblick über seine Lage zu erschweren. Sprach er auf der einen Seite vom drohenden Hungertod, verbreitete er auf der anderen den Eindruck gesicherter Verhältnisse: Als Hungerleider stellte er sich privatim vor finanzkräftigen Instanzen wie Verlegern und Mäzenen dar, von denen er sich eine Aufbesserung seines Budgets erhoffte und an denen gemessen er tatsächlich arm war; das gesicherte Auskommen dagegen war ein Bestandteil des Bildes, das er von sich in der Öffentlichkeit verbreitet wissen wollte.

Autor und Publikum

Außer dem direkten Zugang zum Markt, d. h. der Möglichkeit, dem Publikum Werke zum Kauf anzubieten, begann sich für Schriftsteller und Verleger in der ersten Hälfte des 19. Jahrhunderts noch ein anderer Weg abzuzeichnen, um zur Belebung des Geschäfts beizutragen: das, was wir heute als Pflege des Persönlichkeitsbilds bezeichnen, ein Verfahren, dem Publikum über die öffentlichen Medien werkexterne Informationen zuzuleiten, die ihrerseits die Kaufentscheidungen beeinflussen konnten. In einem solchen Fall agierte der Produzent also nicht mehr auf seiten des Angebots (indem er ein Produkt herstellte, das einer vorgegebenen Publikumsnachfrage entsprach), sondern er wirkte auf der Seite der Nachfrage ein, indem er diese so zu steuern versuchte, daß sie einem bestimmten Angebot entsprach. Das Publikum sollte mit einem vorgegebenen Bild von Autor und Werk an den Markt herangehen, in seiner Kaufentscheidung schon weitgehend determiniert sein, ehe es zum wirklichen Kauf kam. Hierbei haben wir es mit einem Phänomen zu tun, das eine Konsequenz der allgemeinen ökonomischen Entwicklung ist. Das wirtschaftliche Erstarken der Mittelschichten auf der einen und die fortschreitende Kapitalisierung des Literaturmarkts auf der anderen Seite bewirkten eine tiefgreifende Wandlung der Bedingungen, unter denen Literatur entstand und vertrieben wurde. Angesichts der bedeutenden verlegerischen Kapitalinvestitionen und der riesigen Honorare, die von einigen Spitzenverdienern unter den Autoren kassiert wurden, war die Fiktion eines liberalen Literaturbetriebs, in dem sich nach den Mechanismen der freien Konkurrenz zwangsläufig höhere geistige und ästhetische Werke durchsetzten, nicht mehr aufrechtzuerhalten. Nachdem sich gezeigt hatte, daß ein Feuilletonroman Eugene Sues die Auflage einer Tageszeitung wie »Le Constitutionnel« von 6.000 auf 24.000 ansteigen ließ und daraufhin ein Ansturm der

Presseverlage auf zugkräftige Autoren einsetzte, war nicht mehr zu übersehen, daß zumindest auf dieser Ebene die Literatur vom Zweck und Ziel zum Mittel abgesunken war. Eine solchermaßen kommerzialisierte Literatur konnte nicht mehr im Namen eines allgemeingültigen Bildungskanons auftreten, eines unabhängigen Kritikertums, lag doch ihre Abhängigkeit von präzisen Geldinteressen klar zutage.

Die neuen, sich vornehmlich aus dem kommerziell erfolgreichen Mittelstand rekrutierenden Leserschichten hatten, mangels kritischer Kompetenz in literarischen Fragen, großes Interesse an der Person des Autors. Um dieses Interesse zu befriedigen bzw. zu verstärken, trat eine neue Richtung in der damaligen Presse auf den Plan, die man als Vorläufer der heutigen Regenbogenpresse bezeichnen kann. Politische Analysen, gelehrte Literatur- und Musikkritiken traten zurück hinter pikant aufgemachte Anekdoten über die politische und literarische Prominenz, sensationelle »faits divers«, Enthüllungsstories und dergleichen mehr. Typischer Repräsentant dieser neu hervortretenden Tendenzen in Paris war während der vierziger Jahre etwa der »Corsaire(-Satan)«. Ganz gleich, ob die von solchen Blättern aufgetischten literarischen Neuigkeiten als Dekadenz der ästhetisch-literarischen Kenntnisse oder im Gegenteil als Demokratisierung früher nur einer Elite zugänglicher Kulturbereiche empfunden wurden: Durch derartige Praktiken wurde eine neue Art von Kommunikation zwischen Autor und Leser eingeleitet, die sich außerhalb der traditionellen Werksphäre vollzog. Die Gesamtheit der dem Publikum über die Person des prominenten Autors auf diese Weise zufließenden Informationen ergab – folgt man einem eindimensionalen Schema – das Persönlichkeitsbild, und die Versuche von Verlag und Autor, dieses zu beeinflussen, könnte man als Imagepflege bezeichnen. Daß dabei in Wirklichkeit noch eine Reihe ganz anderer sozialpsychologischer Faktoren am Werk waren, ist dem heutigen Betrachter selbstverständlich.

Wesentlich für alle mit dem Persönlichkeitsbild zusammenhängenden Aktivitäten war eine gewisse »Irreführung« des Publikums. Die Verflechtung der persönlichen Sphäre mit kommerziellen Überlegungen war sorgfältig zu verdecken, der Autor selbst durfte nie offen als Akteur auf diesem Sektor auftreten, da jeder Anschein einer Manipulation zu vermeiden war. Das Prinzip der Nichteinmischung verlangte, daß der Autor weit über allen mit einer gezielten Persönlichkeitsbildpolitik zusammenhängenden Erwägungen stand. Voraussetzung einer erfolgreichen Persönlichkeitsbildpflege war ferner eine gewisse faktische Basis im Literaturbetrieb, und zwar hinsichtlich des Bekanntheitsgrads wie der zur Verfügung stehenden propagandistischen Mittel. Einen Autor völlig aus dem Nichts aufzubauen war damals selbst in der Trivialliteratur noch nicht möglich.

Beispielhaft für eine effektive Strategie in diesem Bereich sei das Zusammenwirken Balzacs und seines Verlegers Werdet in den Jahren 1835/1836 angeführt, als Werdet fast allabendlich bekannte Journalisten und Literaten zum Diner lud, bei welchen Balzac, auf erhöhtem Sessel thronend und mit goldenem Besteck hantierend – die anderen Gäste mußten mit Silber vorliebnehmen –, Lebensart vorexerzierte und Bonmots zum besten gab. Wie leicht zu durchschauen ist, sollte durch diese Hofhaltung ein bestimmtes Bild von Balzacs damaliger Stellung in der Literatur suggeriert bzw. projiziert werden. Reste dieses freilich nicht nur von Werdet initiierten Balzac-Bildes haben sich bis heute erhalten. Überhaupt gehörte ein gewisser materieller Aufwand, Repräsentation etc. zum Persönlichkeitsbild eines guten Autors, da man daraus indirekt auf gut gepolsterte Finanzen und schriftstellerischen Erfolg schloß. Und umgekehrt diente die Simulation schriftstellerischen Erfolgs durch Hervorkehrung gehobener Lebensart oft dazu, diesen Erfolg erst herbeizuführen, was nicht wenige Schriftsteller dazu verleitete, über ihre Verhältnisse zu leben.

Schließlich finden wir auf diesem Sektor selbstverständlich auch das Konkurrenzschema wieder. Wenn die einzelnen Autoren zueinander in einem Konkurrenzverhältnis standen, so konkurrierten auch die Persönlichkeitsbilder dieser Autoren miteinander. Wie genau sich hellsichtige Autoren dieses Zusammenhangs bewußt waren, zeigt etwa die Tatsache, daß Gutzkow von Heines »flauen Aktien« an der »literarischen Börse« sprach und ihm im selben Atemzug literarische Unproduktivität vorwarf. Das Persönlichkeitsbild eines literarischen Gegners schädigen war eines unter anderen Mitteln, um einen lästigen

Konkurrenten auszuschalten und den eigenen Anteil am insgesamt noch limitierten Markt zu vergrößern.
Zu diesen allgemeinen Voraussetzungen gesellten sich im Einzelfall natürlich Faktoren, die ihren Ursprung in individueller Veranlagung und Psychostruktur des Autors hatten. Daß und wie von einem Autor in der Öffentlichkeit geredet wird, ist nicht nur von einem bestimmten Entwicklungsgrad in der Kapitalisierung des Literaturmarkts abhängig, sondern auch – nach der Individualisierung der Autorrolle im 18. Jahrhundert – beispielsweise von der extrovertierten oder introvertierten Grundhaltung des Autors. In der Tat war Heine hier psychologisch zu einer besonderen Aktivität prädestiniert. Seine hohe Sensibilität für alles, was mit der Veröffentlichung von Privatem zusammenhing, ja mit der Polarität von Öffentlichkeit und Privatbereich überhaupt, wird übereinstimmend von den Zeitgenossen hervorgehoben, war selbst schon (unwillkommener) Bestandteil seines Persönlichkeitsbilds geworden. Bereits der junge, unbekannte Heine war darauf bedacht, alle über seine Person an die Öffentlichkeit gelangenden Informationen zu kontrollieren, zu filtrieren. Dem Herausgeber des »Rheinisch-Westfälischen Musenalmanachs«, Friedrich Raßmann, legte er beispielsweise 1821 ans Herz, doch ja nicht die von seinem Bonner Universitätsfreund Rousseau herrührenden *biographischen Notizen* über ihn, Heine, in eine *Dichtergallerie* aufzunehmen. Ihm war unwohl bei der Vorstellung, daß von ihm als Privatperson öffentlich geredet wurde. Für das Autorenverzeichnis von Raßmanns »Musenalmanach« schlug er dann selbst folgende Notiz vor:
H. Heine, 24 (?) Jahr alt, geboren in Düsseldorf; erhielt im dortigen Gymnasium seine Schulbildung, studierte Jurisprudenz in Göttingen, Bonn, Berlin, woselbst er jetzt lebt.
Wie man sieht, ist diese Notiz alles andere als eine präzise Selbstbiographie. In bewußter Vernebelungstaktik wurde da ein Fragezeichen hinter die Altersangabe gesetzt, die Reihenfolge der Studienorte umgekehrt und Unklarheit darüber verbreitet, ob Heine derzeit noch studierte. Nach Informationen über seine derzeitige Beschäftigung und über die bevorstehende Publikation der Gedichte sucht man vergebens. Nicht einmal sein Vorname war genannt. Die Notiz, die dann tatsächlich im »Rheinisch-Westfälischen Musenalmanach auf das Jahr

1822« erschien, unterscheidet sich denn auch in bezeichnenden Punkten von Heines Vorschlag: »Heine, Harri (geb. zu Düsseldorf 1797, studirte die Rechte zu Bonn, Göttingen und Berlin, an welchem letztern Orte er jetzt lebt; eine Sammlung seiner Gedichte, von denen der »Gesellschafter« mehrere Ausstellungen enthält, wird nächstens bei Maurer erscheinen)«. Die diese Zurückhaltung begleitende emotionale Aufladung, sobald es um die Ausbreitung privater Dinge in der Öffentlichkeit ging, ein latentes Mißtrauen gegenüber der Öffentlichkeit und die Angst vor ›Enthüllungen‹, war nicht nur ein Charakteristikum des jungen Heine, sondern blieb auch dem berühmt gewordenen Autor in der einen oder anderen Form erhalten. Wir haben es hier mit einer Konstanten zu tun, die in Heines Persönlichkeitsstruktur angelegt war.

Zu solcher individualpsychologischer Disposition gesellte sich bei Heine noch ein spezifischer Zug seiner literarischen Produktion: das, was man mit einer Formulierung Ludolf Wienbargs als die »Öffentlichkeit seiner Muse« oder mit einem vieldeutigen Begriff als seinen »Subjektivismus« bezeichnen kann. Der Autor Heine, der Lyriker wie der Prosaschriftsteller, sprach vornehmlich in der ersten Person, und wenn auch das Ich des *Lyrischen Intermezzo* selbstverständlich nicht mit der empirischen Person Heines gleichgesetzt werden kann, vielmehr zahlreiche literarische wie gesellschaftliche Rollen belebt, so war doch schon dem zeitgenössischen Betrachter klar, daß hier ein bewußt vereinzelter, subjektiver Standpunkt benutzt wurde, um die objektive Welt perspektivisch einzufangen. Der junge Heine wußte, daß seine Technik der Generalisierung persönlicher Probleme und Erfahrungen die öffentliche Aufmerksamkeit auf seine Person lenkte, daß der Anspruch der Öffentlichkeit, über die Privatsphäre einer öffentlichen Person unterrichtet zu werden, besonders bei einem Schriftsteller laut werden mußte, der für seine individuellen Erfahrungen Öffentlichkeit beanspruchte. Dazu kam gewiß auch Heines Rolle als Tabubrecher, als ästhetisches Enfant terrible (man denke etwa an die Bedeutung der erotischen Emanzipation in seinen Gedichten), eine Rolle, die eine Reihe von Affekten auf seine Person konzentrierte und der Frage des Persönlichkeitsbildes bei ihm zu besonderer Virulenz verhalf.

Presselenkungsstrategien

Das Bewußtsein dieser Lage hatte Heine schon mit dem Problem konfrontiert, noch ehe ihm in Paris die kommerzielle Bedeutung dieser Phänomene vorgeführt wurde. Bedeutsam in diesem Sinne war beispielsweise die Platen-Polemik. In echter, vom Werk unabhängiger Imagepflege wurde Heine jedoch erst Mitte der dreißiger Jahre tätig, als er zum einen durch seinen schriftstellerischen Erfolg in die Gruppe der öffentlichen Figuren aufgerückt war, mit denen sich die deutsche Presse vorzüglich befaßte, zum anderen in Paris inmitten einer Kolonie von Literaten lebte, die als Korrespondenten deutscher Blätter die deutsche Öffentlichkeit regelmäßig mit Berichten aus der französischen Hauptstadt versorgten. Über die in jeder exponierten Gruppe anzutreffenden Animositäten und Rivalitäten hinaus standen diese Literaten vor allem in einer objektiv-sachlichen Konkurrenz zueinander. Das Honorarbudget der Augsburger »Allgemeinen Zeitung« für die Parisberichterstattung war begrenzt, und das Gedränge um die Futternäpfe groß. Als Prominenter des Literaturbetriebs war Heine nicht nur Autor, sondern auch Thema von Berichten, und zwar ein Thema, das der Meute der Namenlosen wegen seiner offiziösen Zweideutigkeit zur eigenen Profilierung wie geschaffen schien. So wurde Heines Name, der ohnedies über keine Verdächtigung erhaben war, bald in den verschiedensten Zusammenhängen genannt. Mochten Sticheleien und Unterstellungen in Einzeldosen auch unbedeutend erscheinen, so kannte Heine die Mechanismen der öffentlichen Meinungsbildung doch gut genug, um die Gefahr nicht zu unterschätzen, die von derartigen Stimmen ausging, wenn sie im Chor erschallten, im Chor vor allem mit den drohenden politischen Gegnern aus dem konservativen wie aus dem republikanischen Lager. Auf längere Sicht stand Heines schriftstellerische Glaubwürdigkeit auf dem Spiel, seine öffentliche Stellung und damit die Grundlage seiner Existenz. Es ist allerdings bemerkenswert, daß Heine auf diesem Sektor nicht von sich aus aktiv wurde, sondern erst auf Modifikationen reagierte, denen sein Bild in der öffentlichen Meinung ausgesetzt war. Ab 1833 etwa, als sein Bruch mit der nationalliberalen und republikanischen deutschen Opposition offenkundig geworden war, begannen eben diese Oppositionskreise in den öffentlichen Medien ein bestimmtes Charakterbild zu propagieren, demzufolge Heine eitel, wankelmütig, ohne Verbindung zu den »Patrioten« und ohne Rückhalt beim Volk sei. Solchermaßen sollte dem oppositionellen Publikum, welches allein unter Marktgesichtspunkten interessant war, die Bedeutung von Heines Dissidenz vorab interpretiert und dementsprechend herabgespielt werden. Erst in dieser Situation setzten Heines eigene Aktivitäten ein, waren also zumal defensiver Natur. Ihr Ziel war es, der Öffentlichkeit ein bestimmtes, sozusagen wetterfestes Image zu vermitteln.

Soweit die Bedrohung sein privates Persönlichkeitsbild betraf, durfte er jedoch gemäß dem oben beschriebenen Nichteinmischungsprinzip selbst nicht offen intervenieren, wenn er die Diskussion nicht an einem ungeeigneten Thema sich festlaufen lassen und der Publizitätssucht seiner Gegner nicht unverhoffte Nahrung geben wollte. Vielmehr galt es, gegenzusteuern und die öffentliche Meinung behutsam in einer Weise zu lenken, die seine Autorschaft im dunkeln ließ. War es in der Platen-Polemik noch darum gegangen, öffentlich gegen eine Diffamierung seiner literarischen Qualitäten aufzutreten (die freilich mit persönlichen Fragen untrennbar verbunden war), so mußte nun einer verdeckten Entwicklung auf ebenso verdeckte Weise gegengesteuert werden. Zu solcher Presselenkung boten sich vornehmlich zwei Vehikel an: Artikel befreundeter Schriftsteller und eigene Notizen bzw. Aufsätze, die anonym oder unter fremdem Namen zu erscheinen hätten. In jedem Fall war Heine also auf die Hilfe rühriger und im Literaturbetrieb versierter Bekannter angewiesen. Die Hochs und Tiefs dieser Informationspolitik, ihre Erfolge und Rückschläge vollständig nachzuzeichnen ist nicht einmal annähernd möglich. Beschränken wir uns deshalb auf die besonders beispielhafte zweite Hälfte der dreißiger Jahre, in der fast alle wichtigen Formen Heinescher Persönlichkeitsbildpflege anzutreffen sind, und auf ein Exempel aus dem Jahr 1850, das uns gleichzeitig erlaubt, einen bisher nicht identifizierten, unbekannten Heine-Text vorzustellen.

1835/36 war einerseits Heines Privatleben zum öffentlichen Thema geworden, andererseits hatte sich sowohl durch den Platen-Streit wie durch entsprechende Einblicke in das Pariser literarische Leben seine eigene Technik im Umgang mit den Medien so weit verfeinert, daß eine erfolgreiche Imagepflege im Bereich des Möglichen schien. Erste Gelegenheit zur Verwirklichung eines solchen Konzepts boten Heine 1836 die Berichte, die August Lewald über seine Begegnungen mit ihm veröffentlichte. Wie grundlegend sich die Situation zwischen 1832 und 1836 geändert hatte, erhellt der Vergleich der kurzen Skizze, die Lewald 1832 in seinem »Album aus Paris« gegeben hatte, mit der Schilderung aus dem Jahr 1836, die beide auf dasselbe Zusammentreffen im Winter 1831/32 zurückgehen. In der Skizze aus dem Jahr 1832 wurde von Heine nur angedeutet, daß er im Gegensatz zur früheren Melancholie der deutschen Phase in dem Pariser Leben voll aufgehe, zu »feinstem Lebensgenusse« erwacht sei und einen »ganzen Frühling von neuen Liedern in der gesundeten Brust« trage, wobei die körperliche Genesung indirekt auf die politischen Veränderungen seit der Julirevolution verwies. Insgesamt gab diese Schilderung nahezu keine biographischen Details, entsprach also noch durchaus der von Heine in der Raßmann-Notiz verfolgten Linie. Der Bericht aus dem Jahr 1836 dagegen antwortete schon auf die präzisen Anforderungen der Imagepolitik, womit sich die Möglichkeit zu einer nachträglich korrigierten Darstellung bot.

Lewald stellte Heine als einen in den höchsten Gesellschaftskreisen anerkannten Salonlöwen dar, der sich dadurch gegen das gewöhnliche Emigrantenelend abhebe. Damit sollte Heine auf eine für die Querschüsse der Exilliteraten unerreichbare Ebene gehoben werden: Einer, der bei Rothschilds, Lafayette und den Saint-Simonisten-Führern ein- und ausging, war über jede Diskreditierung durch die Presse erhaben. Des weiteren rückte Lewald Heine deutlich von Börne ab. Gerade weil Heine es sich zum Prinzip gemacht hatte, auf alle offene und versteckte Kritik aus dem Börne-Lager seinerseits nicht zu antworten, gehörte es zum festen Repertoire seiner Informationspolitik, sich indirekt gegen Börne zu verteidigen. Lewald vertrat ihn nun auf zweifache Weise: Zum einen hob er die großen Unterschiede zwischen beiden, was Lebensweise, Umgang und Charakter anging, hervor, zum andern betonte er Heines persönliche Integrität und bemühte zum Beweis zwei Beispiele, wie Heine verschiedene Leute, die seine Feder kaufen wollten, sofort und gründlich abgewiesen habe. Die Stoßrichtung solcher Informationen ist klar: Man suchte die in der Börne-Partei verbreitete Ansicht zu widerlegen, Heine sei bestechlich und stehe im Solde Metternichs. Insgesamt zeichnete sich Lewalds Schilderung durch eine gewisse Detailarmut (die für von Heine inspirierte Darstellungen immer charakteristisch ist) sowie durch Harmonisierungstendenzen aus. Vermutlich hat Heine das Manuskript vor Veröffentlichung eingesehen, jedenfalls in großen Linien seine Zustimmung gegeben. Lewalds Hang zu stilisierender, novellistisch ausgeschmückter Darstellung und der Grundton von Heines Selbstprojektionspolitik sind hier eine glückliche Verbindung eingegangen.

In einer ganz anderen Richtung wirkte Lewalds nächstes Heine-Porträt in den im Mai 1836 zunächst in Zeitschriftenfassung und 1837 in Buchform erschienenen »Pariser Tabletten«, Skizzen seiner Visiten bei berühmten Pariser Persönlichkeiten und Sehenswürdigkeiten während der Frankreichreise vom Frühjahr 1836, in denen Heine verschiedentlich als Begleiter auftaucht, dem alle Türen offenstehen. Eine dieser Skizzen war Heine ausschließlich gewidmet. Wir finden darin, in nochmals gesteigerter Form, Stereotypen wie Heines modische Kleidung oder sein Renommee in der französischen Gesellschaft; die wesentliche Neuerung war jedoch, daß Lewald, von seiner mittlerweile intimen Kenntnis des Heineschen Privatlebens profitierend, dem deutschen Publikum zum ersten Mal die Frau an Heines Seite vorführte. Er erstellte ein idyllisches Genrebild, in dem er den Leser »in einen kleinen, eleganten Salon« führte, »wo Madame Heine auf den schwellenden Polstern eines Divans saß und eine Tapisserie zwischen den niedlichen Fingern hielt«. Nachdrucke in der »Zeitung für die elegante Welt« und andern Zeitschriften folgten. Doch die Tücke der Materie war bedeutender, als es zunächst den Anschein hatte; trotz defensiver Absicht war damit zuviel neues biographisches Material geboten worden. Das Lewaldsche Idyll, mit der Wirklichkeit nur schwer in Einklang zu bringen, rief bald Widerspruch hervor und bezeichnete den Beginn einer Kettenreaktion, die erst mit Heines persönlicher Intervention im Sommer 1839 endete.

Daß aus einem Klatschartikel eine kleine Presseaffäre werden konnte, daran trug Heine ein hohes Maß an Mitschuld, scheint er sich doch im Dezember 1836 über Lewalds Bericht bei Eduard Beurmann beschwert zu haben, der prompt einen eigenen Artikel auftischte. Was Heine nicht wissen konnte, war, daß Beurmann als Informeller Mitarbeiter der Wiener Staatskanzlei in Metternichs Sold stand; womit er obendrein nicht rechnen konnte, war die Form, in der das Dementi der Öffentlichkeit hinterbracht wurde: Beurmann flocht es in einen großen Artikel »Heinrich Heine in Paris« im »Frankfurter Telegraph« vom April 1837 ein, der eine Gesamtbeurteilung seiner Pariser Lebensweise und Problematik enthielt. Mit dem Anspruch, sich im Gegensatz zu Lewald »von einem Genrebilde fern zu halten« und wahrheitsgemäß zu berichten, brachte Beurmann gleichzeitig eine Reihe von Details in Umlauf, die Heine mehr schadeten als nutzten. Mit perfider Treffsicherheit wußte er genau die wunden Stellen in Heines Persönlichkeitsbild zu treffen, die Heine selbst gern korrigiert gesehen hätte. Unter dem Vorwand, ihn gegen die absurden Beschuldigungen der deutschen Presse in Schutz zu nehmen, zählte Beurmann all diese »Insinuazionen« mit biedermännischer Genüßlichkeit selbst auf. Nichts blieb Heine erspart: daß er deutsche Flüchtlinge »aus Angst« unterstütze, daß man ihn in die »Gallerie der ausgezeichnetsten Israeliten« aufgenommen habe (womit auf das heikle Problem von Heines Judentum hingewiesen war), daß er von Thiers bezahlt werde. Schließlich wurde auf dem Umweg über ein angebliches Börne-Zitat auf Heines Lehrzeit in einem Frankfurter »Kramladen« hingewiesen. Des weiteren behauptete Beurmann, Heines Angst vor Pressesticheleien treibe ihn täglich in die Lesekabinette, wo er die deutschen Zeitungen nach »Gehässigkeiten« gegen sich absuche. Dies mußte Heine, der immer wieder versicherte, von solchen Dingen keine Notiz zu nehmen, besonders empfindlich treffen. Damit nicht genug, räumte Beurmann Heine als wahrem Dichter scheinheilig das Recht ein, seine politischen Ansichten zu wechseln, womit er ihm Gesinnungslosigkeit unterstellte. Außerdem verriet er, Heine wolle »um jeden ehrlichen Preis« nach Deutschland zurück, da er in Frankreich keine Anerkennung gefunden habe. Und indem er Lewalds Beschreibung von Heines »eleganter« Wohnung lächerlich machte, konnte er indirekt auf Heines eher dürftige Lebensumstände hinweisen. Abschließend nannte Beurmann Heines private, nur den vertrautesten Freunden bekannte Adresse, eine Indiskretion, über die Heine besonders empört war. All diese Details machen begreiflich, weshalb Heine Beurmann einen von *diesen kleinen Kläffern* nannte, *die sich den Schein geben mich anzulecken und mir doch in die Wade beißen*. Beurmanns doppeltes Spiel wird deutlich aus der Tatsache, daß er gleichzeitig in einem Agentenbericht an das Mainzer Büro Heine als charakterlos und käuflich hinstellte und zum Beweis für dessen grenzenlose Eitelkeit anführte, Heine habe seinen »Freund und literarischen Stubenheizer Lewald zu einer rein erdichteten Schilderung seiner häuslichen Verhältnisse« veranlaßt, »in welchen eine femme entretenue, Salons, Soireen und hundert Details des Luxus und Wohllebens vorkommen«. In Wirklichkeit, fügte er seinem Spitzelbericht hinzu, lebe Heine »sehr dürftig und beschränkt mit einer Grisette«.

Das nächste Glied in der oben genannten Kettenreaktion bildet ein Artikel Ludwig Wihls mit dem Titel »H. Heine in Paris« im »Telegraph für Deutschland« vom Juli 1838. Schon in seiner Frankfurter Zeit als Journalist und Hauslehrer in jüdischen Familien hatte sich Wihl brieflich an Heine gewandt, ihm ein Exemplar seiner eben erschienenen »Gedichte« geschenkt und um »Ermuthigung« durch den »Dichter und Kritiker« gebeten. Nach einem vorzeitig abgebrochenen England-Aufenthalt kam Wihl im Oktober 1837 nach Paris, wo er umgehend die Bekanntschaft von Künstlern und Philologen suchte. Sein sehnlichster Wunsch war es, Seite an Seite mit Heine in den Feuilletons der deutschsprachigen Presse zu erscheinen, bedeutete doch auch für ihn die deutsche Literatur einen Ausgleich für die sozialen Schwierigkeiten, die ihm aus seiner Konfession erwuchsen. Bereits kurz nach seiner Ankunft ließ er gleich vierfach die Nachricht verbreiten, er werde »in Verbindung mit Heine« einen »Musenalmanach« herausgeben. Heine ließ das via Lewald prompt dementieren, machte aber die Auflage, daß man in ihm, Heine, nicht den Autor dieses Dementis erkennen dürfe, da er sich nicht mit *dergleichen jungen Leuten verfeinden* mochte. Außerdem hatten der Dichter und der *Dichterling* einiges gemeinsam: die rheinische Heimat (Wihl stammte aus Wevelinghoven bei Grevenbroich), das jüdische Elternhaus und das väterliche Gewerbe (Moses Wihl war »Ellenwarenhändler« und versah zudem das Amt eines Schächters); sicherlich stellten beide fest, daß ihre Väter einst in geschäftlicher Beziehung miteinander standen. Vielleicht waren es diese Umstände, denen Wihl es verdankte, daß Heine ihm nicht gleich die kalte Schulter zeigte. Denn große Sympathien hegte er nicht für ihn: Im Sommer 1838 bescheinigte er ihm *Mangel an Menschenkenntniß* und *Ueberfluß an Dichtereitelkeit*, überdies auch noch *Großmannssucht*, was bei Wihls dauernder sozialer Misere besonders grotesk anmuten mochte.

Gewiß war Wihls Artikel in der vorliegenden Form nicht von Heine bestellt worden, doch hatte er den Anstoß dazu gegeben, indem Wihl offenbar beauftragt war, kleinere biographische Notizen in der Presse zu lancieren, die den reichen Onkel Salomon durch Erzeugung sanften öffentlichen Drucks dazu bringen sollten, sich mit Heine wieder zu versöhnen. Solches war in der Tat eine delikate Aufgabe, und es hätte gewiß eines gewandteren Journalisten bedurft, um sich ihrer dezent und ohne Verweis auf mögliches materielles Elend zu entledigen. Karl Gutzkow, Redakteur des »Telegraph für Deutschland« in Hamburg, wo Wihl im Mai 1838 ein Unterkommen gefunden hatte, war es gewesen, der zu einem großen, den »Stempel der Wahrheit« tragenden Artikel geraten hatte, in dem Wihl nun allen bisherigen Mißverständnissen und Fehlinformationen über Heines Bild in der Öffentlichkeit den Garaus machen wollte. Er selbst schrieb über seinen Aufsatz an Heine: »Ich habe mich über lhre äußere Stellung so ausgesprochen, wie Sie es gewünscht haben, und hoffe, daß derselbe eine neue Theilnahme zunächst bei Ihrem Hn. Onkel und sodann auch beim alten u. jungen Deutschland für Sie erwecken wird.« Als Heine davon erfuhr, war er aufrichtig überrascht, und es war also kein taktisches Manöver, als er am 7. Juli 1838 an Campe schrieb: *Daß Herr Wihl einen eignen Aufsatz, und zwar einen großen, über mich schreiben wollte, habe ich wahrlich nicht gewußt; ist ein ehrlicher Mensch, und ich verzeih ihm im Voraus, daß er mich kompromittirt.* Seine gemischten Gefühle angesichts des zu erwartenden Artikels sollten sich bestätigen, als er kurz vor seiner Abreise ins Seebad die ersten Nummern zu Gesicht bekam. Als ihm Lewald dann auch noch brieflich versicherte, bei der Lektüre *habe sich ihm alles im Leibe herumgedreht*, entschloß er sich sofort zum Handeln und schickte am

18. August eine anonyme Notiz an Kolb für die »Allgemeine Zeitung«, in der Wihls Artikel als die Erfindung eines *obscuren Dichterlings* hingestellt wurde, der sich interessant machen wolle. Er ließ in diese Notiz einige Fehlinformationen einfließen, die das Publikum über den Verfasser täuschen sollten, und obendrein legte er Kolb ausdrücklich ans Herz, *durch Zufügung von einigen Bemerkungen über mich (...), die eingeschickten Zeilen so wohlberechnet* zu *umwikkeln (...), daß niemand auf den Gedanken geräth, sie meiner Feder zuzuschreiben. Es liegt mir unendlich viel daran, daß niemand mich als Verfasser dieser Zeilen erkennen möge.*

Was brachte nun Heine so gegen Wihls Artikel auf? Schon am 18. August, als er den Artikel noch nicht vollständig kannte, nannte er Campe (wobei er diese Kritik einem fiktiven Pariser Freund in den Mund legte) zwei Gründe: *daß in jenem Artikel mit der ehrlichsten Schafsmiene die perfidesten Insinuazionen über meine Geliebte und mein Ansehen in Paris verbreitet würden und Beurmanns Schnödigkeiten ihre Bestätigung erhielten.* Tatsächlich war Wihls Artikel zwar gut gemeint, aber in völliger Unkenntnis von Heines subtiler Imagepolitik verfaßt. In der Absicht, kursierende Gerüchte richtigzustellen, hatte Wihl nicht nur Heines Verbindung mit Mathilde umständlich gerechtfertigt – wobei er nicht hinzuzufügen unterließ, er hätte ihm als »Freund« von einem solchen Verhältnis eigentlich abgeraten –, er hatte überdies auch hervorgehoben, daß Heine von den Franzosen im Grunde verkannt würde und sich nach Deutschland zurücksehne. Des weiteren hatte er, um Salomons und des deutschen Publikums »Theilnahme« zu wecken, keinen anderen Weg gefunden, als von Heines »knapper, unangemessener Lage« zu sprechen, und ihn somit zum armen Schlucker gemacht; und schließlich hatte er ihm sogar ausdrücklich das Recht zugestanden, in den Lesekabinetten die deutschen Journale nach Berichten über sich durchzustöbern, da ihm der »Ruhm (...) alles das ersetzen, wenn nicht geben müsse, was Lewald aus übelverstandener Freundschaft ihm angedichtet« habe. In all diesen Details deckte sich also Wihls Artikel mit Beurmanns *Schnödigkeiten*, die er doch widerlegen wollte, und Heines Urteil, *käme er aus der Feder eines Feindes, so würde ich ihn ein Meisterstück nennen*, wird verständlich. Das einfältige Urteil des *Schwalben-Rabbis*, wie

Heine Wihl später in Anspielung auf dessen Gedichtsammlung »West-östliche Schwalben« (1847) apostrophierte, war nicht dazu angetan, die Öffentlichkeit auf den wahren Kern des Problems zu lenken. Somit war Wihls Artikel nicht nur ein Schlag ins Wasser, sondern ein schwerer Fehlgriff, durch den auch die folgende Auseinandersetzung mit Gutzkow im Anschluß an den *Schwabenspiegel* eine stark persönliche Färbung erhielt, vermutete Heine doch in ihm den Hintermann für Wihls Eseleien.

Mit den *Schriftstellernöthen* befinden wir uns auf einem Terrain, wo die Interdependenz von Fragen des literarischen Marktes mit dem persönlich-privaten Bereich besonders deutlich sichtbar wird. Anlaß der *Schriftstellernöthen* war, wie in Kapitel 10 gezeigt wurde, die Verstümmelung von Heines Aufsatz *Der Schwabenspiegel* im »Jahrbuch der Literatur« sowie Heines Vermutung, nicht nur die Zensur, sondern auch private *Umtriebe* literarischer Konkurrenten (Gutzkow und Wihl) seien dafür verantwortlich, wobei er sich schließlich zu der Vorstellung verstieg, er habe es mit einer regelrechten Clique, mit *Campes Bande* zu tun. Heine zufolge ging es in diesem Streit um sein eigenes *artistisches Ansehen*, um seine Position als öffentlicher Schriftsteller, und nicht um seine Person, wenngleich beide Faktoren, eben durch die Mechanismen des Literaturmarkts, in einer direkten Beziehung zueinander stehen. Auch hier gilt es also, die existenzielle Bedeutung zu berücksichtigen, die ein angeblich rein literarischer Streit für einen freien Schriftsteller jederzeit annehmen konnte. Nun war die in den *Schriftstellernöthen* angesprochene Problematik – Artikulationsmöglichkeiten und Produktionsbedingungen des freien, politischen Schriftstellers in der Restaurationszeit – zwar ein öffentliches Thema, und Heine selbst meinte, die Grenze zur persönlichen Polemik nie überschritten zu haben. Dennoch zeigt seine Argumentation eine ganz spezifische Vermischung öffentlicher und privater Komponenten. Schon die Form des offenen Briefs deutet in diese Richtung; vor allem aber zitierte Heine darin mehrfach und des längeren aus Privatbriefen seines Verlegers, um der Öffentlichkeit den Kontrast zwischen privatem und öffentlichem Verhalten Campes, aber auch Wihls und Gutzkows zu demonstrieren. Wie schon in der Menzel-Polemik in *Ueber den Denunzianten* bezog er sich auf das

Privatleben seiner Kontrahenten, in welchem sich ihr eigentliches Wesen unverstellt kundtue, als Prüfmaßstab der Rolle, die sie öffentlich zu spielen behaupteten. Indem er so Privates veröffentlichte, kehrte er eine Grundtendenz des Metternichschen Systems um, welches alles unternahm, um das Aufkommen einer kritischen Öffentlichkeit zu verhindern.

Freilich waren die Dinge bei Heine von wünschenswerter Eindeutigkeit weit entfernt. Denn mochte er auch in seiner aggressiven Strategie systematisch Privates in die öffentliche Argumentation miteinbeziehen, er beließ es bei der strikten Trennung zwischen beiden Bereichen, sobald er in der Defensive war. So schrieb er in richtiger Vorahnung der Dinge, die da kommen sollten, am 12. April 1839, kurz nach der Veröffentlichung der *Schriftstellernöthen*, an Campe: *Wenn Gutzkow im Telegrafen nichts Gutes über meine Persönlichkeit zu sagen hat, so ersuchen Sie ihn lieber ganz zu schweigen. Ueber den ästhetischen Werth meiner Schriften kann er sagen, was er will – Treibt ihn aber sein böser Dämon meine* Person *schmähen oder unglimpflich antasten zu wollen, so mag er es in einem Buche oder einem Blatte thun, worunter nicht der Name Campe als Verleger steht.* Genau die Privatperson Heine aber griff Gutzkow in seiner öffentlichen Erwiderung, dem Artikel »Herr Heine und sein Schwabenspiegel« vom Mai 1839, an. Er führte Heines Verhalten auf persönliche »Scandalsucht« zurück bzw. auf das Bestreben, jahrelange dichterische Unproduktivität durch Aufbauschen privater Händel vertuschen zu wollen, um die Öffentlichkeit über das Sinken seiner Aktien an der »literarischen Börse« hinwegzutäuschen. Vorangegangen war Ludwig Wihl mit einer »Erklärung«, die selbst Campe »infam« schien und in der Wihl die Stirn hatte, Heine, dem er ein Jahr zuvor noch vergeblich hinterhergelaufen war, als Menschen zu bezeichnen, »dessen seit einigen Jahren verbleichter Ruhm von jeher weniger in dichterischer Größe und Charakterfestigkeit, als in einer ihm ganz eigenthümlichen Keckheit Nahrung gefunden« habe.

Heines Reaktion war abgestuft. Während er es sich vorbehielt, Gutzkow als einen ebenbürtigen Gegner in einer längeren Polemik abzufertigen, *welche die 2te Nummer der* Schriftstellernöthen *bilden* sollte, suchte er gegen Wihl indirekt, anonym zu wirken, getreu seiner

Erkenntnis, daß man es riskiere, sich *widerwärtig zu beschmutzen*, wenn man sich mit einer *Wanze* einlasse. Zu diesen indirekten Aktionen gegen Wihl gehörte die Anweisung für eine anonyme Notiz, die er Kühne am 19. Mai gab, sowie die Parodie der Wihlschen Erklärung, unterzeichnet *Hektor, Jagdhund bey Hoffmann et Campe in Hamburg*, die er kurz darauf verfaßte. Im Laufe des Sommers änderte Heine jedoch seine Strategie. Er entschloß sich, die Bühne der offenen literaturpolitischen Auseinandersetzung wieder zu verlassen, gegen Gutzkow weder direkt noch indirekt vorzugehen und die verdeckte Kampagne gegen Wihl in ein modifiziertes Konzept einzubauen, mit dem er an die Artikel Lewalds, Beurmanns und Wihls anknüpfen wollte. Im Frühjahr 1839 hatte er in Alexandre Weill einen gewandten Journalisten kennengelernt, der ausgesprochenen Sinn für die Feinheiten publizistischer Ränke zeigte und nichts brennender wünschte, als sich Heine nützlich zu erweisen. Bei ihm nun gab Heine im Juni einen Artikel in Auftrag, der ihm gegen Gutzkow und Wihl Schützenhilfe leisten sollte und der am 8. Oktober im Leipziger »Nordlicht« und bis zum 20. Januar 1840 noch in zwei Nachdrucken erschien. Zuvor hatte Heine ihn noch um zwei Abschnitte ergänzt; das Manuskript dieser Erweiterungen ist erhalten.

Information und Desinformation

Sieht man von seiner relativen Kürze ab, so unterscheidet Weills Artikel, dessen Wortlaut als von Heine autorisiert zu betrachten ist, äußerlich kaum von dem normalen Modus der Heine-Berichterstattung, wie er damals in der deutschen Presse gang und gäbe war. Auf einen deskriptiv-urteilenden Teil folgen einige Gesprächsäußerungen Heines, die wiederum von einem Gesamturteil abgerundet werden. Doch sowohl, was über Heines Persönlichkeit gesagt, als auch was von seinen Gesprächen mitgeteilt wird, war genau nach Heines informationspolitischem Konzept dosiert und stand in einem direkten Zusammenhang mit den oben analysierten Artikeln. Da wurde zunächst allen bisherigen sekundären Informationen über Heine die Grundlage entzogen, wenn es hieß: »Heine ist so satyrisch, daß er sich selten einem Deutschen, den er gerade nicht sehr hochschätzt, zeigt, wie er ist, da er bekanntlich schon viel Unangenehmes von seinen Landsleuten zum Geschenk erhielt.« Da wurde ferner Heine nicht, wie bei Beurmann und Wihl, im Lesekabinett, sondern in den »höhern Cirkeln« der französischen Gesellschaft gezeigt. Diese Stilisierung ging so weit, daß Weill seine erste Begegnung mit Heine in eine Meyerbeersche Soiree verlegte, während er Heine in Wirklichkeit in dessen bescheidener Wohnung kennenlernte. In diesen »höhern Cirkeln«, bei Dumas, Janin und Meyerbeer, werde Heine nicht nur richtig gewürdigt, sondern er verteidige dort auch Deutschland »mit vielem Geiste« und erweise sich als Patriot in einem besseren Sinne, als es die deutschen Nationalisten verstünden. Als von den Franzosen in seinem wahren Wert anerkannter Schriftsteller und Repräsentant des »deutschen Genius« hege er auch keinerlei Rückkehrgedanken. Schließlich ging der Artikel an zwei Stellen auf Wihl ein: Die Tatsache, daß Heine gegenüber dem Bankier Leo für einen Wechsel Wihls in Höhe von 200 Francs gebürgt hatte, der sich im nachhinein als ungedeckt erwies, wurde als bewährtes Mittel beschrieben, um »sich eines lästigen Menschen zu entledigen«, und damit die Polemik auf ein harmlos-witziges Nebengeleis gelenkt.

Über Heines Motive für die Änderung der Strategie lassen sich nur Vermutungen anstellen. Später äußerte er einmal, er habe bei Gutzkow gelernt, wie man die öffentliche Meinung am besten durch ein Wechselspiel von Darstellung und Gegendarstellung in den Griff bekommen könne. Dahinter steht die Einsicht, daß gerade Gutzkow gegenüber, der ihn immer gleichzeitig offen und versteckt angegriffen hatte, eine Fortsetzung der Polemik, ein Austragen der Differenzen im Sinne der bürgerlichen Öffentlichkeit, nicht mehr möglich war. Heine erkannte, daß in der modernen Öffentlichkeit nicht der recht behielt, der die besseren Argumente besaß, sondern derjenige, der beim Publikum auf einem glaubwürdigen, unanfechtbaren Persönlichkeitsbild aufbauen konnte. Ob Heine hier objektiv von Gutzkows Publikumsbeeinflussung gelernt oder nur aus einer eigenen Interpretation dieser Praktiken die richtige Konsequenz gezogen hatte, bleibe dahingestellt. Jedenfalls optierte er nun für eine Doppelstrategie, die darin bestand, einerseits an der mit den Lewaldschen

Schilderungen begonnenen Etablierung und Durchsetzung eines Persönlichkeitsbildes weiterzuarbeiten (wobei er diesmal, um jede ›Panne‹ auszuschließen, die Sache selbst in die Hand nahm, die sensiblen Passagen selbst schrieb), und andererseits die komplizierte Erörterung seiner literaturpolitischen und ideologischen Situation einem eigenen Buche vorbehielt, der *Denkschrift* über Ludwig Börne, an der er damals schrieb. Dabei war der Weill-Artikel sicher das leichtere, aber auch eiligere Geschäft. Nach bewährtem Rezept ließ sich Heine in einer den literarischen Tagesstreitigkeiten entrückten Sphäre darstellen und nebenbei einige Hiebe auf Wihl sausen (»W. ist wahnsinnig, hat aber lichte Momente, wo er bloß dumm ist«). Heine privatisierte also nun seinerseits die Diskussion, um die öffentliche Glaubwürdigkeit der Gegner zu erschüttern und sich selbst gegen Angriffe auf die eigene Privatsphäre abzusichern.

In einem größeren Zusammenhang wird dieses Nebeneinander von Publizierungs- und Privatisierungstendenzen durch die paradoxe Situation des liberalen Öffentlichkeitsmodells erklärt. Denn diesem war in den Augen aufgeklärter Intellektueller wie Heine – und in anderer Weise auch Gutzkow – schon die Basis entzogen, noch ehe es sich gegen den staatlichen Widerstand durchsetzen konnte. Während man von Staats wegen öffentliche Institutionen wie Parlamente und freie Presse noch erfolgreich zu verhindern wußte und eine hermetische Trennung von öffentlicher und privater Sphäre statuierte, während das Bildungsbürgertum seinen aufklärerischen Idealen gemäß auf offizielle Anerkennung seiner Mündigkeit drang, hatte sich auf dem exemplarischen Sektor der literarischen Öffentlichkeit schon gezeigt, daß hier keineswegs die Tribüne des freien und idealen Wettstreits war, wie es die bürgerlichen Theoretiker wissen wollten, sondern der Schauplatz partikularer Interessenkollisionen, bei denen unerbittlich auf der Strecke blieb, wer sich nicht mit rechten Mitteln zu verteidigen wußte. Es ist nicht überraschend, gerade Heine am Kreuzpunkt dieser Entwicklung anzutreffen. Die »Öffentlichkeit seiner Muse«, hinter der sich ein spezifisches Verfahren seiner künstlerischen Produktion, die Generalisierung persönlicher Probleme und Erfahrungen verbirgt, sowie seine Persönlichkeitsstruktur prädestinierten ihn dafür.

Mit Ausbruch seiner Krankheit fand sich Heine schlagartig in die Wände seines Krankenzimmers gebannt, was die Einflußmöglichkeiten gegenüber Presse und Publikum nicht gerade erleichterte. Im Brief an seinen Bruder Max vom 3. Dezember 1848 klagte er, er *lebe in einer schauerlichen Einsamkeit*, obgleich er *mitten in Paris, dem Tummelplatz aller Leidenschaften* sei. Vor allem vermißte er die Freunde aus alten Tagen wie *George Sand, das Luder.* Bekümmert vermerkte er: *Ich verliere einen Freund nach dem andern und bey denen die mir übrig bleiben erprobt sich das alte Sprichwort: Freunde in der Noth gehn sechzig auf ein Loth – Aber das Sprichwort ist doppelschneidig, es kritisirt nicht blos die Beklagten sondern auch den Kläger: mich trifft jedenfalls der Vorwurf daß ich in der Wahl meiner Freunde sehr kurzsichtig war und ich deren so leichte wählte. Welche Menge Freunde muß ich jetzt haben, daß mir ein Pfund herauskommt.* Nun rächte sich, daß er früher selbst ungern Besuche gemacht hatte. Außerdem wohnte er zuletzt fünf Treppen hoch, gleichsam in einem »Adlerhorst«. Obendrein war seine Krankenstube mehr als gut geheizt, ähnelte schier »einem Dampfbade«, und die Luft darin war, weil nur selten gelüftet wurde, nicht gerade mit »schweizerischen Düften« erfüllt, wie sich Henri Julia erinnerte. Zu den seltenen Besuchern der letzten Jahre gehörten Michel Chevalier, Mignet, Nerval, Taillandier, Caroline Jaubert, die Gräfin Marie Kalergis, die Prinzessin Belgiojoso, zuletzt häufig Elise Krinitz. Als sich 1850/51 wieder einmal Berlioz bei ihm anmeldete, rief ihm Heine spöttisch entgegen: »Was! Berlioz? Sie haben mich also nicht vergessen? Sie bleiben immer originell!« An Laube schrieb er am 12. Oktober 1850, er lebe *ganz isolirt* und sehe nur wenige Landsleute, *außer durchreisende Fremde*. Viele von ihnen hatte Mathilde *verscheucht, manchen sogar im wahren Sinn des Wortes hinausgeschmissen*, worüber Heine zumeist nicht unglücklich war. Von den *hiesigen* Deutschen schien ihm der Paris-Korrespondent der »Allgemeinen Zeitung«, Heinrich Seuffert, noch *der Beste und jedenfalls der Geistreichste*.

Ein ebenso wertvoller Helfer wie einst Alexandre Weill und in gewisser Hinsicht dessen Nachfolger, wenn es darum ging, verdeckte publizistische Schützenhilfe zu leisten, war Alfred Meissner. Heine hatte den 1822 in Teplitz geborenen Schriftsteller, der 1846 mit dem Epos »Ziska« auf sich aufmerksam gemacht hatte, Anfang Januar 1847 kennengelernt, als Meissner, mit einer Empfehlung Heinrich Laubes versehen, erstmals nach Paris gekommen war. Mehrere Monate verbrachte er in der Seinemetropole, viele Male war er bei Heine zu Besuch, und allmählich entwickelte sich ein vertrauensvolles Verhältnis zwischen beiden, das Heine am 21. Januar 1851 auf den Punkt brachte: *Auf Meißner kann ich mich verlassen wie auf Gold.* 1849 kam Meissner erneut, diesmal für gut drei Wochen, und am 30. August 1850 zum dritten Mal nach Paris. Er traf den Dichter, wie er 1884 erzählte, »in einem besseren Gesundheitszustande« als erwartet an. »Im Vergleich zum vorigen Jahre hatten sich seine Schmerzen gemäßigt und seine Stimmung gehoben. Ich konnte mich ihm täglich nähern.« Aus einer tabellarischen Übersicht seiner Besuche, die Meissner im Jahr 1879 wohl aufgrund von Notizbüchern und Briefwechsel zusammenstellte, geht hervor, daß er mit Heine in der Tat häufig zusammengekommen ist, insgesamt neunmal in den drei Wochen seines Aufenthalts.

Heine war zu diesem Zeitpunkt insbesondere mit der Durchsetzung seiner pekuniären Interessen gegenüber dem Prager *Industrieritter* Ferdinand Friedland, dem Schwager Lassalles, beschäftigt. Friedland war es gewesen, der Heine vor der Februarrevolution zu Spekulationen in der expandierenden Gasindustrie verleitet und ihm zum »Vorzugspreis« von zehntausend Francs wertlose Aktien der Prager Gasbeleuchtungsanstalt *Iris* aufgeschwatzt hatte, die 1850 bankrott machte. Da Meissner über Verbindungen zur Prager »Deutschen Zeitung in Böhmen« verfügte, nutzte Heine die Gelegenheit, um Friedland durch einen von Meissner gezeichneten, von ihm selbst aber inspirierten und in einem wesentlichen Punkt ergänzten Zeitungsartikel – wie parallel in Briefen an dessen Schwiegervater Heymann Lasal aus dieser Zeit – die Macht seiner Feder zu signalisieren, ja ihm mit einem *Gaunerroman* zu drohen, in dem der wendig-windige Spekulant die Hauptrolle spielen würde. Die Handschrift, Beleg der intensiven Zusammenarbeit zwischen Heine und Meissner, hat sich (ebenso wie die tabellarische Übersicht) unter Tausenden von ungeordneten handschriftlichen Blättern 1995 im Meissner-Nachlaß im

Stadtarchiv Bregenz gefunden. Neben der Kampfansage an Friedland schien es Heine offenbar geraten, auch seinen Vetter Carl ein wenig mit der Vorstellung zu prickeln, daß er wieder einmal an seinen Memoiren arbeite, von denen stets zu befürchten stand, daß sie die Hamburger Verwandtschaft in keinem allzu rosigen Licht erscheinen ließen. Seinem Bruder verriet Heine ein Jahr später, er habe erkannt, daß er *durch die Furcht vor* seiner *Feder mehr ausrichten* könne *als durch die Feder selbst, und diese Furcht gehörig auszubeuten* in seinem Interesse, sei *die große Aufgabe*. Die Erwähnung eines nahezu vollendeten »ganzen Bandes von Dichtungen« sollte schließlich Julius Campe aus der Reserve locken, der schon seit Jahren auf Heines Briefe nicht mehr geantwortet hatte. Noch als »gefesselter Prometheus« wußte der todkranke Autor sein Bild in der Presse zu steuern.

Mit dem Manuskript seines Artikels in der Tasche, kam Meissner am 1. September 1850 zu Heine, der den Text sorgfältig durchging. Seine Eingriffe bestanden in Streichungen, zwei Einzelkorrekturen und einer umfangreichen Ergänzung, die auf Ferdinand Friedland zielte. Hatte Meissner zunächst formuliert, »weit schmerzlicher« noch als »die Bosheit persönlicher Feinde« habe Heine »die Freundschaft gewisser Spekulanten empfunden, welche die Leichtgläubigkeit und Geschäftsunkunde des Poeten benutzten, ihn durch Vorspiegelungen in Spekulationen hineinzogen und ihn so um einen bedeutenden Theil des Vermögens brachten, das er sich als deutscher Schriftsteller mühsam erworben. Freunde Heine's sind empört über manche dieser Subjekte und dringen in ihn gegen sie aufzutreten«, so korrigierte Heine zunächst »Geschäftsunkunde« in *Phantasie*, um dann mit Einweisungszeichen als eigenen Text anzufügen:

und sie in ihrer Charakteristik auch dem größeren Publicum bekannt zu machen. Heine ist sich selbst und uns *diese Genugthuung schuldig, er wird auch dadurch manche* Andere *versöhnen, die ihm nicht die vornehme Art verzeihen, mit welcher er die anständigsten Notabilitäten der Schriftstellerei und des Patriotismus ablehnte, während er sich in der Gesellschaft irgend eines Abenteurers gefiel, dessen diplomatische Wichtigkeit in einem subalternen Spürhundstalente bestand, und der die Kunst besaß, unter der Aegide Heine'scher Gönnerschaft und einiger goldgestickten Westen die hiesigen deutschen*

Literaten zu blenden, und zu allerlei Reclamen für seine Schwindeleien zu benützen. Solche Figuren, vielleicht mehr lächerlich als verächtlich, haben immer für humoristische Dichter ein großes Interesse gehabt, und übten diese Anziehungskraft nicht bloß bei Dichtern, die sie für ihre Schriften ausbeuten wollten, sondern überhaupt bei allen genialen Naturen in der Periode des jugendlichen Uebermuthes. Es ist vielleicht sogar ein aristokratischer Zug im Character des Prinzen Heinz, daß er mit Sir John Fallstaff und seinen Spießgesellen so gern verkehrte, obgleich Letztere in der plumpen Manier ihrer rohen Zeit auf freier Landstraße, und nicht nach der feineren Art eines erleuchteten Gaslichtjahrhunderts in dem eleganten Comptoir einer Actiengesellschaft ihre Streiche ausführten. An Aufschneidereien und Lügen mochte Heine's moderner Sir John, zukünftiger Ritter mehrerer Orden, dem älteren, dem Geliebten der Fräulein Dortchen Lackenreißer, nicht nachgestanden haben und Heine könnte uns eine Schnapphanskyade schreiben, die den Gaunerromanen von Mendoza, Smollet und Dickens an Laune und Wahrheit gleichkommen dürfte. Das Studium dazu hat unserem Freunde Geld genug gekostet.

Zwar stellen Heines diverse Bemühungen um die Durchsetzung eines kohärenten Persönlichkeitsbildes in der Öffentlichkeit für die deutsche Literaturgeschichte ein Novum dar, doch ist dabei nicht zu übersehen, daß sie ihr primäres Ziel, die Angriffe der Gegner auf seine Privatsphäre unwirksam zu machen, nicht erreichten. Dies bezeugen nicht nur die Wogen, welche die Strauß-Affäre von 1841 schlug, sondern die gesamte Heinesche Rezeptionsgeschichte. Die Gründe für dieses Scheitern können hier nicht im einzelnen erörtert werden, doch zeigt ein Blick auf die die öffentliche Meinungsbildung beherrschenden politischen und sozialpsychologischen Kräfte, daß Heine hier einen aussichtslosen Kampf kämpfte. Was ihm vor allem fehlte, war ein geeigneter organisatorisch-technischer Apparat, etwa eine publizistische Plattform, die ausschließlich seine Interessen vertreten hätte. Auch daß sein Verleger Campe, der ja gleichzeitig die Konkurrenten Börne und Gutzkow verlegte, ihn dabei in keiner Weise unterstützte, mag den Mißerfolg seiner Bemühungen beschleunigt haben. Daß er in den vierziger und fünfziger Jahren von der Propagierung eines in der bisherigen Weise geschlossenen Persönlichkeitsbildes abrückte und nur noch einzelne Aktionen zu präzisen Problemen (etwa dem Erbschaftsstreit) startete, hängt natürlich mit dem Scheitern seines ursprünglichen Ziels zusammen, sich mit einem unanfechtbaren Image gegen popularitäts- und absatzmindernde Praktiken seiner Konkurrenten abzusichern, geht aber auch auf die Verbesserung seiner finanziellen Situation nach der Bewilligung der französischen Pension zurück. Doch war ja auch das Persönlichkeitsbild der dreißiger Jahre nur insofern geschlossen, als seine sämtlichen Einzelheiten dadurch negativ determiniert waren, die öffentliche Erörterung von Heines wirklichem Privatleben zu verhindern. Immerhin hatte Heine hellsichtig die dem Literaturbetrieb zugrundeliegenden kommerziellen und psychologischen Vorgänge geortet und ein darauf abgestimmtes Verhalten zu entwickeln gesucht, das heute völlig gängige Werbepraktiken vorwegnahm. Daß es ihm bei seinen schwachen Mitteln und bei der ihm so ungünstigen Meinungskonjunktur versagt blieb, seine neuen Methoden auch von meßbarem Erfolg gekrönt zu sehen, gehört zu den exemplarischen, weil gesellschaftliche Grundwidersprüche widerspiegelnden Gegebenheiten seiner Existenz.

DREIZEHNTES KAPITEL

Poet und Tambour

Zeitlyrik und Tendenzpoesie

Bereits 1827, zehn Jahre nach seiner ersten Veröffentlichung, hatte Heine ein Resümee seiner lyrischen Produktion ziehen und die bis dahin entstandenen Gedichte im 372 Seiten starken *Buch der Lieder* zusammenfassen können. Bis eine zweite Lyriksammlung, die *Neuen Gedichte* erscheinen konnten, vergingen jedoch siebzehn Jahre. Ein einfacher Grund für die Verzögerung ist darin zu sehen, daß Heine den Schwerpunkt seiner literarischen Arbeit in den dreißiger Jahren auf journalistische und literarische Prosa verlagert hatte. Sein Hauptinteresse galt nicht mehr der Lyrik. Symptomatisch dafür ist eine Bemerkung vom 11. Oktober 1839: Er habe momentan *nicht viel Vertrauen mehr* zu seiner *Poesie – nemlich zur versifizirten. Mein Lebensalter und vielleicht unsere ganze Zeit ist den Versen nicht mehr günstig und verlangt Prosa*. Derlei skeptische Anwandlungen überkamen Heine immer wieder: Schon 1826 hatte er prophezeit, *als Liederdichter* habe es jetzt mit ihm *wol ein Ende*. Einen weiteren Grund nannte er 1837 in der *Vorrede* zur zweiten Auflage des *Buchs der Lieder*: *Es will mich bedünken, als sey in schönen Versen allzuviel gelogen worden*. Für die Lyrik galt zudem, daß sie ihren Mann nur schlecht ernährte. Wenn Heine sich nach 1840 dann doch wieder stärker der Versdichtung zuwandte, war dies wohl auch eine Reaktion auf die Konsolidierung seiner Einkünfte. In die komplexen Prozesse, die schriftstellerischen Produktionsentscheidungen vorausgehen, spielten die finanziellen Erwägungen meist in der einen oder anderen Form hinein, gar nicht zu reden von so simplen Beziehungen wie etwa der Tatsache, daß Heines *Atta Troll* ohne die zuvor unternommene, erhebliche Geldmittel erfordernde Reise in die Pyrenäen nicht denkbar gewesen wäre. Mit der Festsetzung der jährlichen Zahlungen des Onkels auf viertausend Francs ab 1839 und dem Einsetzen der französischen Staatspension im April 1840 war Heines Bedarf, den wir für diese Zeit mit zehn- bis zwölftausend Francs pro Jahr beziffern können, zum großen Teil gedeckt, vor allem, nachdem anläßlich seiner Heirat die Familienpension auf viertausendachthundert Francs erhöht worden war. Familie und französische Regierung garantierten marktunabhängige, feste Einnahmen von neuntausendsechshundert Francs im Jahr; er war zur Bestreitung seines Lebensunterhalts nicht mehr unbedingt auf seine literarische Arbeit angewiesen, hätte notfalls auch ohne die ihm aus dieser Tätigkeit zufließenden Gelder leben können. Von daher liegt es nahe, zwischen der neuen materiellen Sicherheit und Heines Rückwendung zur Versdichtung ab 1840 einen Zusammenhang zu sehen.

Pläne zu einer neuen Gedichtsammlung gab es seit 1832, den ersten richtigen Anlauf unternahm Heine aber erst 1838, als er einen zweiten Teil bzw. einen *Nachtrag* zum *Buch der Lieder* herausgeben wollte (eine Titelidee, die sich erst 1842 auflöste). Obwohl ein Teil des Manuskripts schon gesetzt war, scheiterte das Projekt an Einsprüchen im Umkreis seines Verlegers Campe, nicht zuletzt auch an Zensurbedenken. Diese Zwischenstufe von 1838 war stark von den *Verschiedenen* geprägt, die den Schwerpunkt des Manuskripts bildeten und den neuen *Grundton* des Ganzen ausmachten. Es fehlten noch wesentliche Elemente der mittleren Lyrik, die Wiederbelebung der Romanzendichtung und der zeitkritische Akzent. Zeitgeschichtliche Stoffe hatte Heine bis dahin nur punktuell lyrisch verarbeitet (etwa in *Die Grenadiere*, *Zu Halle auf dem Markte*), und auch diese hatten nicht Deutschland als politisches Gebilde zum Thema oder gar einzelne Repräsentanten zur Zielscheibe. Insgesamt lassen sich nur rund achtzig, also wenig mehr als zehn Prozent seiner Gedichte diesem Typus zurechnen. Die meisten entstanden nach 1840, als Reaktion auf die erneute Konjunktur der politischen Lyrik in Deutschland: 1840/41 erschienen die zweiteiligen »Unpolitischen Lieder« von Heinrich Hoffmann von Fallersleben, ebenfalls 1841 die »Lieder eines cosmopolitischen Nachtwächters« von Franz Dingelstedt und der erste Teil der »Gedichte eines Lebendigen« von Georg Herwegh, 1843 kamen die »Gedichte« von Robert Prutz heraus: politische Lehrdichtung mit parolenhaftem Programm, die zum Kampf für politisch-soziale Veränderungen begeistern sollte und es, weil sie in ihrer Abstraktheit einen hohen Identifikationsgrad aufwies, mit großem Erfolg auch tat. 1846, als die Konjunktur für politische Lyrik bereits ihren Höhepunkt überschritten hatte, brachte Heine die Anfänge in Erinnerung:

Damals blühte die sogenannte politische Dichtkunst. Die Opposizion, wie Ruge sagt, verkaufte ihr Leder und ward Poesie. Die Musen bekamen die strenge Weisung, sich hinführo nicht mehr müßig und leichtfertig umherzutreiben, sondern in vaterländischen Dienst zu treten, etwa als Marketenderinnen der Freyheit oder als Wäscherinnen der christlich germanischen Nazionalität. Es erhub sich im deutschen Bardenhain ganz besonders jener vague, unfruchtbare Pathos, jener nutzlose Enthusiasmusdunst, der sich mit Todesverachtung in einen Ocean von Allgemeinheiten stürzte.

Heines Öffnung zum Zeitlyriker erfolgte zur Jahreswende 1841/42 und damit relativ spät. Am 6. Januar 1842 schickte er einen vier Gedichte umfassenden Zyklus, betitelt *Schwarz-roth-goldene Lieder*, an die »Zeitung für die elegante Welt« in Leipzig, wo im Sommer 1843 ein weiterer kleiner Zyklus von *Zeitgedichten* erschien. Es hatte der Aufforderung durch Campe bedurft, ehe er sich überwinden konnte, politisch tendenziöse Gedichte zu verfassen. Auch der kommerzielle Erfolg seiner Kollegen, die es bisweilen auf fünfstellige Verkaufszahlen brachten, stachelte ihn an, sich selbst in diesem Genre zu versuchen: Die erste Auflage seiner »Unpolitischen Lieder« ließ sich Hoffmann von Fallersleben noch für einhundert Taler (367 Francs) von Campe abschwatzen; der Verleger setzte die ungewöhnliche Auflage von viertausend Exemplaren in kürzester Frist ab. Die zweihundert Taler, die Campe dann Dingelstedt für dessen Erstling zahlte, die »Lieder eines kosmopolitischen Nachtwächters« (1841), deuten schon eher die sich abzeichnende Konjunktur an. Der gewitzte Campe hatte die Rechte ein für allemal erworben, druckte zwei Auflagen von je dreitausend Exemplaren und machte trotz des behördlichen Einschreitens ein glänzendes Geschäft. 1844 dann, auf dem Höhepunkt der Woge, erhielt Freiligrath für das schmale, luxuriös gedruckte Bändchen seines »Glaubensbekenntnisses«, dessen Text nur etwa zwölf Druckbogen ausmachte (Duodezbogen zu vierundzwanzig Seiten, die unter Aufbietung aller drucktechnischen Tricks auf zwanzig 1/4 Bogen zu sechzehn Seiten aufgeblasen wurden), viertausend rheinische Gulden. Das entsprach einem Honorar von annähernd fünfunddreißig Friedrichdor (728 Francs) für den Duodezbogen oder, wie ein Informeller Mitarbeiter der Wiener Staatskanzlei in seinem Spitzelbericht neidvoll nachrechnete, mehr als einem Gulden pro Zeile. Der Verleger, der allen polizeilichen Verfügungen zum Trotz im Handumdrehen achttausend Exemplare absetzen konnte, kam ebenfalls auf seine Kosten. In wenigen Jahren hatte sich ein für deutsche Verhältnisse riesiger Markt aufgetan, der die damalige geistige und politische Disposition des deutschen Bürgertums eindrucksvoll belegt.

Heines Leistungen auf diesem Gebiet können sich sehen lassen: Wie kaum einem anderen Schriftsteller seiner Zeit gelang es ihm in seinen *Zeitgedichten* und im *Wintermährchen*, Poesie auf höchstem künstlerischen Niveau mit konkreten politischen Aussagen zu verbinden und über dieses populäre Medium scharfe Kritik an den unzulänglichen politischen und sozialen Verhältnissen zu artikulieren. Einige wenige Gedichte von Weerth, Freiligrath und Herwegh ausgenommen, stellte er alles in den Schatten, was zwischen 1840 und 1848 an politischer Lyrik erschien, und avancierte ab 1842 auch als Lyriker zur kritisch-ironischen Stimme eines »besseren Deutschland«.

Neben Campe waren es insbesondere die Junghegelianer Karl Marx und Arnold Ruge, die Heine in dem eingeschlagenen Kurs bestärkten und ihn aufforderten, es »den politischen Lyrikern mal [zu zeigen], wie man das richtig macht – mit der Peitsche«. Der neuen Generation von politischen Publizisten und Schriftstellern, die in den 1840er Jahren in Paris Zuflucht suchte, stand Heine aufgeschlossener gegenüber als den Vertretern der bürgerlichen republikanischen Opposition, die den Verfasser der *Denkschrift* über Ludwig Börne mit erbittertem Haß verfolgten. *Der jetzige Communismus*, schrieb er am 12. November 1844 an Kolb, sei *doch eine weit respektablere und imposantere Erscheinung als der damalige schale nachgeäffte Jakobinismus.* Für Heine waren es *neue Genossen*, mit denen zusammen er *ein neues Schiff* bestieg, wie es im Gedicht *Lebensfahrt* heißt. Alles in allem blieb Heine diesen Strömungen gegenüber ein aufmerksamer Beobachter. Manche ihrer Einsichten machte er sich zu eigen und setzte seine Wortgewalt dafür ein. Nie dagegen wurde er ein bedingungsloser Parteigänger einer derselben. Das verbot ihm sein künstlerisches Selbstverständnis.

Nachdem sich ihre publizistischen Wirkungsmöglichkeiten in Deutschland erheblich verschlechtert hatten, waren in der zweiten Jahreshälfte 1843 nacheinander Georg Herwegh, Moses Heß, Arnold Ruge, Julius Fröbel und Karl Marx nach Paris gekommen. In fortschrittlichen Emigrantenkreisen wurde nun der Plan einer »Oppositionsbuchhandlung« und eines »Zeitungsinstituts« entworfen. Ende September 1843 trafen sich Ruge, Heß, Herwegh und Fröbel in Heines Wohnung Faubourg Poissonnière zu einem Arbeitsessen, und offenbar kamen er und die »vier Repräsentanten der demokratischen Presse in Deutschland«, wie es damals in der Linkspresse hieß, überein, Trennendes beiseite zu stellen und gemeinsame Ziele ins Auge zu fassen. Den intellektuellen Sozialisten gegenüber konnte der um zwanzig Jahre ältere Heine an gemeinsame theoretische Voraussetzungen, nämlich an Hegel, anknüpfen, mit ihnen verband ihn auch die Gegnerschaft zu den *Nazionalen* egal welcher politischen Couleur, deren Bedeutung seit 1840 zugenommen hatte. Marx und Ruge ihrerseits versprachen sich von Heine publikumswirksame Beiträge zu ihren publizistischen Projekten. So ergaben sich eine Reihe von theoretischen und praktisch-politischen Konvergenzen, die wohl für beide Seiten fruchtbar wurden. Mit Marx verstand sich Heine über das wechselseitige Zweckbündnis hinaus auch persönlich überaus gut, ein für sein weltzugewandtes und in vielen Dingen naives Naturell immer wichtiger Faktor. Mit echtem Bedauern sah Heine den trotz seiner Fürsprache beim Ministerium Anfang 1845 ausgewiesenen Doktor der Philosophie aus Paris scheiden.

Im Dezember 1844 begegnete Heine einem weiteren Linkshegelianer: Ferdinand Lassalle, dem künftigen Arbeiterführer. Im Herbst des folgenden Jahres kamen beide öfter zusammen. Sein Verhältnis zu dem damals neunzehnjährigen Sohn eines Breslauer Seidenhändlers war – zumindest in den ersten Monaten ihrer Bekanntschaft – sehr komplexer Art und vermag über den Anlaß weit hinausgehende Aufschlüsse über Heines ganzes Leben zu liefern.

Die zeitgenössischen Zeugnisse belegen, daß Heine von Lassalle in einer Weise persönlich beeindruckt war, die an Verliebtheit grenzt. In dem jungen Philosophen sah er, wie er im Überschwang der Gefühle Lassalles Vater Heymann schrieb, den *Messias des Jahrhunderts*. Das mag zum einen Lassalles charismatischer Persönlichkeit und seinem selbstbewußten Auftreten geschuldet gewesen sein; ganz zu verstehen ist es aber nur aus Heines damaliger Lage heraus: der bedenklichen Verschlechterung seines Gesundheitszustandes, der Niedergeschlagenheit im ergebnislos verlaufenden Erbschaftsstreit, der damit zusammenhängenden literarischen Unproduktivität und schließlich dem beginnenden Rückzug aus der politischen Aktualität. Alles in allem befand sich Heine an einem Kreuzungspunkt verschiedener, seine Biographie bestimmender Entwicklungen, vor dessen relativ düsterer Kulisse sein bisheriger zukunftsgewisser Optimismus in Resignation umzukippen drohte.

In dieser Situation, mit der sein ganzes Selbstverständnis in Frage gestellt war, erschien ihm Lassalle wie eine Verkörperung der jungen Generation der Kämpfer, denen die Zukunft gehörte. Versprach er doch, durch entschlossenes Handeln Heine aus der Krise herauszuführen, die ihn seit einem Jahr lähmte: dem Erbschaftsstreit, der Heines psychisches Gleichgewicht schwer beeinträchtigt hatte. *Nie hat ein junger Mensch, sowohl durch sein Wissen als durch seine Persönlichkeit, besonders durch seine Geistesschärfe und eine meinem träumerischen Charakter fehlende Energie mir mehr zugesagt wie eben dieser junge Lassalle*, schrieb er seinem Bruder Gustav im Januar 1851 rückblickend. Lassalle wollte die Angelegenheit in einer Weise anpakken, die Heine ein Jahr zuvor wohl selbst erwogen hatte, von der ihn aber der Rat gemäßigter Freunde und auch eigene Zweifel schließlich abgebracht hatten. Es sollte ein öffentlicher Feldzug gegen Carl Heine geführt werden, in welchem die Auseinandersetzung mit der Familie nur als Exempel für einen allgemeinen politisch-sozialen Konflikt, den Kampf des *Genius mit dem Geldsak*, gelten sollte. Da in solcher Verallgemeinerung persönlicher Erfahrungen und Probleme ein Grundantrieb von Heines literarischer Produktivität lag, Heine aber andererseits an diesem Verfahren zu zweifeln begann, haben wir es hier mit einem Schlüssel und Zentrum seines Lebens und Wirkens zu tun. In dem um die Jahreswende 1845/46 entstandenen Gedicht *An die Jungen* scheint Heine der Problematik dieser gemeinsamen politischen wie persönlichen Aktion Ausdruck gegeben zu haben, die anfeuernden Wendungen der beiden ersten Strophen (*Laß dich nicht kirren, laß dich nicht wirren, Kein langes Besinnen!*) scheinen Lassalles *Energie des Wissens* und *Habilité im Handeln* zu gelten. Als er den Text zusammen mit *einem halb Dutzend der übermüthigsten Gedichte* an Karl Grün zur Weiterbeförderung an Hermann Püttmann, Herausgeber eines »Albums« mit politischer und sozialer Lyrik, sandte, kommentierte er das Konvolut mit den Worten, die Gedichte atmeten *freyes Gefühl oder vielmehr Gefühlsbefreyung*. Seit einem Jahr hatte ihn Püttmann, zunächst durch Marx, um einen Beitrag zu einer Anthologie gebeten. Es scheint, als sei nach der Begegnung mit Lassalle ein Knoten geplatzt, der ihn nun auch wieder zur Allianz mit den Radikalen befähigte.

Während seiner letzten Lebensjahre, nach der vielberufenen und problematischen Rückkehr zu einem deistischen Gottesglauben, distanzierte sich Heine dann mit ironischer Wehmut von den Linkshegelianern samt seinem (gemessen an ihm selbst) *noch viel verstocktern Freunde Marx* an der Spitze und empfahl ihnen die Lektüre der Bibel. Solche Distanzierung bezog sich indessen primär auf Marx' Atheismus, nicht auf seine Gesellschaftstheorie, die sich für den späten Heine allerdings letztlich der religiösen Frage unterordnete.

Die »Deutsch-französischen Jahrbücher«, als deren einzige Lieferung Ende Februar 1844 eine Doppelnummer erschien, waren das erste Ergebnis des neuen Pariser Bündnisses. Mit diesem prononciert programmatischen Projekt schlossen die Herausgeber Arnold Ruge und Karl Marx an die von Heine und Börne vorgegebene politische Linie des geistigen Bündnisses zwischen Deutschland und Frankreich an, wobei sie fest daran glaubten, daß nur in Paris, in Verbindung mit den dortigen fortschrittlichen Denkern, der Ausweg aus der deutschen Misere zu finden sei. Bereits im Dezember 1843, unmittelbar nach seiner Rückkehr von der Deutschlandreise, hatte Heine die für die »Jahrbücher« bestimmten *Lobgesänge auf König Ludwig* abgeliefert; zwei weitere »polit. Gedichte«, über den »König v. Preußen« und »von Hannov[er]« waren für spätere Lieferungen bestimmt – ein Plan, der wegen des Verbots der Zeitschrift nicht realisiert werden konnte. Ab dem 1. Juli 1844 diente dann der »Vorwärts«, eine ursprünglich gemäßigt-liberale Zeitschrift der deutschen Kolonie in Paris, der radikalen Opposition als Forum, bevor sie aufgrund einer Intervention Preußens beim französischen Ministerium 1845 verboten wurde. Heine, der die Zeitung seit Mai 1844 unterstützte, dort bis zum Sommer zehn aktuelle *Zeitgedichte* veröffentlichte und zuletzt noch für einen Nachdruck seines satirischen Reiseepos *Deutschland. Ein Wintermährchen* sorgte, sah bereits 1842 voraus, daß die deutschen Behörden gegebenenfalls von der französischen Regierung seine Abschiebung verlangen könnten. Im Herbst desselben Jahres bemühte er sich daher um die Gewährung des Heimatrechts (»admission à domicile«), die notwendige Vorstufe zum Erwerb der französischen Staatsbürgerschaft. *Aus mißmüthiger Fürsorge*, so die Darstellung aus dem Jahr 1854, *erfüllte ich einst die Formalitäten, die zu nichts verpflichten und uns doch in den Stand setzen, nöthigsten Falls die Rechte der Naturalisazion ohne Zögerniß zu erlangen.* Doch schon dieser Antrag scheiterte im Juni 1843 am fehlenden Geburtsnachweis.

In seinen *Zeitgedichten* setzte sich Heine nicht nur kritisch mit dem politischen Status quo auseinander, sondern auch mit den Dichtern der Opposition wie Dingelstedt, Hoffmann von Fallersleben, Herwegh und Freiligrath. Bisweilen kann man von regelrechten Gegengedichten sprechen. Auch die Versepen sind durch diese doppelte Stoßrichtung charakterisiert. Zum *Wintermährchen* äußerte Heine gegenüber seinem Verleger lakonisch: *Meine Gedichte, die neuen, sind ein ganz neues Genre, versifizirte Reisebilder, und werden eine höhere Politik athmen als die bekannten politischen Stänkerreime.* Was ihm an der von ihm als *Tendenzpoesie* verhöhnten politischen Dichtung mißbehagte, war das hohle Posaunenpathos, der phrasenhaft unkonkrete Enthusiasmus, die Poesielosigkeit und der Bierernst. Auch bei Freiheitslyrik bestand Heine auf formaler Vollendung; eine gute Gesinnung allein qualifizierte noch nicht zu höheren Dichterweihen. Außerdem mißbilligte er den einseitig nationalen Kurs mit stellenweise chauvinistischem Unterton: Wie er richtig erkannte, verbargen sich hinter der Flottenbegeisterung Großmachtträume. Außerdem hatte Heine nicht Unrecht, wenn er etwa in Hoffmann von Fallersleben den tiefsitzenden Spießer witterte und in seinem begeisterten Publikum trunkene Philister. In einem Artikel für die »Allgemeine Zeitung« bemerkte er 1843, daß *die Künstler, welche die Freyheit selbst und die Befreyung zu ihrem Stoffe gewählt, gewöhnlich von beschränktem, gefesseltem Geiste* seien, was insbesondere *in der deutschen Dichtkunst* zu konstatieren sei, wo man *mit Schrecken* sehe, *daß die zügellos protzigsten Freyheitsänger, beim Licht betrachtet, meist nur bornirte Naturen sind, Philister, deren Zopf unter der rothen Mütze hervorlauscht (...). Die wahrhaft großen Dichter haben immer die großen Interessen ihrer Zeit anders aufgefaßt als in gereimten Zeitungsartikeln.* Damit setzte Heine seine eigene Form der Dichtung deutlich vom Zeitlyriker ab. Der wahre, sich zur Höhe der *großen Interessen* der Zeit aufschwingende Dichter war für ihn weitgehend unabhängig von den Tagesfragen.

Heines besondere Kunst lag auch hier in der pointierten Aktualisierung älterer parodistischer und ironischer Formen. Dennoch vermochte er es nicht, sie auch innerhalb des ästhetischen Normensystems als solche zu rehabilitieren. Die Schwierigkeiten, auf die er mit seinen *Zeitgedichten* etwa bei der junghegelianischen Kritik stieß, sind ein bezeichnender Ausdruck dafür, daß gerade die nachidealistische und nachklassizistische Ästhetik zunächst nicht bereit war, diese Formen zu akzeptieren, selbst wenn man ihre praktische Notwendigkeit einsah. Die bissige Kollegenschelte und der völlige Verzicht auf feurigen Revolutionsenthusiasmus stießen bei der linksliberalen Literaturkritik keineswegs auf Zustimmung. Arnold Ruge war einer der ersten, der Heines Ansicht beipflichtete, wonach der politischen Misere ästhetisch nur mit »Witzreißerei« beizukommen sei. Heines »politische Satiren« seien »darum gut, weil wirklich Stoff zur Satire vorhanden« und Heine »witzig genug« sei, »ihn zu benutzen«, stellte er 1845 fest. »Diese Ironie hat einen Inhalt; die Freiheit, die nicht existirt, kann sich zu der Existenz nur ironisch verhalten.« Und an einer anderen Stelle hieß es: »Wenn die Niederträchtigkeit allgemein ist, giebt es nur Eine Poesie, die Satire.« Breitere Zustimmung fand Heines politische Versdichtung in den vierziger Jahren in den Auslandsvereinen der deutschen Handwerker und Arbeiter, und Heine gelang es tatsächlich, sein angeschlagenes Image bei der demokratischen Opposition aufzupolieren. So berichtete ihm Karl Maria Kertbény

1847 aus London, der »deutsche Westend Comunisten Verein« lese »jeden Freitag als Eröffnungsgebeth« sein »schlesisches Weberlied«; Ferdinand Wolff berichtete ihm aus Brüssel, es vergehe »kein Sonntag, daß nicht in unserm Vereine, vor einer Versammlung von nahe an 100 Mitgliedern, Gedichte von Ihnen mit ungeheurem Applaus vorgetragen werden«.

Das ist um so bemerkenswerter, als Heine es ja in der Regel bei der satirischen Zertrümmerung reaktionärer Ideen und Manifestationen beließ und sich mit Visionen zurückhielt. Von den *Schlesischen Webern*, dieser »Marseillaise der deutschen Arbeiter« (Alexandre Weill) einmal abgesehen, findet man in seinen Gedichten keine eindeutigen, mitreißenden politischen Parolen. Ihre Wirkung beruht vielmehr auf einem meist ironisch gebrochenen Ton, in dem sich neben der Staats- und Gesellschaftskritik auch bewußt die individuelle Lebensproblematik des Subjekts abspiegelt. Dazu kommt bei einigen der bekanntesten Gedichte eine eigentümliche rhythmische Intensität, die u. a. durch sparsamen Umgang mit metrischen Akzentverschiebungen erreicht wird. Die *Nachtgedanken* beispielsweise sind ein besonders eindringliches Beispiel für Heines traumhaft sicheren Umgang mit poetischer Sprache, die ihm nicht bloß zur Mitteilung dient, sondern ihrerseits wie Material behandelt, bearbeitet und eingesetzt wird, wobei kaum zu entscheiden ist, ob dem ein bewußter oder unbewußter Prozeß zugrunde liegt. Die Klangstruktur bzw. Lautschicht des zehnstrophigen Gedichts ist integraler Bestandteil der ästhetischen Wirkung, wobei Heine seinem dunkel-ernsten, schwermütigen Text keineswegs eine simple Vokal-»Melodie« in o- und u-Moll unterlegt, sondern ganz im Gegenteil den Kontrast kultiviert, die phonetische Struktur durch gegenläufige Kunstmittel, etwa den Wechsel zwischen stimmlosen und stimmhaften Konsonanten, ein- und zweisilbigem Reim und den Wechsel der Auftaktbetonung bricht:

Seit ich das Land verlassen hab',
So viele sanken dort in's Grab,
Die ich geliebt – wenn ich sie zähle,
So will verbluten meine Seele.

Und zählen muß ich – Mit der Zahl
Schwillt immer höher meine Qual,
Mir ist als wälzten sich die Leichen
Auf meine Brust – Gottlob! sie weichen!

Der dramatischen Aufgipfelung in der neunten Strophe, einer schieren Kakophonie, in der die expressiven Zischlaute überwiegen, obendrein häufig gepaart mit unangenehm berührenden ä und ö, folgt die Schlußstrophe mit ihrer überreichen Klangskala, wie geschaffen als Übungsverse für deutliche Aussprache: ein buntes, dichtes Lautgefüge, das die bisherige Gleichförmigkeit umgehend aufzulösen vermag, genau so, wie im Text das Lächeln der Geliebten die Sorgen um die alte Mutter vergessen läßt: Der Zaubermacht des Eros gelingt es, wenigstens für den Moment, die Politik aus dem Alltag zu verdrängen:

Gottlob! durch meine Fenster bricht
Französisch heit'res Tageslicht;
Es kommt mein Weib, schön wie der Morgen,
Und lächelt fort die deutschen Sorgen.

Die beiden Deutschlandreisen

Nicht zuletzt war es Julius Campe, der die Lyrik-Konjunktur seit 1840 erkannte und Heine zu einer neuen großen Sammlung seiner Gedichte drängte. Nach dem Mißerfolg des Börne-Buchs verlangte der Verleger nach einer »neuen glänzenden Publikation«. Doch erst bei Heines Hamburg-Aufenthalt im Spätherbst 1843 konnten sich beide über den neuen Band verständigen. Am 21. Oktober 1843 war Heine zu seiner ersten Deutschlandreise seit 1831 aufgebrochen. Der Grund war zugleich geschäftlicher wie privater Natur: Erste Veranlassung gaben zunächst Verhandlungen mit Campe über die Rechte an der Gesamtausgabe, da die erste Vereinbarung aus dem Jahr 1837 bis 1848 befristet war. Darüber hinaus wollte Heine auch seine Hamburger Verwandtschaft wiedersehen. Eine endgültige Rückkehr nach Deutschland war dem politischen Emigranten vor 1848 unmöglich, überdies hatte er selbst sie mehrfach ausgeschlossen. In einem Brief an Amalie Beer, die Mutter des Komponisten Meyerbeer, hieß es am 2. November 1842: *Was mich betrifft, so komme ich nicht sobald nach Deutschland, obgleich ich manchmal einige Sehnsucht verspüre. Seit zwölf Jahren habe ich meine Mutter nicht gesehen.* Und seinem Bruder Maximilian versichert er am 12. April 1843: *Nach Deutschland gehe ich nie und nim[mer]mehr zurück. Ich lebe hier umfriedet, wenigstens in Bezug auf äußere Berührungen.* Die persönliche wie geistige Freiheit, die er als deutscher Schriftsteller in Paris genoß, hätte Heine zu Hause nirgendwo gefunden; Preußen war überall. Was blieb, war der Trost, daß, wer das Vaterland *aus den Augen verloren* hatte, es *im Herzen* wiederfinden konnte. Die Muttersprache als Vaterland: *Unsre Sprache ist das Beste was wir Deutsche besitzen, sie ist das Vaterland selbst*, sie ist *ein Vaterland selbst demjenigen, dem Thorheit und Arglist ein Vaterland verweigern.* In der deutschen Sprachnation besitzen auch die Emigranten und die diskriminierten Juden ihre Heimat, aus der sie nicht vertrieben werden können, mit der sie, wie Herder sagt, eine »unverlierbare Identität« verbindet.

Nach Zwischenstationen in Lille und Brüssel, wo er sich zwei Tage aufhielt, erreichte Heine über Aachen, Köln, Hagen, Münster und Bremen am 29. Oktober 1843 Hamburg; sechs Wochen später trat er die Rückreise an: Über Celle, Hannover, Bückeburg, Minden, Münster, Hagen, Köln und Brüssel kehrte er nach Paris zurück, wo er am 16. Dezember eintraf. Zweck der zweiten Reise, die er im Juli 1844 unternahm, diesmal in Begleitung Mathildes, war dann die Überwachung des Drucks der *Neuen Gedichte* und des *Wintermährchens.* Schon beim ersten Deutschlandbesuch argwöhnte Heine behördliche Repressalien und hielt seine Reiseroute, die größtenteils durch preußisches Gebiet führte, geheim. Seine zweite Hamburgreise unternahm er aus Sicherheitsgründen per Dampfschiff von Le Havre aus; die Rückkehr erfolgte ebenfalls teilweise per Schiff über Amsterdam und Den Haag. Vorsicht war geboten, denn inzwischen wurde Heine steckbrieflich verfolgt. Am 16. April 1844 erließ das preußische Innenministerium per Rundschreiben an alle Oberpräsidenten der preußischen Provinzen einen Grenzhaftbefehl gegen Heine, Ruge,

Marx und Bernays (alle vier preußische Untertanen und Mitarbeiter der »Deutsch-Französischen Jahrbücher«) wegen »versuchten Hochverraths und des Majestätsverbrechens«. Am 11. Juli wurde eine ähnliche Anweisung erlassen, diesmal gegen Redakteure und Mitarbeiter des »Vorwärts«, wovon Heine erneut betroffen war. Die Genannten sollten, »so bald sie das diesseitige Gebiet« beträten, »unter Beschlagnahme ihrer Papiere mit sorgfältiger Vermeidung alles Aufsehens verhaftet« und »unter sicherer Begleitung nach Berlin« transportiert werden.

Auf Drängen der preußischen Gesandtschaft in Paris ergriffen schließlich auch die französischen Behörden Maßnahmen gegen die Flüchtlinge. Denn auch die Julimonarchie beobachtete die Radikalisierung der deutschen politischen Emigration mit Besorgnis. Innenminister Duchâtel ordnete am 25. Januar 1845 die Ausweisung von acht Deutschen (darunter sechs »Vorwärts«-Mitarbeitern) an. Nur durch sofortige Intervention beim Ministerium gelang es Heine, seine Abschiebung zu verhindern. Eine alte Bestimmung, derzufolge allen während der französischen Besetzung im Rheinland geborenen Deutschen automatisch eine Art Asylrecht in Frankreich gewährt wurde, bewahrte ihn vor der Ausweisung. Spätestens jetzt war Heines Wahl seines Wohnsitzes keine freiwillige mehr, sein *freywilliges Exil* hatte sich in ein unfreiwilliges gewandelt. Sein Fazit von 1854 war korrekt: *Dort im Vaterlande harrten unser der Kerker, die geheimen Hinrichtungen, oder wenigstens jene kleinen Verhaftsbefehle, die das Reisen so unbequem machen.*

Ein geplanter dritter Deutschlandbesuch war Heine nicht mehr möglich. Ursprünglich hatte er beabsichtigt, im Januar 1846 erneut nach Hamburg zu reisen und von dort aus einen Abstecher nach Berlin zu machen, wo er mehrere Spezialärzte konsultieren wollte. Als sich Alexander von Humboldt in Heines Auftrag an den preußischen Innenminister wandte, um von diesem die Zusicherung freien Geleits für die Reise nach Berlin zu erwirken, erhielt er jedoch eine klare Absage. Heine stünde »unter mehreren Anklagen wegen Majestäts Beleidigung und Aufreizung zur Unzufriedenheit« und habe »mithin die Verhaftung zu erwarten (...) sobald er preußischen Boden« betrete. Dabei hatte der preußische König selbst nichts gegen Heines

Besuch in Berlin einzuwenden gehabt, er hegte sogar, wie Humboldt bezeugt, »unverwüstliche Vorliebe« für »diese Gedichte«, mußte sich aber dem Protest seines Innenministers beugen. Die preußische Ministerialbürokratie wollte nicht vergessen, was sich im Laufe von rund zwei Jahrzehnten an belastendem Material zwischen zwei Aktendekkeln angesammelt hatte. Als sich im Gefolge der Märzrevolution die politischen Verhältnisse entspannten, wäre ein erneuter Deutschlandbesuch wahrscheinlich möglich gewesen. Doch dafür war es jetzt zu spät. Heines Erkrankung machte sein Exil endgültig und dauerhaft.

Neue Gedichte

In den im September 1844 erschienenen *Neuen Gedichten* faßte Heine neben einem Zyklus von 24 *Zeitgedichten* im wesentlichen die Ernte seiner lyrischen Produktion seit 1827 zusammen: die 45 Gedichte des *Neuen Frühlings*, den auf 71 Gedichte angewachsenen Zyklus der *Verschiedenen* und 24 *Romanzen*; die ersten beiden Auflagen enthielten außerdem das satirische Versepos *Deutschland. Ein Wintermährchen*. Der Versuch von Autor und Verleger, mit den *Neuen Gedichten* an den Erfolg des *Buchs der Lieder* anzuknüpfen, gelang allerdings nicht wirklich. Der anfängliche Achtungserfolg ließ sich nicht in einen kontinuierlichen Absatz umwandeln, die insgesamt fünftausend Exemplare der ersten beiden Auflagen hielten sieben Jahre vor. Die Breitenwirkung der ersten Sammlung erreichten die *Neuen Gedichte* nicht. Für die dritte Auflage von 1852 fügte Heine ein weiteres *Schöpfungslied*, den Unterzyklus *Diana* (zu den *Verschiedenen*) und eine selbständige Gruppe von Gedichten hinzu, die ursprünglich überwiegend für den *Romanzero* bestimmt gewesen waren und die charakteristischen Merkmale der Spätzeit tragen (*Zur Ollea*); der *Ratcliff* ersetzte das *Wintermährchen*.
Aufgrund ihres stattlichen Umfangs von 421 Seiten waren die *Neuen Gedichte* kein Fall für die Zensur. Freundesrat und Kritikerschelte hatten Heine obendrein veranlaßt, eine Reihe von moralisch provozierenden Gedichten unberücksichtigt zu lassen. So blieben die *Neuen Gedichte*, wie zuvor schon das *Buch der Lieder*, von vielen

Anstößigkeiten verschont, gelangten mehrere Gedichte zu Lebzeiten nie an die Öffentlichkeit, wurden erst von späteren Herausgebern aufgefunden und publiziert, darunter das satirische *Testament* aus dem Jahr 1837 und maliziöse Verse gegen Hoffmann von Fallersleben und Georg Herwegh. Bedenken Campes angesichts der bestehenden Strafgesetzgebung hatten außerdem im Vorfeld die Aufnahme einiger besonders scharfer politischer Gedichte verhindert, insbesondere jener beiden mit Angriffen auf die gekrönten Häupter von Preußen und Bayern, die nur aus Zeitschriftendrucken der Emigrationspresse bekannt waren: die spöttischen *Lobgesänge auf König Ludwig* (*das sanglanteste, was ich je geschrieben*) und *Der neue Alexander*, des weiteren das an die Schlußvision des philosophiegeschichtlichen Essays anknüpfende *Deutschland!* mit seiner Revolutionsvorhersage und *Die schlesischen Weber* mit dem *dreyfachen Fluch* gegen die preußische Patriotismus-Parole aus den Befreiungskriegen (»Mit Gott für König und Vaterland«). Campe lag nichts daran, neuerliche Repressionen der Polizei- und Justizbehörden heraufzubeschwören. Es war erst drei Jahre her, daß man in Preußen, das mit seinen 14 Millionen Einwohnern »das aufgeklär[te]ste oder vielmehr das empfänglichste Volk für Producte der schönen Literatur« und damit ein unverzichtbarer Markt war, den gesamten Verlag von Hoffmann & Campe verboten hatte. Daß der Bannfluch bereits ein halbes Jahr später wieder aufgehoben wurde, geschah einzig aus humanitären Gründen: Bei der Hamburger Feuerkatastrophe vom Mai 1842 war nicht allein Campes Wohnhaus, sondern auch sein gesamter Lagerbestand verbrannt, obendrein zwölf neue Titel der Frühjahrsproduktion, Manuskripte und dazu drei wichtige Hauptbücher mit dem Verzeichnis von Außenständen. Mit einem Bücherkoffer, den er von der Leipziger Messe mitgebracht hatte (»26 Herweghs Gedichte 3te Aufl (...), 1 Nachtwächter Lieder, 1 Heine Buch der Lieder u 1 katholisches Gebetbuch«), fing Campe am 10. Juni 1842 wieder an, indem er sich einstweilen mit einem Hutmacher auf dem Gänsemarkt dessen Geschäftsräume teilte.

Trotz aller Vorsichtsmaßnahmen blieben dem Werk Beschlagnahmen und Verbote in zahlreichen Einzelstaaten des Deutschen Bundes nicht erspart. Bis ins Frühjahr 1845 hinein kam es zwischen Aachen und Danzig, Lübeck und München immer wieder zu Razzien bei liberalen Buchhändlern. Allerdings hatte der umsichtige Campe dafür gesorgt, daß die meisten Exemplare bereits vor dem offiziellen Erscheinungstermin in die Läden gelangt waren und binnen weniger Tage verkauft werden konnten. So fielen der Polizei insgesamt nur einige Dutzend Bücher in die Hände. Schwerer wog da schon die Behinderung der Berichterstattung über das Werk, auch wenn eine flächendeckende Kontrolle des Pressewesens an der föderalistischen Bundesstruktur scheiterte: So konnten aufgrund der behinderten Berichterstattung nur sechs größere Rezensionen erscheinen. Nach der Verbotswelle, die dem Bundestagsbeschluß von 1835 gefolgt war, erreichte die Intensität der staatlichen Unterdrückungsmaßnahmen im Winter 1844/45 einen neuen Höhepunkt.

Wintermährchen und Sommernachtstraum

Parallel zu den Gedichten wandte sich Heine ab 1842 der alten Gattung des Versepos zu. Mit *Deutschland. Ein Wintermährchen* (1844) und *Atta Troll*, der zwischen Januar und März 1843 in der Leipziger »Zeitung für die elegante Welt« und im Januar 1847 (mit dem Untertitel *Ein Sommernachtstraum*) als Buch erschien, schuf er zwei komplementäre, innerlich aufeinander bezogene Werke. Während sich das humoristische Tierepos *Atta Troll* mit der Pyrenäenlandschaft als südlicher Naturkulisse und seinen vierhebigen Trochäen als *phantastisch zweckloses Waldlied* gab und damit bewußt, in direkter Stoßrichtung gegen die *Tendenzpoesie*, an die Romantik anknüpfte, stellt *Deutschland. Ein Wintermährchen* eine scharfe Satire der deutschen Zustände dar. Elemente des allegorischen Heldenepos parodierend, formal die gängige Volksliedstrophe verwendend, demonstrierte Heine die Unmöglichkeit einer Vereinigung der *Jungfer Europa* mit dem *Genius der Freyheit* unter den obwaltenden Umständen, deren Kenntnis er bei seiner Deutschlandreise im Herbst 1843 aufgefrischt hatte. Seine Kritik richtete sich insbesondere gegen die politische Romantik, die in Preußen seit dem Machtantritt Friedrich Wilhelms IV.

auf einen autoritären Nationalstaat zusteuerte. Der beißenden, in der Zeit der Freundschaft mit Karl Marx akzentuierten Aggressivität des *Deutschland*-Epos entsprach die spielerisch humoristische Haltung des *Atta Troll*, die Heine später im epischen Fragment *Bimini* weiterentwickelte.

Mit der Fabel vom Tanzbären *Atta Troll*, dessen empirischen Hintergrund Heines Pyrenäenaufenthalt vom Sommer 1841 darstellt, versuchte Heine, aus den Zwängen einer Atmosphäre der »political correctness« auszubrechen, die seit dem Mißerfolg der Börne-*Denkschrift* seine schriftstellerische Basis bedrohte. Es galt, sich wieder einen neuen poetischen Freiraum zu schaffen und Distanz zu den alten Gegnerschaften zu gewinnen, die ihn zuletzt in den publizistischen Feldzügen der Strauß-Affäre bedrängt und im Pistolenduell vom 7. September 1841 auch physisch bedroht hatten. Erst aus diesem Freiraum heraus war dann auch ein neues politisches Engagement möglich. In einem 1846 entstandenen Bruchstück definierte er seine aktuelle Auffassung von der Rolle der Lyrik:

Ja, in guter Prosa wollen
Wir das Joch der Knechtschaft brechen
Doch in Versen, doch im Liede
Blüht uns längst die höchste Freyheit.

Hier, im Reich der Poesie
Hier bedarf es keiner Kämpfe
Laßt uns hier den Tyrsus schwingen
Und das Haupt mit Rosen kränzen.

Insbesondere in der zweiten Hälfte des *Atta Troll* versuchte Heine, *die alte Romantik, die man jetzt mit Knüppeln todtschlagen will, wieder geltend zu machen, aber nicht in der weichen Tonart der frühern Schule, sondern in der keksten Weise des modernen Humors, der alle Elemente der Vergangenheit in sich aufnehmen kann und aufnehmen soll.* In einem Brief an Varnhagen evozierte er sein damaliges *Gelüste*, sich *mit den alten Traumgenossen* der romantischen Schule noch einmal *herumzutummeln im Mondschein*, wobei er sich jetzt bewußt war, daß er gleichzeitig den *Schwanengesang der untergehenden Periode* geschrieben hatte, mit dem *die Muse der Romantik auf immer Abschied von dem alten Deutschland* nahm. *Das tausendjährige Reich der Romantik hat ein Ende, und ich selbst war sein letzter und abgedankter Fabelkönig*, war das Fazit des Jahres 1846. In den *Geständnissen* konnte Heine daher Blaze de Burys Charakterisierung als eines »romantique défroqué«, eines entlaufenen Romantikers, nur zustimmen: *Trotz meiner exterminatorischen Feldzüge gegen die Romantik, blieb ich doch selbst immer ein Romantiker, und ich war es in einem höheren Grade, als ich selbst ahnte. Nachdem ich dem Sinne für romantische Poesie in Deutschland die tödtlichsten Schläge beygebracht, beschlich mich selbst wieder eine unendliche Sehnsucht nach der blauen Blume im Traumlande der Romantik, und ich ergriff die alte bezauberte Laute und sang ein Lied, worin ich mich allen holdseligen Uebertreibungen, aller Mondscheintrunkenheit, allem blühenden Nachtigallen-Wahnsinn der einst so geliebten Weise hingab. Ich weiß, es war »das letzte freye Waldlied der Romantik,« und ich bin ihr letzter Dichter.*

Gegen die kurzsichtige Kritik gesinnungstreuer *Charakterhelden* sollte dieser geläutert romantische Nachzügler unter Benutzung traditioneller Fabelmotive die *unveräußerlichen Rechte des Geistes* vertreten, poetische Freiheit und Autonomie der Kunst (*Phantastisch / Zwecklos ist mein Lied. Ja zwecklos / Wie die Liebe, wie das Leben, / Wie der Schöpfer samt der Schöpfung!*), ohne daß darum jene *heiligsten Menschheitsideen* preisgegeben würden, für die Heine selbst *so viel gestritten und gelitten* habe. In der Gestalt des tolpatschigen Bären sollten sich zunächst die teutomanen Turner und Zivilisationsverächter in der Nachfolge Jahns und Maßmanns wiedererkennen. In einem weitergehenden Sinn war *Atta Troll* als *Satyre auf die menschlichen Liberalismus-Ideen überhaupt* angelegt, wie Heine in einem Brief an seine Mutter erklärte, der gegenüber er gleichzeitig einräumte, sein Bär habe vielleicht auch *ein bischen Färbung* von einem *Emanzipazions-Juden* abbekommen. In der Tierkarikatur werden naturrechtliche, theistische und kommunistische Ideen parodistisch verzerrt, wird auf den Widerspruch von Idee und Realität, von Rede und Tat verwiesen, wie er alle Weltverbesserer charakterisiert, deren

hochfliegende Projekte im Widerspruch zu ihrer nur mittelmäßigen geistigen und kulturellen Befähigung stehen. Daß der Bärenvater am Ende von der Hexe Uraka überlistet wird, die den Liebesruf seiner gefangenen Gefährtin nachahmt und ihn vor die Büchse des Bärenjägers Laskaro lockt, war nicht nur eine Anspielung auf Heines eigene Situation, dessen Herz sich in dem Strahlennetz der Blicke seiner *Juliette* verfangen hatte (Caput I), sondern weist auch auf das Scheitern der Februarrevolution voraus, die in Heines Interpretation ebenfalls am Widerspruch zwischen der revolutionären Idee und den unfähigen realen Akteuren krankte, was sie letztlich nur zu einer Karikatur des großen Projekts zur *Gesundung* der Menschheit machte.
Im Unterschied zu *Atta Troll* geht das *Wintermährchen* seinen Gegenstand direkt, unverhüllt und ohne Umschweife an. Inhalt und Intention des Werks umriß Heine in einem Brief an Campe vom 17. April 1844: *Es ist ein gereimtes Gedicht, welches (...) die ganze Gährung unserer deutschen Gegenwart, in der keksten, persönlichsten Weise ausspricht. Es ist politisch romantisch und wird der prosaisch bombastischen Tendenzpoesie hoffentlich den Todesstoß geben. Sie wissen ich prahle nicht, aber ich bin diesmal sicher daß ich ein Werkchen gegeben habe, das mehr furore machen wird als die populärste Broschüre und das dennoch den bleibenden Werth einer klassischen Dichtung haben wird.* Beobachtend und reflektierend beschrieb Heine anhand der kapitelstrukturierenden Reisestationen die politische Realität seines Vaterlandes. Die Fülle der Bezüge und Verweise ist so groß, daß Heine in einem Brief an Caroline Jaubert einräumte, daß das Epos *tausendundeine für den französischen Leser nicht faßbare Anspielung* enthalte. Witz und Pathos, Ideologie und Satire stehen in einem beständigen Wechselspiel. Durch die geschickte Handhabung des sogenannten germanischen Verses gelingen dem Autor unzählige komische Effekte, überraschende Reime (*Strohwisch / philosophisch*; *Schakalen / Journalen*) erweitern die festgelegten Beziehungen zwischen den Wörtern. Die *versifizirten Reisebilder*, in denen Heine ein düsteres Bild von Deutschlands Gegenwart und ein noch dunkleres von seiner Zukunft entwarf (*ein Gemisch / Von altem Kohl und Juchten*), waren Heines eingehendster und brisantester Beitrag zur Deutschland- und Preußendiskussion

der vierziger Jahre. Mit dem *Wintermährchen* reagierte er auf den faktischen Machtzuwachs und die Hegemoniebestrebungen Preußens, das sich unter Friedrich Wilhelm IV. als Zentrum der politischen Restauration etablierte. Hellsichtig erkannte er die Gefahren eines sich modern gebärdenden, bis an die Zähne bewaffneten Nationalstaats, der die politischen Strukturen des Mittelalters zu restaurieren suchte.

Die Auseinandersetzungen um dieses Werk, das Campe zusätzlich zum geschützten Druck in den zensurfreien *Neuen Gedichten* fast zeitgleich in einer billigeren Separatausgabe im Umfang von zensurpflichtigen 143 Seiten herausbrachte, können als Musterbeispiel für das gespannte Verhältnis zwischen Autor und Verlag auf der einen, Polizei, Zensur und Justiz auf der anderen Seite gelten. Vom Pariser Entwurf bis zum Hamburger Druck, den Heine diesmal vor Ort selbst betreuen konnte, mußte der Text eine Zensurinstanz nach der andern überwinden, angefangen von der Selbstzensur des Autors über Einwände aus dem Umkreis des Verlegers bis zu letzten Eingriffen, denen direkte Verhandlungen mit dem beauftragten Zensor vorausgegangen waren, und bei jeder dieser Stationen verlor der Text – allerdings nicht entscheidend – an Brisanz und Drastik. Im *Vorwort* zum Separatdruck rekapitulierte Heine:

Das nachstehende Gedicht schrieb ich im diesjährigen Monath Januar zu Paris, und die freye Luft des Ortes wehete in manche Strophe weit schärfer hinein, als mir eigentlich lieb war. Ich unterließ nicht, schon gleich zu mildern und auszuscheiden, was mit dem deutschen Clima unverträglich schien. Nichtsdestoweniger, als ich das Manuscript im Monath März an meinen Verleger nach Hamburg schickte, wurden mir noch mannigfache Bedenklichkeiten in Erwägung gestellt. Ich mußte mich dem fatalen Geschäfte des Umarbeitens nochmals unterziehen (...). Um den Einzeldruck veranstalten zu können, mußte mein Verleger das Gedicht den überwachenden Behörden zu besonderer Sorgfalt überliefern, und neue Varianten und Ausmerzungen sind das Ergebniß dieser höheren Kritik.

Daß die vergleichsweise milde Hamburger Zensur den strengen Ansprüchen der preußischen Regierung nicht genügte, war dem erfahrenen Campe durchaus bewußt. In Absprache mit Heine hielt er daher öffentliche Verlagsankündigungen so lange zurück, bis die

Buchhändler ihre zum Verkauf bestimmten Exemplare sämtlich in Händen hatten. Dadurch verschaffte er dem Buchhandel einen zeitlichen Vorsprung gegenüber den staatlichen Behörden. Von den schätzungsweise 2.050 Exemplaren des *Wintermährchen* konnte die Polizei bei bundesweiten Razzien im Winter 1844/45 nur weniger Dutzend habhaft werden. Um so heftiger fielen die Beschwerden des preußischen Gesandten beim Senat der Hansestadt aus. Und weil von dort, anstatt klein beizugeben, auf die vorschriftsmäßige Zensur des Einzeldrucks verwiesen wurde, führte der Vertreter der Regierung in Berlin, als habe man es mit Analphabeten zu tun, dem zuständigen Senatsbevollmächtigten Wort für Wort sämtliche Passagen vor Augen, in denen »grobe Ausfälle« auf die preußischen »Zustände und auf Deutschlands Lage überhaupt« sowie »boshafte und verunglimpfende Anspielungen auf Se. Majestät den König von Preussen« enthalten waren. Um einen förmlichen Entschuldigungsbrief und die Versicherung, daß man dem beauftragten Zensor »unter Androhung einer unnachsichtlich zu verhängenden Geldstrafe für die Zukunft größere Aufmerksamkeit und Strenge zur Pflicht« gemacht habe, kam Hamburgs »hoch- und wohlweiser Senat« nun nicht mehr herum.

Angesichts der Tatsache, daß *Deutschland. Ein Wintermährchen* in hohem Maße nicht nur Objekt zensorischer Begierde, sondern auch Gegenstand intensiver Selbstzensur war, verwundert es nicht, daß beide Zensurformen dort selbst thematische Bedeutung erlangt haben und sich der Text vielfach als poetischer Kommentar zu der ganzen Problematik lesen läßt. Das gilt beispielsweise für eine Reihe von Verweisen auf später zu erfolgende Offenbarungen, ein für Heines politische Dichtung geradezu strukturelles Element, das sogar über das Politische hinaus auf die grundlegende Frage von Werkeinheit und -abschluß hindeutet: Im Zusammenhang der immer wieder geplanten, ansatzweise begonnenen und wieder neu fragmentierten Autobiographie signalisiert es einerseits die Unmöglichkeit der Einheit von Selbstdarstellung und Weltdarstellung unter den historischen Bedingungen von Heines Existenz, andererseits bringt es den (utopischen) Anspruch auf eben diese Einheit immer wieder zur Sprache. Im politischen Kontext aber wird das Problem auf die Zensurbedingungen und die Selbstzensurpraxis zugespitzt, bleibt somit in die geschichtliche Situation eingebunden. Am Schluß des *Wintermährchens* setzte Heine bekanntlich den Zukunftsgestus gegen die Gegenwartsparodie:

Was sich in jener Wundernacht
Des Weitern zugetragen,
Erzähl' ich Euch einandermahl,
In warmen Sommertagen. (...)

Es wächst heran ein neues Geschlecht,
Ganz ohne Schminke und Sünden,
Mit freyen Gedanken, mit freyer Lust –
Dem werde ich Alles verkünden.

Damit korrespondieren die bekannten Anfangsverse, in denen Heine ankündigt, er wolle *ein neues Lied, ein besseres Lied* als das *alte Entsagungslied* singen, ein *Hochzeitkarmen* anläßlich der Vereinigung der *Jungfer Europa* mit dem *Geniusse der Freyheit*, eine Verbindung, aus der zahlreiche Kinder hervorgehen sollten. Was hier wie dort in zukunftsfrohen Optimismus gefaßt ist, wurde von Heine indes nie eingelöst, denn *Schminke* und un*freye Gedanken* gehörten ganz wesentlich zu seiner Arbeit. Der drastische Hinweis darauf erfolgte in den Schlußversen des vorletzten *Caput*: Dort wird dem Ich-Erzähler, nachdem er in Hammonias Nachttopf Deutschlands Zukunft geschaut hat, im Zuge einer grotesken Gratulationsprozession der Hamburger Honoratioren von dem Zensor Hoffmann mit der Schere *in's Fleisch* geschnitten und *die beste Stelle* entfernt. Den ernsten Hintergrund der zukünftig-utopischen Sommertage bildet demnach die Realität der Zensur, die Buch und Autor um ihr Bestes bringt und die Möglichkeit einer zukunftsträchtigen Literatur beschneidet, wenn nicht gar unterbindet. Die Realität des deutschen Winters macht die Vereinigung von Politik und Freiheit nicht nur unmöglich, sie führt auch zur grotesken Kastration des politischen Schriftstellers. Damit wird der Anspruch der Heineschen Kunst, im Gegensatz zu den Goetheschen *schönen Worten*, die kinderlos geblieben seien, fruchtbar zu sein und Taten hervorzubringen, in Frage gestellt.

Umgekehrt wird im Text das auch auf den Dichter selbst zurückschlagende Zwangsverhältnis von Wort und Tat veranschaulicht: *Die That von* des Dichters *Gedanken* erscheint hier als schattenhafter *Knecht*, der stets in der Nähe ist, wenn in der Brust des Dichters *Weltgefühle sprießen* und auf die Formulierung der Gedanken lauert, um sie mit dem Richtbeil in der Wirklichkeit umsetzen zu können, auch wenn sich das politische Wort gegen den Autor selbst richtet und in einer Traumvision Herzblut in Strömen aus seiner Brust schießt.
Heines politische Dichtung steht in diesem Spannungsverhältnis von aktiv produktivem, zur Tat drängenden, die Welt verändernden Sprechen auf der einen und von passivem, die politische Wirklichkeit schmerzhaft erleidenden und den Autor tendenziell zur Unproduktivität verurteilenden Verhalten auf der anderen Seite. Zwar trägt er, wie es im *Wintermährchen* heißt, der *Zukunft Krondiamanten*, die *Tempelkleinodien des neuen Gotts* im Kopf, wo sie vor dem Zugriff der Polizei und der *preußischen Douaniers* sicher sind, doch kann er sie nicht herauslassen, ohne sie der Zensorschere – auch der eigenen – auszusetzen. Denn nicht nur, daß weder Zeit noch Publikum dafür reif sind – das *neue Geschlecht* ist noch nicht herangewachsen –; auch er selbst hat die Zensursituation in einer Weise verinnerlicht, daß diese Gedanken in jedem Fall dazu verdammt sind, privat zu bleiben und keinen öffentlichen Status zu erlangen. Dieser Tatbestand vermag zu erklären, weshalb Heine zwar immer wieder damit drohte, die Gedanken freizusetzen, diese Drohung aber nie in die Tat umzusetzen vermochte: Die Zeit, die Zensurwirklichkeit, hatte ihn selbst wider Willen zum Kerkermeister seiner Worte gemacht. Wie sehr er unter dieser aufgezwungenen Rollenverteilung litt, welche Haßgefühle sie in ihm weckte, belegt eine ebenfalls zum *Wintermährchen* gehörende Passage, die er nach Drucklegung der *Neuen Gedichte* und damit nach aller selbstverleugnenden Selbstzensur am Text des *Wintermährchens* für dessen Separatdruck niederschrieb. Sie ist der Beschreibung von Deutschlands Zukunft gewidmet und enthält eine Blasphemie von ungewohnter Schärfe – Dokument für das erschreckende Ausmaß an Verzweiflung und Rachegefühlen, welche die repressive, seine dichterische Existenz bedrohende Situation auslöste:

Und gar das heilige Gott-Gespenst,
Die auferstandene Leiche,
Die ausgesogen das Lebensblut
So manchem Volk und Reiche,

Sie wollte noch einmal verpesten die Welt
Mit ihrem Verwesungshauche!
Entsetzliche Würmer krochen hervor
Aus ihrem faulen Bauche –

Und jeder Wurm ein neues Vampier,
Das wieder tödtlich gerochen,
Als man ihm durch den schnöden Leib
Den heilsamen Pfahl gestochen.

Derartig ungehemmter Aggressivität gab Heine privat Ausdruck, wohl wissend, daß dergleichen schwerlich gedruckt werden konnte. Es wäre verfehlt, in solchen Versen jene *freyen Gedanken* zu lesen, die er nie äußern konnte. Sie sind vielmehr Konsequenz der überaus schmerzlich empfundenen Unfreiheit.
Bei solch psychologisierender Betrachtungsweise ist freilich nicht stehen zu bleiben. Die Verinnerlichung der Zensur ist bei Heine in erster Linie als Reaktion auf eine historische Situation zu verstehen, die darum einer historischen Analyse und Erklärung bedarf. Als geschichtliche Dokumente belegen seine Manuskripte die Widersprüche, in welche die Schreibpraxis des politischen Schriftstellers der Restaurationszeit durch die Veröffentlichungsbedingungen geriet, seine Versuche, diese Bedingungen produktiv umzusetzen und sie zu überwinden. Die Nachwirkung dieser Versuche hat erwiesen, daß Heines Furcht vor der Folgenlosigkeit der eigenen Worte, auch und gerade der selbstzensierten, kaum begründet war. Im Gegenteil erlangte die paradigmatische Auseinandersetzung mit der Zensur für spätere Generationen von politischen Schriftstellern eine gewisse Modellfunktion, insbesondere wohl deshalb, weil sie zugleich die sensible Reaktion des Schriftstellers auf die Schreibbedingungen der Epoche und die Möglichkeit einer Überschreitung dieser Bedingungen dokumentiert.

Aus Heines Briefwechsel des Jahres 1844 geht deutlich hervor, wie besorgt er (zumal nach den Erfahrungen mit der Börne-*Denkschrift*) um die Aufnahme des Werks war. Erneut hatte er es mit einer zweifachen Gegnerschaft zu tun: *Da das Opus nicht bloß radikal revolutionär, sondern auch antinazional ist, so habe ich die* ganze Presse *natürlich gegen mich, da letztere entweder in Händen der Autoritäten oder der Nazionalen steht und von den unpolitischen Feinden, von rein literarischen Schuften, unter allerley Masken zu meinem Schaden ausgebeutet werden kann.* In dem in Hamburg verfaßten *Vorwort* zum Separatdruck des *Wintermährchen* betonte er daher entschieden seine *unheilbare, große Vorliebe für Deutschland*, wie er sie gegenüber Vertrauten längst offenbart hatte. Solchermaßen suchte er dem Vorwurf zu begegnen, er sei als *Freund der Franzosen* automatisch ein *Verächter des Vaterlands* – ein Einwand gegen seine Deutschland-Kritik, den er sich schon seit Jahren gefallen lassen mußte. Vergeblich hatte er bereits in der *Romantischen Schule* moniert, der *Patriotismus des Deutschen* bestehe darin, *daß sein Herz enger wird, daß es sich zusammenzieht, wie Leder in der Kälte, daß er das Fremdländische haßt, daß er nicht mehr Weltbürger, nicht mehr Europäer, sondern nur ein enger Teutscher seyn will.* Heines persönlicher Patriotismus, wie er ihn im *Vorwort* prägnant definierte, zielte auf Fortführung und Verwirklichung der revolutionären Denktradition in Deutschland von Luther bis Hegel. Den *Teutomanen*, den Schreihälsen der *sogenannten nationalen Partei*, die seit 1840 verstärkt ihr Heimatrecht an Elsaß-Lothringen reklamierten, warf er, wie er in Briefen an Karl Marx und Caroline Jaubert fast gleichlautend formulierte, entschlossen den *Fehdehandschuh* hin. An die Adresse jener *heldenmüthigen Lakayen in schwarz-roth-goldner Livree* gewandt, erklärte er: *Ich werde Eure Farben achten und ehren, wenn sie es verdienen, wenn sie nicht mehr eine müßige oder knechtische Spielerey sind. Pflanzt die schwarz-roth-goldne Fahne auf die Höhe des deutschen Gedankens, macht sie zur Standarte des freyen Menschthums, und ich will mein bestes Herzblut für sie hingeben.* Und was die Elsaß-Lothringer anginge, so sei ihre Anhänglichkeit gegenüber Frankreich politisch begründet. Um sie zu veranlassen, sich wieder an Deutschland anzuschließen, müßten die

Deutschen erst *das vollenden, was die Franzosen begonnen haben*:

Wenn wir diese überflügeln in der That, wie wir es schon gethan im Gedanken, wenn wir uns bis zu den letzten Folgerungen desselben emporschwingen, wenn wir die Dienstbarkeit bis in ihren letzten Schlupfwinkel, dem Himmel, zerstören, wenn wir den Gott, der auf Erden im Menschen wohnt, aus seiner Erniedrigung retten, wenn wir die Erlöser Gottes werden, wenn wir das arme, glückenterbte Volk und den verhöhnten Genius und die geschändete Schönheit wieder in ihre Würde einsetzen, wie unsere großen Meister gesagt und gesungen, und wie wir es wollen, wir, die Jünger – ja, nicht bloß Elsaß und Lothringen, sondern ganz Frankreich wird uns alsdann zufallen, ganz Europa, die ganze Welt – die ganze Welt wird deutsch werden! Von dieser Sendung und Universalherrschaft Deutschlands träume ich oft wenn ich unter Eichen wandle. Das ist mein *Patriotismus.*

VIERZEHNTES KAPITEL

Die mißglückte Revolution

Der Zusammenbruch

1847 verdüsterte sich der Horizont in Frankreich: Eine wirtschaftliche Depression erschütterte das ökonomisch-soziale Gefüge; Arbeitslosigkeit und steigende Lebensmittelpreise waren die Folge. Das Kreditsystem stand am Rande des Ruins, die Staatsverschuldung war auf schwindelerregende Höhen angestiegen, politische Skandale erschütterten die moralische Glaubwürdigkeit der Machthaber. In zermürbenden Auseinandersetzungen hatten sich Regierung und Parlament *so sehr abgemüdet und geschwächt, daß sie kraftlos zu Boden sanken, als ein neuer Prätendent auf dem Schauplatz erschien.* Der wachsenden Unzufriedenheit selbst ansonsten zahmer Oppositionskreise begegneten Louis-Philippe und Ministerpräsident Guizot nur mit einer Verhärtung ihrer Positionen. Wie sehr sie sich der politisch-sozialen Realität ihres Landes, ja ihren eigenen Anhängern und Stützen des Regimes entfremdet hatten, zeigte sich in den Februartagen 1848, als eine Erhebung der Pariser Bevölkerung Regierung und Thron hinwegfegte. Die bürgerliche Nationalgarde, die früher so getreulich jeden republikanischen Aufstandsversuch niedergeschlagen hatte, versagte diesmal dem König den Dienst und lief zu den Aufständischen über. *Am 24. Februar 1848 fielen sie fast gleichzeitig zu Boden, das Königthum in den Tuilerien und einige Stunden später das Parlament in dem nachbarlichen Palais Bourbon. Die Sieger, das glorreiche Lumpengesindel jener Februartage, brauchten wahrhaftig keinen Aufwand von Heldenmuth zu machen, und sie können sich kaum rühmen, ihrer Feinde ansichtig geworden zu seyn. Sie haben das alte Regiment nicht getödtet, sondern sie haben nur seinem Scheinleben ein Ende gemacht: König und Kammer starben, weil sie längst todt waren.* Louis-Philippe mußte, ähnlich wie achtzehn Jahre zuvor sein bourbonischer Vetter, den Weg ins Exil antreten. 1853 faßte Heine sein Urteil über den drei Jahre zuvor im englischen Exil verstorbenen König mit den Worten zusammen:

Ludwig Philipp war ein großer und edler König. Er besaß alle bürgerlichen Tugenden eines bourgeois und kein einziges Laster eines grand seigneur. (...) Er war ein Mensch. (...) Er gab den Franzosen achtzehn Jahre Frieden und Freyheit. (...) Er war das Muster eines Königs, ein Mark Aurel mit einem modernen Toupet, ein gekrönter Weiser, ein ehrlicher Mann. – Und dennoch konnten ihn die Franzosen auf die Länge nicht behalten! Sie konnten ihn nicht behalten, denn er war nicht nazionalen Ursprungs, er war nicht der Erwählte des Volks, sondern einer kleinen Coterie von Geldmenschen, die ihn auf den vakanten Thron gesetzt, weil er ihnen die beste Garantie ihrer Besitzthümer dünkte, und weil bey dieser Besetzung keine große Einrede von Seiten der europäischen Aristokrasie zu befürchten stand.

Anfang Februar 1848 hatte sich Heine stationär in die medizinische Klinik seines Freundes Faultrier im Süden der Stadt aufnehmen lassen, wohin ihm später Mathilde und deren Gesellschafterin Pauline nachfolgten. *Getrommel, Schießen und Marseillaise* waren zwar auch hier *beständig* zu hören; von den bewaffneten Auseinandersetzungen in der Stadt blieb er jedoch weitgehend verschont. Nur zu Beginn des Aufstands geriet er nach einem Besuch bei seiner Frau versehentlich zwischen die Fronten. Fanny Lewald, die ihn Mitte März 1848 bei Faultrier besuchte, erfuhr von ihm, daß er – offenbar am 23. Februar, dem zweiten *der drey großen Februartage* – »gerade in die Stadtwohnung« am Montmartre gefahren war, »um dort bei seiner Frau mit seinem Arzte ein kleines Diner einzunehmen, als die ersten Stürme des Kampfes sich hören ließen. Der Wagen, den man für die Rückkehr in das Krankenhaus holte, ward umgeworfen zum Barrikadenbau, und er hatte Noth, wieder dorthin zu gelangen.« Es war der Tag des Massakers auf dem Boulevard des Capucines, das über fünfzig Menschen das Leben kostete. Heine selbst berichtete in einem von der »Allgemeinen Zeitung« am 9. März veröffentlichten Korrespondenzartikel: *Ich hatte einen guten Platz um der Vorstellung beyzuwohnen, ich hatte gleichsam einen Sperrsitz, da die Straße, wo ich mich zufällig befand, von beiden Seiten durch Barrikaden gesperrt wurde. Nur mit knapper Noth konnte man mich wieder nach meiner*

Behausung bringen. Von der *Todesverachtung womit die französischen Ouvriers gefochten* erfuhr er, wenn nicht von Augenzeugen oder aus dritter Hand, aus der Zeitung: *Ebenso groß wie die Tapferkeit, ich möchte auch sagen eben so uneigennützig, war die Ehrlichkeit wodurch jene armen Leute in Kittel und Lumpen sich auszeichneten. (...) Zerstört ward vieles von der Volkswuth, zumal im Palais-Royal und in den Tuilerien, geplündert ward nirgends.*

Von Paris ausgehend, erfaßte die Revolution im März bald weite Teile Europas. So kam es, daß ein Großteil der politisch aktiven deutschen Emigranten Paris verließ, um an der Bewegung in der Heimat teilzunehmen. Die spektakulärste Form dieses Auszugs war die Pariser Deutsche Demokratische Legion, die unter politischer Führung des Dichters Georg Herwegh im April 1848 nach Süddeutschland zog, um in den badischen republikanischen Aufstand einzugreifen: eine bunt zusammengewürfelte Truppe von knapp siebenhundert Mann, die allerdings am 27. April bei Dossenbach in die Flucht geschlagen wurde. Insgesamt sank die Zahl der deutschen Emigranten in Frankreich rapide, wobei neben den politischen Gründen auch die katastrophale wirtschaftliche Situation in Frankreich als Rückkehrmotiv eine wichtige Rolle spielte. Immerhin konnte der internationalistische Zug der Revolutionsbewegung, die Ausrichtung auf eine Art demokratischer Verbrüderung der mündigen Nationen in Europa, als eine Konsequenz der persönlichen und ideologischen Vernetzungen verstanden werden, deren Zentrum Paris war und an denen die dortige deutsche Emigration einen herausragenden Anteil genommen hatte.

Um so ernüchternder wirkte der weitere Verlauf des Revolutionsgeschehens, der Heines Prophezeiung bestätigen sollte: *Eine Revoluzion ist ein Unglück, aber ein größeres Unglück ist eine verunglückte Revoluzion.* Ebenso wie in der Juli- war auch in der Februarrevolution die Koalition der Sieger nicht einheitlicher Natur. Sie reichte vom gemäßigten Republikanismus eines Arago oder Marie über Lamartines Humanismus bis zum Arbeitersozialismus Louis Blancs. Dem starken linken Flügel der Revolution begegneten die bürgerlichen Republikaner mit zunehmendem Mißtrauen. Das politische Gleichgewicht der in den Februartagen spontan geborenen

Provisorischen Regierung verschob sich nach den Wahlen zur gesetzgebenden Versammlung im April zugunsten der bürgerlichen Mitte, wodurch die von der Regierung ausgeschlossene radikaldemokratische Linke zur außerparlamentarischen Aktion gedrängt wurde. Beide Parteien wollten eine Entscheidung herbeiführen. Die Schließung der Nationalwerkstätten und die dadurch bewirkte Massenarbeitslosigkeit lösten die Erhebung der Pariser Arbeiter vom 23. bis 26. Juni aus, die erste große bewaffnete Auseinandersetzung zwischen besitzender und besitzloser Klasse. Die Angst vor der ›kommunistischen Gefahr‹ breitete sich im Bürgertum aus. Der blutigen Niederschlagung des Aufstands durch Armee und Nationalgarde folgte eine überaus harte Repression mit Massenprozessen und -deportationen.

Heines Gefühle der Februarrevolution gegenüber waren zwiespältig. Er hatte der durch Louis-Philippe bewirkten Friedenszeit immer insofern Gerechtigkeit widerfahren lassen, als er in ihr eine geschichtlich notwendige Voraussetzung für die *Volkwerdung der Freyheit*, für den gesellschaftlichen Reifeprozeß sah, der allein eine dauerhafte Veränderung der Verhältnisse zu garantieren vermöge. Nach einer kurzen Phase enthusiastischer Hoffnung mußte er bald feststellen, daß die eingeleitete Entwicklung nicht nur in keiner Weise der erwarteten sozialen Revolution entsprach, sondern die Lage eher zu verschlimmern drohte. Gewiß, das *Nazionalgefühl* der Franzosen sei durch die *Februarrevoluzion (...) erhoben worden*, und *auch für die Demokratie im Allgemeinen, deren ideales Bewußtseyn sich daran stärkte*, sei sie *eine große Genugthuung* gewesen. *Doch vollständig war diese letztere noch nicht, und sie schlug bald über in eine klägliche Demüthigung. Solches verschuldeten die ungetreuen Mandatare des Volks*, resümierte er einige Jahre später seine widersprüchlichen Gefühle. Im Gegensatz zur Julirevolution, die für ihn den Aufbruch aus der Restauration und den Beweis für geschichtlichen Fortschritt bedeutete, erlebte Heine die Revolution von 1848 zugleich als Zusammenbruch einer alten Welt, der er sich innerlich zugehörig fühlte, und als Perversion der revolutionären Ideale, für die er sein Leben lang gekämpft hatte. Einerseits hatte er den Zusammenbruch des politischen Systems lange genug vorausgesagt, um nicht das Eintreffen seiner Prophezeiung mit Genugtuung zu registrieren. Andererseits jedoch sah er den beschränkten politischen Weitblick und die Heterogenität der republikanischen Allianz überdeutlich. Schon die Provisorische Regierung fand er *etwas seltsam zusammengewürfelt*, wenngleich er in seinem Bericht vom 22. März meinte, es sei *ein schöner Verein von wackern und begabten Männern*. Sein Lob gipfelte schließlich in den Worten: *Das Volk, das große Waisenkind hat dieses mahl sehr gute Nummern aus dem Glückstopfe gezogen. Lauter Treffer!* Fünf Jahre später parodierte er sich selbst, als er rückblickend einräumen mußte: *Nie hat das Volk, das große Waisenkind, aus dem Glückstopf der Revoluzion miserablere Nieten gezogen.* Auch das blinde Vertrauen der Februarrevolutionäre in das allgemeine Wahlrecht teilte er nicht; wie sich zeigen sollte, zu Recht, führten doch die aufeinanderfolgenden Wahlen, *wo die Weisheit der Klügsten zu Schanden gemacht und die Auserwählten des Blödsinns aufs Schild gehoben wurden*, zur sukzessiven Selbstdemontage der Demokratie.

Deutschland im Oktober 1849

Eine Momentaufnahme der historischen Situation schilderte Heine in dem Gedicht *Im Oktober 1849*. Hintergrund war der Sieg der verbündeten Österreicher und Russen über die ungarische Freiheitsbewegung, die blutige Niederwerfung der ungarischen Republik, die Lajos Kossuth im Frühjahr 1849 ausgerufen hatte (9. August: Schlacht bei Temesvar; 11. August: Abdankung Kossuths; 5. Oktober: Kapitulation der Festung Komorn). Als Heine das Gedicht am 16. November desselben Jahres seinem Verleger nach Hamburg zur Vorveröffentlichung in einer Zeitschrift sandte, bezeichnete er es als ein eben entstandenes *wahres Tagesgedicht, eine momentane Stimmung schildernd*. Zugleich, so fügte er hinzu, sei ihm das Schreiben und Diktieren bei seinem kranken Zustand eine *gräßlich peinigende Operazion*, so daß er mit diesem Gedicht *im wahren Sinn des Wortes* sein *versifizirtes Lebensblut* gebe. Damit ist die Spannung zwischen zeitgeschichtlichem Geschehen und der Situation des kranken, in seiner *Matratzengruft* dem Tod entgegensehenden Dichters aufgezeigt, aus der das Gedicht hervorging.

Im Erstdruck, ein Jahr vor seiner Veröffentlichung im *Romanzero*, trug das Gedicht den Titel *Deutschland. Im Oktober 1849*. Damit stellte es Heine in den Zusammenhang seiner Deutschlandlyrik der dreißiger und vierziger Jahre (*Anno 1839*, *Deutschland!*, *Das Kind*, *Nachtgedanken*), insbesondere aber rückte er es in unmittelbare Nähe zu *Deutschland. Ein Wintermährchen*. Diese Verbindung unterstrich er in der französischen Veröffentlichung, wo er das Gedicht als *Ergänzungsstrophen* direkt hinter dem *Wintermährchen* plazierte. So mußte es als Epilog zu Heines Versepos erscheinen, als Probe aufs Exempel der dort vom Dichter im Nachtstuhl Karls des Großen visionär geschauten und in *Vorspielgerüche* übersetzten deutschen Revolution. Fünf Jahre später nun schloß Heine präzise an diese Geruchsprophetie an, als er vom *Duft der Sieger* sprach. War es im *Wintermährchen* jedoch noch der Geruch des *Mists*, der beim Ausräumen von *sechs und dreyzig Gruben* entstehen mußte, so war es im Gedicht der Geruch der Konterrevolution. Im Bereich einer dem »genus humile« angehörenden, derben Sinnlichkeit wurde auf diese Weise das Scheitern der Revolution sinnfällig gemacht.

Es fiel der Freyheit letzte Schanz': Mit dieser Formel stellte Heine Ungarn in den Zusammenhang der gesamteuropäischen Revolution, als deren letzter Akt und negativer Schlußpunkt die Niederlage der ungarischen Revolutionäre erschien. Vorangegangen waren die Auflösung des Frankfurter Parlaments und das Ende des Rumpfparlaments in Stuttgart (18. Juni) und die Niederschlagung des pfälzischen und des badischen Aufstands (Mai bzw. Juni/Juli) durch preußische Interventionstruppen. Auf europäischer Ebene hatten die konservativen Kräfte das Signal zur Gegenrevolution bereits im Juni 1848 mit der Niederwerfung der Arbeitererhebung in Paris gesetzt und den linken Flügel der Revolution gewaltsam gestutzt. Im mitteleuropäischen Raum war es die Einnahme des revolutionären Wien durch kaiserliche Truppen im Oktober 1848, welche die militärische Gegenoffensive der Reaktion eingeläutet hatte. All diese Vorgänge setzte Heines Gedicht, vielleicht nicht zufällig genau ein Jahr nach den Wiener Ereignissen verfaßt, voraus.

Gelegt hat sich der starke Wind,
Und wieder stille wird's daheime;
Germania, das große Kind,
Erfreut sich wieder seiner Weihnachtsbäume.

Wir treiben jetzt Familienglück –
Was höher lockt, das ist vom Uebel –
Die Friedensschwalbe kehrt zurück,
Die einst genistet in des Hauses Giebel.

Gemüthlich ruhen Wald und Fluß,
Von sanftem Mondlicht übergossen;
Nur manchmal knallt's – Ist das ein Schuß? –
Es ist vielleicht ein Freund, den man erschossen.

Bis zum zehnten Vers wird – obgleich Heine in die Textoberfläche bewußt einige »Widerhaken« einstreute – ein trautes Bild vordergründiger Ruhe entworfen: Nach dem stürmischen Tag ist die stille Nacht eingekehrt, zugleich weihnachtliche Friedens- wie natürliche Winternacht. Der völlig regelmäßige Wechsel von Hebung und Senkung und der zusätzliche Versfuß im letzten Strophenvers unterstützen diese beruhigende Wirkung. Auf den politischen Bereich übertragen, der in der Allegorie der *Germania* und der Friedensthematik angedeutet wird, besagt dies, daß auch hier nach den Revolutionsstürmen Ruhe eingetreten ist und alles wieder seine vorrevolutionäre Ordnung und Richtigkeit erhält, als stelle die Revolution nur eine vorübergehende, alptraumartige Episode dar. Indem Germania allerdings als *großes Kind* bezeichnet und somit wieder auf eine Stufe der Unmündigkeit zurückentwickelt wird, verweist Heine zugleich auf einen Anachronismus wie auf Disproportionen im Erscheinungsbild Deutschlands, die den Blick des Lesers für die unter der Oberfläche wirkenden Spannungen schärften.
Diese Spannung bricht dann im elften Vers mit dem Knall auf, den der Sprecher nicht mehr in das Stimmungsbild integrieren und bei dem er, zumindest im ersten Augenblick, die Hypothese eines Schusses nicht mehr zurückhalten kann. Die Nachricht von der Vollstreckung

des Todesurteils an dreizehn ungarischen Generälen und von der Hinrichtung des Ministerpräsidenten Batthyany am 6. Oktober war damals aktuell und jedem zeitgenössischen Leser präsent, ebenso die blutige Repression im Anschluß an den badischen Aufstand. Mit dem im zwölften Vers genannten *Freund* gibt der Sprecher seine politischen Sympathien offen zu erkennen: Er steht auf seiten der besiegten Revolutionäre. Doch schon in der nächsten Strophe, die 1850 im Erstdruck noch fehlte, schlüpft er wieder in seine ironische Rolle. Heine spielte hier auf Georg Herwegh an, der mit seiner Truppe von demokratischen Pariser Legionären während der ersten badischen Revolution im April 1848 bei Dossenbach unterlegen war und sich der Gefangennahme durch Flucht entzogen hatte. Danach fällt der Sprecher wieder in seine ironische, eigentlich beunruhigende Beruhigungsgebärde, indem er nunmehr die Erklärung für den *Knall* gefunden zu haben meint: ein Feuerwerk zur Goethefeier oder zu Ehren der berühmten Sängerin Henriette Sontag, der 1849 nach neunzehnjähriger Abwesenheit von der Bühne ein erfolgreiches Comeback gelungen war. Die Feier zum 100. Geburtstag Goethes am 28. August 1849 war überall in Deutschland festlich begangen worden, insbesondere in Frankfurt und Weimar, wo die musikalische Leitung in Händen Franz Liszts lag. Der von Heine erstellte Zusammenhang von staatlich-politischer Restauration und Goethe-Kult als Symbol deutscher Verinnerlichungs-Ideologie, der sich ja auch später in der deutschen Geschichte mehrmals bestätigte, richtete sich nicht gegen Goethe selbst, sondern gegen seine gemütliche Verwertung durch das sich entpolitisierende Bildungsbürgertum. Der Goethe-Kult wird in seiner unzeitgemäßen Zeitbezogenheit erkannt, insofern er – im Sinne der das ganze Gedicht durchziehenden Opposition von innen und außen – an die Stelle äußerer politischer Auseinandersetzung tritt und die Hohlheit der Verinnerlichung, die sich in lärmenden Festlichkeiten manifestiert, aufdeckt. Während die wirkliche Welt mit dem erschossenen Freund zugrunde geht, entsteigt die Scheinwelt der Restauration dem *Grab*, nehmen die alten, längst verblichenen Sterne am Theaterhimmel ihren Platz in dem kulturellen Mummenschanz wieder ein, als sei nichts geschehen. Die Sontag und der damals vor allem als Konzertpianist gefeierte Franz Liszt sind für Heine repräsentative Vertreter eines rein auf Verwertung bedachten Virtuosentums, das gerade in seinem vorgeblichen Apolitismus von der politischen Landschaft der Restauration geformt ist. Insofern diesen Künstlern der authentische Zeitbezug fehlt, erscheinen sie als lebende Leichname, wohingegen die sterbenden, wahren Helden das Leben verkörpern.

Daß das Bühnenheldentum einerseits als dasjenige des Virtuosen, andererseits als das des politischen Maulhelden in der Folge besonders an Franz Liszt festgemacht wird, liegt in den besonderen Umständen von Liszts Biographie begründet. Schon mit elf Jahren hatte er seine ungarische Heimat verlassen und von da an mit nur kurzen Unterbrechungen ein unstetes, aber äußerst erfolgreiches Leben als gefeierter Pianist geführt. Als er auf einer triumphalen Tournee 1839 nach Ungarn kam, überreichte ihm der dortige Reichstag einen kostbaren Ehrensäbel. Bei der Verleihung erklärte Liszt, er verstehe diesen Säbel als einen Auftrag dazu, sein Volk, das sich früher durch Waffentaten ausgezeichnet habe, auf dem Gebiet der Künste zum Weltruhm zu führen. Sollten die Ungarn jedoch gewaltsam am friedlichen Aufbau ihrer Nationalität gehindert werden, so müßten die Säbel wieder aus der Scheide gezogen werden, »und unser Blut sei bis zum letzten Tropfen vergossen für unser Recht, für König und Vaterland«. Der Kontrast einer solchen patriotischen Absichtserklärung mit der Realität der Jahre 1848/49, als Liszt sich an einen deutschen Kleinstaatenhof zurückzog, während Ungarn um politische Selbstbestimmung und Demokratie rang, mithin der Säbel *in der Kommode* blieb, wie es in Heines Gedicht heißt, bot dem Satiriker reichen Stoff, zumal auch Liszts Bemühungen, in den österreichischen Adelsstand erhoben zu werden (*Ritter Franz*), erfolglos geblieben waren. Daß Liszt zudem in früheren Jahren, als er mit Heine noch gut stand, schwärmerischer Anhänger des christlichen Sozialismus von Lamennais gewesen war, paßte gut ins Bild, machte ihn nachgerade zum Prototyp des falschen Künstlers und zum Nachfahren Falstaffs, den Heine an dieser Stelle ja wörtlich zitiert. Zugleich enthüllt sich an seinen Erzählungen *in der Enkel Kreis* noch einmal die politische Qualität deutschen *Familienglücks*.

Im zweiten Teil des Gedichts wechselt Heine den ironisch sarkastischen Ton zugunsten einer pathetisch-ernsthaften Parallelisierung der zeitgeschichtlichen Vorgänge in Ungarn mit dem Nibelungenlied, das er als Bonner Student bei August Schlegel kennengelernt hatte und das er hier nicht als romantischen Sagenstoff, sondern als Beispiel für die Aktualität großer, im Volk verwurzelter Ependichtung anführt. Der zirkularen Wiederkehr der Restauration und ihrer typischen Repräsentanten im ersten Teil setzt er die geschichtliche Wahrheit vom Untergang der sagenhaften *Helden* entgegen, deren schicksalhafte Identität er durch das wiederholte *dasselbe* und *dieselben* suggeriert. Der Auferstehung der toten Maulhelden vom Schlage Liszts entspricht der unvermeidliche Tod der wahren, modernen *Helden lobebären*. Dabei dachte Heine vermutlich auch an den ungarischen Nationaldichter Sándor Petöfi (1823-49), der in der Schlacht bei Segesvár (heute Sigiosoara/Rumänien) am 31. Juli 1849 als Hauptmann der Honvéd-Armee gefallen war. Über ihn war Heine wohlinformiert: Am 30. Juli 1849 hatte ihm Karl Maria Kertbény seine Übersetzung der Gedichte Petöfis gesandt und ihm dessen »gränzenlose Bewunderung« für den »größten Dichter der Neuzeit« übermittelt. Man könnte also den weitergehenden Schluß ziehen, daß im Nibelungen-Zitat generell das Verhältnis von Dichter und Geschichte reflektiert wird. Der nationale Dichter-Held lebt wie der epische Dichter im Einklang mit seiner Nation; folgerichtig geht er mit seinem Volk unter. Anders in Deutschland, wo dem Dichter, setzt er sich mit deutschen Zuständen auseinander, dieses Gefühl der Übereinstimmung fehlt. War die Frontstellung in Ungarn, wo der österreichische *Ochse* sich mit dem russischen *Bären* zur Niederwerfung der demokratischen Helden verbündete, eindeutig, ist man in Deutschland unter die Herrschaft von *Wölfen, Schweinen und gemeinen Hunden* geraten; hatte sich in Ungarn nach klassischem Muster der Absolutismus gegen die Demokratie durchgesetzt, so begann in Deutschland Preußen damit – etwa in der Erfurter Union –, die noch vorhandenen nationalen Energien der Revolutionsbewegung für eigene Hegemoniezwecke zu nutzen.

Die Interpretation der im ersten Teil unternommenen Situationsbeschreibung Deutschlands im zweiten Teil geschieht freilich nur auf indirekte Weise: zum einen auf dem Umweg über den ungarischen Kriegsschauplatz, von dem aus kontrastiv die *schlimmre* Situation in

Deutschland beleuchtet wird; zum anderen über die Tierchiffren von *Wolf*, *Schwein* und *gemeinen Hunden* und die ihnen jeweils zugeordneten Laute. Jede weitere Ausführung wird von dem Schweigegestus *Doch still, Poet* unterbrochen. In gleicher Weise, wie das Heldentum und seine epische Bearbeitung in Deutschland unmöglich geworden sind, wird auch die traditionelle Fabelmenagerie um Tierarten wie das Schwein und den *gemeinen* Hund bereichert (in einer Vorstufe erwog Heine auch Füchse und sogar einen *Pavian*, vermutlich wegen der schwarz-rot-goldenen *Affensteißcouleuren*). Eine Reihe von ab 1852 entstandenen politisch-sozialen Tierfabeln belegt Heines Versuch, die Nachmärz-Erfahrungen durch eine Erneuerung der Gattung auszudrücken, wobei er sich mehrfach zur Erweiterung der Gattungsregeln veranlaßt sah. Der Schluß von *Im Oktober 1849* liefert dafür quasi die historische Begründung: Die Bestialisierung der Menschenwelt hat ein Ausmaß erreicht, das eine explizite Auflösung der Tierchiffren sowie eine eindeutige Moral nachgerade ausschließt. In diesem Sinn verstummt der *Poet* vor dem *Duft der Sieger*, ohne die Identität der *Wölfe, Schweine und gemeinen Hunde* zu lüften. Die Zusammenhänge sind erst über die historischen Fakten zu erschließen, die einzig mögliche Darstellung bleibt die satirisch-ironische, wie sie die Sprecherrolle im ersten Teil vornimmt.

Diese uneigentliche Sprechweise impliziert auch die Tonwechsel und sonstigen Stilmerkmale des ersten Teils: inhaltlich kontrastive oder unreine Reime, oxymorische Fügungen, Zitiertechnik – mit einem Wort: charakteristische Elemente aus dem formalen Arsenal von Heines später Lyrik. Problematisch wird diese Sprechweise immer dann, wenn es in eigentlicher, nicht ironisch vermittelter Weise von den Zeitumständen zu sprechen gilt. *Im Oktober 1849* wird diese Frage mit dem Hinweis auf die Krankheit erledigt: *Doch still, Poet, das greift dich an – / Du bist so krank und schweigen wäre klüger.* Damit wird jedoch auf überzeugende Weise ein Beleg für die politische Dimension von Heines Krankheit geliefert. Im *Romanzero* ist das Gedicht ja in den Zyklus der *Lamentazionen*, der vorgeblich privaten Klagen, eingereiht, und darin wiederum als Nr. XVI in den Unterzyklus *Lazarus*. Umrahmt von zwei Gedichten privaten Charakters (*An die Engel*, *Böses Geträume*), aber symmetrisch korrespondierend mit der schonungslosen Offenlegung der Probleme des Schriftstellers in *Lumpenthum* (Nr. V), dokumentiert es die dialektische Einheit von privater und Zeit-Krankheit, von *Matratzengruft* und Leiden an der Menschheit. In der beispielhaft formulierten Erfahrung des Leidens als politischer Krankheit besteht die einzige Möglichkeit auf *moralische Heilung*.

Religiöse Rückschritte

Das Scheitern der Revolution ging mit einer rapiden Verschlechterung von Heines Gesundheitszustand einher. *Meine Beine haben den Sturz des Königtums nicht überlebt*, schrieb er drastisch am 25. Juni 1848 an Edouard de Lagrange. Dem Verleger Dubochet gestand er am 29. August 1848: *Es ist sehr hart, auf einer Matratze festgenagelt zu sein, wenn alle Welt auf den Beinen ist und alle Dinge im Fluß sind.* Die politische und die private Misere trugen erheblich zur Verdüsterung seines Zeit- und Geschichtshorizonts bei, der er durch verschärfte Satire, durch Fremd- und Selbstparodie Ausdruck gab und die ihn 1854, am Schluß der *Geständnisse*, mit König Salomon ausrufen ließ: *Es giebt nichts Neues unter der Sonne.* Vor allem aber führte der äußere und innere Gang der Ereignisse zu einer *Wiedererwekkung* seines *religiösen Gefühls*, was er charakteristischerweise als *FebruarRevolution* in seinen *religiösen Ansichten und Gedanken* bezeichnete. Ironisch schilderte er am 19. September 1848 Caroline Jaubert, seine Krämpfe hätten jetzt bereits das Rückgrat ergriffen und würden bis ins Gehirn steigen, *wo sie vielleicht mehr Schaden anrichten, als ich selbst feststellen kann; religiöse Gedanken tauchen auf.* Wenngleich Heine den Zusammenhang selbst immer wieder – meist wie hier humoristisch eingekleidet – betonte, wäre es falsch, diese Wendung allein aus seiner Krankheitssituation abzuleiten. Heines *Rückkehr zu Gott* war zwar auch ein privater, mehr noch aber ein eminent politischer Vorgang. In der Religion *Rückschritte* gemacht zu haben, räumte Heine ein, betonte aber gleichzeitig, daß seine politischen Ansichten dieselben geblieben seien: *Ich verharrte bey denselben demokratischen Prinzipien, denen meine früheste Jugend hul-*

digte und für die ich seitdem immer flammender erglühte, erklärte er 1851 im *Nachwort zum Romanzero.*

Unter dem Eindruck der siegreichen Gegenrevolution sowie der fatalen Verkehrung der Fronten insbesondere in Deutschland, aber auch in Frankreich, schwor Heine dem hegelianischen Atheismus ab. Sein bisheriger Zukunftsoptimismus, jene Auffassung von einer zunehmenden Vervollkommnung der Menschheit im Geschichtsverlauf, die er zuletzt nicht mehr in Frage gestellt hatte, wich einer tiefen Skepsis, die ihn im Korrespondenzartikel vom 22. März 1848 die Frage stellen ließ, ob denn *die Angelegenheiten dieser Welt wirklich (...) von einem vernünftigen Gedanken, von der denkenden Vernunft* gelenkt würden. Die Niederschlagung der Arbeitererhebung im Juni, die mit seinem eigenen endgültigen körperlichen Zusammenbruch beinahe zusammenfiel, war ihm ein erster eklatanter Beleg dafür, daß es nicht mehr mit rechten Dingen zuging. An Campe schrieb er dazu unter dem 9. Juli 1848: *Ueber die Zeitereignisse sage ich nichts; das ist Universalanarchie, Weltkuddelmuddel, sichtbar gewordener Gotteswahnsinn! Der Alte muß eingesperrt werden, wenn das so fort geht. – Das haben die Atheisten verschuldet, die ihn toll geärgert.* In dieser für ihn charakteristischen Mischung aus Spaß und tiefem Ernst ließ er durchblicken, daß er sich selbst ein gerüttelt Maß Verantwortlichkeit für den Lauf der Ereignisse zuschrieb und zugleich seinen Atheismus einer Revision zu unterziehen begann. Ludwig Kalisch referiert ein Gespräch vom 20. Januar 1850: »Ich bin in Passy gelegen, als meine böse Krankheit anfing. Während ich mich krampfhaft auf dem Lager wälzte, wurde draußen der entsetzliche Junikampf gekämpft. Der Kanonendonner zerriß mein Ohr. Ich hörte das Geschrei der Sterbenden; ich sah den Tod mit seiner unbarmherzigen Sense die Pariser Jugend hinmähen. In solchen gräßlichen Augenblikken reicht der Pantheismus nicht aus; da muß man an einen persönlichen Gott, an eine Fortdauer jenseits des Grabes glauben«. Zugleich zeigt der Umstand, daß er in der Geschichte weiterhin das Vernunftprinzip aufsuchte und auch seinen wiedergefundenen Gott im Namen der Vernunft kritisierte, daß er auch nach 1848 paradoxerweise im wesentlichen hegelianischer Geschichtsauffassung verpflichtet blieb.

Heines vielzitierte *Rückkehr* zu einem *persönlichen Gotte* war keine Konversion im üblichen Sinn, sondern das Einlenken in eine Weltsicht unter veränderten Zeitumständen, nach denselben Prinzipien, auf denen sein früherer Pantheismus gründete. Seine deistische Gottesvorstellung unterschied sich vom rationalistischen Deismus auf wesentliche Weise. Im *Nachwort zum Romanzero* erläuterte er: *Wenn man nun einen Gott begehrt, der zu helfen vermag – und das ist doch die Hauptsache – so muß man auch seine Persönlichkeit (...) annehmen*. Auf institutionelle Vermittlung konnte Heine dabei ebenso verzichten wie auf eine vorgegebene theologische Dogmatik. Sein wiedergefundener Gott war der Gott der Bibel. Und in der Bibel fand er eben jene Lebensnähe, die er bei den Hegelianern vermißte. Was er nunmehr dem *grauen Spinnweb der Hegelschen Dialektik* vorwarf, war ihre Lebensferne – die Entfremdung der Theorie. Dahinter verbirgt sich das Problem der Theorievermittlung an das *Volk*, das Problem der Popularisierung. Heine hatte ja selbst an dem Popularisierungsprozeß der Theorie teilgenommen und das *Schulgeheimniß* ausgeplaudert. Das Scheitern der Revolution bedeutete für ihn auch das Scheitern der Theoriepopularisierung: Der Prozeß der Volkserziehung war für ihn noch nicht weit genug fortgeschritten, um eine »richtige« Realisierung der Theorie zu ermöglichen. Anders als die *spinnwebige Berliner Dialektik* war die Bibel im Volk lebendig und wurde unmittelbar verstanden. Was er in ihr gestaltet fand, war das Leben selbst. So ist es auch müßig zu fragen, ob der Heinesche Gott ein christlicher oder ein jüdischer Gott war, hat er doch selbst mehrfach betont, daß ihn die Wandlung seines religiösen Gefühls nie *bis zur Schwelle irgend einer Kirche oder gar in ihren Schooß geführt* habe. *Wie nahe ich auch der Gottheit gekommen, so steht mir doch der Himmel noch ziemlich fern; glauben Sie nicht den umlaufenden Gerüchten, als sey ich ein frommes Lämmlein geworden. Die religiöse Umwälzung, die in mir sich ereignete, ist eine bloß geistige, mehr ein Akt meines Denkens als des seligen Empfindelns, und das Krankenbett hat durchaus wenig Antheil daran, wie ich mir fest bewußt bin. Es sind große, erhabne, schauerliche Gedanken über mich gekommen, aber es waren Gedanken, Blitze des Lichtes und nicht die Phosphordünste der Glaubenspisse*, dementierte er am 1. Juni 1850 gegenüber Campe drastisch das Gerücht seiner angeblichen Konversion. Durch einen Artikel Alfred Meissners ließ er verlautbaren: »Wenn er sich in der letzten Zeit vielleicht mehr als sonst in einer religiösen Stimmung behagte, so war es eine solche welche nie die Farbe irgend einer Confession annahm und er nannte sich religiös vielleicht aus Antipathie gegen die Clique derer welche sich offen als Atheisten ankündigen.« Und im Schlußgedicht des *Romanzero*, der *Disputazion*, gab er eine schneidende Antwort auf die in einem tagelangen Redestrauß zwischen Mönch und Rabbi dargestellten theologischen Spiegelfechtereien, wenn er Donna Blanca lakonisch kommentieren läßt:

Welcher Recht hat, weiß ich nicht –
Doch es will mich schier bedünken,
Daß der Rabbi und der Mönch,
Daß sie alle beide stinken.

Bekenntnis zum Judentum

Was Heine in der Bibel fand, war keine Theologie, sondern zunächst die weltliche Gestalt eines Moses, den er als *Socialist* begriff, vor allem aber als Schöpfer des jüdischen Volkes, ja geradezu feuerbachianisch als Schöpfer des Gottes, der ihm manchmal nur wie der *zurückgestralte Lichtglanz des Moses selbst* vorkomme. Was er in der Bibel neu entdeckte, waren ferner die Juden selbst in ihrer geschichtlichen Größe, *gewaltige, unbeugsame Männer, nicht bloß ehemals, sondern bis auf den heutigen Tag, trotz achtzehn Jahrhunderten der Verfolgung und des Elends*. Nachdem der antispiritualistische Vorbehalt weggefallen war, nachdem er selbst *kein göttlicher Bipede* war, *kein lebensfreudiger etwas wohlbeleibter Hellene mehr, der auf trübsinnige Nazarener heiter herablächelt*, sondern *nur ein armer todtkranker Jude, ein abgezehrtes Bild des Jammers, ein unglücklicher Mensch*, fand er einen neuen Zugang zum Judentum, nahm er seine jüdische Bestimmung ausdrücklich an. Was ihm jahrzehntelang größtes Leid, größte Schmach, größtes Unglück bedeutet hatte, dazu bekannte er sich jetzt. Der sich einstmals stolz als *geborener Antagonist des jüdisch-mahometanisch-kristlichen Deismus* bezeichnet hatte, überführte seine europäische Identität als *Kämpe der Revoluzion und ihrer demokratischen Prinzipien* kurzerhand in eine neue jüdische Identität.

Vorbei die Zeiten, in denen er mit Vehemenz auf das antisemitische Ressentiment reagiert hatte, weil er in der öffentlichen Stigmatisierung als Jude eine Beeinträchtigung seiner publizistischen Wirkungsmöglichkeiten sah. 1835, als Antwort auf eine Pressenotiz, in der er als Israelit bezeichnet wurde, hatte er im »Journal des Débats« allen Ernstes versichert, er habe nie den Fuß in eine Synagoge gesetzt und sei im übrigen ein guter, auf die lutherische Errungenschaft der Denkfreiheit pochender Protestant. In einem Brief an Heinrich Laube aus dem Jahr 1839 hatte er sich leidenschaftlich darüber beklagt, daß Gutzkow *mit Koth wider seinen Willen* werfe, wenn er ihn in einem Atemzug lobe und von seinem *Judenthume* spreche. *Oder sollte wirklich Gutzkow so wenig Bildung, so wenig Takt besitzen, daß er von Dingen redet, woran man weder mich noch den Pöbel erinnern sollte, Dinge, die jeder der meine Achtung genießen will, nicht einmal denken sollte, so kläglich, so miserabel sind sie* (...) *jede Erwähnung, in der angedeuteten Weise*, werde ihm *immer ein Criterium für den Charakter und das innere Wesen, dessen der sich derselben bediente*, sein. Von all dem war nun keine Rede mehr. *Die Zeit der Eitelkeit* war vorüber. So wie die Juden für ihn das auserwählte Volk jener anonymen Märtyrer waren, *die auf allen Schlachtfeldern des Gedankens gekämpft und gelitten haben*, so war er selbst nun der auserwählte Dichter, dessen Lieder auf allen Gassen gesungen und gepfiffen wurden, der aber selbst in der Einöde seiner *Matratzengruft* als ein Ausgestoßener dahinsiechte.

Von dieser neuen jüdischen Identität getragen, wandte sich Heine auch wieder einem thematischen Bereich zu, an dem er im *Rabbi von Bacherach* gescheitert war. Mit dem Fragment *Jehuda ben Halevy* schuf er das Zentralgedicht der *Hebräischen Melodien* des *Romanzero*. Durch umfassende historische Lektüre hatte er sich in die Welt der spanischen Juden des Mittelalters eingelesen und das *Dreygestirn* der *arabisch-althispanisch / Jüdischen Poetenschule* entdeckt, die Dichter Moses Ben Jakob ibn Esra, Salomon ben Juda ben Gabirol und Jehuda ben Samuel Halevy. Jehuda ben Halevy, der im zwölften Jahrhundert in Spanien lebende Dichter und Philosoph, verkörperte für Heine das leibliche und poetische Exil. Er war zugleich *großer Dichter* (*Absoluter Traumweltsherrscher / Mit der Geisterkönigskrone, / Ein Poet von Gottes Gnade*) und *Schlemihl*, Inbegriff des unschuldigen, gerade in seiner Unschuld auserwählten Opfers. In ihm war die von Heine ursprünglich anvisierte Einheit von *Künstler, Tribun und Apostel* auseinandergebrochen zugunsten einer künstlerisch-poetischen Identität, die souverän aus der Zeit heraustritt. Er beherrschte sowohl die Haggada wie die Halacha, die poetische wie die theologisch-normative Partie des Talmuds, der Überlieferung des nachbiblischen Judentums, war *Stern und Fackel seiner Zeit, / Seines Volkes Licht und Leuchte*. Er besang auf hebräisch seine *Herzensdame* Jerusalem und schrieb zugleich in der Sprache der arabischen Sieger »das Buch Khusari«, in dem er den Anspruch der Philosophie zurückwies, dem jüdischen Glauben überlegen zu sein. Er durchlebte in wahrer Empfindung die Zerrissenheit seiner Zeit, deren Riß mitten durch sein eigenes Herz ging, so wie Heine schon in den *Bädern von Lukka* für sich reklamiert hatte: *Durch das meinige ging aber der große Weltriß*.

Die *Thränenperlen*, die Jehuda *ob dem Untergang / Von Jerusalem geweinet*, waren als Zionslied überliefert, und Heine, dessen *stolzer Siegeswagen* aus der hellenischen Periode nunmehr *gebrochen* lag, versprach, die Lieder Jehudas in einem kostbaren Kästchen aufzubewahren und ihnen einen Ehrenplatz zu verleihen, waren sie doch *Diamanten, deren Lichter / Abglanz, Wiederschein des Himmels, / Herzblutglühende Rubinen, / Fleckenlose Turkoasen, /Auch Smaragde der Verheißung, / Perlen (...), entquollen einer schönen / Menschenseele, die noch tiefer, / Abgrundtiefer als das Weltmeer.* Damit stellte er sich selbst in die Nachfolge Jehudas, definierte er sich selbst als Dichter, der sein *Jerusalem*, die Freiheit, sein Leben lang besungen hatte und, obwohl er wußte, daß die *grauen Trümmer* der alten Herrlichkeiten *von Unkraut überwuchert* waren, dorthin wallfahrte, um *zu Füßen seiner Liebsten* zu sterben: *Und sein sterbend Haupt, es ruhte / Auf den Knien Jerusalems.*

Von der Zweiten Republik zum Zweiten Kaiserreich

Im Dezember 1848 wurde überraschend nicht der Republikanergeneral Cavaignac, der Sieger der Junitage, zum Präsidenten der Republik gewählt, sondern Louis-Napoleon Bonaparte, der Großneffe des Kaisers. Viele sahen in ihm nur das Werkzeug der alten monarchistischen Partei. Sein überwältigender Wahlsieg war jedoch Ausdruck des vor allem in der ländlichen Bevölkerung weiterlebenden Napoleon-Mythos. Die folgenden Jahre waren politisch vom Gegensatz zwischen dem mehrheitlich konservativen Parlament und dem bonapartistischen Präsidenten geprägt. Als sich die Kammer 1851 einer Verfassungsänderung zugunsten der Wiederwahl Louis-Napoleons widersetzte, griff dieser zum Mittel des Staatsstreichs. Die Gegenwehr der Pariser Republikaner war nur von kurzer Dauer. Ernstzunehmender war der Widerstand in den Dörfern, wo die republikanischen Bürgermeister den Verfassungsbruch anprangerten und zum Marsch auf die Hauptstadt aufriefen. Entscheidende Unterstützung erhielt der »Fürst-Präsident« von der Armee, aber auch von der Kirche und dem neuen industriellen Mittelstand. Durch eine industrie- und handelsfreundliche Wirtschaftspolitik verschaffte er sich die Gunst der Wirtschaftsbourgeoisie; andererseits suchte er durch begrenzte sozialpolitische Maßnahmen die soziale Frage zu entschärfen; ein Unternehmen, bei dem ihm die aufwärts weisende Weltkonjunktur zu Hilfe kam. So konnte er sich Ende 1852 offiziell die Kaiserkrone antragen und am 2. Dezember das Kaiserreich ausrufen lassen. Ein Großteil der politisch aktiven intellektuellen Elite wurde verhaftet, deportiert oder ging in die Emigration. Paris verlor seine Rolle als Zufluchtsort der gescheiterten europäischen Revolutionäre. Die trafen sich nunmehr in London, wenn sie nicht gleich nach Amerika weiterzogen.

Für Heine bedeutete die Thronbesteigung Napoleons III. in gewisser Weise eine Rückkehr zum politischen System seiner Düsseldorfer Jugendzeit, die ja im Zeichen Napoleons I. gestanden hatte. Es wäre jedoch verfehlt, aus der Tatsache, daß der napoleonische Bonapartismus Heines Leben gleichsam politisch einzufassen scheint, allzu weitgehende Schlußfolgerungen über seine Stellung zu Napoleon III. zu ziehen, auch wenn Heine in seinem ungedruckt gebliebenen *Waterloo-Fragment* selbst eine solche Rahmenbeziehung herstellte. In seiner historischen Perspektive war die Inthronisierung Napoleons III. vor allem eine Rehabilitierung jener Niederlage, die dem fortschrittlichen Europa 1815 von der europäischen Reaktion beigebracht worden war, einem Gegner, den Heine sein Leben lang bekämpft hatte. Als am 2. Dezember 1852 *das französische Volk* endlich *die vollständige Genugthuung empfing, wodurch die alte Wunde seines gekränkten Nazionalgefühls vernarben kann*, konnte er *in tiefster Seele diesen Triumph* nachempfinden, wie er *einst die Niederlage* bei Waterloo *so schmerzlich mitempfunden* hatte. Das verhinderte ein *strenges Urtheil* über Napoleon III. Denn daß dieser mit seinem »coup d'Etat« die Grundrechte verletzt und die Opposition unterdrückt hatte, stand ganz außer Frage: Wer damals nicht hatte ins Ausland fliehen können, war verhaftet worden. Insgesamt waren es etwa 25.000 Menschen, von denen 10.000 nach Algerien und Guyana deportiert wurden. In einem Brief an Gustav Kolb, den Redakteur der »Allgemeinen Zeitung«, hatte Heine am 13. Februar 1852 geschrieben: *Mein alter Bonapartismus hält nicht Stich gegen den Kummer, der mich überwältigte, als ich die Folgen jenes Ereignisses übersah. Die schönen Ideale von politischer Sittlichkeit, Gesetzlichkeit, Bürgertugend, Freyheit und Gleichheit, die rosigen Morgenträume des achtzehnten Jahrhunderts, für die unsere Väter so heldenmüthig in den Tod gegangen, und die wir ihnen nicht minder martyrthumsüchtig nachträumten – da liegen sie nun zu unseren Füßen, zertrümmert, zerschlagen, wie die Scherben von Porzellankannen, wie erschossene Schneider –.*

Der allgemeine Erfolg der Reaktion, das Scheitern der liberalen Nationalbewegungen in Mittel- und Osteuropa, die blutige Niederwerfung der sozialrevolutionären Bestrebungen in Frankreich, in Wien und Südwestdeutschland verwandelten die früheren Zukunftshoffnungen der Opposition in Verbitterung und Resignation. Ein jeder fand sich in die jeweils eigenen Probleme verstrickt, für transnationale oder klassenüberschreitende Solidarität war kaum noch

Platz. Es hatte den Anschein, als sei mit der gescheiterten Revolution im autoritären Nachmärz auch der Gegensatz zwischen altem und neuem Europa aufgehoben, der die Zeit zwischen 1815 und 1848 strukturiert hatte. Das alte Europa konnte jetzt nicht mehr einfach mit dem Ancien régime gleichgesetzt werden, mit der alten Welt der vorrevolutionären Zustände, mit Feudalismus und Absolutismus. Es umfaßte nunmehr auch die konstitutionelle Monarchie Louis-Philippes, den bürgerlichen Liberalismus, der es nicht vermocht hatte, die freigesetzte soziale und ökonomische Dynamik zu kanalisieren, mit einem aufgeklärten Menschenbild zu vereinbaren. Und umgekehrt schienen die Fortschrittsvisionen des jungen Europa an der Realität zerschellt zu sein, waren ihrerseits Geschichte geworden. Jung und alt waren nicht mehr nach den simplen Schemata von Zukunft und Vergangenheit, von Fortschrittsgedanken und konservativer Beharrung zu verteilen. Die zukunftsgewisse Revolution hatte sich selbst widerlegt, die Optimisten gehörten der Vergangenheit an, wohingegen die Zukunft in pessimistischer Schwärze gemalt wurde. Für das Verhältnis von Deutschland und Frankreich hatte dieser Umschwung mancherlei Folgen. Zunächst bewirkte er, daß man auf beiden Seiten des Rheins vorrangig mit den eigenen Problemen beschäftigt war, insbesondere mit der Anpassung der jeweiligen staatlichen Strukturen an die Entwicklung von Wirtschaft und Gesellschaft. Des weiteren läßt sich beobachten, daß sich das durchaus nicht erloschene Interesse für den anderen wegbewegte von Literatur, Kunst und Philosophie und sich eher auf Natur und Technik konzentrierte, auf Wissenschaft und Bildungssystem, auf gesellschaftlich und politisch »verwertbare« Bereiche, wobei man zunehmend auch in Begriffen des internationalen Wettbewerbs dachte, des Konkurrenzkampfs der Nationen. Natürlich blieben auch die Beziehungen auf dem Feld der Literatur und Musik bestehen, traten in eine neue Phase. Aber sie wurden überschattet durch die Nationalisierung des Bewußtseins der gebildeten Führungsschichten, vor allem in Deutschland, wo man sich innerlich auf den militärischen Konflikt vorzubereiten begann. Ahnungsvoll bemerkte Heine in einem Brief vom 29. August 1848 an den Verleger Dubochet: *Unsere Feinde haben in Deutschland die Oberhand. Die sogenannte »nationale Partei«, die Teutomanen, brü-*

sten sich in ihrem Übermut, der ebenso lächerlich wie rücksichtslos ist, ihre Großsprechereien sind unglaublich. Sie träumen von nichts anderem als davon, ihrerseits die Hauptrolle in der Weltgeschichte zu spielen, alle im Osten und Westen verlorenen Stämme Deutschland wieder einzuverleiben. (...) Ich habe vom Rheinufer sehr betrübliche Nachrichten erhalten; die ergebensten Freunde Frankreichs, die seit zwanzig Jahren an der Zerstörung der preußischen Macht arbeiteten, wagen nicht mehr, gegen das Umsichgreifen des nationalen Geistes zu kämpfen, und haben die Farben des deutschen Kaiserreichs gehißt. Keine 25 Jahre später wurden Heines Vorahnungen Wirklichkeit. Eine machtbesessene Bourgeoisie diesseits und jenseits des Rheins entfesselte den Deutsch-Französischen Krieg, der mit der Niederlage der französischen Truppen bei Sedan nur ein vorläufiges Ende fand. Nach dem Sturz von Napoleon III. und dem Ende des Kaiserreichs setzte der deutsche Militärstaat den Krieg als Eroberungsfeldzug gegen das französische Volk fort. Lothringen und Elsaß wurden deutsch, aber nicht, wie Heine 1844 träumte, als Ergebnis eines freiwilligen Anschlusses, sondern infolge einer barbarischen Kriegsführung.

FÜNFZEHNTES KAPITEL

Der Dichter der Moderne in der Matratzengruft

Lebensgeschichte als Krankengeschichte

Von durchgreifender Gesundheit hatte bei Heine nie die Rede sein können. Seine neurasthenische Konstitution machte ihn außerordentlich sensibel, reizbar und geräuschempfindlich und erzeugte häufig depressiv-hypochondrische Stimmungen, die sich im konstanten Gefühl von Vereinsamung manifestierten. Zwischen 1816 und 1852 hieß es immer wieder gleichlautend: *Ich lebe hier ganz isolirt.* Andererseits war ihm durchaus bewußt, daß seine *Empfindungs- und Ausdrucksweise* durch die erhöhte *Reizbarkeit* während solcher *krankhaften Zustände* gesteigert wurde. Was ihn 1834 ausrufen ließ: *Ich bin der krankste von euch allen*, war sowohl motivierend wie demotivierend für seine schriftstellerische Produktivität: *Krankheit ist wohl der letzte Grund / Des ganzen Schöpferdrangs gewesen*, lesen wir in einem Gedicht des Jahres 1851, *Erschaffend konnte ich genesen, / Erschaffend wurde ich gesund.* Denn selbstverständlich war Heines berufliche Existenz, die Frage, ob er vom Ertrag seiner Feder leben konnte, nicht allein von sozio-ökonomischen Faktoren determiniert, sondern auch von solchen individualpsychologischer Art. Denn es bleibt eine Tatsache, daß Heine unregelmäßig, stockend und für jemanden, der sonst keiner anderen Beschäftigung nachging, relativ wenig produzierte. Ganz gleich, ob man dafür die schon seit frühester Zeit auftretenden Gesundheitsprobleme verantwortlich macht, in ihnen einen rein sachlichen Hinderungsgrund sieht oder ob man die Krankheitssymptome nur als psychosomatischen Ausdruck eines anderen, inneren Leidens wertet und damit eine gewisse Störung in seinen sozialen Beziehungen annimmt, in der Art und Weise, Inneres zu veräußerlichen und Äußeres in sich aufzunehmen – Heines schwacher literarischer Ausstoß war ein entscheidendes Handicap für einen Berufsschriftsteller und erklärt manche dem unvoreingenommenen Betrachter heute übertrieben anmutenden Verhaltensweisen und Reaktionen.

Im Laufe seines Lebens erduldete Heine alle möglichen Therapien: von Sturzbädern und ausgedehnten Meerwasserkuren über Blutegel, Blasenpflaster (die sog. spanischen Fliegen) bis zu Fontanellen wurde allerlei an ihm ausprobiert. Von der Applikation eines Haarseils im Nacken, wofür ihm in einen künstlich eröffneten Wundkanal eine Schnur aus Pferdehaar eingelegt wurde, versprach man sich die Ableitung des »Säfteandrangs« innerer Organe nach außen und einen verbesserten Stoffwechsel erkrankter Teile. Einen ähnlichen Zweck verfolgte das Kauterisieren, die Zerstörung von Gewebepartien durch Einsatz des Brenneisens: ein hochkomplexes Heilungssystem, das Parallelen zur Akupunktur aufweist und in der Naturmedizin bis heute Anwendung findet. An Medikamenten nahm er hauptsächlich Jodverbindungen wie Kalium-Jodid.

Bereits als Student hatte Heine über heftige, langandauernde Kopfschmerzattacken geklagt. In einem Brief an Rudolf Christiani vom 24. Mai 1824 hieß es selbstkritisch: *Ich bin es wirklich nicht werth daß so viele gute Menschen ihre Geduld übten indem sie mich ärgerlichen, verdüsterten, kopfschmerzigen Menschen aufzuheitern und zu ergötzen suchten.* Die Wahl seiner Wohnungen erfolgte deshalb stets unter dem Gesichtspunkt, daß sie nicht in der Nähe eines Schlossers oder eines anderen *klopfenden Handwerkers* gelegen sein durften. Als seine Schwester ihm für den zweiten Hamburg-Aufenthalt 1844 eine Wohnung mieten sollte, war die *Hauptsache, daß in der Nähe (...) weder gebaut wird, noch ein sonstig monotones Klopfen zu befürchten ist.* In seinem Schlaf- und Arbeitszimmer duldete er auch keine Uhren, und es durfte *an kein anderes Zimmer grenzen worinn laut gesprochen wird.* Seinem Göttinger Stiefelwichser von 1821/1824 hatte er gar auferlegt, *nie in* seiner *Gegenwart zu sprechen und nie etwas zu fragen.* Im Februar 1830 quälte ihn ein Bluthusten, vielleicht Begleiterscheinung eines schweren Bronchialkatarrhs. 1832 zeigten sich Lähmungserscheinungen im linken Arm, die von zwei Fingern der Hand allmählich bis zum Ellenbogen hinaufreichten, 1837 auch am rechten Augenmuskel, die mit erheblichen Sehstörungen verbunden waren, so daß ihm sein Arzt im Frühjahr 1838 Lesen und Schreiben untersagte und er einen Teil des Manuskripts von *Shakspeares Mädchen und Frauen* einem Schreiber aus dem Kopf diktieren mußte. Im Sommer 1841, auf der Reise zu den Schwefelquellen von Cauterets, verschlimmerte sich das Augenleiden derart, daß er vorübergehend *doppelt sah*. 1845 war die Lidparalyse am linken Auge, die sich später auch rechts bemerkbar machte, so weit fortgeschritten, daß er, um sehen zu können, mit dem Finger das gelähmte obere Augenlid anheben mußte. Bemerkenswert war darüber hinaus eine starke Gewichtszunahme ab 1837 und ein frühes Ergrauen der Körperhaare ab Sommer 1839; Alexander von Humboldt verglich ihn sarkastisch mit einem weißhaarigen Kaninchen.

Ende Mai 1846 verschlechterte sich Heines Befinden auf dramatische Weise, als Teillähmungen der rechten Gesichtshälfte und Kreislaufprobleme hinzukamen. Auf der Reise nach Barèges, wo er zusammen mit Mathilde den alljährlichen Sommerurlaub verbringen wollte, wurde er so schwach, daß er, wie es in einem Artikel für die »Allgemeine Zeitung« hieß, *unfern von Bagnères de Bigorre den Wagen verlassen und sich auf einem Lehnsessel über das Gebirge tragen lassen mußte*. Am 1. September 1846 berichtete er Campe, seine *Sprachwerkzeuge* seien *so gelähmt*, daß er nicht sprechen könne, *und essen kann ich nicht seit vier Monath, wegen der Schwierigkeit des Kauens und Schluckens und der Abwesenheit des Geschmacks. Auch bin ich entsetzlich abgemagert, mein armer Bauch ist kläglich verschwunden und ich sehe aus wie ein dürrer einäugiger Hanibal*; obendrein leide er unter *beständigen Ohnmachten*. Ein Jahr später, am 25. September 1847, schilderte er seinem Arzt Leopold Wertheim, *seit 14 Tagen* seien nun auch seine *Beine und Füße so paralysirt*, daß er kaum einen Schritt gehen und sein Zimmer nicht mehr verlassen könne. *Der Unterleib ebenfalls so bedeutend paralysiert und ich bin mehr als unwohl*. Im Februar 1848 entschloß er sich deshalb zur stationären Aufnahme in der Klinik seines Freundes Faultrier. Helfen konnte man ihm dort aber auch nicht. Im April 1848 schrieb er Campe resigniert: *Mein Kopf ist frey, geistesklar, sogar heiter. Auch mein Herz ist gesund, fast lebenssüchtig, lebensgierig gesund – und der Leib so gelähmt, so makulaturartig. Bin wie lebendig begraben*. Für einen letzten Besuch bei seiner Freundin Caroline Jaubert ließ er sich auf dem Rücken eines Dienstboten die Treppe zu ihrer Wohnung hinauftragen.

Ende Mai 1848 streckte ihn die Lähmung schließlich gänzlich nieder. Am 7. Juni 1848 schrieb er aus Passy an Campe: *Seit 12 Tagen lebe ich hier auf dem Lande, elend und unglücklich über alle Maßen. Meine Krankheit hat zugenommen in einem fürchterlichen Grade. Seit 8 Tagen bin ich ganz und gar gelähmt, so daß ich nur im Lehnsessel und auf dem Bette seyn kann; meine Beine wie Baumwolle und werde wie ein Kind getragen. Die schrecklichsten Krämpfe. (...) Diktiren peinigend wegen der gelähmten Kinnladen.* Seinem Bruder Max, von dem er insgeheim vielleicht ärztliche Hilfe erhoffte, schrieb er am 12. September in der für ihn so charakteristischen Mischung aus anrührender Verzweiflung und grimmiger Selbstironie: *So viel ist gewiß, daß ich in den letzten 3 Monaten mehr Qualen erduldet als jemals die spanische Inquisition ersinnen konnte. Dieser lebendige Tod, dieses Unleben, ist nicht zu ertragen, wenn sich noch Schmerzen dazu gesellen. (...) Wenn ich auch nicht gleich sterbe, so ist doch das Leben für mich auf immer verloren und ich liebe doch das Leben mit so inbrünstiger Leidenschaft. Für mich giebt es keine schöne Berggipfel mehr, die ich erklimme, keine Frauenlippe, die ich küsse, nicht mal mehr ein guter Rinderbraten in Gesellschaft heiter schmausender Gäste; meine Lippen sind gelähmt wie meine Füße, auch die Eßwerkzeuge sind gelähmt ebensosehr wie die Absonderungskanäle. Ich kann weder kauen noch kacken, werde wie ein Vogel gefüttert. Dieses Unleben ist nicht zu ertragen.* Sein Krankenlager konnte Heine nun nicht mehr verlassen. Einmal ließ er sich für eine Stunde *im schönsten Wetter auf einer bedeckten Tragbahre (...) ins Freie tragen.* Die Folge war, daß er *dadurch fast an Erschöpfung gestorben wäre. Seitdem bleibe ich ruhig liegen auf meiner Matraze.*

Zwischendurch gab es immer wieder kurze Phasen, in denen die Krankheit zu stagnieren schien. Dann schöpfte Heine neue Hoffnung. Am 3. Dezember 1848 hieß es in einem Brief an den Bruder Max: *Ich habe Hoffnung, daß mein Zustand allmählig leidlicher werde und daß ich bald wieder außerhalb dem Bette einen Theil des Tages auf dem Sessel zubringen kann. Auch mit meinen Augen wird es besser gehen, da die Augen selbst nicht krank, sondern nur schwach sind und durch den Krampf manchmal so verschlossen sind, daß ich, nur wenn ich das rechte Augenlied mit der Hand aufziehe, etwas sehen kann.* Doch der Fortgang der Krankheit war nicht aufzuhalten. Ein Jahr später stellten sich zusätzlich Schmerzattacken ein, die Heines Ärzte mit Opium in immer größeren Mengen zu dämpfen suchten. Da das Morphium nicht intravenös verabreicht, sondern in eine offengehaltene Wunde gestreut wurde, mußte es in höherer Dosis verschrieben werden, bis zu einer Spitzendosis von 0, 42 g pro Tag. Am 9. Januar 1850 schrieb Heine wiederum Max: *Ich leide noch immer Tag und Nacht an den entsetzlichsten Krämpfen und da diese jetzt besonders meinen Unterleib bis zur Herzgrube ergriffen haben und ich zusammengezogen in einem Knäul nur auf einer Seite liegen kann, so sind auch meine Constipationen viel peinlicher geworden und ich muß oft 14 Tage mich unmenschlich abmartern, ehe ich zu Stuhle kommen kann. Dabei weiß ich mich nur durch Morphine Erleichterung zu schaffen. Ich nehme zuweilen 7 Gran in 24 Stunden und lebe in einer wüsten Betäubniß.* Ähnlich äußerte er sich am 15. März 1850 gegenüber Wertheim: *Ich liege noch immer auf demselben Flecke, nur daß ich jetzt noch viel zusammengekrümmter und abgezehrter bin als früher. Tag und Nacht leide ich an meinen niederträchtigsten Krämpfen und Contrakzionen, wobey ich nur in Betäubung durch Morphium einige Erleichterung finde.* Sein bitterer Humor verließ ihn auch jetzt nicht. Sechs Wochen später schilderte er Wertheim sarkastisch: *Meine Krankheit nimmt täglich zu, und die Krämpfe und Kontrakzionen bemächtigen sich täglich mehr des Obertheils des Körpers, so daß auch der Rücken in den Nächten fast ganz gekrümmt ist. Der Ueberreiz des Schmerzes giebt mir eine gewisse Form.* »Sein Zustand«, so Michael Etienne, der ihn ab 1851 gelegentlich besuchte, »blieb sich immer gleich. Stunden des wahnsinnigsten Schmerzes wechselten mit Tagen der Ruhe und künstlich herbeigeführten Schlafes.« Heine war jetzt vollkommen hilf- und auch wehrlos, und seine Idiosynkrasien verstärkten sich um so mehr, je einsamer es rings um ihn wurde. Das Gerassel der Kutschen auf dem Straßenpflaster, klopfende Handwerker im Haus, aufdringliches Klavierspiel in einer Nachbarwohnung, die mit der Köchin zankende Ehefrau – all das griff seine empfindlichen Nerven auf das Heftigste an. *Ich sterbe an den Prügeln, die ich nicht austheilen kann*, formulierte er 1852. Immer wieder kamen daher Suizid-Gedanken auf. Heines *Matratzengruft zu Paris*, wie er selbst sein Krankenzimmer nannte, jenes *Grab ohne Ruhe*, war nach Henri Julias Zeugnis ein

»düsteres, geheimnisvolles Gemach, in dem man meistens keinen Laut vernahm. Nur spärlich durfte das Tageslicht eindringen, damit seine armen Augen nicht darunter litten.« In der rue d'Amsterdam bewohnte er ein kleines Zimmer, dessen spärliches Mobiliar Siegmund Engländer, der ihn zwischen 1852 und 1854 häufig besuchte, wie folgt beschrieb: »Eintretend stand ein enges Bett, auf der linken Seite Platz für einen großen Korb neben der Wand lassend, in welchen Heine, wenn er mit verschlossenen Augen mit einem Bleistift auf Folio Bogen geschrieben hatte, diese Papiere warf. Rechts befand sich ein Sofa, und mehr als einmal sah ich die Magd ihn wie ein kleines Kind vom Bett auf das Sopha tragen, um sein Lager etwas besser herzurichten.« Die im fünften Stockwerk gelegene Krankenstube in der avenue Matignon war geräumiger, doch das einzige Fenster seines Zimmers gab den Blick nicht frei auf blauen Himmel und heiteres Grün, sondern auf die grauen Kalkmauern eines engen Hofes. »Ein an der Wand hängender Thermometer gab beständig die tropische Hitze, deren der Kranke bedurfte, an.« Seine Lagerstatt war ein »auf der Diele liegender Strohsack, mit zwei sehr guten Matratzen«, über die ein Rehfell gebreitet war. »Eine große spanische Wand, in chinesischem Stil, umgab das also hergerichtete Bett. (...) An den Wänden hingen Bilder, darunter drei schöne Stiche von Leopold Robert.« Den gewöhnlichen Tagesablauf des Kranken erfahren wir aus dem 1856 niedergeschriebenen Bericht Michael Etiennes: Morgens nahm Heine, sofern es sein Zustand erlaubte, ein Bad. Dann hob ihn seine Wärterin wie ein Kind aus seiner Bettstatt und setzte ihn in die Wanne. Danach wurde ein kräftiges Frühstück serviert, das aus »feinem halbgebratenem Rindfleisch«, »Früchten und mit Wasser und Zucker gemischtem Bordeaux bestand. Das Essen war der einzige physische Genuß, der ihm nicht versagt war. (...) Was er nur wünschen konnte und durfte, wurde ihm aufgetischt und er verzehrte die feinsten Bissen und in gewissen Jahreszeiten die seltensten Früchte, mit dem Appetite eines Gesunden. Nach dem Arzte war ihm die Köchin deshalb auch die wichtigste Person des Hauses, und Madame Heine hatte oft ihre liebe Noth mit dem launenhaften Küchendespoten, der von seinem Gebieter durch allerlei Complimente und andere Dankbarkeitsbeweise verzärtelt und verzogen wurde. In der Zwischenzeit vom Frühstück bis zum Diner d. h. wie es in Paris Sitte ist, zwischen 12 und 6 Uhr Abends empfing der Patient die Besuche seiner Freunde, diktirte er seinem Secretär, oder ließ er sich vorlesen.«

Diagnose und Ursprung von Heines schwerer Krankheit, bei der es sich, wie der Nervenarzt Arthur Stern 1964 im Anschluß an Josef Hirschler vermutete, um Lues cerebrospinalis, Hirn- und Rückenmarkssyphilis handelte, während der Medizinhistoriker Hans Schadewaldt 1976 für eine »myatrophische Lateralsklerose, eine mit Muskelschwund verbundene Entartung der Seitenstränge und Vorderhornzellen des Rückenmarks« plädierte, konnten bisher nicht geklärt werden, da eine pathologische Untersuchung nicht vorliegt. Schon gar nicht läßt sich retrospektiv mit Sicherheit entscheiden, ob die Erkrankung erblichen (immerhin litt Samson Heine an einer Erkrankung des zentralen Nervensystems) oder syphilitischen Ursprungs war. Heine selbst allerdings deutete sie als *Krankheit der glücklichen Männer* und somit als Folge seines ›ausschweifenden‹ Sexuallebens. Ferdinand Lassalle berichtete Karl Marx nach einem Heine-Besuch im Sommer 1855, daß dieser im Gespräch auf sein Genital gewiesen und gesagt habe: »Sehen Sie, welcher Undank! Diese Partie, für die ich soviel getan habe, hat mich so weit gebracht.« Wie wir sahen, hatte er sich als Student zweimal mit der Syphilis infiziert, und immerhin deuten der degenerative Zerstörungsprozeß und der teilweise reversible Gesamtverlauf eher auf eine infektiöse als auf eine genetisch bedingte Erkrankung. Heine wäre somit das seltene Beispiel eines Syphilitikers, dessen Paralyse sich auf das Rückenmark, die Augen und einen Teil der Kopfnerven beschränkte und keinen mentalen Charakter besaß. Vielleicht können genetische, molekularbiologische und chemisch-texikologische Analysen einer im Archiv des Heine-Instituts aufbewahrten Haarlocke Heines das Rätsel lösen. Sie sind derzeit im Gange, mit einem Ergebnis ist im Herbst 1997 zu rechnen.

Von der Diagnose der Krankheitsursache zu unterscheiden ist der Ausbruch der Krankheit, den Heine den Auseinandersetzungen mit seinem Vetter Carl anlastete. Am 15. November 1850 offenbarte er seinem Bruder Gustav die *Wunde* der Erniedrigung gegenüber Carl, der ihn zur absoluten Diskretion bezüglich Hamburger *Familiengeheimnissen* verpflichtet hatte: *Da ist alles verwebt mit dem Ursprunge meiner Krankheit, die aus einer Erschütterung entstand, wie sie vielleicht wenig Menschengemüther auf dieser Welt erlebt haben.* Zusätzlich suchte Heine immer auch nach einem Sinn der Krankheit. Vor dem Hintergrund seiner Rückkehr zu *einem persönlichen Gotte* sah er sie als göttliches *Strafgericht oder als Heimsuchung* an: *Die Hand Gottes liegt schwer auf mir.* Dabei erschien ihm selbst Carl Heine nur als *blindes Werkzeug* einer höheren Macht: *Ich bot dem Himmel frech die Stirne und war demüthig und kriechend vor den Menschen – und deßwegen liege ich jetzt am Boden wie ein zertretener Wurm. Ruhm und Ehre dem Gott in der Höhe!* 1851 hieß es in einem Brief an Campe: *Ich leide außerordentlich viel, ich erdulde wahrhaft prometheische Schmerzen, durch Rancüne der Götter, die mir grollen, weil ich den Menschen einige Nachtlämpchen, einige Pfennigslichtchen mitgetheilt. Ich sage die Götter, weil ich mich über den lieben Gott nicht äußern will. Ich kenne jetzt seine Geier, und habe allen Respect vor ihnen.*

Versifiziertes Lebensblut, Gedichte der Agonie

Die Krankheit hat Inhalt und Ton von Heines später Dichtung tief geprägt. Er sei *seit drei Jahren bettlägerig, was keine lyrische Stimmung aufkommen läßt*, schrieb er 1851 an den Musikverleger Michael Schloss, der ihn um neue Liedertexte gebeten hatte. Sie beeinflußte seine Dichtung auch in dem Sinne, daß sie selbst thematisiert wurde. Dabei legte er manche alte Scheu ab: *Da mein körperlicher Zustand mir alle Hoffnung raubt jemals wieder in der Gesellschaft zu leben und letztere wirklich nicht mehr für mich existirt, so habe ich auch die Fessel jener Eitelkeit abgestreift, die jedem behaftet der unter den Menschen, in der sogenannten Welt, sich herumtreiben muß.* Drastischer führte er im *Nachwort zum Romanzero* vor Augen, welch durchgreifende Revolution sich bei ihm an Körper und Geist vollzogen hatte. Vorbei die Zeiten, als er *noch etwas Fleisch und Heiden-*

thum an sich hatte: Zu einem *spiritualistischen Skelette* sei er *abgemagert, das jetzt seiner gänzlichen Auflösung entgegenharrt. (...) Mein Leib ist so sehr in die Krümpe gegangen, daß schier nichts übrig geblieben als die Stimme, und mein Bett mahnt mich an das tönende Grab des Zauberers Merlinus (...) Kein grünes Blatt rauscht herein in meine Matratzengruft zu Paris, wo ich früh und spat nur Wagengerassel, Gehämmer, Gekeife und Claviergeklimper vernehme. Ein Grab ohne Ruhe, der Tod ohne die Privilegien der Verstorbenen, die kein Geld auszugeben und keine Briefe oder gar Bücher zu schreiben brauchen – das ist ein trauriger Zustand. Man hat mir längst das Maß genommen zum Sarg, auch zum Nekrolog, aber ich sterbe so langsam, daß solches nachgrade langweilig wird, für mich wie für meine Freunde*. Sogar die einzelnen Leidenssymptome, seine *sämmtlichen Gebresten*, enthüllte er in dem vielleicht Anfang 1850 entstandenen Gedicht *Vermächtniß*: *Coliken, Harnbeschwerden, Hämorrhoiden, Krämpfe, Speichelfluß und Gliederzucken, Knochendarre in dem Rucken*. Um so heftiger wurden jetzt die erotischen Imaginationen, wie sie sich in den Texten der Spätzeit manifestieren: von der Schilderung anrüchiger Modetänze bis zur Darstellung naiv-sinnlicher Bacchanalien oder eines wüsten erotischen Hexensabbaths. Einmal verlor sich seine Phantasie gar in der Vorstellung vom *Beyschlaf mit Engeln*, den Heine sich als *fliegenden Genuß im Himmel* vorstellte, mit ausgebreiteten Flügeln, wie *Maykäfer die auf einander hockend umherfliegen*.

Obwohl er nicht müde wurde zu beteuern, daß seine *zunehmende Krankheit* ihm nicht *erlaubte (...) viel zu arbeiten*, bewies Heine selbst in seiner Krankheitsperiode eine ungebrochene Produktivität, wenngleich er unsystematisch und oft an verschiedenen Projekten gleichzeitig arbeitete. Gewiß gab es Tage, wo Heine, von Schmerzen erschöpft und von Morphium betäubt, keine Zeile verfassen konnte. Aber alles in allem wurde sein luzider Geist durch die Krankheit kaum beeinträchtigt. Im Gegenteil half ihm die Kraft seiner Phantasie, die schreckliche Misere für eine gewisse Zeit zu vergessen, rang er den schmerzfreien Stunden einige seiner schönsten Schöpfungen ab. Auch quantitativ ist beeindruckend, was in der *Matratzengruft* entstand: Allein einhundertfünfzig Gedichte waren es, die – mit

Schwerpunkten zwischen Herbst 1848 und 1851 und 1854/55 – *kaum leserlich mit Bleistift aufs Papier* gekritzelt wurden. Das war selbst für Heine *ein Mirakel*, waren sie doch überwiegend *in einem Zustande* geschrieben, wo er *selbst nicht begreifen* konnte, *wie eine solche Manifestation auch nur materiell möglich war*: Aus Berichten von Besuchern der letzten Jahre geht hervor, daß mittlerweile beide Augen von der Lähmung betroffen waren und das rechte stets verschlossen blieb. Anfang 1849 etwa verfaßte er einen ganzen Komplex politischer Gedichte in Knittel- und Volksliedversen, in denen er sich mit der gescheiterten Revolution auseinandersetzte, ab Anfang 1852 folgte eine Serie von zeitkritischen Fabeln, Ende 1852 machte er sich an das Versepos *Bimini*. August Gathy, einem Sendboten Campes, zeigte er im September 1853 eine Mappe mit Gedichten, »die der Augenblick erzeugt, womit ich meine Leiden verscheuche, Gedichte der Agonie«. Weitere rund sechzig Gedichte, hauptsächlich nach 1848 entstanden, blieben zu Lebzeiten ungedruckt und kamen erst mit dem lyrischen Nachlaß an die Öffentlichkeit. Mit einigen dieser Texte hatten spätere Editoren ihre Schwierigkeiten. Adolf Strodtmann etwa, Herausgeber der ersten Gesamtausgabe, schrumpfte das »die Grenze des Wohlanstandes« in seinen Augen »allzu muthwillig überschreitende Gedicht« *Citronia* auf ganze vierzehn Verse; von einem anderen Poem, das er »Zur Teleologie« betitelte, verriet er zunächst nur eine einzige Strophe, später entschloß er sich zu einem Teildruck, verzichtete aber »aus Schicklichkeitsgründen« auf den »skabrösen Schluß« im Umfang von sechsundvierzig Versen. In beiden Fällen kam es erst Jahrzehnte später zur vollständigen Publikation. Ernst Elster, Herausgeber der ersten textkritischen Heine-Ausgabe, mußte auf das Gedicht *Schloßlegende* verzichten, das Heines schärfsten Angriff auf die Hohenzollern enthält. Seit 1878 war es »durch Staatsanwalt verboten«.

Aber auch in Prosa legte Heine in den Jahren der Krankheit quantitativ wie qualitativ Beachtliches vor. Im August/September 1851 machte er sich an die Redaktion der *Erläuterungen* zum *Doktor Faust*, im November entwarf er die *Vorrede* zur 3. Auflage der *Neuen Gedichte*, im Januar 1852 entstanden Bruchstücke zu den *Geständnissen*, anschließend unterzog er seine Pariser Korrespondenzen der 40er

Jahre mit Hinblick auf die geplante Buchveröffentlichung einer ersten Redaktion; zwischendurch schrieb er noch die *Vorrede zur zweiten Auflage* des zweiten *Salon*-Bandes. Ende 1852 setzten fast gleichzeitig die erste durchgehende Arbeitsphase an den *Geständnissen*, an *Bimini* und an den *Göttern im Exil/ Les dieux en exil* ein. Im Januar 1854 begann er mit der Arbeit an den »Memoiren«, im Dezember widmete er sich dem Projekt einer französischen Gesamtausgabe, wovon im Februar 1855 als erster Band *De l'Allemagne* (*Nouvelle édition*), als zweiter Band im April *Lutèce*, und drei Monate nach seinem Tod *Reisebilder. Tableaux de voyage. Nouvelle édition* in zwei Bänden erschienen.

All das geschah unter erschwerten Arbeitsbedingungen. Mit Feder und Tintenfaß konnte Heine auf seinem Lager nur noch in Ausnahmefällen hantieren. Alfred Meissner, der ihn 1847 kennenlernte, erzählte, daß er schon zu dieser Zeit »die Gewohnheit« hatte, »alles: Briefe, Gedichte mit Bleistift in Cahiers zu schreiben und sie dann, wenn der Sekretär kam, diesem zu diktiren. Er schrieb mit Tinte höchstens noch kleine Billets.« Einen eindrucksvollen Bericht von Heines Krankenlager lieferte im Sommer 1854 der Journalist Ernst Kossak:

»Der Dichter liegt noch immer in seinem gegen das Tageslicht abgesperrten Gemach, dessen widerwärtige Atmosphäre, da es nur selten gelüftet werden kann, die aus freier Luft Eintretenden qualvoll berührt. An jedem Morgen wird in eine offen gehaltene Wunde im Nacken eine Dosis Morphium gestreut, um die Schmerzen des Kranken in die Grenzen des Erträglichen zu bannen. Eine nahrhafte Diät hält die Kräfte des Kranken aufrecht. Er genießt Morgens ein aus Milch, Chocolade und Reis zubereitetes warmes Getränk, und zu Mittag gebratenes Geflügel, Kalbskoteletts, leichtes Gemüse u. dgl. m. Eine Flasche feinen Bordeauxweines muß im Verlaufe des Tages die ermattenden Lebensgeister auffrischen. Neben seinem Bette liegt ein Päckchen loser Blätter im Oktavformat, und etwa zwanzig zugespitzte Fabersche Bleistifte. Wenn sich Heine aufgelegt und stark genug zum Arbeiten fühlt, beschreibt er die Blätter mit dicken halbzollgroßen Buchstaben, und wechselt die Bleistifte, wenn sie stumpf geworden sind.«

Romanzero

Wie er schon die *Neuen Gedichte* zunächst als vermehrte Ausgabe des *Buchs der Lieder*, dann als *Anhang* geplant hatte, gedachte Heine auch zunächst, seine seit 1844 neu entstandenen Gedichte innerhalb einer erweiterten Auflage der *Neuen Gedichte* erscheinen zu lassen. Noch im Sommer 1848 war er überzeugt, *die letzten versificirten Blutstropfen* seiner Muse in eine spätere Gesamtausgabe einfließen lassen zu können. Zu dieser Zeit war offenbar noch nicht ausreichend Material für einen dritten Lyrikband vorhanden. Nachdem dann so etwas wie eine Gewöhnung an seinen durch die Krankheit durchgreifend veränderten Arbeitsalltag eingetreten war, kam es wieder zu einer verstärkten literarischen Produktion. Am 30. April 1849 teilte er Campe mit: *Nur zwey Tröstungen sind mir geblieben und sitzen kosend an meinem Bette: meine französische Hausfrau und die deutsche Muse. Ich knittele sehr viele Verse, und es sind manche darunter, die wie Zauberweisen meine Schmerzen kirren, wenn ich sie für mich hin summe. Ein Poet ist und bleibt doch ein Narr!* Und ein halbes Jahr später berichtete er: *Ich habe viel und mitunter große Gedichte gemacht, die ich kaum leserlich mit Bleistift aufs Papier kritzle. Wenn ich sie aber aus dieser Form nothdürftigst korrekt diktiren soll, so ist das bey dem leidenden Zustand meiner Augen eine gräßlich peinigende Operazion, die, wie begreiflich, meinen Nerven nicht sehr zuträglich ist. Es ist also im wahren Sinn des Wortes mein versifizirtes Lebensblut, was ich solchermaßen gebe.*

Seit September 1850 brachte Heine dann privat in Briefen an Campe wie öffentlich in von ihm lancierten Pressemeldungen ein neues Lyrikprojekt ins Gespräch, von dem er Campe, der den Briefkontakt mit ihm aus Verärgerung über den Vorwurf, er wolle Heines *letzte Athemzüge* ausbeuten, im Mai 1848 eingestellt hatte, wissen ließ, daß es neben dem *Buch der Lieder* und den *Neuen Gedichten die dritte Säule* seines *lyrischen Ruhmes* darstellen werde. Im Sommer 1851 kam Campe besuchsweise nach Paris. Rasch versöhnten sich Autor und Verleger wieder. Gemeinsam wurde das Material für einen neuen Lyrikband gesichtet und diverse Gedichte »ausrangirt«, die nicht aufgenommen werden sollten. Unter dem (von Campe herrührenden) Titel *Romanzero* vereinigten Autor und Verleger hauptsächlich alle mehr oder weniger erzählerischen Gedichte. Daraus erklärt sich der (gemessen an den beiden andern Lyrikbänden mit ihrem größeren Formen- und Themenreichtum) eher geschlossene Charakter und Ton der Sammlung. Heine räumte zwar ein, daß seine neuen Gedichte *weder die künstlerische Vollendung, noch die innere Geistigkeit, noch die schwellende Kraft* seiner früheren hätten, *aber die Stoffe sind anziehender, kollorirter und vielleicht auch die Behandlung macht sie der großen Menge zugänglicher, und das kann ihnen wohl einen Succes und nachhaltige Popularität verschaffen.* Mit dem Epitheton »koloriert« meinte Heine plastische Konkretheit, Farbigkeit und Derbheit, womit er nicht selten bis an die Grenzen des in der konventionellen zeitgenössischen Lyrik Möglichen ging.

Autor und Verleger waren vom Sukzeß des *Romanzero* überzeugt, Heine sogar so sehr, daß er gegenüber Campe witzig-kühn formulierte, daß er »am Ruine des ›Buches der Lieder‹ arbeite«. Und das hatte im Januar 1851 immerhin seine achte Auflage erlebt. Dabei bedurfte es dieser Suggestion nicht einmal, auch so nahm sich der Verleger des Werks sehr intensiv an und setzte sein ganzes verlegerisches Geschick dafür ein. So veranstaltete er beispielsweise in seinem Buchladen Wochen vor Erscheinen regelrechte Lesungen aus den Korrekturfahnen des Buchs, wie Georg Weerth Heine mitteilte. Campes enormer Einsatz, die großflächige Werbung (über 250 Buchhändler schrieb er persönlich an, um sie auf das neue Opus aufmerksam zu machen, und er verriet auch die exorbitante Höhe des Honorars, das er bei dieser Gelegenheit auf viertausend Taler aufblies, anstatt der tatsächlich gezahlten dreitausend) nahmen einen ungeheuren Erfolg vorweg. Angesichts eines derartigen Propagandafeldzugs sah Heine freilich Rankune-Gelüste bei einem Teil der Literaturkritik voraus: *Die Art und Weise*, wie Campe *die Sache* betrieb, werde wohl *eine Reakzion* gegen ihn hervorbringen, *selbst wenn ich ein Homer oder Shakespeare wäre.* Campes sicheres Gespür für Bestseller hatte ihn jedoch auch diesmal nicht getrogen. Durch die zahlreichen Krankheitsberichte und Artikel über Heines angebliche Konversion war das Publikum sehr gespannt auf die neuen Texte. Auch Heine selbst hatte als »gefesselter Prometheus« sein Bild in der Presse gesteuert, etwa durch Meissners Artikel vom September 1850 im Feuilleton der »Deutschen Zeitung in Böhmen«, in dem ein nahezu vollendeter »ganzer Band von Dichtungen« erwähnt worden war. Durch solche ostensiblen Berichte und auch durch das mehr oder weniger indiskrete Feuilleton-Geklatsche hatte sich kontinuierlich ein breites Interesse an der Person des Dichters und seinem neuen Werk aufgebaut. Im Jahr des Erscheinens, 1851, konnte Campe vier Auflagen des Buchs mit zusammen 20.000 Exemplaren herstellen – eine für Heines Verhältnisse einmalig hohe Auflage. Der Vorrat hielt allerdings bis 1859.

Aus seinem literarischen Umfeld, das von einer »eskapistischen Gefühlskultur« und dem »epigonalen Wiederaufleben spätromantischer (...) Formen und Motive« geprägt war, wie Alberto Destro sagt, erhob sich der *Romanzero* turmhoch. Allerdings vermochte die zeitgenössische Literaturkritik dies nur teilweise zu würdigen. Man tadelte die derben, grellen Inhalte, die mitunter »priapische Poesie« (Julian Schmidt 1851), aber auch den Prosacharakter mancher Gedichte (*Maria Antoinette*, *Vitzliputzli*), was Robert Prutz auf den Begriff des »Bänkelsang« brachte. Die durch die *Historien* schimmernde zeitlos aktuelle politische Brisanz, Heines Kritik am spätabsolutistischen System, wurde von den Rezensenten nicht erkannt oder zumindest mit Stillschweigen übergangen. Sensibler reagierten wieder einmal die Staatsbehörden. Als erster Staat verbot Österreich das Buch, dann folgte Preußen, was Campe besonders bedauerte, fand sich »in diesem Lande« doch »der Markt für jede höhere Belletristik«. Das preußische Kriminalgericht zu Berlin entschied am 19. Februar 1852 »auf Vernichtung der Druckschrift ›Romanzero‹« – klageführender Oberstaatsanwalt war ausgerechnet Heines Düsseldorfer Jugendfreund Christian Sethe. Die beschlagnahmten Exemplare wurden in Berlin in einem speziellen Ofen der Behörde verbrannt. Später folgten Verbote in Bayern, Württemberg und weiteren deutschen Teilstaaten. Zu diesem Zeitpunkt hatte Campe allerdings bereits achttausend Exemplare abgesetzt.

Lazarus und Hiob

Die mit den Gedichten und Versepen der vierziger Jahre eingeleitete Renaissance der Versdichtung währte bei Heine bis ans Lebensende und überdauerte somit die schwere, durch den Ausbruch der Krankheit ausgelöste Krise. Wenn er einerseits frühere Formen wie die *Zeitgedichte* und *Romanzen* fortführte und somit die Kontinuität seines lyrischen Schaffens belegte, so finden sich andererseits in den späten Gedichten auch neue Themenbereiche und vor allem ein bisher nicht gehörter, in der Situation des sterbenden Dichters begründeter Ton. Die Gedichtsammlung des *Romanzero* mit ihren drei Abteilungen *Historien*, *Lamentazionen* und *Hebräische Melodien* (1851) sowie der Zyklus *Gedichte. 1853 und 1854* aus den *Vermischten Schriften* (1854) dokumentieren dieses Spannungsverhältnis von Kontinuität und Wandel. Als neue Stoffbereiche wurden die jüdische Tradition (*Hebräische Melodien*) sowie die gesamte, über die Erde verteilte Menschheitsgeschichte, ferne Länder und ferne Zeiten erschlossen, womit sich der Autor zweifellos in Distanz zum grauen Krankheitsalltag einen Fluchtweg aus dem Krankenzimmer eröffnete. Unübersehbar aber auch die Tigerkralle des Satirikers: Selbst die ›klassischen‹ Balladen sind ironiedurchtränkt, oft mischt sich Zynismus hinein, wodurch der hohe, feierliche Ton, die falsche Würde des Gedichts heilsam irritiert wird. Im Großgedicht *Jehuda ben Halevy* erscheint die Möglichkeit einer säkularen Identifikation von Judentum und Dichtertum aufgrund der beiden Gruppen gemeinsamen Lebensprinzipien des Leidens und des Auserwähltseins. Jehuda gibt die historische Bezugsfigur, in der Heine die Lebens- und Schaffensbedingungen des modernen Dichters spiegelt, Exil und Zerrissenheit, verbunden mit dem unbeugsamen Willen, in einer von Zweckrationalität bestimmten Welt die »zurückgedrängten, in den Hintergrund scheu zurückgewichenen Momente« zur Sprache zu bringen und sie »in ihre geheiligten Rechte wieder einzusetzen«, wie Michael Sachs formulierte, aus dessen »Religiöser Poesie der Juden in Spanien« (1845) Heine geschöpft hatte.

Neben der zum Epischen tendierenden Romanze pflegte Heine aber auch weiterhin die pointierte Kurzform (etwa *Weltlauf*). Literaturhistorisch neu war auch die Hiob-Klage des sterbenden, dem Kreis der Lebenden bereits entrückten Dichters, die Heine in den beiden *Lazarus*-Zyklen (1851, 1854) artikulierte. Mit der ätzenden Lazarus- und Hiobrede schuf er eine Quelle im Sinne des *Rabbi*-Projekts, nicht mehr zur jüdischen Geschichte, sondern zur authentischen Auseinandersetzung des modernen Dichters mit seiner Gegenwart. Signifikant eingeleitet werden die zwanzig *Lazarus*-Gedichte des *Romanzero* von der radikalen Paraphrase des bekannten Bibelverses Luk. 19, 26, »Wer da hat, dem wird gegeben werden; von dem aber, der nicht hat, wird auch das genommen werden, was er hat«:

Hat man viel, so wird man bald
Noch viel mehr dazu bekommen.
Wer nur wenig hat, dem wird
Auch das Wenige genommen.

Wenn Du aber gar nichts hast,
Ach, so lasse dich begraben –
Denn ein Recht zum Leben, Lump,
Haben nur die etwas haben.

Trotz des religiösen Untertons blieb diese Verwendung biblischer Motive jedoch auch hier – wie immer bei Heine – welt- und gesellschaftsbezogen, und wie immer hielt er auch bei einem zugleich so empirisch-realen und die Grundfragen der Existenz behandelnden Stoff dem Prinzip der Stilmischung die Treue. Es allein war imstande, einer so außergewöhnlichen Sprechsituation wie der seiner *Matratzengruft*, wo die *aus dem Schädel eines toten Dichters* steigenden Bilder am Morgen von des *Poeten Leichenhand* aufgeschrieben wurden, adäquaten Ausdruck zu verleihen. Überdies betonte er die Zeitnähe der *Lazarus*-Gedichte auch durch die Zyklenkomposition, indem er ihnen zeithistorisch aktuelle Texte wie das unerhört scharfe Zeitgedicht *Im Oktober 1849* beimischte, das mit einem Hinweis auf den politischen Charakter von Heines Krankheit schließt. In gleicher Weise war Heines Hiobrede radikal diesseitsbezogen, reagierte auf die politische und soziale Realität der durch die gescheiterte Revolution herbeigeführten Verhältnisse. Wenn Heine in dem Gedicht *Laß die heil'gen Parabolen* aus dem zweiten *Lazarus*-Zyklus von 1854 biblische und jüdische Themen aktualisierte, so tat er dies, eben weil er diese soziale und politische Realität kritisieren mußte, ihr anders nicht neue kritische Distanz abgewinnen konnte. Nichts wäre verkehrter, als hier privaten Rückzug oder Resignation zu vermuten. In seinem Kommentar zur Hiobsproblematik in der *Späteren Note* zum Nachruf auf *Ludwig Marcus* gab er selbst den Schlüssel für seine Interpretation: *Wie der Mensch, wenn er leidet, sich ausweinen muß, so muß er sich auch auszweifeln, wenn er sich grausam gekränkt fühlt in seinen Ansprüchen auf Lebensglück; und wie durch das heftigste Weinen, so entsteht auch durch den höchsten Grad des Zweifels, den die Deutschen so richtig die Verzweiflung nennen, die Crisis der moralischen Heilung.* Auch in der Hiobrede des sterbenden Heine blieb also, selbst wenn sie nicht explizit formuliert wurde, die Hoffnung auf eine *Heilung*, auf eine bessere Zukunft dialektisch präsent.

Verlorener Posten

An bedeutsamer Stelle in der *Romanzero*-Sammlung, die zweite Abteilung der *Lamentazionen* abschließend und innerhalb dieser Abteilung wiederum am Ende des Zyklus *Lazarus*, findet sich das Gedicht *Enfant perdü*. Eingerahmt von den *Historien* und den *Hebräischen Melodien*, bilden die *Lamentazionen* den persönlichen Teil des *Romanzero*, in welchem sich das lyrische Ich – mit vielen autobiographischen Bezügen – über sein eigenes Schicksal ergeht. Dieser autobiographische Grundton ist besonders vernehmbar im *Lazarus*, in dem die Situation des todkranken, sterbenden Dichters zur Sprache kommt. Dem Gedicht unmittelbar voran gehen die Nummern XVIII und XIX. Das erste der beiden Gedichte ist überschrieben mit *Sie erlischt*. Heine konstruiert darin eine Parallele zwischen einer Theatervorstellung und seiner dichterischen Existenz. Das Stück ist nunmehr zu Ende, in dem verlassenen Theaterraum macht sich eine zugleich empirisch faßbare wie merkwürdige Realität breit. Es erschallen seltsame Geräusche, ein *schollernd schnöder Klang*, der vielleicht von einer springenden Geigensaite herrührt, das Rascheln von Ratten, es riecht nach ranzigem Öl. Das zischend erlöschende Licht der letzten Lampe erweist sich als das arme Lebenslicht des Dichters, von dem im letzten Vers nurmehr im Präteritum die Rede ist: *Das arme Licht war meine Seele.* Damit ist die für den *Lazarus*-Zyklus so charakteristische Außenperspektive auf den eigenen Tod hergestellt, der poetisch antizipiert wird.

Dieser Parallelisierung von Dichterleben und Theaterstück folgt als vorletzte Nummer des Zyklus das Gedicht *Vermächtniß.* In pointiertem Kontrast zum elegischen Ton von *Sie erlischt* erstellt der kranke Dichter am Lebensende sein Testament, in dem er sarkastisch nicht etwa die Familie und die Freunde, sondern seine Feinde *christlich* bedenkt. Ihnen vermacht er seine *sämmtlichen Gebresten*, die detailliert aufgezählt werden. Damit wird nicht nur das Schema christlicher Vergebung blasphemiert, sondern auch die furchtbare Realität der *Matratzengruft* in ein Netz von Freund-Feind-Beziehungen eingebunden und funktionalisiert. Den Hintergrund bildete der Erbschaftsstreit mit der Hamburger Familie, den Heine ja für die entscheidende Verschlechterung seines Gesundheitszustandes verantwortlich machte. Die *Gebresten* werden an ihre Verursacher zurückexpediert. In der letzten Strophe schließlich verhängt der Autor den Fluch der damnatio memoriae über die *Feinde*:

In Vergessenheit versenken
Soll der Herr Eu'r Angedenken,
Er vertilge Eu'r Gedächtniß.

Wie in dem Nachlaßgedicht *Nicht gedacht soll seiner werden* wird eine Situation zitiert, in der das auferlegte Redeverbot (die Verpflichtung, nichts Nachteiliges über die Familie zu veröffentlichen) in verwandelter Form an die Familienzensoren zurückgegeben, das Schweigegebot in den positiven Fluch des Vergessens verkehrt wird.

Dieser kompositorische Hintergrund für das nun folgende Gedicht *Enfant perdü* ist in mehrfacher Hinsicht von Belang. Heine maß ja der Zusammenstellung seiner Gedichte höchsten Wert zu, da sich daraus für Leser und Interpretation interessante Brechungen und Beleuchtungsverschiebungen ergaben, durch die Text und Rezeptionsprozeß bedeutend angereichert wurden. Das Gedicht entfaltet seine vornehmlich politische Thematik in perspektivischer Brechung zur Theater-Metapher des Dichterlebens und zur eher privaten Sphäre der Abrechnung mit den Feinden. Erst in solcher Kontrastierung vermag es sich zur Höhe eines eigentlichen Vermächtnisses zu erheben, des wahren Testaments, das die zentrale Selbstinterpretation an die Nachgeborenen weitergibt. Schließlich unterstreicht auch die Schlußposition am Ende der *Lamentazionen* und des *Lazarus*-Zyklus, daß es sich hier gewissermaßen um das letzte, endgültige Wort zur Sache handelt.

Das vermutlich im Sommer 1849 entstandene Gedicht umfaßt sechs vierzeilige Strophen. Der Vers, fünffüßige Jamben, greift den Bühnenvers des klassischen deutschen Dramas auf, wodurch der tragisch-emphatische Charakter des Gedichts unterstrichen wird. Die Reime zeigen, daß Heine mit bewußt einfachen Mitteln vorging, um die Eindringlichkeit der Aussage zu verstärken. Metrum und Versrhythmus fallen in der Regel zusammen, nur an einigen signifikanten Stellen treten sie auseinander. In all diesen Fällen hebt die rhythmische Betonung der metrisch unbetonten Silbe das jeweilige Wort bzw. Wortsegment hervor und setzt einen besonderen inhaltlichen Akzent, führt zu einer Intensivierung der Aussage. Die Sparsamkeit und relative Strenge der verwendeten formalen Mittel zeigt sich auch an der Tatsache, daß die Versgrenze in der Regel einer syntaktischen Zäsur entspricht. Nur ausnahmsweise ist ein Zeilensprung festzustellen, am pointiertesten und effektvollsten sicher am Schluß des Gedichts: *und meine Waffen / Sind nicht gebrochen – Nur mein Herze brach*, wodurch die gewichtige Selbsteinschätzung des eigenen Beitrags zum *Freyheitskrieg* unterstrichen und zugleich der letzte Halbvers rhythmisch und im Ton abgesetzt wird.

In verschiedenen chronologischen Etappen und spezifischen perspektivischen Beleuchtungen variiert Heine das Thema der *Verlorenen Schildwacht* – so der ursprüngliche Titel des Gedichts. Die erste Strophe benennt mit dem *Freyheitskrieg* zunächst den Rahmen, in den sich die Existenz der *Schildwacht* einfügt. Der Terminus erfährt indessen in Heines Gebrauch eine Umwertung: Während er von den Zeitgenossen für den preußisch-russischen Krieg gegen Napoleon verwandt wurde, bezeichnet er bei Heine den durch Aufklärung und Revolution eingeleiteten universalen Kampf um die Emanzipation der Menschheit von feudalen, religiösen und sozialen Fesseln. Zum anderen wird in dieser Expositionsstrophe die Position des lyrischen Ichs in diesem Kampf näher benannt, die eines *verlorenen Postens*, der eine nicht zu verteidigende Stellung zu halten hat. Daß mit den politischen Feinden nicht unbedingt ausschließlich die konservative Reaktion gemeint ist und auch die nationalistischen Teutomanen zu den Gegnern gezählt werden müssen, zeigt eine Parallelformulierung aus der deutschen Fassung der Vorrede zu *Lutèce*, wo Heine rückblickend auf die Situation der vierziger Jahre sagte, *der Schreiber dieser Blätter* habe damals in der politischen Situation eine sehr *vereinzelte* Position, *wie ein verlorener Posten, inmitten der Feinde, eine sehr mißliche Stellung* eingenommen. Und schließlich wird in der ersten Gedichtstrophe in Anspielung auf die Exilsituation des kranken Dichters, der nun in der Tat die Aussicht auf eine *gesunde* Rückkehr aufgegeben hatte, der Tatsache Ausdruck verliehen, daß die *Schildwacht* sich von Anfang an bewußt war, daß sie in diesem Kampf unterliegen würde.

Verlor'ner Posten in dem Freyheitskriege,
Hielt ich seit dreyzig Jahren treulich aus.
Ich kämpfte ohne Hoffnung, daß ich siege,
Ich wußte, nie komm' ich gesund nach Haus.

In den folgenden Strophen wird die Situation der *Schildwacht* in ihren wichtigsten Aspekten beschrieben: Zunächst die Position des Wachtposten, der sich weder Tag noch Nacht Ruhe gönnen kann, im Gegensatz zu den im Zelt schlummernden Mitkämpfern, die sich der Gefahr offenbar nicht bewußt sind. Gerade das unbekümmerte Schnarchen der *Freunde* (die Benennung hier im Kontrast zu den im vorangehenden Gedicht bedachten *Feinden*), ihre Sorglosigkeit und politische Kurzsichtigkeit, bedingen die Außenseiterstellung der *Schildwacht*, ihre Isolierung, definieren geradezu ihre Position als die eines Vorpostens innerhalb der Opposition. Auf diese Weise wird die Formulierung vom *verlor'nen Posten* noch einmal anders beleuchtet: als Stellung außerhalb, aber doch in Hörweite des *Lagers*, dessen Aufgabe darin besteht, über eben dieses Lager Wache zu halten. Charakteristisch ist auch die niedrige Stilebene, die im Motiv des *Schnarchens* angeschlagen ist und den ansonsten eher erhabenen, getragenen Ton des Gedichts humoristisch ausbalanciert. Zugleich verweist das Motiv indessen auch als politische Chiffre auf den deutschen Vormärz, der ja vielfach, auch von Heine selbst, etwa im *Tannhäuser*-Gedicht, als Zeit politischen Tiefschlafs charakterisiert worden war. Doch während Deutschland dort unter der *Huth / Von sechs und dreyzig Monarchen* schnarcht, die ein direktes Interesse daran haben, den Schlafzustand aufrechtzuerhalten, geht es in *Enfant perdü* ja darum, den Schlaf der *Freunde* gegen die Angriffe der politischen Reaktion und des Feudalismus zu schützen.

> *Ich wachte Tag und Nacht – Ich konnt' nicht schlafen,*
> *Wie in dem Lagerzelt der Freunde Schaar –*
> *(Auch hielt das laute Schnarchen dieser Braven*
> *Mich wach, wenn ich ein bischen schlummrig war).*

Die dritte Strophe behandelt die Haltung der Schildwacht zu Zeiten, in denen kein Angriff eintritt. Sie schwankt zwischen Langeweile (der Terminus nimmt das Schlafmotiv der vorigen Strophe auf) und Furcht, womit ein neues Element eingeführt wird. Heine stellt klar, daß er die Rolle der Schildwacht keineswegs heroisieren oder in besonderem militärischen Glanz erscheinen lassen möchte: Furcht ist zum einen ein Zeichen von Klugheit und zum anderen ein Gemütszustand, den man, gleich einem Kind im Dunkeln, zu *verscheuchen* sucht. Im Falle des Wachtpostens liefert sie die Begründung dafür, daß er zuweilen *die frechen Reime eines Spottgedichts* gepfiffen, daß er – auf die Schriftstellerexistenz übertragen – zur Feder gegriffen und sich als politischer Dichter betätigt hat. Auch verweist das Detail des Pfeifens wieder auf die realistisch niedere Gegenstandsebene, ein Ton, der schon bei der Erwähnung des Schnarchens angeschlagen worden war.

In jenen Nächten hat Langweil' ergriffen
Mich oft, auch Furcht – (nur Narren fürchten nichts) –
Sie zu verscheuchen, hab' ich dann gepfiffen
Die frechen Reime eines Spottgedichts.

In der vierten Strophe geht Heine zur nächsten Etappe über, den Zeiten akuter Bedrohung und aktiver Verteidigung. Ähnlich wie er sich im Gedicht *Zur Doktrin* als *guter Trommler* bezeichnet hatte, stellt er sich hier als guter Schütze hin, der seine handfeste Arbeit tüchtig verrichtet. Die Situation der aktiven Verteidigung wird dann in der fünften Strophe umgekehrt: Die Initiative liegt nun bei dem angreifenden *schlechten Gauch*, dem Spitzbuben, der sein Handwerk zuweilen *gleichfalls sehr gut* versteht und dem Verteidiger entscheidende Wunden beibringt. Auf diese Weise besiegelt er das vorherbestimmte Schicksal der *verlorenen Schildwacht*. Seine Mitwirkung ist unabdingbar, aber er ist zugleich nur Werkzeug einer höheren Macht. Sein Schicksal ist indessen nicht transzendent oder mystisch begründet, sondern läßt sich aus der Gegenwartsanalyse ableiten.

Ja, wachsam stand ich, das Gewehr im Arme,
Und nahte irgend ein verdächt'ger Gauch,
So schoß ich gut und jagt' ihm eine warme,
Brühwarme Kugel in den schnöden Bauch.

Das Gedicht schließt mit der Vakanzerklärung des von der sterbenden *Schildwacht* aufgegebenen Postens, den es nunmehr neu zu besetzen gilt: *Der Eine fällt, die Andern rücken nach*. Der Tod der Wache erfolgt in dem Bewußtsein der Ersetzbarkeit, ja der Austauschbarkeit der Personen, ein Bewußtsein, das von dem Gemeinschaftsgefühl derer getragen ist, die den Sinn der Geschichte auf ihrer Seite wissen. Daher auch die Aussage über die ungebrochenen *Waffen*. Der letzte, die vorangehende Feststellung einschränkende und auch rhythmisch abgesetzte Halbvers *Nur mein Herze brach* zitiert in Form einer poetischen Chiffre den Untergang des Dichters. Zwischen dem restriktiven, relativierenden *nur* und dem tragischen Inhalt, der ja durch seine Position am Gedichtschluß verstärkt wird, besteht ein Spannungsverhältnis, das wie eine Fermate anhält und über den Text hinausreicht.

Mitunter freylich mocht' es sich ereignen,
Daß solch ein schlechter Gauch gleichfalls sehr gut
Zu schießen wußte – ach, ich kann's nicht läugnen –
Die Wunden klaffen – es verströmt mein Blut.

Ein Posten ist vakant! – Die Wunden klaffen –
Der Eine fällt, die Andern rücken nach –
Doch fall' ich unbesiegt, und meine Waffen
Sind nicht gebrochen – Nur mein Herze brach.

Wenn es nach den tragenden Strukturprinzipien des Gedichts zu suchen gilt, die die Beziehungen der einzelnen Teile untereinander regeln, ist als erstes das der permanenten Bedeutungs- und Perspektivenverschiebung auszumachen, die manchmal metonymischen oder metaphorischen Charakter haben, manchmal auch interne Mehrdeutigkeiten jeweils verschieden aktualisieren. Schon der Wechsel vom ursprünglichen Titel *Verlorene Schildwacht* zu *Enfant perdü* sprengt ja den militärischen Bezugsrahmen und weitet den Blick in den existentiellen Bereich aus. In *Enfant perdü* ist natürlich die wörtliche Bedeutung des verirrten Kindes präsent, das nicht mehr nach Hause zurückfindet (*nie komm' ich gesund nach Haus*). Darüber hinaus steckt darin auch die Nuance des von seinen Nächsten verlassenen, ausgestoßenen Opfers, das geradezu zum Sündenbock irgendwelcher politischer Strategien gestempelt werden kann. Und schließlich schwingt darin der Sinn von »enfant trouvé« mit, dem Findelkind. Vergleichbare Bedeutungsverschiebungen lassen sich im Gedicht selbst wiederholt ausmachen; eine besonders wichtige ergibt sich in der Kampfperspektive: Was zunächst als Einzelkampf des einsam wachenden Soldaten dargestellt war, erweist sich am Schluß als Bestandteil einer übergreifenden kollektiven Auseinandersetzung, in welcher der anonyme einzelne praktisch keine Rolle spielt und umgehend ersetzt werden kann. Auf dieser übergeordneten Bedeutungsebene tritt der Soldat, so hervorragend er auch gekämpft haben mag, wieder ins Glied zurück. Schließlich bewirkt auch der Tempuswechsel am Schluß des Gedichts vom Präsens des fallenden Postens zum Präteritum des gebrochenen Herzens einen Perspektivenwandel. Wie schon zuvor im Gedicht *Sie erlischt* oder auch als besonderes Strukturmerkmal in *Carl I.* aus dem Zyklus der *Historien* entsteht dadurch, daß der Sprecher von seinem eigenen Tod in der Vergangenheit spricht, zugleich ein Verfremdungs- und ein Intensivierungseffekt.

Auf der inhaltlichen Ebene ist das tragende Strukturprinzip des Gedichts die auch vielen anderen Texten Heines zugrundeliegende Parallelisierung von persönlicher Biographie und Weltgeschichte. Das eigene Leben erhält seinen Sinn nur durch die Einbettung in den großen geschichtlichen Zusammenhang, so wie umgekehrt dieser Zusammenhang nur am individuellen Schicksal des einzelnen Kämpfers darstellbar ist. Ähnlich wie am Schluß von *Im Oktober 1849*, das im *Lazarus*-Zyklus als Nr. XVI unserem Gedicht um vier Stellen vorangeht, die politische Zeitkrankheit der gegenrevolutionären Reaktion zugleich die physische Krankheit ist, an welcher der Dichter zugrunde geht, weist auch *Enfant perdü* eine Bedeutungsschicht auf, wo sich Exilsituation und Krankheit des *Lazarus* mit der Analyse der historischen Situation von 1849 treffen. Gerade im Hinblick auf das unmittelbar vorangehende Gedicht ist der *schlechte Gauch*, der den Soldaten tödlich trifft, eben auch ein Vertreter der persönlichen Reaktion, der Hamburger Sippschaft, die die *schnöde Meuchelthat* an ihm verübte. Der Verallgemeinerung des Poetenschicksals – in der Chiffre des Soldaten im *Freyheitskriege* – entspricht also umgekehrt auch eine Individualisierung des *enfant perdü*, des anonymen Kämpfers in Gestalt des physisch in seinem Lebensnerv getroffenen, sterbenden Dichters. In der Parallelisierung von Dichterexistenz und Freiheitskrieg der Menschheit stellt das Gedicht die zweite Komponente in den Vordergrund, zumal auch die interne Bewegung von der Einsamkeit und Unverwechselbarkeit des verlorenen Postens zur Vorstellung der prinzipiellen Ersetzbarkeit des einzelnen Soldaten im kollektiven Kampf führt. Diese explizite Bewegungsrichtung wird durch eine unterschwellige, gegenläufige Dynamik ergänzt, die in der Chiffre des gebrochenen Herzens am Schluß noch einmal deutlich auf die

Tragik der Dichterexistenz verweist, welche für Heine eben immer zugleich das Leiden an der Zeit – hier die tragische Entwicklung der Revolution von 1848/49 – und das Leiden an der Stellung des Dichters in dieser Zeit beinhaltet.

Die Selbstdarstellung als Soldat im *Freyheitskrieg* greift Heine nicht nur an seinem Lebensende rückblickend auf, sondern sie durchzieht sein ganzes Werk. Schon in den *Reisebildern*, am Ende der drei Marengo-Kapitel der *Reise von München nach Genua*, setzte er das rein poetische Selbstverständnis gegen den politischen Auftrag des Dichters ab. Auch daß dieser *brave Soldat* notwendig fallen muß, stellte er mehrfach dar, so zum Beispiel in den *Briefen aus Helgoland* der Börne-*Denkschrift*, wo er aus der Situation politischer Resignation heraus, die Stimmung unmittelbar vor Ausbruch der Julirevolution wiedergebend, seine politisch-philosophische Mission als Jugendillusion bezeichnete: *Einst, als ich noch jung und unerfahren, glaubte ich, daß wenn auch im Befreyungskampfe der Menschheit der einzelne Kämpfer zu Grunde geht, dennoch die große Sache am Ende siege*. An beiden Stellen geht es um die Einordnung der Aktion des einzelnen in den großen Zusammenhang der Weltgeschichte. Die *große Sache*, die Heine später, in einer gestrichenen Variante der Vorrede zu *Lutèce*, als die der *Revoluzion* bezeichnete, bindet den Freiheitskampf historisch an die Ideale von 1789, 1830 und – mit Einschränkungen – von 1848 zurück, an die *demokratischen Grundsätze*, in deren Dienst er seine poetisch-politische Tat stellte, *in unwandelbarer Liebe für die Sache der Menschheit*. Daß der Soldat fällt, hängt indessen, wie schon angedeutet, nicht nur mit der Aktion der Feinde zusammen, sondern mit dem historischen Ort des *verlor'nen Postens*. Mehrfach und an entscheidender Stelle betonte Heine, daß er selbst noch in der Nachtphase des *Befreyungskriegs der Menschheit* geboren wurde und das Stigma dieser Geburt trägt. In dieser Selbstzuweisung eines noch der alten Nachtwelt angehörenden und von ihr geprägten Kämpfers für die neue Welt ist sich Heine zeitlebens treu geblieben. Je nach Situation und Kontext wird manchmal mehr die unauflösbare Bindung an die *alte Welt* oder die zukunftsgerichtete Aktion für die *neue Zeit* hervorgehoben.

Zwischen alter und neuer Zeit

Diese Spannung in der Selbstzuweisung zwischen der dem Untergang geweihten Gegenwart und der Prophezeiung einer glücklichen Zukunft, an welcher der Sprecher indessen nicht mehr teilzuhaben vermag, charakterisiert in besonders eindringlicher Weise die Gedichte *Carl I.* und *An die Jungen*, letzteres aus der *Lamentazionen*-Abteilung des *Romanzero*. In den Figuren Karls I. und eines Neugeborenen, an dessen Wiege in einer Köhlerhütte Heine den König plaziert, stehen sich zugleich Gegenwart und Zukunft gegenüber. Mit dem Eingeständnis der eigenen Hilflosigkeit ist es der König selbst, der die Zukunft für stärker als die Gegenwart erklärt. Ebensowenig wie die Entwicklung des Säuglings zum zukünftigen Königshenker aufzuhalten ist, ebensowenig ist – allgemein gesprochen – die Entwicklung der einmal in die Welt gesetzten Idee aufzuhalten, auch wenn diese Idee noch in den Kinderschuhen steckt. Mit der Vergegenwärtigung des Zukünftigen steigert sich das Visionäre zur sinnlich erfahrenen Realität. Bis ins kleinste Detail fühlt der König am eigenen Leibe die Hinrichtung: Er hört das Klirren des Eisens, er fühlt die Kälte des Metalls auf der Haut, er spürt, wie ihm zuvor die Nackenhaare abgeschnitten werden.

In *An die Jungen* ist es die Figur des Königs Darius, der als Exponent der konservativen und neuerungsfeindlichen Partei und zugleich als Repräsentant einer alten Generation der neuen Zeit weichen muß: Als König wird er in seiner Macht abgelöst, die einem neuen System zu weichen hat, als Mensch wird er von strahlenden Siegern verdrängt, die *Bett und Thron* besteigen: Zur politischen kommt die sexuelle Nachfolge. Eine erste, zweistrophige Fassung des Gedichts aus der Jahreswende 1845/46 trägt den Charakter einer Zueignung, deren ungenannter Adressat offensichtlich durch sein Temperament beim Sprecher die Assoziation an Alexander den Großen geweckt hat; von seinem persischen Antagonisten ist hier noch nicht die Rede. Der Autor fordert sein Gegenüber in anfeuernden, aber allgemeinen Wendungen dazu auf, in seinem Kampf fortzufahren, dann sei ihm der Sieg gewiß. Man darf vermuten, daß Heine bei dieser Zueignung an den jungen Ferdinand Lassalle dachte, dessen Bekanntschaft er eben gemacht hatte und in dessen Person sich, wie wir sahen, *reichste Begabniß der Darstellung*, *Energie des Wissens* und *Habilité im Handeln* zu verbinden schienen. Eben dieser *Energie* und Geschicklichkeit im Handeln scheinen die Anfeuerungen der beiden ersten Strophen zu gelten.

Laß dich nicht kirren, laß dich nicht wirren
Durch goldne Äpfel in deinem Lauf
Die Schwerter klirren, die Pfeile schwirren
Doch halten sie nicht den Helden auf.

Ein kühnes Beginnen ist halbes Gewinnen,
Ein Alexander erbeutet die Welt!
Kein langes Besinnen! Die Königinnen
Erwarten schon knieend den Sieger im Zelt.

Keine Reflexionen, kein *langes Besinnen* sollen den Lauf hemmen und der Bewegung ihren Schwung nehmen. Erst in einem zweiten Arbeitsschritt wurde die Stoßrichtung des Gedichts verändert. Dabei hatte sich Heine zunächst mit in die Reihe der triumphierenden *Erben* einbezogen (*Kein langes Werben! Wir schlagen in Scherben / Die Gläser wenn wir gekostet den Wein*), was ihm ganz offensichtlich jedoch große Probleme bereitete. Seine Skrupel, eine gemeinsame politische wie persönliche Aktion mitsamt Tod und Zerstörung zu formulieren, spiegeln sich in der Entwurfshandschrift in mannigfachen Ansätzen zur abschließenden dritten Strophe und im Übergang vom in der zweiten Person angesprochenen Adressaten zum Sprecher selbst. Mehrfach versuchte sich Heine an einer konkreten Interpretation, in der Usurpation und Destruktion als bestimmende Perspektiven festgehalten waren. 1851, im *Romanzero*-Druck, schreckte er dann aber doch vor einer plastischen Ausmalung zurück, in der die *alte Welt* bzw. *alte Zeit* zertrümmert wurde, und gab dem Thema der Machtübernahme den Vorrang. Schmiedeten der gemeinsame Kampf um das Erbe der alten politischen Machthaber Heine und *die Jungen* aneinander, was zunächst ein kollektives *Wir* ermöglichte, so ergaben sich aufgrund des Altersunterschieds, der Zugehörigkeit zu verschiedenen Generationen, unüberbrückbare Differenzen, die Heine schließlich veranlaßten, als Sprecher aus dem Gedicht herauszutreten.

Wir wagen, wir werben! besteigen als Erben
Des alten Darius Bett und Thron.
O süßes Verderben! o blühendes Sterben!
Berauschter Triumphtod zu Babylon!

Die Darstellung des Verhältnisses von Vergangenheit, Gegenwart und Zukunft und das Problem des Machtwechsels aus der Perspektive der jungen, sich an die Stelle des alten Königs setzenden *lachenden Erben* rief Zögern und Schwanken hervor, weil das Identifikations- und Projektionsspiel für den selbst alternden und durch seine Krankheit dem Untergang geweihten Heine mehrdeutig wurde. Denn in seinem Innersten wußte sich Heine noch der *alten Zeit* zugehörig: in seiner poetischen Identität als *letzter und abgedankter Fabelkönig* der Romantik ebenso wie in seiner politischen Identität als *braver Soldat im Befreyungskriege der Menschheit*. Wie das Herzblut in *Enfant perdü* verströmt, so schießen in Caput VII des *Wintermährchen Blutströme* aus der Brust des Sprechers, dessen Doppelgänger im Traum die Gebeine der Heiligen Drei Könige im Kölner Dom, die *Skelette des Aberglaubens*, auf einen Wink hin zerschmettert. In der Verkleidung dieses Sprechers weiß der politische Dichter Heine genau, daß nicht nur die von ihm bekämpften Gespenster der *Vergangenheit* angehören, sondern auch er selbst, und daß darum die Hiebe, die er austeilt, immer zugleich auch ihn selbst treffen.

Am weissen Abgrund

Längst wußte Heine, daß seine Krankheit unheilbar und sein Tod nur eine Frage weniger Jahre war. Am 13. November 1851 errichtete er sein rechtsgültiges Testament, im Dezember 1853 erteilte er seiner Frau Bankvollmacht. 1855 ließ er noch einmal seine Geschwister Gustav und Charlotte kommen, um sich *dadurch einen großen Trost zu der ewigen Reise zu bereiten.* Seinen Bruder Max sah er zuletzt im Sommer 1852 – ein Besuch freilich, der auf Heine keinen erfreulichen Eindruck machte. *Er hat mir viel erzählt von seiner Größe,* schrieb er Gustav nach Wien, *und ich sah im Grunde nur eine matte Seele, die sich allerlei edle Gefühle anempfunden, und doch vor Egoismus stinkt.* So krank er auch war, sorgfältig registrierte er jede Veränderung des Interesses an seiner Person und hatte selbst für groteske Begleiterscheinungen noch einen witzigen Kommentar parat, war er doch insbesondere für deutsche Hauptstadttouristen eine Pariser Sehenswürdigkeit geworden. Am 6. Dezember 1855 schrieb er an den Verleger Lévy: *Ich war dieser Tage so krank, daß einige deutsche Landsleute, die nach Paris gekommen sind, um die Ausstellung zu sehen, ihre Rückkehr nach Deutschland verzögert haben, in der Hoffnung, meinem Begräbnis beiwohnen zu können; sie sind nicht auf ihre Kosten gekommen.*

Heines letzte Lebensmonate waren angefüllt mit der Arbeit an einer französischen Gesamtausgabe, die im Pariser Verlag Lévy erschien, und mit Überlegungen zu einer englischen Gesamtausgabe, die in Zusammenarbeit mit Lucie Duff Gordon, der Tochter seiner Freundin Sarah Austin, entstehen sollte. Nächtelang saß er schreibend und korrigierend im Bett. Anfang Februar 1856 befiel ihn eine große Schwäche; erst am 13. Februar, einem Mittwoch, konnte er wieder in gewohntem Umfang arbeiten. »Volle sechs Stunden« saß er über den letzten Korrekturen zur Neuausgabe von *Reisebilder. Tableaux de voyage*; seine Krankenpflegerin Catherine, die ihn aufforderte, sich Ruhe zu gönnen, wies er mit den Worten ab: »Ich habe nur mehr vier Tage Arbeit, dann ist mein Werk vollendet.« Am folgenden Tag überkam Heine eine heftige Migräne, abends stellte sich Erbrechen ein, das den hinfälligen Körper noch mehr schwächte, vermutlich eine Folge der hochdosierten Narkotika. Freitag morgen schickte die Pflegerin nach Dr. Gruby, einem für seine unkonventionellen Heilmethoden bekannten Mykologen und Generalisten, der Heine seit Jahren und zuletzt ganz allein behandelte; weil er nicht zu Hause war, wurde ein alter Arzt aus der Nachbarschaft gerufen, der dem Kranken halbstündlich mit einem Beruhigungsmittel versetzten Orangenblütentee und Heilwasser verschrieb. Erst am Abend kam Gruby, der sofort eine andere Therapie, andere Medikamente und Eisumschläge auf den Magen anordnete. Vorübergehend stabilisierte sich Heines Zustand, aber eine Besserung wollte sich nicht mehr einstellen, und daher verhehlte Gruby seinem Patienten auch nicht die Rettungslosigkeit seines Zustandes.

Hatte Heine tags zuvor bedauert, seiner Mutter nicht mehr geschrieben zu haben, äußerte er jetzt seine Genugtuung, daß ihn vor nicht allzulanger Zeit seine Geschwister besucht hatten, war er doch gewiß, sie nicht mehr wiederzusehen: »Ach, Catherine, ich bin ein toter Mann!« Ebenso äußerte er sich auch in der Nacht auf den 17. Februar: »Es ist aus.« Im Laufe des Tages nahmen die Brechanfälle zu. Am Nachmittag rief Heine dreimal seine Pflegerin, um ihr zu diktieren, jedesmal flüsterte er ihr zu: »Schreiben«. Aber seine Worte waren so unverständlich, daß sie, um ihm die Anstrengung des Wiederholens zu ersparen, immer nur bestätigend »Ja« sagte. Als Catherine, die ihm fortwährend Mut gemacht und ihn nach Kräften getröstet hatte, meinte, er werde, sobald seine Brechanfälle aufhörten, »selbst schreiben«, entgegnete Heine: »Ich werde sterben.« Dann verlangte er erneut »Papier – Bleistift«.

Bis zuletzt war Heine, wie Catherine danach in Briefen an Heines Bruder Gustav und seine Schwester Charlotte schrieb, »noch bei vollem Bewußtsein«. Gegen fünf Uhr morgens nahm die Schwäche zu. »Als ich das Ende nahe sah, hätte ich auch gerne Frau Heine gerufen, aber der geringste Lärm konnte die letzten Augenblicke des Sterbenden verschlimmern«; zudem fürchtete sie die Wirkung, »die der Tod des Gatten auf eine Frau ausüben muß«. »Im allerletzten Augenblick« lief Pauline zu Mathilde, und Catherine »hatte gerade noch die Zeit, ihr auf der Türschwelle zuzurufen: »›Es ist alles vorbei!‹«. Ebenfalls gestützt auf die »briefliche Mittheilung« von Catherine Bourlois, gab Gustav Heine im Wiener »Fremdenblatt« vom 5. und 6. April 1856 eine leicht abweichende Schilderung von den »letzten Augenblicken Heinrich Heines«: »Eine Stunde vor seinem Hinscheiden reichte ihm die Wärterin den verordneten Trank«, den er aber zurückwies. Als Catherine entgegnete, Dr. Gruby werde sie bestimmt deswegen schelten, antwortete er, sie solle ganz beruhigt sein, er werde es dem Arzt selbst erklären: »›Die Arzneien helfen nichts mehr‹. Dies waren sozusagen seine letzten Worte, denn er verlangte später nur mehr, aufgerichtet zu werden, und streckte deßhalb seine welke, abgezehrte Hand aus; seine Pflegerin nahm ihn, um seinen Willen zu erfüllen, in ihre Arme. Heinrich ward hierauf von Krämpfen befallen. Eine Viertelstunde vor seinem Tode kam eine zweite Krankenwärterin, welche Doktor Gruby zur Aushilfe gesendet. Es war nur ein Augenzeuge mehr der qualvollen Pein, welche der arme Märtyrer in seinen letzten Zügen erduldete. Der Todeskampf ging unter heftigen Krämpfen zu Ende. Mein Bruder behielt aber bis zum letzten Augenblicke sein volles Bewußtsein. Heinrich Heine starb (...) Sonntag den 17. Februar um 4 3/4 Uhr Morgens in den Armen seiner treuen Wärterin die ihn fast volle vier Jahre sorgsam gepflegt hatte.« Lapidar teilte Gruby Maximilian Heine am selben Tage mit, der Tod seines Bruders sei »in Folge von Schwäche durch ein heftiges Brechen herbeigerufen« erfolgt. Von Mathilde hatte der Arzt die schriftliche Zustimmung zur Autopsie erwirkt, doch scheint sie nicht durchgeführt worden zu sein, vielleicht, weil man sich im letzten Moment an Heines entsprechende Verfügung erinnerte. In § 5 seines Testaments von 1851 hieß es: *Ich verbiete nach meinem Tode meinen Körper einer Autopsie zu unterwerfen und da meine Krankheit oft einem starrartigen Zustande glich, so soll man mir vor der Beerdigung eine Ader öffnen.*

In einem früheren Testament hatte Heine festgelegt, daß sein *Leichenbegängniß so einfach sey und so wenig kostspielig wie das des gringsten Mannes im Volke. Sterbe ich zu Paris, so will ich auf dem Kirchhofe des Montmartre begraben werden, auf keinem andern, denn unter der Bevölkerung des Faubourg Montmartre habe ich mein liebstes Leben gelebt. Obgleich ich der lutherisch protestantischen Confession angehöre (wenigstens offiziell), so wünsche ich doch in jenem Theile des Kirchhofs beerdigt zu werden, welcher den Bekennern des römisch katholischen Glaubens angewiesen ist, damit die irdischen Reste meiner Frau, die dieser Religion mit großem Eifer zugethan ist, einst neben den meinigen ruhen können.* Sein testamentarischer Wunsch wurde erfüllt: Still, prunklos, ohne religiöses Zeremoniell und ohne eine einzige Traueransprache, fand am kalten und nebligen

Morgen des 20. Februar 1856 auf dem Friedhof Montmartre die Beerdigung statt. Es war nur ein kleines Häuflein Trauergäste, das sich eingefunden hatte, überwiegend Deutsche. Die Familie war lediglich durch J. Cohen, den Mann von Heines Cousine Reyne, vertreten. Auch Alexandre Dumas und Théophile Gautier waren gekommen. Tags zuvor hatte der Gipsformer Joseph Fontana die Totenmaske abgenommen.

Keine Messe wird man singen,
Keinen Kadosch wird man sagen,
Nichts gesagt und nichts gesungen
Wird an meinen Sterbetagen.

Doch vielleicht an solchem Tage,
Wenn das Wetter schön und milde,
Geht spaziren auf Montmartre
Mit Paulinen Frau Mathilde.

Mit dem Kranz von Immortellen
Kommt sie mir das Grab zu schmücken,
Und sie seufzet: Pauvre homme!
Feuchte Wehmuth in den Blicken.

Leider wohn' ich viel zu hoch,
Und ich habe meiner Süßen
Keinen Stuhl hier anzubieten;
Ach! sie schwankt mit müden Füßen.

Süßes, dickes Kind, du darfst
Nicht zu Fuß nach Hause gehen;
An dem Barrière-Gitter
Siehst du die Fiaker stehen.

SECHZEHNTES KAPITEL

Autobiographie, Daguerreotypie und Rettung

Nachlasspolitik

Angesichts des nahen Todes verwandte Heine während der letzten Lebensjahre seine ganze Energie darauf, sein Leben im nachhinein zu ordnen und entsprechende Regelungen zu treffen. Das hieß zum einen, sein literarisches Nachlaßkapital in einer Weise zu bearbeiten, daß seiner Witwe aus der Verwertung ausreichende Einkünfte zuflössen, und zum anderen seinen literarischen Nachruhm zu sichern: sichern vor unbefugten Nachdrucken anonym erschienener Texte oder auch gegenüber ›offenen‹ Fragen wie der seiner umstrittenen französischen Staatspension. Der Vergleich mit Goethe ist hier aufschlußreich: Goethe wollte der Nachwelt seinen Nachlaß archivalisch geordnet und historisch getreu übermitteln, wohl weil er zu Recht annahm, im Verein mit der von ihm selbst besorgten »Ausgabe letzter Hand« seiner Schriften sei dies der beste Weg zu dauerhaftem Nachruhm. Im Vertrauen auf die künftigen Biographen stellte er das Material für das Denkmal selbst bereit. Heine verhielt sich anders: Er wollte korrigieren, richtigstellen, steuern, Antworten parat halten für Fragen, welche die Nachwelt an sein Leben und Wirken stellen mochte. Und er wollte manchen unbequemen Fragen von vornherein entgehen, sich und die engste Familie vor unangenehmen Nachforschungen und Indiskretionen bewahren und vernichtete in mindestens drei Aktionen zahlreiche Briefe und private Dokumente. Vor allem aber wollte er die seiner Meinung nach lebensuntüchtige Mathilde finanziell absichern, indem er Kapital ansparte, von dessen Zinsen sie unbesorgt leben konnte.

Der im Frühjahr 1851 entwickelte Plan, die zahlreichen zwischen 1840 und 1844 in der Augsburger »Allgemeinen Zeitung« veröffentlichten Artikel der *Vermischten Schriften* zu bergen und in eine »endgültige« Form zu bringen, geht nun in der Tat auf Heines Willen zurück, seinen literarischen Nachlaß *in Ordnung zu bringen* und zugleich

Mathildes finanzielle Situation in dem immer näher rückenden Sterbefall ihres Beschützers zu verbessern. Aus der Menge der in Zeitungen und Zeitschriften verstreuten und seitdem nicht wieder gedruckten Publikationen stellten die Pariser Korrespondenzen der vierziger Jahre das wichtigste literarische Kapital dieser Art dar, das es zu versilbern und zugleich im Sinne der Nachlaßsicherung zu »retten« galt. Am 7. Juni 1852 unterbreitete Heine seinem Hamburger Verleger den Plan eines Buches, *welches Blüthe und Frucht, die ganze Ausbeute meiner Forschungen während einem Vierteljahrhundert in Paris sein wird, und wo nicht als Geschichtsbuch, doch gewiß als eine Chrestomathie guter publizistischer Prosa, sich in der deutschen Literatur erhalten wird.* Als Honorar verlangte er dasselbe, was schon für den *Romanzero* vereinbart worden war: sechstausend Bankomark. Campe seinerseits wollte höchstens ein Drittel dieser Summe geben. Unzufrieden mit Campes Honorarangebot, veranlaßte Heine im Sommer 1852 seine Brüder Max und Gustav zur Vorlage eines fingierten, mündlichen Konkurrenzangebots bei Campe. Daß er zu solchen Methoden griff, hatte seinen Grund in einer Bestimmung seines Vertrags mit Campe, die diesem ein Vorkaufsrecht an allen von Heine geschriebenen und noch zu schreibenden Werken einräumte. Heine konnte also erst dann mit einem anderen Verlag abschließen, wenn Campe dieselben Konditionen abgelehnt hätte. Da Heine im Grunde nicht mit Campe brechen wollte, also nie in ernsthafte Verhandlungen mit einem anderen Verlag getreten war, hatte sich diese Klausel als Hemmschuh für Heine (und Vorteil für Campe) erwiesen, da sie preistreibende Konkurrenz so gut wie ausschloß. Der mit allen Wassern gewaschene Campe saß denn auch den Gustavschen Manövern keineswegs auf, zumal dieser ungeschickterweise die Möglichkeit eines juristisch abgesicherten Vertragsbruchs seitens seines Bruders andeutete. So konnte Campe seinem Autor nach Gustavs Intervention vom Sommer 1852 kühl erwidern: »Was ist ein Vorkaufs-Recht? – Gewiß besteht es nicht darin: einen hohen unerschwinglichen Preis in Anspruch zu nehmen – sondern darin: daß mir im Differenzfalle das wirkliche reelle nicht fingierte Gebot eines Andern im Original vorgelegt wird, und wo es mir dann frei steht, für dessen Gebot, das Werk anzunehmen oder ihm zu überlaßen.«

Heine merkte wohl, daß er nicht nur die Ausführung dieser delikaten Angelegenheit in der Person des undiplomatisch auftrumpfenden Gustav dem Falschen übertragen hatte, sondern überhaupt zu weit gegangen war. Er beteuerte seine Unschuld: *Was bedeutet jene Definition eines Vorkaufsrechts*, antwortete er dem empörten Verleger, *wobei Sie bemerken, daß ein fingirtes Gebot nicht statthaben dürfe, – was berechtigt Sie, einen alten bewährten Freund so bösartig zu kränken, nur im mindesten anzunehmen, daß ich einer geringfügigen Summe wegen im Stande wäre, mich bei einem Ihrer Herren Collegen in einer Weise bloszustellen, wo ein solcher Lump sich rühmen dürfte, mir bei einer betrügerischen Handlung als compère gedient zu haben?!* Mag seine Entrüstung auch vor allem von dem Willen diktiert gewesen sein, die von Gustav hinterlassenen Scherben zu kitten, so ist ihm doch in der Sache insofern recht zu geben, als er Campe ja selbst nie konkrete Angebote anderer Buchhändler übermittelte. Auch in dem ein Jahr später in derselben Angelegenheit mit dem Kölner Musikverleger Schloß abgesprochenen fingierten Brief, den Heine Campe im Oktober 1853 zugehen ließ, um ihn endlich dazu zu bewegen, auf seine Konditionen einzugehen, machte Schloß ja keine eigentliche Konkurrenzofferte, sondern gab nur der Bereitschaft eines »befreundeten« Verlegers Ausdruck, zwei Bände Heines gegen »tüchtiges Honorar« zu übernehmen. Heine wußte ganz genau, wo in diesen Dingen die Grenze lag, die nicht überschritten werden durfte. Nach äußerst zähen und langwierigen Verhandlungen kam es im Frühjahr 1854 dann doch zu einer Einigung mit Campe. Zuvor hatte Heine den Umfang des Projekts erheblich erweitert: Es umfaßte nunmehr drei Bände, deren erster einen Zyklus neuer *Gedichte. 1853 und 1854*, die autobiographischen *Geständnisse* sowie die *Götter im Exil* enthielt, während die beiden anderen unter dem Titel *Lutezia* die ergänzten Zeitungsartikel sammelten. Im Gegenzug zu dieser Erweiterung akzeptierte Campe dann die ursprüngliche Honorarforderung von sechstausend Bankomark, so daß die *Vermischten Schriften* zu einer der wichtigsten Verlagstransaktionen in Heines Laufbahn wurden.

Die Kunst des Daguerreotyps

Die drei Bände der *Vermischten Schriften* verbinden die Dimension des Zeithistorikers und -reporters mit derjenigen autobiographischer Rückbesinnung. Durch die künstlerische Kombination photographisch genauer Momentaufnahmen aus dem Paris der 1840er Jahre, dem Zusammenspiel zahlreicher Perspektiven auf einen in sich vielschichtigen Gegenstand – *Politik, Kunst und Volksleben* – wollte Heine eine spezifische journalistische Zeitgeschichtsschreibung befördern, in der sich Totalität (das Leben in seiner Vielfalt) und Selektivität (die *Signatur* des Zeitgeistes) verbanden. Damit gekoppelt war der doppelte Anspruch auf authentische Faktendarstellung und ästhetisches Prinzip: Mit *Lutezia* wollte er eine *Chrestomathie guter publicistischer Prosa* und zugleich eine photographisch getreue Zeitgeschichtsschreibung liefern, die der künftigen Historiographie als empirisches Anschauungsmaterial dienen sollte. Im *Zueignungsbrief* der *Lutezia* hieß es dazu rückblickend:

Ein ehrliches Daguerreotyp muß eine Fliege eben so gut wie das stolzeste Pferd treu wiedergeben, und meine Berichte sind ein daguerreotypisches Geschichtsbuch, worin jeder Tag sich selber abkonterfeite, und durch die Zusammenstellung solcher Bilder hat der ordnende Geist des Künstlers ein Werk geliefert, worin das Dargestellte seine Treue authentisch durch sich selbst dokumentirt. Mein Buch ist daher zugleich ein Produkt der Natur und der Kunst, und während es jetzt vielleicht den populären Bedürfnissen der Lesewelt genügt, kann es auf jeden Fall dem späteren Historiographen als eine Geschichtsquelle dienen, die, wie gesagt, die Bürgschaft ihrer Tageswahrheit in sich trägt.

Freilich wissen wir heute, daß das Prinzip der photographischen Genauigkeit nicht ganz wörtlich zu nehmen ist. Schon während der Schreibphase der Artikel spielten fiktive Momente, szenische Überhöhungen, Personal- und Sprecherverschiebungen mit hinein. Insofern galt die Metapher der Daguerreotypie nicht so sehr für die »Fakten«, die zuweilen fingiert waren, als vielmehr für die Zeitdarstellung, die ihre konstitutiven Bedingungen – etwa die Zensur – in sich selbst trug. Bei der Überarbeitung für die Buchfassung wurde nun eben die Authentizität insofern zum Schreibproblem, als Heine neben den offen als solche ausgezeichneten späteren Notizen eine Reihe von Einschüben und Veränderungen vornahm, durch die er Akzente verschob bzw. neu setzte und die Texte aktualisierte, deren retrospektiver Charakter dem Leser jedoch verborgen blieb. Diese Zusätze betrafen nicht nur die Personendarstellung, insbesondere im Kulturbereich, sondern auch Einschätzungen der politischen Situation. Grundsätzlich verstärkte Heine beispielsweise die Ebene der Prophetie, indem er nachträglich Fehlprognosen eliminierte und zutreffende Voraussagen einbaute. Solche Tatsachenkosmetik verfolgte indessen gerade das Ziel, den faktischen, ereignisbezogenen Journalismus in einen übergeordneten historiographischen Zusammenhang zu stellen, *das Werk artistisch vollendet und mit den Zeitfragen in Einklang erscheinen zu lassen*, wie es in einem Brief an Campe vom 15. April 1854 hieß. Es ging Heine darum, über die auch trotz aller Kosmetik unvermeidlichen *Widersprüche und Leichtsinnigkeiten* hinaus, die *strengste Einheit der Ansichten, eine unwandelbare Liebe für die Sache der Menschheit und ein Beharren in meinen demokratischen Grundsätzen* sichtbar zu machen. Von daher erklärt sich die zentrale Stelle, die dem emanzipatorischen Journalismus in Heines Selbstbild zukommt, die Überhöhung der historischen Aufgabe des Publizisten. Karl Kraus' Polemik gegen Heines »Feuilletonismus« übersah gerade die Tatsache, daß es Heine mit diesen Ideen durchaus ernst war.

An dieser Stelle berühren sich journalistisch-publizistische Technik und Geschichtsauffassung. Heines Parisbilder waren getragen von der Frage nach der sich in der Geschichte verwirklichenden Idee, nach dem *Geist*, der die widersprüchlichen Oberflächenerscheinungen einander zuordnete. Trotz aller *dämonischen* Momente, die insbesondere mit den Revolutionsprophezeiungen verbunden waren, blieb die Erklärungsmethode hegelianisch-rationalistisch, waren die Kommentare von einem Standpunkt her zu lesen, der an der Idee eines geschichtlichen Fortschritts festhielt, an der Idee der *selbstbewußten Freyheit des Geistes.* Hier liegt der Grund für Heines Einschätzung der *Lutezia* als eines *Geschichtsbuchs (...), das den heutigen Tag anspricht und in der Zukunft fortleben wird.* Die vielfache perspektivische Brechung des politischen und kulturellen Zeitgeschehens, die beharrliche Spurensuche Heines nach den *Signaturen* des Zeitgeistes und die formale Meisterschaft in der Ausführung der historischen Momentaufnahmen machen die polyphone, Politik, Kultur und Geschichte ineinander verschränkende Stadtdarstellung zum Musterbuch journalistischer Prosa unter den Bedingungen des Vormärz. In der Vorrede zur französischen Ausgabe (1855) legte Heine den Akzent auf seine Darstellung des vormarxistischen Kommunismus, dem er grimmig einen welthistorischen Sieg über die nationalistischen Ideologien prophezeite – und über das Schönheitsideal, in dessen Zeichen er sein eigenes dichterisches Schaffen gestellt hatte.

Autobiographie und Zeitgeschichte

Die zweite Komponente der *Vermischten Schriften* betrifft die autobiographische Thematik. Wieder ist hier das Strukturprinzip Heinescher Lebensbeschreibung auszumachen, die systematische Spiegelung von persönlicher und allgemeiner Geschichte. Dem autobiographischen ersten Band der *Vermischten Schriften* entspricht die Zeitgeschichtsschreibung der beiden anderen Bände. Die selbstparodistische »confessio« der *Geständnisse*, der Artikel über den Lebens- und Schicksalsgefährten Ludwig Marcus, die *Götter im Exil* sowie der Gedichtzyklus *Gedichte. 1853 und 1854* sind alle von der in sich gebrochenen Perspektive auf das eigene Leben und auf die Situation des schreibend sterbenden Dichters bestimmt.
Mit Memoirenplänen hat sich Heine während seiner gesamten literarischen Schaffenszeit getragen. Im Unterschied zu anderen Schriftstellern und Berühmtheiten, die erst am Abend ihres Lebens Bilanz zu ziehen und aus der Kinderstube zu plaudern pflegen, konzipierte Heine seine Memoiren immer unter der doppelten Perspektive einer Autobiographie und einer Zeitgeschichtsschreibung. Memoirenschreiben hieß für ihn, die Berührungspunkte seiner Existenz mit der Geschichte aufzusuchen, zu beschreiben, wie sein individuelles Leben *in die Idee* überging und – um einen Begriff seiner Geschichtsauffassung anzuführen – gerade eine spezifische Konfiguration jener

Übergangskrise bildete, deren Darstellung er sein Schaffen widmete. Selbstdarstellung war darum zugleich Historiographie, so wie umgekehrt die Zeitgeschichte für Heine künstlerisch nur in autobiographischer Form darstellbar war. Schon in *Ideen. Das Buch Le Grand* aus dem Jahr 1826 waren starke autobiographische Strukturen eingelassen. Im März 1837, als Vierzigjähriger, sagte er von sich, er habe *die ganze Zeitgeschichte (...) in ihren größten Momenten mitgelebt* und sei daher prädestiniert für mehrere Bände von Zeit-Memoiren, worin eben diese ganze *Zeitgeschichte* erscheinen werde *sammt den markantesten Personen meiner Zeit, ganz Europa, das ganze moderne Leben, deutsche Zustände bis zur Juliusrevoluzion, die Resultate meines Auffenthalts im Foyer der politischen und socialen Revoluzion, das Resultat meiner kostspieligsten und schmerzlichsten Studien.* Auch wenn der mit dem Gesamtausgabenvertrag von 1837 verbundene *Memoirenband* als solcher nicht geschrieben wurde, dürften Teile davon in die Börne-*Denkschrift* von 1840 eingegangen sein. In den folgenden Jahren war immer wieder von *Memoiren* die Rede, vor allem in Zusammenhang mit dem Hamburger Onkel und Vetter: Sobald die Beziehungen zur Hamburger Sippschaft in eine kritische Phase traten, wurde das Memoirenprojekt wieder ins Spiel gebracht und Heines öffentliche Macht (*kein Mensch in der Welt* könne sich *mit wenigen Federstrichen (...) gewaltiger rächen*) mit Anspielungen auf die gegebenenfalls wenig schmeichelhafte Darstellung Salomon Heines unterstrichen. Nach Salomons Tod wurden die Memoiren zum Instrument im Erbschaftsstreit. Auf die Versicherung, »kein Wort« zu »schreiben, das dem Gedächtniß, der Erinnerung« an seinen »seligen Vater schaden könnte«, erklärte sich Carl Heine zur Fortzahlung der Familienpension bereit. Heine tröstete sich mit der Erkenntnis, der Nachwelt gehe dadurch nichts verloren: *Ich will gern meinen Privatgroll verschlucken und gar nichts über das Lumpenpack schreiben, das sich alsdann seines obscuren Daseyns ruhig erfreuen mag und seiner blöden Vergessenheit nach dem Tode sicher seyn wird.* Der verletzte Stolz ob der Sturheit des *Krämerthums*, das sich nicht im geringsten von seinen literarischen Erfolgen, um so mehr aber von Drohungen mit der »Macht des Wortes« beeindrucken ließ, machte sich in mehreren Gedichten und

Gedichtvarianten Luft, in denen das über ihn verhängte Schweigegebot in grelle Bilder von abgehauenen Händen und der ausgeschnittenen Zunge gefaßt wird.

Die letzte Phase ausführlicher Beschäftigung mit dem Memoirenprojekt fällt in die Jahre 1853/54. Damals redigierte Heine, möglicherweise im Rückgriff auf ältere Aufzeichnungen, seine Jugenderinnerungen, wovon er die Erörterungen über seine religiöse *Revision* abzweigte: ein Thema, das er erstmals 1851 im *Nachwort zum Romanzero*, dann ein Jahr darauf in der *Vorrede zur zweiten Auflage* von *Der Salon. Zweiter Theil* angesprochen hatte und das er nunmehr zu einem selbständigen Thema entwickelte. Die Abkehr vom hegelianischen Atheismus und die Rückkehr zur Religion seiner Väter ist der zentrale autobiographische Knotenpunkt dieser *Geständnisse*. Der Besprechung der Veränderungen in seinen religiösen Anschauungen fügte Heine eine Reihe weiterer autobiographischer Themen hinzu: die Erzählung seiner Ankunft in Paris, seiner ersten Schritte in der Pariser Literaturszene sowie eine längere Anekdote über die Berufspläne, die seine Mutter für ihn entworfen hatte, wofür er eine längere Passage aus der Handschrift des Memoiren-Manuskripts ausschied und umbaute. Daß Heine aus dem alten Memoirenprojekt die selbstreflexive Komponente zu einer selbständigen Formulierung vorangetrieben hat, mag auch mit dem Bestreben zusammenhängen, noch zu Lebzeiten publizierbares Material zu benutzen und für Mathildes Sicherung zu verwenden. Ausschlaggebend war jedoch die aktuelle politische Konjunktur und Heines Einschätzung der Zukunftsaussichten des Kommunismus in Deutschland und Frankreich. In dieser Hinsicht hat das Prinzip der Verquickung von persönlicher Geschichte und Weltgeschichte Heines Memoirenprojekt nicht nur als Ganzes geformt, sondern immer wieder auch aufgehalten, in einzelne Teile zerlegt, die sich verselbständigten.

Schon der Titel *Geständnisse* (in einer Vorfassung hieß die Schrift noch *Bekenntnisse*) besagt, daß der Autor sich hier selbst zum Gegenstand gemacht hatte. Zugleich aber gab er auch hier die allgemeine Problematik des Künstlers in der Gesellschaft, des Verhältnisses von Geschichte und literarischer Artistik, nicht auf, sondern demonstrierte erneut und mit noch größerem Nachdruck seine ›doppelte

Optik‹, die Dualität von persönlich-subjektiver und geschichtlich-objektiver Perspektive. Dabei entfaltete er ein denkbar kompliziertes, subtiles Spiel mit sich selbst und seinem Bild in der Öffentlichkeit. Vorsorglich baute Heine eine Reihe von ›Sicherungen‹ ein, die den Leser darüber aufklären sollten, daß das Selbstporträt des Autors keineswegs einschichtig klar im traditionellen Sinn war, sondern mehrschichtig und perspektivisch gebrochen. So erklärte er gleich zu Beginn der Schrift *die Abfassung einer Selbstcharakteristik* zu einer *sehr verfänglichen*, ja *unmöglichen Arbeit*. Auch *mit dem besten Willen der Treuherzigkeit* könne *kein Mensch über sich selbst die Wahrheit sagen*. Dieser grundsätzlichen Unmöglichkeit stehe die konkrete Psychologie des Menschen gegenüber: *Jeder von uns möchte dem Publikum in einer anderen Farbe erscheinen, als die ist, womit uns die Fatalität angestrichen hat. Gottlob, daß ich dieses begreife, und ich werde mich daher hüten, hier in diesem Buche mich selbst abzukonterfeyen*. Durch den Titel geweckte Leseerwartungen auf ein Selbstporträt wurden also sofort zerstreut. Statt dessen kündigte Heine an, seine *Persönlichkeit* immer wieder *so bedenklich als möglich hervortreten zu lassen*, womit er all dem, was er nun doch über sich selbst verlauten lassen werde, eine selbstkritische Absicht unterlegte.

Was Heine dann mit Bezug auf Augustinus und Rousseau, denen es ebenfalls nicht gelungen sei, *die Wahrheit* zu sagen, im Plauderton bekannte und ›beichtete‹, lebte erneut von der Spannung zwischen Geschichte und Individuum, zwischen den Weltbegebenheiten und der singulären Situation des Dichters: Daß er von dem früheren Hellenentum abgekommen und sich einer jüdisch gefärbten Gottesvorstellung zugewandt habe, hänge mit der politischen Entwicklung nach 1848 zusammen, mit der Tatsache, daß der Atheismus ein *mehr oder minder geheimes Bündniß geschlossen* habe *mit dem schauderhaft nacktesten, ganz feigenblattlosen, communen Communismus*. Früher, als der Atheismus *noch Geheimgut einer Aristokratie von Geistreichen* gewesen sei, habe er sich darüber mit seinesgleichen leicht verständigen können, aber *als der Atheismus anfing, sehr stark nach Käse, Branntwein und Tabak zu stinken: da gingen mir plötzlich die Augen auf und was ich nicht durch meinen Verstand begriffen hatte, das begriff ich jetzt durch den Geruchssinn, durch das Mißbehagen des Ekels, und mit meinem Atheismus hatte es, gottlob! ein Ende.* Und Heine setzte noch eins drauf, indem er von der *reinlichen, sensitiven Natur des Dichters* sprach, die sich *gegen jede persönlich nahe Berührung mit dem Volke* sträube, eines Volkes, das *sehr häßlich, böse* und *dumm* sei. Indessen wurden derartige nahezu aristokratische Bekenntnisse umgehend wieder moduliert, indem Heine hinzufügte, daß man den genannten Mißständen durch öffentliche Badeanstalten, ausreichende Existenzmittel und ein kostenloses Bildungswesen abhelfen müsse, was allerdings wiederum nichts an der Tatsache ändere, daß er sich mit einem Handwerkerkommunisten wie Wilhelm Weitling, der wegen seiner politischen Überzeugungen zwei Haftstrafen verbüßt hatte, nicht kollegial verbunden wissen wolle: *Nicht etwa die Furcht vor dem Sprichwort: mitgefangen, mitgehangen!, nein, mich schreckte vielmehr das Nebeneinandergehenktwerden.* So wie hier schaltete Heine in seine *Geständnisse* immer wieder sukzessive Brechungen ein, erzeugte er ironische Distanz auch sich selbst gegenüber und schuf gerade dadurch eine Form von lebendiger Selbstdarstellung, in die auch der Leser durch direkte Ansprache miteinbezogen wird.

Eine andere Absicherung bildete der Hinweis, daß es sich bei dieser Schrift lediglich um einen zu einem alltäglichen Anlaß (der Neuausgabe von *De l'Allemagne*) verfaßten Text handle. *An einem andern Orte*, in seinen eigentlichen *Memoiren*, werde er erzählen, und zwar *weitläufiger als es hier geschehen dürfte*, wie er *nach der Juliusrevolution nach Paris übersiedelte*, wo er seitdem *ruhig und zufrieden lebe*. Auch hier also sparte Heine die echte Bilanz und Summe für später auf, ließ das, was zu sagen er sich jetzt anschickte, nur als bescheidene Vorform gelten, während er den Mythos der dem Publikum schon seit fast zwanzig Jahren angekündigten *Memoiren* weiter nährte. Trotz mehrfacher Verwahrung entwarf Heine dann doch Züge eines Selbstbildnisses, realisierte er das im Titel enthaltene Programm. Auch hier verwob er wieder die Ebene des persönlichen, autobiographischen Erlebens mit derjenigen der großdimensionalen geschichtlichen Vorgänge, befuhr er zugleich den *Ocean allgemeiner religiös-moralisch-historischer Betrachtungen* wie das *stille Binnen-*

landgewässer, wo der Autor so treu sein eignes Bild abspiegelt. Der *Ocean* war hier durch die weltgeschichtlichen Ereignisse der Juli- und der Februarrevolution repräsentiert, die Heines Leben entscheidend prägten: In Paris, wohin ihn die Julirevolution und das damit verbundene Erwachen der liberalen Bewegung in Europa verschlugen, sei er in die göttergleiche Phase seines Lebens eingetreten, hier habe er den Zenit seiner geistigen und körperlichen Kraft erreicht. Charakteristisch für diese Selbststilisierung ist etwa, daß Heine seine Rheinüberquerung auf den 1. Mai 1831 verlegte, während sie in Wirklichkeit erst am 16. oder 17. stattfand. Die Februarrevolution von 1848 dagegen koinzidierte mit einer *leiblichen und geistigen Veränderung* und der Rückkehr zu einer persönlichen Gottesvorstellung, zu der er sich seit 1849 offen bekannte.

Die Parallelität von geschichtlichen und persönlichen Ereignissen erweist sich hier genauer als eine Komplementärbeziehung, insofern der Fortschritt der Julirevolution in Heines religiösen Anschauungen eine im nachhinein als *Verirrung* erscheinende Phase eingeleitet und erst die *auf den Kopf gestellte Zeit* der Februartage ihn wieder *zur Vernunft* gebracht habe. Schon die Wortwahl (*zur Vernunft kommen*, um die Rückkehr zu Gott und das Abschwören der Hegelschen Vernunftreligion auszudrücken) zeigt an, daß hier zum Zwecke der Demonstration Elemente montiert und mehrschichtige Entsprechungen komponiert wurden: Während Heine einerseits, direkt an den öffentlichen Vorwurf der *Eitelkeit* anknüpfend, unter dem Motto *Die Zeit der Eitelkeit ist vorüber, und ich erlaube Jedem, über diese Geständnisse zu lächeln*, die Vorstellung vom atheistischen Hegelianer zu korrigieren suchte und zu diesem Zweck sogar behauptete, ein Manuskript über die Hegelsche Schule symbolisch verbrannt zu haben (die Existenz einer solchen Schrift ist aus mehreren Gründen äußerst unwahrscheinlich), überschrieb er andererseits seine Existenz mit feierlichem Pluralis majestatis: *Die Emanzipazion des Volkes war die große Aufgabe unseres Lebens und wir haben dafür gerungen und namenloses Elend ertragen.* Dafür verlieh er sich schließlich sogar selbst den Titel eines *Kämpen der Revoluzion und ihrer demokratischen Prinzipien.* Dieses politische *Geständniß* ist im Titel von Heines Schrift ebenso gemeint wie dasjenige, das er über seinen religiösen Sinneswandel ablegte. Wie Jean-Pierre Lefebvre zeigen konnte, schwor Heine zugleich öffentlich der *gottlosen* Hegelschen Philosophie ab, bekannte seine *Ehrfurcht* vor der Heiligen Schrift der Juden und interpretierte dabei den biblischen Sündenfall, dessen Lektüre er seinem *noch viel verstocktern Freunde Marx* empfahl, präzise in Begriffen und Perspektiven der Hegelschen Philosophie (das *denkende Selbstbewußtseyn*). So erwies er sich als Schüler noch in dem Augenblick, als er den Meister angeblich von seinem Postament stieß.

In ähnlicher Dialektik bezeichnete sich Heine als Dichter, dessen elitär-sensibles Künstlernaturell sich gegen jede persönlich nahe Berührung mit dem Volke sträube, während er im gleichen Atemzug die Teilnahme am politischen und sozialen Kampf für die *Emanzipazion des Volkes* zum Leitmotiv seines Lebens und dichterischen Schaffens erklärte. Bis zuletzt beharrte er darauf, daß er ein Auserwählter sei, ein Gott, mindestens aber ein Halbgott, »der sich auf die Erde verirrt habe«, wie Weill überliefert. Und zugleich war er die dichterische Stimme der namenlosen schlesischen Weber und ihrer Familien, der irrgewordenen Emigranten des Pariser Exils, der deutschen Armutsflüchtlinge vor Le Havre, der senegalesischen Opfer des Sklavenhandels, der politischen Häftlinge in deutschen Gefängnissen, der *dreyfach elenden* Juden im Israelitischen Hospital, der toten Helden auf den Schlachtfeldern der Revolution von 1848/49. Die Verbindung beider scheinbar widersprüchlicher Bereiche wurde durch den produktiven Schriftsteller geleistet, der sich selbst in einer durchgehenden geschichtlichen Kontinuität beschrieb, als deren Pole nicht umsonst die beiden großen Revolutionen der ersten Jahrhunderthälfte erscheinen. Diese öffentliche Reflexion über den Zusammenhang von Geschichte und Kunst sowie über die Möglichkeit, diesen Zusammenhang produktiv zu vermitteln, wurde in den Rezensionen der *Geständnisse* allerdings wieder auf den Topos der Eitelkeit reduziert und etwa von Hermann Marggraff auf den Nenner gebracht, »daß noch kein Schriftsteller, solange geschrieben und gedruckt wird, sich in gleicher Weise darin gefallen habe, das Publikum von seiner eigenen Person zu unterhalten und seine eigene Ware dem Publikum zu rekommandieren«.

Im Sinne dieser ›Kontinuität in der Veränderung‹ war es nur konsequent, daß der kranke Heine, der das Scheitern der humanistisch-bürgerlichen Ideale in den verschiedenen Revolutionsetappen 1848/49 erlebt hatte, seine Bestrebungen der dreißiger und vierziger Jahre unverändert richtig interpretierte, indem er sich als denjenigen hinstellte, der damals *unumwunden das Schulgeheimniß* der Hegelschen Philosophie *ausgeplaudert* habe, den revolutionären Atheismus. Und umgekehrt konnte er seine *Bekehrung* zum Gott der Bibel nicht anders als unehrerbietig, mit Humor, Witz und Selbstironie beschreiben. Die Kritik täuschte sich beileibe nicht, wenn sie Heine vorwarf, sich nicht entscheidend geändert zu haben, immer noch überall denselben Maßstab anzulegen. Genau darum ging es Heine: die *innere Einheit* seines Lebens sichtbar zu machen und die Beständigkeit der geschichtlichen Werte auch unter veränderten persönlichen Voraussetzungen darzustellen. Seine Rückkehr zu einem persönlichen Gott unter den präzisen Bedingungen der Nachmärzzeit und in der subjektiven Situation der Matratzengruft stellte er darum nicht als Modellfall einer Bekehrung schlechthin dar, sondern als letzte Etappe seines Lebens, welche die vorigen weder leugnete noch aufhob. Denn *das Leben*, wie er in einer Passage des Fragments über Geschichtsphilosophie pathetisch konstatierte, *ist weder Zweck noch Mittel; das Leben ist ein Recht.* Darum suchte er als Modellhaftes in seinem Leben das Leben als Ganzes auf, das seinen Zusammenhang in sich selbst besaß und dessen letzte Erfahrung auszusprechen er sich und der Welt schuldig war.

Exemplarisch wurde so in Heines letztem Prosatext noch einmal die Untrennbarkeit von Rollenspiel und Ichbezogenheit deutlich, die Heines Werk insgesamt bestimmt. Autobiographie und Geschichte, Allgemeines und Persönliches bedingen sich wechselseitig, stehen in einem fruchtbaren dialektischen Austausch. Das eine ist ohne das andere nicht möglich, ja erhält durch das andere erst seinen richtigen Sinn und Stellenwert. Rollenspiel und Ichbezogenheit bezeichnen zwei extreme Pole, die erst durch wechselseitige Erhellung zu ihrer eigentlichen Bedeutung finden. So wie es Heines sicher vorhandener psychologischer Disposition zur Egozentrik bedurfte, damit er seine persönlichen Erfahrungen in die vielfachen Ichformen zu kleiden und seine Technik subjektiv-perspektivischer Darstellung zu entwikkeln vermochte, so bedurfte es umgekehrt einer genauen, sozial-, ideologie-, ja literaturgeschichtlichen Situation, welche ihm die spezifischen Modelle zur Verfügung stellte.

Die Götter im Elend

Der Logik der Rettung und Verwertung vorliegender Texte gehorchte auch die Veröffentlichung der beiden anderen Prosatexte im ersten Band der *Vermischten Schriften*. Die *Götter im Exil* waren zunächst im Frühjahr 1853 als französischer Zeitschriftenaufsatz in François Buloz' »Revue des Deux Mondes« erschienen, kurz danach in deutscher Fassung in Brockhaus' »Blättern für literarische Unterhaltung«. Trotz der mythologischen Thematik ist die autobiographische Komponente offensichtlich. Wie er in den *Geständnissen* ja darlegte, sah sich Heine damals als *Exgott* von Hegels Gnaden, als einer von *vielen andern heruntergekommenen Göttern*, die nach der gescheiterten Revolution von 1848/49 abdanken mußten. Er habe *viel Geld und viel Gesundheit* eingebüßt, seine *Göttlichkeit gerieth dadurch sehr in Stocken*, und so sei er wieder in den *menschlichen Privatstand* zurückgetreten. Auch das Wort *Exil* im Titel der Schrift verweist auf die persönliche Situation Heines.

Das Schicksal der alten Heidengottheiten und das Weiterleben antiker Mythologien in der Neuzeit war ein *altes Lieblingsthema* Heines, von dem schon *Die Götter Griechenlands* zeugen, ein 1826 entstandenes Gedicht aus dem zweiten *Nordsee*-Zyklus. Die vom Christentum betriebene *Verteuflung* und Verfolgung heidnischer – antiker oder germanischer – Glaubensvorstellungen hatte er systematisch bereits 1836 in den *Elementargeistern* behandelt, wo er insbesondere das literarische Nachleben der Liebesgöttin Venus untersucht hatte. In *Atta Troll* war es die Göttin Diana, die als eines der *holden Nachtgesichte* aus der *wilden Jagd* vorgestellt wurde. Im gleichnamigen Ballettlibretto erläuterte Heine 1846, *daß die alten Götter nicht todt sind, sondern sich nur versteckt halten in Berghöhlen und Tempelruinen, wo sie sich nächtlich besuchen und ihre Freudenfeste feyern.*

Neben Diana erschienen hier Apoll, mit annähernd fünfzig Nennungen im Gesamtwerk Heines Lieblingsgottheit, Bacchus, für Heine Inbegriff *trunkenster Lebenslust*, sowie Venus samt ihrer Gefolgschaften. Ganz nah am Thema ist die Schlußansprache des mexikanischen Indianergottes Vitzliputzli aus dem *Romanzero*:

Und wir müssen untergehen,
Ich, der ärmste aller Götter,
Und mein armes Mexiko. (...)

Doch ich sterbe nicht; wir Götter
Werden alt wie Papageyen,
Und wir mausern nur und wechseln
Auch wie diese das Gefieder.

Im Gegensatz zur burlesken Trivialisierung der Heidengötter, wie sie in der französischen Literatur besonders seit dem 18. Jahrhundert beliebt war, bewahrte Heine einfühlsamen Respekt für die gestürzten Gottheiten. Seine Ausführungen über die christliche Vereinnahmung der antiken Mythologien verliehen dem Stoff darüber hinaus eine neue ideengeschichtliche Dimension. Zwar beanspruchte Heine nicht, damit ein neues Thema *aufs Tapet* gebracht zu haben, doch er nahm für sich das Verdienst in Anspruch, es erstmals auf populäre Weise behandelt zu haben:

Ja, was ich sagte war keine Novität, und befand sich längst gedruckt in den ehrwürdigen Folianten und Quartanten der Compilatoren und Antiquare, in diesen Katakomben der Gelehrsamkeit (...). Auch gestehe ich, daß ebenfalls moderne Gelehrte das erwähnte Thema behandelt; aber sie haben es sozusagen eingesargt in die hölzernen Mumienkasten ihrer konfusen und abstrakten Wissenschaftssprache, die das große Publikum nicht entziffern kann und für egyptische Hieroglyphen halten dürfte.

Auch das Thema der *gefallenen Größe* hat Heine zeitlebens fasziniert. Es begegnet etwa in den Gedichten *Der Tambourmajor*, *Der Apollogott* und *Pomare*; später sind es insbesondere große Künstler wie *Der Dichter Firdusi*, deren beklagenswerte Lebensumstände, würdelose Behandlung und verlorenes Ansehen Heine beklagt. In den *Göttern im Exil* gestaltete er mit dem gefolterten und getöteten Apoll ein eindringliches Symbol für die Gefährdung des Künstlers. Auch hier ist die autobiographische Dimension des Themas manifest, doch interessierte sich Heine, der scharfsinnige Beobachter menschlicher Lebensverhältnisse, nicht minder für das andere Schicksal. So zeigt sich in wiederum anderer Beleuchtung die wechselseitige Verschränkung von Fremd- und Selbstdarstellung.

Ein dritter Themenkreis ging aus dem zweiten hervor. Er betraf generell die Verwandlungen, die in konkreten persönlichen Schicksalen festzustellen waren. Gerade der Nachmärz mit seinen politischen Veränderungen lieferte hier reiches Anschauungsmaterial. Heine verfolgte aufmerksam die verschlungenen Lebenspfade der Weggefährten aus der deutschen Zeit und der Zeit der Emigration wie auch die Umorientierungen, die der politische und soziale Wandel in Frankreich bei seinen französischen Kollegen auslöste. Noch in einem Brief an Joseph Lehmann vom 5. Oktober 1854, also über ein Jahr nach Erscheinen der Zeitschriftenfassung der *Götter im Exil*, bat Heine seinen alten Berliner Bekannten ausdrücklich um Mitteilungen *über Schicksale und Transformazionen landsmännischer alter Freunde*. Dabei ging es natürlich auch um Material für die Memoiren.

Memoiren: Realität und Utopie

Heines »Memoiren« stellen das komplexeste Kapitel seiner diversen Rettungs- und Steuerungsversuche zur Nachlaßsicherung dar. Der Plan hierzu gehörte zu Heines grundlegenden Schreibimpulsen. Schon als junger Autor empfand er einen geradezu vitalen Zwang, seine persönlichen Erfahrungen literarisch in die Form von Memoiren zu übersetzen. Zum einen war damit – zumindest in der Idee – die Möglichkeit gegeben, sich mit Karikatur und Satire für erlittene Unbill zu rächen. Schon die erste überlieferte Bemerkung zu dem Projekt – sie stammt aus dem Jahr 1823 – verrät die Absicht, in den einstigen *Memoiren* einen speziellen *Hamburger Menschentroß* zu schildern, *wovon ich einige liebe, mehrere hasse und die meisten ver-*

achte. Fortan wurden die Memoiren als Drohung gegenüber der reichen Hamburger Verwandtschaft regelmäßig ins Spiel gebracht, wenn Heines finanzielle Misere es verlangte. Zum andern entsprach dieser Plan dem Bedürfnis, die eigene, für bedeutungsvoll erkannte Entwicklungsgeschichte in den Mittelpunkt von Zeit-Memoiren zu rücken, war Heine doch überzeugt, *die ganze Zeitgeschichte (...) in ihren größten Momenten mitgelebt* zu haben und daher für ein solches Projekt besonders prädestiniert zu sein. Es war der erste Aspekt, der Heine früh davon überzeugte, daß eine solche Schrift nie zu Lebzeiten, sondern nur postum veröffentlicht werden konnte. Aber auch die Vorstellung, daß dieses *große Buch* Summe und Bilanz seiner Existenz enthalten sollte, die es der Nachwelt zu überliefern galt, machte es notwendig, es den alltäglichen Nöten und Zufälligkeiten zu entziehen. Gerade diese Zwänge und Peripetien seiner Schriftstellerlaufbahn waren es aber, die ihn dazu brachten, einen Großteil der im Laufe der Jahre angesammelten Materialien und Textstücke immer wieder zu opfern: *Ideen. Das Buch Le Grand*, *Englische Fragmente*, *Schnabelewopski*, *Florentinische Nächte*, *Ludwig Börne*, *Geständnisse* – alle diese Schriften mit autobiographischem Charakter haben jeweils Memoirenmaterial verzehrt. Der Wille, die Memoiren von der biographischen Kontingenz und von den Alltagsquerelen fernzuhalten, führte paradoxerweise dazu, den großen Plan immer wieder aufzuschieben und das dafür angesammelte Kapital bei einzelnen konkreten Ereignissen dieses Schriftstellerlebens zu verbrauchen.

Sicher hängt dies auch mit der Grundkonstellation des literarischen Schaffensprozesses bei Heine zusammen. Dieser Prozeß war immer in weitem Maße um den Begriff und die Rolle des ›Ich‹ herum strukturiert, ein Sachverhalt, den man oft mit der Formel von Heines »Subjektivismus« bezeichnet hat. Nun sieht es aber so aus, als habe dieses ›Ich‹ nur dann wirklich produktiv werden können, wenn es sich mit einer äußeren Realität auseinanderzusetzen hatte, die Heine immer als eine soziale Realität empfand, auch wenn sie sich in vielerlei Gefühle und Affekte kleidete. Diese Polarität von Ich und Gesellschaft, von Subjekt und kollektiver Erfahrung, war ein grundlegender Antrieb seines Schreibens. Dabei zeigte sich aber, daß diese Spannung tendenziell immer zu heftigen Konflikten und Zusammenstößen führte: mit literarischen Gegnern und Konkurrenten, mit Autoritäten, mit den etablierten Mächten, oft auch mit ehemaligen Freunden. Dagegen sollten die Memoiren ja im Prinzip Gutes mit Bösem verrechnen, ausgleichen, eine ausgewogene Bilanz der Zeit und der Menschen ziehen: Grundabsicht war, *die Denkwürdigkeiten meiner Zeit, in so fern meine eigne Person damit als Zuschauer oder als Opfer in Berührung kam, so wahrhaft und getreu als möglich aufzuzeichnen.* Dabei zeigte sich, daß ein struktureller Widerspruch bestand zwischen den konkreten Konflikten, in die Heine im Laufe seines Lebens nach und nach verwickelt wurde und auf die er literarisch reagierte, und dem Memoirenprojekt, mit dem er sich auf eine übergeordnete Ebene begeben, einen Beobachtungsposten außerhalb der Zeit beziehen wollte, der ihm die gewünschte Synthese für die Nachwelt zu erstellen erlaubte. Gerade aus diesem Grund haftete dem Memoirenprojekt immer etwas Utopisches an, war es nicht Teil jenes Schreibregisters, dem Heines eigentliches Werk verpflichtet war.

Es war nicht zuletzt der ›Rache‹-Charakter der Memoiren, der einer Verwirklichung im Wege stand. Die Instrumentalisierung des Projekts machte dieses mehr und mehr zu einer Verteidigungswaffe, deren Wert ausschließlich in der Androhung, nicht aber in der Benutzung bestand. Den Verzicht auf die Preisgabe von Familiengeheimnissen hat sich Heine allerdings mit Gold aufwiegen lassen: Zwischen 1848 und 1856 konnte er seinem Vetter mit dem Phantom der »Memoiren« über achtzigtausend Francs entlocken. Nachdem es im Februar 1847 zu einer Einigung im Erbschaftsstreit gekommen war, wobei bis heute ungeklärt ist, ob Heine damals tatsächlich ein vorhandenes Manuskript opferte, blieb es in dieser Hinsicht zunächst einmal still. Erst im Spätsommer 1850 brachte er das Thema erneut zur Sprache, offensichtlich als Reaktion auf einen nicht zufriedenstellenden Verlauf der weiteren Verhandlungen mit seinem Vetter. Denn auch nachdem sich dieser zur Fortzahlung der Pension verpflichtet hatte, galt es, ihn davon zu überzeugen, daß Heine der Familie wichtige, literarisch wertvolle Materialien geopfert hatte und darum finanzielle Kompensationen verdiene, die sich nach seinem Ableben auch auf Mathilde erstrecken sollten.

Eine erste Gelegenheit, Carl ein wenig zu kitzeln, ergab sich während eines Besuchs von Alfred Meissner, der am 29. August mit dem Manuskript eines Artikels für die »Deutsche Zeitung in Böhmen« zu Heine kam. In Meissners Formulierung, Heine sei beinahe fortwährend »mit der Composition von Gedichten beschäftigt«, strich er mit Bleistift die Worte »von Gedichten« und ersetzte sie durch *seiner Memoiren*. Jedem Eingeweihten war der Sinn der Drohgebärde klar. Dieselbe Strategie verfolgte auch die Information, die Heine ein Jahr später durch seinen Bruder Gustav lancierte. Dessen Artikel im Wiener »Fremdenblatt« zufolge sollte Campe Heine gebeten haben, »seine Memoiren, von denen er Bruchstücke kannte, herauszugeben«, worauf dieser jedoch versichert habe, »daß die Herausgabe derselben unmöglich sei, indem er theils aus religiösen Skrupeln, theils aus Familien-Rücksichten Vieles davon vernichtet habe und das Meiste einer neuen Bearbeitung bedürfe«. Mit derlei Presseinformationen versuchte Heine, seinem Vetter in Erinnerung zu rufen, über welche Trumpfkarte er gegebenenfalls noch verfüge, falls dieser sich nicht endlich bereit erkläre, nach seinem Tode Mathilde nicht nur die halbe, sondern die volle Witwenpension auszuzahlen – eine Forderung, die Heine übrigens zwei Monate später, demütig als *posthume Bitte* formuliert, in den Entwürfen zu seinem rechtsgültigen Testament vom 13. November 1851 erhob.

Danach wurde es erst einmal still um die Memoiren. Erst 1854, bei den langwierigen Verhandlungen um die *Vermischten Schriften*, brachte Heine sie wieder ins Spiel. Campes Bevollmächtigter Adolf Trittau berichtete am 1. Februar 1854 aus Paris an den Verleger: »Endlich ließ er [Heine] durchschauen, daß er noch viele ungeordnete Manuscripte besitze, denen er nur die letzte Feile geben müsse. Er sprach von seinen Memoiren, die er bereits vollendet gehabt hätte, die aber von ihm aus den Ihnen bekannten Gründen, namentlich aus religiösen und Familien-Rücksichten, theilweise verbrannt theils einer dritten Person anvertraut wären, von der er das Manuscript nicht wieder erhalten könne. Seine Memoiren würden seine innere Bildungsgeschichte die Entwicklung & den Fortschritt seiner Ideen, sein Verhältniß zur Literatur und Philosophie Deutschlands etc. darstellen und somit sehr interessant werden, sie würden die innere Tiefe seines Geistes zeigen und offenbaren, was hinter den Coulissen vorgegangen, während seine Dichtungen und Werke ja nur den Schauspielern glichen, die auf offener Bühne erscheinen. Er habe schon angefangen, diese Memoiren in reicherer Weise umzuarbeiten und so viel beschafft, daß er nach einem Jahre ein Bändchen erscheinen lassen könne.«

Diesmal sollte Campe mit der »Memoiren«-Idee geködert und gefügig gemacht werden, damit er endlich den Zuschlag zu den *Vermischten Schriften* gebe. Interessanterweise benutzte Heine im Gespräch mit Trittau, als er von der Vernichtung von Manuskripten sprach, fast dieselbe Formulierung (»aus religiösen und Familien-Rücksichten«) wie drei Jahre zuvor gegenüber Gustav. Hier wurde an einer festen Version eines unklaren Sachverhalts gezimmert. Mit der »Person«, der andere Teile der Memoiren »anvertraut« seien, kann nur Carl Heine gemeint sein. Eine Woche später schrieb Heine direkt an Campe: *Herr Trittau wird Ihnen gewiß die Mittheilung gemacht haben, daß ich mich mit Heroismus einer ganz neuen Abfassung meiner Memoiren unterziehe, und ich hoffe, daß dieses die Krone meiner Schriften sein wird. Aber Heroismus war es, statt zu flicken, gleich wieder neues zu weben (...). Da ich jetzt weiß, was ich nicht sagen darf, so schreibe ich mit großer Sicherheit, und nichts hindert mich mehr, das Geschriebene schon bei Lebzeiten vom Stapel laufen zu lassen.* Auch hier wird mit der Formulierung *was ich nicht sagen darf* auf die Familienzensur angespielt.

Doch trotz aller taktisch motivierten Formulierungen in Briefen und Zeitungsartikeln, deren irrtümliche Auslegung das ganze Projekt der »Memoiren« bisweilen zu einem Mythos werden ließ, über den Journalisten und Literaturwissenschaftler noch jahrzehntelang rätselten, entsprechen Heines Hinweise in vielerlei Hinsicht dem handschriftlichen Befund. In der Tat wurde das Memoirenfragment, dessen eigenhändiges Manuskript sich in Heines Nachlaß erhalten hat, während der zweiten Jahreshälfte 1853 und der ersten Monate des Jahres 1854 niedergeschrieben. Und insofern es sich dabei um einen relativ flüssig geschriebenen Text ohne allzuviele Korrekturen handelt, ist Heines Versicherung, er habe sich einer *ganz neuen Abfassung* unterzogen und schreibe nunmehr *mit großer Sicherheit*, durchaus glaubwürdig. Für den kranken Autor der *Matratzengruft* war das *lustige Memoirenschreiben (...) keine Arbeit sondern eine Erquickung*: Durch seinen *körperlichen Zustand abgesperrt von den Genüssen der Außenwelt*, suchte er nun *Ersatz in der träumerischen Süße der Erinnerungen*, war sein Leben nur noch *ein Zurückgrübeln in die Vergangenheit*. Unklar bleibt nur, ob Heine zwischen 1854 und seinem Tod darüber hinaus noch sehr viel mehr geschrieben hat und das Überlieferte nur einen Rest des ehemals vorhandenen umfangreicheren Materials darstellt. Alfred Meissner sprach in seinen Erinnerungen von fünf- bis sechshundert Foliobogen, die von Mathilde bzw. ihrem Rechtsbeistand Henri Julia ihm gegenüber im Mai 1856 als Manuskript der »Memoiren« deklariert worden seien und auf die er einen flüchtigen Blick habe werfen dürfen. Heines Neffe Ludwig van Embden behauptete 1892: »Von dem 1884 veröffentlichten Memoirenfragment ward durch Heines Bruder Max 1867, als er die Ausstellung in Paris besuchte, und Frau Mathilde ihm die Durchsicht desselben freundlichst gestattete, unberechtigter Weise ein großer Theil vernichtet. – Frau Mathilde war natürlich sehr aufgeregt darüber, rief mich nach Paris, und als ich mir über diesen Gewaltsakt von meinem Onkel Aufklärung erbat, erwiederte derselbe: ›Es wäre nothwendig für den Ruhm seines Bruders gewesen, die letzten in Fieberhitze geschriebenen Blätter der Memoiren zu vernichten, um das in Mathildens Händen gebliebene Memoirenfragment unschädlich zu machen.‹« Bereits einige Jahre vorher hatte Julia auf Textverluste hingewiesen. In der Tat ist festzustellen, daß in der überlieferten Handschrift des Memoirenfragments der gesamte Anfang, insgesamt einunddreißig Blätter, fehlt und außerdem an einer Stelle einige Zeilen mit der Schere ausgeschnitten wurden, die die Hamburger Familie, namentlich den Cousin Carl Heine und die Cousine Therese Halle, betrafen. Auch Julia brachte diese Textverluste mit Maximilians Aufenthalt in Paris im Jahre 1867 in Zusammenhang. Zu diesem Zeitpunkt war Julia allerdings nicht mehr in Paris, seine Informationen stammten aus zweiter Hand und beruhten auf Unkenntnis der Sachlage, denn beide Male war eindeutig Heine selbst der verantwortliche Urheber der Eingriffe: Der Anfang des Manuskripts wurde im Frühjahr 1854 in die *Geständnisse* integriert, und daß auch die Entfernung der Passagen über die Hamburger Familie zumindest mit Heines Einwilligung und jedenfalls zu seinen Lebzeiten geschah, geht daraus hervor, daß er selbst die oben

abgeschnittene Seite neu paginierte. So kann Maximilians Verwandtenzensur, wenn sie denn stattfand, allenfalls eine mögliche Fortsetzung des Fragments betroffen haben.
Dagegen spricht jedoch, daß in fast allen Äußerungen Heines aus dieser Zeit die Memoiren als etwas erscheinen, das es erst noch in der Zukunft zu bewältigen gelte. Die wenige Arbeitskraft, die ihm nach Veröffentlichung der *Vermischten Schriften* verblieb, wurde hauptsächlich in die französische Werkausgabe investiert, über die er im Oktober 1854 mit dem Verlag Michel Lévy Frères abgeschlossen hatte. Daneben schrieb er in besseren Stunden weiter Gedichte, vor allem, nachdem er im Sommer 1855 die Bekanntschaft von Elise Krinitz gemacht hatte. Daß Heine mit seinem Memoirenprojekt nicht zum Abschluß kam, hat auch tiefere Gründe. Offensichtlich war es für ihn schwierig, für einen postumen Leser zu schreiben, den er nicht kannte, für ein Publikum, das es noch nicht gab. Auf diesen Leser der *künftigen Zeiten*, dem er alles einmal *offenbaren* wolle, verwies Heine häufig, wenn er auf seine *geheimsten* Ansichten anspielte, aber er hat ihn nie konkret in eines seiner Werke integriert. Und doch war es gerade dieser Leser der Zukunft, an den sich das Memoirenprojekt richtete, den es zum Richter von Zeit und Personen machen wollte. So besitzt es eine gewisse innere Logik, daß das Projekt – unabhängig von realer oder imaginierter Verwandtenzensur – letztlich Utopie blieb. Der *theuren Dame*, die in der Vorrede zum Memoirenfragment als Adressat genannt wird, erklärt Heine darum auch ganz folgerichtig, daß er ihr keinen Einblick in seine *Memoiren und Briefschaften* gewähren könne. Die eigentlichen Memoiren sind entweder schon *schier zur Hälfte (...) vernichtet* oder noch ungeschrieben. Und was er als *das Mährchen meines Lebens* dann doch niederschrieb, waren nicht die vielfach angekündigten Zeit-Memoiren, sondern wieder nur eine besondere Version konkreter autobiographischer Fragestellungen. Auch das Fragment von 1853/54 ist in diesem Sinne nur ein Vor-Text, ein Präludium zur ominösen, immer wieder in die Zukunft verlagerten Utopie. So entzog sich der Memoirenkomplex Heines konsequenter Strategie der Rettung vorhandener Textmaterialien und Werkpläne. Er konnte das Projekt nicht mehr in der Weise ›an Land ziehen‹, wie ihm das mit den anderen Texten gelang.

Gesundheitsliebe: Die Mouche

Auf einem anderen Sektor gingen Utopie und Realität, Biographie und Dichtung an Heines Lebensende noch einmal eine ganz eigene Verbindung ein: der Liebe, dem Verhältnis zu Frauen. In einem Gedicht aus der Sammlung des *Romanzero* hatte er sich gewünscht:

Noch einmal, eh' mein Lebenslicht
Erlöschet, eh' mein Herze bricht –
Noch einmal möcht' ich vor dem Sterben
Um Frauenhuld beseligt werben.

Und eine Blonde müßt' es seyn,
Mit Augen sanft wie Mondenschein –

Ein Dreivierteljahr vor seinem Tod führte ihm das Schicksal die ersehnte sanftäugige Blondine zu: Im Juni 1855 wandte sich, aus herzlicher »Begeisterung« für den »lieben Dichter«, eine junge »Landsmännin« an Heine. Sie hatte, wie sie ihm schrieb, den lebhaften Wunsch, ihm einmal die Hand zu drücken, den Klang seiner Stimme zu hören und »den lebendigen Ausdruck« seiner »Züge zu erfassen« – und vermutlich erhoffte sich die angehende femme des lettres, die von Übersetzungen und literarischen Arbeiten leben wollte, von dem weltberühmten Dichter auch ein wenig Protektion. Den Brief unterzeichnete sie mit »Margareth«, erst später gab sie ihren wahren Namen preis: Elise Krinitz. Fünf Jahrzehnte lang versteckte sie sich hinter Pseudonymen: van Belgern, Margot Bellgier, Margot von Gérard, Margareth B., Sarah Dennigson, Camille Selden, Monka, Monck, Mouche.

Das Geheimnis ihrer Herkunft hat sie bis in den Tod bewahrt. Sie selbst gab den 26. Juni 1828 als ihren Geburtstag an, machte sich später aber um einige Jahre jünger. Vielleicht wurde sie um 1826 als Kind eines Elbfischers aus der Gegend von Torgau geboren. Fritz Mauthner, der sie 1883 in Rouen besuchte, machte sie allerdings weis, daß sie als uneheliche Tochter des Grafen Nostitz und einer Gouvernante in

Prag geboren sei. Sicher ist, daß sie von dem Ehepaar Adolf und Emilie Krinitz adoptiert wurde, das 1824 von Leipzig nach Paris übergesiedelt war. Um 1844 trat sie dort erstmals öffentlich als Pianistin auf. Im Dezember 1847 wandte sie sich brieflich an Théophile Gautier, damals einflußreicher Musikkritiker, und bat ihn, ihr als unbekannter Bewundererin seinen neuen Roman »Mademoiselle de Maupin« zu schicken. Im selben Jahr lernte sie Alfred Meissner kennen, dem sie sich als »Margot« vorstellte. Er schätzte sie auf »18, 19 Jahre« und hielt sie zunächst für eine Lorette, eine Dumassche Kameliendame. »Außerordentliche Reize«, so Meissner später, »waren (...) nicht da«, allenfalls die »beauté du diable«, der verführerische Reiz der Jugend. 1849 traf er sie wieder, da nannte sie sich van Belgern. Von 1850 bis 1853 lebte sie vermutlich in England, angeblich mit einem Franzosen verheiratet, der sie, um sich ihrer Mitgift zu bemächtigen, in eine psychiatrische Anstalt einweisen ließ. Auch in London war sie als Pianistin hervorgetreten. Danaben hat sie sich auch kompositorisch betätigt und Klavierstücke sowie einige Chorwerke verfaßt. Von 1858 bis 1869 war sie die Geliebte des Historikers und Kulturkritikers Hippolyte Taine, der ihre literarischen Ambitionen förderte und den sie ihrerseits mit deutschen Traditionen vertraut machte. Nach Taines Tod tilgte seine Familie alle Spuren der für ihn überaus wichtigen, bürgerlichen Moralvorstellungen jedoch zuwiderlaufenden Beziehung im Nachlaß. Unter ihrem Schriftstellerpseudonym Camille Selden veröffentlichte Elise Krinitz während dieser Zeit u. a. die fiktive Musikerbiographie »Daniel Vlady« (Paris 1862), »L'esprit des femmes de notre temps« (Paris 1865, mit Beiträgen über Charlotte Brontë, Rahel Varnhagen u.a.), »La Musique en Allemagne. Etude sur Mendelssohn« (Paris 1867), »L'esprit moderne en Allemagne« (Paris 1869, mit Beiträgen über Heine, Hebbel u. a.). 1872 publizierte sie eine Übersetzung von Goethes »Wahlverwandtschaften«. »Heinrich Heine's letzte Tage« (Jena 1884, im selben Jahr auch in Paris und London erschienen) war ihr erfolgreichstes Werk. Nach mehrjährigen Reisen wurde sie 1882 als Lehrerin für neue Sprachen am Mädchenlyzeum in Rouen angestellt, wo sie bis zu ihrem Tod am 7. August 1896 in Orsay Deutsch und Englisch unterrichtete. Ihre »Mémoires de la Mouche« (Paris 1884-1885) gelten als durchweg fiktiv.

Zur Zeit von Elise Krinitz' erstem Besuch in der avenue Matignon war Heine gerade ohne Sekretär. In der Folgezeit beschäftigte er sie daher mit mancherlei Schreibarbeiten sowie als Vorleserin. Und er verliebte sich auf Anhieb in die etwas kränkelnde junge Frau, die er, *nach dem Emblême Ihres Petschafts, mouche* nannte, und die wie ein erotischer Schmetterling die letzten Lebensmonate der *Matratzengruft* umflatterte, während der Moschusduft ihrer Handschuhe sie zu einer *holden Bisamkatze* werden ließ. Zahlreiche Billets Heines bekunden, daß sie ihn, so oft es ging und sein Gesundheitszustand es erlaubte, in seiner *Matratzengruft* besuchte. Mathilde wußte von den Besuchen, nahm aber keinen Anstoß daran: Ein einziges Mal begegneten sich beide Frauen im Vorzimmer, Elises Gruß blieb unerwidert. »Ich habe mich nie viel darum gekümmert«, antwortete Mathilde später auf entsprechende Fragen Meissners, »nur ist mir zuweilen der Gedanke gekommen, ob es nicht ein heimlicher Spion wäre!« Journalistische Männerphantasien haben aus der Krinitz eine Abenteurerin gemacht, die zwar nicht klug, aber jung und schön gewesen sei. Nur darum habe Heine sie geliebt. Das Gegenteil ist richtig. Sie war knapp dreißig Jahre alt, für damalige Verhältnisse ein ›spätes Mädchen‹ also, und ihr *liebes Schwabengesicht* entsprach keineswegs den Regeln konventioneller Ästhetik. Alfred Meissner, der sie im März 1856 wiedersah, schilderte sie Julius Campe mit den Worten: »Ach lieber Gott, leidlich war sie noch immer, doch welch ein Abstand von 1847! Wenig Haar, dünne Brauen, keine Farbe, jetzt erst sah man recht, daß die Nase, immer der mißlichste Theil ihres Gesichts, recht unschön war.« Freilich wußte er, daß sie »recht krank gewesen« war, »fast gelähmt«. Gleichwohl verwandelte sie sich in Heines Augen in eine reizvolle Schönheit, die er *mit todtkranker, innigster Zärtlichkeit* liebte. Die letzten Gedichte, die der Todgeweihte krakelig mit Bleistift auf große Foliobögen schrieb, waren Liebesgedichte, die er ihr widmete. Ein letztes Mal produzierte der luzide Geist des sterbenskranken Dichters Gedichte der Sehnsucht und des Schmerzes, voll bitterer Selbstironie und nicht ohne frivolen Witz: Es quälte ihn sehr, daß zwar *ihre Seelen* miteinander *vertraut* waren, daß *beiden* aber *fremd* blieb, *Was bey dem andern befindlich / Wohl zwischen Seel und Hemd*, und daß nur sein Geist, der *kleine Schnaphahn*, es vermochte, die Schranken des Krankenzimmers und der Schicklichkeit zu überspringen: *Du bist sogar im Bett nicht sicher / Vor seinem Kusse und Gekicher.*

Für den Todkranken war Elise eine späte große Liebe, die *letzte Blume* seines *larmoyanten Herbstes. Du bist meine liebe Mouche und ich fühle minder meine Schmerzen, wenn ich an Deine Zierlichkeit, an die Anmuth Deines Geistes denke*, schrieb ihr Heine am Neujahrstag 1856. Und wiederum war es eine unmögliche Liebe: Den gelähmten Dichter der *Matratzengruft* marterte nun die Gewißheit, daß es für ihn keine fleischliche Erfüllung der Leidenschaft mehr geben würde, sondern nur noch die *Gesundheitsliebe* eines *kranken Mannes*, und daß die Geliebte, wenn sie ihn an seinem Krankenlager besuchte, *statt des befruchtenden Lebens* von ihm *nur ein Gedicht* empfing. Als Todgeweihter streifte Heine seine Berührungsängste vor geistig gebildeten, selbständigen Frauen ab, zu einem Zeitpunkt, da die Erfüllung dem Reich absoluter Utopie angehörte. Im gemeinsamen Rollenspiel war sie deshalb auch seine *Heloise*. Wiederum war es eine unmögliche Liebe, die Heines Poesiemaschine noch einmal in Gang setzte, Freudholds Riesenharfe ein letztes Mal zum Klingen brachte, ehe sie am 17. Februar 1856 verstummte.

SIEBZEHNTES KAPITEL

Materielle Bilanz

Honorare

Das bescheidene Echo auf Heines Beerdigung schien die Legende seiner angeblichen Armut, an der er kräftig mitgestrickt hatte, zu bestätigen. Sie wird durch einen Blick auf seine Einkommens- und Vermögensverhältnisse jedoch platterdings widerlegt. Innerhalb weniger Jahre war er vom honorarlos abgefundenen literarischen Debütanten zu einem der bestbezahlten Schriftsteller deutscher Sprache avanciert und gleichwohl, wie wir sahen, selbst bei Einkünften von durchschnittlich viertausend Francs im Jahr ohne zusätzliche Unterstützung weit davon entfernt, seine Bedürfnisse auch nur halbwegs durch die schriftstellerische Arbeit decken zu können. Hatte er zu Beginn seiner Karriere vom Berliner »Gesellschafter« noch zwei Friedrichdor (ca. vierzig Francs) für den Druckbogen erhalten – der Durchschnittssatz des namenlosen Literaten an einem gut eingeführten Blatt –, so sah er seine Beiträge für das ›Morgenblatt‹ 1828/29 bereits mit acht bis neun Friedrichdor für den Bogen honoriert, während ihm die redaktionelle Arbeit für Cotta 1828 auf der Basis eines Jahresgehalts von zweihundertfünfundzwanzig Friedrichdor (zweitausendzweihundert Gulden) entgolten wurde, womit er höchlichst zufrieden war, lag ein normales Redaktionshonorar an einem kleinen bis mittleren Blatt doch bei etwa sieben- bis neunhundert rheinischen Gulden jährlich. Bereits ab 1832 gehörte Heine unter den Mitarbeitern der »Allgemeinen Zeitung« zu den Spitzenverdienern. Lediglich Fürst Lichnowsky, ein Mitglied der europäischen Hocharistokratie, wurde später noch höher bezahlt, doch darf man heute davon ausgehen, daß es sicher nicht dessen stilistische Qualitäten waren, denen auf diese Weise Tribut gezollt wurde. Lichnowsky wurden sein gesellschaftlicher Rang und das politische Gewicht der von ihm beigebrachten Informationen vergütet. Heine stand sich aber auch bei anderen Zeitungsverlegern sehr günstig. Von dem Leipziger Leopold

Voß verlangte er 1842 für die Veröffentlichung des *Atta Troll* in der »Zeitschrift für die elegante Welt« zehn Friedrichdor pro Bogen, und der Redakteur Heinrich Laube wußte zu berichten: »Die Preisforderung war für uns enorm, aber Voß hat sich nicht einen Augenblick besonnen, so wie er sich bei jedem Anderen keinen Augenblick besinnen werde, lächelnd abweisend die Achseln zu zucken.«
Gleichviel, ob er Prosa oder Verse produzierte, Heines Feder hatte in deutschen Redaktionsstuben einen guten Namen, der sich unmittelbar in klingende Münze umsetzen ließ. Was Heine dabei honoriert wurde, zeigen die Kommentare, mit denen Gustav Kolb, der Redakteur der Augsburger »Allgemeinen Zeitung«, Heines Artikel 1832 an Cotta übersandte: »Mir scheinen solche geistreiche Einsendungen ein unentbehrliches Element der Allgem. Zeitung um dem zunehmenden Ruf, als altere sie und werde zu servil, zu begegnen«, schrieb er am 2. Januar 1832, und einen Monat später hieß es: »Mit einiger Besonnenheit gebraucht sind uns diese Artikel gewiß höchst gewinnreich.« Das im Gefolge der Julirevolution erstarkende politische Bewußtsein des deutschen Bürgertums begann sich vor allem in Süddeutschland 1831/32 negativ auf die Abonnentenzahlen allzu konservative Meinungen predigender Blätter auszuwirken. In dem Anpassungsprozeß, den die deutsche Presse durchzumachen hatte, schien gerade Heine frischen Wind in den liberalen Blätterwald zu bringen und neuen Absatz zu versprechen. Dabei ging es offenbar weniger um konkrete politische Stellungnahme als um eine neue Einstellung gegenüber Staat und Obrigkeit, die sich in Heines geistreichen Respektlosigkeiten wiederzuerkennen glaubte. Daß der Versdichter und Verfasser fiktionaler Prosa auf genau derselben Grundlage bezahlt wurde wie der politische Schriftsteller, illustriert beispielhaft eine gewisse Einheit der damaligen Literatur.
Das Bild auf dem um 1830 noch eher von konservativen Tendenzen dominierten Buchmarkt sah dagegen etwas anders aus. Zwar begann sich schon Mitte der zwanziger Jahre ein potentieller Bedarf an politisch brisanter Literatur abzuzeichnen – der junge, dynamische Campe hatte hierfür eine feine Nase –, doch ging die Entwicklung äußerst langsam voran. Während Heine von der Presse für deutsche Verhältnisse absolute Spitzensätze gezahlt wurden, stand er sich mit

Buchprojekten meist etwas ungünstiger, wenngleich ihn auch hier die von seinen Verlegern ab 1830 (manchmal erst nach langem Feilschen) bewilligten Honorare in die Gruppe der sehr gut bezahlten Autoren einreihten. Während er bei seinem Erstling *Gedichte* (1822) noch leer ausging, verlangte er zu Beginn seiner Laufbahn als Prosaschriftsteller für seinen ersten *Reisebilder*-Band zwei Friedrichdor (etwas über einundvierzig Francs) pro Bogen, und hatte dann das Glück, daß Campe, einen zugkräftigen Autor in ihm witternd, schließlich etwas mehr als diesen Satz bewilligte, nämlich dreißig Friedrichdor, was ca. zweieinhalb Friedrichdor für den Druckbogen zu vierundzwanzig Seiten entsprach. Der zweite *Reisebilder*-Band brachte ihm schon – die Zahlen gelten jeweils nur für eine Auflage – fünfzig Friedrichdor (elf für drei Duodezbogen); *Reisebilder* III dann zwei Jahre später vierzehn Friedrichdor für drei Druckbogen. Mit den *Nachträgen zu den Reisebildern* (1831) erreichte er die Schwelle der fünf Friedrichdor pro Druckbogen. Kleinere Sonderarbeiten wie die Vorrede zu »Kahldorf über den Adel« waren besonders lukrativ: Heine erhielt fast zehn Friedrichdor für den Bogen. Gerade an solchen Publikationen läßt sich Heines steigender Marktwert gut ablesen, diente sein Name hier doch schon als Zugpferd für die Schrift eines unbekannten Verfassers.

Während der dreißiger Jahre zahlte ihm Campe dann zwischen über vier (*Französische Zustände*) und fast sieben (*Salon* IV) Friedrichdor für den Druckbogen. Dabei lassen wir außer acht, ob Heine das entsprechende Werk jeweils für eine oder für beliebig viele Auflagen verkaufte, da die Frage der Zweitauflagen seit dem Vertrag über die Gesamtausgabe 1837 an Aktualität verloren hatte. Mit der Börne-*Denkschrift* peilte Heine 1840 eine Summe von elfeinhalb Friedrichdor pro Bogen an, gab sich aber schließlich mit der Hälfte zufrieden, da er fest mit einer zweiten Auflage rechnete, die in diesem Fall genauso hoch honoriert worden wäre wie die erste. Die Rechnung ging freilich nicht auf, da der Verkauf weit hinter den Erwartungen zurückblieb. Nach 1840 gelang es Heine, aus der steigenden Konjunktur für politische Verse Kapital zu schlagen, und zwar nicht so sehr mit den *Neuen Gedichten*, die ja z. T. schon bekannte, von Campe schon einmal veröffentlichte Gedichtzyklen enthielten (*Neuer*

Frühling, Verschiedene) und für die Heine das relativ bescheidene Honorar von knapp sechs Friedrichdor pro Druckbogen erzielte, sondern vor allem mit *Deutschland. Ein Wintermährchen*, das ihm nach zähen Verhandlungen schließlich vierzehn Friedrichdor pro Bogen eintrug, mehr als das Doppelte seines bisherigen Höchstsatzes. Freilich blieb er mit diesem Honorar noch eine gute Länge hinter den neunundzwanzig Friedrichdor pro Bogen zurück, die Freiligrath, dem Spitzenverdiener unter den politischen Barden, sein »Glaubensbekenntnis« einbrachte. In diese Regionen vorzustoßen gelang Heine erst mit dem *Romanzero*, für den ihm zusammen mit dem *Faust*-Ballett sechstausend Bankomark oder einunddreißig Friedrichdor pro Druckbogen bezahlt wurden. Sowohl das *Wintermährchen*- wie das *Romanzero*-Honorar sind jedoch nur bedingt mit Heines anderen Honorarsätzen zu vergleichen, enthielten diese beiden Veröffentlichungen doch zu einem hohen Prozentsatz (vier Fünftel der Gedichte waren unveröffentlicht) bzw. gänzlich unbekannte Werke, die deshalb von Campe – vor allem im Falle des *Romanzero* – unter ungewöhnlichem Reklamerummel lanciert werden konnten. In dieser Hinsicht war also Heines Technik, sich seine Werke durch Mehrfachverkauf an Presse- und Buchverleger doppelt bezahlen zu lassen, nicht immer so einträglich, wie es auf den ersten Blick erscheinen mag. Dies gilt jedoch erst für die späten Jahre, als die Expansion des Marktes größere Auflagen zuließ, und nur für die Lyrik. Mit den *Vermischten Schriften* (1854, sechstausend Bankomark für drei Bände) erzielte Heine schließlich ein Honorar von dreizehneinhalb Friedrichdor für den Bogen zu vierundzwanzig Seiten.

Eine derartige Übersicht gibt zwar über Heines Marktwert Auskunft, doch bleiben die daraus abgeleiteten Folgerungen unvollständig, wenn man nicht der Produktionskadenz des Autors Rechnung trägt. Denn um den realen Verdienst zu erfassen, ist es selbstverständlich von kapitalem Gewicht, wie schnell und wieviel ein Autor produziert, und hier verschiebt sich das bis dahin für Heine so günstige Bild beträchtlich. Was nützte Heine etwa ein Spitzenhonorar wie das der »Allgemeinen Zeitung«, wenn er selbst in seinem produktivsten Jahr (1840) in diesem Blatt nur etwa zweieinhalb Bogen veröffentlichte? Denn das war ja gerade einer der einschneidendsten Unterschiede zum ständischen

Schriftsteller des vorbürgerlichen Zeitalters, daß nun literarische Produktion und Geld in einem direkten, quantitativ spezifizierten Kausalzusammenhang standen, daß, je mehr ein Autor produzierte, seine Einnahmen wuchsen oder umgekehrt mangelnde Produktion seinen Lebensunterhalt gefährdete. Wie hätte diese neue Qualität der literarischen Tätigkeit nicht umgehend diese Tätigkeit selbst verändern sollen? Damit verknüpft war das so komplizierte Thema der künstlerischen Qualität. Kann ein Autor schnell und gut zugleich arbeiten? Kann ein künstlerisch wertvolles Werk in einem Wurf niedergeschrieben werden, oder setzt Qualität mehrere Überarbeitungsphasen voraus? Selbst wenn man Qualität auf rein stilistische Merkmale reduzierte, müßte die Antwort auf diese Fragen von Autor zu Autor, von Epoche zu Epoche verschieden ausfallen, und es wird hier wie anderswo deutlich, wie angeblich Außerliterarisches in das Innerste literarischer Tätigkeit hineinreicht. Für Heine jedenfalls hat der Ausweg über eine entsprechende quantitative Steigerung seiner Produktion nie ernsthaft bestanden. Selbst in Zeiten äußerer Unsicherheit, ja drängender finanzieller Nöte war er nicht imstande – oder willens –, entscheidend mehr zu produzieren, als er ohnehin schon tat.

Anlagevermögen

Vor 1845 hatte Heine auch nie ernsthaft an eine Vermögensbildung gedacht, zumal eine systematische Rücklagenbildung mit einer Schmälerung seines (und Mathildes) Lebensstils einhergegangen wäre. Seine einzige Kapitalanlage war eine vorausschauende Vertragspolitik mit Campe, sein einziges Vermögen literarischer Art. Die bürgerliche Kreise weithin beherrschende Vorstellung, das eigentliche Ziel der Arbeit sei die Bildung eines ausreichenden Vermögens, um als von den Einkünften seines Kapitals zehrender Pensionär einen ungestörten Lebensabend verbringen zu können, stand für ihn außer jeder Realität. Erst 1845, nach dem Warnschuß des Erbschaftsstreits, der die Familiensolidarität in Frage stellte, und angesichts der rapiden Verschlechterung seines Gesundheitszustands, ergriff er konkrete Maßnahmen: Das ihm aus der Hamburger Erbschaft zufließende

Bargeld legte er 1845/46 teils, offenbar unter Anleitung James Rothschilds und Benny Goldschmidts, in Aktien der französischen Nordeisenbahn, teils (zehntausend Francs) in Anteilsscheinen des Prager Gasunternehmens Iris an, wandte sich also im Bedürfnis einer Zukunftssicherung dem riskanten Aktiengeschäft zu. Der Zusammenbruch der Julimonarchie und die Streichung der Staatspension machten jedoch schon bald deutlich, daß sein Budget auf tönernen Füßen ruhte. Zwar gelang es ihm, als es 1847 mit den Kursen und der Julimonarchie abwärts zu gehen begann, sich noch rechtzeitig von der Börse zurückzuziehen, so daß er *mit einem blauen Auge* davonkam, doch ein *in Akzionen der Bank von Gouin und ähnlicher Etablissemente* angelegtes Kapital scheint er 1848 *im Bankrott der Februar Revoluzion* definitiv verloren zu haben, was zunächst auch für das bei der in Konkurs gegangenen Iris angelegte Geld zu gelten schien, das er erst nach jahrelangen Auseinandersetzungen mit Ferdinand Friedland zurückerhielt. Ruiniert war Heine dadurch freilich nicht, aber die Fortführung des aufwendigen Lebensstils war in Frage gestellt. In einem Brief an Laube vom 25. Januar 1850 verdeutlichte Heine die Misere: *Obgleich die Februar Revoluzion mich, wie so Viele andere finanziel ruinirt hat, so bleibt mir doch noch so viel übrig, daß einige deutsche Dichterfamilien in diesen Ruinen meines Glücksgebäudes noch ganz behaglich leben könnten: Aber ich Unglückseliger, der ich an fürstlichen Aufwand gewohnt bin und dessen Krankheitskosten beispiellose Summen in Anspruch nehmen, komme nicht aus mit den Ressourçen die mir übrig geblieben.*

Es war purer Zufall, daß mit dem Jahr 1848 auch die Jahreszahlungen aus dem zweiten Gesamtausgabenvertrag mit Campe einsetzten, mit denen er einen Teil des Einnahmenausfalls decken konnte (zweitausendzweihundertachtzig von viertausendachthundert Francs im Jahr). Die verbleibende Lücke schloß Carl Heine, der über die Familienpension hinaus noch jährlich dreitausend, ab 1850 dann fünftausendzweihundert Francs zuschoß. Durch die Zahlungen seines Vetters – um die Heine freilich einmal bangen mußte – und Campes Rente war Heines Lebensunterhalt trotz der durch die Krankheit entstehenden zusätzlichen Pflegekosten wieder gesichert. Er war nun nicht mehr auf neue literarische Produktionen zur Deckung seiner

Ausgaben angewiesen, ja er hatte, den nahen Tod vor Augen, solche Aktivitäten auch gar nicht mehr eingeplant. So überließ er denn auch in seinem Testament vom 10. Juni 1848 die Versorgung seiner künftigen Witwe völlig der *generosité* des reichen Verwandten. Das allseits erwartete schnelle Ende blieb jedoch aus, und die Stagnation seiner Krankheit ließ Heine während der besseren Momente Zeit zum Arbeiten. Frei von den drückendsten Geldsorgen, konnte Heine das Ende der Krise in seiner Beziehung zu Campe (1848-51) ruhig abwarten, um dann im Sommer 1851 überraschend mit dem völlig neuen Band seines *Romanzero* hervorzutreten. Das erhebliche Honorar, das ihm diese Publikation einbrachte, weckte nun noch einmal Energien und den Willen, die materielle Bilanz seines Lebens entscheidend zu beeinflussen, ihr noch einen wesentlichen Nachtrag anzufügen.

Das von Heine am 13. November 1851 errichtete und notariell beglaubigte Testament (berücksichtigt werden im folgenden auch die Vorstufen) setzte präzise an dem Punkt ein, da er diese neue Perspektive noch nicht ganz realisiert, die Mobilisierung seiner auf die Verbesserung der Stellung seines *armen Weibes* gerichteten Kräfte aber bereits begonnen hatte. *Meine Hinterlassenschaft ist sehr gringfügig und ich habe für die Zukunft meiner Frau schlecht gesorgt*, bekannte er rückblickend in einem der Testamentsentwürfe, in dem er versuchte, seinem Finanzgebaren im nachhinein Kohärenz zu unterlegen. Es sei nicht seine *Schuld, wenn der Gesammtbetrag alles dessen was* er *hinterlasse, nur gering* sei und er *in einem Zustande, der an Dürftigkeit grenzt*, sein *Leben beschließe*, habe er doch vor dem Tode des Onkels fest damit gerechnet, in den Besitz einer größeren Summe zu kommen. Seine *langjährige Sorglosigkeit in Bezug auf Erwerb* sei lediglich *aus der Hoffnung* hervorgegangen, *später ein reicher Mann zu seyn*. Der Onkel sei es auch gewesen, der ihm *jeden Hader mit Buchhändlern untersagt*, weshalb er nahezu sein *ganzes literarisches Eigenthum für momentane Vortheile vergeudet* habe. Als sich diese auf mündliche Äußerungen des Onkels gegründete Hoffnung angesichts der Testamentsverfügungen als Irrtum erwiesen habe, habe er *zum erst[en]mal* in seinem Leben *an Erwerb* gedacht, *aber es war zu spät, denn zu derselben Zeit fühlte ich mich ergriffen von der fatale[n] Krankheit, woran ich sterbe, und die mir alle große Anstrengung unmöglich* machte. Gott habe es gewollt, daß er in Armut sterbe.

In all diesen Testamentsentwürfen zog Heine aber keineswegs objektive Bilanz. Sie waren im Grunde – Vorstufen zu § 2 des rechtsgültigen Testaments – einzig an den Vetter Carl gerichtet, und es war ihr Zweck, diesen zur Übertragung der Pension in voller Höhe auf Mathilde zu bewegen. *Der Gedanke daß die Schwüle und die Bedarfniß des Lebens sie* [Mathilde] *niederdrücken dürften, verbittert mir meine letzte Stunde.* Hatte Carl sich bis dahin nur bereit erklärt, nach Heines Tod die Hälfte der Pension an Mathilde weiterzuzahlen, wollte Heine seiner Witwe die volle Pension sichern. Im Testament gab es dazu nur den *Appel an die Liberalität* des Vetters. Diese taktischen Überlegungen brachten es auch mit sich, daß er die Rente, die Campe seiner Witwe in jedem Fall schuldete, im Testament mit keiner Silbe erwähnte.

Parallel hierzu unternahm Heine noch weitere Anstrengungen, um Mathildes Zukunft finanziell zu sichern. Im Oktober und Dezember 1851 traf das ausgehandelte Honorar für den *Romanzero* ein, die enorme Summe von zwölftausend Francs, und um dieselbe Zeit nahmen seine Projekte, das in den Artikeln für die »Allgemeine Zeitung« aus den vierziger Jahren stehende literarische Kapital mittels einer Buchausgabe zu versilbern, Gestalt an. In äußerst zähen, sich über zwei Jahre hinziehenden Verhandlungen setzte er dieses Ziel mit den *Vermischten Schriften* zu für ihn optimalen Konditionen durch. Der sterbenskranke Heine erreichte somit in den Jahren 1851 (*Romanzero*) und 1854/55 (*Vermischte Schriften*, *Œuvres complètes*), was ihm während seiner ganzen gesunden Periode nicht vergönnt gewesen war: durch literarische Arbeit so viel zu verdienen, daß er allein hierdurch seinen gewohnten Lebensstil hätte bestreiten können. Dabei ging es freilich nicht mehr um diesen Lebensstil, sondern um die materielle Sicherung Mathildes, des *dicken Kinds*. In ihrem und nicht in seinem Interesse geschah es, daß Heine seit dem Jahresbeginn 1852 regelmäßig bei reichen Gönnern um einen *Bissen* anklopfte, in ihrem Interesse begann er in den allerletzten Lebensjahren, die ihm über seinen Bedarf hinaus zufließenden Beträge an der Börse zu investieren, wobei er sich des Rats und der Hilfe des Bankiers Julius Homberg bediente. Es mag allerdings sein, daß sich die energische, mit Macht betriebene Auseinandersetzung um Geld – zumindest für Heine selbst – lediglich mit der Fürsorgepflicht maskierte, bedeutete sie doch immer auch Anerkennung und Belohnung seiner schriftstellerischen Leistungen wie auch seines Verhandlungsgeschicks.

Saldo: 1,3 Millionen

Aus Hombergs Auftragsbestätigungen und Kontoaufstellungen geht hervor, daß Heine in diesen Jahren manchen gewinnreichen Fischzug an der Börse machte. So kaufte er etwa am 11. Februar 1852 zwanzig Aktien der Eisenbahnlinie Paris-Strasbourg für 8.340 Francs, und als er diese Papiere anderthalb Jahre später, am 9. August 1853, wieder verkaufte, erlöste er dafür 18.978 Francs, d. h. sein Gewinn betrug über einhundert Prozent. Damit ist freilich auch schon der dickste Brocken genannt. Andere Operationen brachten weit bescheideneren Gewinn, wieder andere gar Verlust. Auch soll nicht übersehen werden, daß es zumeist nur um relativ geringe Beträge ging. Zudem operierte Heine im allgemeinen mittel- bis langfristig, und es wäre völlig verfehlt, in ihm einen Spekulanten größeren Stils zu sehen. Die von ihm zwischen Oktober 1851 und Dezember 1855 realisierten Kursgewinne beliefen sich denn auch nur auf knapp sechzehntausend Francs. Zu diesem Betrag sind noch ca. zehntausend Francs an zu Lebzeiten nicht abgerufenen Gewinnen dazuzurechnen: Der Kurswert der hinterlassenen Effekten betrug nach den Schlußkursen vom 16. Februar 1856 52.062 Francs; für den Kauf dieser Papiere hatte Heine 42.158 Francs aufgewendet. Außerdem kassierte er zwischen 1852 und 1855 zusammen 3.327 Francs an Dividenden.

Heines Börsenoperationen sind darum nicht so sehr ihres finanziellen Gewichts wegen, sondern als psychologisches Indiz von Bedeutung, denn sie entsprachen einem – aufs Ganze gesehen – atypischen Verhalten. Denn industrielle Kapitalinvestitionen über die Börse spielten damals, zu Beginn der industriellen Revolution, gesamtwirtschaftlich noch lange nicht die Rolle, die ihnen gegen Ende des Jahrhunderts zukam. Der zu Reichtum gekommene Normalbürger legte sein Kapital in Rentenpapieren oder in Grund- und Immobilienbesitz an, wobei die Renten eher kleinbürgerlichem Usus entsprachen, die bedeutendere Kapitalien erfordernden Immobilienanlagen dagegen den mittleren und oberen Schichten des Bürgertums vorbehalten blieben. Beide Anlageformen spiegeln das Sicherheitsbedürfnis des Bürgertums wider, das einmal Erworbenes nicht aufs Spiel setzen wollte. Demgegenüber hatte eine Kapitalbeteiligung an den neuen Industriegesellschaften Charakter und Ruch einer riskanten Operation, bei der ein Normalbürger und Nichtspezialist gewöhnlich den kürzeren zog. Der spekulative Charakter solcher Anlagen, der durch die teilweise enormen Kursschwankungen verstärkt wurde, war dem erwähnten, auf Rendite und Kapitalerhaltung, nicht Kapitalwachstum bedachten, Sicherheitsbedürfnis diametral entgegengesetzt. Die Aktienbörse war deshalb eine Domäne der Finanzbourgeoisie, der Bankiers und Makler, zu denen sich eine gewisse Sorte junger, ehrgeiziger Leute gesellte, die, durch die riesigen Gewinne der Spezialisten angelockt, eine Chance zu raschem sozialen Aufstieg witterten – aus der Heine-Peripherie sei in diesem Zusammenhang auf Ferdinand Friedland verwiesen, internationaler Agent, Schwager Lassalles und später Gaswerkbesitzer in Prag. Sieht man von diesen Industrierittern und den reinen Profis ab, so band das Pariser Bürgertum damals nur einen sehr geringen Teil seiner Vermögenswerte in Aktiengesellschaften. Der schwerkranke Heine jedoch legte, den sicheren Tod vor Augen, jeden Pfennig, den er über seine laufenden Ausgaben hinaus erübrigen konnte, bis zum letzten Augenblick ausschließlich in Aktien an, als wolle er in letzter Minute das frühere finanzielle Mißgeschick wettmachen, eine verderbliche Grundtendenz seines Lebens umkehren. Nichts, auch nicht seine schlechten Erfahrungen mit der Prager Gasbeleuchtungsaktiengesellschaft Iris, konnte ihn in dem verbissenen Willen beeinträchtigen, alles auf eine Karte zu setzen, um doch noch aus eigener Kraft ein gewisses Vermögen zu akkumulieren. Interessanterweise gab er 1852 als Mieter in der rue d'Amsterdam seinen Beruf mit *rentier*, als von seinen Renteneinkünften lebender Pensionär, an.

Im Dezember 1853 glaubte Heine resümieren zu müssen, es sei ihm zwar *nichts geglückt in dieser Welt*, aber es hätte *doch noch schlimmer gehen können. So trösten sich halbgeprügelte Hunde*. Das finanzielle Ergebnis des Wettlaufs mit dem Tode war indes beachtlich. Es gelang Heine nicht nur, seine 1851 geäußerte Befürchtung, er *werde glücklich genug seyn*, wenn er Mathilde *nicht Schulden hinterlasse*, nicht Wirklichkeit werden zu lassen, sondern er vermochte sie genau in ihr Gegenteil zu verkehren: Als er starb, standen auf der Haben-Seite einundsiebzig Aktien (sechzehn Stück Chemin de fer de l'Ouest, je zehn Stück Chemin de fer de l'Est anciens, Chemin de fer de l'Est nouveaux und Crédit Mobilier und fünfundzwanzig Stück Victor Emanuel) und sieben Wechsel Friedlands (über jeweils zweihundert österreichische Gulden) im Wert von ca. 55.150 Francs, denen ein Bankpassiv von ungefähr zehntausend Francs gegenüberstand. Das Aktiv belief sich also auf über fünfundvierzigtausend Francs. Rechnet man zu dieser Summe noch den Kapitalwert der aus dem Verkauf der literarischen Rechte an Campe resultierenden Rente von zwölfhundert Bankomark dazu, so ergibt sich bei einem durchschnittlichen Kapitalzins von vier bis fünf Prozent, wie er im 19. Jahrhundert angenommen werden kann, ein von der Hamburger Familie unabhängiger Aktivsaldo von neunzig- bis hunderttausend Francs (nach heutigem Wert ca. 1,3 Millionen Mark), zu welchem noch der Wert des eigentlichen literarischen Nachlasses dazuzuschlagen wäre (allein für einen Teilverkauf erhielt Mathilde 1869 zehntausend Francs). Heine war bei seinem Tod also keineswegs ein armer Mann. In Paris hinterließen 1847 nur etwas mehr als fünf Prozent aller Erblasser mehr als fünfzigtausend Francs. Wenn er auch nicht zu den 0,8 % Großbürgern gehörte, die bei einem Vermögenswert von ca. einer halben Million Francs anfingen, so weist ihn seine eigene Hinterlassenschaft doch der oberen Hälfte des mittleren Bürgertums zu, das selbst wiederum 6,9 % der Gesamtbevölkerung ausmachte. Unter einhundert Einwohnern von Paris stand Heine dem von ihm hinterlassenen Vermögen nach ungefähr an vierter Stelle. Dieses Resultat mag angesichts der vielen finanziellen Fehlschläge in Heines Leben paradox erscheinen und bezeichnet nur den Endpunkt einer keineswegs eingleisig verlaufenen Entwicklung; doch widerspricht es schon für sich genommen der allgemein verbreiteten Legende von Heines angeblicher Armut. Im Unterschied zu üblichen Gründen des Gelderwerbs war dieses Vermögen allerdings vorrangig aus Sorge um Mathilde gebildet worden, von der er annehmen mußte, daß sie ohne ihn nicht überlebensfähig war. Und so spiegelt auch diese unverhoffte Wendung von Heines Vermögenslage einen in anderer Weise aussichtslosen Kampf mit den Widrigkeiten der Existenz; eine Tatsache, die sich am ferneren Leben Mathildes wie auch am Schicksal von Heines literarischem Nachlaß bewahrheiten sollte.

ACHTZEHNTES KAPITEL

Epilog

Nachlass

Dreieinhalb Jahre nach ihrem Sohn starb Betty Heine, am selben Tag mit ihrer Gesellschafterin, in Hamburg an der Cholera. Mathilde Heine, das *süße, dicke Kind*, überlebte ihren Gatten um volle 27 Jahre. Nach seinem Tod hat sie nicht mehr geheiratet. Jahrelang bewohnte sie »eine einfache, recht behagliche Wohnung aux Batignolles rue l'Ecluse, deren Rückseite die Aussicht auf blumenreiche Gartenanlagen gewährte. Dort herrschte«, wie ihr Neffe Ludwig von Embden berichtete, »eine musterhafte Ordnung und Sauberkeit, wofür die arbeitsame Pauline ununterbrochen sorgte. Ihre Zerstreuungen bestanden darin, den Circus oder die kleinen Boulevardstheater zu besuchen, wenn dort heitere Stücke gegeben wurden, oder mit Pauline einen Spaziergang nach den Champs-Élysées zu machen. Außerdem spielten die Tafelfreuden bei ihr eine wichtige Rolle, und war ich zu Gast, so ließ sie eine Lieblingsspeise ihres pauvre Henri bereiten, und glaubte, bei ihrem kindlichen Gemüth, sein Andenken dadurch recht zu ehren. Rührend war es, mit welcher pietätvollen Liebe sie von ihm sprach und mir anvertraute, daß man häufig ihre Hand begehrt hätte, sie sich aber nie entschließen könne, ihren Henri zu vergessen, und seinen berühmten Namen abzulegen. – Wenn ihr pauvre Henri recht böse war, daß sie zu viel Geld ausgegeben, oder traurig nach Deutschland an Mutter und Schwester dachte, dann hätte eine einzige Liebkosung genügt, um ihn wieder froh und heiter zu stimmen. (...) Mathilde war eine große Thierfreundin, außer Cocotte hatte sie eine Vogelhecke mit 50-60 Canarienvögeln und 3 weiße Bologneserhunde. (...) Während der Belagerung war Mathilde in Paris geblieben und klagte mir später, was sie damals ausgehalten hätte, für ein Huhn habe sie 200 Frs. geben müssen. – Als ich dann mein Erstaunen ausdrückte, daß sie solchen Preis gezahlt habe, erwiderte sie lächelnd: ›Que faire si c'était le prix‹. – Sie lernte niemals den Werth des Geldes schätzen und blieb immer das große, harmlose Kind.« Zwei Jahre vor ihrem Tod sah Ludwig seine Tante zum letzten Mal. »Mathildens Äußeres hatte sich seit unserer letzten Begegnung sehr verändert, ihr Haar war gebleicht, ihre Korpulenz hatte in erschreckender Weise zugenommen, und Klagen über rheumatische Leiden entschlüpften dem sonst nur lachenden Munde«. Seit einigen Jahren schon war sie auf den Rollstuhl angewiesen. Ein Jahr später zog sie in die rue de Passy. Dort stand sie »am 17. Februar 1883, an dem Todestage ihres Gatten (...) am Fenster, und kurz vorher noch mit Paulinen sprechend, sank sie plötzlich vom Schlagfluß getroffen todt zur Erde«. Offiziell hinterließ sie ein Vermögen in Höhe von 16.785,35 Francs. Die Grabstelle an der Seite ihres Henri auf dem Friedhof Montmartre war für sie schon seit Jahren reserviert. Als »Frau Heine« wurde sie hier beerdigt – über den Tod hinaus ein Signal, daß ihre Identität darin bestand, die Frau an Heines Seite gewesen zu sein.

In seinem letzten, rechtsgültigen Testament vom 13. November 1851 hatte Heine verfügt, daß seine sämtlichen *Papiere und Briefe sorgfältig verschlossen zur Verfügung* seines Neffen Ludwig von Embden gehalten werden sollten, dem er seine *weiteren Bestimmungen* über den davon zu machenden Gebrauch erteilen werde, ohne daß dadurch die Eigentumsrechte seiner Frau berührt würden. Viereinhalb Wochen nach Heines Tod, am 21. März 1856, wandte sich Embden schriftlich an seine Tante und erinnerte an den betreffenden Paragraphen des Testaments. Es sei ihm unverständlich, daß er in dieser Angelegenheit bislang weder von ihr noch von Maxime Jaubert, dem Testamentsvollstrecker, etwas gehört habe, und bat Mathilde, ihm umgehend den gesamten Nachlaß sowie den Brief mit den »instructions ultérieures«, den sein Onkel für ihn geschrieben haben müsse, auszuhändigen. Unter Berufung auf den Umstand, daß sich die erwähnten näheren Instruktionen in Heines Nachlaß nicht vorgefunden hätten und ihr Gatte überdies im Mai 1855 Entwürfe zu einem neuen Testament gemacht habe, in denen von einer Übergabe des Nachlasses nicht mehr die Rede sei, erklärte Mathilde mit Brief vom 25. März 1856 an ihren Neffen, daß sie diesen Punkt des Testaments nicht zur Anwendung bringen werde. Als ihr Bevollmächtigter fungierte der Schriftsteller Henri Julia. Ihm war am 12. März eine notarielle Prokuration ausgestellt worden. Noch nicht einmal vier Wochen nach Heines Tod hatte sich Mathilde ihm gegenüber quasi entmündigt. Böse Zungen behaupteten, Julia sei Mathildes Liebhaber gewesen; Julia dagegen gab an, Heine selbst habe ihn zum Beschützer Mathildes und zum Verwalter seines Nachlasses eingesetzt. Beides ist recht unwahrscheinlich, auch wenn Heine in einem Brief des Jahres 1851 einmal von einem künftigen *Geschäftsführer* seiner *Frau* sprach (damals wußte er noch nicht, wen er einmal *mit den Geschäften* seiner *Frau betrauen werde)*. Vermutlich hat Julia, der später die Verwaltungslaufbahn einschlug und es bis zum Präfekten brachte, der in diesen Dingen hilflosen und durch Heines jahrelanges Klagen über die Mißgunst seiner Verwandten und die skrupellose Geschäftigkeit Campes eingeschüchterten Witwe seine Dienste einfach aufgeschwatzt. Ludwig von Embden erwiderte am 6. April gekränkt, daß seine Tante ihn wohl für ein Kind halte, meinte, sie sei offenbar der Einflüsterung übelwollender Freunde erlegen, und bot ihr ein letztes Mal seine Unterstützung an. Um die Erfüllung des Testaments hat er nicht gekämpft, vielmehr zog er sich beleidigt zurück.

Zur selben Zeit bemühte sich auch Julius Campe um Heines literarischen Nachlaß, dessen Veröffentlichungsrechte er längst erworben hatte, und ließ zunächst durch seinen Bevollmächtigten August Gathy das Terrain sondieren. Am 10. April bot er Mathilde die Vorausbezahlung der eigentlich erst zum 1. Juli fälligen Pension an und bat sie, ihm die beiden druckfertigen Manuskripte, deren Existenz ihm Gathy mitgeteilt habe, zu übersenden, damit er sie prüfen und eine Entscheidung über den Druck treffen könne. Mathildes Rechtsbeistand Julia verweigerte jedoch zunächst die Herausgabe. Im Mai kam dann Alfred Meissner nach Paris. Auf Betreiben Campes verhandelte er in dessen Auftrag über Heines nachgelassene Manuskripte. Mehrere Tage lang ordnete er zusammen mit Julia den Nachlaß, um daraus zwei Bände mit ungedruckter Lyrik und Prosa zusammenzustellen. Anstelle der ursprünglichen Zusage, die Originalmanuskripte an Campe zu schicken, war später nur noch von Kopien die Rede. Über die »Memoiren« sagte Julia, diese sollten gemäß einer Bestimmung Heines erst nach Mathildes Tod veröffentlicht werden. Offenbar hatte Heine seiner Frau geraten, »der Familie

mit Veröffentlichung desselben zu drohen, falls ihr jemals die Rente entzogen würde«.
Die von unbekannter Hand angefertigten Abschriften bot Mathilde in zwei Briefen vom 17. August und 12. Dezember Campe an, der darauf jedoch nicht reagierte. Daraufhin wandte sich Julia an Christian Schad, den Herausgeber des »Deutschen Musenalmanachs«, mit dem Heine noch selbst zusammengearbeitet hatte. Schad erwarb zwanzig bisher unveröffentlichte Gedichte, die er im »Musenalmanach« 1857 veröffentlichte; die zurückgeschickten Gedichte gelangten mit wenigen Ausnahmen ins Verlagsarchiv von Calmann Lévy, wo sie kurz vor der Jahrhundertwende Jules Legras auswerten konnte; sie sind seitdem verschollen. Im Januar 1857 versuchte Mathilde, mit Hilfe von Ludwig von Embden den Kontakt zu Campe neu zu knüpfen. Infolgedessen erhielt der Verleger 1857 die von einem Schreiber erstellte und von Heines Freund Joseph Duesberg überarbeitete Abschrift der Gedichte, ein Manuskript von 167 Seiten. Campe hielt die Abschriften jedoch für wertlos und bestand weiter auf einer Zusendung der Originale. 1861 ließ er durch Adolf Strodtmann einen neuerlichen Versuch zum Ankauf des Nachlasses unternehmen. Mathilde und Julia forderten zunächst dreißigtausend, dann fünfzehntausend Francs; Campe bot durch Ludwig von Embden zwölftausend. Als wenig später die Gesamtausgabe in Druck war, reduzierte er sein Angebot auf sechstausend Francs. 1862 wurde Gustav Heine von Julia ermächtigt, mit Campe zu verhandeln, der daraufhin nur noch viertausend Francs bot, weniger als die Hälfte des nunmehr von Julia geforderten Preises.
1864, nachdem die gesamte Spekulation mit Heines Nachlaß offensichtlich gescheitert war, entzog Mathilde Julia das Mandat. Er heiratete und zog in die Provinz, um erst 1882, kurz vor Mathildes Tod, wieder aufzutreten. Nun erschien ein neuer Akteur auf der Bühne: Ferdinand Friedland. Das mit allen Wassern gewaschene *Spitzbuben-Genie* verfiel auf die grandiose Idee, Heines Nachlaß der österreichischen Regierung anzubieten, und nahm Kontakt mit dem Prinzen von Metternich auf, einem Sohn des ehemaligen österreichischen Staatskanzlers aus zweiter Ehe, der als Gesandter in Paris tätig war. Im April 1864 berichtete Friedland aus Wien, er habe Erzherzog Rai-

ner für den Ankauf gewinnen können. Mathilde ihrerseits erreichte bei einem Besuch Metternichs, daß dieser sich erbot, einen Mitarbeiter zu ihr zu schicken, um den Nachlaß zu sichten und für die Versendung nach Wien vorzubereiten. Im Februar 1865 richtete Metternich junior ein offizielles Gesuch an das Ministerium des kaiserlichen Hauses und des Äußern zwecks Ankauf des Nachlasses, den er als humanitären Dienst an der Witwe des gefeierten Dichters verstanden wissen wollte. Als Forderung Mathildes wurde ein Betrag von zehntausend Francs sowie eine jährliche Rente von zweitausend Francs, alternativ eine Rente von dreitausend Francs bei Verzicht auf eine Abschlagszahlung genannt. Nachdem der Antrag im September 1865 abgelehnt worden war, unternahm Metternich Anfang 1868 einen weiteren Versuch, der ebenfalls abschlägig beschieden wurde. Danach wandten sich Mathilde und Friedland nach Berlin. Aber auch die preußische Regierung erklärte im Sommer 1868, »auf die Acquisition des ungedruckten schriftlichen Nachlasses des verstorbenen Dichters Heine« verzichten zu wollen. Schließlich wurde noch ein weiterer Versuch in Paris gemacht. Über den französischen Gesandten in Wien bot Ferdinand Friedland Napoleon III. für dreißigtausend Francs Briefentwürfe Heines an Thiers, Guizot, Michelet, das *Waterloo*-Fragment sowie Gedichte über Friedrich Wilhelm IV. an. Doch auch hier kam es zu keinem Abschluß.

Inzwischen hatte Mathilde durch Vermittlung von Embdens bei Lévy einen Vertrag über eine französische Ausgabe von Heines Briefwechsel abgeschlossen, der ihr 17.500 Francs einbrachte. Anschließend unternahm sie mit seiner Hilfe einen neuen Vorstoß bei Campe. Der ließ ihr jedoch kühl ausrichten, das ihm abschriftlich vorliegende Gedichtmanuskript sei keine dreitausend Francs wert, und wenn sie darüber hinaus nichts anzubieten habe, sei er an einem Erwerb nicht interessiert. Erst 1869 gelang es Mathilde, wiederum durch Vermittlung ihres Neffen, nunmehr bei Julius Campe junior (Heines Verleger war 1865 gestorben), die Bereitschaft für einen Erwerb des Nachlasses zu wecken. Im Frühjahr 1869 schickte Mathilde ein erstes Konvolut mit Gedichten, Notizen und Entwürfen sowie einundzwanzig Briefen nach Hamburg, wofür sie sage und schreibe zwanzigtausend Francs forderte. In Hamburg stieß sie damit auf wenig Wohlgefallen.

Campe jr. meinte, das Material reiche nicht aus, um damit einen Band zu füllen, überdies sei die geforderte Summe wohl ein Scherz. Embden riet Mathilde, das Memoirenfragment dazuzugeben, da das Testament des 1865 verstorbenen Carl Heine eine Publikation desselben nicht verbiete; eine Ansicht, die er kurz darauf widerrief, nachdem er sich bei Carls Testamentsvollstrecker erkundigt hatte, der ihm unmißverständlich klar machte, daß Mathilde bei einer Veröffentlichung mit der Streichung ihrer Rente rechnen müsse, sollte darin das geringste über die Hamburger Familie stehen. Auch er riet, die Honorarforderung zu reduzieren.

Daraufhin schickte Mathilde ein zweites Konvolut nach Hamburg. Nun zeigte man sich dort immerhin geneigt, den Nachlaß anzukaufen, allerdings zu einem weit niedrigeren Preis. Das veranlaßte Mathilde, nun noch ein drittes Paket mit Manuskripten zusammenzustellen. Ende Juni war das Material komplett. Nach längerem Hin und Her einigte man sich auf zehntausend Francs. Im Kaufvertrag vom 16. August 1869 erklärte Mathilde ausdrücklich, daß sie außer dem Memoirenfragment nichts Ungedrucktes mehr besitze. Was bei ihr verblieb, waren »mehrere Packete Brouillons bereits gedruckter Manuskripte, und die an H. Heine gerichteten Briefe, deren überwiegende Zahl die geschäftliche Correspondenz mit Jul. Campe ausmachte«. Das von Campe jr. erworbene Material wurde von Adolf Strodtmann noch im selben Jahr unter dem Titel »Letzte Gedichte und Gedanken von Heinrich Heine« als Supplementband zur Gesamtausgabe publiziert.

Nach Mathildes Tod im Jahr 1883, von dem die Hamburger Verwandtschaft erst Wochen später erfuhr, beanspruchte Ludwig von Embden den Restnachlaß für sich. Doch als Besitzerin präsentierte sich nun ihre Mutter in Vinot und als deren Bevollmächtigter erneut Henri Julia, der sämtliche Papiere »beschlagnahmte« und sich auch von Drohungen Embdens, ihn zu verklagen, nicht beeindrucken ließ. Die »Memoiren«, für die unterdessen in Deutschland kräftig die Werbetrommel gerührt worden war, verkaufte er 1884 für die unverhältnismäßig hohe Summe von sechzehntausend Francs an Campe und Adolf Kröner, den Verleger der »Gartenlaube«, wo im selben Jahr der Erstdruck erfolgte, während Campe damit den zweiten Nachtragsband zur Gesamtausgabe anreichern konnte, der außerdem noch einige Nachlaßgedichte (aus der Transaktion von 1869), Prosatexte und Briefe Heines enthielt. Bei Julia verblieben waren etwa elfhundert Briefe an Heine und mehrere tausend Seiten Handschriften zu schon gedruckten Werken. Einen Großteil des Restnachlasses verkaufte zehn Jahre nach Julias Tod seine Witwe über den Pariser Buchhändler Alwin Schultz an Hans Meyer, den Leiter des Bibliographischen Instituts in Leipzig (»Meyers Klassiker-Ausgaben«), in dessen Verlag zwischen 1887 und 1890 die von Ernst Elster herausgegebene, erste wissenschaftliche Heine-Ausgabe erschienen war. Elster selbst war es, der 1900 nach Paris kam und das Material prüfte. Vor dem Verkauf waren zweiundsiebzig Briefe hauptsächlich der Hamburger und Pariser Verwandtschaft an Heine abgesplittert worden, die für fünfhundert Francs an die Prinzessin Murat, eine Tochter der Adoptivtochter Carl Heines, verkauft wurden. Ein zweiter Teil mit Manuskripten der *Geständnisse* und der *Lutezia*, den Briefen an Heine, seiner Privatbibliothek und der Totenmaske, wurde 1905 nach mehrjährigen Verhandlungen ebenfalls von Elster im Auftrag Meyers erworben.

1923 veräußerte Meyer Heines Nachlaßbibliothek an die Landes- und Stadtbibliothek Düsseldorf, die auf Umwegen auch einen Abguß der Totenmaske und Mathildes ausgestopften Papagei erwarb. Der handschriftliche Nachlaß ging dagegen zum größten Teil an die Bankiers Carl und Albert Strauß. 1956 konnte die Stadt Düsseldorf auch diesen zweiten Teil erwerben. Ein Sammlungsrest, die sogenannte Kleine Sammlung Meyer, bestehend aus Werkmanuskripten und Briefen von und an Heine, ist seit 1945 unauffindbar. Die Heine-Handschriften aus dem Verlagsarchiv von Hoffmann & Campe wurden strittiger Besitzverhältnisse wegen in alle Winde zertreut; ein Teil ist verschollen. Die bedeutendste Privatsammlung von Heine-Manuskripten, aus dem Besitz des Verlegers Salman Schocken, gelangte 1966 in den Besitz der Bibliothèque Nationale. 1991 konnte das Heinrich-Heine-Institut auf einer Auktion in London Albert Gottschalks verloren geglaubte Privatsammlung von Heine-Autographen und Umkreismaterialien ersteigern.

Wirkung und Nachwirkung

An demonstrativem Selbstbewußtsein hat es Heine nicht gefehlt. Bereits 1837 meinte er zu wissen: *Wie es mir im Alter gehen wird? Ehrlich gesagt, ich wage nicht daran zu denken! Ich werde wahrscheinlich die Zahl jener edelsten und größten Männer Deutschlands vermehren, die mit gebrochenem Herzen und zerrissenem Rock ins Grab steigen. In Düsseldorf wird mir dann wohl ein Monument gesetzt werden.* Doch bis es zur Aufstellung eines Heine-Denkmals auf deutschem Boden und gar in Düsseldorf kam, mußten enorme Widerstände deutschnationaler und antisemitischer Kreise überwunden werden. Mehr als fünf Jahrzehnte sollten nach Heines Tod noch vergehen, ehe eine der diversen Initiativen endlich Resultate zeitigte; Resultate freilich, die zunächst nicht befriedigen konnten: Die von Kaiserin Elisabeth 1883 auf Korfu errichtete, auf Veranlassung Wilhelms II. 1908 dort entfernte Heine-Marmorskulptur von Louis Hasselriis wurde zwar bereits 1909 auf Kosten von Julius Campe jr. in Hamburg aufgestellt, doch konnte dies, weil der Senat das Geschenk als »gebraucht« ablehnte, nur im Hof des Verlagshauses von Hoffmann & Campe geschehen. Georg Kolbes Frankfurter Heine-Denkmal von 1913, ein »Frühlingslied« betiteltes Tanzpaar in Bronze, war allzusehr geprägt von der Forderung des dortigen Denkmal-Komitees nach einer »freien künstlerischen Schöpfung«, die ihrem »Charakter nach ausschließlich dem Dichter, nicht dem Kämpfer Heine« entsprechen sollte; eine »porträtmäßige Darstellung« war ausdrücklich »nicht erwünscht« gewesen. Erst Hugo Lederers ganzfiguriges, überlebensgroßes Bronzestandbild im Hamburger Stadtpark entsprach der alten Forderung nach einem Denkmal für den »ganzen« Heine. Es wurde 1933 auf Senatsbeschluß entfernt und 1943 eingeschmolzen.

Von dem viele Jahrzehnte währenden Denkmalstreit und der von verstockten Professoren der Medizinischen Fakultät immerhin auch für die Dauer von gut zwei Jahrzehnten verweigerten Benennung der Universität Düsseldorf nach der Stadt größtem Sohn abgesehen, liest sich die Geschichte von Heines Wirkung und Nachwirkung als

Erfolgsstory. Und in gewissem Sinne waren ja auch diese Vorbehalte letztlich nur Ausdruck der anhaltenden Aktualität des Dichters. Heines Frührezeption begann im Rheinland und erfaßte dann über Berlin und Hamburg rasch das ganze deutsche Sprachgebiet. Nicht wenige der ersten Rezensenten kamen aus Heines Freundeskreis: Der literarische Neuling war zunächst darauf angewiesen, seine Verbindungen einzusetzen und zu nutzen – eine Beobachtung, die sich auch noch für den erfolgreichen Dichter in Paris machen läßt. Für das erste Dezennium der Heine-Rezeption ist festzuhalten, daß die Kritik den literarischen Debütanten im allgemeinen wohlwollend, bisweilen enthusiastisch begrüßte. Die Beurteilung erfolgte zunächst fast ausschließlich vom ästhetischen Standpunkt; Gegenstand der Kritik waren in erster Linie Stil, Sprache und Metrik, gelegentlich auch Heines bildhafte »Originalität« und sein »poetisches Talent«. Gelinde Provokationen wurden vom Publikum anfangs durchaus toleriert. Ihren rein ästhetischen Boden verließ die Kritik eigentlich erst mit dem Erscheinen der *Reisebilder.* Heine selbst verschob den Beginn der Debatte allerdings zurück ins Erscheinungsjahr der *Tragödien*, als er 1835 gegenüber Philarèthe Chasles erklärte: *Seit zwölf Jahren diskutiert man über mich in Deutschland; man lobt mich und man tadelt mich, aber immer mit Leidenschaft und unaufhörlich. Dort liebt man mich, verabscheut man mich, vergöttert man mich, beleidigt man mich.* Bereits in den 1840er Jahren gehörte Heine zu den bekanntesten Schriftstellern Europas, wurde er in Rußland ebenso geschätzt wie in Spanien. Jahr für Jahr mehr als zweihundertfünfzig Notizen und Rezensionen haben emsige Rezeptionsforscher bereits in den ersten Dezennien seines europäischen Ruhms nachgewiesen; eine Zahl, in der Nachdrucke und Übersetzungen noch nicht einmal berücksichtigt sind.

Die Wirkung von Heines Texten war von Anfang an personenbezogen: Notdürftige Etiketten wie »deutscher Byron« (Johann Baptist Rousseau 1822), »deutscher Aristophanes« (Adolf Stahr 1851) oder »deutscher Voltaire« (Ulric Guttinguer 1852) verraten die Hilflosigkeit der um eine Ortsbestimmung bemühten Literaturkritiker. Das lag zum einen an der besonderen Art und Weise, wie sich hier ein »Ich« in Szene setzte, zum anderen an der moralisierenden Tendenz der Kritik in der frühen Restaurationszeit. Wenn auch das Rollenhafte dieser Ich-Figur schon bald ins Bewußtsein trat, so waren ihre vielerlei Kaprizen doch in geradezu aggressiver Weise darauf angelegt, Reaktionen hervorzurufen. Dies gilt grundsätzlich für alle Gattungen, in denen sich Heine versuchte, ist aber natürlich je nach Entstehungs- und Rezeptionsphase der einzelnen Texte zu modifizieren. In ihren polemischen Zuspitzungen führte diese Personalisierung der Kritik schon bald zu dem insbesondere von Börne popularisierten und bis hin zu Karl Kraus zu verfolgenden Stereotyp des Widerspruchs von »Talent und Charakter«, in welches zeitweilig weite Kreise der Kritik, gleichviel welcher ideologischer oder literaturpolitischer Färbung, einstimmten. So wurde die Anerkennung formaler Meisterschaft alsbald umgemünzt in den Vorwurf persönlicher Schwäche, Halt- und Substanzlosigkeit, der dann wiederum auf die Beurteilung des Werks zurückschlug. Der zunächst so neue lyrische Ton wurde zur »Manier«, die respektlosen Stilbrüche und die scheinbar ungehemmte Subjektivität zum Symptom egozentrischer Charakterschwäche abgewertet. Verstreute Hinweise auf sein Judentum, denen gegenüber Heine selbst vernichtend scharf reagierte, zielten meist auf den ähnlichen Vorwurf mangelnder moralischer Einheit und geistighistorischer Verwurzelung der Person. Bemerkenswerterweise stimmten zunächst auch Teile der jungdeutschen und der junghegelianischen Kritik in das Konzert der konservativen Denunzianten ein. Der gemeinsame Nenner dieser Ablehnung lag in der Disqualifizierung der Person, der der nötige »sittliche Ernst« abgehe und deren vermeintliche Bemühungen um eine Erneuerung der Kunst, um Emanzipation der Gesellschaft und Völkerverständigung darum als verlogen abzutun seien. Den Höhepunkt der literaturpolitischen Isolierung stellt die Reaktion auf die Börne-*Denkschrift* dar, mit der Heine ja ursprünglich dieser Entwicklung entgegenzusteuern versucht hatte.

In den vierziger Jahren gelang es Heine dann mit den *Neuen Gedichten* und den Versepen einerseits und der nunmehr verstärkt einsetzenden Breitenwirkung des *Buchs der Lieder* andererseits, einen Teil des verlorenen Bodens zurückzuerobern. Zumindest hatte er nunmehr den Beweis erbracht, daß er entgegen den Behauptungen seiner

Verächter keineswegs publizistisch »erledigt« oder poetisch verbraucht sei, zumal er ab 1842 im Kreis der Vormärzdichter und der Sozialisten neue literaturpolitische Schützenhilfe fand. Indessen hatte die Verschärfung des Tons nicht nur verstärkte Zensurmaßnahmen zur Folge, die diesmal auch die Veröffentlichung von Rezensionen untersagten, sondern überdies eine weitere Polarisierung der Kritik. Immerhin war dadurch – zumindest vorläufig – eine gewisse Klarstellung der Fronten erreicht. Vor allem *Deutschland. Ein Wintermährchen* löste eine Flut von Verwahrungserklärungen gegen den nationalen »Nestbeschmutzer« aus. Der *Romanzero* und die *Vermischten Schriften* vermochten nur wenig an dieser Verteilung der Rezeptionsfronten zu ändern. Allenfalls wäre das spezifische, durch Heines Krankheitssituation geweckte Publikumsinteresse zu erwähnen, das vor allem dem *Romanzero* zu einem erheblichen Verkaufserfolg verhalf. Einem Sterbenden gegenüber war man eher geneigt, Nachsicht zu üben. Doch die moralische Entrüstung konnte auch um so heftiger ausfallen, als gerade dieser Sterbende partout nicht von seiner alten »Frivolität« ablassen wollte. Die Modernität von Heines später Lyrik wurde nur von einigen wenigen Rezensenten erfaßt.

Mit der von Adolf Strodtmann bei Hoffmann & Campe in hohen Auflagen herausgegebenen Gesamtausgabe seiner Werke wurde dann ab 1861 die Grundlage zu einer Einbürgerung Heines in die Nationalliteratur geschaffen. Daß sich ein solches Unternehmen dennoch als problematisch erwies, sollten jedoch die weiteren Etappen der Wirkungsgeschichte illustrieren. Überblickt man die große Gewichtsverteilung dieser Rezeption, so blieb Heine im deutschen Kulturraum während des 19. Jahrhunderts vornehmlich der Dichter des *Buchs der Lieder*. Trotz der beachtlichen Anfangserfolge konnten sich weder die *Reisebilder* noch später die *Neuen Gedichte* und der *Romanzero* auf längere Sicht gegenüber der frühen Lyrik durchsetzen. Was das breite bürgerliche Lesepublikum am *Buch der Lieder* schätzte, war – verkürzt gesagt – vor allem eine sentimentale Innerlichkeit, über deren innere Brüche man um so eher hinwegsah, als man noch selbst mit der eigenen gesellschaftlichen Rollenfindung beschäftigt war. Erst die neoromantische Neubesinnung zu Ende des Jahrhunderts ließ das Interesse an dieser Art von doch eher mittelbarer Lyrik abflauen, der man nunmehr »authentischere« Erlebnis- und Natur-Gedichte vorzog.

Parallel dazu verschärfte sich ab der Reichsgründung die ideologische Fehde um Heine. Die sukzessiven Versuche, Heine in Düsseldorf ein Denkmal zu errichten, führen dies drastisch vor Augen. Seit 1887 stießen Spendenaufrufe, lokale und überregionale Initiativen, an denen sich weite Teile der literarischen Intelligenz beteiligten, auf erbitterten Widerstand nationalistisch-konservativer Kreise, die letztlich die Oberhand behielten. Den Höhepunkt erreichte die öffentliche Auseinandersetzung um das Jahr 1906, als Adolf Bartels sein antisemitisches Pamphlet »Heinrich Heine. Auch ein Denkmal« veröffentlichte. Man hat wiederholt darauf hingewiesen, daß das Arsenal der ins Feld geführten Argumente im Grunde schon durch die frühe Heine-Rezeption vorgebildet war. Neu dagegen war die beispiellose Schärfe des Tons, die Radikalisierung der rassistischen Verunglimpfung. Bemerkenswert erscheint dabei die Kontamination von ästhetischer und ideologischer Argumentation. Schon Wilhelm Dilthey (1876) und Karl Goedeke (1881) hatten Heines Werk Mangel an Wahrhaftigkeit und übermäßigen Subjektivismus angekreidet. Daneben konnte sich die nationalistische Heine-Diffamierung auf Treitschke berufen, der den »vaterlandlosen Deutschjuden« aus der nationalen Kultur ausgegrenzt und durch die Reichsgründung für historisch widerlegt erklärt hatte. Umgekehrt wurde der »Weltbürger« Heine zur Legitimationsfigur einer minoritären liberalen (Johannes Proelß, 1886), ab der Jahrhundertwende dann sozialistischen Literaturauffassung (Franz Mehring 1911 u. ö.) aufgebaut. Damit gerieten neben der politischen Lyrik auch die theoretisch-essayistischen Schriften wieder verstärkt in den Blick. Vor allem Mehring trat für eine neue Gesamtwürdigung Heines ein, in welcher die Trias von romantischer, bürgerlicher und proletarischer Weltanschauung in ihrer jeweiligen Differenz zu beachten sei. Insgesamt ist die Gruppe der Heine-Verehrer in sich jedoch erheblich differenzierter und vielschichtiger als die der Heine-Gegner. Eine Sonderstellung nimmt schließlich Karl Kraus ein, der 1910 von einem sprachkritischen Standpunkt aus gegen Heine zu Felde zog, der indessen mehr als Heine selbst dessen journalistische Epigonen zu treffen dachte.

Allen Fehden und Debatten zum Trotz belegen die zahlreichen Werkausgaben, als deren bedeutendste die von Ernst Elster (Bibliographisches Institut, Leipzig 1887-1890), Oskar Walzel (Insel-Verlag, Leipzig 1910-1920), G. A. Bogeng (Hoffmann & Campe, Hamburg 1921-1926) und Fritz Strich (Verlag Georg Müller, München 1925-1930) genannt seien, die Kontinuität von Heines Wirkung bis in die Mitte der zwanziger Jahre. Danach allerdings flaute das fachwissenschaftliche Interesse – wohl unter dem Einfluß des inzwischen akademisch institutionalisierten George-Kreises – langsam ab. Dagegen erschienen in den zwanziger und dreißiger Jahren auch die ersten großen Heine-Deutungen (Max Wolff 1922, Hugo Bieber 1923, 1928, Max Brod 1934), in denen der »Fall Heine« von der jüdischen Akkulturationsproblematik her interpretiert wird. Dabei ist jedoch zu beachten, daß das Verhältnis des assimilierten wilhelminischen und Weimarer Judentums zu Heine durchaus vielschichtig blieb. Ähnlich wie Karl Kraus fanden auch Maximilian Harden, Walter Rathenau oder Walter Benjamin und Theodor W. Adorno nur schwer Zugang zu seinem Werk.

Mit der Heraufkunft des Nationalsozialismus verstärkte sich der nationalistisch-antisemitische Strang der Heine-Rezeption, zumal als sich im Jahr 1929 namhafte Persönlichkeiten aus aller Welt mit Heinrich Mann an der Spitze erneut für die Errichtung eines Heine-Denkmals in seiner Vaterstadt und den Ausbau der Heine-Sammlung der Landes- und Stadtbibliothek einsetzten. Ein öffentlicher Heine-Vortrag Ernst Elsters am 15. Dezember 1930 in Düsseldorf konnte nur durch das Eingreifen der Schutzpolizei als geschlossene Veranstaltung zu Ende gebracht werden. Einer von etwa zwanzig bis dreißig meist jungen Nationalsozialisten, die – angeführt von einem Ratsherrn – den Vortrag durch systematische Mißfallenskundgebungen an den Rand des Abbruchs gebracht hatten, rechtfertigte sich anschließend im »Völkischen Beobachter« mit den Worten, die Veranstaltung sei »von dem Zwecke getragen gewesen, für ein Heine-Denkmal Stimmung und zu dem Behufe aus dem Gesinnungslumpen Heine eine Idealgestalt zu machen«. Heine habe das »Christentum mit Kübeln stinkender Jauche überschüttet« und Deutschland »aufs gemeinste geschmäht und verraten«. Der Denkmalsplan werde »niemals ausgeführt werden. Das erwachende

Deutschland fegt ihn hinweg.« Alle Argumente standen griffbereit, die dann der Bücherverbrennung, Denkmalzerstörung und Austreibung Heines Vorschub leisteten. Für »das Schwein vom Montmartre« (»Der Stürmer«, 1925), den Urvater der »Zersetzung der deutschen Kunst«, der sein Vaterland verunglimpft hatte, war in der deutschen Literatur, von der ihn als Jude ohnehin eine »abgrundtiefe Artverschiedenheit« trennte, kein Platz mehr. Bei einigen seiner Lieder, auf die man in Anthologien nicht verzichten konnte, soll die Verfasserangabe ersetzt worden sein: Walter Berendson berichtete 1935, die *Loreley* werde »weiter abgedruckt und gesungen, aber darunter steht ›Verfasser unbekannt‹« – eine unbeabsichtigte Würdigung der Volkstümlichkeit des »Literaturjuden«. Das Heine-Bild zog in die äußere und innere Emigration.

Die ideologische Spaltung der Nachkriegszeit spiegelte sich naturgemäß auch in der Heine-Beurteilung. Im Anschluß an Mehring und Lukács beanspruchte die DDR Heine für das kulturelle »Erbe«. Seine Schriften wurden wiederaufgelegt und in hohen Auflagen vertrieben. Die interpretatorischen Akzente lagen freilich beim politischen Dichter der *Zeitgedichte* und des *Wintermährchens*, bei Heines Kapitalismuskritik und der Freundschaft mit Marx. In der Bundesrepublik dagegen blieb Heine zunächst in einer Zeit existentialistisch-ontologischer Literaturbetrachtung aus dem gängigen Literaturkanon ausgeblendet, womit implizit die ästhetischen Urteile Diltheys und des George-Kreises tradiert wurden. In den Schulbüchern und Universitätsveranstaltungen, ja auch in den Verlagsprogrammen suchte man damals vergebens nach dem Namen Heine. Erst im Zuge der Studentenbewegung kam ab Mitte der sechziger Jahre eine Neubewertung in Gang. Die Heine-Abstinenz der Adenauer-Restauration erschien nun als Indiz mangelnder Vergangenheitsbewältigung. Damit erwies das Heinesche Werk erneut seine alte ideologische Sprengkraft. Trotz der anfänglich vehementen polemischen Zuspitzungen normalisierte sich die Lage in den folgenden Jahren einigermaßen. Eine Anzahl namhafter Verlage auch in Westdeutschland führte Heine-Ausgaben wieder im Programm. Das Interesse war relativ breit gefächert und umfaßte alle Bereiche von Heines Werk. Schwerpunkte lagen auf der späten Lyrik und auf den

Prosaschriften der mittleren Jahre. Auch in der DDR wurde das Heine-Bild zunehmend nuancierter. Daß es indessen um die literarische Einbürgerung Heines immer noch besonders bestellt war, zeigt die Tatsache, daß Heine seit 1963 als einziger deutscher Autor von zwei miteinander konkurrierenden historisch-kritischen Ausgaben in der Deutschen Demokratischen Republik und in der Bundesrepublik betreut wurde. Keiner der beiden deutschen Staaten wollte dem anderen das ungeteilte Heine-Erbe überlassen – oder anders gesagt: Jeder wollte seinen eigenen Heine. Die Düsseldorfer historisch-kritische Gesamtausgabe der Werke in sechzehn Bänden (DHA) ist mittlerweile vollendet; die Weimarer Säkularausgabe (HSA), die neben den Werken auch den Briefwechsel und die Lebenszeugnisse bringt, schreitet etwas langsamer, aber stetig voran.

Internationale Rezeption

Die außerdeutsche Heine-Rezeption ist schon früh in Gang gekommen, insbesondere in Frankreich, England und den USA, aber auch in Rußland, Italien, Ungarn, Spanien, den Niederlanden und Japan. Man hat sein internationales Ansehen oft gegen die deutschen Querelen ausgespielt, zur Zeit des deutschen Heine-Streits gewiß mit gutem Grund. Heine schien das Paradebeispiel für die erfolgreiche Vermittlung zwischen den Kulturen; sein Werk galt als Beleg von hoher Beweiskraft für die Übersetzbarkeit, für den grenzüberschreitenden internationalen Verkehr der Kulturgegenstände. Angesichts des allgemein schwindenden Interesses für deutsche Literatur hat er zumindest im westlichen Ausland Leser verloren. Damit sich daran etwas ändert, bedarf es vor allem verlegerischer Initiative. Das gilt insbesondere für Frankreich, wo die – relativ intensive – akademische Rezeption ihr eigentliches Ziel solange verfehlt, als es ihr nicht gelingt, die dringend notwendige Neuübersetzung bei einem angesehenen französischen Verlag durchzusetzen. Es genügt nicht, Heines wiederholte Liebeserklärungen an das französische Volk selbstzufrieden zur Kenntnis zu nehmen. Mit geradezu seismographischer Präzision zeigen die Problemstellen der Heine-Rezeption Brüche an, nicht nur die der bürgerlichen Gesellschaft oder im Selbstverständnis des revolutionären Intellektuellen, sondern auch Brüche der deutsch-französischen Kulturvermittlung. Der deutsche Dichter in Paris, der Sachwalter französischen kosmopolitischen Geistes wurde in besonderer Weise Opfer der gegenseitigen Projektionen.

Heines Rezeption in Frankreich läßt sich vereinfachend unter dem Paradox zusammenfassen: Mißerfolg zu Lebzeiten, obwohl er in Paris aktiv am Zentrum des literarischen Lebens und der Meinungsbildung partizipierte, Erfolg nach seinem Tod, als ihn kaum mehr etwas von einem ›normalen‹ deutschen Schriftsteller unterschied. In Wirklichkeit verdeckt dieses Paradox ein Mit- und Gegeneinander von Eroberungsstrategien bzw. Rückzugsgefechten und den allgemeinen Bedingungen der Rezeption deutscher Literatur in Frankreich während des 19. Jahrhunderts. Heines Rezeption in Frankreich war im Grunde gegenläufig. Was sein Werk für die französische Kultur attraktiv machte, waren seine Positionen als deutscher Romantiker, als Repräsentant französischen Geistes und als Kämpfer für Demokratie und Fortschritt – Haltungen, die nur bedingt miteinander zu vermitteln waren. Seine frühe Akkulturationsstrategie wurde nicht ernst genommen. Die Reaktivierung erfolgte darum nicht über die theoretischen Schriften, sondern über die Lyrik und Versepik bzw. das romantische Deutschlandbild. Mit der Übersetzung des *Wintermährchens* sowie vor allem dem 1847 in der »Revue des Deux Mondes« veröffentlichten *Atta Troll* gelang Heine ein Neuanfang. In seinem Vorwort lenkte Heine den französischen Leser bezeichnenderweise darauf, daß er in diesem phantastischen Gedicht das innere Leben des geheimnisvollen Deutschland atmen werde (*qu'il respirera dans ce poëme fantastique la vie intime de la mystérieuse Allemagne*), stellte sich also ausdrücklich in die romantische Tradition. Die Übersetzung der *Nordsee* durch Nerval 1848 sowie Saint-René Taillandiers konstante Bemühungen in der »Revue des Deux Mondes« zu Beginn der fünfziger Jahre (Übersetzungen aus dem *Romanzero*, *Doktor Faust*, *Götter im Exil* usw.), die (unberechtigte) Neuausgabe der *Reisebilder* bei Victor Lecou 1853 öffneten dann die Bahn für die ab 1855 mit der Werkausgabe bei Michel Lévy einsetzende neue Rezeption.

Doch auch innerhalb der Lévy-Ausgabe blieben die Gewichte ungleich verteilt. Die *Reisebilder – Tableaux de voyage* erlebten bis 1895 zehn Auflagen, *Lutèce* bis 1871 neun Auflagen, die Gedichtsammlung *Poèmes et Légendes* bis 1880 fünf Auflagen, *De l'Allemagne* dagegen bis 1872 nur vier Auflagen. Die *Reisebilder* blieben fast bis zum Ende des Jahrhunderts die erfolgreichste Schrift, bevor dann – parallel zur Entwicklung in Deutschland, aber mit großer zeitlicher Verspätung – der Autor des *Buchs der Lieder* in den Vordergrund rückte. Insgesamt aber dominierte eindeutig der romantische Heine, der freilich nicht im Zentrum der französischen Vorstellungen von deutscher Romantik anzusiedeln war, sondern eher an der Peripherie, mit seinen Komponenten von Esprit, Witz, Aggressivität, von ironischer Distanznahme und mangelndem Ernst. Die Beziehung zum romantischen Deutschlandbild blieb deswegen teilweise kontradiktorisch, lebte von einem gewissen Widerspruch zu diesem Bild, in dessen Zentrum eher Autoren wie Hölderlin oder Novalis standen.

Genährt wurde dieser Widerspruch auch von der Frage der nationalen Zuordnung, die in Heines Fall bis heute immer besonders zugespitzt und als Funktion der französischen Selbstinterpretation erscheint: Man konnte Heine in Frankreich naturalisieren, weil er gegen die Teutomanie und für deutsch-französische Verständigung kämpfte; er repräsentierte den ›guten‹ Deutschen, weil er im Grunde französisch dachte und schrieb. Insbesondere in Zeiten krisenhafter Zuspitzung wie dem deutsch-französischen Krieg von 1870/71, dem Ersten und Zweiten Weltkrieg war diese Sichtweise von Bedeutung, erschien Heine doch als Repräsentant eines anderen, besseren Deutschlands, der selbst unter dem Nationalismus und Chauvinismus in seiner Heimat zu leiden gehabt und darum in Frankreich Zuflucht gesucht hatte. Seine 1833 in *De l'Allemagne* an die Franzosen gerichtete Warnung vor den im deutschen Volk schlummernden irrationalen, zerstörerischen Kräften habe sich in der Geschichte als begründet erwiesen. In diesem Sinn war es durchaus folgerichtig, daß der französische Staat 1966 unter ausdrücklicher Befürwortung des damaligen Präsidenten Charles de Gaulle die große Sammlung von Heine-Handschriften der Familie Schocken für die Pariser Nationalbibliothek erwarb, das literarische Pantheon, das sonst ja den

Autoren der »grande nation« vorbehalten ist. De Gaulles in diesem Zusammenhang gebrauchtes Argument lautete, Heine sei schließlich nicht nur ein deutscher, sondern auch ein französischer Schriftsteller gewesen. Mit dieser Geste machte de Gaulle Heine zum Repräsentanten eben jenes ›guten‹ Deutschlands, das die französische Politik beschwören und dem sie zum Durchbruch verhelfen wollte.

Der Ankauf der Handschriften löste in Frankreich eine relativ intensive akademische Beschäftigung mit Heine aus, an der es in den ersten Nachkriegsjahren zunächst gemangelt hatte. Demgegenüber trat die Rezeption durch das breite Publikum etwas in den Hintergrund. Auf dieser Ebene brachte dann die deutsche Einigung von 1989 neue Impulse. Nunmehr bewahrheitete sich wieder der alte Zusammenhang, wonach Heine immer dann als aktuell begriffen wird, wenn man über Deutschland und deutsche Geschichte nachzudenken beginnt, was immer auch heißt, sich über Frankreichs Rolle in Europa Gedanken zu machen. Beide Themen sind im französischen Selbstverständnis spiegelbildlich aufeinander bezogen, und eben für dieses Spiegelverhältnis liefern Heines Deutschland- wie seine Frankreichschriften dem französischen Leser bis heute aktualisierbares historisches Anschauungsmaterial. Einmal mehr erweist sich die für Heine charakteristische Kombination von geistvoller Tiefe und befreiendem Gelächter, mit der sich selbst heikelste Fragen besser angehen lassen als mit einschichtig-linearen Zuordnungen oder plakativer Schwarzweißmalerei, als bestimmendes Merkmal seiner Rezeption wie auch des Interesses, das man ihm heute weltweit entgegenbringt.

Als Kind der Aufklärung und *letzter, abgedankter Fabelkönig* der Romantik gehörte Heine zugleich der alten und der neuen Welt an. Er war Idealist und Materialist, zeitenthobener Dichter und marktorientierter Berufsschriftsteller, utopischer Rationalist und Träumer mit gespenstisch scharfen Visionen. Die Modernität seiner Biographie liegt gerade darin, daß Leben und Werk in ihr nicht auseinandertreten. Ebensowenig stellt sie ein wohlgeordnetes Kunstprodukt dar, wie man das von Goethes Leben behauptet hat. Auf unentrinnbare Weise war Heine in die Kämpfe seiner Zeit verstrickt. Seine vielschichtig ineinander gewirkten Lebenszusammenhänge vermögen daher Aufschluß zu geben über Welt und Menschen, Individuum und Gesellschaft, vor allem aber über die produktive Konfrontation zwischen diesen beiden Sphären. Gerade für diese Konfrontation trifft zu, was er nach 1830 den Geschichtsphilosophen, den *Fatalisten* wie den *Zukunftbeglückern*, entgegengehalten hat, weil beider Ansichten *nicht recht mit unseren lebendigsten Lebensgefühlen übereinklingen*: Weder dürfe ein *elegischer Indifferentismus* unsere Energie im politischen und gesellschaftlichen Kampf lähmen, noch eine teleologische, zielgerichtete Geschichtsdeutung dazu verleiten, *die Interessen der Gegenwart* aufs Spiel zu setzen, und das Individuum zur Funktion eines transhistorischen Prinzips degradieren, denn *das Leben ist ein Recht*, und *der Zweck des Lebens ist das Leben selbst.*

ANHANG

Quellennachweis

Aus Umfangsgründen mußte die Dokumentation der benutzten Quellen auf namentliche und wörtliche Zitate beschränkt werden. Die hier siglierten oder durch den Namen des Autors gekennzeichneten Nachweise sind im Literaturverzeichnis zu ermitteln. Zusätzlich wurden benutzt:

Ludwig Börne, Sämtliche Schriften, hg. von Inge und Peter Rippmann, 5 Bde., Düsseldorf 1964-1968.
Georg Büchner, Briefwechsel, Kritische Studienausgabe, hg. von Jan-Christoph Hauschild, Basel und Frankfurt/M. 1994.
Michel Espagne, Les juifs allemands de Paris à l'époque de Heine. La translation ashkénaze, Paris 1996.
Théophile Gautier, Correspondance générale, hg. von Camille Lacoste, Bd. III, Genf 1988.
Bernard Gavoty, Liszt. Le virtuose 1811-1848, Paris 1980.
Verboten! Das Junge Deutschland 1835. Literatur und Zensur im Vormärz. Hg. von Jan-Christoph Hauschild in Verbindung mit Heidemarie Vahl, *Düsseldorf 1985*.
Jan-Christoph Hauschild, Georg Büchner. Biographie, Stuttgart und Weimar 1993.
Karl Josef Höltgen, Über »Shakespeares Mädchen und Frauen«. Heine, Shakespeare und England, in: Internationaler Heine-Kongreß Düsseldorf 1972. Referate und Diskussionen, Hamburg 1973.
Heinrich Hubert Houben, Jungdeutscher Sturm und Drang, Leipzig 1911.
[August Jäger], Felix Schnabels Universitätsjahre oder Der deutsche Student. Ein Beitrag zur Sittengeschichte des neunzehnten Jahrhunderts, Stuttgart 1835 (Neudruck Berlin 1907).
Walter Jens, Heine – Poet der Gegensätze, in: Verleihung des Heine-

Preises an Prof. Dr. Walter Jens, hg. von der Landeshauptstadt Düsseldorf, Düsseldorf 1981.

Heine-Reliquien. Neue Briefe und Aufsätze Heinrich Heines. Hg. von Maximilian Freiherrn von Heine-Geldern und Gustav KARPELES, Berlin 1911.

Ernst KOCH, Prinz Rosa Stramin, Marburg 1834.

Peter RÜHMKORF, Suppentopf und Guillotine, in: Heine-Jahrbuch 24 (1985).

Else RÜMMLER, Düsseldorf zur Zeit Heinrich Heines, in: Düsseldorf. Illustrierte Zeitschrift 3 (1972).

Rudolf SCHENDA, Volk ohne Buch. Studien zur Sozialgeschichte der populären Lesestoffe 1770-1910, München 1977.

Dietrich SCHUBERT: »Frühlingslied«? Das Heinrich-Heine-Denkmal von Georg Kolbe in Frankfurt/Main 1910-1913, in: Heine-Jahrbuch 1995.

Ulrich SCHULTE-WÜLWER, Die literarische Verarbeitung des griechischen Freiheitskampfes – Harro Harring als Theaterdichter, in: Mitteilungen der Harro-Harring-Gesellschaft, 4/5 (1985/86).

Gisela VOLLMER, Düsseldorf. Beschreibung einer Stadt (1600-1850). Teil II, in: Düsseldorfer Jahrbuch 63 (1991).

Michael WERNER, Rollenspiel oder Ichbezogenheit? Zum Problem der Selbstdarstellung in Heines Werk, in: Heine-Jahrbuch 18 (1979).

Hervorhebungen in den Vorlagen wie Sperrungen und Kursivierungen sind, soweit es sich um Texte Heines handelt, stets, im übrigen nur in Ausnahmefällen berücksichtigt. Einige stillschweigende Korrekturen ergaben sich durch den Vergleich mit den Handschriften.

19 *Weltglaubens*: DHA XI, 49 – **20** *Patriotismus*: DHA IV, 300 f. – **21** *Nachtigallen*: DHA VIII,70 – *Literarhistorikern zugeschrieben*: DHA XV, 13 – *Bekenntnisse*: DHA X, 253 – **22** *Schwanengesang*: HSA XXII, 181 – **24** *Fäulniß und Trauer*: DHA VI, 358 – **25** *Völkern der Humanität:* DHA IV, 301 – *pazifike Mission*: HSA XXI, 51 – **26** *Befreyungskampf der Menschheit*: DHA XI, 47 – *Andenken*: DHA XI, 95 – **29** *Jahrhunderts*: DHA X, 339 – *geboren bin*: HSA XXIII, 146 – **30** *Ausland geschickt wird*: DHA VI, 179 – handelsthätiges Volk: Rümmler 1972, 24 – *Tiefe*: DHA X, 220 – *ekelhaft*: DHA XV, 81 – **31** Konfessionen: Vollmer 1991, 97 f. – *Geist herrschte*: DHA XV, 61 – **32** *Stein der Weisen*: DHA VI, 185 f. – *bürgerlichen Gleichheit*: DHA VII, 68 – *Einhalt that*: DHA XV, 181 – *Vernunft*: DHA XV, 188 – *Lande trug*: DHA XV, 181 – *Napoleon zerstört hatten*: DHA VIII, 141 – **33** *Rühs, Fries*: HSA XX, 106 – *Vaterland verweigern*: DHA X, 194 – *ganze Leben*: HSA XXI, 58 – **34** *Scharteken*: DHA XV, 69 – *Morgenländer nannte*: DHA XV, 71 – *Glücksritter*: DHA XV, 72 – *Schicksale*: DHA XV, 73 – *Längstverstorbenen*: DHA XV, 73 – Geldernsche Haus: »Neue Zürcher Zeitung«, 8. November 1959 – **35** derb zuschlagende Hand: Strodtmann 1873 I, 23 – *Kirmeß*: DHA XV, 80 – Geist wie ein Teufel: Julia 1884, 298 – **36** *zwölf schlug*: DHA VI, 92 – *Griechisch*: DHA X, 28 – **37** *Wissenschaften studiren*: DHA XV, 62 – *Hausbibel*: DHA XII, 248 – Accusativ: Embden 1892, 117 – Wiege gestanden: Jens 1981, 12 – **38** *schreiben lehrte*: DHA VI, 182 – **39** *keine Idee*: HSA XXII, 304 – **40** *Judengaßmauern*: DHA VI, 62 – *Seele verkrüppelt*: DHA V, 131 – *Menschenantlitz*: DHA V, 658 – *Börne*: DHA XI, 11 – *Geldwissenschaft (...) studiren*: HSA XXII, 184 – *Muskatnüsse aussehen*: DHA XV, 63 – **41** zu berichten: Steinmann 1857, 26 – *Mann der That*: DHA II, 118 – *Griesgram*: DHA IV, 297 – ihm schlug: DHA IV, 297 – erwachsenen Mann: HSA XXII, 150 – *Verrücktheit*: HSA XX, 220 – 30 Millionen: Werner 1978, 125 – **42** *wenig hat*: DHA VI, 569 – Zahlenleben: G/E 2, 393 f. – **43** *Schmerzgeschrey hervor*: HSA XX, 20 – 20. November 1816: HSA XX, 20 – *Leut für mich*: HSA XX, 22 – *mit sich führte*: DHA VI, 228 – *Handschrift*: DHA I, 1218 – **44** *Affrontenburg*: DHA III, 195-197 – *Leumund verpestete*: HSA XXI, 222 – *Tugend*: DHA V, 156 – **45** *Altes Stück*: DHA VI, 171 – *Windbeutel*: HSA XX, 369 – *mich nicht*: HSA

XX, 19 – *Hohn*: HSA XX, 19 – *Königinn*: HSA XX, 20 – *Freundinn*: HSA XX, 21 – *Zeit genung*: HSA XX, 21 – *Colorit*: DHA XV, 93 – *gedemüthigt*: HSA XX, 21 – **46** *Erde*: DHA V, 204 – gemacht hatte: DHA V, 203 f. – ausgemerzt worden: DHA XV, 51 – *Poesie zu finden*: HSA XX, 21 – *Musen*: HSA XX, 18 – *Juden*: HSA XX, 22 – *lassen wird*: HSA XX, 22 – Tage geförderten: G/E 1, 324 – **47** *Traum*: DHA I, 19-23 – *Weihe*: DHA I, 431 f. – verfluchter Kerl: W/H I, 101 – **48** *andre Menschen*: HSA XX, 343 – *marmorkühlen*: DHA III, 203 – *gepfropft*: HSA XX, 106 – *Obermacht*: HSA XXI, 229 – *Dornen verletzten*: DHA X, 253 – *zersprengte mein*: DHA VI, 222 – **49** *leuchtende Rosen*: DHA X, 209 – *kleinen Lieder*: DHA I, 167 – *einschlagen*: HSA XX, 65 – *seyn wollte*: HSA XX, 127 – *Ausgaben*: HSA XX, 23 – *Handelsspekulationen*: HSA XX, 21 – *abstoßend*: HSA XX, 73 – **50** *zu halten*: DHA XIV, 31 – *Rechenmeister*: HSA XXII, 57 – **51** *Glauben*: DHA VI, 30; vgl. DHA XIII, 20 f. – Lexikonartikel: G/E 2, 393 f. – **52** *Prahlhans*: HSA XX, 108 – **55** Cameralia: UA Bonn – *Geheimnisse aufgeschlossen*: HSA XX, 250 – **56** Zurückgezogenheit: Steinmann 1843; G/E 7, Nr. 2455 – *schrieb*: HSA XX, 89 f. – *Romanzendrama*: HSA XX, 62 – **57** *Tendenz*: HSA XX, 100 – *Zeitinteressen*: HSA XX, 63 – *Christenthums*: HSA XX, 137 – *Ideenfamilie*: HSA XX, 72 – *Verrücktheit*: HSA XX, 29 – *aller Zeiten*: HSA XX, 82 – **58** *mich erzeugt*: DHA X, 596 – *geschehn*: HSA XX, 91 f. – erinnern könnte: G/ E 1, 198, 200 – **59** ungeregelte Arbeit: Hirth IV, 66 – Immatrikulationsbuch: UA Bonn – gehalten wurde: G/E 7, Nr. 2467 – **60** verstecken: W/H I, 40 – *Blödsinn*: DHA XII, 113 – *Menschenrechte*: DHA XI, 49 – *verloren*: DHA XV, 188 – *zu lassen*: DHA VI, 882 – **61** *Humanität*: DHA VI, 358 – *verbrennen*: DHA XI, 83 – **63** politischen Fragen: G/E 5, 87 – Universitätsfreunden: W/H I, 49 – *Urchristenthum*: DHA VI, 65 – **64** Noblessenwind: Koch, 123 – *Kuhstall*: HSA XX, 208 – *Sibirien*: DHA VI, 576 – *alten Kohl*: DHA VI, 87 – *Augusta*: DHA VI, 85 – *verborgen*: DHA VI, 86 – *lederner*: HSA XX, 33 – *Aufnahme*: HSA XX, 33 – Sonett: DHA I, 440 – *Narren versorgen*: DHA VII, 134 – Durchlauchten: Jäger, 449 – *Geschichte*: DHA VI, 155 – **65** *existiren möchte*: HSA XX, 236 – Steinmann mitteilte: HSA XX, 35 – Bovenden: W/H I, 49; vgl. HJb 1972, 71; Goedeke VIII, 1881, 527; III, 439 nach Bericht von Detmold – **66**

Maßstabe: DHA VII, 18 – *Auge blenden*: DHA VI, 10 – *Vernunftstadt*: DHA VII, 18 – *Caffe royal*: DHA VII, 645 – **67** *dein Geld*: DHA VI, 11 – *essen kann*: DHA VI, 16 – *Knaben stiften*: DHA VI, 33 – *Lügen*: DHA VII, 424 – *meisten gilt*: DHA VI, 121 – *einzuzwängen*: DHA VI, 42 – **68** *Welt Berlins*: DHA VI, 15 – *angesehenste*: DHA VI, 11 – *Eindruck*: DHA VI, 16 – *abgestorben*: DHA VII, 17 – *Staatsschuldscheine*: DHA VI, 33 – *bekreuzt*: DHA VI, 113 – **69** *Gähnen*: DHA VI, 355 – *suchen*: DHA VI, 35 – *Schneidergesell*: DHA VI, 377 – *Privatlebens*: DHA VI, 356 – *Comödianten*: DHA VI, 281 – *Theatergeklätsche*: DHA VI, 281 – **70** *rechtfertigen*: DHA XII, 70 – *Unterwürfigkeit*: DHA X, 301 – **71** *Verzweiflung*: DHA VI, 349 – *Umtriebe*: DHA VI, 33 – *Livree*: DHA XIV, 269 – *Mittelalters*: DHA VII, 18 – *möchte*: DHA III, 329 – *Philosophen*: DHA VI, 70 – **72** *Geschichte*: DHA VI, 70 – *wußte*: HSA XXI, 94 – **73** *Wissenschaft*: HSA XXI, 94 – *Philosophie*: DHA XIV, 269 – *Gleichgesinntesten*: HSA XX, 265-268 – **74** gegolten: W/H I, 128 – *tiers état*: HSA XX, 74 – *Herrlichkeit*: DHA VI, 62 – mäßigen: W/H I, 489 – *verdient*: HSA XX, 77 – *erfahren*: HSA XX, 94 – *Universums*: HSA XX, 243 – Loyalität: HSA XX, 66 – Prügel haben: Houben, 61 – *Conzert*: HSA XX, 243 – **76** *gelangen würde*: DHA XIV, 270 – *Sache*: DHA XIV, 267 f. – **77** *Gleichstellung*: HSA XX, 107 – Stellungnahmen: vgl. auch HSA XX, 122 – **78** *Zähne*: HSA XX, 72 – *auszusprechen*: HSA XX, 97 – führen: HSA XX, 50 – **79** *Gefühls*: HSA XX, 148 – preußischen Staaten: Nr. 22, S. 224 – *falsches Nest*: HSA XX, 66 – *Ständen*: DHA VII, 95 – *heulen*: DHA VI, 60 – **80** *Schlechten*: HSA XX, 62 – *taufen lassen*: DHA VI, 60 – *Advokaten zu werden*: DHA VI, 229 – *Preußen!!!*: HSA XX, 113 – **81** *Ruhm*: HSA XX, 222 – büßen müssen: G/E 1, 35 – **82** *verkennen*: HSA XX, 47 – *passend gefunden*: DHA X, 221 – *nicht wie?*: DHA I, 64 – *Byrons*: DHA VI, 161 f. – **83** Behauptungen: G/E 1, 32 – *Residenz*: DHA VI, 9 – Korrespondenznachrichten: DHA VI, 366 – *begegnet*: DHA VI, 16 – *hervorglotzen*: DHA VI, 11 – **84** verleidete: vgl. HSA XX, 58 f. – *wissen?*: DHA VI, 9 – *Gründen*: DHA VI, 39 – *drucken lassen*: HSA XX, 84 – **85** *Tragödie*: HSA XX, 62 – *Ballade*: DHA V, 376 – Macbeth: DHA X, 348 ff. – Ahnfrau: DHA V, 450 – weil er muß: W/H I, 93 – **86** *Hungerleider*: DHA V, 81 f. – *überkocht*: DHA V, 377 – Naturmystik: G/E 1, 94 –

Grundidee: HSA XX, 63 – **87** *Daseyn*: DHA VIII, 52 – Unwirkliche: G/E 1, 140 – *Gestalten*: DHA V, 84 – Schluß: G/E 1, 140 – *beabsichtigt wird*: HSA XX, 82 – übertreffen zu können: W/H I, 114 – **88** *beschäftigen*: HSA XX, 63 – Versbaues: G/E 1, 132 – verdunkelt zu haben: DHA V, 469, 493 – *aufgeführt*: HSA XX, 63 – *bestehen*: DHA I, 525 – *dunkel*: DHA V, 376 f. – **89** *Lüge*: HSA XX, 78 – *Liebesgeschenk*: HSA XX, 47 – **90** *Brust*: HSA XX, 56 f. – *litt*: DHA XI, 75 – *dritten Stand*: DHA VI, 59 – *erhoben*: HSA XX, 74 – *Liedern*: HSA XX, 61 – **91** *Tonfall*: HSA XX, 250 – *lebt*: HSA XX, 49 – *Liebe*: DHA I, 301/964 – **92** *zweystrophigen Manier*: HSA XX, 229 – *damaligen Manier*: HSA XXII, 47 – *köstlich seyn*: DHA I, 523 – *Tadel erregt*: HSA XX, 63 – *Dümmler*: DHA V, 376 – *gelesen*: HSA XX, 87 – **93** *Langeweile*: HSA XX, 110 – *großes Rischeß*: HSA XX, 86 – *Judenhund*: HSA XX, 96 – 30 Louisdor: HSA XX, 114 – *gebildeten Mann*: HSA XX, 120 – *Liebhaber*: HSA XX, 121 – *schlimm*: HSA XX, 120 – **94** *Zeit*: HSA XX, 163 – *Tugendhafteste*: HSA XX, 412 – *Thürmen*: DHA I, 227 – **95** *Leiden*: DHA I, 59 – *Ortes*: HSA XX, 106 – *Zeit*: HSA XX, 108 – *überstopft*: HSA XX, 342 – *wünschte*: HSA XX, 108 – *Thränen*: DHA IV, 147 – *Gedichte*: HSA XX, 151 – *eilig*: HSA XX, 163 – **96** *Liebes-Eiern*: DHA I, 257 – *Liederfrühling*: DHA I, 257 – Prosa angebrochen: HSA XX, 249 f. – *zugesetzt*: HSA XX, 73 – *störe*: HSA XX, 154 f. – *Oheims*: HSA XX, 142 – **97** *fertig werde*: HSA XX, 182 f. – *Casuistik*: DHA XV, 64 – *Wischiwaschi*: HSA XX, 160 – *guten Sache*: HSA XX, 107 – *meinigen*: HSA XX, 133 – **98** *verhaßt*: HSA XX, 246 – *englischen Geschichte*: DHA VII, 29 – *voraussieht*: DHA VI, 161 – *verloren gehen*: DHA VI, 160 – **99** Windfuhr: DHA V, 550 – **100** *Brod schaffen*: HSA XX, 113 – *außer ich*: HSA XX, 113 – *Wasserdichter Jude*: HSA XX, 137 – *Dr. Juris*: HSA XX, 196 – *getauft haben*: HSA XX, 227 – bezeichnet werde: W/H I, 128 – *brauche*: DHA VII, 116 – Reim: HJb 24, 1985, 278 – Varnhagen: G/E 1, 214 – **101** *viel*: DHA VII, 116 – *Conzession*: HSA XXI, 138 – *mich hier*: HSA XXI, 371 – 6 *Wochen*: HSA XX, 208 – *schreiben*: HSA XX, 215 – *Lutheraner*: DHA VI, 571 – *Christ bin*: DHA VI, 145 – *Heliopolis*: HSA XX, 265 – **102** *verdenken*: DHA VI, 134 – *Kultur*: DHA X, 313 – *Ruhmgier*: HSA XX, 176 – *herbeyrufe*: HSA XX, 176 – *hervorgerufen*: HSA XXI, 370 – **103** Windfuhrs: DHA V, 596 – auf der Seele:

HSA XX, 192 – *abgekämpft*: HSA XX, 203 – *Gesundheitsreise*: HSA XX, 175 – Gesundheit: HSA XX, 74 – hinterließen: HSA XX, 199 – **104** *Liederdichter*: DHA X, 260 – erschreckte: HSA XX, 199 – kalt: W/H I, 126 – Faust: Houben, 99 – *ausstaffiren*: HSA XX, 199 – *Hälfte*: HSA XX, 201 – *Zeitmangels*: HSA XX, 184 – *zu machen*: HSA XX, 184 – *zu wenig*: DHA VI, 569 – *Diskonto*: DHA VI, 571 – **105**: *gerichtet sind*: HSA XXIII, 486 – *versehen:* HSA XX, 245 – *Gemüthskehricht*: HSA XX, 179 – *Beobachtung*: HSA XX, 187 – *niederschauen*: DHA VI, 83 – *Entzückungsphrasen*: DHA VI, 128 – **106** *Allgemeinen*: DHA VI, 135 – Leihbibliotheken noch: G/E 6, 467 – Varnhagen: G/E 1, 215 – *Aufsehen*: DHA VI, 539 – *allzu herbe*: HSA XX, 412 – **107** anpumpen: HSA XX, 212 – **111** *gesichert sind*: HSA XX, 208 f. – Philosophievorlesungen: HSA XX, 215 – **112** *offen stehen*: HSA XX, 209 – *Advokat*: HSA XX, 222 – **113** *Demarschen*: HSA XX, 168 – *gethan*: HSA XX, 226 – *Universität*: HSA XX, 227 – *entfernen*: HSA XX, 236 – *Juden*: HSA XX, 230 – **114** *bemühen*: HSA XX, 235 – *Freunde*: HSA XX, 237 – *aufzufinden*: HSA XX, 226 – **115** *lächeln*: HSA XX, 234 – *abrasiren*: HSA XX, 265 – Parisreise: HSA XX, 270 – *werden soll*: HSA XX, 271 – *Parteien*: HSA XX, 351 – **116** *Kultur*: DHA X, 313 – *Reisebilder*: HSA XX, 223 – *Poeterey*: HSA XX, 220 – **117** subjektiver Prosastil: Kaufmann 1967, 143 – *ich hinein*: HSA XX, 261 – **118** *schwimmen*: HSA XX, 259 – *Element*: HSA XX, 254 – *tobt*: HSA XX, 263 – *hoch gehn*: HSA XX, 441 – *neue Töne*: HSA XX, 249 – *Abtheilung*: HSA XX, 267 – **119** *Hofdichter der Nordsee*: HSA XX, 254 – *flattert hervor*: HSA XX, 229 – Talent des Autors: G/E 1, 215 – *ganze Welt*: HSA XX, 226 – **120** *nicht zu lange*: HSA XXIV, 21 – versendet werden: HSA XXIV, 24 – 3 Theilen: HSA XXIV, 32 – bereitstellen: HSA XXIV, 32 – Ausreden: HSA XXIV, 51 – *peinlich*: HSA XX, 241 – **121** *fatalen Stellung*: HSA XX, 265 – *davon leben*: HSA XX, 245 – *Scheu*: HSA XX, 245 – *genannt*: DHA I, 223 – *verzetteln*: HSA XXI, 265 – **122** *entgehen*: DHA VII, 270 – *Nachtigalen-Frikassee*: DHA II, 207 – **123** *schöne Frau*: DHA II, 30 – **124** Simrock: HSA XX, 247 – *Schreibens*: DHA VII, 270 – *Makulatur seyn*: DHA VI, 207 – *Zeit*: DHA VI, 50 – *übergeht*: HSA XX, 124 – *Humor*: HSA XX, 267 – *geschrieben*: HSA XX, 271 – *Ideen zur Geschichte*: HSA XX, 274 – *Geschichte haben*:

DHA X, 219 – **125** *Schmerz*: DHA VII, 46 – **126** Übergänge G/E I, 259 f. – *Ideenassoziazion*: HSA XX, 231 – *verloren seyn*: HSA XXI, 345 – Hermand: DHA VI, 796 – *Norderney*: DHA VI, 141 – *Nordseereisebriefe*: HSA XX, 267 – *Abtheilung*: HSA XXII, 231 – **127** *Wundersagen*: DHA VI, 149 – mehrfach angekündigten: HSA XX, 242 und 246 – *Mitstrebenden*: DHA VI, 264 – *ernähren haben*: DHA VI, 157 – *Freyheit*: DHA VI, 154 – **128** *Trauer*: DHA VI, 358 – **129** Onkel verstehe: vgl. HSA XXVI, 87 – *zurückzukehren*: HSA XX, 292 – **130** genommen habe: W/H I, 152 – hofft: W/H I, 150 – *übergeben*: DHA XV, 183 – *gewinnen ist*: HSA XX, 287 – *essen*: HSA XX, 285 – vorgekommen: G/E 1, 258 f. – **131** verletzen: DHA VI, 715 – erlangen ist: DHA VI, 716 – Langeweile: G/E 1, 258 – *Geister*: HSA XX, 291 – **132** *herumlief*: DHA X, 12 – *Pulsader der Welt*: DHA VII, 214 – *angegriffen*: HSA XX, 288 – *besuchen*: HSA XX, 292 – *Hand der Welt*: DHA VII, 214 – **133** *Gewimmer*: DHA V, 72 – *einzurichten*: DHA X, 12 – *Wüste*: DHA VII, 511 f. – *betrachten*: DHA VII, 217 – **134** *Engländer*: DHA XIV, 29 – niemanden zu kennen: W/H II, 420 – *Sprache*: DHA V, 225 – *Heimath*: DHA V, 227 – *Misere*: DHA I, 529 – **135** *Sauerkraut essen*: DHA XII, 170 – *ausgezeichnet*: DHA XIV, 29 – *göttergleiche*: DHA VII, 235 – *besoffene England*: DHA X, 12 – *bürgerlicher Freyheit*: DHA X, 12 – *Flinten*: DHA XII, 169 – **136** *Geheimniß*: DHA XIII, 79 – Anfrage: HSA XX, 287 f. – **137** *enthält*: HSA XX, 272 – Uhland: HSA XX, 275 – Egoismus an: HSA XXIV, 188 – Ungedrucktes: HSA XXIV, 28 – **138** *Feder stecken*: HSA XXI, 242 – *einbüßen*: DHA X, 267 – **139** *tugendhafte Ausgabe*: HSA XX, 301 – *Veilchen*: HSA XX, 301 f. – **141** *entzwei*: DHA I, 171 – **142** *Bonapartisten*: HSA XX, 318 – gelobt wurde: DHA VI, 728 – Stellungssuche: vgl. HSA XX, 300 – *Noblesse*: HSA XX, 341 – **143** *gesorgt*: HSA XX, 309 – leiden könnte: HSA XX, 309 f. – *Prosit*: HSA XX, 310 – *Freyheit*: HSA XX, 309 – *Seelen*: DHA X, 329 – *gehuldigt haben*: DHA VIII, 141 – **144** Schutzjude: Schulte-Wülwer, 35 f. – *Erde verziehen*: DHA XI, 192 – *lange Zeit*: DHA III, 329 – **145** *Aristokraten*: HSA XX, 304 – *Almanachspoeten*: HSA XX, 313 – *Festungen*: HSA XX, 350 – *That voraus*: vgl. DHA VIII, 118 – **149** *Weltenbau's*: DHA I, 271 – **150** Schriftsteller werden wird: Bay HSTA München, vgl. W/H I, 169 f. – *gemacht worden*: HSA XX, 334 – *vorzüglich gemalt*: DHA VII, 1381

– **151** *mich fing*: DHA VII, 418 f. – *gesehen)* : DHA VII, 327 – jüdischer Herkunft: vgl. DHA X, 601 und XVI, 192 – **152** *Bürger Deutschlands*: DHA VIII, 116 – Dr. Heines Gesuch: BayHSTA München – **153** *Guten anwenden*: HSA XX, 344 – **154** *erwache*: DHA XI, 35 – *Schwärmerey*: HSA XX, 200 – **155** *hinaufzieht*: HSA XX, 205 – *Kunstperiode*: DHA XII, 47; VIII, 125 und 154 – abgelöst werde: DHA X, 247 – *Spiegel*: DHA VII, 61 – *gerissen ist*: DHA VII, 95 – *unserer Zeit*: DHA VII, 69 – *Welteinheit*: DHA VII, 95 – *der Menschheit*: DHA VII, 74 – **156** *Absicht verwirklichte*: W/H I, 94 – *erwähnt ist*: DHA VII, 64 – **157** Genua ausstellen: DHA VII, 583 – Geldmangel: W/H II, 243 – Notizbuch: HSA XX, 347 und DHA VII, 591 – **158** *Besseres zu liefern*: HSA XX, 275 – getan hatte: DHA VII, 61 – **159** *Hinrichtungsmethode*: DHA VII, 343 – *Aristokratismus*: DHA VII, 70 – **160** *Morgenandacht*: DHA VII, 74 – *Freyheitsreligion*: DHA VII, 70 – *Himmel stand*: DHA VII, 74 – **161** *Sündern*: DHA VII, 74 – **162** *Mond*: DHA VII, 74 – Herloßsohn: G/E 1, 413 – *Schmerzen*: DHA VII, 46 – *der Menschheit*: DHA VII, 74 – *treu genug*: DHA VII, 60 – *Individuen*: DHA VII, 79 – **163** aufsperren: W/H I, 176 – *Polemisches*: HSA XX, 250 – *Nazionalbeschränktheit*: HSA XX, 307 – *Vorgänger*: HSA XX, 303 – *Werk*: HSA XX, 358 – *Ghaselen*: DHA VI, 166 – **165** Gespieenes erklärt: DHA VI, 769 – behandeln: DHA VII, 1068 – beschäftigt war: HSA XX, 370 – **166** führen sollte: DHA VII, 1466 – *Selbstwonne*: DHA VII, 96-106 – *Köpfchen hervor*: VII, 91 – *Freundschaft*: DHA VII, 129 – *singt*: DHA VII, 136 – *Freudenjunge*: DHA VII, 148 – *heuchlerisch*: DHA VII, 141 – *des Inhalts*: DHA VII, 140 – **167** *gezüchtigt*: HSA XX, 378 – *Aristokraten*: HSA XX, 373 f. – ausnehmen wollte: DHA VII, 1069 – *gegen Menschen*: HSA XX, 378 – Opitz: DHA VII, 1075 – *von Paris*: DHA XII, 20 – **169** *braven Mann*: DHA XIII, 302 – *Proteges*: HSA XXI, 223 – **170** *bekannt waren*: HSA XXI, 227 – *feindselig sind*: HSA XX, 234 – *Atzung*: HSA XXI, 222 – *Würde ist*: HSA XX, 105 – *loszureißen*: HSA XX, 109 – *unerfreuliche Weise*: HSA XX, 192 – *Affen*: DHA V, 170 – *Oheims*: DHA XII, 112 – **171** *Dasselbe sagt*: HSA XX, 343 – *interessiren könnte*: HSA XX, 423 f. – **172** *entschließen*: HSA XX, 428 – *oder drgl.*: HSA XX, 429 – **173** *Ansehen*: HSA XX, 429 – Bahn zu finden: HSA XXIV, 72 – weg bin: HSA XXIV, 74 – entwickeln: HSA XXIV, 72 – vertreten: HSA

XXIV, 69 – *Oktavseiten*: DHA VII, 271 – **175** umgehend erfolgte: DHA VII, 1460 – Staatsverwaltung: DHA VII, 1461 – gehörig: DHA XI, 741 – *Zote*: DHA XI, 139 – *es Tag*: DHA XI, 134 – *übergehen*: DHA XI, 134 f. – *Revoluzion werden*: DHA XI, 138 – Arbeit: DHA XI, 743 – **177** *verloren gehe*: HSA XX, 429 f. – *sichern*: HSA XX, 435 – *begann*: DHA XV, 377 – *winkte*: HSA XXI, 20 f. – *denken*: DHA XV, 23 – andeutete: HSA XX, 270 – **178** anzubahnen: HSA XXIV, 73 – *Machthabern*: HSA XX, 428 – *vergiftet*: HSA XXI, 21 – *Bett*: DHA XIV, 83 – **179** DHA XI, 137 – verschaffen kann: Börne III, 23 – **183** *entscheiden*: DHA XII, 163 – **184** *Noth*: DHA XI, 56 – Stokkung gerathen: Hauschild 1993, 133 – **186** *Gründe findet*: DHA XII, 484 f. – **187** *Analogie bot*: DHA XIII, 291 – **188** *Pantheon*: HSA XXI, 20 – **189** *Lebenden*: DHA XII, 103 – **193** *Nordsee*: DHA XIV, 58 – **195** *Fensterdekorazionen*: HSA XXI, 283 – **196** fünften Stockwerk: Julia 1884, 297 – **198** *Aphrodite*: HSA XXI, 64 – **199** *gelebt*: DHA XV, 205 – *anwehte*: DHA XIV, 28 – *reiner Luft*: HSA XXII, 113 – **200** *Revoluzion*: HSA XXI, 21 – *Lebensweise*: DHA XIV, 82 – *Kinder hat*: DHA XIV, 72 – **201** *Scheinfreuden*: HSA XXII, 186 – **202** *zertrümmern*: DHA XIII, 139 – *Menschenrecht*: DHA X, 302 – **203** *Leben selbst*: HSA XXI, 292 – **207** *Sorge*: DHA XIV, 72 – *Sorglosigkeit*: HSA XXIII, 152 – **208** 12.000 Francs: W/H I, 399 – *Drittel*: HSA XXII, 56 – **209** weit zurück: W/H II, 23 f. – zumutete: HSA XXII, 301 – Batignolles mietete: DHA III, 608 – **210** vorschrieb: Werner 1978, 52 – für die Saison: HSA XXII, 245 – monatlich mietete: HSA XXII, 123 – bestätigt wird: W/H I, 527 – Nußbaumsekretär: W/H II, 377 und 386 – Papiere diente: Julia 1884, 297 – **211** siebenhundertfünfzig Francs: Werner 1978, 53 – Nachlässigkeit: Julia 1884, 297 – Stutzerhaftes: W/H I, 522 und 537 – machen soll: W/H I, 259 – **212** fein: Julia 1884, 297 – nourri: Paris, Bibliothèque nationale de France – *Anblick*: HSA XXIII, 162 – 213 Vorleserin: HSA XXIII, 49 und 344 – im Monat zahle: HSA XXIII, 49 – *gestorben wäre*: HSA XXI, 376 – **214** *abspeist*: DHA XIV, 72 – **215** nie gewesen: W/H I, 367 – *Extr[as]*: DHA III, 608; HHI – **219** *Individualitäten*: DHA XIII, 32 – **222** *gewollt*: DHA VIII, 61 – *l'homme*: DHA VI, 349 – **223** *Volkes*: HSA XXI, 56 – *Priester*: HSA XX, 435 – *Emanzipation*: DHA VIII, 255 – *Evangeliums*: HSA XX, 432 – *beseligen*: HSA XXI, 56 – *verweisen*:

DHA VIII, 218 – *Fragen*: HSA XXI, 56 – **224** *Küssen*: DHA II, 34 – **225** *Gleichheitskittel*: DHA XIII, 32 – *Genußreligion*: DHA XIV, 100 – *spielen wird*: DHA XIII, 782 – **226** ableiten wollten: DHA XIII, 329 f. – **227** *Priesters*: DHA XIII, 151 – *Evangelium*: DHA XII, 99 – **228** *Opposizion*: DHA XII, 182 – **231** *Buonarotti*: DHA XIII, 31 – *Gleichheitssinns*: DHA XIII, 32 – *Waterloo*-Fragment: DHA XV, 191 – **232** *Zukunft*: DHA XIII, 310 – *Beschränktheit*: DHA XIII, 32 – *Bekehrung*: HSA XXV, 288 – *Frankreichs*: DHA XIII, 1262 – *Zukunft*: DHA XIII, 99 – **233** *unterscheidet*: DHA XIII, 98 – *Freyheit wegen*: DHA XIII, 98 – prophezeite: DHA XIV, 239 – **234** *Gelahrtheit*: DHA XV, 191 – *Saint-Simonismus*: DHA XIV, 100 – **235** *Allerhöchsten*: DHA XIV, 15 f. – **236** abgelehnten: HSA XXV, 68 – *Jahrhunderts*: DHA XIV, 100 – *Revoluzion*: DHA XIII, 98 – *Leroux*: DHA XIV, 100 – *Anspruch*: DHA XIV, 989 f. – **237** *Milchstraße*: DHA XIV, 104 – *Religion*: DHA XIV, 104 – **238** *Perfektibilitätslehre*: DHA XIV, 104 – **239** *Zimmermanns kam*: DHA XIV, 108 – *Communismus*: DHA XIV, 100 – *hervorguckten*: DHA XIV, 106 – **240** *treten*: DHA XIII, 96 – *Communismus*: DHA XIV, 19 – **241** *Parthey*: DHA XIV, 100 – *Beschränktheit*: DHA XIV, 787 f. – *Communisten*: DHA XIII, 39 – **242** Angelegenheit war: vgl. Buonarroti, »Conspiration pour l'Égalité«, Bd. 1, S. 99 – *Communisten*: DHA XIV, 32 – *Consequenzen*: DHA XIV, 34 – *Gesellschaft*: DHA XIV, 33 – *Gebreste*: DHA XIV, 106 – **243** *herbeyführen*: DHA XIV, 31 – *dürfte*: DHA XIV, 33 – *essen*: DHA XIII, 295 – **244** *Comödien*: DHA XV, 170 f. – **245** *erwarben*: DHA IV, 92 – *verdient*: DHA XIV, 100 – **246** *Civilisazion*: DHA XIV, 20 – *Welterschütterung*: DHA XIV, 360 – *kommen*: DHA XIV, 20 – *bedroht ist*: DHA XIII, 294 – **247** *Communistenregiment*: DHA XIII, 139 – *verfolgen*: DHA XIV, 276 – *mundus*: DHA XIII, 295 – **251** für hier: HSA XXIV, 128 – **254** *Tageskorrespondenz*: HSA XXI, 393 – **255** *Wachtposten*: HSA XXI, 285 – *Lichte zeigen*: HSA XXI, 365 – *Deutschland*: HSA XXI, 59 – **256** *Menschheit*: DHA XI, 92 – **257** *muß*: DHA XII, 47 – *Lebens*: DHA XII, 32 – *Doktrin*: DHA XII, 33 f. – *leuchtet*: DHA XII, 32 – Arbeitszimmer: W/H II, 278, 376 und 386 – **258** *geoffenbart werden*: DHA XII, 25 – **259** Pariser Szenen: W/H I, 240 – gewinnen: W/H I, 241 – *Hure*: DHA XIII, 65 – **260** *schreiben*: DHA XIII, 64 f. – *Gemä-*

ßigten: HSA XXI, 31 – **262** *druckbar zu machen*: DHA XVI, 226 f. – *Zweck*: DHA XII, 469 – **263**: Sitten: W/H II, 108 – **265** *censirt*: HSA XXI, 35 – **266** *zeigte*: DHA XIII, 293 – *begaffen*: DHA XIII, 139 – *gewetzt wird*: DHA XIV, 37 – **267** Delaroche: DHA XIII, 147 – *Klassen*: DHA XIII, 156 – *Indifferenz*: DHA XIII, 293 – **268** *erfüllen*: DHA XIII, 787 f. – *Aufregung*: DHA XIII, 31 und 789 – *hervorzubrechen*: DHA XIII, 789 f. – *durchdringt*: DHA XIV, 844 – **269** *Herrschaft*: DHA XIV, 856 – *Umwandlung*: DHA XIII, 1420 – *Idee*: DHA XIII, 1423 – *aufopfern*: DHA XIII, 1441 – *mütterlichen Interessen*: DHA XIII, 119 – *gr[oße] Beweg[ung]* : DHA XIII, 1441 f. – *Bewegung*: DHA XIII, 1635 – *Moschus*: DHA IV, 153/1079 – **270** *könnte[n]* : DHA XIII, 291 – *Freude*: DHA XIII, 1932 – *doch nicht*: DHA XIII, 1492 – *Gesch[äft]*: DHA XIII, 1442 – *entwickelt hätte*: DHA XIV, 257 – **271** *nothw*: DHA XIV, 1136 – *versenkt*: DHA XIV, 94 – **272** *zu werden*: HSA XXI, 172 – *aufgeben*: HSA XXI, 123 – **275** *Studieren*: HSA XXI, 37 – **276** *Patrioten*: HSA XXI, 31 – **277** *von 1815*: DHA XIII, 295 – *Parteien*: HSA XX, 351 – **280** Accent: W/H II, 370 – **281** Haushaltsabrechnungen: DHA I, 1069 – *Menschenverstand*: HSA XXIII, 452 – **282** Aussichten: HSA XXIV, 125 – zugestellt wurde: HSA XXI, 30 – **287** *werden sollten*: HSA XXI, 150 – *lüften*: DHA VIII, 503 – *entgegen wirken*: DHA XI, 151 – *ködern*: DHA XV, 168 – *Mittelalters*: DHA VIII, 126 – **288** *Pfaffenthum*: DHA VIII, 142 – *nannten*: DHA XV, 169 – *Doktrinäre*: DHA VIII, 262 – Universität: so der offizielle Titel des ersten Beamten nach dem Minister – **290** *Unrecht*: DHA VIII, 190 – **292** selbst zu tragen: vgl. HSA XXIII, 488 – **293** abgesetzt worden: Werner 1978, 79 – **294** Studenten: Werner 1978, 80 – **297** *Schmerzen*: DHA XV, 206 – *Suppentopfs*: HSA XXIII, 54 – **298** Prospekt: W/H II, 358 – kein Geld: HSA XXIII, 381 und 387 – **299** *Mondschein*: DHA I,570 – *gebaut hat*: DHA XIV, 301 und HSA XXIII, 441 – *überfüttern*: DHA II, 207 – **303** *Hindernissen*: DHA XV, 182 – Verstandesweibe: W/H II, 500 – *Unglück*: DHA IX, 46 – **304** *Feigenblättchen*: DHA VII, 108 – *Erde*: DHA IX, 46 – *Madonna*: HSA XXII, 193 – *Reinheit*: DHA VII, 218 – *Menschheit*: HSA XX, 75 – *Bauer*: HSA XX, 145 – *Magd*: HSA XX, 97 – *Bordell*: HSA XX, 224 – *Mißbehagen*: HSA XX, 394 – *Schmutzgassen*: HSA XX, 104 – Drehbahn: DHA XI, 217 – **305** *Mahle*: DHA

IV, 296; HSA XX, 316; HSA XXV, 178 – Lewald: G/E 3, 590 – *Hanchen*: DHA IV, 296; VII, 124/1308 – *Malvine*: DHA IV, 296 – Dammthor: Theodor Mundt in »Der Delphin. Ein Almanach«, Altona 1838 – *Seide*: HSA XX, 145 – *Zoten*: HSA XXI, 80 – Familie: HSA XXIV, 254 – Vergnügen: Börne VI, 35 f. – **306** *Hauptstadt*: DHA IX, 33 – Frauenhaus: DHA V, 124 – Linden: DHA I, 485 – *Sau*: DHA III, 36 – *Bürgerstöchter*: DHA VI, 735 – *Einflüssen*: DHA VI, 734 – Werk: HSA XXIV, 153 – Lieblingsspaziergang: G/E 3, 589 – **307** *Paris*: HSA XXIII, 41 – *Genie*: HSA XXII, 209 – *Name*: HSA XXII, 193 – *Person*: HSA XXII, 209 – Passionen: Rühmkorf 1985, 278 – Namenstag: DHA XI, 181/885 – *Glut*: DHA X, 111 – Beziehung: HSA XXI, 107 – **308** *Augenblick*: HSA XXI, 55 f. – Maitreße: Wien, Haus-, Hof- und Staatsarchiv, Staatskanzlei, Deutsche Akten – *Französischen*: HSA XXI, 58 – *Gebrauch*: HSA XXI, 57 – Tränen: W/H I, 384 f. – Zauber: W/H II, 506 – Gelächter: W/H I, 385 – **309** Füßen: W/H I, 385 – *Katze*: HSA XXI, 344; HSA XXII, 245; W/H I, 385 – Arbeiterin: W/H II, 506 – Feinheit: W/H II, 506 – **310** *Frühe*: DHA II, 568 f. – Geist: G/E 3, 618 – Erziehung: W/H I, 499 – Grisetten: W/H II, 505 – Theilnahme: W/H II, 503 – Bettücher: HSA XXII, 176 – Herzenslust: HSA XXII, 259 – Bekannten: W/H II, 505 – Haus: W/H II, 505 – **311** *Reuter*: HSA XXI, 212 – Francs: W/H I, 385 – Erziehungsversuchen: HSA XXIV, 328 – *Übel*: HSA XXI, 306 – *Frau*: HSA XXIII, 364 – **312** *Ehemann*: HSA XXII, 127 – Paris: W/H II, 503 – Pygmalion: W/H I, 391 – Tante: W/H I, 331 und II, 559 – *Engel*: DHA III, 116; vgl. III, 190 – Schneiderrechnungen: W/H I, 387 – *Kind*: HSA XXII, 21 – *Verbrengerin*: HSA XXIII, 99 – Stereotyp: HSA XXIII, 86, 90, 91, 94, 99, 198, 227, 265, 305, 375 – *Geldkosten*: HSA XXIII, 375 – Stillschweigen: DHA IV, 135 – **313** *Lachen*: HSA XXIII, 90 f. – Maximilian: HSA XXIII, 227 – *Bedenken*: HSA XXIII, 94 – Geld: W/H I, 387 – *Dingen*: HSA XXIII, 110 – Bankvollmacht: HSA XXIII, 303 – *Harmonie*: HSA XXIII, 203 – *allen Dingen*: HSA XXIII, 273 – *Vorzüge*: DHA X, 50 – Lewald: W/H I, 318 f. – Liebenswürdigkeit: W/H I, 423; vgl. 419 – Weill: W/H I, 386 – **314** Meissner: vgl. Brief Ludwig Embdens an Mathilde Heine, 13. Februar 1857, Düsseldorf, Heinrich-Heine-Heine-Institut – *Vernunft*: HSA XXIII, 20 – *Leben*: HSA XXII, 290 – *Mann*: DHA II, 503 – *Gegensatz*: HSA XX, 91 – *das niedrigste*:

HSA XXI, 121 – *Schlacke* : HSA XXI, 114 – *Kot*: HSA XXI, 110 – *Schmutzflecken*: HSA XXI, 128 – *Menschen*: HSA XXI, 121 – *Verblendung*: HSA XXI, 288 – **315** *Achtung*: DHA IX, 75 – Kleopatra: DHA X, 51 – Catharina: DHA X, 91 – Julia: DHA X, 111 f. – *Olympe*: DHA II, 795; Angabe der acht Einzeltexte DHA II, 223 f. – *Unterwelt*: DHA II, 96-99 – Herz: W/H II, 504 – *Eh'standsqual*: DHA II, 96 – *Erbarmen*: DHA III, 360 – **316** *Vergnügen*: DHA III, 1554 – Liebe: W/H II, 494 – *Arme*: HSA XX, 45 – *Gesichte*: HSA XXIII, 435 – *Hund*: HSA XXII, 77, 120, 128; W/H II, 505 – *Tannhäuser*: DHA II, 54 – **317** *Dummheit*: HSA XXIII, 478 – Kraft: W/H I, 390 – *Bitternissen*: DHA II, 53 – *Lebens*: DHA X, 267 – *Besitzes*: HSA XXI, 236 f. – *Augenblick*: HSA XXI, 239 – Bedenken: DHA X, 111 f. – **318** *Frau*: HSA XXII, 169 – *Jahren*: HSA XXII, 186 – Knabe Karl: W/H I, 343 – Duell: W/H I, 343 f. – *Tollen*: HSA XXII, 79 – November: HSA XXII, 72 – eines Tages: HSA XXII, 74 – **319** *Frau*: HSA XXII, 123 – **320** *Verstand*: DHA III, 189 f. – Freundin: HSA XXI, 213 – Loeve-Veimars: W/H I, 332 – *Liebesklatschereyen*: HSA XXI, 204 – Treuenthal/Rothschild: Mende, 155 und 165 – **321** Lebenswandel: DHA XII, 1118 – *Persönlichkeiten*: HSA XXI, 114 – *Seele*: HSA XXI, 106 – *Spiegel*: HSA XXI, 20 bis 27 R, 307 – *Erden*: HSA XXI, 166 – *Wahrheit*: DHA XV, 167; vgl. X, 325/939 – *göttlich*: HSA XXI, 93 – *Welt*: HSA XXI, 288 – **322** *Dame*: HSA XXI, 108 – Herz: W/H II, 494 – Unsterblichkeit: HSA XXIV, 274 – at ten: DHA IX, 368 – *Busenfreundin*: HSA XXIII, 79 – *Herz*: HSA XXIII, 59 – *Schultern*: HSA XXIII, 400 – **323** *Kunst*: DHA XII, 242 f. – *Welt*: HSA XXI, 427 – *Holmgang*: HSA XXI, 427 – *Ceremonie*: DHA XV, 48 – *Nonotte*: HSA XXII, 72, 74, 78, 118, 120 u.ö. – Hause: W/H II, 500 – **324** Bereich: HSA XXII, 250 – *Spezialität*: DHA XV, 48 f. – Geisteskinder: vgl. HSA XXII, 112 – Perüsche: W/H I, 461 f. – Cocotte: W/H I, 501 – *Hausstand*: HSA XXI, 419 – Magd: HSA XXI, 300 – Köchin: DHA XIII, 112 – Echo: W/H II, 325 – *Melone*: HSA XXII, 123 – Literatur: HSA XXV, 112 – *Launenlast*: HSA XXII, 21 – *Seele*: HSA XXII, 28 – **325** *Natur*: HSA XXII, 55 – *Falsch*: HSA XXIII, 283 – *Fehler*: HSA XXIII, 352 – *trampelnd*: HSA XXIII, 110 – *glücklich*: HSA XXI, 239 – Jaubert: W/H I, 340 f. – Zunge: W/H I, 387 – **326** *Taille*: DHA II, 141 – üppig: W/H I, 426 – *korpulenter*: HSA XXII, 34 – 180

Pfund: HSA XXIII, 46; vgl. 40 – *dick*: HSA XXIII, 99 – Person: W/H II, 369 – *Kind*: DHA III, 114 – *Gesundheit*: HSA XXII, 24 – *Grunzvögelchen*: HSA XXII, 142, 217, 260 – *Kopfschmerzen*: HSA XXIII, 198 – *Bitternissen*: HSA XXII, 308 f. – *Wahnsinn*: HSA XXII, 308 f. – Monat: W/H I, 392 – *Zustand*: HSA XXII, 154 – *Hausvesuv*: HSA XXII, 155 – **327** *Geld*: HSA XXII, 158 – Unbeherrschtheit: HSA XXIII, 255 – *Krankheit*: HSA XXII, 175 – *Uebel*: HSA XXII, 176 – *leidend*: HSA XXII, 219 – *Kopf*: HSA XXII, 288 – Episode: W/H II, 118 – Launen: vgl. W/H II, 324-326 – Gesicht: W/H I, 391 – Seuffert: HSA XXIII, 185 – *Barmherzigkeit*: HSA XXII, 308 f.; vgl. HSA XXIII, 28 – *Narr*: HSA XXIII, 403 – *Krankheit*: HSA XXII, 320 – *Kopf*: HSA XXIII, 72 – **328** kryptisch: HSA XXIII, 282 – *Freyheit*: HSA XXII, 270 – *Thränen*: HSA XXIII, 53 – *Stand*: HSA XXIII, 68 – Konzerte: W/H II, 503 – Leben: W/H II, 500 – *Nerven*: HSA XXIII, 20 – *Liebenswürdigkeit*: HSA XXIII, 22 – *Heiterkeit*: HSA XXII, 219 – **329** *Gott*: HSA XXIII, 110 – Grab: W/H II, 502 f. – dieses Bestreben: vgl. auch HSA XXII, 70 und 134 (»Lamm«) – **330** *Schooß*: DHA III, 357 – *Neuen Gedichten*: DHA II, 130 – *Romanzero*: DHA III, 99 und 116 – *Gedichten. 1853 und 1854*: DHA III, 189 f. – Nachlaßtexten: DHA III, 355 f. und 357 – *Lebensfreude*: DHA III, 277 – **333** *zusamen[zu]kneten*: HSA XXI, 56 – *mißglückt*: HSA XXI, 39 – Boulevardsschönheiten: HSA XXV, 158 – **334** Dirnen: G/E 4, 241 – Bild: G/E 3, 209 – Sensualismus: G/E 3, 476 – Poesie: G/E 4, 242 f. – Geilheit: G/E 2, 570 – *Donquixoterie*: DHA X, 260 – **335** *Welttollhaus*: HSA XXI, 292 – Volke: HSA XXV, 158 – *Vorstellung*: DHA XII, 244 – *Sinnlichkeit*: DHA V, 154 – **336** *Lachen*: DHA V, 182 – *Memoiren*: HSA XX, 176; HSA XX, 184 – *Hamburg*: vgl. HSA XX, 229; VI, 347 – *Zeiten*: HSA XX, 187 – verstanden: HSA XXIV, 240 – **337** Salon: G/E 2, 504 – *Narren*: HSA XXI, 80 – *Philosophie*: HSA XXI, 59 – *Interesses*: HSA XXI, 47 – **338** *Soldatenpflicht*: HSA XXI, 51 – **339** Beurtheilungsfreyheit: HSA XXI, 125 – **340** *gewachsen*: HSA XXI, 105 – *Journalartikel*: DHA XI, 151 – *Zeit*: DHA VIII, 494 – *Periode*: DHA VIII, 218 – **341** *Wahrheit*: DHA II, 204 f. – *Geisteszwang*: DHA VIII, 184 – *Schule*: DHA XI, 151 – *Stellen*: HSA XXI, 131 – **342** *Volkes*: DHA VIII, 241 – **344** *Grundsätzen*: DHA XI, 227 – *Höchstgestellten*: HSA XXI, 175 – Millionen: Heinrich Laube: »Literatur«, in:

»Zeitung für die elegante Welt«, Leipzig, 23. Mai 1833, S. 398 – **345** Lesern: Hauschild/Vahl, 41 – Ideen: Büchner, 87 f. – Umwälzung: Hauschild/Vahl, 40, 43 – **346** Sitte: Kleinknecht, 10 – *Heiland*: DHA XI, 227 – Vorstellung: Hauschild/Vahl, 54 f. – **347** Religion: Hauschild/Vahl, 50 – Bagage: DHA VIII, 554 – *Stil*: DHA IX, 126 – **348** *Pulver*: DHA IX, 294 – Berufsverbot: DHA XI, 797 f. – *Rede*: DHA XIV, 71 – **349** *Schreckschuß*: HSA XXI, 138 – *Religion*: HSA XXI, 138 – *Jahr*: HSA XXI, 144 – *Welt*: HSA XXI, 115 – **350** *Mährchen*: HSA XXI, 142 – *Legenden*: DHA VIII, 502 – *Schriftsteller*: HSA XXI, 160 – *nicht gedruckt*: HSA XXI, 160 – **351** *Gunsten*: HSA XXI, 175 – *Stunden*: DHA XI, 154 – *Gallere*: HSA XX, 336 – **352** *Muse*: DHA X, 260 – *Gedankenlosigkeit*: DHA VI, 358 – Titel: HSA XXV, 166-168 – **353** *Ansehen*: DHA XI, 178 – **354** *Religion*: HSA XXI, 298 – **355** *Hamburg*: DHA XI, 172 ff. – Verleger: Houben 1911, 140 – Indiskretionen: HSA XXI, 332 – Rechenschaft: HSA XXV, 211 f. – **356** Zensur: vgl. HSA XXV, 204; XI, 871 ff. – *revidirt*: HSA XXI, 371 – *Theaters*: HSA XXI, 214 – **358** *Andeutungen*: DHA XII, 248 – *Beginnens*: DHA XII, 249 – *Zustands*: DHA XII, 247 – *Wahrheit*: DHA XVI, 217 – **359** *Glücks*: DHA V, 140 – *Zeitgemäßheit*: HSA XXI, 362 und 371 – *Ende*: DHA XIII, 46 – *Juden*: DHA XIII, 54 – *Christen*: HSA XXI, 370 – **360** *Gebräuche*: G/E 6, 235 – Büchlein: G/E 4, 277 – **363** *Familie*: HSA XXI, 227 – Namen: vgl. HSA XXI, 266; HSA XXII, 204 – **364** *Verzeihung*: HSA XXI, 226 – *Schläge*: HSA XXII, 150 – **365** *Anträge*: HSA XXI, 175; vgl. 119, 348, 353 – Mitarbeit: W/H I, 241 – Ehe: HSA XXV, 37; vgl. HSA XXIII, 243, 342 – *Franks*: HSA XXI, 175 – Bankomark: HSA XXI, 209 – **366** *Dummheit*: HSA XXIII, 321 – **367** Druckereirechnung: HSA XXIV, 186 – Mistrauen: HSA XXIV, 191 – Exemplare: HSA XXIV, 187; vgl. 188 – Stück: HSA XXVII, 60 – **368** veräußerte: HSA XXII, 83 ff. – **369** *Geldschwindsucht*: HSA XXI, 174 – *Combinazion*: HSA XXI, 259 – *Blätter*: HSA XXI, 257 – *Journalismus*: HSA XXI, 258 – **370** *Annonzengebühr*: HSA XXI, 258 – *Hand*: HSA XXI, 256 – *affaire*: HSA XXI, 263 – **371** *Kanonen*: HSA XXI, 256 – *Geldes*: HSA XXI, 210 – **372** Krinitz: W/H II, 413 – *Höchste*: DHA X, 260 – Tragödien: W/H I, 552 – **373** Paris: HSA XXIV, 424 f. – Auftrag: HSA XXIV, 429 f. – **374** *Freiheit*: DHA X, 251/657 – **375** *Doppelwirkung*: DHA XV, 13 – *initiateur*:

DHA XV, 121 – *Geldnoth*: HSA XXI, 204 – *Lohnschreiber*: HSA XXI, 210 – **376** *Jugend*: DHA X, 12 – **377** *Jahre*: HSA XXIII, 290 – *Englisch*: DHA XV, 63 – *Juliusrevoluzion*: DHA XI, 380 – **378** *Styls*: HSA XXI, 281 – *Zweck*: HSA XXI, 284 – Zeit: DHA X, 320 – **379** *Wahlverwandtschaft*: DHA X, 119 ff. – Cicerone: DHA X, 24 – Fragen: Höltgen, 467 f. – **380** *Oheim*: HSA XXI, 267 – *Drittel*: HSA XXII, 56 – Kuchen: HSA XXVI, 87 – **381** Wort: HSA XXVI, 123 f. – *Freund*: HSA XXII, 153 – **382** *Schwäche*: HSA XXIII, 63 – Cousin: vgl. HSA XXIV, 153 – Furtado: HSA XXII, 154 – *Siegesstunde*: HSA XXII, 181 – *Tode*: HSA XXII, 151 – *Geldsak*: HSA XXII, 208 – **383** *Dingen*: HSA XXI, 227 – Poeten: DHA XV, 106 – *Freudenmädchen*: HSA XXII, 160 – **384** *Repügnanz*: HSA XXI, 37 – **386** *Anspruch*: DHA XIV, 71 – *Chorführer*: HSA XXII, 275 – Pension bewilligt: DHA XIV, 79 – Anfangsdatum: Werner 1978, 129 – **387** im voraus: HSA XXI, 354 f. – Honorarfrage: HSA XXI, 350 und 359 – **388** Protektion: DHA XIV, 82 f. – *Genie*: HSA XXI, 364 f. – *Almosen*: DHA XIV, 70 – **389** *Vertrauen*: DHA XIV, 80 – *Wahrheitsliebe*: DHA XIV, 79 – **390** Ausweisung: DHA XIV, 81 – **391** *Dichterleben*: HSA XXII, 284 – **392** Gumpelino: HSA XXI, 87 – Epoche: HSA XXIV, 305 – Theaterpläne: W/H I, 295 – Inszenierung: W/H II, 433 – *Bretterwelt*: DHA XIII, 35 f. – **393** *Unsterblichkeit*: DHA XIII, 36 – *Theater*: DHA XIII, 36 – *Bühnendichter*: DHA XIII, 36 – *Bretterwelt*: DHA XIII, 36 – Francs: HSA XXVI, 148 – Aufführungsrechte: HSA XXII, 250; HSA XXVI, 200 – **394** *Seite*: HSA XXIII, 141 – sabotierte: DHA IX, 79 – *Umständen*: HSA XXIII, 24 – Unterstützung: HSA XXVII, 247 f., 268, 273 – ans Herz: HSA XXIII, 27, 55 – **395** *Nachtigallen*: DHA XIV, 55 f. – **396** *Volksliedern*: HSA XXII, 178 – Einnahme: HSA XXII, 95; 105 – Abmachung: W/H I, 577 f. – **397** *zu schlucken*: HSA XXIII, 174 – *Geist*: HSA XXIII, 475 – **398** Schillerzitat: HSA XXVII, 373 – *Bewandtniß*: HSA XXIII, 393 – *Jahrtausende*: HSA XXIII, 473 – **399** *Zeitungslob*: DHA XIII, 71 – *Instrumentazion*: DHA XIII, 130 – **400** Geld überließ: W/H II, 117 – fünfhundert: HSA XXII, 27 – eintausend: W/H II, 117 – dreihundert: HSA XXI, 344 – fünfhundert: HSA XXII, 27 – **405** *Patriot*: DHA XI, 95 – **406** Agent: vgl. XI, 121 – *Erde*: DHA XI, 192 – *kanonisirt*: HSA XXI, 221 – **407** *Respekt*: DHA XI, 130 – **408** *Privaturtheil*: DHA XI, 95 – *Unparthey-*

lichkeit: DHA XI, 94 – *Angaben*: DHA XI, 119 – *Herz*: DHA XI, 57 – **409** *Lebensprogramm*: DHA XI, 120 – *Menge*: DHA XI, 120 – *Beschränktheit*: DHA XI, 128 – *Willkühr*: DHA XI, 121 – *Tages*: DHA XI, 92 – *gesehen*: DHA XI, 130 – **410** *Fleisch*: DHA VIII, 456 – *Gegengift*: HSA XX, 82 – *Gebreste*: DHA XIV, 106 – **411** *Juden*: DHA XI, 45 – *Trieben*: DHA XI, 19 – *Werkeltagsgesinnung*: DHA XI, 130 – **412** *Sprache*: DHA XI, 114 f. – *Kümmernissen*: DHA XI, 105 – *Thränen*: DHA XIV, 265 – **413** *Vaterlandsliebe*: DHA XI, 105 – *Staates*: DHA XI, 115 – Erfindung: G/E 4, 442 – *Widerspruch*: DHA XI, 221 – **414** *Bündniß*: DHA XI, 191 – **415** *Lebens*: DHA XI, 129 – *Niveau*: DHA XI, 129 – **416** *Deutschland*: DHA XIV, 29 – **420** *Cousin*: HSA XXI, 57 – Ungemachs: HSA XXV, 76 – **421** Menschen: W/H I, 251 – **422** *Anständigkeit*: HSA XXIII, 51 – *Haus*: HSA XXI, 419 – Feind: HSA XXII, 123 – **423** Agent: Paris, Archives de France, F 7/2566 – *Calmonius*: HSA XXII, 176 – Geheimrath: HSA XXV, 279 – **424** *Lügner*: HSA XXIII, 78 – Spazier: HSA XXVII, 321 – *Wirthschaft*: HSA XXI, 224 – **425** *Handlungen*: DHA XIII, 147 – **426** Intrigant: HSA XXI, 28 – *Verrückter*: HSA XXI, 37 – *Patrioten*: HSA XXI, 31 – *Mitwahnsinn*: HSA XXI, 36 – *noch gemäßigter*: HSA XXI, 28 – *Republikaner*: DHA XII, 197 – *Neigung*: DHA XII, 88 – *Höchstgestellten*: HSA XXI, 175 – **428** *Demokrazie*: DHA XII, 469 f. – *Volksfreunde*: DHA XII, 465 – *Demagogen*: HSA XX, 70 – *Tribun*: HSA XXI, 36 – *Lockvogel*: HSA XXI, 31 – *letzte Mal*: DHA XI, 70 – **429** *Hand*: DHA XI, 71 – *Consorten*: HSA XXI, 59 – *Schuft*: HSA XXI, 43 – *Sterne*: DHA XII, 76 – *Amt*: DHA XII, 65 – **430** *Kummer*: HSA XXI, 44 – *Servile*: DHA XII, 456 – **431** *Deutschen*: HSA XXI, 59 – Federn: W/H I, 284 – Hochdörfer: Hauschild 1993, 195 – **432** *kompetent*: DHA XI, 78 – **433** *Bücher*: DHA XI, 83 – *Vaterland*: DHA XI, 78 f. – *Competenz*: DHA XI, 79 – *Motto*: DHA X, 216 – **434** Schulz: Hauschild 1993, 203 – **435** *Stegreifscharmützel*: DHA XVI, 202 – **438** *Thüre*: HSA XXIII, 47 – *Genossen*: DHA II, 117 – *Noth*: HSA XXI, 103 – *Millionäre*: DHA XIV, 72 – *Erscheinungen*: HSA XXI, 103 – *Räuberbande*: HSA XXI, 103 – *Landsmannschaft*: HSA XXI, 122 – **439** *Diebe*: HSA XXI, 122 – *Niederträchtigkeiten*: HSA XXI, 124 – Kotterien: Wien, Haus-, Hof-und Staatsarchiv, Staatskanzlei, Deutsche Akten – *Freyheitslehre*: DHA XI, 84 f. – *Schriftstel-*

ler: DHA XIII, 289 – Inkarnation: HSA XXI, 52 – *Liberalismus*: DHA XI, 84 – **440** *Intriguen*: HSA XXI, 20 – Aufwartung: HSA XXIV, 175 – Metternich: Wien, Haus-, Hof- und Staatsarchiv, Staatskanzlei, Deutsche Akten – **441** *Unterhaltungsbuchs*: HSA XXI, 348 – **442** Haus-Götzen: HSA XXV, 275 – Freiheit: HSA XXV, 277 – Schriftsteller: HSA XXV, 275 f. – **443** *Zukunft*: HSA XXI, 381 – Scharte: HSA XXV, 278 – *Angeln*: DHA XI, 19f. – *Dame*: DHA XI, 89 – *Hülle*: DHA XI, 91 – *Esel*: DHA XI, 90 – **444** *Ende*: HSA XXI, 402 – **451** Talglichter: Schenda 1977, 146 f. – **452** Mittelmäßigkeit: Schenda, 153 – Außenseiter: Schenda, 147 – **453** Faulheit: Werner 1978, 19 – Dichternatur: Werner 1978, 19 – Verrat: Werner 1978, 19 – **454** *Lohnlakayen*: DHA XII, 73 – **455** *Gelderwerbs*: HSA XXIII, 155 – **456** *Krämergeschäft*: HSA XXI, 58 – *Thätigkeit*: HSA XXI, 151 – *Eigenthumsrechte*: HSA XXI, 169 – **457** *Nachtmützenfabrikanten*: DHA XIV, 56 – *Presse*: DHA VIII, 497 – *Beleuchtungsverdienst*: DHA XIII, 120 – *Menschheit*: DHA VIII, 242 – *Sprecher*: DHA XII, 72 – *Sternen*: DHA VIII, 216 – *Zukunft*: DHA VIII, 217 – **458** *Gedankengütergemeinschaft*: DHA X, 321 – **459** *Goethe*: DHA XV, 214 – *Dichter*: DHA XV, 214 – **460** Scandale: DHA X, 845 – *Dichter*: HSA XX, 61 – **461** Drei Strophen: DHA IV, 1080 – *Einleitung*: DHA VIII, 443-445 – **462** Bruchstück: DHA VII, 1640 f., DHA XI, 67 – *Privatbriefs*: DHA X, 126-128 – **463** *Tagesaufgaben*: HSA XXI, 265 – *Zeit*: HSA XXII, 181 – **464** *Zukunft*: HSA XXI, 381 – Goethezitat: HSA XXI, 114 – **468** Dichtergallerie: HSA XX, 43 – Notiz: HSA XX, 43 – **469** Muse: W/H I, 192 – **472** Brust: W/H I, 240 – **473** Darstellung: G/E 3, 577-595 – Fingern: G/E 3, 618 – **475** Indiskretion: G/E 4, 59-64 – *Wade*: HSA XXI, 246 – Grisette: W/H I, 333 f. – Kritiker: HSA XXIV, 406 – Musenalmanach: DHA X, 735 – dementieren: DHA X, 279 – *Leuten*: HSA XXI, 239 – *Dichterling*: DHA X, 279 – **476** *Dichtereitelkeit*: HSA XXI, 282 – *Großmannssucht*: HSA XXI, 289 – Wahrheit: HSA XXV, 148 – Theilnahme: HSA XXV, 148 – *kompromittirt*: HSA XXI, 282 – *Leibe*: HSA XXI, 289 f. – **477** *Dichterlings*: DHA X, 279 – *Zeilen*: HSA XXI, 291 – *Bestätigung*: HSA XXI, 289 – Freundschaft: G/E 4, 433-445 – *Schnödigkeiten*: HSA XXI, 289 – *Meisterstück*: HSA XXI, 294 – **478** *Bande*: DHA X, 861 – **479** *Verleger*: HSA XXI, 322 – Börse: DHA X, 842-845 – Nahrung: DHA X,

751 – *Schriftstellernöthen*: HSA XXI, 328 – **480** *Wanze*: HSA XXI, 327 f. – Notiz: DHA X, 280 f. – Parodie: DHA X, 280 f. – Erweiterungen: DHA X, 860 – **481** Nebengeleis: DHA X, 857-859 – **483** *Leidenschaften*: HSA XXII, 303 – *Luder*: HSA XXIII, 56 – *Pfund*: HSA XXIII, 56 – Julia 1884, 305 – Berlioz: W/H II, 250 – *Fremde*: HSA XXIII, 56 – *hinausgeschmissen*: HSA XXIII, 377 – *Geistreichste*: HSA XXIII, 56 – **484** *Gold*: HSA XXIII, 84 – Stimmung: W/H II, 158 – Durchsetzung: HSA XXIII, 34-36, 37 f., 39 f., 78-84 – **485** *Aufgabe*: HSA XXIII, 76 – **491** *Prosa*: HSA XXI, 338 – *Ende*: HSA XX, 250 – *Versen*: DHA I, 564 – **492** *Grundton*: DHA X, 267 – **493** *Allgemeinheiten*: DHA IV, 10 – **494** Peitsche: DHA II, 660 – *Jakobinismus*: HSA XXII, 141 – **496** *Messias*: HSA XXII, 180 – *junge Lassalle*: HSA XXIII, 79 – *Geldsak*: HSA XXII, 208 – **497** *Besinnen*: DHA III, 100 – *Handeln*: HSA XXII, 180 – *halb Dutzend*: HSA XXII, 192 – *Gefühlsbefreyung*: HSA XXII, 183 – *Marx*: DHA VIII, 498 – Plan: vgl. DHA II, 658 f. – **498** *Zögerniß*: DHA XIV, 82 – *Stänkerreime*: HSA XXII, 96 – **499** *Zeitungsartikeln*: DHA XIV, 48 – Ironie: DHA II, 678 – Satire: DHA XVI, 39 – Kertbény: HSA XXVI, 208 – **500** Wolff: HSA XXVI, 215 – **501** *Sorgen*: DHA II, 130 – Publikation: HSA XXV, 278 – **502** *Mutter nicht gesehen*: HSA XXII, 35 – *Berührungen*: HSA XXII, 56 – *Herzen*: DHA VII, 212 – *Vaterland*: DHA III, 321 – *Arglist*: DHA X, 194 – Grenzhaftbefehl: DHA II, 665 f. – **503** *freywilliges Exil*: HSA XXI, 127 – *Verhaftsbefehle*: DHA XV, 171 – Majestäts Beleidigung: HSA XXVI K, 159 – **504** Vorliebe: DHA IV, 978 f. – **505** *sanglanteste*: HSA XXII, 91 – Markt: HSA XXV, 346 – Feuerkatastrophe: Campe an Dingelstedt, Eppendorf, 22. Mai 1842; Cambridge/Mass., Harvard University Library; Fotokopie im Heinrich-Heine-Institut, Düsseldorf – **507** *Rosen*: DHA IV, 216 – *Vergangenheit*: HSA XXII, 38 f. – **508** *Periode*: HSA XXII, 181 – *Deutschland*: HSA XXII, 39 – *Fabelkönig*: HSA XXII, 181 – *letzter Dichter*: DHA XV, 13 – *Emanzipazions-Juden*: HSA XXII, 51 – **509** *klassischen Dichtung*: HSA XXII, 100 – *Anspielung*: HSA XXII, 144 – *Reisebilder*: HSA XXII, 96 – *Juchten*: DHA IV, 153 – **510** *Kritik*: DHA IV, 300-302 – **511** Beschwerden des preußischen Gesandten: DHA IV, 976-978 – **512** *verkünden*: DHA IV, 155 – *schönen Worten*: DHA VIII, 155 – **513** *Knecht*: DHA IV, 103-109 – *Douaniers*: DHA IV, 93 f. – **514**

Pfahl: DHA IV, 298 – **515** *Schaden*: HSA XXII, 126 – *Vorliebe*: HSA XXII, 92 – *Vaterlands*: DHA IV, 300 – *Teutscher*: DHA VIII, 141 – *Teutomanen*: HSA XXII, 144 – *Fehdehandschuh*: HSA XXII, 130 – *Herzblut*: DHA IV, 300 – **516** *Patriotismus*: DHA IV, 300 f. – **519** *Schauplatz*: DHA XIII, 17 – *Kammer*: DHA XIII, 17 – **520** *Aristokrasie*: DHA XV, 188 f. – *Marseillaise*: DHA XIV, 287 – *Februartage*: DHA XIV, 287 – Noth: H/W II, 110 – *Behausung*: DHA XIV, 287 f. – **521** *Tuilerien*: DHA XIV, 288 – *Revoluzion*: DHA XI, 74 – **522** *Freyheit*: DHA XIV, 68 – *Mandatare*: DHA XV, 189 – **523** *Treffer*: DHA XIV, 292 f. – *Nieten*: DHA XV, 190 – *Schild*: DHA XV, 36 – *Lebensblut*: HSA XXII, 322 – **524** *Ergänzungsstrophen*: DHA IV, 289 – *Vorspielgerüche*: DHA IV, 153 – *Sieger*: DHA III, 119 – *Gruben*: DHA IV, 153 – **525** *Freund*: DHA III, 117 – *Germania*: DHA III, 117 – **527** erklärte Liszt: Gavoty 1980, 230 – *Kommode*: DHA III, 118 – *Kreis*: DHA III, 118 – **528** Neuzeit: HSA XXVI, 236 – *Bären*: DHA III, 118 – *Hunden*: DHA III, 119 – **529** *klüger*: DHA III, 119 – **530** *Heilung*: DHA XIV, 275 – *Königtums*: HSA XXII, 284 – *im Fluß*: HSA XXII, 289 – *Sonne*: DHA XV, 52 – *Gefühls*: DHA XV, 40 – *FebruarRevolution*: HSA XXIII, 24 – *Gedanken*: HSA XXII, 296 – *Gott*: DHA III, 179 – **531** *Nachwort*: DHA III, 180 – *Atheisten*: HSA XXII, 287 – Kalisch: W/H II, 155 – **532** *Gotte*: DHA III, 180 – *Persönlichkeit*: DHA III, 179 – *Dialektik*: DHA XV, 38 – *Schulgeheimniß*: DHA XV, 29 – *Dialektik*: DHA VIII, 497 – *Schooß*: DHA III, 180 – *Glaubenspisse*: HSA XXIII, 43 – **533** Atheisten: Meissner 1850, 1019 f. – *beide stinken*: DHA III, 172 – *Socialist*: DHA XV, 46 – *Moses*: DHA XV, 41 – *Elends*: DHA XV, 41 – *Mensch*: DHA XV, 112 – **534** *Deismus*: HSA XXI, 126 – *Prinzipien*: DHA XV, 41 f. – Protestant: HSA XXI, 120 – *Wesen*: HSA XXI, 302 – *Eitelkeit*: DHA XV, 51 – *Gedankens*: DHA XV, 42 – Ausgestoßener: DHA XV, 57 – *Poetenschule*: DHA III, 150 f. – **535** *Gnade*: DHA III, 137 – *Schlemihl*: DHA III, 155 – *Apostel*: DHA VIII, 218 – *Leuchte*: DHA III, 134 – *Herzensdame*: DHA III, 138 – *Weltriß*: DHA VII, 95 – *Thränenperlen*: DHA III, 147 – *Siegeswagen*: DHA III, 145 – *Weltmeer*: DHA III, 146 f. – *Unkraut*: DHA III, 140 – *Jerusalems*: DHA III, 140 f. – **537** *Niederlage*: DHA XV, 193 – *Schneider*: HSA XXIII, 181 – **539** *Kaiserreichs*: HSA XXII, 289 – **543** *isolirt*: HSA XX, 22; HSA XX, 89; HSA XX, 397; HSA

XX, 430; HSA XXIII, 182 – *Zustände*: DHA XI, 21 – *krankste*: DHA VIII, 80 – *Erschaffend*: DHA II, 63 – Kopfschmerzattacken: HSA XX, 73; 86, 183 – **544** *ergötzen*: HSA XX, 162 – *Handwerkers*: HSA XX, 156 – *Klopfen*: HSA XXII, 115 – *Zimmer*: HSA XX, 156 – *Gegenwart*: HSA XX, 141 – Schreiben: HSA XXI, 280 – diktieren: HSA XXI, 281 – **545** *doppelt*: DHA XVI, 275 – *Lehnsessel*: DHA XIV, 120 – *Ohnmachten*: HSA XXII, 223 – *Unterleib*: HSA XXII, 262 f. – *begraben*: HSA XXII, 272 f. – **546** *Kinnladen*: HSA XXII, 277 – *Unleben*: HSA XXII, 294 – *Matraze*: HSA XXIII, 75 – *Augenlied*: HSA XXII, 300 – **547** *Betäubniß*: HSA XXIII, 19 – *Erleichterung*: HSA XXIII, 28 f. – *Form*: HSA XXIII, 38 – Etienne: Manuskript im Heinrich-Heine-Institut, Düsseldorf, vgl. W/H II, 251 – *Prügeln*: HSA XXIII, 255 – *Grab ohne Ruhe*: DHA III, 177 – **548** Augen: Julia 1884, 297 – Engländer: Brief an Gustav Karpeles, Florenz, 21. März 1902 (Heinrich-Heine-Institut, Düsseldorf) – Hofes: W/H II, 344 – Matratzen: Julia 1884, 297 – Robert: Julia 1884, 297 f. – **549** Secretär: Manuskript im Heinrich-Heine-Institut, Düsseldorf; vgl. W/H II, 251 – Rückenmarks: Windfuhr 21976, S. 109 – *Männer*: HSA XXII, 295 – Lassalle: W/H II, 396 – **550** *Welt*: HSA XXIII, 62 – *Gotte*: DHA III, 180 – *Heimsuchung*: HSA XXIII, 470 – *Gottes*: HSA XXIII, 29 – *Werkzeug*: HSA XXIII, 63 – *Höhe*: HSA XXII, 316 – *Respect*: HSA XXIII, 112 – *Stimmung*: HSA XXIII, 89 – *Welt*: DHA XV, 84 f. – **551** *Freunde*: DHA III, 177 – *Rucken*: DHA III, 121 – *Maykäfer*: DHA X, 341 – *Krankheit*: DHA XV, 211 und 212 – **552** *Papier*: HSA XXII, 322 – *Manifestation*: HSA XXIII, 141 – Agonie: HSA XXIII, 294 – *Teleologie*: DHA III, 400-403 – Staatsanwalt: DHA III, 983 – Beachtliches: vgl. III, 1076 f. – **553** Meissner: Karpeles 1899, 270 – Kossak: W/H II, 345 – **554** erweiterten Auflage: HSA XXII, 278 – *Blutstropfen*: HSA XXII, 287 – *Narr*: HSA XXII, 314 – *Lebensblut*: HSA XXII, 322 – *Athemzüge*: HSA XXII K, 188 – *Ruhmes*: HSA XXIII, 52 – ausrangirt: DHA III, 437 – **555** *Popularität*: HSA XXIII, 118 – Derbheit: DHA III, 1316 – Ruine: W/H II, 268 – Weerth: HSA XXVI, 329, vgl. III, 450 f. – *Shakespeare*: HSA XXIII, 160 – **556** Destro: DHA III, 458 – Schmidt: DHA III, 553 – Prutz: DHA III, 554 – Belletristik: DHA III, 506 – Sethe: DHA III, 504 – Ofen: DHA III, 506 – **557** Sachs: DHA III, 903 – **558** *Lump*: DHA III, 105 – **559** *Heilung*: DHA

XIV, 275 – **560** *Seele*: DHA III, 120 – *Gedächtniß*: DHA III, 120 f. – *Nicht gedacht*: DHA III, 346 f. – **562** *Stellung*: DHA XIII, 296 – **563** *Monarchen*: DHA II, 59 – **566** *Meuchelthat*: DHA III, 1517 – **567** Auftrag: DHA VII, 74 – *am Ende*: DHA XI, 47 – *Menschheit*: DHA XIII, 293 – *Befreyungskriegs*: DHA VII, 74 – *neue Zeit*: HSA XXII, 180 f. – **568** Nackenhaare: DHA III, 26 f. – Thron: DHA III, 100 – **569** *Habilité*: HSA XXII, 180 – *Zelt*: DHA III, 100/783 – **570** *Babylon*: DHA III, 100 – *Fabelkönig*: HSA XXII, 181 – *Menschheit*: DHA VII, 74 – *Aberglaubens*: DHA IV, 109 – **571** *ewigen Reise*: HSA XXIII, 426 – *Egoismus*: HSA XXIII, 250 f. – *Kosten*: HSA XXIII, 472 – Werk: W/H II, 474 – wiederzusehen: W/H II, 475 – **572** toter Mann: W/H II, 474 – Es ist aus: W/H II, 475 – sterben: W/H II, 476 – Bleistift: W/H II, 474 – Bewußtsein: W/H II, 475 – ausüben muß: W/H II, 475 – vorbei: W/H II, 475 – **573** Gruby: Karpeles 1899, Tafel VI – Zustimmung: Bibliothèque nationale de France, Paris – Ader: DHA XV, 210 – Testament: HSA XXII, 242 – **574** *Fiaker*: DHA III, 114 – **575** *Ordnung*: HSA XXIII, 96 – **578** *Literatur*: HSA XXIII, 210 – Vorkaufsrecht: HSA XXII, 84 – Differenzfalle: HSA XXVII, 68 f. – **579** *compère*: HSA XXIII, 243 – Honorar: HSA XXVII, 129 f. – **580** *Prosa*: HSA XXIII, 210 – *Tageswahrheit*: DHA XIII, 19 – **581** *Einklang*: HSA XXIII, 320 – *Grundsätzen*: DHA XIII, 293 – *Geistes*: DHA XIV, 48 – *Zukunft*: HSA XXIII, 320 – **582** *Idee*: HSA XX, 124 – **583** *Studien*: HSA XXI, 189 – *Federstrichen*: HSA XXI, 229 – Vater: HSA XXVI, 166 – *Tode*: HSA XXII, 164 – *Krämerthums*: HSA XXII, 193 – **584** Händen: DHA III, 745 – Zunge: DHA III, 348 – **585** *Wahrheit*: DHA XV, 13 – *Buche*: DHA XV, 15 – *Persönlichkeit*: DHA XV, 15 – *Communismus*: DHA XV,30 – **586** *Ende*: DHA XV, 29 f. – dumm: DHA XV, 30 f. – Nebeneinandergehenktwerden: DHA XV, 33 – Neuausgabe: DHA XV, 11 – *zufrieden lebe*: DHA XV, 22 – **587** *Bild*: DHA XV, 47 – *Veränderung*: DHA XV, 39 – *Vernunft*: DHA XV, 36 – *Geständnisse*: DHA XV, 51 – *Elend*: DHA XV, 30 – *Prinzipien*: DHA XV, 41 f. – **588** *Ehrfurcht*: DHA XV, 41 – *Marx*: DHA XV, 39 – *Selbstbewußtseyn*: DHA XV, 40 – Weill: W/H II, 179 – Publikum: Werner 1979, 114 – **589** *Einheit*: DHA XI, 121 – *Recht*: DHA X, 302 – **590** *Exgott*: DHA XV, 35 – *Göttern*: DHA XV, 36 – *Privatstand*: DHA XV, 36 – *Lieblingsthema*: HSA XXIII, 275 – *Götter Griechen-*

lands: DHA I, 413-417 – *Verteuflung*: DHA IX, 125 – *Freudenfeste*: DHA IX, 70 – **591** *Lebenslust*: DHA IX, 70 – *Gefieder*: DHA III, 74 f. – *Hieroglyphen*: DHA IX, 125 f. – *Größe*: DHA IX, 145 – **592** *Transformazionen*: HSA XXIII, 377 – *Menschentroß*: HSA XX, 73 – **593** *Momenten*: HSA XXI, 189 – *Buch*: HSA XXI, 186 – **594** *Berührung*: DHA XV, 59 – **595** Bearbeitung: W/H II, 270 – *Bitte*: DHA XV, 212 – **596** Bändchen: W/H II, 335 – *Stapel*: HSA XXIII, 309 – *Erquickung*: HSA XXIII, 324 – **597** *Vergangenheit*: HSA XXIII, 193 – Memoirenfragment: Embden 1892, 304 – **598** Äußerungen: HSA XXIII, 377, 393, 416, 420, 432 und 434 – *Lebens*: DHA XV, 59 f. – **599** *Mondenschein*: DHA III, 111 – Margareth: HSA XXVII, 332 – Roman: Gautier 1988, 273 – **600** Meissner: Karpeles 1899, 295 – **601** *mouche*: HSA XXIII, 434 – Spion: Karpeles 1899, 294 – *Schwabengesicht*: HSA XXIII, 463 – Brief im Heinrich-Heine-Institut, Düsseldorf, Slg. Gottschalk – *Zärtlichkeit*: HSA XXIII, 456 – *Hemd*: DHA III, 391 – *Schnaphahn*: DHA III, 390 – **602** *Gekicher*: DHA III, 389 – *Herbstes*: HSA XXIII, 469 – *Geistes*: HSA XXIII, 476 – *Mannes*: DHA III, 396 – *Gedicht*: DHA III, 391 – *Heloise*: HSA XXIII, 479 – **606** Achseln: HSA XXVI, 45 – Artikel: W/H I, 257 f. – **607** ersten *Reisebilder*: HSA XX, 228 – **610** legte er: HSA XXII, 174; W/H I, 576 – *Auge*: HSA XXII, 245 – *Revoluzion*: DHA XV, 212; vgl. HSA XXIII, 154 – *Ressourçen*: HSA XXIII, 24 – bangen: HSA XXIII, 32 – **611** *générosité*: HSA XXII, 281 – *Weibes*: DHA XV, 214 – *Frau*: DHA XV, 213 – *Leben*: DHA XV, 214 – *Mann*: DHA XV, 215 – *Vortheile*: DHA XV, 212 – **612** *Anstrengung*: DHA XV, 213 – *Stunde*: DHA XV, 214 – *Liberalität*: HSA XXIII, 155 – *Kinds*: DHA III, 114 – *Bissen*: HSA XXIII, 174 – **614** *rentier*: Werner 1978, 51 – **615** *Hunde*: HSA XXIII, 302 – *Schulden*: HSA XXIII, 154 – **619** Betty Heine: Embden 1892, 292 – *Kind*: DHA III, 114 – **620** Schlagfluß: Embden, 306-309 – Eigentumsrechte: Embden 1892, 293 – **621** *Geschäftsführer*: HSA XXIII, 136 – **622** Rente: Embden 1892, 295 – *Spitzbuben-Genie*: HSA XXIII, 78 – **623** Acquisition: Karpeles 1911, 321 – **624** Correspondenz: Embden 1892, 295 – **626** *Monument*: HSA XXI, 226 – Darstellung: Schubert 1995, 120 – **627** *beleidigt*: HSA XXI, 96 – Byron: DHA X, 575 – Aristophanes: DHA III; 461 – Voltaire: DHA III, 521 – **631** »Völkischen Beobachter«: München, Nr. 304, 23. Dezember 1930 – **632** Zersetzung: Ammon 1933, 176 und 183 – Artverschiedenheit: »Das schwarze Korps«, 31. Oktober 1935 – Verfasser unbekannt: Berendson 1935, 21 – **636** *Fabelkönig*: HSA XXII, 181 – **637** *Zukunftbeglückern*: DHA X, 301 f. – *Recht*: DHA X, 302 – *Leben*: HSA XXI, 292.

Literaturauswahl

1. Gesamtausgaben
Zu Heines Lebzeiten erschien keine von ihm autorisierte deutsche Gesamtausgabe. Von den dreizehn zwischen 1855 und 1885 bei Michel Lévy frères in Paris erschienenen Œuvres complètes sind nur sieben Bände durch seine Mitarbeit autorisiert (Text: HSA Bd. 13-19; in der DHA den deutschen Werken zugeordnet).
Sämtliche Werke, hg. v. Adolf Strodtmann, 21 Bde., Hamburg: Hoffmann und Campe 1861-66; 2 Supplementbände 1869 und 1884.
Sämtliche Werke, hg. v. Ernst Elster, 7 Bde., Leipzig und Wien [1887-90], Neudruck 1893.
Sämtliche Werke, hg. von Oskar Walzel, 10 Bde., Leipzig 1910-1920.
Briefe. Erste Gesamtausgabe nach den Handschriften hg., eingel. und erl. v. Friedrich Hirth, 6 Bde., Mainz 1950-1957.
Werke und Briefe, hg. v. Hans Kaufmann, Berlin 1961-1964.
Sämtliche Schriften, hg. v. Klaus Briegleb, 6 Bde., München 1968-76.
Säkularausgabe. Werke – Briefwechsel – Lebenszeugnisse, hg. v. d. Nationalen Forschungs- und Gedenkstätten der klassischen deutschen Literatur in Weimar [dann: Stiftung Weimarer Klassik] und dem Centre National de la Recherche Scientifique, Berlin und Paris 1970 ff. (= HSA).
Historisch-kritische Gesamtausgabe der Werke, hg. v. Manfred Windfuhr, 16 Bde., Hamburg 1973-1997 (= DHA).

2. Zeugnisse und Dokumente zu Leben und Werk
Alfred Meissner, Vom Krankenbett Heinrich Heine's, in: Deutsche Zeitung in Böhmen, Prag, 20. September 1850, Nr. 262.
Friedrich Steinmann, H. Heine. Denkwürdigkeiten und Erlebnisse aus meinem Zusammenleben mit ihm, Prag und Leipzig 1857.

Henri JULIA, Erinnerungen an Heinrich Heine, in: Deutsche Revue 9 (1884), Heft 9, 11-12.
Gespräche mit Heine, hg. v. Heinrich Hubert HOUBEN, Frankfurt/Main 1926, 2. Aufl. Potsdam 1948.
Fritz MENDE, Heinrich Heine. Chronik seines Lebens und Werkes, 2., bearb. u. erw. Aufl. Berlin 1981.
Dichter über ihre Dichtungen, hg. v. Norbert Altenhofer, 3 Bde., München 1971.
Begegnungen mit Heine. Berichte der Zeitgenossen, hg. v. Michael Werner (in Fortführung von H. H. Houbens Gespräche mit Heine), 2 Bde., Hamburg 1973 (= W/H).

3. Bibliographische Hilfsmittel, Forschungsberichte, Arbeitsbücher

Heine Bibliographie, hg. v. Gottfried Wilhelm und Eberhard Galley, 2 Bde., Weimar 1960 [Bd. 1: Primärliteratur 1817-1953; Bd. 2: Sekundärliteratur 1822-1953].
Heine-Bibliographie 1954-1964, hg. v. Siegfried Seifert, Berlin und Weimar 1968.
Heine-Bibliographie 1965-1982, hg. v. Siegfried Seifert und Albina A. Volgina, Berlin und Weimar 1986.
Heine-Jahrbuch 1962 ff. [mit fortlaufender Bibliographie].
Jeffrey L. Sammons, Heinrich Heine. A selected Critical Bibliography of Secondary Literature, 1956-1980, New York, London 1982.
Jost Hermand, Streitobjekt Heine. Ein Forschungsbericht 1945-1975, Frankfurt/Main 1975.
Beatrix Müller, Die französische Heine-Forschung 1945-1975, Meisenheim/Glan 1977.
Jürgen Brummack (Hg.), Heinrich Heine. Epoche – Werk – Wirkung, München 1980.

4. Wirkungsgeschichte

Karl Hotz (Hg.), Heinrich Heine: Wirkungsgeschichte als Wirkungskritik. Materialien zur Rezeptions- und Wirkungsgeschichte Heines, Stuttgart 1975.
Heinrich Heine. Ein Arbeitsbuch mit Primärtexten und Materialien

zur Rezeptionsgeschichte, hg. v. Gerd Heinemann, Frankfurt/Main usw. 1976.
Heine in Deutschland, Dokumente seiner Rezeption 1834-1956, hg. v. Karl Theodor KLEINKNECHT, Tübingen 1976.
Heinrich Heines Werk im Urteil seiner Zeitgenossen, hg. v. Eberhard Galley und Alfred Estermann, Hamburg 1981 ff. [bisher erschienen 6 Bde. zum Zeitraum 1821-1841] (= G/E).
Almuth Grésillon/Michael Werner, Dossier Heine; in: romantisme 30 (1980), S. 83-99.
Ich hab ein neues Schiff bestiegen ... Heine im Spiegel neuer Poesie und Prosa. Eine Anthologie, hg. v. Uwe Berger und Werner Neubert, Berlin und Weimar 1972.
Geständnisse. Heine im Bewußtsein heutiger Autoren, hg. v. Wilhelm Gössmann, Düsseldorf 1972.

5. Reihen, Sammelbände und Sonderhefte

Heine-Jahrbuch, Hamburg 1962 ff. [1962-1976 hg. v. Eberhard Galley; seit 1977 von Joseph A. Kruse].
Heine-Studien, Hamburg 1971 ff. [1971-1976 hg. v. Manfred Windfuhr, seit 1977 von Joseph A. Kruse].
Heine und seine Zeit, Zeitschrift für deutsche Philologie 91 (1972), Sonderheft.
Internationaler Heine-Kongreß 1972. Referate und Diskussionen, hg. v. Manfred Windfuhr, Hamburg 1973.
Heinrich Heine. Streitbarer Humanist und volksverbundener Dichter. Internationale wissenschaftliche Konferenz Weimar 1972, Weimar 1973.
Cahier Heine, Redaktion Michael Werner, Paris 1975 ff. [bisher erschienen drei Hefte].
Heinrich Heine, hg. v. Helmut Koopmann, Darmstadt 1975.
Heinrich Heine, Der Deutschunterricht, 35 (1977).
Wolfgang Kuttenkeuler (Hg.), Heinrich Heine, Artistik und Engagement, Stuttgart 1977.
Heinrich Heine. Dimensionen seines Wirkens. Ein internationales Heine-Symposion, hg. v. Raymond Immerwahr und Hanna Spencer, Bonn 1979.

Heinrich Heine und die Zeitgenossen, hg. v. der Akademie der Wissenschaften der DDR, Berlin und Weimar 1979.
Heinrich Heine, Monatshefte 73/4 (1981).
Heinrich Heine 1797-1856. Internationaler Veranstaltungszyklus zum 125. Todesjahr 1981, Trier 1981.
Luciano Zagari/Paolo Chiarini, Zu Heinrich Heine, Stuttgart 1981.
Heinrich Heine, text + kritik 18/19, 4., völlig veränd. Aufl. 1982.
Wilhelm Gössmann/Joseph A. Kruse (Hg.), Der späte Heine 1848-1856, Hamburg 1982.
Signaturen. Heinrich Heine und das neunzehnte Jahrhundert, hg. v. Rolf Hosfeld, Berlin 1986.
Heinrich Heine. Einblicke und Assoziationen, hg. v. Joseph A. Kruse, Düsseldorf 1988.
Rose und Kartoffel. Ein Heinrich-Heine-Symposium, hg. v. A. A. van den Braembussche und Ph. van Engeldorp Gastelaars, Amsterdam 1988.
Heinrich Heine im Spannungsfeld von Literatur und Wissenschaft. Symposium anläßlich der Benennung der Universität Düsseldorf nach Heinrich Heine, hg. v. Wilhelm Gössmann und Manfred Windfuhr, Hagen 1990.
Interpretationen. Gedichte von Heinrich Heine, hg. v. Bernd Kortländer, Stuttgart 1995.

6. Gesamtdarstellungen zu Leben und Werk

Adolf STRODTMANN, Heinrich Heines Leben und Werke, 2 Bde., Berlin 1867-69, 2. verb. Aufl. 1873.
Ludwig van EMBDEN, Heinrich Heines Familienleben. Von seinem Neffen, Hamburg 1892.
Gustav KARPELES, Heinrich Heine. Aus seinem Leben und aus seiner Zeit, Leipzig 1899.
Ludwig Marcuse, Heinrich Heine. In Selbstzeugnissen und Bilddokumenten, Hamburg 1960 [beruht auf der umfassenderen Darstellung von 1932: Heinrich Heine. Melancholiker, Streiter in Marx, Epikureer].
Hans KAUFMANN, Heinrich Heine. Geistige Entwicklung und künstlerisches Werk, Berlin und Weimar 1967, 3. überarb. Aufl. 1976.

Manfred WINDFUHR, Heinrich Heine, Revolution und Reflexion, Stuttgart 1969; 2. erg. Aufl. 1976.
Jeffrey L. Sammons, Heinrich Heine. A Modern Biography, Princeton 1979.
Hanna Spencer, Heinrich Heine, Boston 1982.
Franz Futterknecht, Heinrich Heine. Ein Versuch, Tübingen 1985.
Wolfgang Hädecke, Heinrich Heine. Eine Biographie, München 1985.
Gerhard Höhn, Heine-Handbuch. Zeit, Person, Werk, Stuttgart und Weimar, 2. veränd. u. erg. Auflage 1997.
Edda Ziegler, Heinrich Heine. Leben, Werk, Wirkung, Zürich 1993.
Ralf Schnell, Heinrich Heine zur Einführung, Hamburg 1996.
Ernst Pawel, Der Dichter stirbt. Heinrich Heines letzte Jahre in Paris, Berlin 1997.

7. Monographien
Albrecht Betz, Ästhetik und Politik, Heinrich Heines Prosa, München 1971.
Walter A. BERENDSON, Der lebendige Heine im germanischen Norden, Kopenhagen 1935.
Klaus Briegleb, Opfer Heine? Versuche über Schriftzüge der Revolution, Frankfurt/Main 1986.
Herbert Clasen, Heinrich Heines Romantikkritik. Tradition – Produktion – Rezeption, Hamburg 1979.
Michel Espagne, Federstriche. Die Konstruktion des Pantheismus in Heines Arbeitshandschriften, Hamburg 1991.
Karl-Heinz Fingerhut, Standortbestimmungen. Vier Untersuchungen zu Heinrich Heine, Heidenheim 1971.
Walter Grab, Heinrich Heine als politischer Dichter, Heidelberg 1982.
Slobodan Grubacic, Heines Erzählprosa. Versuch einer Analyse, Stuttgart u. a.1975.
Irene Guy, Sexualität im Gedicht. Heinrich Heines Spätlyrik, Bonn 1984.
Heinz Hengst, Idee und Ideologieverdacht. Revolutionäre Implikationen des deutschen Idealismus im Kontext der zeitkritischen Prosa Heinrich Heines, München 1973.
Walter Hinck, Die Wunde Deutschland. Heinrich Heines Dichtung

im Widerstreit von Nationalidee, Judentum und Antisemitismus, Frankfurt/Main 1990.
Rolf Hosfeld, Die Welt als Füllhorn: Heine. Das neunzehnte Jahrhundert zwischen Romantik und Moderne, Berlin 1984.
Richard Gary Hooton, Heinrich Heine und der Vormärz, Meisenheim/Glan 1978.
Ruth L. Jacobi, Heinrich Heines jüdisches Erbe, Bonn 1978.
Karl-Heinz Käfer, Versöhnt ohne Opfer. Zum geschichstheologischen Rahmen der Schriften Heinrich Heines 1824-1844, Meisenheim/Glan 1978.
Su-Yong Kim, Heinrich Heines soziale Begriffe. Gesellschaftsentwicklung und Bedeutungswandel, Hamburg 1984.
Hartmut Kircher, Heinrich Heine und das Judentum, Bonn 1973.
Leo Kreutzer, Heine und der Kommunismus, Göttingen 1970.
Eduard Krüger, Heine und Hegel. Dichtung, Philosophie und Politik bei Heinrich Heine, Kronberg/Ts. 1977.
Joseph A. Kruse, Denk ich an Heine. Biographisch-literarische Facetten, Düsseldorf 1986.
Paul Konrad Kurz, Künstler Tribun Apostel. Heinrich Heines Auffassung vom Beruf des Dichters, München 1967.
Wolfgang Kuttenkeuler, Heinrich Heine. Theorie und Kritik der Literatur, Stuttgart 1972.
Jean Pierre Lefebvre, Der gute Trommler. Heines Beziehungen zu Hegel, Hamburg 1986.
Ernst Loeb, Heinrich Heine. Weltbild und geistige Gestalt, Bonn 1975.
Willfried Maier, Leben, Tat und Reflexion. Untersuchungen zu Heinrich Heines Ästhetik, Bonn 1969.
Michael Mann, Heinrich Heines Musikkritiken, Hamburg 1971.
Fritz Mende, Heinrich Heine. Studien zu seinem Leben und Werk, Berlin 1983.
Dierk Möller, Heinrich Heine: Episodik und Werkeinheit, Wiesbaden und Frankfurt/Main1973.
Henner Montanus, Der kranke Heine, Stuttgart u. Weimar 1995.
Lucienne Netter, Heine et la peinture de la civilisation parisienne 1840-1848, Frankfurt/Main u. a. 1980.

Günter Oesterle, Integration und Konflikt. Die Prosa Heinrich Heines im Kontext oppositioneller Literatur der Restaurationsepoche, Stuttgart 1972.
Michael Perraudin, Heinrich Heine. Poetry in Context. A Study of Buch der Lieder, Oxford, New York, München 1989.
Siegbert Salomon Prawer, Heine, The Tragic Satirist. A Study of the later Poetry 1827-1856, Cambridge 1961.
Siegbert Salomon Prawer, Heine's Jewish Comedy. A Study of his Portraits of Jews and Judaism, Oxford 1983.
Wolfgang Preisendanz, Heinrich Heine. Werkstrukturen und Epochenbezüge, München 1973.
Ritchie Robertson, Heine, London 1988.
Margaret A. Rose, Die Parodie: Eine Funktion der biblischen Sprache in Heines Lyrik, Meisenheim/Glan 1976.
Ludwig Rosenthal, Heinrich Heine als Jude, Frankfurt/Main und Berlin 1973.
Jeffrey L. Sammons, Heinrich Heine. The Elusive Poet, New Haven/ London 1969.
Hanna Spencer, Dichter, Denker, Journalist. Studien zum Werk Heines, Bern, Frankfurt/Main usw. 1977.
Dolf Sternberger, Heinrich Heine und die Abschaffung der Sünde, Hamburg und Düsseldorf 1972.
Israel Tabak, Iudaic Lore in Heine. The Heritage of a Poet, Baltimore 1948.
Giorgio Tonelli, Heinrich Heines politische Philosophie (1830-1845), Hildesheim und New York 1975.
Erhard Weidl, Heinrich Heines Arbeitsweise. Kreativität der Veränderung, Hamburg 1974.
Michael Werner, Genius und Geldsack. Zum Problem des Schriftstellerberufs bei Heinrich Heine, Hamburg 1978.
Benno von Wiese, Signaturen. Zu Heinrich Heine und seinem Werk, Berlin 1976.
Stefan Bodo Würffel, Der produktive Widerspruch. Heinrich Heines negative Dialektik, Bern 1986.
Edda Ziegler, Julius Campe – Der Verleger Heinrich Heines, Hamburg 1976.

Zeittafel

1797 Dezember 13. (Datum unsicher): Harry Heine in Düsseldorf geboren. Eltern: Textilkaufmann Samson Heine aus Hannover (1764-1828) und Betty (Peira) van Geldern aus Düsseldorf (1771-1859). Geschwister: Charlotte (Sarah, ca. 1802-1899), Gustav (Gottschalk, ca. 1803-1886), Maximilian (Mayer, ca. 1804-1879). Kindheit und Schulbesuch in Düsseldorf.
1815 September/Oktober: Aufenthalt in Frankfurt am Main: Kaufmännische Praktika im Bankhaus Rindskopf und bei einer Kolonialwarenhandlung.
1816 Juni: Als Lehrling im Bankhaus Heckscher & Co. des Onkels Salomon Heine (1767-1844) in Hamburg.
1817 Februar/März: Erste Gedichtveröffentlichungen in der Zeitschrift »Hamburgs Wächter«.
1818 Juni: Provisorische Aufnahme in die Jüdische Gemeinde. Eröffnung des Kommissionsgeschäfts »Harry Heine & Comp.« für in Düsseldorf nicht abgesetzte Waren.
1818/19: Die »Ellen- und Modewaren«-Handlung Samson Heines in Düsseldorf gerät in erhebliche Zahlungsschwierigkeiten.
1819 Februar: Salomon und Henry Heine in Hamburg betreiben die Entmündigung ihres Bruders. Anschließend Liquidation der Geschäfte in Hamburg und Düsseldorf. Rückkehr Heines ins Elternhaus.
Dezember: Immatrikulation an der Universität Bonn (Jura und »Cameralia«), Aufnahme in die Burschenschaft. Nähere Bekanntschaft mit seinem akademischen Lehrer August Wilhelm von Schlegel.
1820: Die Familie Heine verläßt Düsseldorf und nimmt nach Zwischenstationen in Hamburg und Oldesloe im Juli 1822 ihren dauernden Wohnsitz in Lüneburg (bis Sommer 1828).
September: Exmatrikulation in Bonn
Oktober: Immatrikulation an der Universität Göttingen. Mitglied der dortigen Burschenschaft, Ausschluß wegen »Unkeuschheit«. Einsemestriger Universitätsverweis durch das Universitätsgericht

aufgrund einer Duellforderung. Aufenthalte in Hamburg und Oldesloe.
1821 April: Immatrikulation an der Universität Berlin. Im weiteren Bekanntschaft u. a. mit dem Ehepaar Rahel und Karl August Varnhagen von Ense, Chamisso, Fouqué, Grabbe, Hegel, Alexander von Humboldt.
Dezember: *Gedichte* (1822, Berlin, Maurersche Buchhandlung).
1822 Februar bis Juli: *Briefe aus Berlin* im »Rheinisch-Westfälischen Anzeiger«.
August: Aufnahme in den »Verein für Cultur und Wissenschaft der Juden«. Reise ins preußische Westpolen (bis Ende September).
Oktober: Duell mit einem Kommilitonen.
Dezember: Beginn des Briefwechsels mit Karl Immermann.
1823 Januar: *Ueber Polen* im »Gesellschafter«.
April: *Tragödien, nebst einem lyrischen Intermezzo* (Berlin, Dümmler).
Mai: Übersiedlung nach Lüneburg; im Sommer Aufenthalte in Hamburg, Cuxhaven und Ritzebüttel.
1824 Januar: Erneute Immatrikulation an der Universität Göttingen. Vertieftes Studium der Jurisprudenz. Im weiteren lockere Beziehungen zu landsmannschaftlichen Verbindungen.
April/Mai: Aufenthalt in Berlin.
September: Harzwanderung, anschließend Besuch bei Goethe in Weimar.
1825 Mai 3.: Juristisches Examen.
Juni 28.: Protestantische Taufe in Heiligenstadt auf den Namen Christian Johann Heinrich.
Juli 20.: Mit der in lateinischer Sprache geführten Verteidigung von fünf Thesen (»Disputation«) Abschluß der Promotion zum Dr. juris (Gesamtnote: III), anschließend nach Norderney, dann zu den Eltern nach Lüneburg.
November: Übersiedlung nach Hamburg.
1826 Januar: Beginn der Verlagsbeziehung mit Julius Campe (1797-1867).
Januar/Februar: *Harzreise* im »Gesellschafter«.
Mai: *Reisebilder*, 1. Teil (Hamburg, Hoffmann & Campe).

Juli: Aufenthalte in Cuxhaven und Ritzebüttel, dann auf Norderney.
September: Aufenthalt in Lüneburg.
1827 Januar: Rückkehr nach Hamburg.
April: Reise nach England (London).. *Reisebilder*, 2. Teil (Hamburg, Hoffmann & Campe).
Juni: In Brighton.
Juli: In Margate und Ramsgate.
August: Über Tilburg, Rotterdam, Leyden und Amsterdam nach Norderney.
September: Rückkehr nach Hamburg.
Oktober: Vereinbarung mit Julius Campe über die Honorierung von Nachauflagen. *Buch der Lieder* (Hamburg, Hoffmann & Campe).
November: Übersiedlung nach München (u.a. mit den Reisestationen Lüneburg, Göttingen, Kassel, Frankfurt am Main, Heidelberg und Stuttgart). Journalistische Tätigkeit für die »Neuen allgemeinen politischen Annalen« (als Mitredakteur) und andere Zeitschriften des Verlags Cotta.
1828 Juni/Juli: Durch die Fürsprache des bayrischen Ministerialrats (späteren Innenministers) Eduard von Schenk und des Verlegers Cotta beim bayrischen König Ludwig I. betreibt Heine seine Anstellung als außerordentlicher Professor an der Universität München.
August: Reise nach Italien u.a. mit den Stationen Innsbruck, Trient, Verona, Mailand, Genua, Livorno, Lucca (September), Florenz (Oktober) und Venedig (November).
Dezember: Tod des Vaters, Rückkehr nach München.
1829 Januar: Ankunft in Hamburg.
Februar: Übersiedlung nach Berlin.
April: Übersiedlung nach Potsdam.
Juli: Rückkehr nach Hamburg.
August/September: Auf Helgoland.
Dezember: *Reisebilder*, 3. Teil (Hamburg, Hoffmann & Campe).
1830 März: Übersiedlung nach Wandsbek.
Juli/August: Auf Helgoland.
Dezember: Bemühung um eine Stelle als Ratssyndikus in Hamburg.
1831 Januar: *Nachträge zu den Reisebildern* (Hamburg, Hoffmann & Campe).

Mai: *Einleitung* zu Robert Wesselhoefts Streitschrift »Kahldorf über den Adel in Briefen an den Grafen M. von Moltke« (Nürnberg, Hoffmann & Campe).
Mai: Nach Zwischenaufenthalt in Frankfurt am Main Übersiedlung nach Paris. Im weiteren Bekanntschaft u. a. mit Balzac, Béranger, Berlioz, M. Chevalier, Chopin, Dumas, Guizot, Hugo, Liszt, Meyerbeer, Mignet, Musset, Nerval, Rossini, G. Sand, Sue, Thiers, Quinet.
August/September: Aufenthalt in Boulogne-sur-mer.
Oktober: Beginn der Korrespondententätigkeit für Cottas »Allgemeine Zeitung« (zunächst bis 1832) mit den Berichten über die jüngste *Gemäldeausstellung in Paris* (*Französische Maler*).
1832 Januar: Besuch der Versammlungen der Saint-Simonisten.
Juli-September: Aufenthalt in der Normandie (Le Havre, Dieppe, Eu, Rouen).
Dezember: *Französische Zustände* (Hamburg, Hoffmann & Campe).
1833 Januar-März: Gedichtzyklus *Verschiedene* in »Der Freimüthige«, Berlin.
März-Mai: Beginn der Mitarbeit an französischen Zeitschriften mit *État actuel de la littérature en Allemagne* (*Die romantische Schule*) in »L'Europe littéraire«, Paris.
April und Juli: *Zur Geschichte der neueren schönen Literatur in Deutschland*, I-II (Paris und Leipzig, Heideloff und Campe).
Juni: *De la France* (Paris, Renduel).
Juli: *Vorrede* zu den *Französischen Zuständen* (Paris, Heideloff und Campe).
August-Oktober: Aufenthalt in Boulogne-sur-mer. Bekanntschaft mit Sarah Austin.
Dezember: *Der Salon*, Band 1 (Hamburg, Hoffmann & Campe).
1834 März/November-Dezember: *De l'Allemagne depuis Luther* in »Revue des Deux Mondes«, Paris.
Mai: *Tableaux de Voyage*, I-II (Paris, Renduel).
Juli/August: Aufenthalt in Boulogne-sur-mer und Dieppe.
September: Aufenthalt in Versailles und St. Cloud.
Oktober: Beginn der engeren Beziehung zu Augustine Crescence

Mira (1815-1883). Als »Mathilde« wird sie Heines Lebensgefährtin und Ehefrau.

1835 Januar: *Der Salon*, Band 2 (Hamburg, Hoffmann & Campe).

April: *De l'Allemagne*, I-II (Paris, Renduel).

Juni/Juli: Aufenthalt in La Jonchère (bei Rueil) auf dem Schloß der Fürstin Belgiojoso.

August-Dezember: Aufenthalt in Boulogne-sur-mer. Bekanntschaft mit Felix Mendelssohn Bartholdy.

November: *Die romantische Schule* (Hamburg, Hoffmann & Campe).

Dezember 10.: Totalverbot der literarischen Avantgarde des »Jungen Deutschland« mit namentlicher Nennung von Heine, Laube, Gutzkow, Wienbarg, Mundt durch die Deutsche Bundesversammlung (an wesentliche Bedingungen geknüpfte Rücknahme im Februar 1842).

1836 Januar: Offener Brief *An eine hohe Bundesversammlung* mit Forderung nach Rücknahme des gegen ihn verhängten Veröffentlichungsverbots.

April/Mai: *Florentinische Nächte* in »Morgenblatt für gebildete Stände«; *Les nuits florentines* in Revue des Deux Mondes.

Mai/Juli: Mit Mathilde zeitweiliger Aufenthalt in Le Coudray (Dép. Seine-et-Oise).

September: Die Führung der katholischen Kirche setzt Heines Werke *De la France, De l'Allemagne* und *Reisebilder. Tableaux de Voyage* auf den Index der verbotenen Bücher.

Oktober/November: Reise in die Provence mit Aufenthalten in Marseille, Hyères, Aix, Avignon, Lyon.

1837 April: Abschluß eines für 11 Jahre geltenden Verlagsvertrags mit Julius Campe über die Rechte an einer Gesamtausgabe.

Juli: *Der Salon*, Band 3; *Ueber den Denunzianten* (Hamburg, Hoffmann & Campe).

Mai/Juni: Mit Mathilde Aufenthalt in Granville.

Juli: Aufenthalt in Rennes.

August/September: Aufenthalt in Le Havre.

Oktober: *Buch der Lieder*, 2. Auflage.

November: *Einleitung* zu Cervantes' »Don Quixote« (Stuttgart, Verlag der Klassiker).

Dezember: *Ueber die französische Bühne* in »Allgemeine Theater-Revue« 1838.

1838 Februar-April: Heine betreibt die Gründung einer deutschen Zeitung in Paris. Der Plan scheitert an den restriktiven Zensurbestimmungen des Deutschen Bundes.

August/September: Aufenthalt in Granville.

Oktober: *Shakspeares Mädchen und Frauen* (Paris, Delloye).

November: *Der Schwabenspiegel* in »Jahrbuch der Literatur«, Hamburg 1839.

1839 Januar: Beginn der Jahresrente in Höhe von viertausend (seit der Verheiratung: viertausendachthundert) Francs durch Salomon Heine.

Juni-August: Mit Mathilde Aufenthalt in Granville.

1840 März: Beginn einer erneuten Serie von Korrespondenzberichten für die »Allgemeine Zeitung« (bis 1848).

April: Beginn der Jahrespension durch die französische Regierung (aus einem Geheimfonds des Außenministeriums) in Höhe von viertausendachthundert Francs (bis 1848).

August: *Ludwig Börne. Eine Denkschrift* (Hamburg, Hoffmann & Campe). Mit Mathilde Aufenthalt in Granville.

September: Aufenthalt in der Bretagne.

Oktober: *Der Salon*, Band 4 (Hamburg, Hoffmann & Campe).

1841 Juni/Juli: Aufenthalt in Cauterets (Pyrenäen).

August 31.: Kirchliche Trauung mit Mathilde in St. Sulpice.

September 1.: Ziviltrauung.

September 7.: Pistolenduell mit Salomon Strauß.

Dezember: Bekanntschaft mit Georg Herwegh. Verlagsverbot von Hoffmann & Campe in Preußen (Aufhebung im Juni 1842 nach der Hamburger Brandkatastrophe).

1842 Mai: Teilnahme an der Gründungsversammlung der Pariser Filiale des Kölner Dombauvereins; Wahl in den Vorstand.

Juni: Vorstandssitzung des Pariser Hilfsvereins, Wahl zum Vizepräsidenten.

August/September: Aufenthalt in Boulogne-sur-mer.

November: Heine bewirbt sich um das französische Heimatrecht (das Gesuch wird wegen fehlender Personaldokumente abgelehnt).

1843 Januar-März: *Atta Troll* in »Zeitung für die elegante Welt«, Leipzig.
März 7.: Heine verfaßt sein Testament und setzt Mathilde als Alleinerbin ein.
Juli/August: Aufenthalt in Trouville.
September: Bekanntschaft mit Arnold Ruge und Friedrich Hebbel.
Oktober: Deutschlandreise über Lille und Brüssel, u. a. mit den Stationen Aachen, Köln, Hagen, Münster, Bremen. Aufenthalt in Hamburg.
Dezember: Mit Campe Abschluß eines Verlagsvertrags über die Gesamtausgabe, der 1848 in Kraft treten soll. Über Celle, Hannover, Bückeburg, Minden, Münster, Hagen, Köln und Brüssel Rückkehr nach Paris. Bekanntschaft mit Karl Marx.
1844 Januar: Eintritt in die Pariser Freimaurerloge »Trinosophes« (Mitglied bis 1847).
Februar: *Lobgesänge auf König Ludwig* in »Deutsch-Französische Jahrbücher«, Paris.
April: Grenzhaftbefehl des preußischen Innenministers gegen Heine und drei weitere Mitarbeiter der »Jahrbücher«.
Mai: Beginn der Mitarbeit am Pariser »Vorwärts«, wo Heine bis Juli zehn aktuelle »Zeitgedichte« veröffentlicht.
Juli: Grenzhaftbefehl gegen Heine und weitere Mitarbeiter des »Vorwärts« (mehrfach erneuert). Hamburgreise (per Dampfschiff von Le Havre), zunächst in Begleitung von Mathilde (die nach zwei Wochen nach Paris zurückkehrt). Begegnung mit Wilhelm Weitling.
September: *Neue Gedichte* mit *Deutschland. Ein Wintermährchen*, letzteres Anfang Oktober auch als Separatdruck (Hamburg, Hoffmann & Campe).
Oktober: Rückkehr nach Paris über Amsterdam und Den Haag.
November: Die preußische Regierung interveniert in Paris, um die Ausweisung der »Vorwärts«-Mitarbeiter zu erreichen.
Dezember: Bekanntschaft mit Ferdinand Lassalle. Tod Salomon Heines in Hamburg. Das Testament sieht für Heine die einmalige Zahlung von achttausend Bankomark, nicht aber die Fortzahlung der Jahresrente vor. Salomons Sohn und Haupterbe Carl Heine bewilligt seinem Cousin eine reduzierte Jahresrente in Höhe von zweitausend

Francs. Beginn des Erbschaftsstreits (bis Februar 1847). Erhebliche Verschlechterung von Heines Gesundheitszustand.
1845 Juni-Oktober: Aufenthalt in Montmorency.
1846 Januar: Durch Alexander von Humboldt ersucht Heine beim preußischen Innenministerium um Zusicherung freien Geleits für Reisen nach Hamburg und Berlin (die Bitte wird wegen Fortbestehen der Anklage aufgrund von »Majestätsbeleidigung« abgelehnt).
Juni-September: Aufenthalt in Bagnères-de-Bigorre, Barèges und Tarbes.
September 27: Heine verfaßt erneut sein Testament (ergänzt am 26. Februar 1847).
1847 Januar: *Atta Troll. Ein Sommernachtstraum* (Hamburg, Hoffmann & Campe).
Februar: Carl Heine sichert seinem Cousin die unverkürzte Fortzahlung der ursprünglichen Jahresrente zu (später noch beträchtlich erhöht).
Mai: Übersiedlung nach Montmorency (bis September).
1848 Januar: Bekanntschaft mit Friedrich Engels.
Februar-Mai: Zusammen mit Mathilde und der Gesellschafterin Pauline Rogue Aufenthalt in der Klinik seines Freundes Faultrier.
März: Bekanntwerden von Heines französischer Staatspension.
April: Rapide Verschlechterung des Gesundheitszustandes (fortschreitende Lähmung; Krämpfe). Campe stellt den Briefwechsel mit Heine vorübergehend ein.
Mai: Beginn der Bettlägerigkeit (*Matratzengruft*). Übersiedlung nach Passy (bis September).
Juli: Beginn der vertraglich vereinbarten Zahlung einer Jahresrente durch Julius Campe in Höhe von eintausendzweihundert Bankomark.
1849 August: Bekanntschaft mit Georg Weerth.
1850: Durch Laube versucht Heine eine Aufführung seines *Faust*-Balletts und des *Ratcliff* zu erreichen. Laubes Versuche in Wien und Berlin bleiben ohne Erfolg.
April: Mit Hilfe von Lassalles Vater versucht Heine, sein auf Anraten von dessen Schwiegersohn Ferdinand Friedland in Aktien der Prager Gasbeleuchtungsgesellschaft investiertes Kapital zurückzuerhalten.

1851 Juli: Besuch Julius Campes bei Heine; Verhandlungen über künftige Projekte.
Oktober: *Romanzero* und *Der Doktor Faust. Ein Tanzpoem* (Hamburg, Hoffmann & Campe).
November 13.: Heine errichtet sein rechtsgültiges Testament.
Dezember: Heine beginnt mit Börsenspekulationen.
1852 Juli: Besuch des Bruders Maximilian am Krankenbett.
1853 April: *Les Dieux en Exil* in »Revue des Deux Mondes«.
Dezember: Heine erteilt seiner Frau Bankvollmacht.
1854 Januar: Beginn der Arbeit an den Memoiren.
September: *Les Aveux d'un Poète* in »Revue des Deux Mondes«.
Oktober: *Vermischte Schriften*, I-III (Hamburg, Hoffmann & Campe).
Dezember: Beginn der Arbeit an einer französischen Gesamtausgabe.
1855 Februar: *De l'Allemagne. Nouvelle édition*, I-II (Paris, Lévy).
April: *Lutèce. Lettres sur la Vie politique, artistique et sociale en France* (Paris, Lévy). In Philadelphia wird das Erscheinen einer (nicht autorisierten) Gesamtausgabe von Heines Werken im Verlag von John Weik angekündigt. Besuch Julius Campes in Paris, um mit Heine eine angemessene Reaktion abzusprechen und einige Bestimmungen des letzten Verlagsvertrags zu präzisieren.
Juni: Bekanntschaft mit Elise Krinitz (*Mouche*), die ihn fortan häufig besucht.
Juli: Heine macht einen neuerlichen Testamentsentwurf. *Poèmes et Légendes* (Paris, Lévy).
Buch der Lieder, 13. Auflage
Herbst: Plan einer englischen Gesamtausgabe in Zusammenarbeit mit Lucie Duff Gordon.
November: Besuch der Geschwister Charlotte und Gustav am Krankenbett.
1856 Februar 17., morgens 4.45 Uhr: Tod Heines.
Februar 19.: Abnahme der Totenmaske durch Joseph Fontana.
Februar 20.: Beerdigung auf dem Friedhof Montmartre.
Mai 9.: *Tableaux de voyage. Nouvelle édition*, I-II (Paris, Lévy).
1861-1866: Die von Adolf Strodtmann herausgegebene »rechtmäßige

Originalausgabe« in 21 Bänden erscheint im Verlag von Hoffmann & Campe (Supplementbände 1869 und 1884).
1867: Am Haus Bolkerstr. 53 in Düsseldorf wird eine Marmortafel mit der Inschrift »Geburtshaus von H. Heine« angebracht (1908 erneuert).
1869: Mathilde Heine verkauft einen Teil des Nachlasses für zehntausend Francs an Julius Campe jr.
1883: Tod Mathilde Heines.
1884: Henri Julia veräußert die »Memoiren« für sechzehntausend Francs an Julius Campe und Alfred Kröner, den Verleger der »Gartenlaube«.
1887: In Düsseldorf bildet sich unter dem Vorsitz des Oberbürgermeisters ein Heine-Denkmal-Komitee, das von Kaiserin Elisabeth von Österreich mit fünfzigtausend Reichsmark unterstützt wird. Auf Druck nationaler und konservativer Kreise in Preußen kommt der Denkmalsplan in Deutschland nicht zur Ausführung. 1891 läßt Elisabeth auf Korfu eine Heine-Statue von Louis Hasselriis errichten.
1899: Einweihung des von »the Germans in the Unites States« gestifteten Loreley-Brunnens von Ernst Herter im Joyce Kilmer Park in New York, South Bronx.
1900/1905-06: Die Witwe von Henri Julia verkauft die in Paris verbliebenen Teile von Heines Nachlaß.
1906: 50. Todestag. Gründung einer Heine-Gesellschaft in München. In Köln wird eine Straße nach Heine benannt. In Hamburg und Mannheim bilden sich Denkmals-Initiativen. Aus Mitteln des Denkmalfonds erwirbt die Landes- und Stadtbibliothek Düsseldorf die Heine-Sammlung des Leipziger Antiquars Friedrich Meyer, eine Bibliothek von 1267 Bänden mit Primär- und Sekundärliteratur.
1907: Eröffnung des im Biedermeierstil eingerichteten Heine-Zimmers in der Landes- und Stadtbibliothek Düsseldorf (Mobiliar beim Abriß des Gebäudes verschwunden).
1908: Der Versuch der Landes- und Stadtbibliothek Düsseldorf, durch eine Spendensammlung 128 Briefe und zahlreiche Werkmanuskripte Heines aus dem Nachlaß seines Neffen Ludwig von Embden zu erwerben, scheitert an mangelnder Unterstützung. Der Darmstädter Varieté-Künstler Dany Gürtler bietet den Städten Köln und

Frankfurt am Main ohne Erfolg ein von ihm zu stiftendes Heine-Denkmal an.
1913: Errichtung des Heine-Denkmals »Frühlingslied« von Georg Kolbe in Frankfurt am Main.
1917: In London wird am Haus Craven Street 32 eine Gedenktafel für Heine angebracht.
1923: Die Landes- und Stadtbibliothek Düsseldorf erwirbt Heines Nachlaßbibliothek, bestehend aus 323 Büchern und Zeitschriften, sowie einen Abguß der Totenmaske aus dem Besitz des Sammlers Hans Meyer. Den handschriftlichen Teil des Nachlasses sowie das Original der Totenmaske veräußert Meyer an die Brüder Carl und Albert Strauß, Bankiers in Frankfurt und Marburg, die aus anderem Besitz noch weitere Stücke, darunter eine Reinschrift der *Loreley*, hinzukaufen.
1926: Einweihung von Hugo Lederers Heine-Skulptur im Hamburger Stadtpark.
1930: Gründung der »Internationalen Heinrich Heine-Gesellschaft« in Hamburg (1933 aufgelöst). Ein Heine-Vortrag Ernst Elsters in Düsseldorf wird von Nationalsozialisten gestört; die herbeigerufene Schutzpolizei nimmt vier Randalierer vorläufig fest.
1931: 75. Todestag. Ausstellungen und Gedenkfeiern in Düsseldorf und Paris. Der Medizinprofessor Christian Bruhn schenkt der Landes- und Stadtbibliothek Werkmanuskripte und Heine-Briefe aus seinem Besitz.
1932: Im Düsseldorfer Heine-Denkmal-Wettbewerb erhält Georg Kolbe den ersten Preis. Der Heimatverein »Düsseldorfer Jonges« will auf eigene Kosten zwei Räume im Geburtshaus Bolkerstraße 53 zur musealen Gedenkstätte umgestalten. In Görlitz wird eine Heinrich-Heine-Straße in Danziger Straße umbenannt.
1933: Deutscher »Volkszorn« stürzt in Frankfurt das Heine-Denkmal vom Sockel. Der Hamburger Senat läßt die Statue in Hamburg entfernen. In Paris wird vom Komitee zum Schutz verfolgter jüdischer Intellektueller auf den Champs-Elysées ein Heinrich-Heine-Foyer eröffnet.
1934: Auf Anordnung der Nationalsozialisten Schließung des Heine-Zimmers in Düsseldorf. Die Aufforderung, »jüdisches Schrifttum«

einzuziehen und einer »Sammelstelle« in Frankfurt zu übergeben, wird von dem Direktor der Landes- und Stadtbibliothek, Hermann Reuter, ignoriert.

1940: Im Rahmen einer Metallspendenaktion zum Geburtstag des »Führers« wird die Heine-Plakette vom Geburtshaus in Düsseldorf eingeschmolzen.

1943: Die Düsseldorfer Heine-Sammlung wird wegen der alliierten Fliegerangriffe nach Schloß Wittgenstein bei Laasphe ausgelagert.

1949: Deutsche Verleger aus Ost und West stiften einen Berliner Heinrich-Heine-Preis. Der Kulturausschuß der Landeshauptstadt Düsseldorf beschließt die Errichtung eines Heine-Denkmals. Ohne sichtbaren Heine-Bezug wird daraufhin Georg Kolbes 1932 prämierte Plastik eines knieenden Jünglings im Hofgarten aufgestellt.

1953: Errichtung einer Heine-Denkmalsanlage im Düsseldorfer Hofgarten mit Aristide Maillols Mädchentorso »Harmonie« im Zentrum.

1954: Aus dem Nachlaß der englischen Heine-Sammlerin Ada C. Dodgshon erhält das Heine-Archiv der Landes- und Stadtbibliothek Düsseldorf acht Heine-Manuskripte, ein Porträt und über 200 Erstausgaben als Geschenk.

1955: Der Verlag Hoffmann & Campe sucht per Rundschreiben in Germanistenkreisen nach Kandidaten zur Herausgabe einer neuen Heine-Ausgabe. Beginn der Verhandlungen des Heine-Archivs mit den Nationalen Forschungs- und Gedenkstätten der klassischen deutschen Literatur in Weimar über die gemeinsame Herausgabe einer Heine-Ausgabe (1958 abgebrochen; 1957 hatte das Bundesinnenministerium bereits für eine eigene westdeutsche Edition plädiert). In Heidelberg tritt ein »Heinrich-Heine-Komitee der Bundesrepublik Deutschland« zusammen.

1956: 100. Todestag. Heine-Feiern in der ganzen Welt. Gründung der Heinrich-Heine-Gesellschaft in Düsseldorf. Internationaler Heine-Kongreß in Weimar. Die Stadt Düsseldorf erwirbt mit Unterstützung von Bund und Land für 250.000 $ die Sammlung Strauß, bestehend aus 3177 Seiten Handschriften, 14 Briefen von und 773 Briefen an Heine. Sonderbriefmarken der Deutschen Bundespost und der Deutschen Post.

1959: An Heines Sterbehaus in Paris wird eine Gedenkplakette angebracht.
1962: Der erste Band des »Heine-Jahrbuchs« erscheint.
1965/66: Verhandlungen des Heine-Archivs der Landes- und Stadtbibliothek Düsseldorf mit der Familie Schocken über den Verkauf der Heine-Sammlung (geforderte Kaufsumme: 1,6 Millionen DM).
1966: Erwerb der Sammlung Schocken durch die Bibliothèque Nationale, Paris.
1970: Der erste Band der Weimarer »Säkularausgabe« erscheint. Gründung des Heinrich-Heine-Instituts der Landeshauptstadt Düsseldorf.
1971: Stiftung des Heine-Preises der Landeshauptstadt Düsseldorf.
1972: 175. Geburtstag. Internationaler Heine-Kongreß in Düsseldorf. Internationale Heine-Konferenz in Weimar. Festakt des Ministerrats in Berlin/Hauptstadt der DDR. Sonderbriefmarken der Deutschen Post und der Deutschen Bundespost. Der Satzungskonvent der Universität Düsseldorf lehnt die seit 1965 diskutierte Benennung der Hochschule nach Heinrich Heine mit 51 gegen 26 Stimmen ab. Eröffnung der Gaststätte »Heinrich Heine Stuben«, Bolkerstraße 48 in Düsseldorf.
1973: Der erste Band der »Düsseldorfer Heine-Ausgabe« (Historisch-kritische Gesamtausgabe der Werke in 16 Bänden) erscheint (abgeschlossen 1997).
1974: Eröffnung des Heinrich-Heine-Instituts mit Archiv, Bibliothek und Museum in den Räumen Bilker Str. 14.
1979: Gründung der »Association des Amis de Heinrich Heine« in Paris. Private Initiative ermöglicht die Einrichtung eines »Heinrich-Heine-Fonds« zur Unterstützung der vom Radikalenerlaß Betroffenen.
1981: 125. Todestag. Heine-Kolloquium in Düsseldorf. Die Stadt Düsseldorf erhält von einem Mäzen das Heine-»Vexiermonument« von Bert Gerresheim zum Geschenk. Gründung der »North American Heine-Society« in den USA und Kanada.
1982: Der Konvent der Universität Düsseldorf lehnt mit knapper Mehrheit (44:41) erneut die Benennung der Hochschule nach Heinrich Heine ab.

1988: Der Senat der Universität Düsseldorf stimmt mit Zweidrittelmehrheit der Umbenennung der Hochschule in »Heinrich-Heine-Universität« zu.
1990: Für 4,4 Millionen DM erwerben die Stadt Düsseldorf und die NRW-Stiftung Naturschutz, Heimat- und Kulturpflege gemeinsam das Heine-Haus Bolkerstraße 53. Es ist Sitz der Heine-Gesellschaft.
1991: Erwerb der Sammlung Gottschalk durch das Heinrich-Heine-Institut.

Register

Dank

Die Verfasser danken der Stiftung Kunst und Kultur des Landes Nordrhein-Westfalen für ein Jan-Christoph Hauschild gewährtes siebzehnmonatiges Arbeitsstipendium und dem Wissenschaftskolleg zu Berlin für die Berufung Michaël Werners als Fellow 1995/96, wodurch die Niederschrift dieses Buchs ermöglicht wurde.

Dank gilt ferner dem Heinrich-Heine-Institut, Düsseldorf, und der Stiftung Weimarer Klassik für die großzügige Hilfestellung bei der Benutzung von Archivalien und Dokumenten.

Heinrich Heine
Roter König, Grüne Sau

Frivole Gedichte
Herausgegeben von Jan-Christoph Hauschild
KiWi 405
Originalausgabe

Am 13. Dezember 1997 jährt sich der Geburtstag Heinrich Heines zum 200. Mal. Ein willkommener Anlaß, den großen Dichter von einer nur wenig bekannten und sehr zeitgemäßen Seite zu entdecken: als »ungezogenen Liebling der Grazien«, als Meister der frivolen und doch hochpoetischen Liebeslyrik.

Wolf Biermann
Wie man Verse macht und Lieder

Eine Poetik in acht Gängen
Broschur

Wolf Biermanns Vorlesungen an der Heinrich-Heine-Universität: ein Blick in seine Werkstatt, ein Gang durch die Geschichte der Lyrik und der Liedermacher, Fragmente einer Autobiographie.

Franca Magnani
Mein Italien

Herausgegeben von Sabina und Marco Magnani
Mit zahlreichen Fotografien

Gebunden

»Den Beruf der Journalistin habe ich mir nicht ausgesucht, ich wurde hineingeboren«, sagte Franca Magnani einmal. Seit 1964 war sie für die deutschen Fernsehzuschauer die »Stimme Italiens«. Die wichtigsten Beiträge aus 30 Jahren journalistischer Arbeit – von ihr zusammengestellt, von ihrer Tochter und ihrem Sohn herausgegeben – liegen nun vor.

James Miller
Die Leidenschaft des
Michel Foucault

Eine Biografie
Titel der Originalausgabe:
The Passion of Michel Foucault
Aus dem Amerikanischen übersetzt und mit einem
Nachwort versehen von Michael Büsges
Unter Mitwirkung von Hubert Winkels
Gebunden

James Millers spektakuläre Biographie über Michel Foucault, den 1984 an AIDS gestorbenen, großen französischen Denker.

»Genau recherchiert und aufregend.« *Der Spiegel*

Gibt es einen Zusammenhang zwischen Sexualität und philosophischem Werk?